同济大学浙江学院出版基金资助

高等院校经管类通用会计系列教材

财务会计学

主　编　袁晓文
副主编　单航英　钱春红
　　　　徐琴峰　刘碧玲

上海财经大学出版社

前　言

“财务会计”是高等学校会计学、财务管理、审计学等工商管理类专业的必修课程。本教材以企业(公司)为背景，以“决策有用观”“受托责任观”为基础，以企业会计准则为依据，以“六大会计要素”的基本业务处理为重心，以会计确认、计量、记录和报告为主线，以会计信息的披露为终点，按照资产、负债、所有者权益、收入、费用和利润六大会计要素的顺序，详细阐述企业(公司)发生的基本经济业务的具体会计处理。其内容主要包括财务会计基本理论的阐述，资产、负债、所有者权益、收入、费用和利润六个会计要素的确认、计量以及具体账务处理，财务报告的编制，会计调整等。

教材每章均配备了思维导图、精心设计了难易适中的思考题和相关案例分析，并附有知识拓展点，有效提升了教材的可操作性。

本教材适用于会计学、财务管理、审计学专业本科生的教学，其他经济管理类的非会计专业学生在学完会计学后可以将本教材作为进一步学习财务会计的参考资料；本教材也适用于会计人员的培训和自学。

本教材全面考虑了相关准则和税法等最新变化对财务会计教学产生的影响：(1)2017年财政部发布了《企业会计准则第42号——持有待售的非流动资产、处置组和终止经营》《企业会计准则第14号——收入》《企业会计准则第16号——政府补助》和《企业会计准则第22号——金融工具确认和计量》4项金融工具准则。(2)2018年6月财政部发布了财会〔2018〕015号《关于修订印发2018年度一般企业财务报表格式的通知》。(3)全新增值税会计处理，并于2019年4月1日起降低两档增值税率，分别为13%和9%。

本书由袁晓文担任主编，拟定编写方案和组织编写工作，并负责统稿，与单航英、钱春红、徐琴峰、刘碧玲、罗文波、堵微子、吴析共同编写。袁晓文编写第1章、第13章、第14章、第15章；单航英编写第6章、第9章；钱春红编写第3章、第8章；徐琴峰编写第7章、第12章；刘碧玲编写第10章、第11章；罗文波编写第5章；堵微子编写第2章；吴析编写第4章。

尽管我们付出了很大的努力，但限于学识水平，仍有不足之处，读者在使用本书过程中如发现问题，恳请不吝指正，以便今后完善。

编 者

2019 年 4 月

目　录

前言/1

第一章　总论/1
【学习目标】/1
【思维导图】/2
第一节　财务会计概述/3
第二节　财务会计目标和财务会计报告/4
第三节　会计基本假设/10
第四节　会计要素和会计科目/13
第五节　会计确认基础和计量属性/16
第六节　会计信息质量要求/19
第七节　企业会计准则/22
【案例分析】/22
【复习思考及实务训练】/24

第二章　货币资金/26
【学习目标】/26
【思维导图】/27
第一节　货币资金概述/28
第二节　库存现金/29
第三节　银行存款/32
第四节　其他货币资金/38
【案例分析】/42
【复习思考及实务训练】/43

第三章　应收款项/47
【学习目标】/47

【思维导图】/48
第一节　应收款项概述/49
第二节　应收账款/49
第三节　应收票据/56
第四节　其他应收款/60
第五节　预付账款/61
【案例分析】/62
【复习思考及实务训练】/63

第四章　存货/69
【学习目标】/69
【思维导图】/70
第一节　存货概述/71
第二节　存货的取得与发出的核算方法/80
第三节　周转材料/91
第四节　存货的期末计价/96
第五节　存货的清查/101
【案例分析】/104
【复习思考及实务训练】/104

第五章　金融资产/109
【学习目标】/109
【思维导图】/110
第一节　金融资产的定义和分类/111
第二节　金融资产的初始计量/112
第三节　金融资产的后续计量/115
第四节　金融资产的重分类/125
第五节　金融资产减值/128
第六节　金融资产的转移/130
【案例分析】/132
【复习思考及实务训练】/133

第六章　长期股权投资/141
【学习目标】/141

【思维导图】/142
第一节　长期股权投资概述/143
第二节　长期股权投资的初始计量/145
第三节　长期股权投资的后续计量/158
第四节　长期股权投资的减值与处置/175
【案例分析】/176
【复习思考及实务训练】/179

第七章　固定资产/189
【学习目标】/189
【思维导图】/190
第一节　固定资产概述/191
第二节　固定资产的初始计量/193
第三节　固定资产的折旧/205
第四节　固定资产的后续支出/210
第五节　固定资产减值/213
第六节　固定资产的处置/214
【案例分析】/220
【复习思考及实务训练】/221

第八章　无形资产/226
【学习目标】/226
【思维导图】/227
第一节　无形资产概述/228
第二节　无形资产的取得/231
第三节　无形资产的摊销/238
第四节　无形资产的减值/241
第五节　无形资产的处置/242
【案例分析】/244
【复习思考及实务训练】/245

第九章　投资性房地产/250
【学习目标】/250
【思维导图】/251

第一节　投资性房地产概述/252
第二节　投资性房地产的确认和初始计量/254
第三节　投资性房地产的后续计量/258
第四节　投资性房地产的转换、处置与列报/262
【案例分析】/270
【复习思考及实务训练】/273

第十章　流动负债/279
【学习目标】/279
【思维导图】/280
第一节　流动负债概述/281
第二节　短期借款/282
第三节　应付及预收款项/284
第四节　应付职工薪酬/289
第五节　应交税费/305
第六节　其他应付款项/320
【案例分析】/322
【复习思考及实务训练】/323

第十一章　非流动负债/329
【学习目标】/329
【思维导图】/330
第一节　非流动负债概述/331
第二节　长期借款/331
第三节　应付债券/334
第四节　长期应付款/344
第五节　或有事项/345
【案例分析】/349
【复习思考及实务训练】/350

第十二章　所有者权益/355
【学习目标】/355
【思维导图】/356
第一节　所有者权益概述/357

第二节　实收资本/358
第三节　资本公积/363
第四节　其他综合收益/365
第五节　留存收益/366
【案例分析】/371
【复习思考及实务训练】/372

第十三章　收入、费用与利润/377
【学习目标】/377
【思维导图】/378
第一节　收入、费用与利润概述/379
第二节　收入/380
第三节　费用/408
第四节　利润及其分配/418
【案例分析】/423
【复习思考及实务训练】/425

第十四章　财务报告/431
【学习目标】/431
【思维导图】/432
第一节　财务报告概述/433
第二节　资产负债表/435
第三节　利润表与综合收益表/448
第四节　所有者权益变动表/459
第五节　现金流量表/462
第六节　附注/483
【案例分析】/495
【复习思考及实务训练】/496

第十五章　会计调整/505
【学习目标】/505
【思维导图】/506
第一节　资产负债表日后事项/507
第二节　会计政策及其变更/513

第三节　会计估计及其变更/520
第四节　前期差错及其更正/522
【案例分析】/526
【复习思考及实务训练】/527

参考文献/533

第一章　总　论

【学习目标】

- 理解财务会计的目标
- 理解财务会计的前提
- 掌握财务报告的构成及会计要素、科目
- 掌握会计的确认基础、计量属性及其应用范围
- 掌握会计信息的质量要求

【思维导图】

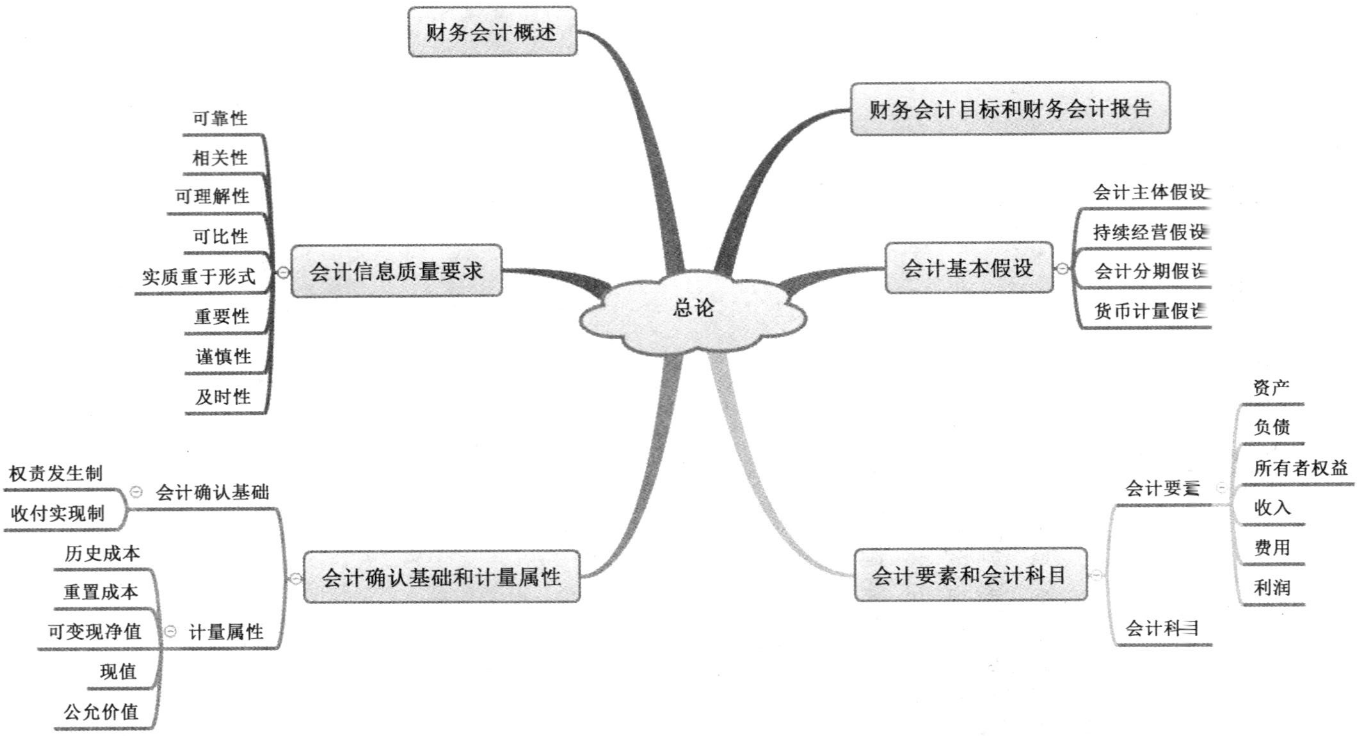

图 1-1 思维导图

第一节 财务会计概述

会计是随着人类社会生产的发展和经济管理的需要而产生、发展并不断完善起来的。人类社会不断进步，社会经济活动不断革新，生产力不断提高，会计参与单位经济经营管理决策的程度就越深。

会计作为现代企业的一项重要的基础性工作，通过一系列会计程序，提供决策有用的信息，提高企业经济效益，服务于市场经济的健康有序发展。其作用主要体现在三个方面：会计提供决策有用的信息，提高企业透明度，规范企业行为；加强企业经营管理，提高经济效益，促进企业可持续发展；考核企业管理层受托责任的履行情况。

现代企业随着其规模的日趋扩展，经营权和所有权出现分离。在两权分离的情况下，公司股东需要了解公司的财务状况、经营成果和现金流量情况，而公司管理层则有义务向股东报告其履行受托责任的情况。于是，对外提供财务报告是企业会计发展到一定阶段的产物，是企业财务会计的衍生职能。相应的对内管理会计，则是近几十年开始重视起来的。财务会计和管理会计都服务于企业的经营管理，但是侧重点不同，财务会计侧重于按照严格的标准对外提供财务报告，管理会计更侧重于企业内部的战略和管理。相较于管理会计，财务会计的特点如表1—1所示。

表1—1 财务会计特点

序号	比较项目	财务会计特点
1	直接的服务对象	财务会计除了直接服务于企业内部管理之外，还需以财务报告的形式为企业外部有关方面提供会计信息
2	提供信息的时态	财务会计主要提供有关企业过去和现在的经济活动情况及其结果的会计信息
3	提供信息的跨度	财务会计主要定期反映企业作为一个整体的财务状况、经营成果和现金流量的情况
4	工作程序的约束依据	财务会计需要受到外在统一的会计准则或统一会计制度等会计规范的约束
5	工作程序和方法	财务会计有一套比较科学、统一的会计工作处理程序和方法，如填制凭证、登记账簿、编制报表等

初级会计学已重点介绍会计处理的基本流程，本教材则以讨论财务会计为主，重点介绍财务报表及其各项目组成内容的基本确认原则、计量方法、具体账务处理以及财务报表的编制方法，即重点以工商企业的一般性业务的会计处理为例说明或者阐述企业财务会计的确认、计量、记录和报告的基本理论与方法。

第二节　财务会计目标和财务会计报告

一、财务会计目标

由于企业财务会计发挥作用的主要形式是为企业内部管理和企业外部使用者提供有用的会计信息，因此，要做好财务会计工作，实现财务会计的目标，首先需要明确三个问题：企业财务会计是为谁提供信息？提供什么样的信息？怎样提供信息？

（一）第一个问题：为谁提供信息？

在市场经济条件下，企业的利益相关者在决策时通常会利用企业提供的财务会计信息，对企业的经营情况和未来前景进行分析判断，这些利益相关者包括会计信息的外部使用者和内部使用者。其中，会计信息外部使用者主要包括股东或潜在的投资者、债权人、政府管理部门、客户、金融分析师、市场竞争者等；内部使用者主要包括董事会、监事会、经理人以及公司员工等。

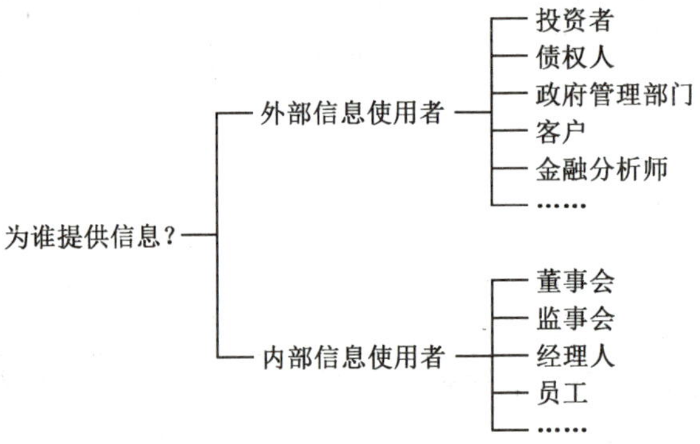

图 1—2　企业会计信息使用者

（二）第二个问题：提供什么样的信息？

上述内外部会计信息使用者，并不都有机会参与企业实际的经营管理活动，尤其是外部信息使用者。因此，必须依靠财务会计所提供的会计信息来了解公司的经营情况，以支持各自的决策和判断。当然，不同的信息使用者基于其自身利益所关注的信息是有所不同、各有侧重的，如表 1—2 所示。

表 1—2 各信息使用者的信息需求

信息需求者		决策或判断所需信息	综合
外部使用者	投资者	企业潜在投资人决定是否对公司进行投资;已有投资人决定是否保留投资或者追加投资。	
	债权人	银行等债权人需要确定是否继续对企业提供新的信贷、已贷资金是否安全;供应商等债权人则需要评估货款收回的可能性,以及决定其信用政策。	财务状况
	政府管理部门	判断企业的财务报告是否真实有效;是否依法纳税;是否如实、充分地披露信息。	
	客户	判断企业连续提供产品或者劳务的能力,以决定是否保持长期合作关系。	经营成果
	金融分析师	需要通过对公司会计信息的分析,以决定投资决策或投资建议。	
内部使用者	董事会	需要利用会计信息制定和调整企业发展战略,同时评估经理人的受托责任履行情况。	
	监事会	需要相关会计信息来履行对董事会和经理人的监督责任。	现金流量
	经理人	需要充分的会计信息以进行经营管理决策、评估风险和收益。	
	员工	需要会计信息评估企业的经营情况和可持续发展能力,从而判断工作的稳定性和薪酬福利待遇的未来前景。	

虽然不同的会计信息使用者侧重的信息需求不同,但是都属于企业的三大类信息:反映企业财务状况的信息、反映企业经营成果的信息、反映企业现金流量的信息。

(三)第三个问题:怎样提供信息?

各类经济信息通过会计确认、会计计量、会计记录和会计报告,最终形成财务会计的三种反映会计信息的载体,分别是:众多的、分散的会计凭证;根据凭证系统登记而成的各种账簿;会计信息最浓缩的会计报表。

解决了上述为谁提供信息、提供什么样的信息和怎样提供信息这三个问题,也就能解决财务会计的目标问题。根据 2014 年修订后的《企业会计准则— 基本准则》规定,财务会计报告的目标是向财务会计报告使用者提供与企业财务状况、经营成果和现金流量等有关的会计信息,反映企业管理层受托责任履行情况,有助于财务会计报告使用者做出经济决策。

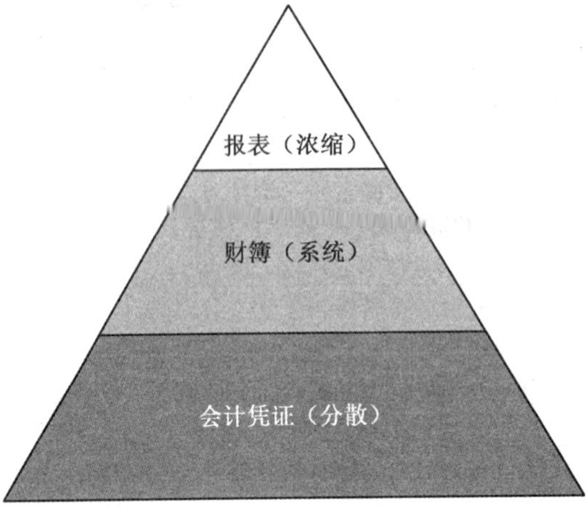

图 1—3　会计信息的三种载体

二、财务会计报告

财务会计的目的是为了通过向外部使用者提供有用的信息，帮助使用者做出相关决策。主要承担这一信息载体和功能的便是企业编制的财务报告，它是财务会计确认和计量的最终成果，是沟通企业管理层和外部信息使用者之间的桥梁和纽带。

财务会计报告又称财务报告，它是财务会计的最终成果。财务会计报告是指企业对外提供的反映企业某一特定日期的财务状况和某一会计期间的经营成果、现金流量等会计信息的文件。财务会计报告包括会计报表及其附注和其他应当在财务会计报告中披露的相关信息和资料。

会计报表至少应当包括资产负债表、利润表、现金流量表、股东权益变动表等报表。

资产负债表是指反映企业在某一特定日期的财务状况的会计报表，如表 1—3 所示。

利润表是指反映企业在一定会计期间的经营成果的会计报表，如表 1—4 所示。

现金流量表是指反映企业在一定会计期间的现金和现金等价物流入和流出的会计报表。

股东权益变动表是反映公司本期（年度或中期）内至期末所有者权益变动情况的报表。[①]

附注是指对在会计报表中列示项目所作的进一步说明，以及对未能在这些报表中列示项目的说明等。

① 现金流量表和股东权益变动表将于第十四章“财务报告”中详细介绍。

思考与讨论：

小企业的财务报告包含哪些内容？

表 1—3　　**资产负债表**　　会企 01 表

编制单位：　　年　月　日　　单位：元

资产	期末余额	年初余额	负债和所有者权益（或股东权益）	期末余额	年初余额
流动资产：			流动负债：		
货币资金			短期借款		
交易性金融资产			交易性金融负债		
衍生金融资产			衍生金融负债		
应收票据及应收账款			应付票据及应付账款		
预付款项			预收款项		
其他应收款			合同负债		
存货			应付职工薪酬		
合同资产			应交税费		
持有待售资产			其他应付款		
一年内到期的非流动资产			持有待售负债		
其他流动资产			一年内到期的非流动负债		
流动资产合计			其他流动负债		
非流动资产：			流动负债合计		
债权投资			非流动负债：		
其他债权投资			长期借款		
长期应收款			应付债券		
长期股权投资			其中：优先股		
其他权益工具投资			永续债		
其他非流动金融资产			长期应付款		
投资性房地产			预计负债		
固定资产			递延收益		
在建工程			递延所得税负债		
生物性生物资产			其他非流动负债		

续表

资产	期末余额	年初余额	负债和所有者权益（或股东权益）	期末余额	年初余额
油气资产			非流动负债合计		
无形资产			负债合计		
开发支出			所有者权益（或股东权益）：		
商誉			实收资本（或股本）		
长期待摊费用			其他权益工具		
递延所得税资产			其中：优先股		
其他非流动资产			永续债		
非流动资产合计			资本公积		
			减：库存股		
			其他综合收益		
			盈余公积		
			未分配利润		
			所有者权益（或股东权益）合计		
资产总计			负债和所有者权益（或股东权益）总计		

表 1—4 **利润表** 会企 02 表

编制单位： 年 月 单位：元

项 目	本期发生额	上期发生额
一、营业收入		
减：营业成本		
税金及附加		
销售费用		
管理费用		
研发费用		
财务费用		
其中：利息费用		

续表

项　目	本期发生额	上期发生额
利息收入		
资产减值损失		
信用减值损失		
加:其他收益		
投资收益(损失以“－”号填列)		
其中:对联营企业和合营企业的投资收益		
净敞口套期收益(损失以“－”号填列)		
公允价值变动损益(损失以“－”号填列)		
资产处置收益(损失以“－”号填列)		
二、营业利润(亏损以“－”号填列)		
加:营业外收入		
减:营业外支出		
三、利润总额(亏损总额以“－”号填列)		
减:所得税费用		
四、净利润(净亏损以“－”号填列)		
(一)持续经营净利润(净亏损以“－”号填列)		
(二)终止经营净利润(净亏损以“－”号填列)		
五、其他综合收益的税后净额		
(一)不能重分类进损益的其他综合收益		
1. 重新计量设定受益计划变动额		
2. 权益法卜不能转损益的其他综合收益		
3. 其他权益工具投资公允价值变动		
4. 企业自身信用风险公允价值变动		
……		
(二)将重分类进损益的其他综合收益		
1. 权益法下可转损益的其他综合收益		
2. 其他债权投资公允价值变动		

续表

项　目	本期发生额	上期发生额
3. 金融资产重分类计入其他综合收益的金额		
4. 其他债权投资信用减值准备		
5. 现金流量套期储备		
6. 外币财务报表折算差额		
……		
六、综合收益总额		
七、每股收益		
(一)基本每股收益		
(二)稀释每股收益		

第三节　会计基本假设

财务会计要最终完成以财务报告形式集中提供财务信息的目标，则财务报告是工作重点。而作为财务信息使用者，获取财务信息的主要途径是通过查阅和分析某公司的财务报告。那么，拿到一份财务报告时首先需要注意哪些事项呢？

问题一：是哪家企业的财务报告？

问题二：该企业近期有无破产风险？

问题三：什么时候的财务报告？

问题四：该企业在财务报告中显示的各项数据的价值。

以上述表1—3资产负债表和表1—4利润表为例，分别解决上述四个问题。

第一，每个财务报表的表头部分即明确是哪家企业的资产负债表和利润表，反映的是该公司的财务信息，确定了财务信息的主体前提。

第二，该企业近期内是否存在破产风险，这一问题决定了财务信息使用者对报告中财务信息的时间范围的判断态度，以及判断企业经营的可持续性。

第三，表头中的时间明确了财务信息的时间点或时间段信息。

第四，表头处明确提示表中的各项数据是以货币金额的形式来呈现和衡量的，也即以货币对不同行业、不同规模企业来进行统一的计量前提。

财务信息使用者关注上述四个问题，也就要求财务会计在提供财务信息时明确上述四个前提。因此，财务会计工作必须具备相关前提条件，离开了这些条件，就不能有效地开展会计工作，实现财务会计的目标。这些会计前提也称为会计假设，它是对财务会计核算的空间范围、时间范围等所做的合理设定，是会计确认、计量和报告的前提。

具体而言，财务会计基本前提包括会计主体假设、持续经营假设、会计分期假设和货币计量假设。

一、会计主体假设

会计主体是指会计为之服务的特定单位。开展会计工作，首先要明确会计主体，明确为谁记账、算账、报账的问题。简单来说，就是要明确“记谁的账，编谁的表”，只反映特定会计主体的经济业务。

会计主体假设明确了会计处理和财务报告的空间范围。按照会计主体假设的要求，会计人员在进行会计处理时，不仅要将该会计主体的经济业务与会计工作和其他的会计主体区别开来，而且也要独立于企业的所有者之外。

需要说明的是，会计主体应是一个独立核算的经济实体，其规模可大可小，既可以是作为法律主体的法人企业，也可以是非法律主体的经济实体，如企业内部进行独立核算的班组、车间或者分公司。同样，在编制合并报表时，由若干个法律主体(母公司和子公司)组成的企业集团也被看作是一个会计主体。[①]

二、持续经营假设

持续经营是指会计主体的经营活动将按照既定的目标无限期地持续下去，在可以预见的将来，不会破产、清算。该前提要求企业进行会计确认、计量和报告应当以企业持续、正常的经营活动为前提，而不考虑企业是否会破产清算，除非有明确的证据表明不是这样。按照这一假设，会计主体的资产就可以按照预定的目标在正常经营过程中被耗用或者出售，其所承担的债务也将如期偿还。例如，将固定资产按照其预计使用年限计提折旧就是以持续经营为前提的。持续经营假设界定了企业会计核算与报告的时间范围。

当然，在市场经济条件下，任何企业都存在破产、清算的风险，也就是说，企业不能持续经营的概率总是存在的。当企业终止经营时，就不能再采用这一假设以及以这一假设为前提的会计程序和方法，而应以清算为基础的会计处理方法。

三、会计分期假设

会计分期是指将一个会计主体持续经营的生产经营活动过程人为地划分为若干个连续的、长度相同的期间。会计分期是持续经营假设的必然结果，其作用是界定会计计算盈亏和提供会计信息的时间。根据该前提，企业在可预见的将来不会面临破产清算。如果不进行会计分期，企业就只能等到经营活动结束才能核算其经营成果和财务状况，这明显

---

① 本教材不涉及合并报表的原理和编制，具体内容在《高级财务会计》中进行介绍。

不能满足财务信息使用者的需求。为了定期、及时地提供企业的财务信息，就需要将企业持续经营的过程人为地划分为一个个长短相等的间隔，即会计分期。会计期间通常按年、半年、季度和月来划分。正是由于会计分期才出现了权责发生制和收付实现制的区别，进而出现了应收、应付、折旧、摊销等会计处理方法。

在会计分期假设下，企业应当划分会计期间，分期结算和编制财务报告，对外提供财务信息。会计分期分为会计年度和中期。会计年度以年度来划分会计期间，通常为一年。我国的会计年度采用公历制，和日历年度相同，即从每年的1月1日至12月31日为一个会计年度。中期是指短于一个完整会计年度的报告期间，如月、季度和半年。

知识点拓展：

世界各国的会计年度起讫日并不一致。

会计年度的划分分为以下几大类：

(1)3月制。即以公历每年3月1日起到次年2月的最后一天为一个会计年度，如土耳其、阿富汗、以色列、约旦、叙利亚、伊拉克、卡塔尔等国。

(2)4月制。即以公历每年4月1日起到次年3月31日止为一个会计年度，如英国、加拿大、日本、印度、缅甸、新加坡、印度尼西亚、博茨瓦纳等国。

(3)7月制。即以公历每年7月1日起到次年6月的最后一天为一个会计年度，如瑞典、瑞士、澳大利亚、孟加拉国、巴基斯坦、苏丹、科威特、埃及、喀麦隆、冈比亚、加纳、肯尼亚、毛里求斯、坦桑尼亚、赞比亚、利比亚、突尼斯、马里等国。

(4)10月制。即以公历每年10月1日起到次年9月30日止为一个会计年度，如美国、墨西哥、危地马拉、巴拿马、古巴、洪都拉斯、多米尼加、海地、泰国、尼泊尔等国。

(5)公历制。即以公历每年1月1日起至当年12月31日止为一个会计年度，如朝鲜、韩国、马来西亚、斯里兰卡、俄罗斯、亚美尼亚、格鲁吉亚、捷克、波兰、德国、法国、丹麦、挪威、意大利、西班牙、南斯拉夫、罗马尼亚等国。因为日历年度为会计年度，适应人们的历史习惯，所以用公历制为会计年度的国家或地区最多。

(6)特殊制。有些国家或地区不以公历制的月份或年度为会计年度，而是确定一个特殊的时间区间为“会计年度”，如：伊朗以公历每年3月21日起至次年3月20日止为一个会计年度；埃塞俄比亚以公历每年7月8日起到次年7月7日止为一个会计年度。

思考与讨论：

企业提供年度和中期财务报告的频率？

四、货币计量假设

货币计量是指会计主体在进行会计确认、计量和报告时主要以货币作为计量单位，记录、反映会计主体的财务状况、经营成果和现金流量。会计之所以采用货币作为基础进行计量，是由货币本身的计量属性决定的。货币是商品一般等价物，是衡量一般商品价值的共同尺度。作为价值衡量的单位，它能够在量上进行汇总和比较，便于会计计量和经营管理。

财务会计采用货币计量，意味着凡是不能用货币计量的交易或事项，如企业的经营战略、产品的市场竞争力和研发能力等这些非财务信息，就不能在财务报表中得到反映。为了弥补这一不足，企业可以在会计报表以外对这些非财务信息进行自愿性披露。

货币计量假设是建立在币值稳定不变的基础之上的。因为只有在币值稳定或相对稳定的情况下，不同时点的货币金额才能汇总，同一期间的收入和费用才能进行比较。如果是在通货膨胀的情况下，货币计量这一假设就受到了挑战，以币值稳定不变为基础提供的会计信息的决策有用性就会受到影响，此时就应该采用通货膨胀会计来消除物价变动的影响。

思考与讨论：

(1)货币是否为会计核算的唯一计量单位？

(2)企业处于破产清算时，四个会计前提假设中哪些不再适用？

第四节 会计要素和会计科目

一、会计要素

对于会计信息使用者而言，财务会计的最终成果是以会计报告的形式提供，而编制财务报告的依据是企业的日常会计资料，这就要求企业财务报告所反映的内容和基本分类应与日常会计处理保持一致。

为了实现财务会计提供财务信息的目标，在明确了财务信息的载体、财务会计的基本前提之后还需要对企业发生的能够以货币计量的经济活动内容进行适当分类。对会计所要反映的经济活动内容的基本分类项目，成为财务会计的基本要素，简称会计要素。会计要素既是会计确认和计量的依据，也是确定财务报表内容和结构的基础。

我国《企业会计准则——基本准则》将会计要素分为六类：资产、负债、所有者权益、收入、费用和利润。会计要素按性质可分为反映企业某一时点财务状况的静态要素，如资产、负债和所有者权益；以及反映企业在某一时期经营成果的动态要素，如收入、费用和利润。①

---

① 财政部2009年6月发布的《企业会计准则解释第3号》中引入了综合收益概念，并且在现行利润表中作为一个重要项目予以列示，可认为综合收益也是一项重要的报表要素，留待财务报表部分做详细介绍。

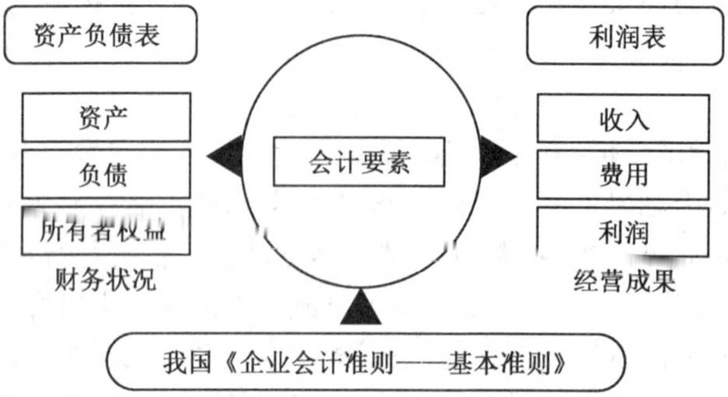

图 1—4　会计要素和报表关系图

（一）资产

1. 资产的定义

资产，是指企业过去的交易或者事项形成的、由企业拥有或者控制的、预期会给企业带来经济利益的资源。根据资产的定义，资产具有以下几个方面的特征：(1)资产应为企业拥有或者控制的资源；(2)资产预期会给企业带来经济利益；(3)资产是由企业过去的交易或者事项形成的。

2. 资产的确认条件

将一项资源确认为资产，需要符合资产的定义，并同时满足以下两个条件：(1)与该资源有关的经济利益很可能流入企业；(2)该资源的成本或者价值能够可靠地计量。

（二）负债

1. 负债的定义

负债，是指企业过去的交易或者事项形成的、预期会导致经济利益流出企业的现时义务。负债具有以下几个方面的特征：(1)负债是企业承担的现时义务；(2)负债的清偿预期会导致经济利益流出企业；(3)负债是由企业过去的交易或者事项形成的。

2. 负债的确认条件

将一项义务确认为负债，需要符合负债的定义，并同时满足以下两个条件：(1)与该义务有关的经济利益很可能流出企业；(2)未来流出的经济利益能够可靠地计量。

（三）所有者权益

1. 所有者权益的定义

所有者权益，是指企业资产扣除负债后，由所有者享有的剩余权益，所有者权益又称为股东权益。所有者权益是所有者对企业资产的剩余索取权。

2. 所有者权益的来源构成

所有者权益按其来源主要包括所有者投入的资本、直接计入所有者权益的利得和损失(其他综合收益)、留存收益等。

所有者投入的资本,是指所有者投入企业的资本部分,它既包括构成企业注册资本或者股本部分的金额,也包括投入资本超过注册资本或者股本部分的金额,即资本溢价或者股本溢价。

直接计入所有者权益的利得和损失,是指不应计入当期损益、会导致所有者权益发生增减变动的、与所有者投入资本或者向所有者分配利润无关的利得或者损失。其中,利得是指由企业非日常活动所形成的、会导致所有者权益增加的、与所有者投入资本无关的经济利益的流入。损失是指由企业非日常活动所发生的、会导致所有者权益减少的、与向所有者分配利润无关的经济利益的流出。

留存收益是企业历年实现的净利润留存于企业的部分,主要包括计提的盈余公积和未分配利润。

3. 所有者权益的确认条件

由于所有者权益体现的是所有者在企业中的剩余权益,因此,所有者权益的确认主要依赖于其他会计要素,尤其是资产和负债的确认;所有者权益金额的确定也主要取决于资产和负债的计量。

(四)收入

1. 收入的定义

收入,是指企业在日常活动中形成的、会导致所有者权益增加的、与所有者投入资本无关的经济利益的总流入。收入具有以下几个方面的特征:(1)收入是企业在日常活动中形成的;(2)收入最终会导致所有者权益的增加;(3)收入是经济利益的总流入。

2. 收入的确认条件

收入在确认时除了应当符合收入定义外,还应当满足严格的确认条件。收入只有在经济利益很可能流入,从而导致企业资产增加或者负债减少、且经济利益的流入额能够可靠计量时,才能予以确认。因此,收入的确认至少应当符合以下条件:一是与收入相关的经济利益很可能流入企业;二是经济利益流入企业的结果会导致企业资产的增加或者负债的减少;三是经济利益的流入额能够可靠地计量。

(五)费用

1. 费用的定义

费用,是指企业在日常活动中发生的、会导致所有者权益减少的、与向所有者分配利润无关的经济利益的总流出。根据费用的定义,费用具有以下几个方面的特征:(1)费用应当是企业在日常活动中发生的;(2)费用会导致所有者权益的减少;(3)费用是与向所有者分配利润无关的经济利益的总流出。

2. 费用的确认条件

费用的确认至少应当符合以下条件:一是与费用相关的经济利益应当很可能流出企

业；二是经济利益流出企业的结果会导致资产的减少或者负债的增加；三是经济利益的流出额能够可靠地计量。

（六）利润

1. 利润的定义

利润，是指企业在一定会计期间的经营成果，反映的是企业的经营业绩情况，是业绩考核的重要指标。

2. 利润的来源构成

利润的来源构成为，收入减去费用后的净额、直接计入当期利润的利得和损失等。

表 1—5　　收入与利得、费用与损失的区别和联系

项　目	区　别	联　系
收入与利得	(1)收入与日常活动有关，利得与非日常活动有关 (2)收入是经济利益总流入，利得是经济利益净流入	都会导致所有者权益增加且与所有者投入资本无关
费用与损失	(1)费用与日常活动有关，损失与非日常活动有关 (2)费用是经济利益总流出，损失是经济利益净流出	都会导致所有者权益减少且与向所有者分配利润无关

3. 利润的确认条件

利润反映的是收入减去费用、利得减去损失后的净额，因此，利润的确认主要依赖于收入和费用以及利得和损失的确认，其金额的确定也主要取决于收入、费用、利得、损失金额的计量。

二、会计科目

会计要素是会计对象所作的基本分类，为了连续、系统、全面地核算和监督经济活动所引起的各项会计要素的增减变化，就有必要对会计要素的具体内容按照其不同的特点和经济管理要求进行科学的分类，并事先确定分类核算的项目名称，规定其核算内容。这种对会计要素的具体内容进行分类核算的项目，称为会计科目。

第五节　会计确认基础和计量属性

一、会计确认基础

什么是会计确认？会计确认是对财务报告要素的确认。对会计要素的确认分为两个

步骤：一是初次确认，以会计科目的形式计入会计凭证和账簿；二是再次确认，把账簿的内容列为报表的内容。所以，会计确认就是确定有关经济业务能否进入会计信息系统的过程，由财务会计一系列严谨的、内在联系的操作所构成，保证了财务报表信息更具有相关性和可靠性。

在会计主体的经济活动中，经济业务的发生和货币的收支不是完全一致的，即存在着现金流动与经济活动的分离。由此而产生两个确认和记录会计要素的标准，一个标准是根据货币收支是否用来作为收入确认和费用确认和记录的依据，称为收付实现制；另一个标准是以取得收款权利、付款责任作为记录收入或费用的依据，称为权责发生制。我国《企业会计准则——基本准则》明确要求：企业应当以权责发生制为基础进行会计确认、计量和报告。

收付实现制是以款项的实际收付为标准来处理经济业务，确定本期收入和费用，计算本期盈亏的会计处理基础。在现金收付的基础上，凡在本期实际以现款付出的费用，不论其应否在本期收入中获得补偿均应作为本期应计费用处理；凡在本期实际收到的现款收入，不论其是否属于本期，均应作为本期应计的收入处理。

权责发生制又称应收应付制原则，是依据持续经营和会计分期两个基本前提来正确划分不同会计期间资产、负债、收入、费用等会计要素的归属。它解决收入和费用何时予以确认及确认多少的问题，是以权利和责任的发生来决定收入和费用归属期的一项原则。指凡是在本期内已经收到和已经发生或应当负担的一切费用，不论其款项是否收到或付出，都作为本期的收入和费用处理；反之，凡不属于本期的收入和费用，即使款项在本期收到或付出，也不应作为本期的收入和费用处理。

权责发生制在反映企业的经营业绩时有其合理性，但也有其局限性：一个在损益表上看来经营很好，效率很高的企业，在资产负债表上却可能没有相应的变现资金而陷入财务困境。这是由于权责发生制把应计的收入和费用都反映在损益表上，而其在资产负债表上则部分反映为现金收支，部分反映为债权债务。为提示这种情况，应编制以收付实现制为基础的现金流量表。

二、会计计量属性

（一）会计计量属性的内容

在会计对有关经济业务进行确认之后，就需要进一步确定经济业务对有关要素数量金额的影响，这一过程称为会计计量。会计计量是将符合确认条件的会计要素登记入账、列报于财务报表并确定其金额的过程。企业应当按照规定的计量属性进行计量。我国《企业会计准则——基本准则》规定了五种计量属性：历史成本、重置成本、可变现净值、现值和公允价值。

图1—5　会计计量属性

1. 历史成本

在历史成本计量下，资产按照购置时支付的现金或者现金等价物的金额，或者按照购置资产时所付出的对价的公允价值计量；负债按照因承担现时义务而实际收到的款项或者资产的金额，或者承担现时义务的合同金额，或者按照日常活动中为偿还负债预期需要支付的现金或者现金等价物的金额计量。

2. 重置成本

在重置成本计量下，资产按照现在购买相同或者相似资产所需支付的现金或者现金等价物的金额计量；负债按照现在偿付该项债务所需支付的现金或者现金等价物的金额计量。

3. 可变现净值

在可变现净值计量下，资产按照其正常对外销售所能收到现金或者现金等价物的金额扣减该资产至完工时估计将要发生的成本、估计的销售费用以及相关税费后的金额计量。

4. 现值

在现值计量下，资产按照预计从其持续使用和最终处置中所产生的未来净现金流入量的折现金额计量；负债按照预计期限内需要偿还的未来净现金流出量的折现金额计量。

5. 公允价值

公允价值，是指市场参与者在计量日发生的有序交易中，出售一项资产所能收到或者转移一项负债所支付的价格。

(二)各会计要素计量属性之间的关系

历史成本通常反映的是资产或者负债过去的价值，而重置成本、可变现净值、现值以及公允价值通常反映的是资产或者负债的现时成本或者现时价值，是与历史成本相对应的计量属性。

(三)会计要素计量属性的应用原则

企业在对会计要素进行计量时，一般应当采用历史成本。在某些情况下，为了提高会计信息质量，实现财务报告目标，企业会计准则允许采用重置成本、可变现净值、现值、公允价值计量的，应当保证所确定的会计要素金额能够取得并可靠计量，如果这些金额无法取得或者可靠地计量，则不允许采用其他计量属性。我国引入公允价值是适度、谨慎和有条件的。

第六节 会计信息质量要求

会计信息质量要求是对企业财务报告中所提供的会计信息质量的基本要求，是使财务报告中所提供的会计信息对投资者等使用者决策有用应具备的基本特征，它主要包括可靠性、相关性、可理解性、可比性、实质重于形式、重要性、谨慎性和及时性等。

一、可靠性

可靠性，要求企业应当以实际发生的交易或者事项为依据进行确认、计量和报告，如实反映符合确认和计量要求的各项会计要素及其他相关信息。保证会计信息真实可靠、内容完整。

会计信息要有用，必须以可靠为基础。如果财务报告所提供的会计信息是不可靠的，就会给投资者等使用者的决策产生误导甚至带来损失。为了贯彻可靠性要求，企业应当做到：(1)以实际发生的交易或者事项为依据进行确认、计量，不得根据虚构的、没有发生的或者尚未发生的交易或者事项进行确认、计量和报告。(2)在符合重要性和成本效益原则的前提下，保证会计信息的完整性，与使用者决策相关的有用信息都应当充分披露。(3)包括在财务报告中的会计信息应当是中立的、无偏的。

二、相关性

相关性，要求企业提供的会计信息应当与投资者等财务报告使用者的经济决策需要相关，一项信息是否具有相关性取决于预测价值和反馈价值。

如果一项信息能帮助决策者对过去、现在和未来事项的可能结果进行预测，则该项信息具有预测价值。决策者可根据预测的结果，做出其认为的最佳选择。因此，预测价值是构成相关性的重要因素，具有影响决策者决策的作用。

一项信息如果能有助于决策者验证或修正过去的决策和实施方案，即具有反馈价值。把过去决策所产生的实际结果反馈给决策者，使其与当初的预期结果相比较，验证过去的决策是否正确，总结经验以防止今后再犯同样的错误。反馈价值有助于未来决策。

会计信息质量的相关性要求，需要企业在确认、计量和报告会计信息的过程中，充分考虑使用者的决策模式和信息需要。但是，相关性是以可靠性为基础的，两者之间并不矛盾，不应将两者对立起来。也就是说，会计信息在可靠性前提下，尽可能做到相关性，以满足投资者等财务报告使用者的决策需要。

三、可理解性

可理解性，要求企业提供的会计信息应当清晰明了，便于投资者等财务报告使用者理解和使用。

企业编制财务报告、提供会计信息的目的在于使用，而要使用者有效使用会计信息，应当能让其了解会计信息的内涵，弄懂会计信息的内容，这就要求财务报告所提供的会计信息应当清晰明了，易于理解。只有这样，才能提高会计信息的有用性，实现财务报告的目标，满足向投资者等财务报告使用者提供决策有用信息的要求。

会计信息毕竟是一种专业性较强的信息产品，在强调会计信息的可理解性要求的同时，还应假定使用者具有一定的有关企业经营活动和会计方面的知识，并且愿意付出努力去研究这些信息。对于某些复杂的信息，如交易本身较为复杂或者会计处理较为复杂，但其对使用者的经济决策相关的，企业就应当在财务报告中予以充分披露。

四、可比性

可比性，要求企业提供的会计信息应当相互可比。这主要包括两层含义：

一是同一企业不同时期可比。为了便于投资者等财务报告使用者了解企业财务状况、经营成果和现金流量的变化趋势，比较企业在不同时期的财务报告信息，全面、客观地评价过去、预测未来，从而做出决策。会计信息质量的可比性要求同一企业不同时期发生的相同或者相似的交易或者事项，应当采用一致的会计政策，不得随意变更。但是，满足会计信息可比性要求，并非表明企业不得变更会计政策，如果按照规定或者在会计政策变更后可以提供更可靠、更相关的会计信息，可以变更会计政策。有关会计政策变更的情况，应当在附注中予以说明。

二是不同企业相同会计期间可比。为了便于投资者等财务报告使用者评价不同企业的财务状况、经营成果和现金流量及其变动情况，会计信息质量的可比性要求不同企业同一会计期间发生的相同或者相似的交易或者事项，应当采用规定的会计政策，确保会计信息口径一致、相互可比，以使不同企业按照一致的确认、计量和报告要求提供有关会计信息。

五、实质重于形式

实质重于形式，要求企业应当按照交易或者事项的经济实质进行会计确认、计量和报告，不仅仅以交易或者事项的法律形式为依据。

企业发生的交易或事项在多数情况下，其经济实质和法律形式是一致的。但在有些情况下会出现不一致。例如，以融资租赁方式租入的资产虽然从法律形式来讲企业并不拥有其所有权，但是由于租赁合同中规定的租赁期相当长，接近于该资产的使用寿命；租赁期结束时承租企业有优先购买该资产的选择权;在租赁期内承租企业有权支配资产并从中受益等,因此,从其经济实质来看,企业能够控制融资租入资产所创造的未来经济利益,在会计确认、计量和报告上就应当将以融资租赁方式租入的资产视为企业的资产,列入企业的资产负债表。

又如,企业按照销售合同销售商品但又签订了售后回购协议,虽然从法律形式上实现了收入,但如果企业没有将商品所有权上的主要风险和报酬转移给购货方,没有满足收入确认的各项条件,即使签订了商品销售合同或者已将商品交付给购货方,也不应当确认销售收入。

六、重要性

重要性,要求企业提供的会计信息应当反映与企业财务状况、经营成果和现金流量有关的所有重要交易或者事项。

在实务中,如果会计信息的省略或者错报会影响投资者等财务报告使用者据此做出决策的,该信息就具有重要性。重要性的应用需要依赖职业判断,企业应当根据其所处环境和实际情况,从项目的性质和金额大小两方面加以判断。

例如,我国上市公司要求对外提供季度财务报告,考虑到季度财务报告披露的时间较短,从成本效益原则考虑,季度财务报告没有必要像年度财务报告那样披露详细的附注信息。因此,中期财务报告准则规定,公司季度财务报告附注应当以年初至本中期末为基础编制,披露自上年度资产负债表日之后发生的,有助于理解企业财务状况、经营成果和现金流量变化情况的重要交易或者事项。这种附注披露,就体现了会计信息质量的重要性要求。

七、谨慎性

谨慎性,要求企业对交易或者事项进行会计确认、计量和报告应当保持应有的谨慎,不应高估资产或者收益、低估负债或者费用。

在市场经济环境下,企业的生产经营活动面临着许多风险和不确定性,如应收款项的可收回性、固定资产的使用寿命、无形资产的使用寿命、售出存货可能发生的退货或者返修等。会计信息质量的谨慎性要求,需要企业在面临不确定性因素的情况下作出职业判断时,应当保持应有的谨慎,充分估计到各种风险和损失,既不高估资产或者收益,也不低估负债或者费用。例如,要求企业对可能发生的资产减值损失计提资产减值准备、对售出商品可能发生的保修义务等确认预计负债等,就体现了会计信息质量的谨慎性要求。

谨慎性的应用也不允许企业设置秘密准备,如果企业故意低估资产或者收益,或者故意高估负债或者费用,将不符合会计信息的可靠性和相关性要求,损害会计信息质量,扭曲企业实际的财务状况和经营成果,从而对使用者的决策产生误导,这是会计准则所不允许的。

八、及时性

及时性,要求企业对于已经发生的交易或者事项,应当及时进行确认、计量和报告,不得提前或者延后。

会计信息的价值在于帮助所有者或者其他方面作出经济决策,具有时效性。在会计确认、计量和报告过程中贯彻及时性,一是要求及时收集会计信息,即在经济交易或者事项发生后,及时收集整理各种原始单据或者凭证;二是要求及时处理会计信息,即按照会计准则的规定,及时对经济交易或者事项进行确认或者计量,并编制出财务报告;三是要求及时传递会计信息,即按照国家规定的有关时限,及时地将编制的财务报告传递给财务报告使用者,便于其及时使用和决策。并在及时性和可靠性之间作相应权衡,以最好地满足投资者等财务报告使用者的经济决策需要为判断标准。

第七节　企业会计准则

如前所述,基于财务会计工作的需要,为了达到财务会计的目标,需要向财务会计信息使用者提供决策有用的信息,以帮助信息使用者进行决策。为了保证企业对外提供信息的质量,需要对企业会计确认、计量、记录和报告等一系列会计工作分别给予总体和具体的规范指导,主要表现形式就是企业会计准则。

我国的企业会计准则体系由基本会计准则、具体会计准则、准则应用指南和准则解释构成。其中,基本会计准则是“纲”,是具体会计准则制定的出发点和基础,在整个企业会计准则体系中起统御作用。具体会计准则是“目”,是依据基本会计准则的要求对有关业务、事项或报告作出的具体规定。会计准则应用指南和会计准则解释是补充,是对具体会计准则的操作指引。

【案例分析】

【案例一】

张先生在公司创办一年之后,面临一个非常棘手的问题,即工商局、税务局的工作人员都指出他的公司没有按照我国会计准则的要求建立企业的会计制度,记账随意性很大。张先生觉得非常不理解,公司是自己开的,应该有自主权,为什么会计非要按照所谓的会计准则规定去做呢?

案例解析:

张先生的主张不成立。企业虽然有经营自主权,但是企业会计工作必须按照国家会计准则以及相关的规定来进行处理。根据我国《会计法》以及相关法律规范,对会计工作、会计人员、会计机关有一定要求;根据会计准则又对会计核算工作有具体要求。根据我国会计准则和会计法规,企业应当根据会计准则建立企业会计制度,所提供的会计信息符合可靠性、可比性等原则,企业采用的会计政策、会计方法也应当保持连续性、一贯性,不得随意变更。会计准则是会计人员从事会计工作的规则和指南,企业应当严格遵守。

【案例二】

李伟、韩明两人共同投资创建了A公司,最近公司发生了下列经济业务,并由会计做了相应的会计处理。

(1)6月10日,李伟从公司出纳处拿了580元现金给自己的孩子购买玩具,会计将580元记为公司的办公费支出,理由是:李伟是公司的股东,公司的钱也有李伟的一部分。

(2)6月15日,会计将6月1—15日的收入、费用汇总后计算出半个月的利润,并编制了财务报表。

(3)6月20日,公司收到某外资企业支付的业务咨询费2 000美元,会计没有将其折算为人民币反映,而直接记到美元账户中。

(4)6月30日,公司购买了2台电脑,价值12 000元,为了少记利润,少缴税,将12 000元一次性全部计入当期管理费用。

(5)6月30日,收到B公司的预付款30 000元,会计将其作为6月份的收入处理。

(6)6月30日,预付下季度报刊费600元,会计将其作为6月份管理费用处理。

请问:上述A公司的会计处理这些经济业务是否正确?若有错误,主要违背了哪些会计假设或会计原则?

案例解析:

(1)李伟从公司取钱用于私人开支,不属于公司的业务,不能作为公司的办公费支出。会计人员违背了会计主体假设。

(2)6月15日,编制6月1—15日的财务报表是临时性的。我国会计分期假设规定的会计期间为年度、半年度、季度和月份。

(3)我国有关法规要求,企业应以人民币作为记账本位币,但企业业务收支以外币为主,可以选择某种外币作为记账本位币。

(4)购买电脑办公用品,应作为资本性支出,不能一次性计入当期损益,而且属于人为操纵利润,违背了真实性原则。

(5)预收的款项不能作为当期的收入,应先计入负债,等商品发出后才能再确认收入,违背了权责发生制原则。

(6)预付报刊费,应在收益期间内摊销,不能计入支付当期的费用,违背了权责发生制原则。

【复习思考及实务训练】

一、名词解释

会计假设　　会计要素　　资产　　负债　　所有者权益　　收入　　费用

利润　　财务报告　　权责发生制　　收付实现制　　会计信息质量

二、思考题

1. 财务会计的目标是什么?

2. 财务报告包括哪些内容?

3. 财务会计的基本前提有哪些?

4. 财务会计的基本要素是什么?包含哪些具体内容?

5. 会计信息的质量要求有哪些?在具体的会计确认、计量和报告中,这些质量要求是如何体现的?

三、选择题

1. 下列各项中,符合资产会计要素定义的是(　　)。

A. 计划购买的原材料　　B. 待处理财产损失

C. 委托加工物资　　D. 预收款项

2. 企业发生的下列交易或事项,体现实质重于形式这一会计信息质量要求的是(　　)。

A. 确认产品质量保证费用　　B. 计提存货跌价准备

C. 因追加投资,将权益法转为成本法　　D. 售后租回形成融资租赁

3. 以下关于谨慎性要求的表述正确的是(　　)。

A. 公司在一项诉讼中认为很可能败诉赔偿 100 万元,会计小李认为虽然法院没有判决但是满足了预计负债的确认条件,而确认了 100 万元的预计负债,体现了谨慎性要求

B. 临近年关,会计小李根据以往的情况预计 12 月销售收入会提高 50%,为此提前确认了一部分收入,体现了谨慎性要求

C. 会计小李为了给老总留下足够的活动经费而私设小金库,体现了谨慎性要求

D. 会计小李考虑谨慎性要求,为了不高估资产将企业内部研发成功的无形资产发生的所有支出予以费用化,体现了谨慎性要求

4. 下列对会计基本假设的表述中恰当的是(　　)。

A. 货币计量为确认、计量和报告提供了必要的手段

B. 会计主体是指企业会计确认、计量和报告的时间范围

C. 持续经营和会计分期确定了会计核算的空间范围

D. 企业的分公司不可以作为一个会计主体

5. 下列对会计基本假设的表述中恰当的是(　　)。

A. 在会计分期的前提下,会计确认、计量和报告应该以企业持续、正常的生产经营活动为前提

B. 一个会计主体必然是一个法律主体

C. 持续经营确定了会计核算的空间范围

D. 会计分期确立了会计核算的时间范围

6. 下列各项业务中,将使企业负债总额减少的是(　　)。

A. 计提应付债券利息　　B. 融资租入固定资产

C. 发行债券　　D. 支付现金股利

7. 企业发生的下列交易或事项,体现重要性原则的是(　　)。

A. 融资租入固定资产　　B. 不允许设置秘密准备

C. 对固定资产加速计提折旧　　D. 按照10%的标准确定报告分部

8. 下列各项中可以引起资产和所有者权益同时发生变化的是(　　)。

A. 用税前利润弥补亏损

B. 权益法下年末确认被投资企业当年实现的盈利

C. 资本公积转增资本

D. 将一项房产用于抵押贷款

9. 企业提供的会计信息应当清晰明了,便于财务会计报告使用者理解和使用。这体现了(　　)。

A. 相关性要求　　B. 可靠性要求

C. 及时性要求　　D. 可理解性要求

10. (　　)是指会计确认、计量和报告的空间范围。

A. 会计主体　　B. 会计分期

C. 货币计量　　D. 权责发生制

【参考答案】

1. C　2. D　3. A　4. A　5. D　6. D　7. D　8. B　9. D　10. A

第二章 货币资金

【学习目标】

- 了解货币资金的概念、内容和控制原则
- 了解现金的日常管理,掌握现金的会计处理
- 了解银行存款的日常管理及各种银行结算方式
- 掌握银行存款的会计处理及清查方法
- 掌握银行存款余额调节表的编制
- 了解其他货币资金的概念和账务处理

【思维导图】

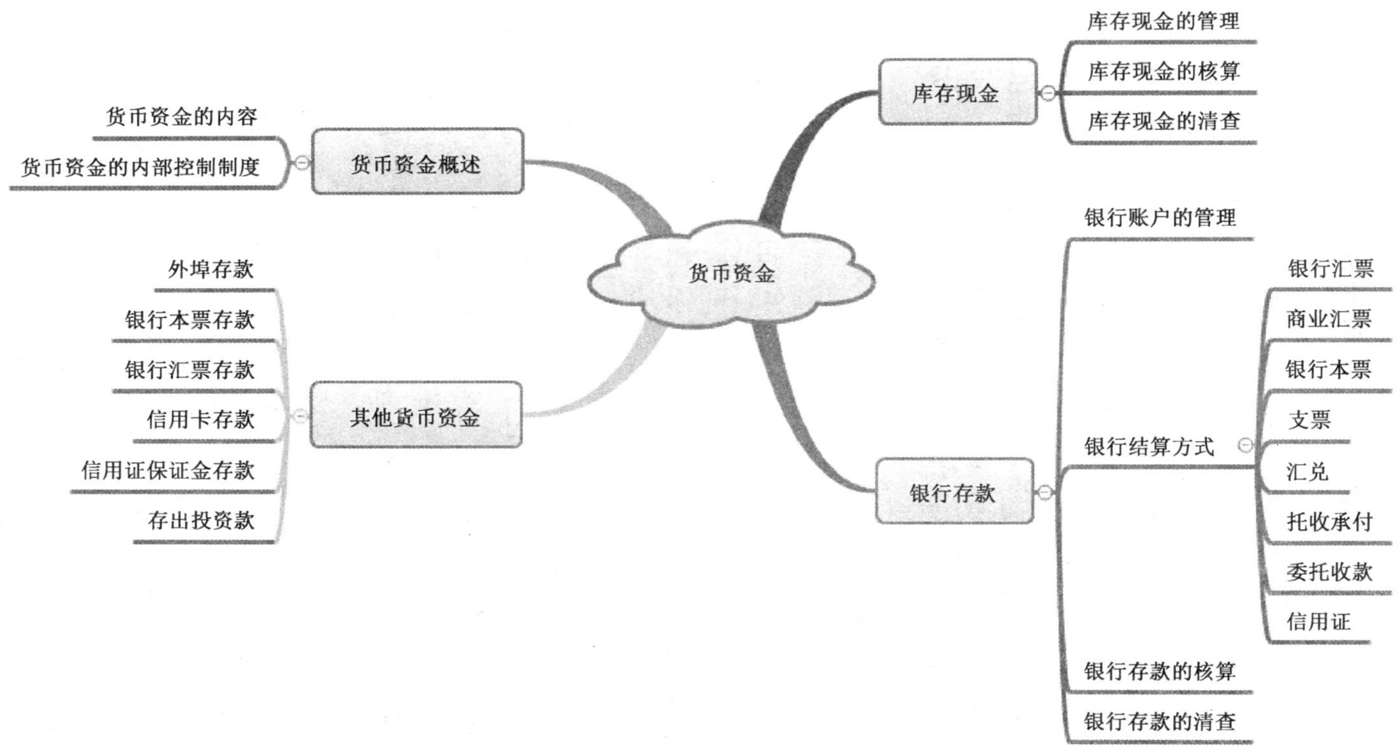

图 2-1　思维导图

第一节　货币资金概述

货币资金是指企业在生产经营过程中处于货币形态的那部分资金，包括库存现金、银行存款和其他货币资金。货币资金是企业资产的重要组成部分，在企业所有资产中是流动性最强的一种资产，也是最能够代表企业现实购买力水平的资产。为了确保生产经营活动的正常进行，企业必须拥有一定数量的货币资金，以便购买所需物资、支付各项费用、偿还债务或进行投资活动。企业所拥有的货币资金量是分析和判断企业偿债能力与支付能力的重要指标。

在企业的经济活动中，由于货币资金收支频繁，容易发生差错和意外损失，成为贪污、挪用或盗窃的重要目标，具有很高的控制风险。因此，企业加强货币资金的控制和核算，对于保护货币资金的安全完整，提高资金周转速度和使用效益具有重要的意义。

一、货币资金的内容

货币资金一般包括现金、存放于银行或其他金融机构的存款以及本票和汇票存款等可以立即支付使用的资金。凡是不能立即支付使用的（如银行冻结存款等）一般不能视为货币资金。就其具体内容来看，货币资金包括库存现金、银行存款和其他货币资金。

二、货币资金的内部控制制度

内部控制制度是指企业为保证经营管理合法合规，保护其资产的安全完整和有效运用，保证会计信息的真实可靠，提高经营管理水平和效益，按照企业内部分工负责的原则而建立的一系列组织规则、业务处理程序以及其他调节方法和措施的总称。一个完整的货币资金内部控制系统，应涉及货币资金管理的各个方面和层次。

为了规范企业的内部控制，财政部于 2016 年 6 月 22 日发布了《内部会计控制规范——货币资金（试行）》。根据该规章的相关规定，货币资金的内部控制一般应包括以下六项主要内容：

（1）建立货币资金业务的岗位责任制，明确相关部门和岗位的职责权限，确保办理货币资金业务的不相容岗位相互分离、制约和监督。单位不得由一人办理货币资金业务的全过程。出纳人员不得兼任稽核、会计档案保管和收入、费用、支出、债权债务账目的登记工作。

（2）办理货币资金业务的岗位应当配备合格的人员，并根据单位具体情况进行岗位轮换。办理货币资金业务的人员应当具备良好的职业道德，忠于职守，廉洁奉公，遵纪守法，客观公正，不断提高会计业务素质和职业道德水平。

（3）建立严格的货币资金业务授权批准制度，明确审批人的授权审批方式、权限、程序、责任和相关控制措施，规定经办人的职责范围和工作要求。严禁未经授权的机构或人员办理货币资金业务或直接接触货币资金。

(4)加强票据管理，明确各种票据的购买、保管、领用、背书转让、注销等环节的职责权限和程序，并专设登记簿进行记录，防止空白票据的遗失和被盗用。

(5)加强银行预留印鉴的管理。加强财务专用章和个人名章的管理，严格履行签字或盖章手续。

(6)建立对货币资金业务的监督检查制度，明确监督检查机构或人员的职责权限，定期和不定期地进行检查。如监督检查是否存在货币资金业务不相容、职务混岗的现象，货币资金授权批准制度的执行情况，支付款项印章的保管情况，票据的保管情况等。

货币资金中库存现金和银行存款所占比重关系重大。因此，对现金和银行存款实施内部控制是货币资金控制和管理的重点。

第二节　库存现金

现金的概念有广义和狭义之分。狭义的现金是指库存现金，即企业财会部门保管的现金，包括纸币、硬币等；广义的现金包括库存现金、银行存款及其他可以普遍接受的流通手段。我国会计核算上所界定的现金概念，除特别说明外，通常是狭义的概念，它仅指库存现金。

一、库存现金的管理

(一)库存现金的使用范围

企业除应遵守货币资金管理和控制的原则、货币资金内部控制的规定外，还要按照现金管理办法对库存现金进行管理。根据国家《现金管理暂行条例》的规定，企业应该在下列范围内使用现金结算：

(1)职工工资、津贴；

(2)个人劳务报酬；

(3)根据国家规定颁发给个人的科学技术、文化技术、体育等各种奖金；

(4)各种劳保、福利费用以及国家规定的对个人的其他支出；

(5)向个人收购农副产品和其他物资的价款；

(6)出差人员必须随身携带的差旅费；

(7)计算起点(1 000 元)以下的零星支出；

(8)中国人民银行确定需要支付现金的其他支出。

企业根据该条例的规定，结合本单位的实际情况，确定本单位现金使用范围。不属于现金使用范围的业务，应当通过开户银行办理转账结算。

（二）库存现金的限额

库存现金的限额是指为了保证企业日常零星开支的需要，允许单位留存现金的最高数额。这一限额由开户银行根据单位的实际需要核定，一般按照单位 3～5 天日常零星开支的需要确定，边远地区和交通不便利的地区开户单位的库存现金限额，可按多于 5 天但不超过 15 天的日常零星开支的需要确定。核定后的库存现金限额，开户单位必须严格遵守，超过部分应及时送存银行。库存现金低于限额时可向银行提取现金补足。需要增加或者减少库存现金限额的单位，应向开户银行提出申请，由开户银行核定。

（三）现金收支管理规定

企业在办理现金收支业务时，应遵守《现金管理暂行条例》关于收支管理的规定。

(1)企业现金收入应于当日送存开户银行。当日送存确有困难的，由开户银行确定送存时间。

(2)企业支付现金，可以从本单位库存现金限额中支付或者从开户银行提取，但不得从本单位的现金收入中直接支付，即不得“坐支”现金。因特殊情况需要坐支现金的单位，应事先报经开户银行审查批准，由开户银行核实坐支范围和限额。

(3)企业签发现金支票从开户银行提取现金，应当写明用途，由本单位财会部门负责人签章，经开户银行审核后，予以支付现金。因采购地点不确定、交通不便、抢险救灾及其他特殊情况必须使用现金的单位，还必须向开户银行提出书面申请。

(4)不准用不符合制度的凭证顶替库存现金，要杜绝“白条抵库”现象；不准谎报用途套取现金；不得利用其他单位和个人存入或支取现金；不得设置“小金库”、保留账外公款，即不得“公款私存”。

银行对于违反上述规定的企业，将按照违规金额的一定比例予以处罚。

二、库存现金的核算

（一）库存现金总分类核算

为了反映和监督现金的收支与结存情况，企业应设置“库存现金”科目进行总分类核算。“库存现金”科目属于资产类，借方登记现金的收入数，贷方登记现金的支出数，期末借方余额反映期末库存现金的余额。

企业发生每笔现金收支业务，都必须根据审核无误的原始凭证编制记账凭证，然后根据记账凭证登记现金总分类账。现金总账可以根据现金收付款凭证和银行存款付款凭证直接登记。如果企业日常收支量较大，为了简化核算，可以根据实际情况采用汇总记账凭证或科目汇总表等核算形式，根据汇总收付款凭证或科目汇总表定期或月终登记。对于从银行提取现金的业务，一般只编制银行存款付款凭证，不再编制现金收款凭证。

【例 2—1】 美洁公司 20×8 年 12 月 1 日发生如下现金业务：收到某公司销售收入 113 元，收到公司职工王某交回出差预借差旅费 500 元。美洁公司账务处理如下：

借：库存现金　　613

　　贷：主营业务收入　　100

　　　　应交税费——应交增值税（销项税额）　　13

　　　　其他应收款——王某　　500

【例 2—2】 美洁公司公共行政管理部门购买办公用品500元。公司账务处理如下：

借：管理费用　　500

　　贷：库存现金　　500

（二）库存现金的清查

为了加强对现金的管理，保证资产的安全与完整，企业应对库存现金进行清查。现金的清查包括出纳员自查和有关清查小组人员的盘查。出纳员应该于每日终了结出当日现金金额，与库存现金进行核对，超出库存现金限额的部分应及时送存银行。清查小组定期或不定期对现金进行全面清查。清查小组清查现金的目的是检查账实、账账是否相符，是否存在挪用与截留现金现象，是否有白条抵库等。清查小组清查时，出纳人员必须在场。清查小组清查结束后，应根据清查结果填制“现金盘点报告单”，注明现金的短缺或者溢余金额。“现金盘点报告单”应由清查人员和出纳员共同签章方能生效。如果发现现金账实不符或有其他问题，应查明原因，及时报告主管负责人或上级领导部门处理。

对于现金清查中发现的账实不符，应通过“待处理财产损溢——待处理流动资产损溢”科目进行核算。属于现金短缺的，应按实际短缺额，借记“待处理财产损溢——待处理流动资产损溢”科目，贷记“库存现金”科目；属于现金溢余的金额，借记“库存现金”科目，贷记“待处理财产损溢——待处理流动资产损溢”科目。待查明原因后按照规定处理，其处理原则如下：

（1）如为现金短缺，则会计处理为：属于应由责任人赔偿的部分，借记“其他应收款——应收现金短缺款”科目，贷记“待处理财产损溢——待处理流动资产损溢”科目；属于应由保险公司赔偿的部分，借记“其他应收款——应收保险赔款”科目，贷记“待处理财产损溢——待处理流动资产损溢”科目；属于无法查明的其他原因，根据管理权限，经过批准后，借记“管理费用”科目，贷记“待处理财产损溢——待处理流动资产损溢”科目。

（2）如为现金溢余，则会计处理为：借记“待处理财产损溢——待处理流动资产损溢”科目，贷方科目属于应支付给有关人员或单位的，则贷记“其他应付款——应付现金溢余”科目；属于无法查明原因的现金溢余，经过批准后，贷记“营业外收入”科目。

【例 2—3】 美洁公司20×8年3月31日对现金进行清查，发现短款80元，原因待查。美洁公司账务处理如下：

借：待处理财产损溢——待处理流动资产损溢　　80

　　贷：库存现金　　80

经查，上述现金短缺属于出纳人员责任造成损失50元，责成赔偿，其余无法查明原因，经批准后计入管理费用。美洁公司账务处理如下：

借：其他应收款——应收现金短款（出纳员） 50

管理费用 30

贷：待处理财产损溢——待处理流动资产损溢 80

【例 2—4】 美洁公司 20×8 年 6 月 30 日在对库存现金进行突击检查时，发现溢余 20 元，原因尚需进一步调查。美洁公司账务处理如下：

借：库存现金 20

贷：待处理财产损溢——待处理流动资产损溢 20

经综合分析，原因无法查明，经批准计入营业外收入。美洁公司账务处理如下：

借：待处理财产损溢——待处理流动资产损溢 20

贷：营业外收入——盘盈利得 20

第三节 银行存款

银行存款是指企业存放在银行或者其他金融机构的货币资金。根据银行管理制度的有关规定，凡是独立核算的企业都必须在银行开设账户。凡是在银行开设账户的企业，收入的所有款项必须送存银行，支付的所有款项除按照有关规定可使用现金外，都必须通过银行办理转账结算。

一、银行账户的管理

企业银行存款账户分为四类：基本存款账户、一般存款账户、专用存款账户和临时存款账户。

基本存款账户是指存款人因办理日常转账结算和现金收付需要而开立的银行结算账户，该账户是存款人的主要账户，存款人日常经营活动的资金收付以及工资、奖金等现金的支取，都应通过此账户办理。每一个企业只能选择一家银行的一个营业机构开立一个基本存款账户，不得在多家银行机构开立基本存款账户。

一般存款账户是指存款人因借款或其他结算需要，在基本存款账户开户银行以外的银行营业机构开立的银行结算账户。该类账户可以办理转账结算和现金缴存，但不得支取现金。一个企业不得在同一家银行的几个分支机构开立多个一般存款账户。

专用存款账户是指存款人按照法律、行政法规和规章，对其特定用途资金进行专项管理和使用而开立的银行结算账户，如基本建设资金、社会保障资金、农副产品资金、证券交易结算资金等。企业的销售货款不得转入专用存款账户。

临时存款账户是指存款人因临时需要并在规定期限内使用而开立的银行结算账户，如设立临时机构、企业异地产品展销、临时性采购基金等。

为了加强对基本存款账户的管理，国家对企业使用银行存款账户有严格的规定，主要有以下要求：

(1)企事业单位开立基本存款账户，要实行开户许可制度，必须凭中国人民银行当地分支机构核发的开户许可证办理，企业不得为还贷、还债和套取现金而多头开立基本存款账户。

(2)不得出租、出借账户。

(3)不得违反规定在异地存款和贷款而开立账户。

(4)个人不得将企业的资金以个人名义开立账户存储。

(5)银行支票要由专人保管和签发，企业不得出借支票或将支票给其他企业或个人使用。

(6)企业应及时、正确地登记银行存款的收支业务，并定期与银行账目核对。

二、银行结算方式

在我国，企业发生货币资金收付业务可以采用银行汇票、商业汇票、银行本票、支票、信用卡、汇兑、托收承付、委托收款和国内信用证等结算方式。企业应按照《支付结算办法》及《中华人民共和国票据法》等有关规定办理各项结算业务。

(一)银行汇票(bank draft)

银行汇票是出票银行签发的，由其在见票时按照实际结算金额无条件支付给收款人或者持票人的票据。在我国，单位和个人办理各种款项结算，均可使用银行汇票。银行汇票可用于转账，填明“现金”字样的银行汇票可用于支取现金。银行汇票的提示付款期限自出票日期1个月。持票人超过付款期限提示付款的，银行将不予受理。收款人可以将银行汇票背书转让给背书人。银行汇票的背书转让以不超过出票金额的实际结算金额为准。未填写实际结算金额或实际结算金额超过出票金额的银行汇票，不得背书转让。银行汇票丢失，失票人可以凭人民法院出具的享有票据权利的证明，向出票银行请求付款或退款。银行汇票具有使用灵活、兑现性强等特点，适用于先收款后发货或钱货两清的商品交易。

(二)商业汇票(commercial draft)

商业汇票是出票人签发的，委托付款人在指定日期无条件支付确定的金额给收款人或者持票人的票据。在银行开立存款账户的法人以及其他组织之间必须具有真实的交易关系或债权债务关系才能使用商业汇票。

商业汇票按照承兑人的不同，分为商业承兑汇票和银行承兑汇票。商业汇票的付款期限由双方商定，最长不得超过6个月。商业汇票的付款人为承兑人。

商业承兑汇票是由银行以外的付款人承兑。商业承兑汇票按交易双方约定由销货企业或购货企业签发，但由购货企业承兑。承兑时购货企业应在汇票正面记载“承兑”字样和承兑日期并签章。承兑不得附有条件，否则视为拒绝承兑。汇票到期时，购货企业的开户银行凭票将票款划给销货企业或贴现银行。销货企业应在提示付款期限内通过开户银行委托收款。汇票到期时，如果购货企业的存款不足以支付票款，开户银行应将汇票退还销货企业，银行不负责付款，由购销双方自行处理。

银行承兑汇票由银行承兑，由在承兑银行开立存款账户的存款人签发。承兑银行按照票面金额向出票人收取万分之五的手续费。购货企业应于汇票到期前将票款足额交存其开户银行，以备承兑银行在汇票到期日或到期日后的见票当日支付票款。销货企业应在汇票到期时将汇票连同进账单送交开户银行以便转账收款，承兑银行凭汇票将承兑款项无条件转给销货企业。如果购货企业于汇票到期日未能足额交存票款，承兑银行除凭票向持票人无条件付款外，对出票人尚未支付的汇票金额按照每天百分之五计收罚息。

采用商业汇票结算方式可以使企业之间债权债务关系表现为外在的票据形式，使商业信用票据化，加强约束力。对于购货企业来说，由于可以延期付款，便可在资金暂时不足的情况下及时购进商品，使商品流转活动顺利进行。对于销货企业来说，可以疏通商品渠道，扩大销售，加速资金周转。汇票经过承兑，信用较高，可以按期收回货款，防止拖欠。在需要资金时，还可以向银行申请贴现，融通资金，比较灵活。

（三）银行本票（banker's promissory note）

银行本票是银行签发的，承诺自己在见票时无条件支付确定金额给收款人或持票人的票据。银行本票的出票人，为经中国人民银行当地分支行批准办理银行本票业务的银行机构。

银行本票分定额银行本票和不定额银行本票两种，定额银行本票有 1 000 元、5 000 元、10 000 元和 50 000 元四种面值。不定额银行本票根据实际结算金额确定，由银行用压数机压印出票金额。银行本票可以用于转账，注明现金字样的银行本票可以用于支取现金。

单位和个人在同一票据交换区域需要支付各种款项均可以使用银行本票。银行本票的提示付款期限自出票日期最长不得超过 2 个月。

银行本票一律记名，可以根据需要在票据交换区域内背书转让。银行本票丧失，失票人可以凭人民法院出具的其享有票据权利的证明，向出票银行请求付款或退款。银行本票见票即付。

（四）支票（check）

支票是出票人签发的，委托办理支票存款业务的银行在见票时无条件支付确定的金额给收款人或者持票人的票据。支票结算是同城结算中应用比较广泛的一种方式。单位和个人在同一票据交换区域的各种款项结算均可以使用支票。

支票上印有“现金”字样的为现金支票，现金支票只能用于支取现金。支票上印有“转账”字样的为转账支票，转账支票只能用于转账。支票上未印有“转账”或“现金”字样的为普通支票，普通支票可以用于支取现金，也可以用于转账。在普通支票左上角划两条平行线的，为划线支票，划线支票只能用于转账，不能支取现金。

支票的提示付款期限自出票日起 10 日，但中国人民银行另有规定的除外。超过提示付款期限的，持票人开户银行不予受理，付款人不予付款。转账支票可以根据需要在票据交换区域内背书转让。

企业财会部门在签发支票前，出纳人员应该认真查明银行存款账面余额，防止签发超过存款余额的空头支票。

（五）信用卡(credit card)

信用卡是指商业银行向个人或单位发行的，凭其向特约单位购物、消费和向银行存取现金，且具消费信用的特制载体卡片。信用卡按使用对象分为单位卡和个人卡，按信誉等级分为金卡和普通卡。

凡在境内金融机构开立基本存款账户的单位可申领单位卡。单位卡可申领若干张，持卡人资格由申领单位法定代表人或其委托的代理人书面指定或注销。持卡人可持信用卡在特约单位购物、消费，但不得用于 10 万元以上的商品交易、劳务供应款项的结算。单位卡一律不得支取现金。

信用卡在规定的限额和期限内允许善意透支，但不允许恶意透支，即超过规定限额和期限，并经发卡银行催收无效的透支行为。

（六）汇兑(exchange)

汇兑是汇款人委托银行将其款项支付给收款人的结算方式。单位和个人的各种款项结算均可使用汇兑结算方式。汇兑结算方式适用于异地之间的各种款项结算。这种结算方式简便灵活。在我国，汇兑分为信汇和电汇两种。信汇是指委托银行通过邮寄方式将款项划给收款人。电汇是指汇款人委托银行通过电报或者电子方式将款项划给收款人。

（七）托收承付 (collection with acceptance)

托收承付亦称异地托收承付，是指根据购销合同由收款人发货后委托银行向异地付款人收取款项，由付款人向银行承认付款的结算方式。根据《支付结算办法》的规定，托收承付结算每笔的金额起点为10 000元，新华书店系统每笔的金额起点为1 000元。结算款项划回可用邮寄或电报两种方式。

《支付结算办法》规定，托收承付的适用范围是：(1)使用该结算方式的收款单位和付款单位，必须是国有企业或供销合作社以及经营较好，并经开户银行审查同意的城乡集体所有制工业企业；(2)办理结算的款项必须是商品交易以及因商品交易而产生的劳务供应款项。代销、寄销、赊销商品款项，不得办理托收承付结算。

除符合以上两个前提外，还必须具备以下三个条件：(1)收付双方使用托收承付结算必须签有符合《合同法》的购销合同，并在合同中注明使用异地托收承付结算方式。(2)收款人办理托收，必须具有商品确已发运的证件。(3)收付双方办理托收承付结算，必须重合同、守信誉。根据《支付结算办法》规定，若收款人对同一付款人发货托收累计三次收不回货款的，收款人开户银行应暂停收款人向付款人办理托收；付款人累计三次提出无理拒付的，付款人开户银行应暂停其向外办理托收。

（八）委托收款（entrusted collection of payment）

委托收款是收款人委托银行向付款人收取款项的结算方式。单位和个人凭已承兑商业汇票、债券、存单等付款人债务证明办理款项的结算均可以使用委托收款结算方式。委托收款还适用于收取电费、电话费等公用事业费。

收款人办理委托收款应向银行提交委托收款凭证和有关的债务证明。银行接到委托收款凭证及债务证明，审查无误办理付款。以银行为付款人的，银行应当在当日将款项主动支付给收款人。以单位为付款人的，银行应及时通知付款人。付款人在接到通知的次日起 3 日内未通知银行付款的，视同付款人同意付款，银行应于付款人接到通知日的次日起 4 日上午开始营业时，将款项划给收款人。

（九）信用证（letter of credit）

信用证是指开证银行依照申请人的申请开出的，凭符合信用证条款的单据支付款项的付款承诺。

信用证起源于国际贸易结算。在国际贸易活动中，买卖双方可能互不信任，买方担心预付款后，卖方不按合同要求发货；卖方也担心在发货或提交货运单据后买方不付款。因此需要两家银行作为买卖双方的保证人，代为收款交单，以银行信用代替商业信用。银行在这一活动中所使用的工具就是信用证。

采用信用证结算方式，由付款人首先向开证银行申请办理开证业务。开证行在决定受理该项业务时，应向申请人收取不低于开证金额 20%的保证金。信用证开立后，通知收款方银行转告收款人。收款人按照合同和信用证规定的条件发货后，将有关发票账单连同运输单和信用证送交银行，办理付款。

三、银行存款业务的核算

为了总括地反映企业银行存款的收支及结算情况，应设置“银行存款”科目。该科目属于资产类科目，其借方登记银行存款的增加数，贷方登记银行存款的减少数，期末借方余额表示企业银行存款的实际结余数。银行存款应按照银行和其他金融机构的名称和存款种类进行明细核算。有外币存款业务的企业，还应分别人民币和外币进行明细核算。

企业将款项存入银行或收到银行存款时，应根据银行存款的收款凭证及有关单据借记“银行存款”科目，贷记相关科目；企业支出银行存款时，应根据银行存款付款凭证及有关单据借记相关科目，贷记“银行存款”科目。

【例 2—5】 美洁公司 20×8 年 10 月 1 日，销售产品一批，不含税价款40 000元，增值税销项税额5 200元。收到转账支票一张，当日存入银行。美洁公司的账务处理如下：

借:银行存款　45 200

　贷:主营业务收入　40 000

　　应交税费——应交增值税(销项税额)　5 200

【例2－6】 美洁公司20×8年10月10日签发转账支票一张,支付前欠A公司货款100 000元。美洁公司账务处理如下:

借:应付账款——A公司　100 000

　贷:银行存款　100 000

企业在银行的其他存款,如外埠存款、银行本票存款、银行汇票存款、信用证存款等,不在"银行存款"科目核算,而是通过"其他货币资金"科目进行核算。

在进行银行存款总分类账核算的同时,企业必须设置银行存款日记账来进行序时核算,以全面、连续地反映和监督银行存款的动态和结存情况。序时核算由企业的出纳人员根据银行存款的收款凭证和付款凭证,按照银行存款收付业务发生的时间顺序,逐日逐笔在银行存款日记账上进行登记,按日、月结出收付合计数和余额。

四、银行存款的清查

企业应定期或不定期地进行银行存款的清查。银行存款的清查是指企业银行存款日记账的账目余额与其开户行转来的对账单的余额进行核对。企业在进行账单核对时,往往会出现银行存款日记账余额与银行对账单余额不符的情况,双方余额不一致的原因除记账错误外,主要是因为未达账项。所谓未达账项,是指由于企业与银行取得有关凭证的时间不同,而发生的一方已经取得凭证入账,另一方由于未得到凭证而尚未登记入账的款项。具体有以下四种情况:

(1)企业送存银行的款项,企业已作银行存款增加入账,而银行尚未办妥收款手续,未计入企业的银行存款户,即企业已收银行未收。

(2)企业开出了付款凭证,企业已作银行存款减少入账,而银行尚未办妥付款手续,未计入企业的银行存款户,即企业已付银行未付。

(3)银行已为企业收进款项,增加企业银行存款的账户,而企业尚未收到收款凭证,未计入企业的银行存款户,即银行已收企业未收。

(4)银行已为企业支付款项,减少企业银行存款的账户,而企业尚未收到付款凭证,未计入企业的银行存款户,即银行已付企业未付。

对于未达账项应通过编制"银行存款余额调节表"进行检查核对。"银行存款余额调节表"的编制方法是:在双方现有余额的基础上,各自加上对方已收、本方未收的账项,减去对方已付、本方未付的账项,并计算双方调节后的余额。如没有记账错误,调节后的双方余额应相等。通过调节后的银行存款余额即是企业银行存款的实有数。

【例2－7】 美洁公司20×8年11月30日银行存款日记账月末余额为69 160元,而银行对账单余额为68 160元，经逐笔核对，发现下列未达账项：

(1)11 月 28 日，企业委托银行代收款项 1 400 元，银行已收妥款项入账，但企业尚未接到银行通知，尚未入账；

(2)11 月 28 日，企业开出转账支票一张 1 400 元，持票人尚未到银行办理转账，银行尚未入账；

(3)11 月 29 日，银行代企业支付电话费 1 300 元，企业尚未接到银行的付款通知，尚未入账；

(4)11 月 30 日，企业送存银行支票 2 500 元，银行尚未记入企业存款账户。

根据以上业务内容，可以编制“银行存款余额调节表”，如表 2—1 所示。

表 2—1 **银行存款余额调节表**

20×8 年 11 月 30 日 单位：元

项　目	金 额	项　目	金 额
银行对账单余额	68 160	企业银行存款日记账余额	69 160
加：企业已收银行未收	2 500	加：银行已收企业未收	1 400
减：企业已付银行未付	1 400	减：银行已付企业未付	1 300
调节后余额	69 260	调节后余额	69 260

经过调节，如果双方调节后的余额相等，则可以认为双方的记录是正确的，但不确保完全无误，如果双方调节后的余额不相等，则可以肯定一方或双方记录存在错误，应找出错误所在并予以更正。

还应当注意的是：银行存款余额调节表主要用于核对企业和银行双方的记账是否存在差错，不能作为记账的依据。对于因未达账项而使银行和企业账目出现的差异，一般无须做账目调整，待结算凭证到达后再进行账务处理，登记入账。

第四节　其他货币资金

其他货币资金是指企业除库存现金、银行存款以外的各种货币资金，主要包括外埠存款、银行本票存款、银行汇票存款、信用卡存款、信用证保证金存款、存出投资款等。

由于其他货币资金的存放地点、用途和库存现金、银行存款不同，因而应对其核算单独设置“其他货币资金”科目进行。该科目属于资产类科目，借方登记其他货币资金的增加数，贷方登记其他货币资金的减少数，期末借方余额反映其他货币资金的结余数额。该科目需要按照内容分设外埠存款、银行汇票存款等明细科目进行明细核算。

一、外埠存款

外埠存款是指企业到外地进行临时或零星采购时，汇往采购地银行开立采购专户的款项。企业汇出款项时，须填写汇款委托书，加盖“采购资金”字样。汇入银行对汇入的采购款项，以汇款单位名义开立采购账户。采购资金存款不计利息，除采购员差旅费可以支取少量现金外，一律转账。采购专户只付不收，付完结束账户。

企业将款项委托当地银行汇往采购地开立专户时借记“其他货币资金——外埠存款”科目，贷记“银行存款”科目。收到采购员交来供货单位发票账单及报销凭证时借记“在途物资”“原材料”“库存商品”“应交税费——应交增值税(进项税额)”等科目，贷记“其他货币资金——外埠存款”科目。如果该专户有多余的款项，应通过银行转回汇款人所在地银行，根据银行的收账通知借记“银行存款”科目，贷记“其他货币资金——外埠存款”科目。

【例 2—8】 美洁公司为采购原材料在采购地银行开立临时采购专户，以电汇方式汇出款项。其相关经济业务账务处理如下：

(1)20×8 年 11 月 10 日，以电汇方式汇出款项 250 000 元。

借：其他货币资金——外埠存款	250 000	
贷：银行存款		250 000

(2)20×8 年 11 月 12 日，采购员张红支取差旅费 3 000 元。

借：其他应收款——张红	3 000	
贷：其他货币资金——外埠存款		3 000

(3)20×8 年 11 月 16 日，采购员张红交来供应单位增值税专用发票及差旅费报销凭证等，增值税专用发票列明原材料价款150 000元，增值税进项税额19 500，差旅费报销单列明差旅费 2 600 元，退回现金 400 元。原材料已验收入库。

借：原材料	150 000	
应交税费——应交增值税(进项税额)	19 500	
贷：其他货币资金——外埠存款		169 500
借：管理费用	2 600	
库存现金	400	
贷：其他应收款——张红		3 000

(4)20×8 年 11 月 20 日，收到银行转来收账通知，采购专户尾款 73 000 元如数划回。

借：银行存款	73 000	
贷：其他货币资金——外埠存款		73 000

二、银行本票存款

银行本票存款是指企业为取得银行本票，按照规定存入银行的款项。

企业向银行提交“银行本票申请书”并将款项交存银行取得银行本票后，根据银行盖章退回的申请书存根联借记“其他货币资金——银行本票存款”科目，贷记“银行存款”科目。企业使用银行本票后，根据发票账单等有关凭证借记“在途物资”“原材料”“库存商品”“应交税费——应交增值税(进项税额)”等科目，贷记“其他货币资金——银行本票存款”科目。因本票超过付款期等原因而要求退款时，应当填制进账单连同本票一并送交银行，根据银行盖章退回的进账单第一联，借记“银行存款”，贷记“其他货币资金——银行本票存款”科目。

【例 2—9】 美洁公司以银行本票结算方式采购原材料，其有关经济业务的账务处理如下：

(1)20×8 年 11 月 1 日，美洁公司向银行提交“银行本票申请书”，并交存款项120 000元，银行受理后签发银行本票。

借：其他货币资金——银行本票存款	120 000	
贷：银行存款		120 000

(2)20×8 年 11 月 2 日，美洁公司用银行本票支付采购材料货款113 000元。其中，增值税进项税额13 000元，现已收到有关发货票账单等凭证，材料已验收入库。

借：原材料	100 000	
应交税费——应交增值税(进项税额)	13 000	
贷：其他货币资金——银行本票存款		113 000

(3)20×8 年 11 月 4 日，收到银行转来的银行本票多余款收款通知，退回余款7 000元。

借：银行存款	7 000	
贷：其他货币资金——银行本票存款		7 000

三、银行汇票存款

银行汇票存款是指企业为取得银行汇票，按照规定存入银行的款项。

企业在填写“银行汇票申请书”并将相应款项交存银行取得银行汇票后，根据银行盖章退回的申请书存根联借记“其他货币资金——银行汇票存款”科目，贷记“银行存款”科目。企业使用银行汇票后，根据发票账单等有关凭证借记“在途物资”“原材料”“库存商品”“应交税费——应交增值税(进项税额)”等科目，贷记“其他货币资金——银行汇票存款”科目。如有多余款或者因汇票超过付款期等原因而要求退款时，根据开户行转来的银行汇票多余款收账通知联借记“银行存款”，贷记“其他货币资金——银行汇票存款”科目。

【例 2—10】 美洁公司以银行汇票方式采购原材料，其有关经济业务的账务处理如下：

(1)20×8 年 4 月 6 日向银行提交“银行汇票申请书”，并交存款项 10 000 元，银行受理后签发银行汇票。

借:其他货币资金——银行汇票　10 000

　贷:银行存款　10 000

(2)4月8日购入材料一批,金额共计7 910元,其中增值税税额910元,现已收到银行转来的银行汇票第四联及所附发票账单等凭证,材料已验收入库。

借:原材料　7 000

　应交税费——应交增值税(进项税额)　910

　贷:其他货币资金——银行汇票　7 910

(3)4月12日已将余款退回银行存款账户。

借:银行存款　2 090

　贷:其他货币资金——银行汇票　2 090

四、信用卡存款

信用卡存款是企业为取得信用卡而存入银行信用卡专户的款项。

企业申领信用卡,按照有关规定填制申请表,并按照银行要求交存备用金。银行开立信用卡存款账户,发出信用卡。企业根据银行盖章退回的交存备用金的进账单,做如下账务处理:

借:其他货币资金——信用卡

　贷:银行存款

企业收到信用卡存款的付款凭证及相关发票账单时,做如下账务处理:

借:管理费用等

　贷:其他货币资金——信用卡

五、信用证保证金存款

信用证保证金存款是指采用信用证结算方式的企业为开具信用证而存入银行信用证保证金专户的款项。

企业向银行申请开出信用证用于支付供货单位购货款项时,根据开户银行盖章退回的"信用证委托书"回单,做如下账务处理:

借:其他货币资金——信用证保证金

　贷:银行存款

企业购入货物,收到供货单位信用证结算凭证及所附发票账单时,应做如下账务处理:

借:原材料等

　应交税费——应交增值税(进项税额)

贷:其他货币资金——信用证保证金

企业收到未用完的信用证保证金存款余款时,应做如下账务处理:

借:银行存款

贷:其他货币资金——信用证保证金

六、存出投资款

存出投资款是企业已存入证券公司但尚未进行短期投资的资金。

企业向证券公司划出资金时,应按实际划出的金额做如下账务处理:

借:其他货币资金——存出投资款

贷:银行存款

购买股票、债券时,按实际发生的金额,做如下账务处理:

借:交易性金融资产等

贷:其他货币资金——存出投资款

为了总括反映企业货币资金的基本情况,企业资产负债表上一般只列示"货币资金"项目,通常位于流动资产列报位置的第一项,期末数应根据库存现金、银行存款和其他货币资金三个总账账户的期末余额的合计数填列。但金融企业(如商业银行)可根据需要按"现金及存放中央银行款项""存放同业及其他金融机构款项""拆除资金"等项目分别列示其货币资金情况,并披露现金及存放中央银行款项的详细信息,以提供可靠且更相关的货币资金信息。

【案例分析】

货币资金是企业资产中最有诱惑力、最容易被侵吞挪用的一项资产。A公司财务部门比较小,仅有两个人,一名是财务经理,另一名是出纳并兼做会计。财务印章保存在财务经理手中,每次出纳去银行取钱都必须找经理盖章。这种制度刚开始尚能坚持,久而久之,经理觉得很麻烦,出于对出纳的信任,财务经理同意每次去取钱时,出纳可以自行从抽屉中拿取印章来盖,以至于出纳趁经理不留意偷偷在许多空白支票上盖章。该出纳因喜欢赌博,自2009年以来借管理支票之便,私盖印章,从银行提取现金,挪用公款达百万元。

要求:指出A公司货币资金管理中存在的问题及完善措施。

【复习思考及实务训练】

一、名词解释

货币资金　库存现金　银行存款　银行汇票　商业汇票　支票
信用证　托收承付

二、简答题

1. 如何理解货币资金的概念？现金概念和货币资金概念一样吗？
2. 货币资金的内部控制制度主要包括哪些内容？
3. 银行转账结算的方式有哪些？
4. 简述企业可以使用库存现金支付的范围。
5. 其他货币资金内容包括哪些？如何核算？

三、单选题

1. 无法查明原因的现金短缺，按照管理权限经批准处理时应转入(　　)。
A. 其他应收款　B. 营业外支出
C. 管理费用　D. 财务费用

2. 某企业清查中发现现金较账面余额多出 200 元，经反复核查，长款原因仍然不明，经批准后应转入(　　)科目。
A. 库存现金　B. 营业外收入
C. 待处理财产损溢　D. 其他应收款

3. 企业的工资、奖金等现金支取，应通过(　　)办理。
A. 基本存款账户　B. 一般存款账户
C. 临时存款账户　D. 专用存款账户

4. 商业汇票付款期限由交易双方商定，但最长不超过(　　)。
A. 3 个月　B. 6 个月　C. 9 个月　D. 12 个月

5. 现金支票可以用于(　　)。
A. 转账　B. 支取现金
C. 异地结算　D. 支取现金或转账

6. 支票的提示付款期限自出票日起(　　)，但中国人民银行另有规定的除外。
A. 3 天　B. 5 天　C. 10 天　D. 15 天

7. 一个单位只能在一家金融机构开设一个(　　)。
A. 一般存款户　B. 专用存款
C. 临时存款　D. 基本存款账户

8. 对于银行已经入账而企业尚未入账的未达账项，企业应当(　　)。

A. 根据银行对账单记录的金额入账

B. 在编制银行存款余额调节表的同时入账

C. 等有关单据到达时再进行账务处理

D. 根据银行对账单和银行存款余额调节表自制原始凭证入账

9. 企业因到外地临时采购而将款项汇往在采购地银行开立的采购专户时，应当借记(　　)科目。

A. 材料采购　　B. 在途物资

C. 预付账款　　D. 其他货币资金

10. 下列项目中，不属于货币资金的是(　　)。

A. 库存现金　　B. 银行存款

C. 其他货币资金　　D. 应收账款

【参考答案】

1.C　2.B　3.A　4.B　5.B　6.C　7.D　8.C　9.D　10.D

四、计算及实务题

1. 20×8 年 8 月 31 日，黄河公司"银行存款日记账"的账面余额为834 028元，开户银行对账单余额为841 250元。经逐笔核对，发现下列未达账项：

(1)公司收到客户支付货款 11 500 元的转账支票，银行尚未入账；

(2)银行已代公司支付到期货款 10 028 元，公司尚未入账；

(3)银行已收到外单位汇款 26 000 元，公司尚未入账；

(4)公司开出转账支票支付咨询费 2 750 元，持票人尚未到银行办理转账手续。

要求：根据上述资料，编制"银行存款余额调节表"。

2. 黄河公司 20×8 年 5 月份业务如下：

(1)5 月 12 日，企业开出现金支票一张，从银行提取现金 3 000 元，企业用现金支付水电费 250 元，李刚去上海采购原材料，不方便携带现金，故委托当地银行汇款 9 280 元到上海开立采购专户，并从财务预借差旅费 1 000 元，财务以现金支付。

(2)5 月 18 日，李刚出差归来，交回采购有关的供应发票账单，共支付材料款项9 040元，其中，价款 8 000 元，增值税 1 040 元。并报销差旅费 1 200 元，财务以现金补付余款。

(3)5 月 20 日，企业收到大连某公司上月所欠货款 50 000 元的银行转账支票一张，支票和填制的进账单送交开户银行。

(4)5 月 22 日，采购员持银行汇票一张前往北京采购材料，汇票价款8 000元，购买原材料时，实际支付价款6 000元、增值税 780 元。

(5)5 月 25 日，采购员返回企业时，银行已将多余款项退回企业开户银行。

(6)5 月 31 日，企业对现金进行盘查，发现现金短款 500 元。原因正在调查中。

(7)5 月 31 日，发现短缺的现金是由出纳员小顾的工作失职造成的，应由其赔偿的金额为 400 元，另外 100 元无法查明原因，经批准转作管理费用。

要求：根据上述业务编制会计分录。

【参考答案】

1.

银行存款余额调节表

20×8 年 8 月 31 日

项　目	金　额	项　目	金　额
公司银行存款日记账	834 028	银行对账单余额	841 250
加：银行已收，企业未收	26 000	加：企业已收，银行未收	11 500
减：银行已付，企业未付	10 028	减：企业已付，银行未付	2 750
调节后余额	850 000	调节后余额	850 000

2.

1.(1) 提取现金：

借：库存现金　3 000

　贷：银行存款　3 000

支付水电费：

借：管理费用　250

　贷：库存现金　250

开设采购专户：

借：其他货币资金——外埠存款　9 280

　贷：银行存款　9 280

预借差旅费：

借：其他应收款——李刚　1 000

　贷：库存现金　1 000

(2)购买原材料：

借：原材料　8 000

　应交税费——应交增值税(进项税额)　1 040

　贷：其他货币资金——外埠存款　9 040

报销：

借：管理费用	1 200	
贷：其他应收款——李刚		1 000
库存现金		200

(3)收到前欠款项：

借：银行存款	50 000	
贷：应收账款——大连公司		50 000

(4)办理汇票：

借：其他货币资金——银行汇票存款	8 000	
贷：银行存款		8 000
借：原材料	6 000	
应交税费——应交增值税(进项税额)	780	
贷：其他货币资金——银行汇票存款		6 780

(5)多余款项返还银行

借：银行存款	1 220	
贷：其他货币资金——银行汇票存款		1 220

(6)现金短款

借：待处理财产损溢——待处理流动资产损溢	500	
贷：库存现金		500

(7)查明原因，经批准处理：

借：其他应收款——小顾	400	
管理费用	100	
贷：待处理财产损溢——待处理流动资产损溢		500

第三章　应收款项

【学习目标】

- 了解应收款项的含义及包含的内容
- 掌握应收账款余额百分比法、账龄分析法、销货百分比法和个别认定法四种计提坏账的会计处理。
- 掌握应收票据的取得、计息、票据贴现和到期的账务处理
- 掌握其他应付款、预付账款的会计处理

【思维导图】

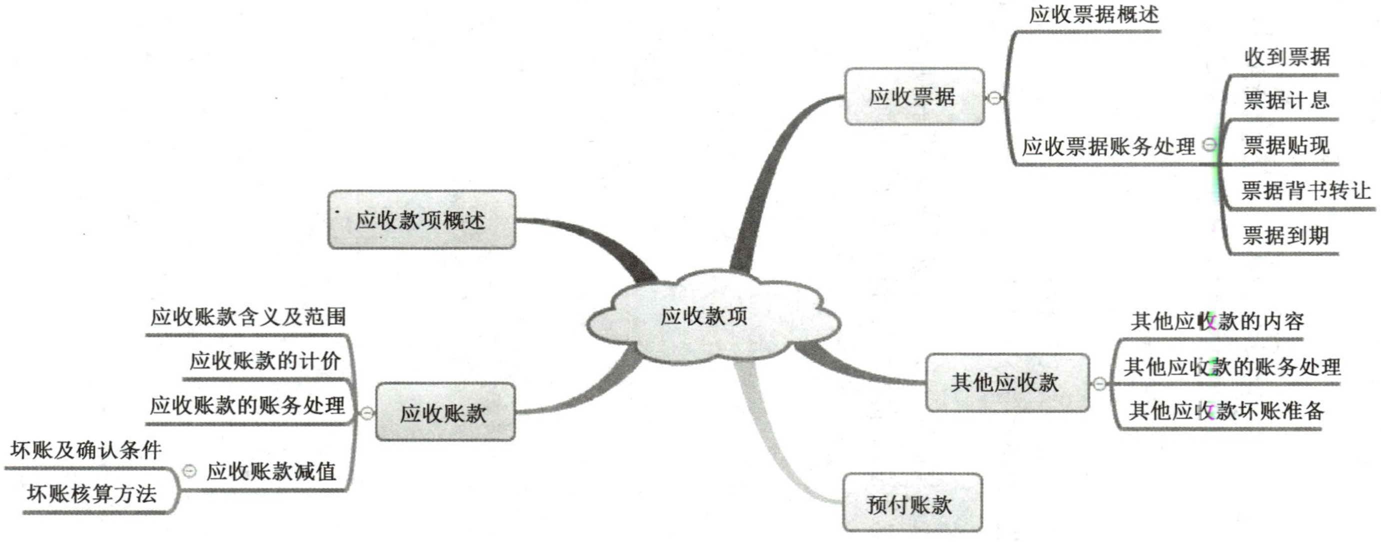

图 3-1　思维导图

第一节 应收款项概述

应收款项泛指企业拥有的将来获取现款、商品或劳务的权利。它是企业在日常生产经营过程中发生的各种债权，是企业重要的流动资产。主要包括：应收账款、应收票据、预付款项、应收股利、应收利息、其他应收款等，特指企业在经营过程中形成的各种债权。

(1)应收账款。应收账款是企业因销售商品、产品，提供劳务等经营活动应收取的款项。

(2)应收票据。应收票据是指企业持有的未到期或未兑现的商业汇票。

(3)预付账款。预付账款是指企业按照购货合同或劳务合同规定，预先支付给供货方或提供劳务方的账款。

(4)应收股利。应收股利是指企业因股权投资而应收取的现金股利或因其他投资而应收其他单位的利润。

(5)应收利息。应收利息是指企业因债权投资而应收取的利息。

(6)其他应收款。其他应收款是指企业除应收票据、应收账款、预付账款等以外的其他各种应收及暂付款项。

第二节 应收账款

一、应收账款的含义及范围

应收账款是企业因销售商品、产品，提供劳务等经营活动应收取的款项。其范围主要包括以下三方面：

(1)应收账款是指因销售活动或提供劳务而形成的债权。凡不是因销售商品或提供劳务等经营活动而发生的应收款项，不应列入应收账款。如应收职工欠款、应收债务人的利息、应收保险赔款、应收已宣告分配的现金股利等，均不应列入应收账款。

(2)应收账款是指流动资产性质的债权，不包括长期性质的债权，如因销售商品、产品，提供劳务等。合同或协议价款采用递延方式、实质上具有融资性质的，属于长期应收款。

(3)应收账款是企业应收客户的款项，不包括企业付出的各类存出保证金，如投标保证金和租入包装物保证金。

二、应收账款的计价

应收账款的计价，是指应收账款入账金额的确定。通常情况下，应收账款应按买卖双方成交时的实际金额计价入账。应收账款的入账价值一般包括企业销售商品、提供劳务等应从购货方或接受劳务方应收的合同或协议价款(不公允的除外)、增值税销项税额,以及代购货单位垫付的包装费、运杂费等。但在商业活动中由于存在商业折扣、销售退回与折让等,使交换价格发生变动,从而影响应收账款价值的确定。

(一)商业折扣

商业折扣,是指在商品交易时从价目单所列售价中扣减一定的数额。商业折扣是企业最常用的促销方式之一。企业为了扩大销售、占领市场,对于批发商往往给予商业折扣,采用销量越多、价格越低的促销策略,也就是我们通常所说的"薄利多销",如购买5件,销售价格折扣10%;购买10件,折扣20%等。由于商业折扣在商品交易成立及实际付款之前予以扣除,因此,对应收账款和营业收入不产生影响,会计记录只按商品定价扣除商业折扣后的净额入账。

(二)现金折扣

现金折扣又称销售折扣,是指为了鼓励客户在一定时期内早日付款而给予的价格优惠,折扣多少由客户付款的早晚决定。它通常表示为2/10、1/20、N/30,即如果在10天内付款,可享受2%的折扣,20天内付款可享受1%的折扣,超过20天则无折扣。

由于现金折扣发生在交易成立后,那么在交易日,应收账款和营业收入是以总额入账,还是以扣除现金折扣后的净额入账?对此通常有两种会计处理方法:一是总价法,二是净价法。我国会计实践中规定采用总价法。即在销售业务发生时,应收账款和销售收入以未扣减现金折扣前的实际售价作为入账价值,实际发生的现金折扣作为对客户提前付款的鼓励性支出,并作为财务费用。

(三)销售退回与折让

企业已售出的商品,有时因其规格、质量不符等问题,购货方可能要求部分或全部退货或要求减让部分货款,这种情况称为销售退回或折让。发生销货退回与折让时,应冲减已入账的应收账款。

三、应收账款的账务处理

应收账款的核算是通过"应收账款"科目进行的,该科目属于资产类科目,借方登记应收的金额,贷方登记客户归还的应收金额,期末借方余额,反映企业期末尚未收回的应收账款;期末如为贷方余额,反映企业预收的账款。预收货款不多的企业,也可不设"预收账款"科目,而将预收账款业务直接记入"应收账款"科目。"应收账款"科目应按照债务人进行明细核算。

企业发生应收账款时,按应收金额,借记"应收账款"科目,按实现的营业收入,贷记"主营业务收入"等科目,按专用发票上注明的增值税税额,贷记"应交税费——应交增值税(销项税额)"科目。收回应收账款时,借记"银行存款"科目,贷记"应收账款"科目。代购货单位垫付的包装费、运杂费,借记"应收账款"科目,贷记"银行存款"科目。收回代垫费用时，借记“银行存款”科目，贷记“应收账款”科目。

(1)在没有商业折扣的情况下，应收账款应按应收的全部金额入账。

(2)在有商业折扣的情况下，应收账款和销售收入按扣除商业折扣后的金额入账。

(3)在有现金折扣的情况下，应采用总价法核算。

【例 3—1】 20×8 年 6 月 1 日甲公司赊销给乙公司商品一批，货款 300 000 元，增值税税率为 13%，增值税税额 39 000 元，以银行存款代垫运杂费 6 000 元(假设不作为计税基础)。甲公司应作如下会计处理：

借：应收账款——乙公司　345 000
　贷：主营业务收入　300 000
　　应交税费——应交增值税(销项税额)　39 000
　　银行存款　6 000

甲公司实际收到款项时，应编制如下会计分录：

借：银行存款　345 000
　贷：应收账款——乙公司　345 000

【例 3—2】 20×8 年 7 月 1 日，甲公司向丙公司赊销商品 100 件，每件原价1 000元，由于是批量销售，甲公司同意给予丙公司 20%的商业折扣，增值税税率为 13%，甲公司应作如下会计处理：

借：应收账款——丙公司　90 400
　贷：主营业务收入　80 000
　　应交税费——应交增值税(销项税额)　10 400

【例 3—3】 承接【例 3—2】，合同规定对货款部分的现金折扣条件为：2/10，1/20，N/30(假定计算现金折扣时不考虑增值税)；丙公司于 20×8 年 7 月 9 日支付了全部款项。则甲公司收到款项的会计处理为：

实际发生现金折扣时：

借：银行存款　88 800
　财务费用　1 600
　贷：应收账款——丙公司　90 400

假如丙公司超过 20 天付款，则无现金折扣：

借：银行存款　90 400
　贷：应收账款——丙公司　90 400

四、应收账款减值

(一)坏账及确认条件

企业的各种应收款项，可能会因购货人拒付、破产、死亡等原因而无法收回。这类无法收回的应收款项就是坏账。因坏账而遭受的损失为坏账损失。企业应收账款符合下列条件之一的，应确认为坏账：

(1)因债务人死亡，以其遗产清偿后仍然无法收回；

(2)因债务人破产，以其破产财产清偿后仍然无法收回；

(3)债务人较长时期内(如超过3年)未履行偿债义务，并有足够的证据表明无法收回或收回的可能性极小。

(二)坏账核算方法

企业因坏账而发生的损失称为坏账损失，对应收款项估计的坏账损失称为坏账准备。坏账损失的核算一般有两种方法：直接转销法和备抵法(《企业会计制度》规定只能采用备抵法)。

1. 直接转销法

直接转销法是指在坏账损失实际发生时直接将其损失作为当期损益并同时直接冲销应收账款的处理方法。若已经确认的坏账因债务人经济情况好转，或由于其他原因，而在同一会计期间全部或部分收回，应先冲销发生坏账时的会计分录，然后再反映应收账款的收回情况。

这种方法的优点是账务处理简单，企业发生坏账损失时，只做一笔分录即可反映，其缺点是不符合权责发生制原则和收入与费用配比原则，也不符合谨慎性原则。另外，在资产负债表上，应收账款是按账面余额，无法提供应收账款可收回金额的信息，这在一定程度上歪曲了期末财务状况。所以，企业会计准则不允许采用直接转销法。

2. 备抵法

备抵法是按期估计坏账准备，当某一应收款全部或部分被确认为坏账时，根据其金额冲减坏账准备，同时转销相应的应收款项金额的一种核算方法。

采用备抵法核算坏账，应设置“坏账准备”科目。“坏账准备”科目是“应收账款”“其他应收款”等科目的备抵科目，其贷方反映坏账准备的计提数，借方反映坏账准备的转销数或收回的以前年度已确认并转销的坏账，会计期末时该科目如有余额一般为贷方余额，表示已计提但尚未转销的坏账准备数额。应特别注意，平时“坏账准备”科目年末一定为贷方余额，并且等于本年估计的坏账损失。

在备抵法下，按期估计坏账损失时，借记“信用减值损失”科目，贷记“坏账准备”科目；实际发生坏账时，借记“坏账准备”科目，贷记“应收账款”科目；已经确认坏账的应收账款又收回时，根据收回数额，借记“应收账款”科目，贷记“坏账准备”科目，同时又借记“银行存款”贷记“应收账款”。

采用备抵法的优点是：(1)预计不能收回的应收账款作为坏账损失及时记入费用，避免了企业的明盈实亏。(2)在报表上列示应收账款净额，使报表阅读者更能了解企业真实的财务情况。(3)使应收账款实际占有资金接近实际，消除了虚列的应收款，有利于加快企业资金周转，提高经济效益。但其缺点则是账务处理较繁，每期都要提列坏账准备，发生坏账时再予以反映。

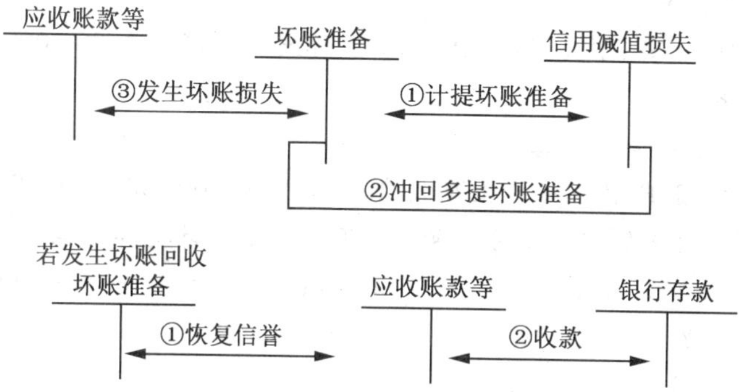

图 3—1 应收款项坏账账务处理

对于应收账款的预期信用损失，企业可以在不违反《企业会计准则第 22 号——金融工具的确认和计量》准则的有关规定(金融工具预期信用损失计量方法应反映的要素)的前提下，采用简便方法计量预期信用损失。如企业可根据应收账款历史信用损失经验数据，编制应收账款逾期天数与固定资产坏账准备率对照表，比如若未逾期坏账准备率为1%；若逾期天数为 1～30(不含)日，坏账准备率为 5%；若逾期天数为 30～90(不含)日，则为 10%等，以此为基础估计预期信用损失(原理同账龄分析法)。

在备抵法下，企业应当根据实际情况合理估计当期坏账损失金额。估计坏账损失的方法主要有四种：应收账款余额百分比法、账龄分析法、销货百分比法和个别认定法。

(1)应收账款余额百分比法。应收账款余额百分比法是按照期末应收账款余额的一定百分比估计坏账损失的方法。坏账百分比由企业根据以往的资料或经验自行确定。在余额百分比法下，企业应在每个会计期末根据本期末应收账款的余额和相应的坏账率估计出期末坏账准备账户应有的余额，它与调整前坏账准备账户已有的余额的差额，就是当期应提的坏账准备金额。

采用余额百分比法计提坏账准备的计算公式如下：

①首次计提坏账准备的计算公式：

当期应计提的坏账准备＝期末应收账款余额×坏账准备计提百分比

②以后计提坏账准备的计算公式：

当期应计提的坏账准备＝当期按应收账款计算应计提的坏账准备金额＋(或－)坏账准备账户借方余额(或贷方余额)

【例 3—4】 甲公司按应收账款余额的 10%计提坏账准备，根据发生的有关经济业务，编制甲公司会计分录。

20×6 年 12 日 31 日，首次计提坏账准备，应收账款余额为 1 000 000 元。

借：信用减值损失　　100 000

　　贷：坏账准备　　100 000

20×7 年 12 日 31 日，甲公司的应收账款实际发生坏账损失 30 000 元。

借：坏账准备　　30 000

　　贷：应收账款　　30 000

20×8 年 12 月 31 日甲公司应收账款余额为 1 200 000 元，根据甲公司坏账核算方法，其“坏账准备”科目应保持的贷方余额为 120 000 元。计提坏账准备前，“坏账准备”科目的实际余额为 70 000 元(100 000－30 000)，因此本年度应计提的坏账准备金额为 50 000元(120 000－70 000)。

借：信用减值损失　　50 000

　　贷：坏账准备　　50 000

甲公司 20×9 年 6 月 10 日，收回 20×7 年已作坏账转销的应收账款 10 000 元，已存入银行。

借：应收账款　　10 000

　　贷：坏账准备　　10 000

借：银行存款　　10 000

　　贷：应收账款　　10 000

已确认并转销的应收账款以后又收回的，应当按照实际收回的金额增加坏账准备的账面余额。已确认并转销的应收款项以后又收回时，借记“应收账款”“其他应收款”等科目，贷记“坏账准备”科目；同时，借记“银行存款”科目，贷记“应收账款”“其他应收款”等科目。

(2)账龄分析法。账龄分析法是根据应收账款账龄的长短来估计坏账损失的方法。通常而言，应收账款的账龄越长，发生坏账的可能性越大。为此，将企业的应收账款按账龄长短进行分组，分别确定不同的计提百分比估算坏账损失，使坏账损失的计算结果更符合客观情况。

采用账龄分析法计提坏账准备的计算公式如下：

①首次计提坏账准备的计算公式：

当期应计提的坏账准备＝∑(期末各账龄组应收账款余额×各账龄组坏账准备计提百分比)

②以后计提坏账准备的计算公式：

当期应计提的坏账准备＝当期按应收账款计算应计提的坏账准备金额＋(或－)坏账准备账户借方余额(或贷方余额)

【例 3－5】 20×8 年末乙公司的应收账款账龄及估计坏账损失如表 3－1：

表 3－1　乙公司的应收账款账龄及估计坏账损失

单位：元

应收账款账龄	应收账款金额	估计损失(%)	估计损失金额
未到期	20 000	1%	200
过期 6 个月以下	10 000	3%	300
过期 6 个月以上	6 000	5%	300
合　计	36 000	—	800

假设乙公司 20×8 年初坏账准备账户余额为贷方 100 元，计算出 20×8 年乙公司应计提的坏账准备以及 20×8 年末坏账准备科目余额。

20×8 年末坏账准备账户余额应为 800 元，20×8 年年初有坏账准备贷方余额 100 元，因此在本年中应计提坏账准备 800－100＝700 元。

借：信用减值损失　　700

　贷：坏账准备　　700

20×8 年末坏账准备科目余额为：100＋700＝800 元，即根据应收账款入账时间的长短来估计坏账损失。

账龄分析法和余额百分比法一样，在计提坏账准备时考虑到了该账户原有的余额再做出调整。这两种方法都是从资产负债表的观点来估计坏账，注重的是期末坏账准备应有的余额，使资产负债表中的应收账款能更合理地按变现价值评价。但是，期末的应收账款并不都是本期的赊销产生的，可能含有以往年度销售产生的账款，采用这两种方法计算出的坏账费用就不能完全与本期的销售收入配合，在实务上，账龄分析法也使得账务处理的成本有所提高。

(3)销货百分比法。销货百分比法是根据企业销售总额的一定百分比估计坏账损失的方法。百分比按本企业以往实际发生的坏账与销售总额的关系结合生产经营与销售政策变动情况测定。在实际工作中，企业也可以按赊销百分比估计坏账损失。

采用销货百分比法计提坏账准备的计算公式如下：

当期应计提的坏账准备＝本期销售总额(或赊销额)×坏账准备计提比例

【例 3－6】 丙公司 20×8 年赊销金额为 20 000 元，根据以往资料和经验，估计坏账损失率为 1%，20×8 年初坏账准备账户余额为贷方 200 元。计算 20×8 年应计提的坏账准备和 20×8 年末坏账准备科目余额。

丙公司 20×8 年应计提的坏账准备为：20 000×1%＝200 元。

借：信用减值损失　　200

　贷：坏账准备　　200

20×8 年末坏账准备科目余额为：200＋200＝400 元。

可以看出，采用销货百分比法，在决定各年度应提的坏账准备金额时，并不需要考虑坏账准备账户上已有的余额。从利润表的观点看，由于这种方法主要是根据当期利润表上的销货收入数字来估计当期的坏账损失，因此坏账费用与销货收入能较好地配合，比较符合配比概念。但是由于计提坏账时没有考虑到坏账准备账户以往原有的余额，如果遇到以往年度出现坏账损失估计错误的情况就不能自动更正，资产负债表上的应收账款净额也就不一定能正确地反映其变现价值。因此，采用销货百分比法还应该定期地评估坏账准备是否适当，及时做出调整，以便能更加合理地反映企业的财务状况。

(4)个别认定法。个别认定法是针对每项应收账款的实际情况分别估计坏账损失的方法。个别认定法区别于余额百分比法和销货百分比法的主要特点在于两个方面：一是对坏账准备计提的依据不再是销货总额或赊销总额，而是客户的信用状况和偿还能力；二是计提坏账准备的比率不再是所有的欠款客户都用一个相同的比例，而是信用状况不同其适用的比率也不同。只要调查清楚了每个客户的信用状况和偿还能力，再据此确定每个客户的计提比率和欠款数额，就能核算坏账准备。在同一会计期间内运用个别认定法的应收账款应从其他方法计提坏账准备的应收账款中剔除。

例如，公司是根据应收单位账款的5%来计算坏账，但是有一企业有明显的迹象还款困难，就可以对这一企业的应收账款进行个别认定法计提坏账准备金，按10%或其他。

第三节　应收票据

一、应收票据概述

应收票据是指企业持有的未到期或未兑现的商业汇票。商业汇票是一种由出票人签发的，委托付款人在指定日期无条件支付确定金额给收款人或持票人的票据。

根据我国现行法律的规定，商业汇票的付款期限不得超过6个月，符合条件的商业汇票的持票人，可以持未到期的商业汇票和贴现凭证向银行申请贴现。会计上作为应收票据处理的是指公司在采用商业汇票结算方式下，因销售商品、产品等而收到的商业汇票，包括商业承兑汇票和银行承兑汇票。它是交易双方以商品购销业务为基础而使用的一种信用凭证。商业承兑汇票是付款人签发并承兑，或由收款人签发交由付款人承兑的汇票。银行承兑汇票是由在承兑银行开立存款账户的存款人出票，由承兑银行承兑的票据。

按其是否计息分为不带息商业汇票和带息商业汇票。不带息商业汇票是指汇票到期时，承兑人只按票面金额(即面值)向收款人或被背书人支付款项的汇票，其到期值等于其面值。带息商业汇票是指票据到期时，承兑人应按票面金额加上票面规定利息率计算的到期利息向收款人或被背书人支付款项的票据。带息票据的到期值等于其面值加上到期应计利息。

二、应收票据账务处理

为了核算因销售商品、产品，提供劳务等而收到商业汇票，企业应设置“应收票据”总账科目，该科目属于资产类科目，借方登记应收票据的票面金额，贷方登记背书转让或到期收回，或因未能收回票款而转作应收账款的应收票据票面金额，期末借方余额反映企业持有的应收票据的票面金额。企业应当按照开出、承兑商业汇票的单位进行明细核算。同时应当设置“应收票据备查簿”，逐笔登记每一商业汇票的种类、号数和出票日、票面金额、交易合同号和付款人、承兑人、背书人的姓名或单位名称、到期日、背书转让日、贴现日、贴现率、贴现净额以及收款日和收回金额、退票情况等资料，商业汇票到期结清票款或退票后，应当在备查簿内逐笔注销。

应收票据的账务处理主要包括：(1)收到票据的账务处理；(2)票据贴现和背书转让的账务处理；(3)票据到期的账务处理。

(一)收到票据的账务处理

企业因销售商品、产品、提供劳务等而收到开出、承兑的商业汇票，按商业汇票的票面金额，借记“应收票据”科目，按实现的营业收入，贷记“主营业务收入”科目，按增值税专用发票上注明的增值税税额，贷记“应交税费——应交增值税(销项税额)”科目。

(二)应收票据计息的账务处理

应收票据按是否带息分为不带息票据和带息票据(票面上注明了利率和付息日期的票据)。其到期值的计算及账务处理也有所不同。不带息票据到期值即面值。而带息票据到期值等于票据面值加上票据利息之和，应当按期计提票据利息，增加应收票据账面价值，同时冲减当期财务费用。其中票据到期应付利息应按下列公式计算：

票据到期利息＝应收票据面值×票面利率×时间

以上公式中，票面利率有年、月、日利率之分。如需换算成月利率或日利率，每月统一按 30 天计算，全年按 360 天计算。

时间是指从票据生效之日起到票据到期之日止的时间间隔。通常有以下两种表示方法：

第一种以月表示，即按月计息。计算时一律以次月对应日为 1 个月(如从 3 月 15 日至 4 月 15 日)；月末签发的票据，不论月份大小，以到期月份的月末为到期日(如 1 月 31 日签发的票据，期限为 1 个月的票据于 2 月 28 日或 29 日到期，期限为 2 个月的票据于 3 月 31 日到期日)。计算利息的年利率要换算成月利率。

【例 3—7】 一张票据 50 000 元、利率为 10%、期限为 6 个月的商业汇票，其出票日期为 3 月 18 日，其票据到期日为 9 月 18 日。票据到期应计利息为：

应计利息＝50 000×10%×6/12＝2 500(元)

第二种以日数表示，即按日计息。计算时以实际日历天数计算到期日及利息，到期日那天不计息，称为“算头不算尾”。

【例3—8】 将【例3—7】中的商业票据改为180天到期，其面值、利率不变，出票日仍为3月18日，则其票据到期日应为9月14日(3月18日至月底14天;4月份30天;5月份31天;6月份30天;7月份31天;8月份31天，至9月13日共计180天，按“算头不算尾”的办法，到期日应为9月14日，14日不计息)。票据到期应计利息为:

应计利息=50 000×10%×180/360=2 500(元)

【例3—9】 甲公司20×8年10月1日售给本市B公司产品一批，货已发出，货款总计100 000元，适用的增值税税率为16%。收到B公司交来的商业承兑汇票一张，期限6个月，票面利率10%，甲公司账务处理如下:

收到票据时:

借:应收票据	116 000	
贷:主营业务收入		100 000
应交税费——应交增值税(销项税额)		16 000

20×8年末计提票据利息:116 000×10%×3/12=2 900(元)

借:应收票据	2 900	
贷:财务费用		2 900

(三)票据贴现和背书转让的账务处理

1. 票据贴现

贴现是指企业以未到期的票据向银行融通资金，银行按票据的应收金额扣除一定期间的利息后的余额付给企业的融资行为。

票据贴现额的计算:

贴现息=票据到期值×贴现率×贴现期

贴现额=票据到期值-贴现息

式中，贴现率由银行统一制定，贴现期按银行规定计算，通常是指从贴现日到票据到期前1日的时期。

2. 票据贴现的账务处理

企业持未到期的票据向银行贴现，应按实际收到的金额(即减去贴现息后的净额)，借记“银行存款”科目，按贴现息部分，借记“财务费用”等科目，按商业汇票的票面金额，贷记“应收票据”科目(适用满足金融资产转移准则规定的金融资产终止确认条件的情形)或“短期借款”科目(适用不满足金融转移准则规定的金融资产终止确认的情形)。

【例3—10】 乙公司4月29日售给本市M公司产品一批，货款总计100 000元，适用的增值税税率为16%。M公司交来一张出票日为5月1日、面值为116 000元、期限为3个月的商业承兑无息票据。乙公司6月1日持票据到银行贴现，贴现率为12%。如果本项贴现业务符合金融资产转移准则规定的金融终止确认条件，则乙公司应作会计分录:

收到票据时：

借：应收票据	113 000	
贷：主营业务收入		100 000
应交税费——应交增值税(销项税额)		13 000

6月1日到银行贴现时，票据到期日为8月1日，贴现期为2个月(6月1日至8月1日)：

票据到期值＝票据票面金额＝113 000(元)

贴现息＝113 000×12%×2/12＝2 260(元)

贴现额＝113 000－2 260＝110 740(元)

借：银行存款	110 740	
财务费用	2 260	
贷：应收票据		113 000

上述的会计分录适用于企业终止确认原票据的情形。如果贴现企业没有终止确认原票据，则取得贴现款的会计分录为：

借：银行存款	110 740	
财务费用	2 260	
贷：短期借款		113 000

贴现的商业承兑汇票到期，承兑人用银行存款支付票据款时，贴现企业借记“短期借款”科目，贷记“应收票据”科目。因承兑人拒付或银行存款账户不足支付，申请贴现的企业收到银行退回的商业承兑汇票时，贴现企业按商业承兑汇票的票面金额支付票据款时，借记“短期借款”科目，贷记“银行存款”科目；同时将“应收票据”转为“应收账款”科目。如果贴现企业的银行存款账户余额不足，企业应按商业汇票的票面金额，借记“应收账款”科目，贷记“应收票据”科目。

3. 票据背书转让

企业将持有的商业汇票背书转让以取得所需物资时，按应计入取得物资成本的金额，借记“材料采购”或“原材料”“库存商品”等科目，按可抵扣的增值税税额，借记“应交税费——应交增值税(进项税额)”科目，按商业汇票的票面金额，贷记“应收票据”科目，如有差额，借记或贷记“银行存款”科目。

(四)票据到期的账务处理

应收商业汇票到期时，应分别按以下情况进行处理：

(1)商业汇票到期，应按实际收到的金额，借记“银行存款”科目，按商业汇票的票面金额，贷记“应收票据”科目。

(2)因付款人无力支付货款，收到银行退回的商业承兑汇票、委托收款凭证、未付票款通知书或拒绝付款证明等，按票据的票面金额，借记“应收账款”科目，贷记“应收票据”科目。

第四节　其他应收款

一、其他应收款的内容

其他应收款是指企业除应收票据、应收账款、预付账款等以外的其他各种应收及暂付款项。主要包括：(1)应收的各种赔款、罚款，如因企业财产等遭受意外损失而应向有关保险公司收取的赔款等；(2)应收出租包装物的租金；(3)应向职工收取的各种垫付款项，如为职工垫付的水电费、应由职工负担的医药费、房租费等；(4)备用金(向企业各职能科室、车间等拨出的备用金)；(5)存出的保证金，如租入包装物支付的押金；(6)其他各种应收、暂付款项。

二、其他应收款的账务处理

企业应设置"其他应收款"核算，借方登记发生的各种其他应收款，贷方登记企业收到的款项和结转情况，余额一般在借方，表示应收未收的其他应收款项，期末若在贷方余额，反映尚未支付的其他应付款。"应收账款"科目应按照债务人进行明细核算。

【例 3－11】 企业由于管理不善造成材料资金短缺2 000元，经查明应由仓库保管员李某赔偿。

发现短缺时会计分录为：

借：待处理财产损溢	2 000	
贷：原材料		2 000
借：其他应收款——李某	2 000	
贷：待处理财产损溢		2 000

收到赔款时会计分录为：

借：库存现金	2 000	
贷：其他应收款——李某		2 000

【例 3－12】 甲公司租入包装物一批，以现金向出租方支付押金 5 000 元，应编制如下会计分录：

借：其他应收款	5 000	
贷：库存现金		5 000

三、其他应收款坏账准备的计提

其他应收款在期末也要计提坏账准备。计提方法同前述应收账款相同。期末，"其他应收款"账户余额扣除其"坏账准备"账户余额后的净额列入资产负债表"其他应收款"科目。

第五节 预付账款

预付账款是指企业按照购货合同或劳务合同规定，预先支付给供货方或提供劳务方的账款。

按照权责发生制原则，预付账款虽然已经付出，但对方的义务尚未尽到，要求对方履行义务仍是企业的权利，因此，预付账款和应收账款一样，都是企业短期的债权。但是，两者又有所区别。应收账款是企业销货引起的，是应向购货方收取的款项；而预付账款是企业购货引起的，是预先付给供货方的款项。故两者应分别核算。

企业预付的款项，通过"预付账款"科目核算。该科目属资产类科目，借方登记预付的款项，贷方登记收到预购的材料或商品价款，借方余额表示预付的货款，贷方余额表示应补付的货款。

企业因购货而预付的款项，借记"预付账款"科目，贷记"银行存款"科目。收到所购物资时，按应计入购入物资成本的金额，借记"材料采购"或"库存商品""原材料"等科目，按可抵扣的增值税税额，借记"应交税费——应交增值税(进项税额)"科目，按应付金额，贷记"预付款项"科目。补付的款项，借记本科目，贷记"银行存款"科目；退回多付的款项，借记"银行存款"科目，贷记"预付账款"科目。

预付账款不多的企业，也可以不设"预付账款"科目，而将预付账款业务在"应付账款"科目核算。预付货款时，借记"应付账款"科目，贷记"银行存款"科目；收到材料或商品时，贷记"材料采购""应交税费——应交增值税(进项税额)"科目，贷记"应付账款"科目。但是在编制会计报表时，仍然要将"应付账款"和"应付账款"的金额分开报告。

【例 3—13】 甲公司根据购货合同规定，通过银行转账预付给丙公司材料定购款 5 000元。甲公司分录如下：

借：预付账款——丙公司　　5 000

　贷：银行存款　　5 000

【例 3—14】 向丙公司定购的材料已经收到并验收入库，增值税专用发票列明材料价款是 10 000 元、增值税额是 1 300 元，共计 11 300 元。甲公司分录如下：

借：原材料　　10 000

　应交税金——应交增值税(进项税额)　　1 300

　贷：预付账款——丙公司　　11 300

【例 3—15】 通过银行转账补付给丙公司材料款 6 600 元。甲公司分录如下：

借：预付账款——丙公司　　6 600

　贷：银行存款　　6 600

【案例分析】

成立于1983年的河南莲花味精股份有限公司(以下简称莲花味精公司)是国务院确定的520家重点企业之一,也是国家农业产业化重点龙头企业。莲花味精公司以食品生产经营为主营业务,并于1998年8月于上交所挂牌上市,2010年末资产总额达到32.77亿元,年产销味精30万吨,长期占据中国市场主导地位,号称中国味精生产龙头企业。2010年4月25日,一则出人意料的消息使得这家模范企业受到了广泛的关注——河南莲花味精公司因“非正常调查发现公司涉嫌虚增会计利润、重大事项未披露等原因,涉违反证券法律法规”,收到证监会正式立案通知书。

事实上,证监会做出上述调查与莲花味精公司应收账款结构以及坏账准备计提比例异常不无关系。年报显示,自2007年起公司连续几年银行借款逾期,资金链处于持续紧张状态。莲花味精公司短期借款2007年年末为6.10亿元,2008年末为7.29亿元、2009年末为6.9亿元、2010年年末为8.32亿元,以上短期借款均在年末逾期并且未办理展期手续。2010年,占据莲花味精公司应收账款前几位的公司为项城科茂谷朊粉有限公司、昆明市官渡区苏明辉干菜经营部、福建省福州富成味精食品有限公司、杭州利清副食品经营部等非关联方,以上公司应收账款总计达到应收账款总额的8.02%。

让人困惑的是,尽管莲花味精公司处于资金严重紧张状态,公司的应收账款、其他应收款等却居高不下。截至2010年年末,莲花味精公司应收账款总额为7.36亿元,其中一年内到期的应收账款为1.80亿元,占应收账款总额的25.12%;三年期以上的应收账款达4.33亿元,占应收账款总额的61.90%。一般上市公司一年内到期应收账款占总应收账款比例均在70%左右,莲花味精公司应收账款结构与同行业竞争者相比差距很大。尽管莲花味精公司过半数的应收账款账龄较长,公司却并未对此部分应收账款采取与同业竞争者相似的高比例计提坏账准备。莲花味精公司计提方法为:账龄在1年以内的计提5%;1—2年的计提7%;2—3年的计提10%;3年以上的计提15%。而在正常情况下,上市公司对2—3年的应收账款大多以20%—50%计提坏账准备,对3年以上的应收账款按50%—100%计提坏账准备。若按此计算,2010年末莲花味精公司应至少再计提坏账准备1.59亿元,是2010年度莲花味精公司净利润(0.22亿元)的7倍多。若按照常规方式处理应收账款,巨额的坏账不但会导致莲花味精公司的巨额亏损,甚至极有可能使企业面临破产。莲花味精公司无疑在资产运作上存在很多问题。①

思考题:

(1)莲花味精公司的应收账款管理可能出现了什么问题?

---

① 资料来源:参见施天霞、李奇丽、陈蓉:《莲花味精应收账款内部控制案例研究》,载《会计之友》2011年第2期,第24~26页。

(2)你认为莲花味精公司可以从哪几个方面加强应收账款管理?

案例解析:

(1)莲花味精公司的应收账款管理主要存在以下问题:

①没有制定合理的信用政策,在赊销时,没有实行严格的信用标准,也没有对客户的信用状况进行调查和评估,从而对一些信誉不好、坏账损失率高的客户也实行赊销,因而给公司带来巨额的坏账损失;

②没有对应收账款进行很好的监控,对逾期的应收账款没有采取有力的收账措施;

③坏账损失计提比例异常,低于同业竞争者,存在虚增利润的可能性。

(2)我们认为莲花味精公司可以从以下方面加强应收账款管理:

①事前:对客户进行信用调查和信用评估,制定严格的信用标准。

②事中:制定合理的信用政策,采用账龄分析表等方法对应收账款进行监控。

③事后:制定合理有效的收账政策催收拖欠款项,减少坏账损失。

④加强风险控制,有计划地提高坏账损失计提比例,保证应收账款的真实完整。

【复习思考及实务训练】

一、名词解释

应收账款　　商业折扣　　现金折扣　　应收票据　　坏账　　账龄分析法

二、思考题

1. 什么是商业折扣和现金折扣?它们对应收账款的价值有何影响?
2. 什么是坏账?坏账确认的方法有哪些?各有什么优缺点?
3. 什么是应收票据?它有哪几种类型?
4. 应收票据贴现如何计算贴现额?
5. 其他应收款和应收账款有何区别?
6. 什么是预付账款,如何核算?

三、单选题

1. 下列各项中,不构成应收账款入账价值的是(　　)。

A. 销售货物发生的商业折扣　　B. 代购货方垫付的运杂费

C. 代购货方垫付的装卸费　　D. 确认商品销售收入尚未收到的价款

2. 企业按规定提取的坏账准备,应计入(　　)账户。

A. 财务费用　　B. 营业外收入

C. 信用减值损失　　D. 制造费用

3. 10 月 5 日，某公司将一张 8 月 20 日签发的 90 天到期的商业汇票到银行办理贴现手续，则贴现日数是（　　）。

A. 47 天　　B. 46 天　　C. 45 天　　D. 44 天

4. 下列账户中，企业期末应计提坏账准备的有（　　）。

A. 其他应收款　　B. 应收票据

C. 预付账款　　D. 预收账款

5. 甲公司按应收账款余额的 5% 计提坏账准备，20×8 年 12 月 31 日应收账款余额 1 800万元，20×9 年发生坏账 38 万元，上一年已核销的坏账本期收回 15 万元。20×9 年 12 月 31 日应收账款余额1 200万元，则甲公司 20×9 年应收账款计提坏账准备事项影响利润总额为（　　）万元。

A. 10　　B. −10　　C. 7　　D. −7

6. 甲公司自 20×7 年起计提坏账准备，计提比例为应收款项余额的 5%。20×7 年末应收款项余额 3 800 万元；20×8 年发生坏账损失 320 万元，年末应收款项余额 5 200 万元；20×9 年收回已核销的坏账 160 万元，年末应收款项余额 4 100 万元。则甲公司 20×7—20×9 年因计提坏账准备而确认的信用减值损失的累计金额为（　　）万元。

A. 195　　B. 235　　C. 365　　D. 550

7. 甲公司 20×9 年 2 月 20 日向乙公司销售一批商品，含税货款 56 500 元。乙公司开来一张出票日为 2 月 22 日、面值为 56 500 元、票面年利率为 6%、期限为 60 天的商业承兑汇票。次月 18 日甲公司因急需资金，持该票据到银行贴现，贴现率为 10%。若该项贴现业务符合金融资产终止确认条件，则甲公司取得的贴现额是（　　）元。

A. 56 478. 51　　B. 56 493. 35　　C. 56 494. 35　　D. 57 065

8. 大新公司为增值税一般纳税人，适用的增值税税率为 13%。20×8 年 6 月 27 日，大新公司销售一批产品给大洋公司，开出的增值税专用发票上注明的销售价款为50 000 元。大新公司为了能够及时回笼资金，又和大洋公司约定现金折扣条款，现金折扣条件为 2/10，1/20，N/30（计算现金折扣时不考虑增值税），大洋公司于 20×8 年 7 月 10 日付款。大新公司因该项业务实际收到的银行存款为（　　）元。

A. 56 000　　B. 52 650　　C. 51 678　　D. 58 500

9. 甲公司 20×9 年 6 月份发生如下应收事项：进行存货盘点发现存货盘亏，应收取保险公司赔款 2. 5 万元，应收取管理人员赔款 1 万元；销售商品一批，应收取价款 30 万元，增值税税额 3. 9 万元；销售包装物一批，应收取价款 10 万元，增值税税额 1. 3 万元。则甲公司本月应记入“其他应收款”科目核算的金额为（　　）万元。

A. 3. 5　　B. 14. 8　　C. 43. 5　　D. 48. 7

10. A 企业 20×9 年 1 月 1 日“应收账款”科目的余额为 100 万元，“坏账准备”科目的余额为 10 万元。1 月份 A 企业实际发生应收账款 10 万元，收回已确认并转销的应收账款 15 万元，期末转回坏账准备 3 万元。则 20×9 年 1 月 31 日应收账款的账面价值为(　　)万元。

A. 88　　B. 95　　C. 110　　D. 125

【参考答案】

1. A　2. C　3. D　4. A　5. C　6. C　7. B　8. A　9. B　10. A

四、计算及实务题

1. 某企业自 20×6 年起计提坏账准备，按照应收账款余额的 10%计提坏账准备。

(1)20×6 年 12 月 31 日应收账款余额 200 万元。

(2)20×7 年 3 月 1 日发生坏账 10 万元。

(3)20×7 年 12 月 31 日应收账款余额 150 万元。

(4)20×8 年 3 月 1 日收回以前确认为坏账的应收账款 10 万元。

(5)20×8 年 12 月 31 日应收账款余额 200 万元。

(6)20×9 年 3 月 1 日发生坏账 30 万元。

(7)20×9 年 12 月 31 日应收账款余额 100 万元。

要求：编制该企业会计分录。

【参考答案】

(1)20×6 年 12 月 31 日：

借：信用减值损失	200 000	
贷：坏账准备		200 000

(2)20×7 年 3 月 1 日：

借：坏账准备	100 000	
贷：应收账款		100 000

(3)20×7 年 12 月 31 日：

借：信用减值损失	50 000	
贷：坏账准备		50 000

(4)20×8 年 3 月 1 日：

借：应收账款	100 000	
贷：坏账准备		100 000
借：银行存款	100 000	
贷：应收账款		100 000

(5)20×8 年 12 月 31 日：

借：坏账准备　　50 000

　　贷：信用减值损失　　50 000

(6)20×9 年 3 月 1 日：

借：坏账准备　　300 000

　　贷：应收账款　　300 000

(7)20×9 年 12 月 31 日：

借：信用减值损失　　200 000

　　贷：坏账准备　　200 000

2. 南方工厂发生如下经济业务：

(1)向 A 公司销售产品一批，价款 200 000 元，增值税 26 000。收到 A 公司交来一张已经银行承兑的、期限为 2 个月的不带息商业汇票，票面价值为226 000元。

(2)经协商将应收 B 单位的货款100 000元改用商业汇票方式结算。已收到 B 单位交来一张期限为 6 月的带息商业承兑汇票，票面价值为100 000元，票面利率为 8%。

(3)工厂上月收到 C 公司一张一个月期的带息商业承兑汇票已到期，委托银行收款。现接银行通知，因 C 公司银行账户存款不足，到期票款没有收回。该票据的账面余额为90 000元，票面利率为 8%。

(4)应收 D 单位一张 3 个月的银行汇票已到期，该票据票面价值为150 000元，票面利率为 8%，款项已收存银行。

(5)年末，对上述尚未到期的应收 B 单位的带息票据计提利息。企业已持有该票据 3 个月。

要求：根据以上经济业务编制会计分录。

(1)借：应收票据　　226 000

　　贷：主营业务收入　　200 000

　　　　应交税费——应交增值税(销项税额)　　26 000

(2)借：应收票据　　100 000

　　贷：应收账款——B 单位　　100 000

(3)借：应收账款——C 公司　　90 000

　　贷：应收票据　　90 000

(4)借：银行存款　　153 000

　　贷：应收票据　　150 000

　　　　财务费用　　3 000(150 000×8%×3/12)

(5)借：应收票据　　2 000

　　贷：财务费用　　2 000(100 000×8%×3/12)

3. 甲公司20×8年7月2日持所收取的出票日为5月1日、期限6个月，面值10万元的商业承兑汇票到银行贴现，该票据为应收某企业购货款，假设甲公司与承兑企业在同一票据交换区域，贴现率12%。

要求：(1)计算以下两种情况下贴现时计入财务费用的金额：①此票据为无息票据；②此票据为带息票据，票面利率8%。

(2)写出此带息票据5月1日、6月30日、7月2日有关的会计分录。

(1)计算无息票据贴现时计入财务费用金额：

贴现息＝100 000×12%×(31－2＋31＋30＋31＋1)/360＝4 067(元)

无息票据贴现时计入财务费用的金额即为贴现息4 067元。

计算有息票据贴现时计入财务费用的金额：

到期值＝100 000×(1＋8%×6/12)＝104 000(元)

贴现息＝104 000×12%×(31－2＋31＋30＋31＋1)/360＝4 229(元)

有息票据贴现时计入财务费用的金额为贴现息与未确认票据息的差＝4 229－(100 000×8%×4/12)＝1 562(元)

(2)写出有息票据5月1日、6月30日、7月2日的会计分录。

5月1日：

借：应收票据	100 000	
贷：应收账款		100 000

6月30日：

借：应收票据	1 333(100 000×8%×2/12)	
贷：财务费用		1 333

7月2日：

借：银行存款	99 771(104 000－4 229)	
财务费用	1 562	
贷：应收票据		101 333

4. 某企业20×8年6月发生以下经济业务，适用的增值税税率为13%：

(1)2日，销售B商品一批，增值税发票上注明：价款共计30 000元，增值税3 900元，代购货单位垫付运杂费500元，已办妥托收承付手续。

(2)6日销售B商品一批，不含税价款80 000元，由于是成批销售，给予购货方10%的商业折扣。

(3)18日，向甲公司销售A商品一批，增值税发票上注明：价款共计40 000元，增值税5 200元。合同规定现金折扣条件为2/10，N/30，商品已发出，并办妥托收手续。

(4)25日，收到甲公司开来的转账支票一张，支付其18日购买A商品的价税款。根据合同规定，按售价的2%给予其现金折扣，支票已送交银行办理转账。

要求:根据上述业务编制相关的会计分录。

(1)借:应收账款　　34 400
　　贷:主营业务收入　　30 000
　　　　应交税费——应交增值税(销项税额)　　3 900
　　　　银行存款　　500

(2)借:应收账款　　81 360
　　贷:主营业务收入　　72 000
　　　　应交税费——应交增值税(销项税额)　　9 360

(3)借:应收账款——甲公司　　45 200
　　贷:主营业务收入　　40 000
　　　　应交税费——应交增值税(销项税额)　　5 200

(4)借:银行存款　　44 400
　　　财务费用　　800(40 000×2%)
　　贷:应收账款——甲公司　　45 200

第四章　存　货

【学习目标】

- 理解存货的核算范围
- 掌握存货确认和计量的基本要求
- 掌握发出存货的各种计价方法及其优缺点
- 了解存货计价方法选择应考虑的因素
- 掌握存货盘盈、盘亏的账务处理
- 掌握存货的成本与可变现净值孰低法

【思维导图】

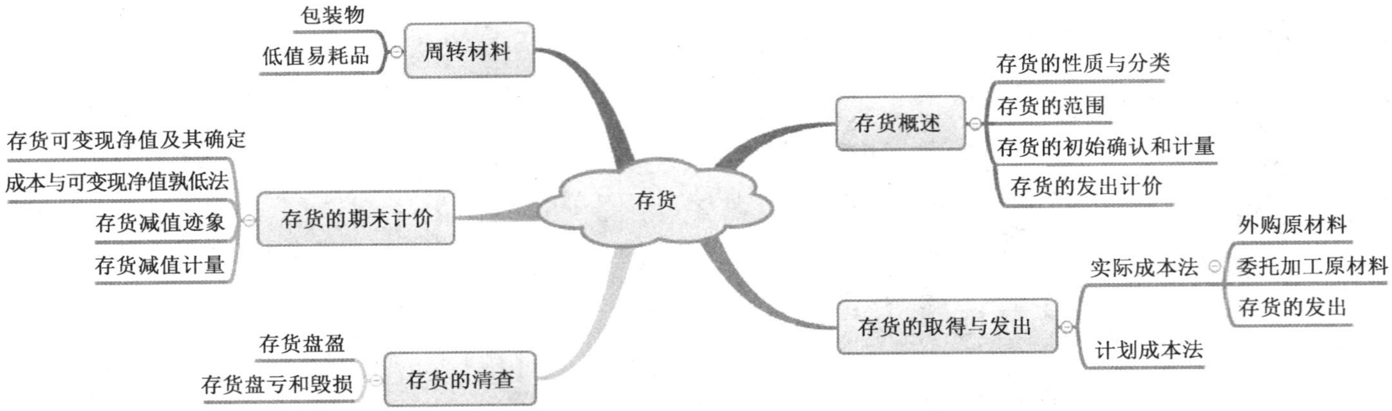

图 4-1　思维导图

第一节 存货概述

一、存货的性质与分类

(一)存货的性质

存货是指企业在日常活动中持有以备出售的产成品或商品、处在生产过程中的在产品、在生产过程中或提供劳务的过程中耗用的材料和物资等。包括企业为产品生产和商品销售而持有的原材料、燃料、周转材料、在产品、半成品、产成品、商品等。存货通常在1年或超过1年的一个营业周期内被消耗或经出售转换为现金、银行存款或应收账款等,具有明显的流动性,属于流动资产。在大多数企业中,存货在流动资产中占有很大的比重,是流动资产的重要组成部分。

随着企业生产经营过程的进行,有的存货被耗用后形成了在产品成本、产成品成本等;有的存货被销售后形成产品或商品的销售成本;有的存货以销售费用的形式被耗用;有的存货仍以原有的形态存在。因此,存货所生成的会计信息是否真实、可靠,不仅影响到资产的价值是否准确,同时也影响到损益的确定是否正确。

(二)存货的分类

存货的构成内容很多,不同存货的具体特点和管理要求各不相同。为了有效地组织各项存货的会计核算,应对存货进行科学分类。从会计处理角度看,存货至少有以下两种分类方法:

1. 按存货的具体内容分类

存货按内容通常分为原材料、在产品、半成品、产成品(商品)、周转材料等。

(1)原材料是指用于生产产品并构成产品主要实体的原料及主要材料、辅助材料、外购半成品(外购件)、修理用备件(备品备件)、包装材料、燃料等。用于固定资产建造工程的专项材料不能作为存货。

(2)在产品是指处于生产阶段尚未完工的生产物,包括处于各生产工序正在加工的在制品,以及尚未办理入库手续的制成品等,在产品一般不需要入半成品库。

(3)半成品是指经过一定生产过程应由半成品库验收入库保管,但尚未制造完成,仍需进一步加工的中间产品,这部分中间产品能够单独计价。半成品一般需要入半成品库。从一个生产车间转到另一个生产车间继续加工制造的自制半成品,以及不能单独计价的自制半成品,属于在产品,不作为半成品对待。

(4)产成品是指已经全部完成生产过程并验收入库,达到可出售或交货状态,可以作为商品对外销售或按合同规定的条件交订货单位的产品。它既包括存放在成品库的产品,也包括存放在企业所属门市部备售的产品、交展览会展出的产品,还包括企业接受外来原材料加工制成的代制品，以及为外单位加工修理完成的代修品等，产成品和商品流通企业用于销售的物品具有类似性质，因此产成品和商品也可统称为商品。

(5)周转材料是指能够多次使用但不符合固定资产条件的用品，主要包括用于包装本企业商品的各种包装物(但一次包装材料不作为周转材料，而是作为原材料对待)、工具、管理用具、玻璃器皿、劳动保护用品，在生产经营过程中周转使用的容器等低值易耗品，以及建造承包商的钢模板、木模板、脚手架等周转材料。周转材料从性质上讲具有固定资产的特性，经多次使用不改变其实物形态，因而，只要周转材料符合固定资产标准，就应作为固定资产对待。

在会计处理上，为了详细反映不同存货的具体情况，应分别设置原材料、生产成本、库存商品、周转材料等科目进行核算。

2. 按取得存货的不同来源分类

存货按不同的来源，主要分为外购存货、自制存货(含委托外单位加工存货)两类。此外，企业的存货中还可能有投资者投入的存货、接受捐赠的存货、盘盈的存货等。

(1)外购存货是指从企业外部购入的存货，如商业企业的外购商品、工业企业的外购材料和外购零部件等。

(2)自制存货是指由企业制造的存货，如工业企业的自制材料、在产品、产成品等。委托加工存货也是一种自制存货，是指企业将外购或自制的某些存货通过支付加工费的方式委托外单位进行加工生产的存货，如工业企业的委托加工物资、商业企业的委托加工商品等。

二、存货的范围

列为存货项目的，都是为了进行正常生产经营而储存的资产，不是为了此种目的而储存的资产，都不能列为企业的存货。例如，特种储备的资产以及按有关部门指令专项储备的资产，只能列为其他资产；为购置和建造固定资产而储备的资产，只能列为有关的长期资产等。

企业应以所有权的归属而不以物品的存放地点为依据，来确定企业存货的范围。即在盘存日期，法定所有权归属企业的一切存货，无论其存货放于何处，都应作为企业的存货。

依所有权的归属确定存货范围时，应特别注意以下四点：

(1)凡是开出销售发票售出，所有权以及相应的风险和报酬已经转移的物品，即使暂时存放于本企业仓库，也不能将其作为本企业的存货，如已开票出售的待运商品等。

(2)凡是未转移所有权以及风险和报酬的发出物品，即使未存放于本企业，也应将其作为本企业的存货，如委托其他单位代销的存款、未出售的外出展销存货等。

(3)凡是所有权以及相应的风险和报酬已经归属于本企业的购入物品，即使未存放于本企业仓库，也应作为本企业的存货，如已经购入而尚未收到的运输途中的货品等。

(4)凡是不属于本企业所有以及相应的风险和报酬未转移到本企业的接受物品，即使存放于本企业仓库，也不能作为本企业的存货，如受托代销的存货、受托加工的存货等。

企业的存货主要包括：库存待售的存货；库存待消耗的存货；生产经营过程中使用以及处在加工过程中的存货；购入的正在运输途中的存货和结算凭证已到但尚未办理入库手续的存货；委托其他单位加工、代销的存货。

三、存货的初始确认和计量

(一)存货的初始确认

按照会计准则的相关要求，符合以下持有目的或用途的资产才能作为存货：

(1)在正常生产经营过程中持有待售的资产(如产成品)；

(2)为销售而仍在生产过程中的资产(如在产品)；

(3)在生产或提供服务的过程中将消耗的资产(如周转材料、物料用品等)。

会计准则要求，企业对存货进行初始确认要同时满足两个条件：一是对存货拥有控制权；二是预期存货带来的未来经济利益以及存货的成本能够可靠计量。

因此，只有满足符合存货持有目的或用途条件的资产，且同时满足企业对存货拥有控制权、预期存货带来的未来经济利益以及存货的成本能够可靠计量的资产，才可以作为存货项目予以确认。

(二)存货的初始计量

企业取得存货应当按照成本进行计量。存货成本包括采购成本、加工成本和使存货达到目前场所和状态所发生的其他成本三个组成部分。企业存货的取得主要是通过外购和自制两个途径。不同来源的存货，其入账价值的构成各不相同。下面仅对外购存货及自制存货入账价值确定方法进行说明。其他方式(如接受投资、接受捐赠、非货币资产交易、债务重组等)取得存货的入账价值将在以后课程中涉及。

1. 外购存货的入账价值

根据我国会计准则的有关规定，外购存货以其采购成本入账，存货的采购成本包括购货价值、相关税费，以及运输费、装卸费、保险费等可直接归属于存货采购成本的费用。

【例 4—1】 某公司购入原材料一批，送货价格10 000元，增值税1 300元，货款总额11 300元，付款条件为 1/20，N/30，该企业用总价法核算。根据发生的有关购货的经济业务，编制会计分录如下：

购货时：

借：在途物资	10 000	
应交税费——应交增值税(进项税额)	1 300	
贷：应付账款		11 300

该公司20天内付款，获得现金折扣1%计100元(10 000×1%)，净付款额为11 484元。

借：应付账款　　11 300

　贷：银行存款　　11 200

　　财务费用　　100

(1)计入存货采购成本的相关税费。计入外购存货采购成本的相关税费是指企业外购货物应支付的税金及相关费用，主要包括进口环节的关税、消费税、海关手续费，企业购入未税矿产品代缴的资源税，小规模纳税人购进货物支付的增值税，以及一般纳税人购进货物按规定不能抵扣的增值税进项税额等。

(2)其他可归属于存货采购成本的费用。其他可归属于存货采购成本的费用是指为使外购存货达到预定使用状态所支付的除买价及相关税费以外的采购费用，主要包括外购货品到达仓库以前发生的仓储费、包装费、运杂费、运输保险费、运输途中合理损耗以及入库前的挑选整理费用等。发生可归属于存货采购成本的费用时，一般根据这些费用是否能分清具体负担对象，或直接计入各存货采购成本，或选择合理分配标准(如采购数量、采购价格等)分别计入各有关存货采购成本。

根据我国会计法规的有关规定，企业的各类存货应以其历史成本入账，即以采购成本入账。采购成本是指在采购过程中发生的支出，包括买价和与其相关的税金及采购费用。其中，买价是指已扣除商业折扣但包括现金折扣的存货价格；税金是指采购货物应支付的海关关税、消费税、资源税等，但不包括企业垫付的应向购买者收取的增值税；采购费用是指采购过程中发生的运输费、装卸费、保险费等。

另外，小规模纳税人和购入物资不能取得增值税专用发票的企业，购入物资支付的不可抵扣的增值税进项税，计入所购物资的成本。

2. 自制存货的入账价值

自制存货主要包括产成品、在产品、半成品、委托加工物资等，根据企业会计准则的相关规定，自制存货应以存货到达目前场所和状态所发生的全部支出入账。包括消耗的材料成本、自制过程中发生的加工成本以及其他能直接认定为存货价值的成本(如企业为特定客户设计产品而发生的专项设计费用，以及应计入存货成本的借款费用等)。

(1)消耗的材料成本。自制存货消耗的材料成本是指为制造存货直接消耗的原料及主要材料、辅助材料等，一般又称直接材料。直接材料成本可采用先进先出法、移动加权平均法、全月一次加权平均法或个别计价法确定。

(2)发生的加工成本。自制存货的加工成本是指企业为加工生产某产品或材料，在直接材料成本的基础上追加的生产成本，主要包括直接人工和制造费用两大部分。直接人工是指企业在生产产品、材料或提供劳务的过程中直接从事生产的工人的职工薪酬。制造费用是指应由生产的若干种产品、材料或劳务共同承担，但在发生时难以划分具体承担对象的生产成本，属于为生产产品、材料或提供劳务发生的间接生产费用，主要包括企业生产部门发生的生产管理（如车间管理）费用，如生产管理人员的薪酬、生产部门的折旧费、办公费、水电费、机物料消耗、劳动保护费等，对于生产周期较长（一般是指超过一个完整的会计年度）的自制产品，准予资本化的借款费用也属制造费用。

为了正确确定生产的产品、材料或提供的劳务成本，凡是由该产品、材料或提供的劳务直接负担的成本费用应直接计入该产品、材料或提供的劳务的成本，如直接材料、直接人工以及其他直接费用等。凡是不能直接按计入某种产品、材料或提供的劳务成本但又应由该产品、材料或提供的劳务负担的其他费用，如固定资产折旧费、生产车间管理费用等，应首先通过制造费用归集，然后按一定的方法将制造费用分配计入某产品、材料或提供的劳务成本。根据我国会计准则的有关规定，企业应当根据制造费用的性质，合理选择分配标准。可选用的分配标准通常有生产工人的工资、生产工人工时、机器工时、耗用原材料的数量或成本、直接成本（原材料、燃料和动力、生产工人薪酬之和）、产成品产量等。

有在产品的企业，每一个产品成本计算期（一般一个月为一个成本计算期）期末，应采取适当的方法将生产成本在完工产品和在产品之间进行分配。分配方法一般根据产品、材料的特点，月末在产品数量多少，各月在产品数量变化大小，各项成本要素所占比重大小，企业定额管理水平等确定。常用的分配方法主要有：不计算在产品成本法、在产品成本按固定成本计价、在产品按所耗用直接材料成本计价、约当产量法、在产品按定额成本计价法、定额比例法等。

如果在同一生产过程中，同时生产两种或两种以上的产品（如联产品、主产品和副产品），并且每种产品的加工成本不能直接区分，这些加工成本应当按照合理的方法在各种产品之间进行分配。其中，联产品的加工成本可以选用的分配方法有售价法、实物数量法等，在分配主产品和副产品的加工成本时，通常先确定副产品的加工成本，再将其差额确定为主产品的加工成本。

制造费用的分配方法，在产品与产成品成本分配方法以及联产品成本分配方法等，都属于企业的会计政策，因此，分配方法一经确定，不得随意变更。

四、存货的发出计价

（一）存货成本流转假设

存货的流转包括实物流转和成本流转。在理论上，存货的实物流转和成本流转是一致的，但在实际工作中，由于存货的品种繁多、单位成本多变、进出量变化大等原因，各种存货的成本流转与实物流转通常是相分离的，企业应当根据各类存货实物流转情况、企业管理的要求、存货的性质等确定发出存货的成本计算方法。采用某种成本流转假设，将期初结存及一定时期所取得的存货成本在期末存货和发出存货之间进行分配，就产生了不同的存货计价方法，而不同的存货计价方法得出的计价结果各不相同，将会对企业的财务状况和经营成果产生一定的影响。

(二)发出存货的计价方法

按照《企业会计准则第 1 号——存货》的规定,企业应当采用个别计价法、先进先出法、加权平均法(包括移动加权平均法)等确定发出存货的实际成本

1. 个别计价法

个别计价法又称“具体辨认法”“分批实际法”,这种方法是假设存货的实物流转与成本流转相一致,以每一批次存货的实际成本(采购成本或生产成本)作为该批次存货发出成本计价依据的方法。

【例 4—2】 天河公司 20×8 年 3 月 1 日结存 A 材料1 200千克,单位成本为 45 元/千克,本月收发材料情况如表 4—1 所示。

表 4—1　　**A 材料明细账**　　单位:元

20×8 年		摘要	收入			发出			结存		
月	日		数量	单价	金额	数量	单价	金额	数量	单价	金额
3	1	期初							1 200	45	54 000
	2	购入	800	48	38 400				2 000		
	3	发出				1 500			500		
	18	购入	1 000	50	50 000				1 500		
	23	发出				1 200			300		
	28	购入	1 400	51	71 400				1 700		
3	31	期末	3 200		159 800	2 700			1 700		

假设经具体确认,确定发出材料的批次如下:

3 日发出的 1 500 千克材料中,有 1 000 千克为期初存货,有 500 千克为 2 日购入的存货。

发出存货成本=1 000×45+500×48=69 000(元)

23 日发出的 1 200 千克材料中,有 200 千克为期初存货,有 100 千克为 2 日购入的存货,有 900 千克为 18 日购入的存货。

发出存货成本=200×45+100×48+900×50=58 800(元)

本月发出存货成本=69 000+58 800=127 800(元)

期末结存的存货 1 700 千克为 2 日购入的 200 千克,18 日购入的 100 千克,28 日购入的 1 400 千克。

期末存货成本=200×48+100×50+1 400×51=86 000(元)

个别计价法反映发出存货的实际成本最为准确,且可以随时结转发出材料的成本,在理论上是最为可取的,但其缺陷也显而易见,其应用的条件是必须正确认定存货收发的批

次、单价，因而，核算的工作量比较大，应用成本高，在一些材料种类多、存货量大、收发较频繁的企业，很难适用。这种方法适用于品种数量不多、单位价值较高、容易识别的存货或一般不能互换使用及为特定的项目专门购入或制造，并单独存放的存货。

2. 先进先出法

先进先出法指依照“先入库的存货先发出”的假定确定成本流转顺序，并据以对发出存货和期末存货计价的方法。这种方法要求，在收入存货时，必须按照收入存货的先后顺序，逐笔登记存货的数量、单价、金额；发出存货时，则必须按先进先出的顺序，依次确定发出存货的实际成本。

【例 4—3】 资料承【例 4—2】，采用先进先出法计算该企业当月发出材料和期末结存材料实际成本，如表 4—2 所示。

表 4—2 **A 材料明细账** 单位：元

20×8 年		摘 要	收 入			发 出			结 存		
月	日		数量	单价	金额	数量	单价	金额	数量	单价	金额
3	1	期初							1 200	45	54 000
	2	购入	800	48	38 400				1 200	45	
									800	48	92 400
	3	发出				1 200	45	54 000			
						300	48	14 400			
	18	购入	1 000	50	50 000				500	48	
									1 000	50	74 000
	23	发出				500	48	24 000			
						700	50	35 000	300	50	15 000
	28	购入	1 400	51	71 400				300	50	
									1 400	51	86 400
3	31	合计	3 200		159 800	2 700		127 400	1 700		86 400

3 日发出存货成本＝1 200×45＋300×48＝68 400(元)

23 日发出存货成本＝500×48＋700×50＝59 000(元)

合计＝68 400＋59 000＝127 400(元)

期末存货成本＝300×50＋1 400×51＝86 400(元)

以上是在永续盘存制下运用先进先出法确定存货发出成本和期末存货成本的。如果存货未出现盘盈盘亏的情况，在实地盘存制下运用先进先出法确定发出存货成本和期末存货成本与永续盘存制确定的结果一样。根据实地盘存制，先确定期末存货成本＝1 400×51＋300×50＝86 400(元)，发出存货成本＝54 000＋159 800－86 400＝1 274 000(元)。

先进先出法顺应存货流动规律，符合历史成本原则，期末存货金额也比较接近市价，能较准确地反映存货资金的占用情况，随时结转发出存货的实际成本。但这种方法核算工作量较繁重，明细账记录较复杂；在通货膨胀率不断提高时，会高估期末存货价值、低估发出存货成本，从而高估企业当期利润，不符合稳健性原则。此方法一般适应于收发次数不多，且存货价格稳定的存货。

3. 全月一次加权平均法

全月一次加权平均法指计算存货单位成本时，以期初存货数量和本期各批收入存货的数量作为权数于月末一次计算存货加权平均单位成本，确定发出存货成本与期末存货成本的计价方法。其计算公式为：

$$全月一次加权平均单价=\frac{期初结存存货实际成本+本期收入存货实际成本}{期初结存存货数量+本期收入存货数量}$$

$$本期发出存货成本=本期发出存货数量\times全月一次加权平均单价$$

$$期末结存存货成本=期末结存存货数量\times全月一次加权平均单价$$

【例4—4】 资料承【例4—2】，采用全月一次加权平均法计算该企业当月发出材料和期末结存材料实际成本。

$$全月一次加权平均单价=\frac{54\ 000+159\ 800}{1\ 200+3\ 200}=48.59(元/千克)$$

本期发出材料成本＝2 700×48.59＝131 200(元)

期末结存材料成本＝1 700×48.59＝82 600(元)

表4—3 **A材料明细账** 单位：元

20×8年		摘要	收入			发出			结存		
月	日		数量	单价	金额	数量	单价	金额	数量	单价	金额
3	1	期初							1 200	45	54 000
	2	购入	800	48	38 400				2 000		
	3	发出				1 500			500		
	18	购入	1 000	50	50 000				1 500		
	23	发出				1 200			300		
	28	购入	1 400	51	71 400				1 700		
3	31	合计	3 200		159 800	2 700	48.59	131 200	1 700	48.59	82 600

采用全月一次加权平均法，存货发出的日常核算只登记发出数量，月末根据求得的加权平均单价计算出月份内发出存货的实际总成本，从而使得发出存货的成本较为均衡，会计核算工作量也相对较轻，且在物价波动时，对存货成本的分摊较为折中。但这种方法由于计算加权平均单价并确定存货的发出成本和结存成本的工作集中在期末，所以平时无法从有关存货账簿中提供发出存货成本和结存存货成本的有关资料，不利于对存货的日

常管理。该方法一般适用于储存于同一地点，性能、形态相同，前后单价相差幅度较大的存货。

4. 移动加权平均法

移动加权平均法指每次收入存货后，都要根据当前的存货数量及总成本计算出新的加权平均单位成本，再将随后发出存货数量按这种移动式的平均单位成本计算发出存货成本和结存存货成本的计价方法。按照这种方法，每次收入存货后，即以本次收入存货的实际成本加上以前结存存货的实际成本，除以本次收入存货数量和以前结存存货数量之和，计算出新的加权平均单位成本，作为下次发出材料的单位成本。其计算公式为：

$$\text{移动加权平均单价}=\frac{\text{本次存货入库前结存存货的实际成本}+\text{本次入库存货实际成本}}{\text{本次存货入库前结存存货数量}+\text{本次入库存货数量}}$$

【例 4—5】 资料承【例 4—2】，采用移动加权平均法计算该企业当月发出材料和期末结存材料实际成本，如表 4—4 所示。

$$\text{第一次加权平均单位成本}=\frac{54\ 000+38\ 400}{1\ 200+800}=46.2(\text{元/千克})$$

$$\text{第二次加权平均单位成本}=\frac{23\ 100+50\ 000}{500+1\ 000}=48.7(\text{元/千克})$$

$$\text{第三次加权平均单位成本}=\frac{14\ 620+71\ 400}{300+1\ 400}=50.6(\text{元/千克})$$

表 4—4　**A 材料明细账**　单位：元

20×8 年		摘　要	收　入			发　出			结　存		
月	日		数量	单价	金额	数量	单价	金额	数量	单价	金额
3	1	期初							1 200	45	54 000
	2	购入	800	48	38 400				2 000	46.2	92 400
	3	发出				1 500	46.2	69 300	500	46.2	23 100
	18	购入	1 000	50	50 000				1 500	48.7	73 100
	23	发出				1 200	48.7	58 480	300	48.7	14 620
	28	购入	1 400	51	71 400				1 700	50.6	86 020
3	31	合计	3 200		159 800	2 700			1 700	50.6	86 020

移动加权平均法可以将不同批次、不同单价的存货成本差异均衡化，由于平均的范围较小，有利于存货成本的客观计算，能随时结出发出存货的成本，便于对存货的日常管理。但每次存货入库后几乎都要重新计算平均单位成本，会计核算工作量较大，一般适用于前后单位成本相差幅度较大的存货。

上述几种存货计价方法，各有其优缺点及适用范围，企业可根据实际情况，合理地选择发出存货成本的计价方法，以合理确定当期发出存货的实际成本。对性质、用途相似的存货应采用相同的计价方法。存货计价方法一旦选定,前后各期应当保持一致,并在会计报表附注中予以披露。

第二节　存货的取得与发出的核算方法

存货包括的内容很多,本章仅以原材料存货为例说明存货取得和发出会计处理的一般原理和方法。

企业可以根据自身生产经营特点及管理要求,对原材料采用不同的方法进行核算。在我国的会计实务中,根据“原材料”科目记录的价格不同,原材料的核算方法可以分为两种:一是按实际成本记录;二是按计划成本记录。

一、“原材料”科目按实际成本记录

“原材料”科目按实际成本记录时,原材料的收入、发出及结存都按其实际成本计价。会计核算上,一般需要设置“原材料”“在途物资”“委托加工物资”“生产成本”等科目,并按材料种类进行明细核算。

“原材料”科目按实际成本记录时,由于不同批次购入或形成的原材料的单位成本不同,发出、领用原材料时,应按一定方法计算确定发出、领用原材料的实际成本。企业应根据实际情况,选择采用先进先出法、移动加权平均法、全月一次加权平均法或个别计价法等,对不同的原材料可采用不同的计价方法。但企业在同一会计年度内不能随意变更计价方法,如果确须变更计价方法的,因变更计价方法而对本期及以后各期有重大影响时,应按变更会计政策的要求在会计报表及其附注中披露变更理由及其对财务状况和经营成果的影响。

不同方式(外购、自制、委托加工、接受投资、接受捐赠等)取得的原材料,其会计处理方法各不相同,本节仅重点说明外购原材料和委托加工原材料的会计处理方法。

(一)外购原材料

企业外购材料时,既可以从本地进货,又可以从外埠进货。本地进货多采用支票、银行本票结算方式,外埠进货多采用委托收款、托收承付、银行汇票、汇兑结算等方式。

企业从外埠进货时,结算凭证通过银行传递,材料由有关部门运输。因此,企业从外埠采购材料,在时间上会使结算凭证到达和材料验收入库产生三种情况。一是结算凭证到达时将材料验收入库;二是结算凭证先到、材料后入库;三是材料先验收入库,结算凭证后到。企业从本地进货时,一般于同日收到结算凭证并将材料验收入库,与外埠进货的第一种情况相同。

结算凭证是企业凭以办理现金结算或转账结算的原始单据,如本地进货的发票联、外埠进货的发票结算联、网银支付后的打印凭据等。大多数情况下,结算凭证到达并经审核

后，除非在合同中有特殊约定（如收到材料后暂不付款、以预付款方式购进材料、以物易物方式换入材料等），都应立即办理货款的结算手续。

(1)结算凭证到达并同时将材料验收入库。这是指在办理有关结算的同时，收到材料并验收入库的情况。发生此类业务时，应根据入库材料的实际成本借记“原材料”科目，根据入库材料的增值税借记“应交税费——应交增值税（进项税额）”科目，根据实际付款金额贷记“银行存款”“其他货币资金”等科目，或根据已承兑的商业汇票贷记“应付票据”科目。

【例4—6】 某企业根据发生的有关购进原材料的经济业务编制会计分录如下：

(1)自本地以支票购进甲材料，货款计3 164元（其中价款2 800元，增值税364元）。材料由仓库全部验收入库，货款全部支付。

借：原材料　2 800

　应交税费——应交增值税（进项税额）　364

　贷：银行存款　3 164

如果企业采用的是商业汇票结算方式，在签发承兑商业汇票时：

借：原材料　2 800

　应交税费——应交增值税（进项税额）　364

　贷：应付票据　3 164

(2)从外埠购进乙材料，货款计45 200元（其中价款40 000元，准予扣除的增值税5 200元），进货运费2 180元（其中价款2 000元，按规定准予扣除进项税180元），随运费支付的保险费500元。货款支付，材料验收入库。

材料成本＝40 000＋2 000 ＋500＝42 500（元）

进项税额＝5 200＋180＝5 380（元）

借：原材料　42 500

　应交税费——应交增值税（进项税额）　5 380

　贷：银行存款　47 880

如果企业采用的是商业汇票结算方式，在签发承兑汇票时：

借：原材料　42 500

　应交税费——应交增值税（进项税额）　5 380

　贷：应付票据　47 880

(2)结算凭证先到、材料后入库。这是指在办理有关结算时承担了该材料的风险和报酬，但材料尚未到达企业，未验收入库的情况。发生此类业务时，应根据有关结算凭证中记载的已付款材料的价款借记“在途物资”科目，根据已付款材料的增值税借记“应交税费——应交增值税（进项税额）”科目，根据实际付款金额贷记“银行存款”或“其他货币资金”科目，或根据已承兑的商业汇票贷记“应付票据”科目等。

【例 4—8】 某工业企业从外埠购进材料，货款计5 650元（其中，材料价款5 000，增值税 650 元），购进材料支付进货运费 436 元（其中，价款 400 元，按规定准予扣除进项税 36 元），装卸费 212 元（其中，价款 200 元，按规定准予扣除进项税 12 元）。结算凭证到达，支付全部货款及进货运费、装卸费。

根据从外埠进货的有关经济业务，编制会计分录如下：

材料成本＝5 000＋400＋200＝5 600（元）

进项税额＝650＋36＋12＝698（元）

借：在途物资	5 600	
应交税费——应交增值税（进项税额）	698	
贷：银行存款		6 298

（1）如果企业采用的是商业汇票方式，签发承兑商业汇票时：

借：在途物资	5 600	
应交税费——应交增值税（进项税额）	698	
贷：应付票据		6 298

（2）收到材料入库时：

借：原材料	5 600	
贷：在途物资		5 600

（3）材料先验收入库、结算凭证后到达。这是指企业收到材料并验收入库时即获得材料所有权，但尚未付款或尚未签发承兑商业汇票的情况。

发生此类业务时，因企业从外埠进货未收到有关结算凭证，尚无法准确计算入库材料实际成本，而且材料先到、结算凭证后到，是材料运输时间短于结算凭证的传递时间所致，并不是一般的赊购业务。因此，为了简化会计核算手续，在收到材料并验收入库时，可以暂不做账务处理，只将有关的入库单证保管，待结算凭证到达后，按结算凭证到达并同时将材料验收入库的情况处理。但如果会计期末仍有已经入库而未付款的材料，为了反映企业存货及负债的情况，应将其估价入账，借记“原材料”科目，贷记“应付账款”科目，下月初以红字分录冲回。

【例 4—9】 某企业根据发生的有关购货业务，编制会计分录如下：

（1）从外埠采用委托收款结算方式购进的材料已于 3 月 4 日收到并验收入库。3 月 8 日结算凭证已到，货款计5 650元（其中，材料价款5 000，增值税 650 元），购进材料支付进货运费 436 元（其中，价款 400，按规定准予扣除进项税 36 元），装卸费 212 元（其中，价款 200 元，按规定准予扣除进项税 12 元）。结算凭证到达后支付全部货款及进货运费、装卸费。

3 月 4 日不作账务处理。

3 月 8 日作如下分录：

材料成本＝5 000＋400＋200＝5 600(元)

进项税额＝650＋36＋12＝698(元)

借:原材料　　5 600
　应交税费——应交增值税(进项税额)　　698
　贷:银行存款　　6 298

(2)采用托收承付方式从外埠购进的材料已于4月25日收到并验收入库。5月7日结算凭证到达,货款共计135 600元(其中,材料价款120 000元,增值税15 600元),购进材料支付进货运费436元(其中,价款400元,按规定准予扣除进项税36元)、装卸费及运输保险费共计212元(其中,价款200元,按规定准予扣除进项税12元)。

4月30日结算凭证未到,按材料价款120 000元估价入账:

借:原材料　　120 000
　贷:应付账款——暂估应付款　　120 000

5月1日将估价入账的材料以红字冲回:

借:原材料　　120 000
　贷:应付账款——暂估应付款　　120 000

5月7日结算凭证到达,办理付款手续:

材料成本＝120 000＋400＋200＝120 600(元)

进项税额＝15 600＋36＋12＝15 648(元)

借:原材料　　120 600
　应交税费——应交增值税(进项税额)　　15 648
　贷:银行存款　　136 248

企业外购原材料可能发生溢余或短缺。如果验收入库的原材料数量大于结算凭证中所记载的原材料数量,称为购进原材料溢余;如果验收入库的原材料数量小于结算凭证中记载的原材料数量,称为购进原材料短缺。购进原材料发生溢余或短缺时,应及时查明原因作出处理,并根据不同的处理结果分别予以反映。

企业外购原材料可能发生溢余或短缺。如果验收入库的原材料数量大于结算凭证中所记载的原材料数量,称为购进原材料溢余;如果验收入库的原材料数量小于结算凭证中记载的原材料数量,称为购进原材料短缺。购进原材料发生溢余或短缺时,应及时查明原因作出处理,并根据不同的处理结果分别予以反映。

企业购进原材料发生短缺,应根据不同的原因和处理结果分别入账核算。其中,定额内合理损耗,按其实际成本计入入库原材料成本;超定额损耗,将其实际成本及应负担的进项税中由保险公司、运输部门或其他过失人赔偿后尚不能弥补的部分作为期间费用(一般计入“管理费用”科目)或营业外支出;购进原材料发生的非常损失(如因管理不善造成被盗、丢失、霉烂变质的损失，不包括自然灾害损失），将其实际成本及应负担的进项税中由保险公司及有关责任人赔偿后尚不能弥补的部分作为非常损失计入“营业外支出”科目。发生购进原材料短缺，尚未查明原因或尚未做出处理之前，一般先按短缺原材料的实际成本记入“待处理财产损益”科目的借方，即借记“待处理财产损益”科目，贷记“在途材料”等科目；待查明原因后，再转入有关科目，借记“管理费用”“营业外支出”等科目，贷记“待处理财产损益”等科目。

【例4—10】 某企业5月29日从外地购进甲材料100吨。每吨单价1 130元(其中，价格1 000元，增值税130元)，每吨运费109元(其中，价格100元，按规定准予扣除进项税9元)，运输保险费共计1 000元，货款及运杂费已支付，6月4日原材料到达，验收入库的合格品为90吨，5吨残损，另5吨缺少，原因待查。

根据发生的有关购进原材料的经济业务，编制相关会计分录。

(1)5月29日付款时：

购进原材料的实际成本＝(1 000＋100)×100＋1 000＝111 000(元)

购进原材料的进项税额＝(130＋9)×100＝13 900(元)

借：在途物资	111 000	
应交税费——应交增值税(进项税额)	13 900	
贷：银行存款		124 900

(2)6月4日材料验收入库时：

$$单位原材料的实际成本=\frac{111\ 000}{100}=1\ 110(元/吨)$$

$$单位原材料的进项税额=\frac{13\ 900}{100}=139(元/吨)$$

入库原材料的实际成本＝1 110×90 ＝99 900(元)

短缺原材料的实际成本＝1 110×10＝11 100(元)

借：原材料	99 900	
待处理财产损益	11 100	
贷：在途物资		111 000

(3)后查明原因，5吨残损系运输部门的责任造成，已由运输部门负责修复后作为合格品入库；另外5吨缺少系本单位在提货以后、验收入库以前被盗所致。保险公司已按规定同意赔偿5 000元，但赔款尚未收到。

修复后原材料实际成本＝1 110×5＝5 550(元)

被盗原材料的实际成本＝1 110×5＝5 550(元)

被盗原材料的进项税额＝139×5＝695(元)

被盗原材料的实际损失＝5 550＋850－5 000＝1 400(元)

借:原材料　　　　　　　　　　　　　　　　　　　　　　5 550
　其他应收款　　　　　　　　　　　　　　　　　　　　5 000
　营业外支出　　　　　　　　　　　　　　　　　　　　1 245
　贷:待处理财产损益　　　　　　　　　　　　　　　　　　11 100
　　应交税费——应交增值税(进项税额转出)　　　　　　　　　695

需要说明的是,企业购进原材料发生溢余时,未查明原因的溢余材料一般只作为代保管物资在备查账中登记,不作为进货业务入账核算。查明原因后根据具体处理决定再作相应的处理。

(二)委托加工原材料

委托加工原材料是指由企业提供原料及主要材料,通过支付加工费,由受托加工单位按合同要求加工为企业所需的原材料。有时企业还可能将积压的产品、商品等委托加工单位加工为所需原材料。无论将何种材料物资委托加工单位加工为原材料,其核算原理是相同的。

在委托加工原材料的业务中,企业将原材料及主要材料或其他需要加工为生产所需原材料的材料物资发出时,并不改变这些被加工的财产的所有权。企业委托其他单位加工原材料,需要按合同规定的结算方式和结算办法支付加工费用。企业将材料拨付加工以及收回加工完成的原材料,也可能需要支付相应的运费等。拨付加工材料的实际成本、支付的加工费用以及运输材料的费用等共同构成加工原材料的实际成本。待加工材料收回后,按一定方法计算加工原材料的实际成本。

会计核算上,对于加工原材料有两种方法:一是企业加工业务较多时,单独设置“委托加工物资”或“委托加工材料”科目进行总分类核算,并按委托加工合同和受托加工单位设置明细科目,同时按加工原材料的成本构成项目进行明细核算;二是在企业加工业务较少且加工原材料的成本核算较简单的情况下,不单独设置“委托加工物资”或“委托加工材料”科目,而是通过“原材料”“外购商品”等科目进行核算,即在这些会计科目中设置“委托加工”明细科目对加工原材料的业务进行核算。下面举例说明企业设置“委托加工物资”科目时,委托加工原材料的会计核算方法。

【例4—11】 某企业发生如下委托加工原材料的经济业务,并编制会计分录:

(1)按合同约定,将库存积压的甲材料拨付B加工厂进行加工,以制成生产产品所需的乙材料。拨付加工的甲材料实际成本共计5 000元。

借:委托加工物资——B加工厂　　　　　　　　　　　　5 000
　贷:原材料——甲材料　　　　　　　　　　　　　　　　　5 000

(2)以现金支付甲材料的运输费506.85元(其中,价款465元,按准予扣除的进项税额41.85元)。

借:委托加工物资——B加工厂　　　　　　　　　　　　465

应交税费——应交增值税(进项税额) 41.85

贷：库存现金 506.85

(3)以银行存款支付全部加工费用2 260元(其中，价款2 000元，准予扣除的增值税进项税为 260 元)。

借：委托加工物资——B加工厂 2 000

应交税费——应交增值税(进项税额) 260

贷：银行存款 2 260

(4)委托加工的材料有一半加工完成，将加工完成的乙材料收回，以现金支付收回乙材料的运费 327 元(其中，价款 327 元，准予扣除的增值税进项税 27 元)。

借：委托加工物资——B加工厂 300

应交税费——应交增值税(进项税额) 27

贷：库存现金 327

收回的加工材料验收入库，实际成本为4 032.5 元。计算过程如下：

耗用的甲材料成本$=\frac{5\ 000}{2}=2\ 500$(元)

负担的拨付材料的运输费$=\frac{465}{2}=232.5$(元)

负担的加工费用$=\frac{2\ 000}{2}=1\ 000$(元)

负担收回的材料的运费=300(元)

实际成本=2 500+232.5+1 000+300=4 032.5(元)

借：原材料——乙材料 4 032.5

贷：委托加工物资——B加工厂 4 032.5

(三)发出材料实际成本的计算和结转

“原材料”科目按实际成本记录的情况下，发出原材料的实际成本应按一定的存货计价方法计算确定。在会计核算上，发出原材料时，应按其具体用途反映原材料的实际耗费情况，借记有关科目，贷记“原材料”科目。其中，直接用于产品生产的，应借记“生产成本”科目；用于车间一般耗用的，应借记“制造费用”科目；用于企业管理方面的，借记“管理费用”科目；为销售产品而消耗的，借记“销售费用”科目。

【例 4—12】 某企业根据当月发料凭证，按领用部门和材料用途，编制发料凭证汇总表，详情见表 4—5。

表 4—5 发料凭证汇总表 单位:元

应借科目	应贷科目		
	原材料及主要材料	辅助材料	合 计
生产成本	50 000	2 400	52 400
制造费用	1 000	1 100	2 100
管理费用	3 000	800	3 800
销售费用		7 000	7 000
委托加工物资	10 000	6 000	16 000
合 计	64 000	17 300	81 300

根据发料凭证汇总表编制会计分录如下:

借:生产成本 52 400
　　制造费用 2 100
　　管理费用 3 800
　　销售费用 7 000
　　委托加工物资 16 000
　　贷:原材料 81 300

二、"原材料"科目按计划成本记录

"原材料"科目按计划成本记录时,原材料的收入、发出及结存都按其计划成本计价。会计核算上,一般应设置"材料采购""原材料""材料成本差异"等科目对原材料日常收发业务进行核算。

(一)原材料收发核算的一般方法和程序

会计实务中,"原材料"科目按计划成本记录的情况下,原材料日常收发业务一般包括六个方面的内容。按下列程序和方法进行会计处理:

(1)采购材料时,按发生的属于材料成本的价款和运杂费借记"材料采购"科目,按应予抵扣的进项税额借记"应交税费"科目,按实际付款额贷记"银行存款""库存现金""其他货币资金"等科目。

(2)月份终了(或在材料入库时),根据已经办理结算的入库外购材料的计划成本,借记"原材料"科目,贷记"材料采购"科目。同时,按入库材料的实际成本小于计划成本的差额,借记"材料采购"科目,贷记"材料成本差异"科目;或按入库材料的实际成本大于计划成本的差额,借记"材料成本差异"科目,贷记"材料采购"科目。

(3)月份终了,对于尚未收到发票账单的收料凭证,应抄列清单,并按计划成本暂估入账，借记“原材料”科目，贷记“应付账款”科目，下月初用红字冲回。

(4)发出材料时，根据领用的部门和具体用途，按发出原材料的计划成本，借记“生产成本”“制造费用”“管理费用”“产品销售费用”“委托加工物资”等科目，贷记“原材料”科目。

(5)月份终了，将材料成本差异总额在发出材料和期末库存材料之间进行分摊，按照发出原材料的计划成本计算分摊的成本差异额，借记“生产成本”“制造费用”“管理费用”“产品销售费用”“委托加工物资”等科目，贷记“材料成本差异”科目(其中，实际成本大于计划成本的超支差异用蓝字登记，实际成本小于计划成本的节约差异用红字登记)。

计算发出材料应负担的成本差异的方法有两种：一是按当月的成本差异率计算；二是按上月的成本差异率计算。为保持会计方法的一贯性，计算方法一经确定，不得任意变动。成本差异率的计算公式为：

$$\text{本月材料成本差异率}=\frac{\text{月初结存材料的成本差异}+\text{本月收入材料的成本差异}}{\text{月初结存材料的计划成本}+\text{本月收入材料的计划成本}}\times 100\%$$

(6)会计期末，“材料采购”科目的借方余额反映已承担所购材料风险和报酬但尚未验收入库的在途物资的实际成本；“原材料”科目的借方余额反映入库后未发出的原材料的计划成本；“材料成本差异”的余额反映入库后未发出的原材料负担的材料成本差异。在编制资产负债表时，应将“材料采购”“原材料”科目的借方余额合计再加上“材料成本差异”科目的借方余额或减去“材料成本差异”科目的贷方余额后的数额作为存货项目的组成内容予以反映。

【例 4—13】 某工业企业对甲材料采用计划成本核算，甲材料计划单位成本为 25 元/千克。1 月 31 日，有关甲材料的科目余额如下：

科目名称	余额方向	金额(元)
材料采购	借方	3 270
原材料	借方	14 700
材料成本差异	贷方	345

根据 2 月份发生的有关甲材料收入、发出及结存的经济业务，编制会计分录如下：

(1)采购甲材料 480 千克，材料验收入库，货款13 560元(其中价款12 000元，增值税1 560元)以支票付讫，并以现金支付装卸费 79.5 元(其中价款 75 元，增值税 4.5 元)。

材料实际成本＝12 000＋75＝12 075(元)

材料计划成本＝480×25＝12 000(元)

借：材料采购　　12 075

　　应交税费——应交增值税(进项税额)　　1 564.5

　贷：银行存款　　13 560

　　　库存现金　　79.5

同时，

借：原材料 12 000

  贷：材料采购 12 000

(2)上月已经办理结算但材料未到的在途材料 132 千克，于本月全部到达并入库。材料实际成本3 270元，计划成本3 300元(即 132×25)。

借：原材料 3 300

  贷：材料采购 3 300

(3)从外埠采购甲材料 180 千克，结算凭证到达并办理付款手续。付款总额为4 994.2元，其中货款4 859元(其中价款4 300元，增值税 559 元)，进货运费 98.1 元(其中包括价款 90 元和准予扣除的进项税 8.1 元)，装卸费，37.1 元(其中包括价款 35 元和准予扣除的进项税 2.1 元)。但材料尚未运到。

材料实际成本＝4 300＋90 ＋35＝4 425(元)

材料进项税额＝559＋8.1＋2.1＝569.2(元)

借：材料采购 4 425

  应交税费——应交增值税(进项税额) 569.2

  贷：银行存款 4 994.2

(4)本月购进的甲材料 300 千克已经验收入库，月末时结算凭证仍未到。先按计划成本入账，下月初用红字冲回。

材料计划成本＝300×25＝7 500(元)

本月末：

借：原材料 7 500

  贷：应付账款——暂估应付款 7 500

下月初：

借：原材料 [7 500]

  贷：应付账款——暂估应付款 [7 500]

(5)根据本月发料凭证汇总表，共计发出材料 960 千克，计划成本24 000元。其中：直接用于产品生产 600 千克，计划成本15 000元；用于车间一般耗用 300 千克，计划成本7 500元；用于管理部门耗用 40 千克，计划成本1 000元；用于产品销售方面的消耗 20 千克，计划成本 500 元。

借：生产成本 15 000

  制造费用 7 500

  管理费用 1 000

  销售费用 500

贷:原材料　　24 000

月末结转已付款并验收入库材料发生的成本差异,详见表 4—6。

表 4—6　　**材料采购明细账**　　单位:元

借方							贷方						材料成本差异
日期	供货单位	凭证号数	摘要	实际成本	其他	合计	日期	凭证号数	摘要	计划成本	其他	合计	
2 月 1 日	略		略	3 270		3 270			略	3 300		3 300	−30
				12 075		12 075				12 000		12 000	+75
				4 425		4 425							
2 月 28 日			月结	19 770		19 770			月结	15 300		15 300	+45
				结转材料成本差异								45	
				余额　4 425*									

* 余额表示在途物资。

借:材料成本差异　　45

　贷:材料采购　　45

月末,"材料采购"科目的借方余额4 425元,表示在途物资成本转入下月材料采购明细账。

按本月材料成本差异率,计算分摊本月发出材料负担的成本差异,将发出材料的计划成本调整为实际成本。计算过程是:

$$本月材料成本差异率=\frac{-345+45}{14\ 700+12\ 000+3\ 300+7\ 500}\times 100\%=-0.8\%$$

生产成本负担的差异=15 000×(−0.08%)=−120(元)

制造费用负担的差异=7 500×(−0.08%)=−60(元)

管理费用负担的差异=1 000×(−0.08%)=−8(元)

销售费用负担的差异=500×(−0.08%)=−4(元)

借:生产成本　　120

　制造费用　　60

　管理费用　　8

　销售费用　　4

　贷:材料成本差异　　192

原材料的日常结算,既可以采用计划成本,也可以采用实际成本,还可以对不同的材料分别采用计划成本或实际成本。具体采用哪种方法,由企业根据具体的情况自行决定。一般来说,材料品种繁多的企业,可以采用计划成本进行日常核算;但对于某些品种不多且占产品比重较大的原料或主要材料，也可以单独采用实际成本进行核算，以便保证产品成本的真实、准确。对于企业规模较小、材料品种简单、采购业务不多的企业，一般采用实际成本进行原材料的日常收发核算。企业在选用材料核算方法后，一般不得随意变更，如需变更，应按变更会计政策的原则进行处理。

第三节　周转材料

周转材料主要包括包装物、低值易耗品以及建筑施工企业的钢模板、木模板和脚手架等。周转材料的核算可以设立“周转材料”总分类账户，下设“包装物”“低值易耗品”等明细分类账户进行核算，也可以直接分设“包装物”“低值易耗品”等总分类账户核算。以下均采用直接分设“包装物”“低值易耗品”等总分类账户的做法。

一、包装物

（一）包装物

包装物是指为销售企业产品而耗用和储备的各种成型的包装容器，如桶、瓶、坛、袋等。包装物按其用途，可以分为以下四类。

（1）生产过程中用于包装产品，作为产品组成部分的包装物。

（2）随同产品出售而不单独计价的包装物。

（3）随同产品出售而单独计价的包装物。

（4）出租或出借给购买单位使用的包装物。

包装物从总的方面来说，属于材料的一个组成部分，但其性质和用途与材料中的原材料并不相同。为了单独进行包装物的收发和结存的核算，一般应该设立“包装物”总账账户，进行包装物的总分类核算，并应按照包装物的种类进行明细核算。

各种包装材料，例如纸、绳、铁皮、铁丝等，不属于包装物，而属于原材料，应在“原材料”账户中核算；用于储存和保管产品、材料而不对外出售、出租或出借的包装物，按其价值大小和使用年限长短，分别属于固定资产或低值易耗品，应分别在“固定资产”账户或“低值易耗品”账户中核算；计划中单独列作商品产品的自制包装物，属于产成品，应在“库存商品”账户中核算。

包装物的采购、自制和验收入库的核算，与原材料的采购、自制和验收入库的核算相同。包装物日常核算的计价也与原材料日常核算的计价一样，既可以按计划成本进行，也可以按实际成本进行，本节不予赘述。下面主要介绍包装物发出和摊销的核算。

（二）发出包装物的核算

生产过程中用于包装产品，作为产品组成部分的包装物成本，记入“生产成本”账户；随同产品出售而不单独计价的包装物成本记入“销售费用”账户，随同产品出售而单独计价的包装物成本记入“其他业务支出”账户。

【例4—14】 天河公司生产过程中用于包装产品领用包装物计划成本5 000元，领用随同产品出售而不单独计价的包装物计划成本10 000元，领用随同产品出售而单独计价的包装物计划成本3 000元，该月包装物的成本差异率为－2%，编制会计分录如下：

借：生产成本——基本生产成本	5 000	
销售费用	10 000	
其他业务成本	3 000	
贷：包装物		18 000
借：生产成本——基本生产成本	－100	
销售费用	－200	
其他业务成本	－60	
贷：材料成本差异——包装物成本差异		－360

（三）出租、出借包装物的核算

出租、出借包装物发出以后至报废以前，其实物并未从企业消失，因而，不仅应该进行其发出的核算，而且还要进行其价值摊销的核算。

出借包装物给购买单位使用，是为产品销售提供的必要条件，因此，出借包装物的价值摊销和修理费等，应作为产品销售费用处理。出租包装物给购买单位，有租金收入，属于企业经营业务中的一种非主营业务，或其他业务，其租金收入属于其他业务收入，因此，与之相配比的出租包装物的价值摊销和修理费等，属于其他业务成本，应从其他业务收入中扣除以计算其他业务的利润。

对于逾期未退包装物，按规定没收的押金，借记“其他应付款”账户，按应交的增值税，贷记“应交税费——应交增值税（销项税额）”账户，按其差额，贷记“其他业务收入”账户。这部分没收的押金收入应交的消费税等税费，计入其他业务成本，借记“其他业务成本”账户，贷记“应交税费——应交消费税”等账户。

出借、出租包装物价值的摊销，应视出借、出租包装物的业务是否频繁，出借、出租包装物的数量多少和金额大小，采用不同的核算方法，主要有一次转销法、分次摊销法等。

1. 一次转销法

采用这种方法，在第一次发出新的包装物出借、出租时，就将其价值全部转销，计入当月有关的费用。发出包装物时，应借记“销售费用”“其他业务成本”账户，贷记“包装物”账户。

出借、出租的包装物报废时的残料价值应冲减相应费用和支出，按计划成本进行核算的企业，还要核算结转发出新包装物所应负担的成本差异。

2. 分次摊销法

分次摊销法是指根据周转材料可供使用的估计次数，将其成本分期计入有关成本费用的一种推销方法。各期周转材料摊销额的计算公式为：

某期摊销额＝(周转材料账面价值÷预计可使用次数)×该期实际使用次数

出租、出借包装物频繁、数量多、金额大的企业，出租、出借包装物的成本，也可以采用分次摊销法计算出租、出借包装物的摊销价值，在发出时按次摊销相应价值，报废时再摊销剩余价值，在这种情况下，“包装物”账户应设置“库存未用包装物”“库存已用包装物”“出租包装物”“出借包装物”“包装物摊销”五个明细账户，“包装物”账户的期末余额，为期末库存未用包装物的摊余价值，反映企业库存未用包装物的实际成本或计划成本。

【例 4—15】 天河公司出借包装物 30 个给 A 公司，其计划单位成本 100 元，收到押金 4 000 元；同时收回出租给 W 公司的包装物 38 个，其中 30 个入库可继续使用，8 个转入报废，还有 2 个无法收回，其计划单位成本 150 元，押金 8 000 元(每个押金 200 元)，扣除应收而尚未收到的租金 600 元，没收 2 个无法收回包装物押金 400 元，其余的押金退回。报废包装物收回残值 100 元的材料已入库。本月包装物差异率为－1%。分两次进行摊销，编制会计分录如下：

(1)出借给 A 公司。

借：包装物——出借包装物	3 000	
贷：包装物——库存未用包装物		3 000

(2)摊销其价值的一半 1 500 元。

借：销售费用	1 500	
贷：包装物——包装物摊销		1 500

(3)收取押金。

借：库存现金	4 000	
贷：其他应付款——A 公司		4 000

(4)摊销报废和无法收回出租包装物 10 个的价值 1 500 元的另一半。

借：其他业务成本	750	
贷：包装物——包装物摊销		750

(5)收回残值，结转报废和无法收回包装物的成本差异。

借：原材料	100	
贷：其他业务成本		100
借：其他业务成本	－15	
贷：材料成本差异——包装物成本差异		－15

(6)抵扣租金收入和没收部分押金，其余押金退回。

应退押金＝38×200－600＝7 000(元)

借：其他应付款	8 000	
贷：其他业务收入		885

　　　　应交税费——应交增值税(销项税额)　　　　115

　　　　银行存款　　　　7 000

(7)收回可用包装物30个入库。

借：包装物——库存已用包装物　　　　4 500

　　贷：包装物——出租包装物　　　　4 500

二、低值易耗品

(一)低值易耗品概述

低值易耗品是指不能作为固定资产的各种用具物品，如工具、管理用具、玻璃器皿，以及在经营过程中周转使用的包装容器等。

为了进行低值易耗品的收入、发出、摊销和结存的总分类核算，应设立“低值易耗品”总账账户进行核算。

低值易耗品的日常核算也与原材料核算一样，既可以按照实际成本进行，又可以按照计划成本进行。在按计划成本核算的情况下，为了核算低值易耗品的成本差异，还应在“材料成本差异”总账账户下增设“低值易耗品成本差异”二级账户。

低值易耗品采购、在库阶段的核算与原材料核算相同，低值易耗品在用、发出的核算与原材料不同。下面主要介绍低值易耗品在用、摊销的核算。

(二)低值易耗品摊销

低值易耗品在领用以后，其价值应该摊销计入有关的成本、费用中。低值易耗品摊销在产品成本中所占比重较小，没有专设成本项目，因此，用于生产、应计入产品成本的低值易耗品摊销应先计入制造费用；用于组织和管理生产经营活动的低值易耗品摊销，应计入管理费用等。

低值易耗品的摊销，应该根据具体情况采用一次摊销法、分次摊销法。

1. 一次推销法

一次摊销法是指在领用低值易耗品时，就将其全部价值一次计入当月成本、费用的方法。企业领用低值易耗品时，借记“制造费用”“管理费用”等账户，贷记“低值易耗品”账户。在低值易耗品报废时，应将报废的残料价值作为当月低值易耗品摊销的减少，冲减有关的成本、费用，借记“原材料”等账户，贷记“制造费用”“管理费用”等账户。

在按计划成本进行低值易耗品日常核算的情况下，领用低值易耗品的会计分录应按计划成本编制，同时分配低值易耗品成本差异。

【例4－16】 天河公司某生产车间领用低值易耗品一批，其计划成本500元，差异分配率为－2%，采用一次摊销法。编制会计分录如下：

借：制造费用　　　　500

　　贷：低值易耗品　　　　500

借：制造费用 −10

贷：材料成本差异——低值易耗品差异 −10

一次摊销法适用于单位价值较低或使用期限较短，而且一次领用数量不多，以及玻璃器皿等容易破损的低值易耗品。

2. 分次摊销法

分次推销法是在低值易耗品领用时摊销其价值的一部分，报废时再摊销其剩余价值。为了核算在库、在用低值易耗品的价值和低值易耗品的摊余价值，应在“低值易耗品”总账账户下分设“在库低值易耗品”“在用低值易耗品”和“低值易耗品摊销”三个二级账户。

【例4—17】 天河公司管理部门本月领用低值易耗品，分两次摊销，其计划成本为3 000元；同时报废某生产车间以前月份领用的低值易耗品一批，其计划成本为2 000元，收回残料价值100元入库。月末材料成本差异分配率为−1%。编制会计分录如下：

(1)领用。

借：低值易耗品——在用低值易耗品 3 000

贷：低值易耗品——在库低值易耗品 3 000

(2)领用时摊销一半。

借：管理费用 1 500

贷：低值易耗品——低值易耗品摊销 1 500

(3)某生产车间报废低值易耗品时，推销其价值的另一半。

借：制造费用 1 000

贷：低值易耗品——低值易耗品摊销 1 000

(4)收到残料入库。

借：原材料 100

贷：制造费用 100

(5)报废低值易耗品分配材料成本差异＝2 000×(−1%)＝−20(元)。

借：制造费用 −20

贷：材料成本差异——低值易耗品差异 −20

(6)注销报废低值易耗品的计划成本。

借：低值易耗品——低值易耗品摊销 2 000

贷：低值易耗品——在用低值易耗品 2 000

上述(1)(2)笔分录是管理部门领用低值易耗品的会计分录；(3)(4)(5)(6)笔分录是生产车间报废低值易耗品的会计分录，两者没有联系。

采用分次摊销法摊销低值易耗品的价值，能够对在用低值易耗品实行价值监督；在各月成本、费用负担的合理程度和核算工作量方面大于一次摊销法。这种方法一般适用于每月领用和报废的数量比较均衡，各月摊销额相差不多的低值易耗品。由于这种方法要核算在用低值易耗品的价值，因此，需要按照车间、部门进行在用低值易耗品数量和金额明细核算的企业，应该采用这种方法。

第四节　存货的期末计价

存货期末计价是指会计期末对存货价值的重新计量。为了在资产负债表中更合理地反映期末存货的价值，使存货符合资产的定义，企业应当选择适当的计价方法对期末存货进行再计量。长期以来，国际上公认的存货期末计价方法是成本与可变现净值孰低法。随着会计准则规范的不断成熟，逐渐以可变现净值概念取代了市价概念。市价是一个比较宽泛的概念，它可以是公允价值，也可以是可变现净值，还可以是重置成本；可变现净值是指未来净现金流入，不仅概念更加明确，而且减少了确定市价的可选择性。因此，现行国际会计准则和我国企业会计准则都规定采用“成本与可变现净值孰低法”进行存货期末计量。

一、成本与可变现净值孰低的含义

根据我国企业会计准则的有关规定，资产负债表日，企业应当按照成本与可变现净值孰低计量。当存货成本低于可变现净值时，存货按成本计量；当存货成本高于可变现净值时，存货按可变现净值计量，同时按照成本高于可变现净值计提存货跌价准备，计入当期损益。

所谓成本，是指期末存货的实际成本，即采用先进先出法、加权平均法等存货计价方法，对发出存货（或期末存货）进行计价所确定的期末存货账面成本。如果存货的日常核算采用计划成本法、售价金额核算法等简化核算方法的，则期末存货的实际成本是指通过差异调整而确定的存货成本。

所谓可变现净值，是指在日常活动中，存货的估计售价减去至完工时估计将要发生的成本、估计的销售费用以及相关税金后的金额。可见，可变现净值实质是指存货在正常生产经营环境下可获得的未来净现金流入，而不是存货的售价。也就是说，以存货预计取得的收入为基础，在扣除销售消耗的过程中可能发生的相关税费和销售费用，以及为达到预定可销售状态还可能发生的进一步的加工成本等支出后的余额才是存货的可变现净值。

采用成本与可变现净值孰低法对期末存货进行计量，当某项存货的可变现净值跌至成本以下时，表明该项存货为企业带来的未来经济利益将低于账面成本，企业应按可变现净值低于成本的差额确认存货跌价损失，并将其从存货价值中扣除，否则，就会虚增当期利润和存货价值；但当某项存货的可变现净值高于成本时，企业却不能按可变现净值高于成本的金额确认这种尚未实现的存货增值收益，否则，就会违背谨慎性原则。

二、可变现净值的确定方法

确定存货可变现净值需要考虑的因素为:存货可变现净值的确定必须有可靠的证据,而且应当以取得的确凿证据为基础,并且考虑持有存货的目的、资产负债表日后事项的影响等因素。

(一)确定存货可变现净值应以确凿的证据为基础

确定可变现净值的确凿证据,是指对确定存货的可变现净值有直接影响的可靠依据,包括产品或商品的市场销售价格、与企业产品或商品相同或类似商品的市场销售价格、供货方提供的有关资料、销售方提供的有关资料、生产成本资料等。

(二)确定存货可变现净值应考虑持有存货的目的

持有的存货其持有目的不同,确定存货可变现净值的方法也不同。一般情况下,存货按照持有目的的不同,可分为两类:一是按是否用于直接对外出售,分为用于直接对外出售的存货和用于继续加工或为加工制造而持有的存货;二是按是否为了执行合同,分为有合同约定的存货和没有合同约定的存货。

在实际工作中,企业应当结合存货的持有目的,对不同存货采用不同的方法确定可变现净值。其中:

(1)产成品、商品和用于出售的材料等直接用于出售的存货,在正常生产经营过程中,应当以该存货的估计售价减去估计的销售费用和相关税费后的金额确定其可变现净值。

(2)用于生产的材料、在产品或自制半成品等需要经过加工的存货,在正常生产经营过程中,应当以所生产的产成品的估计售价减去至完工时估计将要发生的成本、估计的销售费用以及相关税费后的金额确定其可变现净值。

(3)为执行销售合同或者劳务合同而持有的存货,通常应当以合同价值作为其可变现净值的计量基础,以合同售价减去估计的销售费用和相关税费,或减去至完工时估计将要发生的成本、估计的销售费用以及相关税费后的金额确定其可变现净值。如果企业持有的存货数量多于销售合同的订货数量,超出订货合同部分的存货的可变现净值应当以一般销售价格(公允价格)为计量基础,以一般销售价格减去估计的销售费用和相关税费,或减去至完工时估计将要发生的成本、估计的销售费用以及相关税费后的金额确定其可变现净值。

(三)确定存货可变现净值应考虑资产负债表日后事项的影响

资产负债表日后事项一般指资产负债表日至财务报告批准报出日之间发生的、对资产负债表日存货的存在情况和状况提供了新的进一步的证据的事实。企业在确定存货可变现净值时,应对资产负债表日后事项的影响进行充分考虑,如预计未来产品的更新换代、消费者消费偏好等市场情况发生变化,存货售价发生波动等。只有充分考虑这些情况,在提供的会计信息中才能使存货价值更能反映其带来的未来现金净流入情况。

三、成本与可变现净值的比较方法

按成本与可变现净值法计价时，可以采用不同的方法对成本与可变现净值进行比较。比较的方法主要有三种：按存货项目比较、按存货类别比较、按全部存货比较。这三种方法的区别可以通过表4—7的数据加以说明。

表4—7　　成本与可变现净值比较的方法　　单位：元

项　目	成本	可变现净值	成本与可变现净值孰低的选择金额	
			按存货项目	按存货类别
家用电器类				
A	1 000	1 500	1 000	
B	4 000	3 000	3 000	
小计	5 000	4 500		4 500
百货类				
C	3 500	3 000	3 000	
D	2 000	2 800	2 000	
小计	5 500	5 800		5 500
全部存货	10 500	10 300	9 000	10 000

（一）按存货项目比较

按存货项目比较时，只要某存货项目的可变现净值低于其成本，就将该存货项目按可变现净值计价，不考虑其他存货的可变现净值是否低于成本，不受其他存货可变现净值大小的影响。当某存货项目的成本高于该项目的可变现净值时，就应按其差额对该存货项目计提存货跌价准备。

在表4—7中，企业如果采用按存货项目比较的方法，应对家用电器类中有合同约定的存货项目B计提存货跌价准备1 000元（4 000—3 000），对百货类中的无合同约定的存货项目C计提存货跌价准备500元（3 500—3 000），共应计提存货跌价准备1 500元。

（二）按存货类别比较

按存货类别比较时，只要某类存货的可变现净值低于其成本，就将该类存货按可变现净值计价，不考虑其他类存货的可变现净值是否低于成本，不受其他类别存货市价的影响。但采用这种方法时，有些存货的可变现净值高于其成本，有些存货的可变现净值低于其成本，有些存货可变现净值等于其成本，按该类存货可变现净值总额计价就会将不同存货项目可变现净值同成本的差异互相抵消，使得不同存货项目的可变现净值与成本的关系不能清晰地反映。

在表 4—7 中，企业如果采用按存货类别比较的方法，则应对全部存货计提存货跌价准备 500 元(5 000—4 000)。

(三)按全部存货比较

按全部存货比较时，只有全部存货的可变现净值低于全部存货的成本时，才按可变现净值计价。这种情况下，不仅会将不同存货项目之间可变现净值与成本的差异互相抵消，而且还会将不同存货类别之间可变现净值与成本之间的差异相互抵消，使得不同存货项目的可变现净值与成本的关系，以及不同类别存货可变现净值与成本的关系无法清晰地反映。

在表 4—7 中，企业如果采用按全部存货比较的方法，则应对全部存货共计提 200 元(10 500—10 300)的存货跌价准备。

根据我国企业会计准则的规定，企业通常应当按照单个存货项目计提存货跌价准备。存货项目不多，或虽然存货项目很多但属于重要的存货项目(如原材料的主要材料、产品中的主要产品等)，应采用单项比较法计提存货跌价准备。资产负债表日同一项存货中一部分有合同约定价格，而另一部分不存在合同约定价格的，应分别确定其可变现净值，并与相应的存货成本进行比较，分别确定存货跌价准备，不得合并计量存货跌价准备，由此计提的存货跌价准备不得相互抵消。

四、存货发生减值的迹象与减值计量

(一)判断存货发生减值的迹象

当存在下列情形之一时，应当计提存货跌价准备：

(1)市价持续下跌，并且在可预见的未来无回升的希望；

(2)企业使用该项原材料生产的产品的成本大于产品的销售价格；

(3)企业因产品更新换代，原有库存原材料已不适应新产品的需要，而该原材料的市场价格又低于其账面成本；

(4)因企业所提供的商品或劳务过时，或消费者偏好改变而使市场的需求发生变化，导致市场价格逐渐下跌；

(5)其他足以证明该项存货实质上已经发生减值的情形。

当存在以下一项或若干项情况时，应将存货账面价值全额计提存货跌价准备：

(1)已霉烂变质的存货；

(2)已过期且无转让价值的存货；

(3)生产已不再需要，并已无使用价值和转让价值的存货；

(4)其他足以证明已无使用价值和转让价值的存货。

(二)存货跌价准备的计量

在我国，企业会计准则对成本与市价孰低法作出了规定。主要包括：

期末(至少于年度终了时)对存货进行全面清查,并按存货按成本与可变现净值孰低法计价。如果由于存货全部或部分陈旧过时,或销售价格低于成本等原因,不可收回的价值部分,应当提取存货跌价准备。

企业对存货按可变现净值进行计量时,应采用存货备抵法进行核算,存货跌价损失通过"资产减值损失——存货跌价损失"科目进行核算,应计提存货跌价准备而减少的存货价值通过"存货跌价准备"科目进行核算。如果存货按低于历史成本的可变现净值调整后,可变现净值又上升时,应相应调增存货账面价值,但不得超过存货的历史成本,调增的部分计入当期损益。即,期末,企业计算出存货可变现净值低于存货成本账面价值(存货成本减去计提的存货跌价准备)的差额是,借记"资产减值损失——存货跌价损失"科目,贷记"存货跌价准备"科目,使"存货跌价准备"科目的余额反映企业存货可变现净值低于存货成本的数额。如果计提跌价准备的存货价值以后又得以恢复,应当恢复增加的数额冲减存货跌价准备,并增加当期损益,借记"存货跌价准备"科目,贷记"资产减值损失——存货跌价损失"科目,但是,当已经计提的跌价准备的存货价值以后又得以恢复,其冲减的跌价准备金额,应以存货价值恢复到历史成本为限,即应以"存货跌价准备"科目的余额冲减至零为限。

为了在资产负债表上反映各类存货计提的跌价准备,并提供关于各类存货提取、转回跌价准备的具体情况,"存货跌价准备"科目也应按不同的存货类别进行明细核算。

存货跌价准备应按单个存货项目的成本与可变现净值计量,如果某些存货具有类似目的和最终用途并与在同一地区生产和销售的产品系列相关,且实际上难以将其与该产品系列的其他存货项目区分开来进行估计,可以合并计量成本与可变现净值,以合并计提存货跌价准备。对于数量繁多、单价较低的存货也可以按存货类别计量成本与可变现净值,并按存货类别计提存货跌价准备。

会计期末,将存货的账面价值(存货账面余额减去存货计提的跌价准备后的余额)列示于资产负债表的存货项目,并将已计提的存货跌价准备单独列示于资产减值准备明细表(资产减值准备明细表是资产负债表的附表)中。

下面举例说明我国采用存货成本与可变现净值孰低法时,存货跌价准备核算特点。

【例 4-18】 某企业自20×7年开始对存货采用成本与可变现净值孰低法计价。20×7年年末,该企业存货账面成本为800 000元,其中,原材料80 000元,库存商品300 000元,在产品200 000元,周转材料200 000元,自制半成品20 000元。按存货项目计算的各类存货应计提的存货跌价准备分别为:原材料跌价准备200元,库存商品跌价准备1 000元,周转材料1 300元,自制半成品跌价准备1 500元。则20×7年年末应计提的存货跌价准备为4 000元。作会计分录如下:

借:资产减值损失——存货跌价损失　　4 000

　贷:存货跌价准备　　4 000

资产负债表上列示的存货价值为796 000元(800 000—4 000),资产减值准备明细表上列示的有关存货减值准备的方法如下:

	年末余额(元)
存货跌价准备	4 000
其中,原材料	200
库存商品	1 000
周转材料	1 300
自制半成品	1 500

20×8 年年末,该企业存货账面成本为700 000元,其中,原材料30 000元,库存商品370 000 元,在产品50 000元,周转材料150 000元,自制半成品100 000元。按存货项目计算的各类存货应计提的存货跌价准备分别为:原材料跌价准备 700 元,库存商品跌价准备300 元,周转材料跌价准备1 700元。则 20×8 年年末应保留的存货跌价准备为2 700元,共应冲减存货跌价准备1 300元(4 000—2 700),其中原材料应计提存货跌价准备 500 元,库存商品应冲减多记的存货跌价准备 700 元,周转材料应计提存货跌价准备 400 元,自制半成品应冲减计提的存货跌价准备1 500元。则 20×8 年年末应作会计分录如下:

借:存货跌价准备　　1 300

　贷:资产减值损失——存货跌价损失　　1 300

该存货于 20×8 年年末在会计报表上的列示方法如表 4—8 所示:

表 4—8　　**20×8 年年末在会计报表上的列示方法**　　单位:元

	年初余额	本年增加数	本年转回数	年末余额
存货跌价准备	4 000		1 300	2 700
其中,原材料	200	500		700
库存商品	1 000		700	300
周转材料	1 300	4 00		1 700
自制半成品	1 500		1 500	—

第五节 存货的清查

企业在进行存货的日常收发及保管过程中,因种种原因可能造成存货实际结存数量与账面结存数量不符,有时会因非常事项而造成存货毁损。为了确保账实相符,企业应定期或不定期进行存货盘点。发生存货盘盈(实际结存数量大于账面结存数量)盘亏(实际结存数量小于账面结存数量)及毁损(非常性事项造成的存货损失)时,应及时查明原因,并进行账务处理，以保证账实一致。

一、存货盘盈

发生存货盘盈时，应按规定的程序报经有关部门批准后才能做出处理。在批准处理以前，一般先根据盘盈的存货，按同类或类似存货的重置成本计价入账调整存货账面记录；没有同类存货的，一般按市价计价入账，调整存货账面记录，以使账实一致，即借记"原材料""库存商品"等存货科目，贷记"待处理财产损溢——待处理流动资产损溢"科目。

盘盈的存货查明原因后，应按不同的原因及处理决定分别入账，借记"待处理财产损溢——待处理流动资产损溢"科目，贷记有关科目。其中，对于无法确定具体原因的，一般应冲减企业的管理费用，借记"待处理财产损溢——待处理流动资产损溢"科目，贷记"管理费用"科目。

【例 4—19】 某企业进行财产清查，根据发生的有关存货盘盈的经济业务，编制会计分录如下：

(1)盘点原材料，发现溢余甲材料，按重置价值计算其实际成本为 900 元。盘盈原因待查。

借：原材料	900	
贷：待处理财产损溢——待处理流动资产损溢		900

(2)查明原因，盘盈的原材料系收发时的计量误差所致，经批准冲销企业的管理费用。

借：待处理财产损溢——待处理流动资产损溢	900	
贷：管理费用		900

二、存货盘亏和毁损

发生存货盘亏和毁损，在批准处理以前，应先通过"待处理财产损溢——待处理流动资产损溢"科目进行核算。盘亏和毁损时，一般按盘亏和毁损存货的实际成本(大多按盘亏、毁损的数量和该存货的期初结存单价计算确定)冲减存货的账面记录，借记"待处理财产损溢——待处理流动资产损溢"科目，贷记有关的存货等科目。

需要指出的是，根据《中华人民共和国增值税暂行条例》规定，企业发生的非正常损失的购进货物以及非正常损失的在产品、产成品所耗用的购进货物或应税劳务的进项，不得从销项税中抵扣。因此，非正常损失的存货价值应包括其实际成本和应负担的进项税两部分，发生非正常毁损(如被盗窃及管理不善造成大量霉烂变质等)时，应按非正常损失的价值借记"待处理财产损溢——待处理流动资产损溢"科目，按非正常损失存货的实际成本贷记有关存货科目，按非正常损失存货应负担的进项税贷记"应交税费——应交增值税(进项税额转出)"科目。

查明盘亏和毁损的原因后，应按不同的原因及处理决定分别入账，借记有关科目，贷记“待处理财产损溢——待处理流动资产损溢”科目。其中，属于定额合理盘亏的，应作为管理费用列支；属于一般经营性损失的，扣除残料价值以及可以收回的保险赔偿和过失人赔偿剩余净损失，经批准也可以作为管理费用列支；属于自然灾害损失、管理不善造成货物被盗，发生霉烂变质等损失以及其他非正常损失的，扣除可以收回的保险赔偿及残料价值后的净损失，作为企业的营业外支出进行处理。

【例4—20】 某企业根据发生的有关存货盘亏和毁损的经济业务，编制会计分录如下：

(1)盘亏甲材料，实际成本为400元，原因待查。

借:待处理财产损溢——待处理流动资产损溢 400

贷:原材料 400

(2)查明原因，盘亏甲材料系定额内合理损耗，批准作为管理费用列支。

借:管理费用 400

贷:待处理财产损溢——待处理流动资产损溢 400

(3)因发生水灾，对财产进行清查盘点。其中，产成品毁损额按实际成本计算为5 000元，产成品耗用的原材料及应税劳务的进项税为350元，并通知保险公司。

借:待处理财产损溢——待处理流动资产损溢 5 350

贷:产成品 5 000

应交税金——应交增值税(进项税额转出) 350

(4)水灾造成的产成品损失已经作出处理决定，残料估价300元作为原材料入库，可以由保险公司赔偿的损失为4 000元，由企业负担的损失为1 050元。

借:原材料 300

其他应收款 4 000

营业外支出 1 050

贷:待处理财产损溢——待处理流动资产损溢 535

需要说明的是，企业清查的各种存货及其资产的损溢，应于期末前查明原因，并根据企业的管理权限，经股东大会或董事会或经理(厂长)会议或类似机构批准后，在期末结账前处理完毕。如清查的各种财产损溢在期末结账前尚未批准的，在对外提供财务报表时应先按上述处理原则进行处理，并在会计报表附注说明；如果其后批准处理的金额与已处理的金额不一致的，还应调整会计报表相关的年初数。“待处理财产损溢”科目处理前的借方余额反映尚未处理的各种财产净损失，处理前贷方余额反映尚未处理的各种财产净溢余。期末处理后，“待处理财产损溢”科目无余额。

【案例分析】

中国神华是世界领先的以煤炭为基础的一体化能源公司，主营业务是煤炭、电力的生产与销售，煤炭的铁路、港口和船队运输等。

在2014年披露的年报中，中国神华实现营收2 484亿元、净利润为 368.07 亿元；与2013年的同期营收2 837亿元、净利润 456.7 亿元相比，分别下滑 12.5%和 19.4%。

与此同时，神华另一项业绩的重要指标，煤炭产品过去一年的生产和销售量，也出现双双下滑的迹象。2014年中国神华的商品煤炭生产量达到 306.6 万吨，煤炭销售量达到 451.1 万吨；而此前的2013年，煤炭的产量和销量分别为 318.1 万吨和 514.8 万吨。

在经济下行、煤炭行业仍旧需求疲弱的大势下，这家国内最大的煤炭龙头企业的业绩在回落。

但除了业绩下滑之外，公司年报中披露的一个细节还是引起了外界的关注。年报的存货一栏中，分为煤炭存货、辅助材料零部件和房地产开发产品，在2014年的期末，上述三项的账面余额分别为 42.46 亿元、110.38 亿元和 17.42 亿元。

值得注意的是，公司对后两项分别进行了存货跌价准备 12.21 亿元和1 500万元，但对于超过 42 亿元的煤炭存货并未计提任何跌价准备。

问题和思考：

1. 中国神华认为“煤炭存货没有达到计提的标准”，也有券商资深分析师认为“煤炭存货跌价不计提跌价准备”。你认为煤炭存货需要计提跌价准备吗？为什么？

2. 中国神华未对超过 42 亿元的煤炭存货计提任何跌价准备，会对利润表造成什么影响？

（资料来源：http://www.xinhuanet.com/fortune/2015－04/27/c_127735797.htm。）

案例解析：

1. 需要计提跌价准备。在我国，企业会计准则对成本与市价孰低法作出了规定。主要包括：期末（至少于年度终了时）对存货进行全面清查，并将存货按成本与可变现净值孰低法计价。如果由于存货全部或部分陈旧过时，或销售价格低于成本等原因，不可收回的价值部分应当提取存货跌价准备。

2. 中国神华未对超过 42 亿元的煤炭存货计提任何跌价准备，会使净利润虚增。

【复习思考及实务训练】

一、名词解释

存货　　原材料　　周转材料　　包装物　　低值易耗品　　先进先出

全月一次加权平均法　计划成本法　成本与可变现净值孰低法　可变现净值

二、思考题

1. 存货应以什么为基础进行计价？为什么？
2. 发出存货的计价方法对企业的财务状况、经营成果有何影响？
3. 简述发出存货的各种计价方法。
4. 原材料按实际成本计价和按计划成本计价在会计核算上有何区别？
5. 商品流通企业存货计价通常有哪几种形式？各有哪些特点？
6. 存货期末采用成本与可变现净值孰低法，应如何进行会计核算？

三、选择题

1. 下列各项中，不应计入自行生产存货的制造费用的是（　　）。

A. 生产车间管理人员的薪酬　　B. 生产工人的薪酬

C. 机物料消耗　　D. 季节性的停工损失

2. 甲企业委托乙企业加工材料一批（属于应税消费品）。原材料成本为 20 000 元，支付的加工费为 7 000 元（不含增值税），消费税税率为 10%，材料加工完成并已验收入库，将直接用于销售（售价不高于受托方计税价格）。双方均为增值税一般纳税人企业，适用的增值税税率为 13%。则该委托加工材料收回后的入账价值是（　　）元。

A. 20 000　　B. 27 000　　C. 30 000　　D. 31 190

3. 某投资者以一批甲材料为对价取得 A 公司 200 万股普通股，每股面值 1 元，双方协议约定该批甲材料的价值为 600 万元（假定该价值是公允的）。A 公司收到甲材料和增值税专用发票（进项税额为 78 万元）。该批材料在 A 公司的入账价值是（　　）万元。

A. 600　　B. 696　　C. 200　　D. 296

4. 某增值税一般纳税企业 20×8 年购进农产品一批，支付买价 12 000 元、装卸费 1 000元、入库前挑选整理费 400 元。按照税法规定，该购进农产品可按买价的 9%抵扣增值税额。不考虑其他因素，该批农产品的入账价值为（　　）元 。

A. 12 000　　B. 12 320　　C. 13 000　　D. 12 080

5. 甲公司 20×8 年 12 月 31 日库存配件 100 套，每套配件的账面成本为 12 万元，市场价格为 10 万元。该批配件可用于加工 100 件 A 产品，将每套配件加工成 A 产品尚需投入 17 万元。A 产品 20×8 年 12 月 31 日的市场价格为每件 28.7 万元，估计销售过程中每件将发生销售费用及相关税费 1.2 万元。该配件此前未计提存货跌价准备，甲公司 20×8 年 12 月 31 日该配件应计提的存货跌价准备为（　　）万元。

A. 0　　B. 30　　C. 150　　D. 200

6. 20×8 年 12 月 26 日，甲公司与乙公司签订了一份不可撤销的销售合同，双方约定，20×9 年 3 月 20 日，甲公司应按每台 103 万元的价格向乙公司提供 A 产品 8 台。20×8年 12 月 31 日，甲公司还没有生产该批 A 产品，但持有的库存 C 材料专门用于生产该批 A 产品 8 台，其账面价值（成本）为 316 万元，市场销售价格总额为 338 万元。将 C 材料加工成 A 产品尚需发生加工成本 350 万元，不考虑其他相关税费。20×8 年 12 月 31 日，C 材料的可变现净值为（　　）万元。

A. 216　　B. 338　　C. 316　　D. 474

7. 某企业采用成本与可变现净值孰低法对存货进行期末计价，成本与可变现净值按单项存货进行比较。20×8 年 12 月 31 日，甲、乙、丙三种存货成本与可变现净值分别为：甲存货成本 10 万元，可变现净值 8 万元；乙存货成本 12 万元，可变现净值 15 万元；丙存货成本 18 万元，可变现净值 15 万元。甲、乙、丙三种存货已计提的跌价准备分别为 1 万元、2 万元、1.5 万元。假定该企业只有这三种存货，20×8 年 12 月 31 日应补提的存货跌价准备总额为（　　）万元。

A. −0.5　　B. 0.5　　C. 2　　D. 5

8. A 公司为增值税一般纳税企业，20×8 年 7 月购入原材料 150 千克，收到的增值税专用发票上注明价款为 900 万元、增值税税额为 117 万元；另发生运输费用，收到的增值税专用发票上注明运输费为 9 万元、增值税税额为 0.81 万元；以银行存款支付包装费 3 万元、途中保险费用 2.7 万元。原材料运抵企业后，验收入库原材料为 148 千克，运输途中发生合理损耗 2 千克。不考虑其他因素，该批原材料的入账价值为（　　）万元。

A. 911.70　　B. 913.35　　C. 914.07　　D. 914.70

【参考答案】

1. B　2. C　3. A　4. B　5. C　6. D　7. B　8. D

四、计算及实务题

1. 某企业为增值税一般纳税人，存货适用的增值税税率为 13%。20×8 年初该企业从外地购入原材料 4 000 吨，收到增值税专用发票注明的售价为每吨 2 400 元，增值税税款为 1 248 000 元，另发生不含税的运输费的金额为 1 000 元（运输行业按照 9%计征增值税）、差旅费 500 元、装卸费 600 元、途中保险费 1 500 元，款项均以银行存款支付。原材料运到后验收入库的数量为 3 995 吨，短缺 5 吨为运输途中的合理损耗。已知该企业已经取得所购材料以及运输费的增值税专用发票，假定不考虑其他因素。

要求：

(1)计算外购原材料的入账价值。

(2)计算外购原材料的入库单价。

(3)编制外购原材料入库时的会计分录（“应交税费”科目要求写出明细科目及专栏名

称)。

2. ABC公司系上市公司,存货采用成本与可变现净值孰低法计价。

(1)20×8年年初“存货跌价准备——甲产品”科目余额100万元;库存“原材料——A材料”未计提跌价准备。

(2)20×8年年末“原材料——A材料”科目余额为1 000万元,“库存商品——甲产品”科目余额500万元,本年没有销售甲产品。库存A原材料将全部用于生产100件乙产品,每件产品直接耗用材料费用为10万元。80件乙产品已经签订销售合同,合同价格为每件11.25万元,其余20件乙产品未签订销售合同;预计乙产品的市场价格为每件11万元,预计生产乙产品还需要发生除A原材料以外的成本3万元/件,预计为销售乙产品发生的相关税费每件为0.55万元。

(3)甲产品无不可撤销合同,市场价格总额为350万元,预计销售甲产品发生的相关税费总额为18万元。

假定不考虑其他因素。

要求:

(1)计算20×8年12月31日库存“原材料——A材料”应计提的存货跌价准备。

(2)计算20×8年12月31日甲产品应计提的存货跌价准备。

(3)计算20×8年12月31日应计提的存货跌价准备合计金额并编制会计分录。

【参考答案】

1.(1)企业在存货采购过程中发生的运输费、装卸费、运输途中的合理损耗等,直接计入存货的采购成本。差旅费不计入存货的采购成本中。

原材料的入账价值=4 000×2 400+1 000+600+1 500=9 603 100(元)

(2)原材料的入库单价=9 603 100/3 995=2 403.78(元)

(3)会计分录如下:

借:原材料 9 603 100

应交税费——应交增值税(进项税额)

(1 248 000+1 000×9%)1 248 090

贷:银行存款 10 851 190

借:管理费用 500

贷:银行存款 500

2.(1)①有合同部分

乙产品成本=80×10+80×3=1 040(万元)

乙产品可变现净值=80×11.25-80×0.55=856(万元)

由于用库存A材料生产的乙产品的可变现净值低于其成本,因此,库存A材料应按成本与可变现净值孰低计量。

库存 A 材料可变现净值＝80×11.25－80×3－80×0.55＝616(万元)

库存 A 材料应计提的存货跌价准备＝80×10－616＝184(万元)

②无合同部分

乙产品成本＝20×10＋20×3＝260(万元)

乙产品可变现净值＝20×11－20×0.55＝209(万元)

由于用库存 A 材料生产的乙产品的可变现净值低于其成本，因此，库存 A 材料应按成本与可变现净值孰低计量。

库存 A 材料可变现净值＝20×11－20×3－20×0.55＝149(万元)

库存 A 材料应计提的存货跌价准备＝20×10－149＝51(万元)

③库存 A 材料应计提的存货跌价准备合计＝184＋51＝235(万元)

(2)甲产品成本为 500 万元。

甲产品可变现净值＝350－18＝332(万元)

甲产品应计提的存货跌价准备＝500－332－100＝68(万元)

注意甲产品有期初跌价准备金额，计算的“成本－可变现净值”的差额为余额概念，需要将期初的跌价金额也减去才是本期应计提的金额。

(3)20×8 年 12 月 31 日应计提的存货跌价准备合计金额＝235＋68＝303(万元)

会计分录为(单位:万元)：

借:资产减值损失　　303

　贷:存货跌价准备　　303

第五章　金融资产

【学习目标】

- 理解金融资产的概念和分类
- 掌握以摊余成本计量的金融资产的初始计量、后续计量和处置的会计处理
- 掌握以公允价值计量且其变动计入其他综合收益的金融资产初始计量、后续计量和减值的会计处理
- 掌握以公允价值计量且其变动计入当期损益的金融资产的初始计量、后续计量和减值的会计处理
- 掌握以上金融资产转移的概念和相关会计处理

【思维导图】

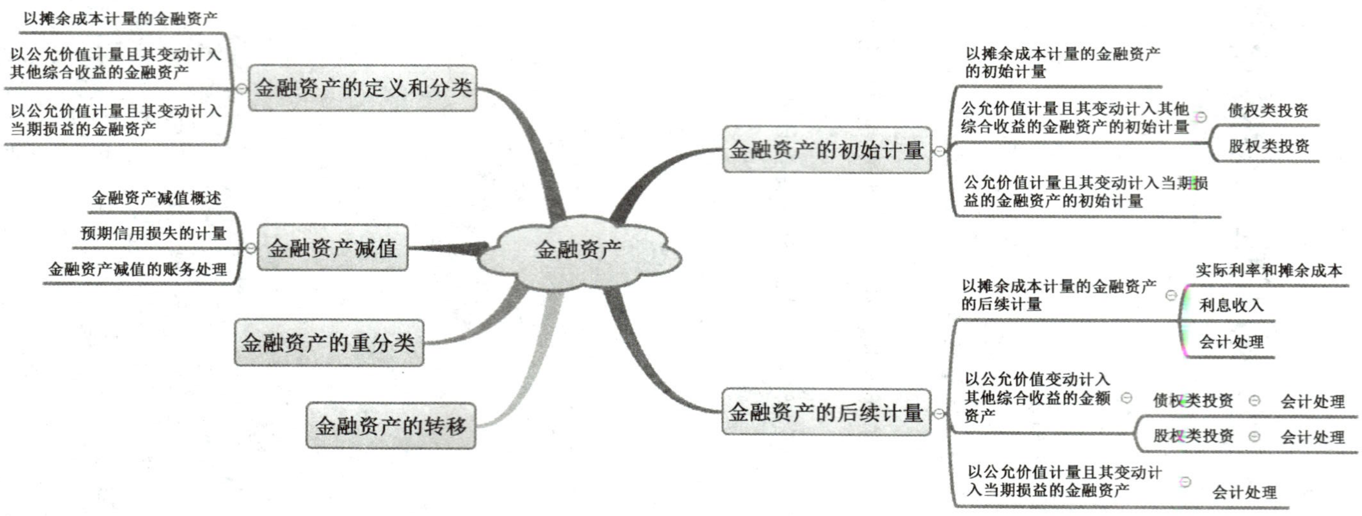

图 5-1 思维导图

第一节　金融资产的定义和分类

一、金融资产的定义

金融资产，是指企业持有的现金、其他方的权益工具以及符合下列条件之一的资产：

(1)从其他方收取现金或其他金融资产的合同权利。

(2)在潜在有利条件下，与其他方交换金融资产或金融负债的合同权利。例如，企业持有的看涨期权或看跌期权等。

(3)将来须用或可用企业自身权益工具进行结算的非衍生工具合同，且企业根据该合同将收到可变数量的自身权益工具。

(4)将来须用或可用企业自身权益工具进行结算的衍生工具合同，但以固定数量的自身权益工具交换固定金额的现金或其他金融资产的衍生工具合同除外。

本章内容不涉及以下金融资产：货币资金、应收账款、长期股权投资。

二、金融资产的分类

根据《企业会计准则第 22 号——金融工具确认和计量》(2017)第十六条规定，企业应当根据其管理金融资产的业务模式和金融资产的合同现金流量特征，将金融资产划分为以摊余成本计量的金融资产、以公允价值计量且其变动计入其他综合收益的金融资产和以公允价值计量且其变动计入当期损益的金融资产。

企业管理金融资产的业务模式，是指企业如何管理其金融资产以产生现金流量。业务模式共有三种：收取合同现金流、出售金融资产、两者兼有。企业管理金融资产的业务模式，应当以企业关键管理人员决定的对金融资产进行管理的特定业务目标为基础确定。企业确定管理金融资产的业务模式，应当以客观事实为依据，不得以按照合理预期不会发生的情形为基础确定。

金融资产合同现金流量特征，是指金融合同约定的、反映相关金融资产经济特征的现金流属性。合同现金流量特征应当与基本借贷安排相一致，即相关金融资产在特定日期产生的合同现金流量仅为对本金和以未偿付本金金额为基础的利息的支付。

(一)以摊余成本计量的金融资产

金融资产同时符合下列条件的，应当分类为以摊余成本计量的金融资产：

(1)企业管理该金融资产的业务模式是以收取合同现金流量为目标。

(2)该金融资产的合同条款规定，在特定日期产生的现金流量，仅为对本金和以未偿付本金金额为基础的利息的支付。

(二)以公允价值计量且其变动计入其他综合收益的金融资产

金融资产同时符合下列条件的，应当分类为以公允价值计量且其变动计入其他综合收益的金融资产：

(1)企业管理该金融资产的业务模式既以收取合同现金流量为目标，又以出售该金融资产为目标。

(2)该金融资产的合同条款规定，在特定日期产生的现金流量，仅为对本金和以未偿付本金金额为基础的利息的支付。

在初始确认时，企业可以将非交易性权益工具投资指定为以公允价值计量且其变动计入其他综合收益的金融资产，并按照本准则第六十五条规定确认股利收入。该指定一经做出，不得撤销。企业在非同一控制下的企业合并中确认的或有对价构成金融资产的，该金融资产应当分类为以公允价值计量且其变动计入当期损益的金融资产，不得指定为以公允价值计量且其变动计入其他综合收益的金融资产。

(三)以公允价值计量且其变动计入当期损益的金融资产

对于无法划分为摊余成本计量的金融资产和以公允价值计量且其变动计入其他综合收益的金融资产，企业应当将其分类为以公允价值计量且其变动计入当期损益的金融资产。

第二节　金融资产的初始计量

企业初始确认金融资产，应当按照公允价值计量。对于以公允价值计量且其变动计入当期损益的金融资产，相关交易费用应当直接计入当期损益；对于其他类别的金融资产，相关交易费用应当计入初始确认金额。企业取得金融资产支付的价款中包含已宣告但尚未发放的现金股利或已到付息期但尚未领取的债券利息应当单独确认为应收项目，不构成金融资产的初始入账金额。

交易费用，是指可直接归属于购买、发行或处置金融工具的增量费用。增量费用是指企业没有发生购买、发行或处置相关金融工具的情形就不会发生的费用，包括支付给代理机构、咨询公司、券商、证券交易所、政府有关部门等的手续费、佣金、相关税费以及其他支出，不包括债券溢价、折价、融资费用、内部管理成本和持有成本等与交易不直接相关的费用。

企业应当根据《企业会计准则第 39 号——公允价值计量》的规定，确定金融资产在初始确认时的公允价值。公允价值通常为相关金融资产的交易价格。

一、以摊余成本计量的金融资产的初始计量

（一）企业应当设置“债权投资”科目来核算以摊余成本计量的金融资产

企业购入持有到期的债权，有些是按债券面值的价格购入，即平价购入，有的是按高于债券面值的价格购入，即溢价购入，还有些是按低于债券面值的价格发行的，即折价购入。债券面值计入“债权投资——面值”，债券面值与购买价格的差额计入“债权投资——利息调整”。

（二）溢折价发行的原因在于票面利率不等于市场利率

（1）溢价：票面利率＞市场利率。购买者多获得利息，将日后多得的利息，以溢价的方式返还发行者。溢价：出售价1 200元，面值1 000元。

（2）折价：票面利率＜市场利率。发行者将日后少付的利息以折价的方式补偿给购买者。例如：出售价 800 元，面值1 000元。

会计处理：

借：债权投资——成本（面值）

——利息调整（差额，也可能在贷方）

应收利息（实际支付的款项中包含的利息）

贷：银行存款等

【例 5—1】 A 公司 2×18 年 1 月 1 日购入 B 公司同日发行的 5 年一次还本、分期付息债券。票面年利率为 8%，债券面值为600 000元，实际支付价款为650 000元，另支付交易费用5 000元，A 公司管理该金融资产的业务模式是以收取合同现金流为目标，不考虑相关税费。

（1）该企业应将该债券投资划分为摊余成本计量金融资产。

投资成本＝650 000＋5 000＝655 000（元）

（2）会计处理。

借：债权投资——债券面值 600 000

——利息调整 55 000

贷：银行存款 655 000

二、公允价值计量且其变动计入其他综合收益的金融资产的初始计量

（一）债权类投资

企业取得的债券如划分为公允价值计量且其变动计入其他综合收益的金融资产，应该按该债券的公允价值和相关交易费用之和作为该金融资产的入账价值，企业应当设置“其他债权投资”科目来核算本金融资产。取得时债券面值计入“其他债权投资——债券面值”，债券面值与购买价格的差额计入“其他债权投资——利息调整”。

会计处理：

借：其他债权投资——成本（面值）

——利息调整（差额，也可能在贷方）

应收利息（实际支付的款项中包含的利息）

贷：银行存款等

【例 5-2】 A 公司 2×18 年 1 月 1 日购入 B 公司同日发行的 5 年一次还本、分期付息债券。票面年利率为 8%，债券面值为600 000元，实际支付价款为650 000元，另支付交易费用5 000元，A 公司管理该金融资产的业务模式既以收取合同现金流量为目标，又以出售该金融资产为目标，不考虑相关税费。

（1）该企业应将该债券投资划分为公允价值计量且其变动计入其他综合收益的金融资产。

投资成本＝650 000＋5 000＝655 000（元）

（2）会计处理。

借：其他债权投资——债券面值	600 000	
——利息调整	55 000	
贷：银行存款		655 000

（二）股权类投资

企业取得股权投资如果划分为公允价值计量且其变动计入其他综合收益的金融资产，应按该股权的公允价值和相关交易费用之和作为初始投资成本，其中已宣告未发放的股利应单独计入应收股利。企业应当设置“其他权益工具投资”来核算本金融资产。取得时初始计量成本计入“其他权益工具投资——成本”。

会计处理：

借：其他权益工具投资——成本（公允价值与交易费用之和）

应收股利（已宣告但尚未发放的现金股利）

贷：银行存款等

【例 5-3】 A 公司 2×18 年 1 月 1 日购入 B 公司股票10 000股，每股市价 10.5 元（含已宣告未发放股利 0.5 元），实际支付价款105 000元，另支付交易费5 000元，该股票在 2 年内不得交易，A 公司初始制定该金融资产为公允价值计量且其变动计入其他综合收益的金融资产，不考虑相关税费。

会计处理如下：

借：其他权益工具投资——成本	105 000	
应收股利	5 000	
贷：银行存款		110 000

三、公允价值计量且其变动计入当期损益的金融资产的初始计量

企业购入金融资产如果划分为公允价值计量且其变动计入当期损益的金融资产，应按取得该金融资产时的公允价值作为初始投资成本，其中已宣告未发放的股利应单独计入应收股利。企业应当设置“交易性金融资产”来核算本金融资产。

会计处理：

借：交易性金融资产——成本（公允价值）

　投资收益（交易费用）

　应收股利（已宣告但尚未发放的现金股利）

　贷：银行存款等

【例 5—4】 A 公司 2×18 年 1 月 1 日购入 B 公司股票10 000股，每股市价 10.5 元（含已宣告未发放股利 0.5 元），实际支付价款105 000元，另支付交易费5 000元，A 公司初始制定该金融资产为公允价值计量且其变动计入其他综合收益的金融资产，不考虑相关税费。

会计处理如下：

借：交易性金融资产——成本	100 000	
应收股利	5 000	
投资收益	5 000	
贷：银行存款		110 000

第三节　金融资产的后续计量

一、以摊余成本计量的金融资产的后续计量

对于以摊余成本计量的金融资产来说，应当采用实际利率法，按摊余成本进行后续计量。

（一）实际利率法

实际利率法，是指计算金融资产的摊余成本以及将利息收入或利息费用分摊计入各会计期间的方法。

实际利率，是指将金融资产在预计存续期的估计未来现金流量，折现为该金融资产账面余额摊余成本所使用的利率。在确定实际利率时，应当在考虑金融资产所有合同条款（如提前还款、展期、看涨期权或其他类似期权等）的基础上估计预期现金流量，但不应当考虑预期信用损失。

（二）摊余成本

金融资产的摊余成本，应当以该金融资产的初始确认金额经下列调整后的结果确定：

（1）扣除已偿还的本金。

（2）加上或减去采用实际利率法将该初始确认金额与到期日金额之间的差额进行摊销形成的累计摊销额。

（3）扣除累计计提的损失准备。

（三）利息收入

企业应当按照实际利率法确认利息收入。利息收入应当根据金融资产账面余额乘以实际利率计算确定，但下列情况除外：

（1）对于购入或源生的已发生信用减值的金融资产，企业应当自初始确认起，按照该金融资产的摊余成本和经信用调整的实际利率计算确定其利息收入。

（2）对于购入或源生的未发生信用减值，但在后续期间成为已发生信用减值的金融资产，企业应当在后续期间，按照该金融资产的摊余成本和实际利率计算确定其利息收入。企业按照上述规定对金融资产的摊余成本运用实际利率法计算利息收入的，若该金融工具在后续期间因其信用风险有所改善而不再存在信用减值，并且这一改善在客观上可与应用上述规定之后发生的某一事件相联系（如债务人的信用评级被上调），企业应当转按实际利率乘以该金融资产账面余额来计算确定利息收入。

经信用调整的实际利率，是指将购入或源生的已发生信用减值的金融资产在预计存续期的估计未来现金流量，折现为该金融资产摊余成本的利率。在确定经信用调整的实际利率时，应当在考虑金融资产的所有合同条款（例如提前还款、展期、看涨期权或其他类似期权等）以及初始预期信用损失的基础上估计预期现金流量。

（3）已发生信用减值的金融资产。当对金融资产预期未来现金流量具有不利影响的一项或多项事件发生时，该金融资产成为已发生信用减值的金融资产。金融资产已发生信用减值的证据包括下列可观察信息：

①发行方或债务人发生重大财务困难；

②债务人违反合同，如偿付利息或本金违约或逾期等；

③债权人出于与债务人财务困难有关的经济或合同考虑，给予债务人在任何其他情况下都不会做出的让步；

④债务人很可能破产或进行其他财务重组；

⑤发行方或债务人财务困难导致该金融资产的活跃市场消失；

⑥以大幅折扣购买或源生一项金融资产，该折扣反映了发生信用损失的事实。

金融资产发生信用减值，有可能是多个事件的共同作用所致，未必是可单独识别的事件所致。

(四)会计处理

1. 债权投资的初始计量

借:债权投资——面值

——利息调整(差额,也可能在贷方)

应收利息(实际支付的款项中包含的利息)

贷:银行存款等

2. 债权投资的后续计量

借:应收利息(分期付息债券按票面利率计算的利息)

债权投资——应计利息(到期一次还本付息债券按票面利率计算的利息)

贷:投资收益(债权投资期初账面余额或期初摊余成本乘以实际利率或经信用调整的实际利率计算确定的利息收入)

债权投资——利息调整(差额,利息调整摊销额,也可能在借方)

3. 收回债权投资

借:银行存款等

贷:债权投资——面值

【例5—5】 A公司2×18年1月1日购入B公司同日发行的5年一次还本、分期付息债券,每年年末支付当年利息。票面年利率为8%,债券面值为600 000元,实际支付价款为650 000元,另支付交易费用376元,A公司在购买该债券时,预计发行方不会提前赎回。A公司管理该金融资产的业务模式是以收取合同现金流为目标,不考虑相关税费。

不考虑其他因素,A公司会计处理如下:

借:债权投资——债券面值　600 000

——利息调整　50 376

贷:银行存款　650 376

计算实际利率,假设实际利率为i。

每年利息=600 000×8%=48 000(元)

48 000×(P/A,i,5)+600 000×(P/F,i,5)=650 376(元)

计算得出:i=6%

表5—1　报告期债权投资的投资收益及利息调整摊销表　单位:元

年度	年初摊余成本	利息收入	现金流量	摊销利息调整	年末摊余成本
2×18	650 376	39 022.56	48 000	8 977.44	641 398.56
2×19	641 398.56	38 483.91	48 000	9 516.09	631837.47
2×20	631 837.47	37 910.24	48 000	10 089.76	621 747.71

续表

年度	年初摊余成本	利息收入	现金流量	摊销利息调整	年末摊余成本
2×21	621 747.71	37 304.86	48 000	10 695.14	
2×22	611 052.57	36 902.43	648 000	11 097.57*	0

注：利息收入＝年初摊余成本×实际利率；现金流量（应收利息）＝面值×票面利率；摊销利息调整＝现金流量－利息收入；年末摊余成本＝年初摊余成本－摊销利息调整。

* 最后一年摊销利息调整采用倒算法，即用总额减去前四年的摊销额。

(1)2×18 年：

借：应收利息　48 000

　贷：债权投资——利息调整　8 977.44

　　投资收益　39 022.56

借：银行存款　48 000

　贷：应收利息　48 000

(2)2×19 年

借：应收利息　48 000

　贷：债权投资——利息调整　9 516.09

　　投资收益　38 483.91

借：银行存款　48 000

　贷：应收利息　48 000

(3)2×20 年

借：应收利息　48 000

　贷：债权投资——利息调整　10 089.76

　　投资收益　37 910.24

借：银行存款　48 000

　贷：应收利息　48 000

(4)2×21 年

借：应收利息　48 000

　贷：债权投资——利息调整　10 695.14

　　投资收益　37 304.86

借：银行存款　48 000

　贷：应收利息　48 000

(5)2×22 年

借：应收利息　48 000

贷：债权投资——利息调整　　11 097.57

投资收益　　36 902.43

借：银行存款　　648 000

贷：应收利息　　48 000

债权投资——成本　　600 000

二、以公允价值变动计入其他综合收益的金额资产

以公允价值计量且其变动计入其他综合收益的金融资产应当采用公允价值进行后续计量，其间所产生的所有利得或损失，除减值损失或利得和汇兑损益之外，均应当计入其他综合收益，直至该金融资产终止确认或被重分类。

（一）债权类投资

对于债权类投资划分为以公允价值变动计入其他综合收益的金额资产，应当采用实际利率法计算的该金融资产的利息，且利息收入应当计入当期损益。该金融资产计入各期损益的金额应当与视同其一直按摊余成本计量而计入各期损益的金额相等。资产负债表日根据其他债权投资摊余成本与公允价值进行对比调整。

该金融资产终止确认时，之前计入其他综合收益的累计利得或损失应当从其他综合收益中转出，计入投资收益。会计处理如下：

1. 其他债权投资的初始计量

借：其他债权投资——成本（面值）

——利息调整（差额，也可能在贷方）

应收利息（已到付息期但尚未领取的利息）

贷：银行存款等

2. 其他债权投资后续计量

借：应收利息（分期付息债券按票面利率计算的利息）

其他债权投资——应计利息（到期时一次还本付息债券按票面利率计算的利息）

贷：投资收益（其他债权投资的期初账面余额或摊余成本乘以实际利率计算确定的利息入）

其他债权投资——利息调整（差额，也可能在借方）

3. 资产负债表日公允价值正常变动

（1）公允价值上升：

借：其他债权投资——公允价值变动

贷：其他综合收益

（2）公允价值下降：

借:其他综合收益

　　贷:其他债权投资——公允价值变动

4. 出售其他债权投资

借:银行存款等

　　贷:其他债权投资(账面价值)

　　　　投资收益(差额,也可能在借方)

同时:

借:其他综合收益

　　贷:投资收益(可能在借方)

【例 5-6】 A 公司 2×18 年 1 月 1 日购入 B 公司同日发行的 5 年一次还本、分期付息债券,每年末支付当年利息。票面年利率为 8%,实际利率为 6%,债券面值为600 000元,实际支付价款为650 000元,另支付交易费用 376 元,A 公司在购买该债券时,A 公司管理该金融资产的业务模式既以收取合同现金流量为目标又以出售该金融资产为目标,2×18 年12 月 31 日该金融资产的市场价格为650 000元,2×20 年 1 月 31 日 A 公司将该金融资产以649 000元价格出售。不考虑相关税费。

不考虑其他因素,A 公司会计处理如下:

(1)取得时的会计处理:

借:其他债权投资——债券面值　　600 000

　　　　　　　——利息调整　　50 376

　　贷:银行存款　　650 376

表 5-2　　报告期债权投资的投资收益及利息调整摊销表　　单位:元

年度	年初摊余成本	利息收入	现金流量	摊销利息调整	年末摊余成本
2×18	650 376	39 022.56	48 000	8 977.44	641 398.56
2×19	641 398.56	38 483.91	48 000	9 516.09	631 837.47
2×20	631 837.47	37 910.24	48 000	10 089.76	621 747.71
2×21	621 747.71	37 304.86	48 000	10 695.14	
2×22	611 052.57	36 902.43	648 000	11 097.57	0

(2)2×18 年 12 月 31 日收到债券利息,确认公允价值变动:

实际利息=650 376×6%=39 022.56(元)

摊余成本=650 376+39 022.56-48 000=641 398.56(元)

借:应收利息　　48 000

　　贷:其他债权投资——利息调整　　8 977.44

投资收益　39 022.56

借:银行存款　48 000

贷:应收利息　48 000

借:其他债权投资——公允价值变动　8 601.44

贷:其他综合收益　8 601.44

(3)2×19 年 12 月 31 日:

借:应收利息　48000

贷:其他债权投资——利息调整　9 516.09

投资收益　38 483.91

借:银行存款　48 000

贷:应收利息　48 000

(4)2×20 年 1 月 31 日:

假设不考虑 1 月份利息,根据报告期债权投资的投资收益及利息调整,摊销表债券的摊余成本为631 837.47元。

借:银行存款　649 000

贷:其他债权投资——成本　600 000

——利息调整　31 837.47

投资收益　17 162.53

借:其他综合收益　8 601.44

贷:投资收益　8 601.44

(二)股权类投资

对于非交易性权益工具投资指定为以公允价值计量且其变动计入其他综合收益的金融资产的,应当直接采用公允价值计量,持有期间被投资单位宣告发放现金股利,则股利收入应当计入当期损益。当该金融资产终止确认时,之前计入其他综合收益的累计利得或损失应当从其他综合收益中转出,计入留存收益。会计处理如下:

1. 其他权益工具投资的初始计量

借:其他权益工具投资——成本(公允价值与交易费用之和)

应收股利(已宣告但尚未发放的现金股利)

贷:银行存款等

2. 资产负债表日公允价值正常变动

(1)公允价值上升:

借:其他权益工具投资——公允价值变动

贷:其他综合收益

(2)公允价值下降:

借:其他综合收益

　　贷:其他权益工具投资——公允价值变动

3. 持有期间被投资单位宣告发放现金股利

借:应收股利

　　贷:投资收益

4. 出售其他权益工具投资

借:银行存款等

　　贷:其他权益工具投资(账面价值)

　　　　其他综合收益(差额也可能在借方)

同时:

借:其他综合收益

　　贷:盈余公积

　　　　利润分配——未分配利润(或相反分录)

【例 5—7】 A公司2×18年1月1日购入B公司股票10 000股,每股市价10.5元(含已宣告未发放股利0.5元),实际支付价款105 000元,另支付交易费5 000元,该股票在2年内不得交易,A公司初始制定该金融资产为公允价值计量且其变动计入其他综合收益的金融资产,2×18年3月10日收到B公司派发的现金股利。2×18年12月31日B公司股票每股市价为11元,2×19年3月10日B公司宣告派发现金股利0.5元/股,3月31日B公司实际发放现金股利,2×19年12月31日B公司股票市价为每股13元,2×20年3月A公司以每股15元的价格全部出售了B公司股票,收到价款150 000。不考虑相关税费。

A公司会计处理如下:

(1)取得时的会计处理:

借:其他权益工具投资——成本	105 000	
应收股利	5 000	
贷:银行存款		110 000

(2)2×18年3月10日:

借:银行存款	5 000	
贷:应收股利		5 000

(3)2×18年12月31日:

借:其他权益工具投资——公允价值变动	5 000	
贷:其他综合收益		5 000

(4)2×19年3月10日:

借:应收股利	5 000	

贷:投资收益 5 000

(5)2×19 年 3 月 31 日:

借:银行存款 5 000

贷:应收股利 5 000

(6)2×19 年 12 月 31 日:

借:其他权益工具投资——公允价值变动 20 000

贷:其他综合收益 20 000

(7)2×20 年 3 月出售金融资产:

借:银行存款 150 000

贷:其他权益工具投资——成本 105 000

——公允价值变动 25 000

其他综合收益 20 000

累计其他综合收益变动=5 000+20 000+20 000=45 000(元)

借:其他综合收益 45 000

贷:利润分配——未分配利润 40 500

盈余公积 4 500

三、以公允价值计量且其变动计入当期损益的金融资产

以公允价值计量且其变动计入当期损益的金融资产的,应当采用公允价值对其进行后续计量,持有期间被投资单位宣告发放现金股利,则股利收入应当计入当期损益。当该金融资产终止确认时,持有期间该金融资产累计确认的公允价值变动应当转出计入投资收益。会计处理如下:

1. 企业取得交易性金融资产

借:交易性金融资产——成本(公允价值)

投资收益(发生的交易费用)

应收股利(已宣告但尚未发放的现金股利)

应收利息(已到付息期但尚未领取的利息)

贷:银行存款等

2. 持有期间的股利或利息

借:应收股利(被投资单位宣告发放的现金股利×投资持股比例)

应收利息(资产负债表日计算的应收利息)

贷:投资收益

3. 资产负债表日公允价值变动

(1)公允价值上升:

借:交易性金融资产——公允价值变动

　　贷:公允价值变动损益

(2)公允价值下降:

借:公允价值变动损益

　　贷:交易性金融资产——公允价值变动

4. 出售交易性金融资产

借:银行存款(出售净价,即价款扣除手续费)

　　贷:交易性金融资产——成本

　　　　　　　　　　——公允价值变动(或借方)

　　　投资收益(差额,也可能在借方)

同时:

借:公允价值变动损益(持有期间该金融资产累计确认的公允价值变动)

　　贷:投资收益(或做反向分录)

【例5—8】 A公司2×18年1月1日自证券市场购入B公司股票10 000股,每股市价10.5元(含已宣告未发放股利0.5元),实际支付价款105 000元,另支付交易费5 000元,A公司将购入的B公司股票作为以公允价值计量且其变动计入当期损益的金融资产核算,2×18年3月10日收到B公司派发的现金股利。2×18年12月31日B公司股票每股市价为11元,2×19年3月10日B公司宣告派发现金股利0.5元/股,3月31日B公司实际发放现金股利,2×19年12月31日B公司股票市价为每股13元,2×20年3月A公司以每股15元的价格全部出售了B公司股票,收到价款150 000元。不考虑相关税费。

A公司会计处理如下:

(1)取得时的会计处理:

借:交易性金融资产——成本	100 000	
投资收益	5 000	
应收股利	5 000	
贷:银行存款		110 000

(2)2×18年3月10日:

借:银行存款	5 000	
贷:应收股利		5 000

(3)2×18年12月31日:

借:交易性金融资产——公允价值变动	5 000	
贷:公允价值变动损益		5 000

(4)2×19年3月10日:

借：应收股利　5 000
　　贷：投资收益　5 000

(5)2×19 年 3 月 31 日：

借：银行存款　5 000
　　贷：应收股利　5 000

(6)2×19 年 12 月 31 日：

借：交易性金融资产——公允价值变动　20 000
　　贷：公允价值变动损益　20 000

(7)2×20 年 3 月出售金融资产：

借：银行存款　150 000
　　贷：其他权益工具投资——成本　100 000
　　　　　　　　　　　——公允价值变动　25 000
　　　　投资收益　20 000

累计公允价值变动＝5 000＋20 000＝25 000(元)

借：公允价变动损益　25 000
　　贷：投资收益　25 000

第四节　金融资产的重分类

《企业会计准则第 22 号——金融工具确认和计量》第二十七条规定，企业改变其管理金融资产的业务模式时，应当按照本准则的规定对所有受影响的相关金融资产进行重分类。指定为公允价值变动且其变动计入其他综合收益的权益性工具投资不得重分类为其他金融资产。

企业对金融资产进行重分类，应当自重分类日起采用未来适用法进行相关会计处理，不得对以前已经确认的利得、损失(包括减值损失或利得)或利息进行追溯调整。

重分类日，是指导致企业对金融资产进行重分类的业务模式发生变更后的首个报告期间的第一天。如 2×17 年 10 月 15 日改变业务模式，则重分类日为 2×18 年 1 月 1 日。

一、摊余成本计量的金融资产的重分类

企业将一项以摊余成本计量的金融资产重分类为以公允价值计量且其变动计入当期损益的金融资产的，应当按照该资产在重分类日的公允价值进行计量。原账面价值与公允价值之间的差额计入当期损益。

【例 5—9】　A 公司 2×18 年 1 月 1 日购入 B 公司同日发行的 5 年一次还本、分期付息债券，每年年末支付当年利息。票面年利率为 8%，债券面值为600 000元，实际支付价

款为650 000元，另支付交易费用 376 元，A 公司将该债券划分为摊余成本计量的金融资产，2×19 年 1 月 1 日因 A 公司改变了对该债券的管理模式，A 公司将其重分类为以公允价值计量且其变动计入当期损益的金融资产。重分类日该债券的公允价值为650 000元，账面价值为641 398.56 元，其中面值600 000元，利息调整借方余额41 398.56 元。

A 公司会计处理如下：

借：交易性金融资产	650 000	
贷：债权投资——面值		600 000
——利息调整		41 398.56
投资收益		8 601.44

企业将一项以摊余成本计量的金融资产重分类为以公允价值计量且其变动计入其他综合收益的金融资产的，应当按照该金融资产在重分类日的公允价值进行计量。原账面价值与公允价值之间的差额计入其他综合收益。该金融资产重分类不影响其实际利率和预期信用损失的计量。

【例 5—10】 A 公司 2×18 年 1 月 1 日购入 B 公司同日发行的 5 年一次还本、分期付息债券，每年年末支付当年利息。票面年利率为 8%，债券面值为600 000元，实际支付价款为650 000元，另支付交易费用 376 元，A 公司将该债券划分为摊余成本计量的金融资产，2×19 年 1 月 1 日因 A 公司改变了对该债券的管理模式，A 公司将其重分类为以公允价值计量且其变动计入其他综合收益的金融资产。重分类日该债券的公允价值为650 000元，账面价值为641 398.56 元，其中面值600 000元，利息调整借方余额41 398.56 元。

A 公司会计处理如下：

借：其他债权投资——面值	600 000	
——利息调整	41 398.56	
贷：债权投资——面值		600 000
——利息调整		41 398.56
借：其他债权投资——公允价值变动	8 601.44	
贷：其他综合收益		8 601.44

二、公允价值计量且其变动计入其他综合收益的金融资产的重分类

企业将一项以公允价值计量且其变动计入其他综合收益的金融资产重分类为以摊余成本计量的金融资产的，应当将之前计入其他综合收益的累计利得或损失转出，调整该金融资产在重分类日的公允价值，并以调整后的金额作为新的账面价值，即视同该金融资产一直以摊余成本计量。该金融资产重分类不影响其实际利率和预期信用损失的计量。

【例 5—11】 A 公司 2×18 年 1 月 1 日购入 B 公司同日发行的 5 年一次还本、分期

付息债券,每年末支付当年利息。票面年利率为8%,实际利率为6%,债券面值为600 000元,实际支付价款为650 000元,另支付交易费用376元,A公司将该债券划分为公允价值计量且其变动计入其他综合收益的金融资产,2×18年12月31日该金融资产的市场价格为650 000元,2×19年1月1日因A公司改变了对该债券的管理模式,A公司将其重分类为以摊余成本计量的金融资产,重分类日该债券的公允价值为650 000元,账面价值为641 398.56元,其中面值600 000元,利息调整借方余额41 398.56元。不考虑相关税费。

A公司会计处理如下:

借:债权投资 650 000

　贷:其他债权投资——面值 600 000

　　　——利息调整 41 398.56

　　　——公允价值变动 8 601.44

借:其他综合收益 8 601.44

　贷:债权投资 8 601.44

企业将一项以公允价值计量且其变动计入其他综合收益的金融资产重分类为以公允价值计量且其变动计入当期损益的金融资产的,应当继续以公允价值计量该金融资产。同时,企业应当将之前计入其他综合收益的累计利得或损失从其他综合收益转入当期损益。

【例5—12】 A公司2×18年1月1日购入B公司同日发行的5年一次还本、分期付息债券,每年年末支付当年利息。票面年利率为8%,实际利率为6%,债券面值为600 000元,实际支付价款为650 000元,另支付交易费用376元,A公司将该债券划分为公允价值计量且其变动计入其他综合收益的金融资产,2×18年12月31日该金融资产的市场价格为650 000元,2×19年1月1日因A公司改变了对该债券的管理模式,A公司将其重分类为公允价值计量且其变动计入当期损益的金融资产,重分类日该债券的公允价值为650 000元,账面价值为641 398.56元,其中面值600 000元,利息调整借方余额41 398.56元。不考虑相关税费。

A公司会计处理如下:

借:交易性金融资产 650 000

　贷:其他债权投资——面值 600 000

　　　——利息调整 41 398.56

　　　——公允价值变动 8 601.44

借:其他综合收益 8 601.44

　贷:投资收益 8 601.44

三、公允价值计量且其变动计入当期损益的金融资产的重分类

企业将一项以公允价值计量且其变动计入当期损益的金融资产重分类为以摊余成本计量的金融资产的，应当以其在重分类日的公允价值作为新的账面余额。

【例5—13】 A公司2×18年1月1日以银行存款3 000万元购入一项债券投资，将其作为以公允价值计量且其变动计入当期损益的金融资产。2×18年3月30日甲公司将该项投资重分类为以公允价值计量且其变动计入其他综合收益的金融资产，重分类日(2×18年4月1日)该项投资的公允价值为2 900万元，不考虑其他因素，2×18年1月1日，甲公司应进行的会计处理为(单位：万元)：

借：债权投资	2 900	
贷：交易性金融资产		2 900

企业将一项以公允价值计量且其变动计入当期损益的金融资产重分类为以公允价值计量且其变动计入其他综合收益的金融资产的，应当继续以公允价值计量该金融资产。按照企业会计准则规定对金融资产重分类进行处理的，企业应当根据该金融资产在重分类日的公允价值确定其实际利率。同时，企业应当自重分类日起对该金融资产适用本准则关于金融资产减值的相关规定，并将重分类日视为初始确认日。

【例5—14】 A公司2×18年1月1日以银行存款3 000万元购入一项债券投资，将其作为以公允价值计量且其变动计入当期损益的金融资产。2×18年3月30日甲公司将该项投资重分类为以公允价值计量且其变动计入其他综合收益的金融资产，重分类日(2×18年4月1日)该项投资的公允价值为2 900万元，不考虑其他因素，2×18年1月1日，甲公司应进行的会计处理为：

借：其他债权投资	2 900	
贷：交易性金融资产		2 900

第五节　金融资产减值

一、金融资产减值概述

企业应当以预期信用损失为基础，对下列项目进行减值会计处理并确认损失准备：

(1)以摊余成本计量的金融资产：债权投资；

(2)以公允价值计量且其变动计入其他综合收益的金融资产：其他债权投资。

特别提示：交易性金融资产和其他权益工具投资不计提减值准备。

信用损失，是指企业按照原实际利率折现的、根据合同应收的所有合同现金流量与预期收取的所有现金流量之间的差额，即全部现金短缺的现值。其中，对于企业购买或源生

的已发生信用减值的金融资产,应按照该金融资产经信用调整的实际利率折现。由于预期信用损失考虑付款的金额和时间分布,因此即使企业预计可以全额收款但收款时间晚于合同规定的到期期限,也会产生信用损失。

预期信用损失,是指以发生违约的风险为权重的金融工具信用损失的加权平均值。

二、预期信用损失的计量

企业应当以应收取的合同现金流量与预期收取的现金流量之间差额的现值作为预期信用损失,对于资产负债表日已发生信用减值但并非购买或源生已发生信用减值的金融资产,信用损失应为该金融资产账面余额与按原实际利率折现的估计未来现金流量的现值之间的差额。

企业应当以概率加权平均为基础对预期信用损失进行计量。企业对预期信用损失的计量应当反映发生信用损失的各种可能性,但不必识别所有可能的情形。

在计量预期信用损失时,企业需考虑的最长期限为企业面临信用风险的最长合同期限(包括考虑续约选择权),而不是更长期间,即使该期间与业务实践相一致。

三、金融资产减值的账务处理

对于购买或源生的已发生信用减值的金融资产,分以下情况处理:

(1)企业应当在资产负债表日仅将自初始确认后整个存续期内预期信用损失的累计变动确认为损失准备。

(2)在每个资产负债表日,企业应当将整个存续期内预期信用损失的变动金额作为减值损失或利得计入当期损益。

(3)即使该资产负债表日确定的整个存续期内预期信用损失小于初始确认时估计现金流量所反映的预期信用损失的金额,企业也应当将预期信用损失的有利变动确认为减值利得。

企业在前一会计期间已经按照相当于金融资产整个存续期内预期信用损失的金额计量了损失准备,但在当期资产负债表日,该金融工具已不再属于自初始确认后信用风险显著增加的情形的,企业应当在当期资产负债表日按照相当于未来12个月内预期信用损失的金额计量该金融工具的损失准备,由此形成的损失准备的转回金额应当作为减值利得计入当期损益。

【例5—15】 A公司2×18年1月1日购入B公司同日发行的5年一次还本、分期付息债券,每年年末支付当年利息。票面年利率为8%,债券面值为600 000元,实际支付价款为650 000元,另支付交易费用376元,A公司将该债券划分为摊余成本计量的金融资产,2×18年1月1日,由于市场利率变化,该债券的可收回现金流现值为610 000元。假定不考虑利息收入的确认及其他因素。会计处理如下:

计算摊余成本：2×18 年 1 月 1 日的摊余成本＝641 398.56（元）（参照【例 5—6】），则发生减值数为：641 398.56－610 000＝31 398.56（元）。

借：资产减值损失　　31 398.56

　贷：债权投资减值准备　　31 398.56

对于分类为以公允价值计量且其变动计入其他综合收益的金融资产（债务工具），企业应当在其他综合收益中确认其损失准备，并将减值损失或利得计入当期损益，且不应减少该金融资产在资产负债表中列示的账面价值。

借：其他综合收益——其他债权投资公允价值变动（公允价值一账面余额）

　贷：其他债权投资——公允价值变动

同时：按预期信用损失：

借：资产减值损失

　贷：其他综合收益——损失准备

【例 5—16】 2×18 年 1 月 15 日，A 公司按面值购买了公允价值3 000万元的债券，这些债券以公允价值计量且其变动计入其他综合收益。2×18 年 4 月 1 日，由于市场利率变化，该债券的公允价值下降至2 900万元。该债券 12 个月预期信用损失为 24 万元。2×18 年 7 月 1 日，由于市场利率变化，该债券的公允价值进一步降低至 2600 万元。A 公司认定信用风险已显著增加，确定整个存续期的预期损失为 90 万元。假定不考虑利息收入的确认及其他因素。会计处理如下（单位：万元）：

2×18 年 4 月 1 日：

借：其他综合收益——其他债权投资公允价值变动　　100

　贷：其他债权投资——公允价值变动　　100

借：资产减值损失　　24

　贷：其他综合收益——损失准备　　24（不调整债权的面值）

借：其他综合收益——其他债权投资公允价值变动　　300

　贷：其他债权投资——公允价值变动　　300（2 900－2 600）

借：资产减值损失　　66

　贷：其他综合收益——损失准备　　66（90－24）

第六节　金融资产的转移

一、金融资产转移概述

金融资产转移，是指企业（转出方）将金融资产（或其现金流量）让与或交付给该金融资产发行方之外的另一方（转入方）。金融资产转移，包括以下两种情形：

(1)企业将收取金融资产现金流量的合同权利转移给其他方。

(2)企业保留了收取金融资产现金流量的合同权利,但承担了将收取的该现金流量支付给一个或多个最终收款方的合同义务,还应同时满足不垫付、不挪用、不延误三个原则。

二、金融资产转移的确认和计量

(一)金融资产终止确认的一般原则

金融资产终止确认,是指企业将之前确认的金融资产从其资产负债表中予以转出。转出方控制转入方,属于内部交易,不存在终止确认问题。符合条件的金融资产可能部分终止确认。

企业在发生金融资产转移时,应当评估其保留金融资产所有权上的风险和报酬的程度,并分别下列情形处理:

(1)企业转移了金融资产所有权上几乎所有风险和报酬的,应当终止确认该金融资产,并将转移中产生或保留的权利和义务单独确认为资产或负债。

(2)企业保留了金融资产所有权上几乎所有风险和报酬的,应当继续确认该金融资产。

(3)企业既没有转移也没有保留金融资产所有权上几乎所有风险和报酬的(即除本条(1)(2)之外的其他情形),应当根据其是否保留了对金融资产的控制,分别按下列情形处理:①企业未保留对该金融资产控制的,应当终止确认该金融资产,并将转移中产生或保留的权利和义务单独确认为资产或负债。②企业保留了对该金融资产控制的,应当按照其继续涉入被转移金融资产的程度继续确认有关金融资产,并相应确认相关负债。继续涉入被转移金融资产的程度,是指企业承担的被转移金融资产价值变动风险或报酬的程度。

(二)符合终止确认条件的情形

符合终止确认条件的判断如下:企业收取金融资产现金流量的合同权利终止的,应当终止确认该金融资产。此外,企业已将金融资产所有权上几乎所有风险和报酬转移给了转入方,应当终止确认相关金融资产。

以下情形表明企业已将金融资产所有权上几乎所有的风险和报酬转移给了转入方:

(1)企业无条件出售金融资产。

(2)企业出售金融资产,同时约定按回购日该金融资产的公允价值回购。

(3)企业出售金融资产,同时与转入方签订看跌期权合同(即转入方有权将该金融资产返售给企业)或看涨期权合同(即转出方有权回购该金融资产),且根据合同条款判断,该看跌期权或看涨期权为一项重大价外期权(即期权合约的条款设计,使得金融资产的转入方或转出方极小可能会行权)。

(三)符合终止确认条件时的计量

金融资产整体转移的损益=因转移收到的对价+原直接计入其他综合收益的公允价值变动累计利得(如为累计损失,应为减项)-所转移金融资产的账面价值

提示：上述其他综合收益是指以公允价值计量且其变动计入其他综合收益的金融资产（债务工具）公允价值变动形成的其他综合收益，若为以公允价值计量且其变动计入其他综合收益的金融资产（权益工具）公允价值变动形成的其他综合收益，不允许转入损益，应当转入留存收益。

金融资产部分转移满足终止确认条件的，应当将所转移金融资产整体的账面价值，在终止确认部分和未终止确认部分（在此种情况下，所保留的部分资产应当视同未终止确认金融资产的一部分）之间，按照各自的相对公允价值进行分摊。

三、不符合终止确认条件的情形

（一）不符合终止确认条件的判断

企业保留了金融资产所有权上几乎所有风险和报酬，不应当终止确认相关金融资产。

以下情形通常表明企业保留了金融资产所有权上几乎所有的风险和报酬：

（1）企业出售金融资产并与转入方签订回购协议，协议规定企业将回购原被转移金融资产，或者将予回购的金融资产与售出的金融资产相同或实质上相同、回购价格固定或原售价加上回报。

（2）企业融出证券或进行证券出借。

（3）企业出售金融资产并附有将市场风险敞口转回给企业的总回报互换。

（4）企业出售短期应收款项或信贷资产，并且全额补偿转入方可能因被转移金融资产发生的信用损失。

（5）企业出售金融资产，同时与转入方签订看跌期权合同或看涨期权合同，且根据合同条款判断，该看跌期权或看涨期权为一项重大价内期权（即期权合约的条款设计，使得金融资产的转入方或转出方很可能会行权）。

（二）不符合终止确认时的计量

金融资产转移不满足终止确认条件的，应当继续确认该金融资产，所收到的对价确认为一项金融负债。此类金融资产转移实质上具有融资性质，不能将金融资产与所确认的金融负债相互抵消。

【案例分析】

2×18 年 2 月 1 日，ZX 公司购买了 B 公司 500 万股股票，共支付5 000万元，ZX 公司取得该股票时将其指定为公允价值变动且其变动计入其他综合收益的金融资产，2×18 年 12 月 31 日 ZX 公司持有该金融资产的公允价值为5 300万元。

ZX 公司 2×19 年下半年资金周转困难，遂于 2×19 年 9 月 1 日出售了 100 万股 B 公司股票，出售所得价款扣除相关交易费用后的净额为1 200万元。同时将之前计入的其他综合收益按比例结转为投资收益，出售100万股B公司股票后，甲公司将所持剩余400万股B公司股票重分类为公允价值变动且其变动计入当期损益的金融资产。

ZX公司在2×19年的年报审计中被出具保留意见。

案例解析：

ZX公司将所持B公司剩余股票重分类为公允价值变动且其变动计入当期损益的金融资产不正确。将其他综合收益结转为投资收益的做法不正确。

理由：《企业会计准则第22号——金融工具确认和计量》第二十七条规定，企业改变其管理金融资产的业务模式时，应当按照本准则的规定对所有受影响的相关金融资产进行重分类。指定为公允价值变动且其变动计入其他综合收益的权益性工具投资不得重分类为其他金融资产。

对于非交易性权益工具投资指定为以公允价值计量且其变动计入其他综合收益的金融资产的，应当直接采用公允价值计量，持有期间被投资单位宣告发放现金股利，则股利收入应当计入当期损益。当该金融资产终止确认时，之前计入其他综合收益的累计利得或损失应当从其他综合收益中转出，计入留存收益。

【复习思考及实务训练】

一、名词解释

金融资产　交易性金融资产　债权投资　其他债权投资

其他权益工具投资　预期信用损失　实际利率　摊余成本

二、思考题

1. 符合哪些条件的资产属于金融资产？
2. 符合哪些条件的金融资产应当分类为以摊余成本计量的金融资产？
3. 符合哪些条件的金融资产应当分类为以公允价值计量且其变动计入其他综合收益的金融资产？
4. 哪些信息表明金融资产已经发生减值？
5. 不符合金融资产终止确认的情形有哪些？
6. 金融资产终止确认条件的情形有哪些？

三、选择题

1. 资产负债表日，其他债权投资的公允价值高于其摊余成本的差额时，会计处理为，借记“其他债权投资”账户，贷记（　　）账户。

A. 其他综合收益　　B. 投资收益

C. 资产减值损失　　D. 公允价值变动损益

2. 下列金融资产中，应按公允价值变动进行初始计量，且交易费计入当期损益的是(　　)。

A. 其他债权投资　　B. 其他权益工具投资

C. 交易性金融资产　　D. 其他债权投资

3. 对于其他权益工具投资，之前计入其他综合收益的累计利得或损失应当从其他综合收益中转出至(　　)。

A. 投资收益　　B. 公允价值变动损益

C. 留存收益　　D. 管理费用

4. 债权投资如为分期付息，一次还本债券投资，应于资产负债表日按票面利率计算确定的应收未收利息，借"应收利息"账户，按债权投资期初摊余成本和实际利率计算确定的利息收入，贷记"投资收益"，按其差额借记和贷记(　　)账户。

A. 债权投资——利息调整　　B. 债权投资——成本

C. 债权投资——应计利息　　D. 债权投资——债券溢折价

5. 关于金融资产转移错误的是(　　)。

A. 企业转移了金融资产所有权上几乎所有风险和报酬的，应当终止确认该金融资产，并将转移中产生或保留的权利和义务单独确认为资产或负债

B. 企业保留了金融资产所有权上几乎所有风险和报酬的，应当继续确认该金融资产

C. 企业只要没有转移也没有保留金融资产所有权上几乎所有风险和报酬就应当继续确认该金融资产

D. 企业没有转移也没有保留金融资产所有权上几乎所有风险和报酬，但是未保留对该金融资产控制的，应当终止确认该金融资产

6. 交易性金融资产发生下列相关业务，不应计入"投资收益"账户的是(　　)。

A. 收到持有期间获得的现金股利

B. 收到持有期间获得的债券利息

C. 取得时所支付的手续费用

D. 资产负债表日，公允价值大于其账面价值

7. 2×18 年 2 月 5 日，甲公司以 7 元/股的价格购入乙公司股票 100 万股，支付手续费为 1.4 万元。甲公司将该股票投资分类为以公允价值计量且其变动计入当期损益的金融资产。2×18 年 12 月 31 日，乙公司股票价格为 10 元/股。2×19 年 2 月 20 日，乙公司分配现金股利，甲公司获得现金股利 8 万元；2×19 年 3 月 20 日，甲公司以 11 元/股的价格将其持有的乙公司股票全部出售。不考虑其他因素，甲公司因持有乙公司股票在2×19 年确认的投资收益是(　　)。

A. 100 万元　　B. 408 万元　　C. 268 万元　　D. 466.6 万元

8. 2×18 年 1 月 1 日，甲公司购入乙公司当日发行的 4 年期分期付息(于次年初支付

上年度利息)、到期还本债券,面值为1 000万元,票面年利率为5%,实际支付价款为955万元,另发生交易费用2万元。甲公司将该债券划分为以摊余成本计量的金融资产,每年年末确认投资收益,2×18年12月31日确认投资收益55万元。2×18年12月31日,甲公司该债券的账面余额为(　　)。

A. 957万元　　B. 937万元　　C. 1 062万元　　D. 962万元

9. 下列不属于金融资产的是(　　)。

A. 应收账款　　B. 贷款　　C. 存货　　D. 债券投资

10. 企业在非同一控制下的企业合并中确认的或有对价构成金融资产的,该金融资产应当分类为(　　)。

A. 以公允价值计量且其变动计入当期损益的金融资产

B. 以公允价值计量且其变动计入其他综合收益的金融资产

C. 其他权益工具投资

D. 长期股权投资

【参考答案】

1. A　2. C　3. A　4. A　5. C　6. D　7. B　8. D　9. C　10. A

四、业务题

1. 甲公司2×18年1月1日自证券市场购入乙公司股票10 000股,每股市价11元(含已宣告未发放股利1元),实际支付价款113 000元,其中支付交易费3 000元,甲公司将购入的B公司股票作为以公允价值计量且其变动计入当期损益的金融资产核算,2×18年3月10日收到B公司派发的现金股利。2×18年12月31日乙公司股票每股市价为9元,2×19年3月10日乙公司宣告派发现金股利0.5元/股,3月31日乙公司实际发放现金股利,2×19年12月31日乙公司股票市价为每股12元,2×20年3月甲公司全部出售了乙公司股票,实际收到价款125 000元。不考虑相关税费。

要求:编制甲公司的相关会计分录。

2. 甲公司2×18年1月1日购入乙公司同日发行的5年一次还本、分期付息债券,每年年末支付当年利息。票面年利率为4%,债券面值为600 000元,实际支付价款为570 000元,另支付交易费用4 008元。甲公司在购买该债券时,甲公司管理该金融资产的业务模式既以收取合同现金流量为目标又以出售该金融资产为目标,2×18年12月31日该金融资产的市场价格为590 000元,2×20年1月31日甲公司将该金融资产以609 000元的价格出售。不考虑相关税费,不考虑其他因素。

要求:

(1)计算该债券的实际利率。

(2)编制甲公司的相关会计分录。

3. A公司2×18年1月1日购入B公司同日发行的5年一次还本、分期付息债券，每年年末支付当年利息。票面年利率为6%，债券面值为600 000元，实际支付价款为620 000元，另支付交易费用5 662元，A公司将在购买该债券时，预计发行方不会提前赎回。A公司管理该金融资产的业务模式是以收取合同现金流为目标，不考虑相关税费，不考虑其他因素。

要求：

(1)计算该债券的实际利率。

(2)编制甲公司的相关会计分录。

4. A公司2×18年1月1日购入B公司同日发行的5年一次还本、分期付息债券，每年年末支付当年利息。票面年利率为6%，债券面值为600 000元，实际支付价款为620 000元，另支付交易费用5 662元，A公司将该债券划分为摊余成本计量的金融资产，2×19年1月1日因A公司改变了对该债券的管理模式，A公司将其重分类为以公允价值计量且其变动计入其他综合收益的金融资产，重分类日该金融资产公允价值为650 000元。不考虑相关税费，不考虑其他因素。

要求：

(1)计算该债券的实际利率。

(2)重分类日该金融资产的摊余成本。

(3)编制甲公司的相关会计分录。

【参考答案】

1. (1)2×18年1月1日。

借：交易性金融资产——成本	100 000	
应收股利	10 000	
投资收益	3 000	
贷：银行存款		113 000

(2)2×18年3月10日收到B公司派发的现金股利。

借：银行存款	10 000	
贷：应收股利		10 000

(3)2×18年12月31日乙公司股票每股市价为9元。

借：公允价值变动损益	10 000	
贷：交易性金融资产——公允价值变动		10 000

(4)2×19年3月10日乙公司宣告派发现金股利0.5元/股，3月31日乙公司实际发放现金股利。

借:应收股利　5 000
　贷:投资收益　5 000
借:银行存款　5 000
　贷:应收股利　5 000

(5)2×19 年 12 月 31 日乙公司股票市价为每股 12 元。

借:交易性金融资产——公允价值变动　30 000
　贷:公允价值变动损益　30 000

(6)2×20 年 3 月甲公司全部出售了乙公司股票,实际收到价款125 000元。

借:银行存款　125 000
　贷:交易性金融资产——成本　100 000
　　　　　　　　　——公允价值变动　20 000
　　投资收益　50 000
借:公允价值变动损益　20 000
　贷:投资收益　20 000

2.(1)计算实际利率 i。

574 008＝24 000×(P/A, i,5)＋600 000×(P/F,i,5) 利用差值法,求得 i＝5%。

(2)取得时的会计处理。

借:其他债权投资——债券面值　600 000
　贷:银行存款　574 008
　　其他债权投资——利息调整　25 992

表 5—3　报告期债权投资的投资收益及利息调整摊销表　单位:元

年度	年初摊余成本	利息收入	现金流量	摊销利息调整	年末摊余成本
2×18	574 008	28 700.4	24 000	4 700.4	578 708.4
2×19	578 708.4	28 935.42	24 000	4 935.42	583 643.82

①2×18 年 12 月 31 日:

借:应收利息　24 000
　其他债权投资——利息调整　4 700.4
　贷:投资收益　28 700.4
借:银行存款　24 000
　贷:应收利息　24 000
借:其他债权投资——公允价值变动　11 291.6
　贷:其他综合收益　11 291.6

②2×19 年 12 月 31 日：

借：应收利息　　24 000

　其他债权投资——利息调整　　4 935.42

　贷：投资收益　　28 935.42

借：银行存款　　24 000

　贷：应收利息　　24 000

③2×20 年 1 月 31 日：

假设不考虑 1 月份利息，根据报告期债权投资的投资收益及利息调整摊销表债券的摊余成本为583 643.82元。

借：银行存款　　609 000

　其他债权投资——利息调整　　16 356.18

　贷：其他债权投资——成本　　600 000

　　投资收益　　25 356.18

借：其他综合收益　　11 291.6

　贷：投资收益　　11 291.6

3.(1)计算实际利率，假设实际利率为 i。

每年利息＝600 000×6%＝36 000(元)

36 000×(P/A,i,5)＋600 000×(P/F,i,5)＝625 662(元)，计算得出：i＝5%。

(2)会计处理。

借：债权投资——债券面值　　600 000

　　——利息调整　　25 662

　贷：银行存款　　625 662

表 5—4　　报告期债权投资的投资收益及利息调整摊销表　　单位：元

年度	年初摊余成本	利息收入	现金流量	摊销利息调整	年末摊余成本
2×18	625 662	31 283.1	36 000	4 716.9	620 945.1
2×19	620 945.1	31 047.25	36 000	4 952.75	615 992.35
2×20	615 992.35	30 799.62	36 000	5 200.38	610 791.97
2×21	610 971.97	30 539.6	36 000	5 460.4	605 511.57
2×22	611 052.57	30 488.43	636 000	5 511.57*	0

注：利息收入＝年初摊余成本×实际利率；现金流量(应收利息)＝面值×票面利率；摊销利息调整＝现金流量－利息收入；年末摊余成本＝年初摊余成本－摊销利息调整。

* 最后一年摊销利息调整采用倒算法，即用总额减去前四年的摊销额。

①2×18 年：

借：应收利息　36 000

　贷：债权投资——利息调整　4 716.9

　　投资收益　31 283.1

借：银行存款　36 000

　贷：应收利息　36 000

②2×19 年：

借：应收利息　36 000

　贷：债权投资——利息调整　4 952.75

　　投资收益　31 047.25

借：银行存款　36 000

　贷：应收利息　36 000

③2×20 年：

借：应收利息　36 000

　贷：债权投资——利息调整　5 200.38

　　投资收益　30 799.62

借：银行存款　36 000

　贷：应收利息　36 000

④2×21 年：

借：应收利息　36 000

　贷：债权投资——利息调整　5 511.57

　　投资收益　30 539.6

借：银行存款　36 000

　贷：应收利息　36 000

⑤2×22 年：

借：应收利息　36 000

　贷：债权投资——利息调整　5 511.57

　　投资收益　30 488.43

借：银行存款　636 000

　贷：应收利息　36 000

　　债权投资——成本　600 000

4.(1)计算实际利率，假设实际利率为 i。

每年利息＝600 000×6%＝36 000(元)

36 000×(P/A,i,5)＋600 000×(P/F,i,5)＝625 662(元)，计算得出：i＝5%。

(2)重分类日摊余成本＝620 945.1(元)。

表 5—5 报告期债权投资的投资收益及利息调整摊销表 单位:元

年度	年初摊余成本	利息收入	现金流量	摊销利息调整	年末摊余成本
2×18	625 662	31 283.1	36 000	4 716.9	620 945.1

(3)会计处理。

①2×18 年取得:

借:债权投资——债券面值 600 000
　　　　　——利息调整 25 662
　贷:银行存款 625 662

②2×19 年 1 月 1 日因 A 公司改变了对该债券的管理模式:

借:其他债权投资——面值 600 000
　　　　　　——利息调整 20 945.1
　贷:债权投资——面值 600 000
　　　　　——利息调整 20 945.1

借:其他债权投资 29 054.9
　贷:其他综合收益 29 054.9

第六章　长期股权投资

【学习目标】

- 理解长期股权投资的定义及内容
- 掌握长期股权投资初始投资成本的确定
- 掌握成本法和权益法的适用范围及其会计处理
- 掌握成本法和权益法的相互转换
- 掌握长期股权投资的处置

【思维导图】

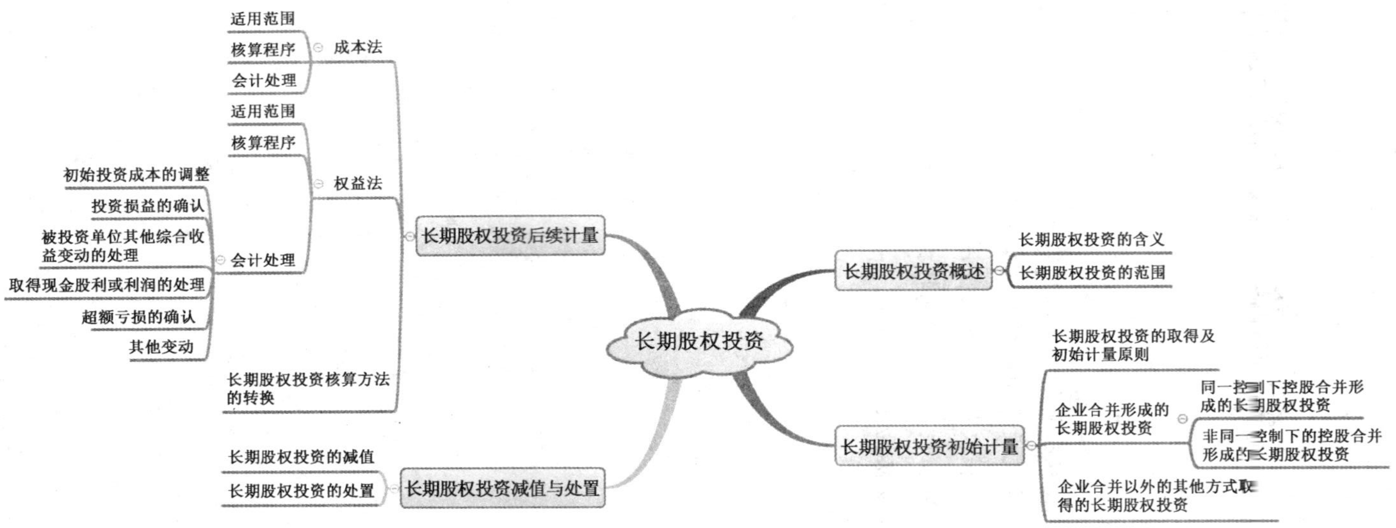

图 6-1　思维导图

第一节　长期股权投资概述

一、长期股权投资的含义

投资是企业为了获得收益或实现资本增值而向被投资单位投放资金的经济行为。企业对外进行的投资,可以有不同的分类。从性质上划分,可以分为债权性投资与权益性投资等。权益性投资按对被投资单位的影响程度划分,可以分为对子公司投资、对合营企业投资和对联营企业投资等。

长期股权投资是指投资方对被投资单位实施控制、施加重大影响以及对其合营企业的权益性投资。企业进行长期股权投资后,成为被投资企业的股东,有参与或者决定被投资企业经营决策的权利。长期股权投资的最终目标是为了获得较大的经济利益,这种经济利益可以通过分得股利、利润或者其他的方式予以实现。

二、长期股权投资的范围

明确界定长期股权投资的范围,是对长期股权投资进行正确确认、计量和报告的前提。根据长期股权投资准则规定,按照投资企业对被投资企业的影响程度,长期股权投资主要包括以下3类:(1)能够实施控制的权益性投资;(2)能够实施共同控制的权益性投资;(3)能够施加重大影响的权益性投资。

(一)能够实施控制的权益性投资

投资方能够对被投资单位实施控制的权益性投资,即对子公司投资。

控制,是指投资方拥有对被投资单位的权力,通过参与被投资单位的相关活动而享有可变回报,并且有能力运用对被投资单位的权力影响其回报金额。

控制的定义包含3项基本要素,如果投资方同时具备以下要素,则投资方能够控制被投资方:(1)投资方拥有对被投资方的权力;(2)通过参与被投资方的相关活动而享有可变回报;(3)有能力运用对被投资方的权力影响其回报金额。投资方在判断其是否控制被投资方时,应考虑相关的事实和情况。

一般而言,投资方持有被投资方半数以上的表决权的,通常表明其拥有对被投资方的权力。如果投资方持有被投资方半数或以下的表决权,但通过与其他表决权持有人之间的协议能够控制半数以上表决权行使的,通常视为投资方拥有对被投资方的权力。

关于控制和相关活动的理解及具体判断,见《企业会计准则第33号——合并财务报表》及其应用指南(2014)的相关内容。

(二)能够实施共同控制的权益性投资

投资方与其他合营方一同对被投资单位实施共同控制且对被投资单位净资产享有权

利的权益性投资,即对合营企业投资。

共同控制,是指按照相关约定对某项安排所共有的控制,并且该安排的相关活动必须经过分享控制权的参与方一致同意后才能决策。相关活动,是指对某项安排的回报产生重大影响的活动。某项安排的相关活动应当根据具体情况进行判断,通常包括商品或劳务的销售和购买、金融资产的管理、资产的购买和处置、研究与开发活动以及融资活动等。在判断是否存在共同控制时,应当首先判断所有参与方或参与方组合是否集体控制该安排;其次再判断该安排相关活动的决策是否必须经过这些集体控制该安排的参与方一致同意。如果存在两个或两个以上的参与方组合能够集体控制某项安排的,不构成共同控制。仅享有保护性权利的参与方不享有共同控制。

关于共同控制和合营企业的理解及具体判断,见《企业会计准则第40号——合营安排》及其应用指南(2014)的相关内容。

(三)能够施加重大影响的权益性投资

能够施加重大影响的权益性投资是指投资方对被投资单位具有重大影响的权益性投资,即对联营企业投资。

重大影响,是指对一个企业的财务和经营政策有参与决策的权力,但并不能够控制或者与其他方一起共同控制这些政策的制定。当投资企业直接或通过子公司间接拥有被投资单位20%以上但低于50%的表决权股份时,一般认为对被投资单位具有重大影响,除非有明确的证据表明该种情况下不能参与被投资单位的生产经营决策,不形成重大影响。投资企业拥有被投资单位有表决权股份的比例低于20%,一般认为对被投资单位没有重大影响,但符合下列情况之一的,应认为对被投资单位具有重大影响:

(1)在被投资单位的董事会或类似权力机构中派有代表。这种情况下,由于在被投资单位的董事会或类似权力机构中派有代表,并享有相应的实质性的参与决策权,投资企业可以通过该代表参与被投资单位经营政策的制定,对被投资单位施加重大影响。

(2)参与被投资单位的政策制定过程,包括股利分配政策等的制定。这种情况下,因可以参与被投资单位的政策制定过程,在制定政策过程中可以为其自身利益提出建议和意见,从而可以对被投资单位施加重大影响。

(3)与被投资单位之间发生重要交易。有关的交易因对被投资单位的日常经营具有重要性,进而一定程度上可以影响到被投资单位的生产经营决策。

(4)向被投资单位派出管理人员。这种情况下,投资企业通过对被投资单位派出管理人员,管理人员有权力负责被投资单位的财务和经营活动,从而能够对被投资单位施加重大影响。

(5)向被投资单位提供关键技术资料。因被投资单位的生产经营需要依赖投资企业的技术或技术资料,表明投资企业对被投资单位具有重大影响。企业在确定能否对被投资单位施加重大影响时,一方面应考虑投资企业直接或间接持有被投资单位的表决权股份，同时要考虑企业和其他方持有的现行可执行潜在表决权在假定转换为对被投资单位的股权后产生的影响，如被投资单位发行的现行可转换的认股权证、股份期权及可转换公司债券等的影响。如果其在转换为对被投资单位的股权后，能够增加投资企业的表决权比例或是降低被投资单位其他投资者的表决权比例，从而使得投资企业能够参与被投资单位的财务和经营政策的，则投资企业对被投资单位具有重大影响。

存在上述一种或多种情形并不意味着投资方一定对被投资单位具有重大影响。企业需要综合考虑所有事实和情况来做出恰当的判断。

长期股权投资准则规范的权益性投资不包括风险投资机构、共同基金以及类似主体（如投资连结保险产品）持有的、在初始确认时按照金融工具确认和计量准则的规定以公允价值计量且其变动计入当期损益的金融资产，这类金融资产即使符合持有待售条件也应继续按金融工具确认和计量准则进行会计处理。投资性主体对不纳入合并财务报表的子公司的权益性投资，应按照公允价值计量且其变动计入当期损益。长期股权投资的披露，适用《企业会计准则第 41 号——在其他主体中权益的披露》。

第二节　长期股权投资的初始计量

一、长期股权投资的取得及初始计量原则

长期股权投资既可以通过企业合并（控股合并）取得，也可以通过企业合并以外的其他方式取得。其中，企业合并形成的长期股权投资又可分为同一控制下控股合并形成的长期股权投资和非同一控制下控股合并形成的长期股权投资。

长期股权投资在取得时应按照初始投资成本入账。在不同的取得方式下，长期股权投资初始投资成本的确定方法有所不同。长期股权投资初始成本的确定原则如表 6－1 所示。

表 6－1　　长期股权投资初始投资成本的确定原则

<table>
<tr><th colspan="2">取得方式</th><th>初始计量</th></tr>
<tr><td rowspan="2">企业合并取得的长期股权投资
（对子公司投资）</td><td>同一控制下控股合并取得的长期股权投资</td><td>1. 在合并日按照享有被合并方所有者权益账面价值的份额作为长期股权投资的初始成本
2. 支付对价的账面价值与初始成本的差额不确认损益，应计入资本公积，资本公积不足冲减的，调整留存收益</td></tr>
<tr><td>非同一控制下控股合并取得的长期股权投资</td><td>1. 应以投资方在购买日为取得对被购买方的控制权而付出的资产、发行或承担的负债以及发行的权益性证券的公允价值作为长期股权投资的初始成本
2. 支付的对价为非现金资产的，其公允价值与账面价值的差额计入当期损益</td></tr>
</table>

续表

取得方式	初始计量
企业合并以外方式取得的长期股权投资（对合营企业、联营企业投资）	1. 按照公平交易市场原则处理，不需要区分同一控制还是非同一控制 2. 应以投资方为取得投资而支付的现金（包括支付的手续费、税金等）、付出的非现金资产、发行或承担的负债以及发行的权益性证券的公允价值作为长期股权投资的初始成本 3. 支付对价为非现金资产的，其公允价值与账面价值的差额计入当期损益

但是，不论企业以何种方式取得长期股权投资，取得投资时，对于投资成本中包含的被投资单位已经宣告但尚未发放的现金股利或利润，应作为应收项目单独核算，不构成取得长期股权投资的初始投资成本。

二、企业合并形成的长期股权投资

企业合并是指将两个或者两个以上单独的企业合并形成一个报告主体的交易或事项。企业合并按合并方式划分，分为吸收合并、新设合并和控股合并。如中国北车和中国南车合并，形成新公司——中国中车，这是典型的新设合并；2016 年 1 月 12 日，万达以 35 亿美元收购美国传奇影业公司 100％股权，这是典型的控股合并。本章仅涉及控股合并。控股合并是指合并方（或购买方）在企业合并中取得对被合并方（或被购买方）的控制权，被合并方（或被购买方）在合并后仍保持其独立的法人资格并继续经营。其表达式为：A＋B＝A＋B。

我国企业合并准则中根据参与合并的企业在合并前后是否受同一方或相同的多方最终控制，将企业合并划分为两大基本类型：同一控制下的企业合并和非同一控制下的企业合并。因此，控股合并形成的长期股权投资应当区分合并的类型，分别同一控制下的控股合并和非同一控制下的控股合并确定其投资成本。

（一）同一控制下控股合并形成的长期股权投资

同一控制下控股合并是指参与合并的企业在合并前后均受同一方或相同多方的最终控制，并且该控制并非暂时性的，如图 6－2 所示。

同一控制下的企业合并一般并非合并双方的自愿行为，而是由控制方所主导。这种合并不属于交易行为，合并对价并不公允，而是参与合并各方资产和负债的重新组合。因此，合并方应按照被合并方的账面价值为基础进行初始计量。另外，从能够对参与合并各方在合并前和合并后均实施最终控制的一方来看，最终控制方在合并前和合并后能够控制的资产并没有发生变化。所以，合并方对被合并方的长期股权投资成本则是代表其在被合并方账面所有者权益中享有的份额。

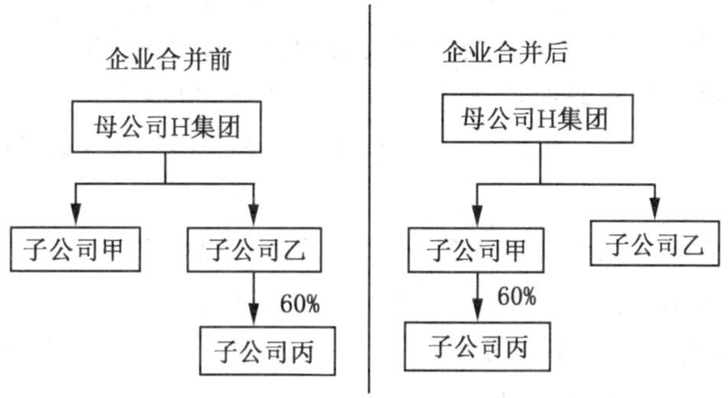

图 6—2　同一控制下控股合并示例

(1)合并方以支付现金、转让非现金资产或承担债务方式作为合并对价的，应当在合并日按照所取得的被合并方在最终控制方合并财务报表中的净资产的账面价值的份额作为长期股权投资的初始投资成本。被合并方在合并日的净资产账面价值为负数的，长期股权投资成本按零确定，同时在备查簿中予以登记。如果被合并方在被合并以前，是最终控制方通过非同一控制下的企业合并所控制的，则合并方长期股权投资的初始投资成本还应包含相关的商誉金额。

长期股权投资的初始投资成本与支付的现金、转让的非现金资产及所承担债务账面价值之间的差额，应当调整资本公积(资本溢价或股本溢价)；资本公积(资本溢价或股本溢价)的余额不足冲减的，依次冲减盈余公积和未分配利润。

借：长期股权投资(合并方在合并日取得被合并方所有者权益账面价值的份额)

　　资本公积——资本(或股本)溢价(转让资产或代偿负债的账面价值高于长期股权投资初始成本的差额先冲资本公积，差额也有可能在贷方)

　　盈余公积

　　利润分配——未分配利润(当资本公积不够冲时再冲盈余公积，如果仍不够抵，最后冲未分配利润)

　　贷：银行存款等转让的资产或代偿的负债(账面价值)

　　　　应交税费——应交增值税(销项税额)

　　　　　　　　——应交消费税

下面以合并代价为库存商品、无形资产、固定资产和偿付债务为例，说明长期股权投资的账务处理。

【例 6—1】　甲公司和乙公司均为 H 集团公司的子公司。2×18 年 6 月 30 日，甲公司以账面原价4 650万元、存货跌价准备 500 万元、公允价值5 000万元的库存商品作为代价从乙公司取得其持有的 A 公司 80%的股份，该商品增值税税率为 13%，消费税税率为

5%，并于当日起能够对A公司实施控制。此外，甲公司另以银行存款支付审计、评估费50万元。两公司在企业合并前采用的会计政策相同。合并日，A公司在最终控制方合并财务报表中的所有者权益的账面价值总额为6 000万元，甲公司的资本公积（股本溢价）为200万元，盈余公积20万元。根据以上资料，甲公司取得对A公司长期股权投资的会计处理如下：

甲公司取得的长期股权投资属于同一控制下的控股合并所取得。因此，甲公司取得的长期股权投资的入账价值=6 000×80%=4 800（万元）。

借：长期股权投资——A公司	48 000 000	
资本公积———股本溢价	2 000 000	
盈余公积	200 000	
利润分配——未分配利润	300 000	
存货跌价准备	5 000 000	
贷：库存商品		46 500 000
应交税费——应交增值税（销项税额）		6 5000 000
——应交消费税		2 500 000

支付的与企业合并相关的直接费用：

借：管理费用	500 000	
贷：银行存款		500 000

【例6—2】 甲公司和乙公司均为H集团公司的子公司。2×18年6月30日，甲公司以账面原价4 000万元、累计摊销800万元、减值准备500万元、公允价值5 000万元的无形资产作为代价从乙公司取得其持有的A公司60%的股份，转让无形资产的增值税税率9%，并于当日起能够对A公司实施控制。此外，甲公司另以银行存款支付审计、评估费50万元。两公司在企业合并前采用的会计政策相同。合并日，A公司在最终控制方合并财务报表中的所有者权益的账面价值总额为5 000万元，甲公司的资本公积（股本溢价）为150万元，盈余公积20万元。根据以上资料，甲公司取得对A公司长期股权投资的会计处理如下：

甲公司取得的长期股权投资属于同一控制下的控股合并所取得。因此，甲公司取得的长期股权投资的入账价值=5 000×60%=3 000（万元）。

借：长期股权投资——A公司	30 000 000	
资本公积———股本溢价	150 000	
累计摊销	8 000 000	
无形资产减值准备	5 000 000	
贷：无形资产		40 000 000
应交税费——应交增值税（销项税额）		4 500 000

支付的与企业合并相关的直接费用：

借：管理费用　500 000

　贷：银行存款　500 000

【例6—3】 甲公司和乙公司均为H集团公司的子公司。2×18年6月30日，甲公司以账面原价4 000万元、固定资产800万元、减值准备500万元、公允价值5 000万元的一栋厂房作为代价从乙公司取得其持有的A公司60%的股份，转让不动产的增值税税率为9%，并于当日起能够对A公司实施控制。此外，甲公司另以银行存款支付审计、评估费50万元。两公司在企业合并前采用的会计政策相同。合并日，A公司在最终控制方合并财务报表中的所有者权益的账面价值总额为5 000万元，甲公司的资本公积（股本溢价）为100万元，盈余公积20万元。根据以上资料，甲公司取得对A公司长期股权投资的会计处理如下：

甲公司取得的长期股权投资属于同一控制下的控股合并所取得。因此，甲公司取得的长期股权投资的入账价值＝5 000×60%＝3 000（万元）。

借：固定资产清理　27 000 000

　累计折旧　8 000 000

　固定资产减值准备　5 000 000

　贷：固定资产　40 000 000

借：长期股权投资——A公司　30 000 000

　资本公积———股本溢价　1 000 000

　盈余公积　200 000

　利润分配——未分配利润　300 000

　贷：固定资产清理　27 000 000

　　应交税费——应交增值税（销项税额）　4 500 000

支付的与企业合并相关的直接费用：

借：管理费用　500 000

　贷：银行存款　500 000

【思考与讨论1】

转让资产或代偿负债的账面价值与长期股权投资初始成本的差额的调账顺序是怎样的？

【例6—4】 2×18年6月30日，甲公司以代母公司偿还负债的方式取得母公司控制的乙公司80%的股权，并于当日起能够对乙公司实施控制。合并日此负债的债权人为丙公司，账面价值为800万元，乙公司净资产的账面价值为1 200万元。甲公司与乙公司采用的会计年度和会计政策相同。根据以上资料，甲公司取得对乙公司长期股权投资的会计处理如下：

长期股权投资的入账成本＝1 200×80%＝960(万元)

借:长期股权投资——乙公司　　9 600 000

　贷:应付账款——丙公司　　8 000 000

　　资本公积——资本溢价　　1 600 000

(2)合并方以发行权益性工具作为合并对价的,应按发行股份的面值总额作为股本,长期股权投资的初始投资成本与所发行股份面值总额之间的差额,应当调整资本公积(资本溢价或股本溢价);资本公积(资本溢价或股本溢价)不足冲减的,依次冲减盈余公积和未分配利润。

借:长期股权投资(合并方应在合并日按取得被合并方所有者权益账面价值的份额)

　贷:股本或实收资本(发行股份的面值总额或新增的实收资本)

　　资本公积——股本(或资本)溢价(差额,或在借方)

【例 6—5】 甲公司和乙公司均为 H 集团公司的子公司。2×18 年 6 月 30 日,甲公司以发行每股面值 1 元的股票4 000万股换取乙公司持有的 A 公司 80%的股份,银行存款支付股票手续费 50 万元,并于当日起能够对 A 公司实施控制。两公司在企业合并前采用的会计政策相同。合并日,A 公司在最终控制方合并财务报表中的所有者权益的账面价值总额为6 000万元,甲公司的资本公积(股本溢价)为 500 万元。根据以上资料,甲公司取得对 A 公司长期股权投资的会计处理如下:

发行股票时:

借:长期股权投资——A 公司　　48 000 000

　贷:股本　　40 000 000

　　资本公积———股本溢价　　8 000 000

支付发行费用时:

借:资本公积——股本溢价　　500 000

　贷:银行存款　　500 000

【思考与讨论 2】

乙公司的账务应如何处理?

(3)合并方发生的审计、法律服务、评估咨询等中介费用以及其他相关直接费用,于发生时计入当期损益(管理费用)。

与发行权益性工具作为合并对价直接相关的交易费用,应当冲减资本公积(资本溢价或股本溢价),资本公积(资本溢价或股本溢价)不足冲减的,依次冲减盈余公积和未分配利润。

与发行债务性工具作为合并对价直接相关的交易费用,应当计入债务性工具的初始确认金额(对应科目是“应付债券——利息调整”)。会计分录是:

借:应付债券——利息调整

贷:银行存款

在按照合并日应享有被合并方净资产的账面价值的份额确定长期股权投资的初始投资成本时,前提是合并前合并方与被合并方采用的会计政策应当一致。企业合并前合并方与被合并方采用的会计政策不同的,应基于重要性原则,统一合并方与被合并方的会计政策。在按照合并方的会计政策对被合并方净资产的账面价值进行调整的基础上,计算确定长期股权投资的初始投资成本。

(4)企业通过多次交易分步取得同一控制下被投资单位的股权,最终形成企业合并的,应当判断多次交易是否属于"一揽子交易"。属于一揽子交易的,合并方应当将各项交易作为一项取得控制权的交易进行会计处理。不属于"一揽子交易"的,取得控制权日,应按照以下步骤进行会计处理:

①确定同一控制下企业合并形成的长期股权投资的初始投资成本。在合并日,根据合并后应享有被合并方净资产在最终控制方合并财务报表中的账面价值的份额,确定长期股权投资的初始投资成本。

②长期股权投资初始投资成本与合并对价账面价值之间的差额的处理。合并日长期股权投资的初始投资成本,与达到合并前的长期股权投资账面价值加上合并日进一步取得股份新支付对价的账面价值之和的差额,调整资本公积(资本溢价或股本溢价),资本公积不足冲减的,冲减留存收益。

③合并日之前持有的股权投资,因采用权益法核算或金融工具确认和计量准则核算而确认的其他综合收益,暂不进行会计处理,直至处置该项投资时采用与被投资单位直接处置相关资产或负债相同的基础进行会计处理;因采用权益法核算而确认的被投资单位净资产中除净损益、其他综合收益和利润分配以外的所有者权益其他变动,暂不进行会计处理,直至处置该项投资时转入当期损益。其中,处置后的剩余股权根据本准则采用成本法或权益法核算的,其他综合收益和其他所有者权益应按比例结转,处置后的剩余股权改按金融工具确认和计量准则进行会计处理的,其他综合收益和其他所有者权益应全部结转。

【例6—6】 2×15年1月1日,甲公司取得同一控制下的乙公司25%的股份,实际支付款项6 500万元,能够对乙公司施加重大影响。相关手续于当日办理完毕。当日,乙公司可辨认净资产账面价值为25 000万元(假定与公允价值相等)。2×16年及2×17年度,乙公司共实现净利润2 000万元,无其他所有者权益变动。2×18年1月1日,甲公司以定向增发3 000万股普通股(每股面值为1元,每股公允价值为5元)的方式购买同一控制下另一企业所持有的乙公司40%股权,相关手续于当日完成。进一步取得投资后,甲公司能够对乙公司实施控制。

当日,乙公司在最终控制方合并财务报表中的净资产的账面价值为30 000万元。假定甲公司和乙公司采用的会计政策和会计期间相同，均按照10%的比例提取盈余公积。甲公司和乙公司一直受同一最终控制方控制。上述交易不属于一揽子交易。不考虑相关税费等其他因素影响。

甲公司有关会计处理如下：

(1)确定合并日长期股权投资的初始投资成本。

合并日追加投资后 甲公司持有乙公司股权比例为65%(25%+40%)。

合并日甲公司享有乙公司在最终控制方合并财务报表中净资产的账面价值份额为19 500万元(30 000×65%)。

(2)长期股权投资初始投资成本与合并对价账面价值之间的差额的处理。

原25%的股权投资采用权益法核算，在合并日的原账面价值为7 000万元(6 500+2 000×25%)。

追加投资(40%)所支付对价的账面价值为3 000万元。

合并对价账面价值为10 000万元(7 000+3 000)。

长期股权投资初始投资成本与合并对价账面价值之间的差额为9 500万元(19 500−10 000)。

借：长期股权投资——投资成本	195 000 000	
贷：长期股权投资——投资成本		65 000 000
——损益调整		5 000 000
股本		30 000 000
资本公积(股本溢价)		95 000 000

(二)非同一控制下的控股合并形成的长期股权投资

非同一控制下的企业合并，是指参与合并的各方在合并前后不受同一方或相同的多方的最终控制。相对于同一控制下的企业合并，非同一控制下的企业合并是合并各方自愿进行的交易行为，是一种公平的市场交易行为，因此应该以公允价值为基础进行计量。

非同一控制下的控股合并，购买方在购买日应当区别下列情况，确定企业合并成本，并将其作为长期股权投资的初始投资成本。

1. 一次交换交易实现的控股合并

合并成本为购买方在购买日为取得对被购买方的控制权而付出的资产、发生或承担的负债以及发行的权益工具或债务性工具的公允价值之和。购买方为企业合并发生的审计、法律服务、评估咨询等中介费用以及其他相关管理费用，应于发生时计入当期损益；购买方作为合并对价发行的权益性工具或债务性工具的交易费用，应当计入权益性工具或债务性工具的初始确认金额。具体会计处理如下：

我们以同一控制下企业合并例题【例6－1】【例6－2】【例6－3】【例6－5】为蓝本，对比说明非同一控制下企业合并，合并代价为库存商品、无形资产、固定资产时的长期股权投资的账务处理。

【例 6—7】 甲公司和乙公司为非关联方。2×18 年 6 月 30 日，甲公司以账面原价 4 000万元、存货跌价准备 500 万元、公允价值5 000万元的库存商品作为代价从乙公司取得其持有的 A 公司 80%的股份，该商品增值税税率为 13%，消费税税率为 5%。此外，甲公司另以银行存款支付审计、评估费 50 万元。购买日合并日，A 公司在最终控制方合并财务报表中的所有者权益的账面价值总额为6 000万元，甲公司的资本公积(股本溢价)为 200 万元，盈余公积 20 万元。根据以上资料，甲公司取得对 A 公司长期股权投资的会计处理如下：

甲公司取得的长期股权投资属于非同一控制下的控股合并所取得。因此，甲公司取得的长期股权投资的入账价值=5 000×(1+13%)=5 650(万元)。

借：长期股权投资——A 公司	56 500 000	
贷：主营业务收入		50 000 000
应交税费——应交增值税(销项税额)		6 500 000
借：主营业务成本	35 000 000	
存货跌价准备	5 000 000	
贷：库存商品		40 000 000
借：税金及附加	2 500 000	
贷：应交税费——应交消费税		2 500 000

支付的与企业合并相关的直接费用：

借：管理费用	500 000	
贷：银行存款		500 000

【例 6—8】 甲公司和乙公司为非关联方。2×18 年 6 月 30 日，甲公司以账面原价 4 000万元、累计摊销 800 万元、减值准备 500 万元、公允价值5 000万元的无形资产作为代价从乙公司取得其持有的 A 公司 60%的股份，转让无形资产的增值税税率为 9%，并于当日起能够对 A 公司实施控制。此外，甲公司另以银行存款支付审计、评估费 50 万元。两公司在企业合并前采用的会计政策相同。购买日 A 公司所有者权益的账面价值总额为6 000万元，甲公司的资本公积(股本溢价)为 150 万元，盈余公积 20 万元。根据以上资料，甲公司取得对 A 公司长期股权投资的会计处理如下：

甲公司取得的长期股权投资属于非同一控制下的控股合并所取得。因此，甲公司取得的长期股权投资的入账价值=5 000×(1+9%)=5 450(万元)。

借：长期股权投资——A 公司	54 500 000	
无形资产减值准备	5 000 000	
累计摊销	8 000 000	
贷：无形资产		40 000000

　　应交税费——应交增值税(销项税额)　4 500 000
　　资产处置损益　23 000 000

支付的与企业合并相关的直接费用：

借：管理费用　500 000
　贷：银行存款　500 000

【例 6—9】 甲公司和乙公司为非关联方。2×18 年 6 月 30 日，甲公司以账面原价 4 000万元、固定资产 800 万元、减值准备 500 万元、公允价值5 000万元的一栋厂房作为代价从乙公司取得其持有的 A 公司 60%的股份，转让不动产的增值税税率 9%，并于当日起能够对 A 公司实施控制。此外，甲公司另以银行存款支付审计、评估费 50 万元。两公司在企业合并前采用的会计政策相同。购买日 A 公司所有者权益的账面价值总额为 5 000万元，甲公司的资本公积(股本溢价)为 150 万元，盈余公积 20 万元。根据以上资料，甲公司取得对 A 公司长期股权投资的会计处理如下：

甲公司取得的长期股权投资属于非同一控制下的控股合并所取得。因此，甲公司取得的长期股权投资的入账价值＝5 000×(1＋9%)＝5 450(万元)。

借：固定资产清理　27 000 000
　累计折旧　8 000 000
　固定资产减值准备　5 000 000
　贷：固定资产　40 000 000

借：长期股权投资——A 公司　54 500 000
　贷：固定资产清理　50 000 000
　　应交税费——应交增值税(销项税额)　4 500 000

借：固定资产清理　23 000 000
　贷：资产处置损益　23 000 000

支付的与企业合并相关的直接费用：

借：管理费用　500 000
　贷：银行存款　500 000

发行权益性证券作为对价取得长期股权投资的会计处理如下：

借：长期股权投资(确定的合并成本，即发行股票的公允价值)
　管理费用(支付的相关直接费用)
　贷：股本(发行股票的面值总额)
　　资本公积——股本溢价(股票的公允价值－股票面值－股票发行费用)
　　银行存款(支付的相关直接费用和股票发行费用)

【例 6—10】 2×18 年 6 月 30 日，甲公司以发行每股面值 1 元、公允价值为 10 元的股票4 000万股换取乙公司持有的 A 公司 80%的股份，银行存款支付股票手续费 50 万元，并于当日起能够对A公司实施控制。两公司在企业合并前采用的会计政策相同。合并日，A公司所有者权益的账面价值总额为6 000万元，甲公司的资本公积（股本溢价）为500万元。根据以上资料，甲公司取得对A公司长期股权投资的会计处理如下：

发行股票时：

借：长期股权投资——A公司 400 000 000

贷：股本 40 000 000

资本公积——股本溢价 36 000 000

支付发行费用时：

借：资本公积——股本溢价 500 000

贷：银行存款 500 000

【思考与讨论3】

对比同一控制下的企业合并，非同一控制企业合并发生的审计、法律服务、评估咨询等中介费用以及其他相关直接费用、债券发行费和权益性证券发行费的账务处理有什么不同？会计分录如何做？

【思考与讨论4】

同一控制下企业合并和非同一控制下企业合并，实际支付的价款或对价中包含的已宣告但尚未发放的现金股利或利润，应作何处理？

2. 通过多次交换交易分步实现的控股合并

在编制个别财务报表时，应当按照原持有的股权投资的账面价值加上新增投资成本之和，作为改按成本法核算的初始投资成本。其中：

(1)购买日之前持有的股权采用权益法核算的，相关其他综合收益应当在处置该项投资时采用与被投资单位直接处置相关资产或负债相同的基础进行会计处理，因被投资方除净损益、其他综合收益和利润分配以外的其他所有者权益变动而确认的所有者权益，应当在处置该项投资时相应转入处置期间的当期损益。其中，处置后的剩余股权根据本准则采用成本法或权益法核算的，其他综合收益和其他所有者权益应按比例结转，处置后的剩余股权改按金融工具确认和计量准则进行会计处理的，其他综合收益和其他所有者权益应全部结转。

(2)购买日之前持有的权益性投资，采用金融工具确认和计量准则进行会计处理的，应当将按照该准则确定的股权投资的公允价值加上新增投资成本之和，作为改按成本法核算的初始投资成本，原持有股权的公允价值与账面价值之间的差额以及原计入其他综合收益的累计公允价值变动应当全部转入改按成本法核算的当期投资收益。

【例6—11】 2×15年1月1日，甲公司以每股8元的价格购入乙公司的股票100万股，并由此持有乙公司20%的股权，并能够对其施加重大影响。甲公司与乙公司不存在关联方关系。当日，乙公司可辨认净资产公允价值为250 000 000元。2×18年1月1日，甲公司以现金2亿元为对价，向乙公司大股东收购乙公司50%的股权，相关手续于当日完成并取得对乙公司的控制权。购买日，甲公司原持有的对乙公司的20%的股权的公允价值为13 000 000元，账面价值为12 000 000元，甲公司确认与乙公司权益法核算相关的累积投资收益为2 000 000元，其他综合收益1 000 000元，其他所有者权益变动为1 000 000元，乙公司可辨认净资产公允价值为300 000 000元。假设甲公司购买乙公司20%的股权和后续购买50%的股权不构成“一揽子交易”，不考虑相关税费等其他因素影响。

分析：

购买日前，甲公司持有对乙公司的股权投资作为对联营企业的投资进行会计处理，购买日前甲公司原持有股权的账面价值为1 200万元(800＋200＋100＋100)。

本次追加投资应支付对价的公允价值为20 000万元。

购买日对子公司按成本法核算的初始投资成本为21 200万元(20 000＋1 200)。

购买日前甲公司原持有股权的其他综合收益为100万元以及其他所有者权益变动100万元在购买日均不进行会计处理。

【例6—12】 2×15年1月1日，甲公司以每股8元的价格购入某上市公司乙公司的股票100万股，并由此持有乙公司5%的股权。甲公司与乙公司不存在关联方关系。甲公司将对乙公司的投资作为以公允价值计量的且其变动计入其他综合收益的金融资产进行会计处理。2×18年1月1日，甲公司以现金2亿元为对价，向乙公司大股东收购乙公司50%的股权，相关手续于当日完成。假设甲公司购买乙公司5%的股权和后续购买50%的股权不构成“一揽子交易”，甲公司取得乙公司控制权之日为2×18年1月1日，乙公司当日股价为每股10元，乙公司可辨认净资产的公允价值为4亿元，不考虑相关税费等其他因素影响。

分析：

购买日前，甲公司持有对乙公司的股权投资作为“其他权益工具投资”进行会计处理，购买日前甲公司原持有“其他权益工具投资”的账面价值为1 000万元(10×100)。

本次追加投资应支付对价的公允价值为20 000万元。

购买日对子公司按成本法核算的初始投资成本为21 000万元(20 000＋1 000)。

购买日前甲公司原持有“其他权益工具投资”相关的其他综合收益为200万元[(10—8)×100]，购买日该其他综合收益转入留存收益。

借：长期股权投资——投资成本	210 000 000	
贷：其他权益工具投资		10 000 000
银行存款		200 000 000
借：其他综合收益	2 000 000	
贷：盈余公积		200 000

利润分配——未分配利润 1 800 000

三、企业合并以外的其他方式取得的长期股权投资

除控股合并以外其他方式形成的长期股权投资(对合营企业和联营企业的股权投资),其初始投资成本的确定与非同一控制下的企业合并取得长期股权投资的成本的确定方法基本相同。但发生的审计、评估、咨询、法律等相关直接费用应计入长期股权投资的初始投资成本。

(一)以支付现金取得长期股权投资

以支付现金取得长期股权投资的,应当按照实际应支付的购买价款作为初始投资成本,包括与取得长期股权投资直接相关的费用、税金及其他必要支出。但所支付价款中包含的被投资单位已宣告但尚未发放的现金股利或利润作为应收项目核算,不构成取得长期股权投资的成本。

【例 6—13】 甲公司于2×18年4月5日以银行存款购入乙公司20%的股权,实际支付价款600万元。甲公司在取得该项投资时,乙公司已经宣告但尚未发放现金股利为100万元。甲公司另外支付手续费5万元。甲公司取得该部分股权后,能够对乙公司产生重大影响。当日乙公司可辨认净资产的公允价值为1 400万元。根据上述资料,甲公司应作的会计处理如下:

甲公司取得长期股权投资的成本=600−100×20%+5=585(万元)

借:长期股权投资	5 850 000	
应收股利	200 000	
贷:银行存款		6 050 000

(二)以发行权益性证券取得长期股权投资

以发行权益性证券取得长期股权投资的,应当按照所发行证券的公允价值作为初始投资成本,但不包括应自被投资单位收取的已宣告但尚未发放的现金股利或利润。为发行权益性工具支付给有关证券承销机构等的手续费、佣金等与工具发行直接相关的费用,不构成取得长期股权投资的成本。该部分费用应自所发行证券的溢价发行收入中扣除,溢价收入不足冲减的,应依次冲减盈余公积和未分配利润。

一般而言,投资者投入的长期股权投资应根据法律法规的要求进行评估作价,在公平交易当中,投资者投入的长期股权投资的公允价值,与所发行证券(工具)的公允价值不应存在重大差异。如有确凿证据表明,取得长期股权投资的公允价值比所发行证券(工具)的公允价值更加可靠的,以投资者投入的长期股权投资的公允价值为基础确定其初始投资成本。投资方通过发行债务性证券(债务性工具)取得长期股权投资的,比照通过发行权益性证券(权益性工具)处理。

【例 6—14】 甲公司于2×18年6月30日通过增发1 000万股本公司的普通股票(每

股面值 1 元)取得乙公司(非上市公司)30%的普通股权,并能对乙公司施加重大影响。甲公司增发的股票的公允价值为4 000万元。此外,甲公司在发行股票过程中支付给证券承销机构手续费等费用 200 万元。根据上述资料,甲公司应做的会计处理如下:

借:长期股权投资——乙公司(投资成本)　40 000 000
　贷:股本　10 000 000
　　资本公积——股本溢价　30 000 000

发行权益性证券过程中支付的佣金和手续费,应冲减权益性证券的溢价发行收入,会计处理如下:

借:资本公积——股本溢价　2 000 000
　贷:银行存款　2 000 000

(三)以债务重组、非货币性资产交换等方式取得长期股权投资

以债务重组、非货币性资产交换等方式取得长期股权投资,其初始投资成本分别按照《企业会计准则第 12 号——债务重组》和《企业会计准则第 7 号——非货币性资产交换》的规定进行处理。

第三节　长期股权投资的后续计量

企业取得的长期股权投资,在确定其初始投资成本后,持续持有期间,视对被投资单位的影响程度及是否存在活跃市场、公允价值能否可靠取得等情况,分别采用成本法及权益法进行核算。对子公司的长期股权投资应当按成本法核算,对合营企业、联营企业的长期股权投资应当按权益法核算。

一、成本法

(一)成本法的定义及适用范围

成本法,是指长期股权投资的价值按照初始投资成本计量,除追加或收回投资外,一般不对长期股权投资的账面价值进行调整的一种会计处理方法。

投资方持有的对子公司投资应当采用成本法核算,投资方为投资性主体且子公司不纳入其合并财务报表的除外。投资方在判断对被投资单位是否具有控制时,应综合考虑直接持有的股权和通过子公司间接持有的股权。在个别财务报表中,投资方进行成本法核算时,应仅考虑直接持有的股权份额。

(二)成本法的核算程序

采用成本法核算的长期股权投资,其核算程序如下:

(1)初始投资或追加投资时,按初始投资或追加投资时的成本增加长期股权投资的账面价值。一般情况下,长期股权投资的账面价值保持不变。

(2)股权持有期间,被投资单位实现利润或发生亏损时,投资企业不需要做任何处理。

(3)除取得投资时实际支付的价款或对价中包含的已宣告但尚未发放的现金股利或利润外,投资企业应当按照享有被投资单位宣告发放的现金股利或利润,确认为当期投资收益,不管有关利润分配是属于对取得投资前还是取得投资后被投资单位实现净利润的分配。

(4)子公司将未分配利润或盈余公积转增股本(实收资本),且未向投资方提供等值现金股利或利润的选择权时,投资方并没有获得收取现金或者利润的权力,该项交易通常属于子公司自身权益结构的重分类,会计准则规定投资方不应确认相关的投资收益。

(5)企业按照上述规定确认自被投资单位应分得的现金股利或利润后,应当考虑长期股权投资可能发生的减值。在判断该类长期股权投资是否存在减值迹象时,应当关注长期股权投资的账面价值是否大于享有被投资单位净资产(包括相关商誉)账面价值的份额等类似情况。出现类似情况时,企业应当按照资产减值准则对长期股权投资进行减值测试,可收回金额低于长期股权投资账面价值的,应当计提减值准备。

(三)成本法的具体会计处理

1. 成本法下的账户设置

企业采用成本法核算长期股权投资的情况下,应设置"长期股权投资""应收股利""投资收益"等账户。其中,"长期股权投资"主要用来核算长期股权投资成本增减变动的金额。

2. 成本法下的账务处理

(1)企业初始投资或追加投资时,按初始投资成本增加长期股权投资的账面价值,做如下会计分录:

借:长期股权投资——××公司

　　贷:银行存款等

(2)当被投资单位宣告分派利润或现金股利时,投资企业应当按照可以获取的现金股利或利润确认为当期的投资收益,应做如下会计分录:

借:应收股利

　　贷:投资收益

(3)长期股权投资如果发生减值,投资企业应做如下会计分录:

借:资产减值损失

　　贷:长期股权投资减值准备

【例 6－15】 2×17 年 1 月,甲公司自非关联方处以现金1 000万元取得对乙公司60%的股权,相关手续于当日完成,并能够对乙公司实施控制并获得可变回报。2×18 年 3 月,乙公司宣告分派现金股利,甲公司按其持股比例可取得 30 万元。不考虑相关税费等其他因素影响。

甲公司有关会计处理如下：

2×17 年 1 月：

借：长期股权投资——投资成本　　10 000 000

　　贷：银行存款　　10 000 000

2×18 年 3 月：

借：应收股利　　300 000

　　贷：投资收益　　300 000

企业按照上述规定确认自被投资单位应分得的现金股利或利润后，应当考虑长期股权投资是否发生减值。

值得注意的是，子公司将未分配利润或盈余公积直接转增股本（实收资本），且未向投资方提供等值现金股利或利润的选择权时，母公司并没有获得收取现金股利或者利润的权力，上述交易通常属于子公司自身权益结构的重分类，母公司不应确认相关的投资收益。

二、权益法

（一）权益法的定义及适用范围

权益法，是指投资以初始投资成本计量后，在投资持有期间根据投资企业享有被投资单位所有者权益份额的变动对投资的账面价值进行调整的方法。

对合营企业和联营企业投资应当采用权益法核算。投资方在判断对被投资单位是否具有共同控制、重大影响时，应综合考虑直接持有的股权和通过子公司间接持有的股权。在综合考虑直接持有的股权和通过子公司间接持有的股权后，如果认定投资方在被投资单位拥有共同控制或重大影响，在个别财务报表中，投资方进行权益法核算时，应仅考虑直接持有的股权份额；在合并财务报表中，投资方进行权益法核算时，应同时考虑直接持有和间接持有的份额。

（二）权益法的核算程序

按照权益法核算的长期股权投资，一般会计处理为：

1. 初始投资成本的调整

比较初始投资成本与投资时应享有被投资单位可辨认净资产公允价值的份额，前者大于后者的，不调整长期股权投资账面价值；前者小于后者的，应当按照二者之间的差额调增长期股权投资的账面价值，同时计入取得投资当期损益（“营业外收入”）。

2. 持有投资期间的调整

持有投资期间，随着被投资单位所有者权益的变动相应调整增加或减少长期股权投资的账面价值，并分别以下情况处理：

（1）对于因被投资单位实现净利润或净亏损使所有者权益变动，投资方按照应享有的份额调整长期股权投资的账面价值，并确认为当期投资损益。此处还应考虑投资方与被投资方的会计政策与会计期间是否一致、净损益应调整为公允价值下的净损益、剔除不属于投资企业的净损益、未实现内部交易损益的抵消等。

（2）对于因被投资单位其他综合收益及其变动而产生的所有者权益变动，投资方应当按照应享有被投资单位所有者权益的份额，增加或减少长期股权投资的账面价值，同时增加或减少其他综合收益。

（3）对于被投资单位宣告分派的利润或现金股利计算应分得的部分，相应减少长期股权投资的账面价值。

（4）被投资单位分派的股票股利，投资企业不作账务处理，但应于除权日注明所增加的股数，以反映股份的变化情况。

（5）对于被投资单位除净损益、其他综合收益以及利润分配以外的因素导致的其他所有者权益变动，相应调整长期股权投资的账面价值，同时确认资本公积（其他资本公积）。

在持有投资期间，被投资单位编制合并财务报表的，应当以合并财务报表中净利润、其他综合收益和其他所有者权益变动中归属于被投资单位的金额为基础进行会计处理。

（注意：本节只讲述个别报表的相关处理，合并报表部分见《高级财务会计》。）

（三）权益法下的账户设置

采用权益法核算长期股权投资时，应设置"长期股权投资"账户，并下设"投资成本""损益调整""其他综合收益""其他权益变动"等明细账户。其中"投资成本"明细账户用来核算长期股权投资的投资成本的增减变动；"损益调整"明细账户用来核算因被投资单位实现净损益或分派现金股利而调整长期股权投资的账面价值的金额；"其他综合收益"明细账户用来核算因被投资单位其他综合收益发生变动而调整长期股权投资账面价值的金额；"其他权益变动"明细账户用来核算因被投资单位资本公积发生变动而调整长期股权投资账面价值的金额。

（四）权益法下的具体会计处理

1. 初始投资成本的调整

投资方取得对联营企业或合营企业的投资以后，对于取得投资时初始投资成本与应享有被投资单位可辨认净资产公允价值份额之间的差额，应区别情况处理。

（1）初始投资成本大于取得投资时应享有被投资单位可辨认净资产公允价值份额的，该部分差额是投资方在取得投资过程中通过作价体现出的与所取得股权份额相对应的商誉价值，这种情况下不要求对长期股权投资的成本进行调整。

企业取得投资时，应按确定的初始投资成本做如下会计分录：

借：长期股权投资——××公司（投资成本）

　　贷：银行存款等

(2)初始投资成本小于取得投资时应享有被投资单位可辨认净资产公允价值份额的，两者之间的差额体现为双方在交易作价过程中转让方的让步，该部分经济利益流入应计入取得投资当期的营业外收入，同时调整增加长期股权投资的账面价值。

企业取得投资时，应按确定的初始投资成本做如下会计分录：

借：长期股权投资——××公司(投资成本)

　　贷：银行存款等

同时，按初始投资成本小于应享有被投资企业可辨认净资产公允价值份额的差额，做如下会计分录：

借：长期股权投资——××公司(投资成本)

　　贷：营业外收入

【例 6—16】 甲公司于2×17年1月1日，以1 000万元购入乙公司30%普通股权，并对乙公司具有重大影响，2×17年1月1日乙公司可辨认净资产的公允价值为2 500万元(假定公允价值等于其账面价值)，款项已通过银行存款支付。甲公司在取得乙公司的股权后，能够对乙公司施加重大影响，对该投资应采用权益法核算。

取得投资时，甲公司应做如下会计分录：

借：长期股权投资——A公司(投资成本)　　10 000 000

　　贷：银行存款　　10 000 000

在上例中，长期股权投资的初始投资成本1 000万元大于取得投资时应享有被投资单位可辨认净资产公允价值的份额750万元(2 500×30%)，该差额不调整长期股权投资的账面价值。

假定上例中甲公司以700万元购入乙公司30%普通股权，长期股权投资的初始投资成本700万元小于取得投资时应享有被投资单位可辨认净资产公允价值的份额750万元(2 500×30%)，该差额应计入取得投资当期的营业外收入。应做如下会计分录：

(1)取得投资时：

借：长期股权投资——A公司(投资成本)　　7 000 000

　　贷：银行存款　　7 000 000

(2)初始投资成本的调整分录：

借：长期股权投资——A公司(投资成本)　　500 000

　　贷：营业外收入　　500 000

2. 投资损益的确认

采用权益法核算长期股权投资，当被投资企业实现净利润时，按照应享有被投资企业实现净利润的份额，确认投资收益，并调整增加长期股权投资的账面价值。

企业应做如下会计分录：

借：长期股权投资——××公司(损益调整)(被投资企业实现的净利润×持股比例)

贷:投资收益

如果被投资企业发生亏损的,则做相反的会计分录。

此外,采用权益法核算的长期股权投资,在确认应享有(或分担)被投资单位的净利润(或净亏损)时,在被投资单位账面净利润的基础上,应考虑以下因素的影响进行适当调整:

(1)被投资单位采用的会计政策和会计期间与投资方不一致的,应按投资方的会计政策和会计期间对被投资单位的财务报表进行调整,在此基础上确定被投资单位的损益。

【例6—17】 沿用【例6—16】,假定甲公司长期股权投资的成本大于取得投资时乙公司可辨认净资产公允价值份额的情况下,2×17年乙公司实现净利润500万元。甲、乙公司均以公历年度作为会计年度,采用相同的会计政策。由于投资时乙公司各项资产、负债的账面价值与其公允价值相同,不需要对乙公司的净利润进行调整,甲公司应确认的投资收益为150万元(500×30%),一方面增加长期股权投资的账面价值,另一方面作为利润表中的投资收益确认。

甲公司的会计处理如下:

借:长期股权投资——乙公司——损益调整　　1 500 000

　贷:投资收益　　1 500 000

(2)以取得投资时被投资单位固定资产、无形资产等的公允价值为基础计提的折旧额或摊销额,以及以投资企业取得投资时的公允价值为基础计算确定的有关资产减值准备金额等对被投资单位净利润的影响。

被投资单位利润表中的净利润是以其持有的资产、负债的账面价值为基础持续计算的,而投资方在取得投资时,是以被投资单位有关资产、负债的公允价值为基础确定投资成本,取得投资后应确认的投资收益代表的是被投资单位资产、负债在公允价值计量的情况下在未来期间通过经营产生的损益中归属于投资方的部分。投资方取得投资时,被投资单位有关资产、负债的公允价值与其账面价值不同的,未来期间,在计算归属于投资方应享有的净利润或应承担的净亏损时,应考虑被投资单位计提的折旧额、摊销额以及资产减值准备金额等进行调整。

投资方在对被投资单位的净利润进行调整时,应考虑重要性原则,不具有重要性的项目可不予调整。投资企业无法合理确定取得投资时被投资单位各项可辨认资产、负债等公允价值的,或者投资时被投资单位可辨认资产、负债的公允价值与账面价值之间的差额不具有重要性的,或是其他原因导致无法取得对被投资单位净利润进行调整所需资料的,可以按照被投资单位的账面净利润为基础,经调整未实现内部交易损益后,计算确认投资收益。

(3)在评估投资方对被投资单位是否具有重大影响时,应当考虑潜在表决权的影响,但在确定应享有的被投资单位实现的净损益、其他综合收益和其他所有者权益变动的份额时，潜在表决权所对应的权益份额不应予以考虑。

(4)在确认应享有或应分担的被投资单位净利润(或亏损)额时，法规或章程规定不属于投资企业的净损益应当予以剔除后计算。如被投资单位发行了分类为权益的可累积优先股等类似的权益工具，无论被投资单位是否宣告分配优先股股利，投资方计算应享有被投资单位的净利润时，均应将归属于其他投资方的累积优先股股利予以扣除。

【例6-18】 甲公司于2×17年1月1日购入乙公司30%的股份，购买价款为2 000万元，并自取得投资之日起派人参与乙公司的生产经营决策。取得投资当日，乙公司可辨认净资产公允价值为5 000万元，除表6-2所列项目外，乙公司其他资产、负债的公允价值与账面价值相同。

表6-2 甲公司资产项目 单位：万元

项　目	账面原价	已提折旧或摊销	公允价值	乙公司预计使用年限	甲公司取得投资后剩余使用年限
存货	500		700		
固定资产	1 200	240	1 600	20	16
无形资产	700	140	800	10	8
小　计	2 400	380	3 100		

假定乙公司于2×17年实现净利润1 000万元，其中在甲公司取得投资时的账面存货有60%对外出售。甲公司与乙公司的会计年度及采用的会计政策相同。固定资产、无形资产等均按直线法提取折旧或摊销，预计净残值均为0。假定甲、乙公司间未发生其他任何内部交易。

2×17年12月31日，甲公司在确定其应享有的投资收益时，应在乙公司实现净利润的基础上，根据取得投资时乙公司有关资产的账面价值与其公允价值差额的影响进行调整(假定不考虑所得税及其他税费等因素影响)：

存货账面价值与公允价值的差额应调减的利润为120万元[(700-500)×60%]。

固定资产公允价值与账面价值差额应调整增加的折旧额为40万元(1 600÷16-1 200÷20)。

无形资产公允价值与账面价值差额应调整增加的摊销额为30万元(800÷8-700÷10)。

调整后的净利润为810万元(1 000-120-40-30)。

按照甲公司应享有份额为243万元(810×30%)。

确认投资收益的相关会计处理如下：

借：长期股权投资——损益调整　　2 430 000

　　贷：投资收益　　2 430 000

(5)投资方与其联营企业及合营企业之间发生的未实现内部交易损益。即投资方与联营企业及合营企业之间发生的未实现内部交易损益，按照应享有的比例计算归属于投资方的部分，应当予以抵消，在此基础上确认投资损益。投资方与被投资单位发生的内部交易损失，按照资产减值准则等规定属于资产减值损失的，应当全额确认。

未实现内部交易损益的抵消，应当分别顺流交易和逆流交易进行会计处理。顺流交易是指投资方向其联营企业或合营企业出售资产；逆流交易是指联营企业或合营企业向投资方出售资产（即逆流交易）。未实现内部交易损益体现在投资方或其联营企业、合营企业持有的资产账面价值中的，在计算确认投资损益时应予抵消。

①顺流交易。对于投资方向联营企业或合营企业投出或出售资产的顺流交易，在该交易存在未实现内部交易损益的情况下（即有关资产未对外部独立第三方出售或未被消耗），投资方在采用权益法计算确认应享有联营企业或合营企业的投资损益时，应抵消该未实现内部交易损益的影响，同时调整对联营企业或合营企业长期股权投资的账面价值；投资方因投出或出售资产给其联营企业或合营企业而产生的损益中，应仅限于确认归属于联营企业或合营企业其他投资方的部分。即在顺流交易中，投资方投出资产或出售资产给其联营企业或合营企业产生的损益中，按照应享有比例计算确定归属于本企业的部分不予确认。

②逆流交易。对于联营企业或合营企业向投资方投出或出售资产的逆流交易，比照顺流交易进行处理。

【例6－19】 2×17年1月3日，甲公司以银行存款6 000万元购入乙公司30%有表决权股份，能够对乙公司施加重大影响。假定取得该项投资时，乙公司各项可辨认资产、负债的公允价值等于账面价值，双方采用的会计政策、会计期间相同。2×17年6月5日，乙公司出售商品一批给甲公司，商品成本为1 000万元，售价为1 200万元，甲公司购入的商品作为存货。至2×17年末，甲公司已将从乙公司购入商品的40%出售给外部独立的第三方。乙公司2×17年实现净利润1 000万元。假定不考虑所得税因素。

分析：

甲公司在确定其应享有的投资收益时，应在乙公司实现净利润的基础上，按照未实现内部交易损益进行调整。乙公司在该项交易中实现利润200万元，其中未实现损益120万元（200×60%）。未实现损益中的36万元（120×30%）在采用权益法计算确认投资损益时应予抵消，因此甲公司2×7年应确认对C公司的投资收益＝[1 000－(1 200－1 000)×60%]×30%＝264（万元）。

根据上述资料，甲公司确认投资收益应做的会计分录如下：

借：长期股权投资——乙公司——损益调整　　2 640 000

贷:投资收益　　2 640 000

假定2×18年,甲公司将剩余的60%出售给外部独立第三方,因该部分内部交易损益已经实现,甲公司在确认应享有乙公司2×18年净损益时,应考虑将原未确认的该部分内部交易损益计入投资收益,即应在考虑其他因素计算确定的投资损益基础上调整增加120万元。假定2×18年实现的净利润为20 000 000元。甲公司的会计处理如下:

借:长期股权投资——乙公司——损益调整

63 600 000[(20 000 000+1 200 000)×30%]

贷:投资收益　　63 600 000

应当说明的是:

①投资企业与联营企业及合营企业之间发生的无论是顺流交易还是逆流交易产生的未实现内部交易损失,属于所转让资产发生减值损失的,有关的未实现内部交易损失不应予以抵消。

【例6-20】 2×17年1月3日,甲公司以银行存款6 000万元购入乙公司30%有表决权股份,能够对乙公司施加重大影响。假定取得该项投资时,乙公司各项可辨认资产、负债的公允价值等于账面价值,双方采用的会计政策、会计期间相同。2×17年6月5日,乙公司出售商品一批给甲公司,商品成本为1 000万元,售价为800万元,甲公司购入的商品作为存货。至2×17年末,该批商品尚未对外部第三方出售。乙公司2×17年实现净利润1 000万元。假定不考虑相关税费等因素影响。

甲公司在确认应享有乙公司2×17年净损益时,如果有证据表明该商品交易价格8 000 000元与其账面价值10 000 000元之间的差额为减值损失的,不应予以抵销。甲公司应当进行以下会计处理:

借:长期股权投资——乙公司——损益调整

3 000 000(10 000 000×30%)

贷:投资收益　　3 000 000

②投资方与联营、合营企业之间发生投出或出售资产的交易构成业务的,有关会计处理如下:

其一,联营、合营企业向投资方出售业务的,投资方应按《企业会计准则第20号——企业合并》的规定进行会计处理。投资方应全额确认与交易相关的利得或损失。

其二,投资方向联营、合营企业投出业务,投资方因此取得长期股权投资但未取得控制权的,应以投出业务的公允价值作为新增长期股权投资的初始投资成本。初始投资成本与投出业务的账面价值之差,全额计入当期损益。投资方向联营、合营企业出售业务,取得的对价与业务的账面价值之间的差额,全额计入当期损益。

其三,合营方向合营企业投出非货币性资产产生损益的处理。合营方向合营企业投出或出售非货币性资产的相关损益,应当按照以下原则处理:

符合下列情况之一的，合营方不应确认该类交易的损益：与投出非货币性资产所有权有关的重大风险和报酬没有转移给合营企业；投出非货币性资产的损益无法可靠计量；投出非货币性资产交易不具有商业实质。

合营方转移了与投出非货币性资产所有权有关的重大风险和报酬并且投出资产留给合营企业使用的，应在该项交易中确认属于合营企业其他合营方的利得和损失。交易表明投出或出售非货币性资产发生减值损失的，合营方应当全额确认该部分损失。

在投出非货币性资产的过程中，合营方除了取得合营企业的长期股权投资外还取得了其他货币性或非货币性资产的，应当确认该项交易中与所取得其他货币性、非货币性资产相关的损益。

【例6—21】 甲公司、乙公司和丙公司共同出资设立丁公司，注册资本6 000万元，甲公司持有丁公司注册资本的40%，乙公司和丙公司各持有丁公司注册资本的30%，丁公司为甲、乙、丙公司的合营企业。甲公司以其固定资产(机器)出资，该机器的原价为2 200万元，累计折旧440万元，公允价值2 400万元，未计提减值；乙公司和丙公司以现金出资，各投资1 800万元。甲公司账务处理如下：

甲公司在个别财务报表中，对丁公司的长期股权投资成本为2 400万元，投出机器的账面价值与其公允价值之间的差额为640万元(2 400—2 200＋440)，确认损益(利得)。

借：长期股权投资——丁公司(投资成本)　　24 000 000
　贷：固定资产清理　　24 000 000
借：固定资产清理　　17 600 000
　累计折旧　　4400 000
　贷：固定资产　　2200 000
借：固定资产清理　　6 400 000
　贷：资产处置损益　　6 400 000

3. 被投资单位其他综合收益变动的处理

引起其他综合收益价值波动的情形如下：

①其他权益工具投资、其他债权投资价值的暂时波动；

②权益法下被投资方其他综合收益变动时投资方“长期股权投资”价值的相应调整；

③以摊余成本计量的金融资产重分类为以公允价值计量且其变动计入其他综合收益的金融资产时价值的暂时波动；

④自用房产、存货转为公允价值模式下的投资性房地产时，形成的增值额；

⑤重新计量设定收益计划形成的净资产、净负债形成的价值差额。

被投资单位其他综合收益发生变动的，投资方应当按照归属于本企业的部分，相应调整长期股权投资的账面价值，同时增加或减少其他综合收益。其会计分录如下：

借(或贷)：长期股权投资——其他综合收益

贷(或借):其他综合收益

【例 6—22】 甲企业持有乙企业30%的股份,能够对乙企业施加重大影响。当乙企业因持有的其他权益工具公允价值的变动计入其他综合收益的金额为1 500万元,除该事项外,乙企业当期实现的净损益为6 000万元。

假定甲企业与乙企业适用的会计政策、会计期间相同,投资时乙企业各项可辨认资产、负债的公允价值与其账面价值亦相同,双方在当期及以前期间未发生任何内部交易。不考虑所得税影响因素。

甲企业在确认应享有被投资单位所有者权益的变动时:

借:长期股权投资——损益调整	18 000 000	
——其他综合收益	4 500 000	
贷:投资收益		18 000 000
其他综合收益		4 500 000

4. 取得现金股利或利润的处理

按照权益法核算的长期股权投资,投资方自被投资单位取得的现金股利或利润,应抵减长期股权投资的账面价值。

在被投资单位宣告分派现金股利或利润时:

借:应收股利

　贷:长期股权投资——损益调整

被投资单位发放现金股利或利润时:

借:银行存款

　贷:应收股利

5. 超额亏损的确认

投资方确认应分担被投资单位发生的损失,原则上应以长期股权投资及其他实质上构成对被投资单位净投资的长期权益减记至零为限,投资方负有承担额外损失义务的除外。

这里所讲"其他实质上构成对被投资单位净投资的长期权益"通常是指长期应收项目,比如,投资方对被投资单位的长期债权,该债权没有明确的清收计划、且在可预见的未来期间不准备收回的,实质上构成对被投资单位的净投资。应予说明的是,该类长期权益不包括投资方与被投资单位之间因销售商品、提供劳务等日常活动所产生的长期债权。

投资方在确认应分担被投资单位发生的亏损时,按照以下顺序处理:

首先,减记长期股权投资的账面价值。

其次,在长期股权投资的账面价值减记至零的情况下,如果仍有未确认的投资损失,应以其他长期权益的账面价值为限,继续确认投资损失。

最后,在其他实质上构成对被投资单位长期权益的价值也减记至零的情况下,如果在投资合同或协议中约定，投资方将履行其他额外的损失补偿义务（相关连带责任），则需应按预计将承担的损失金额确认预计负债，计入当期投资损失。

除按上述顺序已确认的损失以外仍有额外损失的，应在账外作备查登记，不再予以确认。

在确认了有关的投资损失以后，被投资单位以后期间实现盈利的，扣除未确认的亏损分担额后，应按以上相反顺序分别减记已确认的预计负债、恢复其他长期权益和长期股权投资的账面价值，同时确认投资收益。会计分录如下：

借：预计负债（原确认的承担额外损失义务的金额）

　　长期应收款（原冲减的长期权益账面价值的金额）

　　长期股权投资——××公司（损益调整）（转回预计负债和恢复长期权益后的余额）

　　贷：投资收益

【例 6—23】 甲公司持有乙公司 30%的股权，2×16 年 12 月 31 日投资的账面价值为1 200万元。乙公司 2×17 年发生净亏损6 000万元。甲公司账上有应收乙公司长期应收款 300 万元（符合长期权益的条件），假定取得投资时被投资单位各项资产公允价值等于账面价值，双方采用的会计政策、会计期间相同，甲公司与乙公司之间未发生内部商品交易。2×18 年乙公司实现净利润3 000万元。由于被投资单位各项资产公允价值等于账面价值，而且投资双方没有发生内部交易，因此不需要对乙公司的净亏损进行调整。

根据上述资料，甲公司有关会计处理如下：

2×17 年度甲公司应分担亏损的金额＝6 000×30%＝1 800（万元），超过了投资账面价值 1 200 万元和长期权益 300 万元。

首先，冲减长期股权投资账面价值：

借：投资收益	12 000 000	
贷：长期股权投资——乙公司（损益调整）		12 000 000

其次，因甲公司账上有应收乙公司长期应收款 300 万元，甲公司则应进一步确认投资损失：

借：投资收益	3 000 000	
贷：长期应收款——乙公司		3 000 000

2×17 年度甲公司共确认投资损失＝1 200＋300＝1 500（万元）。在长期股权投资和长期权益的账面价值均减至为 0 后，还有未确认的投资损失 300 万元，应在备查簿中备查登记。

在被投资企业乙公司 2×18 年实现净利润时，甲公司按应享有的份额 900 万元（3 000×30%）扣除原未确认的投资损失 300 万元后，应做如下会计处理：

借：长期应收款——乙公司	3 000 000	

长期股权投资——乙公司(损益调整)　　3 000 000
贷:投资收益　　6 000 000

6. 被投资单位除净损益、其他综合收益以及利润分配以外的所有者权益的其他变动

被投资单位除净损益、其他综合收益以及利润分配以外所有者权益的其他变动的因素,主要包括被投资单位接受其他股东的资本性投入、被投资单位发行可分离交易的可转债中包含的权益成分、以权益结算的股份支付、其他股东对被投资单位增资导致投资方持股比例变动等。投资方应按所持股权比例计算应享有的份额,调整长期股权投资的账面价值,同时增加或减少资本公积(其他资本公积),并在备查簿中予以登记,投资方在后续处置股权投资但对剩余股权仍采用权益法核算时,应按处置比例将这部分资本公积转入当期投资收益;对剩余股权终止权益法核算时,将这部分资本公积全部转入当期投资收益。

【例 6—24】 甲公司持有乙公司 30%的股份,能够对乙企业施加重大影响。乙公司为上市公司,当期乙公司的母公司捐赠乙公司1 200万元,该捐赠实质上属于资本性投入,乙公司将其计入资本公积(股本溢价)。不考虑其他因素,甲公司按权益法作如下会计处理:

甲公司在确认应享有被投资单位所有者权益的其他变动=1 200×30%=360(万元)

借:长期股权投资——其他权益变动　　3 600 000
　贷:资本公积——其他资本公积　　3 600 000

三、长期股权投资核算方法的转换

(一)公允价值计量转权益法的核算

原持有的对被投资单位的股权投资(不具有控制、共同控制或重大影响的),按照金融工具确认和计量准则进行会计处理的,因追加投资等原因导致持股比例上升,能够对被投资单位施加共同控制或重大影响的,在转按权益法核算时,投资方应当按照金融工具确认和计量准则确定的原股权投资的公允价值加上为取得新增投资而应支付对价的公允价值,作为改按权益法核算的初始投资成本。原持有的股权投资分类为其他权益工具的,其公允价值与账面价值之间的差额,以及原计入其他综合收益的累计公允价值变动应当转入留存收益。

然后,比较上述计算所得的初始投资成本,与按照追加投资后全新的持股比例计算确定的应享有被投资单位在追加投资日可辨认净资产公允价值份额之间的差额,前者大于后者的,不调整长期股权投资的账面价值;前者小于后者的,差额应调整长期股权投资的账面价值,并计入当期营业外收入。

【例 6—25】 2×17 年 2 月甲公司以 600 万元现金自非关联方处取得乙公司 10%的股权。甲公司根据金融工具确认和计量准则将其作为其他权益工具投资。2×18 年 1 月

2日，甲公司又以1 200万元的现金自另一非关联方处取得乙公司12%的股权，相关手续于当日完成。当日，乙公司可辨认净资产公允价值总额为8 000万元，甲公司对乙公司的其他权益工具投资的公允价值为1 200万元，计入其他综合收益的累计公允价值变动为400万元。取得该部分股权后，按照乙公司章程规定，甲公司能够对乙公司施加重大影响，对该项股权投资转为采用权益法核算。不考虑相关税费等其他因素影响。

本例中，2×18年1月2日，甲公司原持有10%股权的公允价值为1 200万元，为取得新增投资而支付对价的公允价值为1 200万元，因此甲公司对乙公司22%股权的初始投资成本为2 400万元。

甲公司对乙公司新持股比例为22%，应享有乙公司可辨认净资产公允价值的份额为1 760万元(8 000×22%)。由于初始投资成本(2 400万元)大于应享有乙公司可辨认净资产公允价值的份额(1 760万元)，因此，甲公司无需调整长期股权投资的成本。

2×18年1月2日，甲公司确认对乙公司的长期股权投资，会计处理如下：

第一，追加投资时。

借：长期股权投资	12 000 000	
贷：银行存款		12 000 000

第二，对原股权投资账面价值的调整。原持有的股权投资分类为其他权益工具投资的，其公允价值与账面价值之间的差额，以及原计入其他综合收益的累积公允价值变动应当转入留存收益。

借：长期股权投资——投资成本	12 000 000	
贷：其他权益工具投资——成本		6 000 000
——公允价值变动		4 000 000
盈余公积		400 000
利润分配——未分配利润		1 600 000
借：其他综合收益	4 000 000	
贷：盈余公积		400 000
利润分配——未分配利润		3 600 000

第三，改按权益法核算的初始投资成本=确定的原持有的股权投资的公允价值1 200+新增投资成本1 200=2 400(万元)，初始投资成本大于投资时应享有被投资单位可辨认净资产公允价值，差额不需要调整长期股权投资的账面价值。

(二)公允价值计量或权益法核算转成本法核算

投资方原持有的对被投资单位不具有控制、共同控制或重大影响的按照金融工具确认和计量准则进行会计处理的权益性投资，或者原持有对联营企业、合营企业的长期股权投资，因追加投资等原因，能够对被投资单位实施控制的，应按本章前面所述有关企业合并形成的长期股权投资的有关内容进行会计处理。

对于原作为金融资产，转换为采用成本法核算的对子公司投资的，如有关金融资产分类为以公允价值计量且其变动计入当期损益的金融资产，应当按照转换时的公允价值确认为长期股权投资，公允价值与其账面价值之间的差额计入当期损益；如非交易性权益工具投资分类为以公允价值计量且其变动计入其他综合收益的金融资产，在按照转换时的公允价值确认长期股权投资，该公允价值与账面价值之间的差额计入当期损益外，原确认计入其他综合收益的前期公允价值变动应结转计入留存收益。

（三）权益法核算转公允价值计量

原持有的对被投资单位具有共同控制或重大影响的长期股权投资，因部分处置等原因导致持股比例下降，不能再对被投资单位实施共同控制或重大影响的，应改按金融工具确认和计量准则对剩余股权投资进行会计处理，其在丧失共同控制或重大影响之日的公允价值与账面价值之间的差额计入当期损益。原采用权益法核算的相关其他综合收益应当在终止采用权益法核算时，采用与被投资单位直接处置相关资产或负债相同的基础进行会计处理，因被投资方除净损益、其他综合收益和利润分配以外的其他所有者权益变动而确认的所有者权益，应当在终止采用权益法核算时全部转入当期损益。

【例 6－26】 甲公司持有乙公司 30%的有表决权股份，能够对乙公司施加重大影响，对该股权投资采用权益法核算。2×18 年 10 月，甲公司将该项投资中的 50%出售给非关联方，取得价款1 800万元。相关手续于当日完成。

甲公司无法再对乙公司施加重大影响，将剩余股权投资转为以公允价值计量且其变动计入其他综合收益的金融资产核算。出售时，该项长期股权投资的账面价值为3 000万元，其中投资成本2 500万元，损益调整为 300 万元，其他综合收益为 100 万元（性质为被投资单位的“其他权益工具投资”的累计公允价值变动），除净损益、其他综合收益和利润分配外的其他所有者权益变动为 100 万元。剩余股权的公允价值为1 800万元。不考虑相关税费等其他因素影响。

甲公司有关会计处理如下：

（1）确认有关股权投资的处置损益。

借：银行存款	18 000 000	
贷：长期股权投资		15 000 000
投资收益		3 000 000

（2）由于终止采用权益法核算，将原确认的相关其他综合收益全部转入当期损益。

借：其他综合收益	1 000 000	
贷：投资收益		1 000 000

（3）由于终止采用权益法核算，将原计入资本公积的其他所有者权益变动全部转入当期损益。

借：资本公积——其他资本公积	1 000 000	

贷：投资收益　1 000 000

(4)剩余股权投资转为以公允价值计量且其变动计入其他综合收益的金融资产，当日公允价值为 1 800 万元，账面价值为 1 500 万元，两者差异应计入当期投资收益。

借：其他权益工具投资　18 000 000

贷：长期股权投资　15 000 000

投资收益　3 000 000

(四)成本法转权益法

因处置投资等原因导致对被投资单位由能够实施控制转为具有重大影响或者与其他投资方一起实施共同控制的，首先应按处置投资的比例结转应终止确认的长期股权投资成本。

然后，比较剩余长期股权投资的成本与按照剩余持股比例计算原投资时应享有被投资单位可辨认净资产公允价值的份额，前者大于后者的，属于投资作价中体现的商誉部分，不调整长期股权投资的账面价值；前者小于后者的，在调整长期股权投资成本的同时，调整留存收益。

对于原取得投资时至处置投资时(转为权益法核算)之间被投资单位实现净损益中投资方应享有的份额，一方面应当调整长期股权投资的账面价值，同时，对于原取得投资时至处置投资当期期初被投资单位实现的净损益(扣除已宣告发放的现金股利和利润)中应享有的份额，调整留存收益，对于处置投资当期期初至处置投资之日被投资单位实现的净损益中享有的份额，调整当期损益；在被投资单位其他综合收益变动中应享有的份额，在调整长期股权投资账面价值的同时，应当计入其他综合收益；除净损益、其他综合收益和利润分配外的其他原因导致被投资单位其他所有者权益变动中应享有的份额，在调整长期股权投资账面价值的同时，应当计入资本公积(其他资本公积)。长期股权投资自成本法转为权益法后，未来期间应当按照长期股权投资准则规定计算确认应享有被投资单位实现的净损益、其他综合收益和所有者权益其他变动的份额。

【例 6－27】 甲公司原持有乙公司 60％的股权，能够对乙公司实施控制。2×18 年 11 月 6 日甲公司对乙公司的长期股权投资的账面价值为6 000万元，未计提减值准备，甲公司将其持有的对乙公司长期股权投资中的 1/3 出售给非关联方，取得价款3 600万元，当日被投资单位可辨认净资产公允价值总额为16 000万元。相关手续于当日完成，甲公司不再对乙公司实施控制，但具有重大影响。甲公司原取得乙公司 60％股权时，乙公司可辨认净资产公允价值总额为9 000万元(假定公允价值与账面价值相同)。自甲公司取得对乙公司长期股权投资后至部分处置投资前，乙公司实现净利润5 000万元。其中，自甲公司取得投资日至 2×18 年年初实现净利润4 000万元。

假定乙公司一直未进行利润分配。除所实现净损益外，乙公司未发生其他计入资本公积的交易或事项。甲公司按净利润的 10％提取盈余公积。不考虑相关税费等其他因素影响。本例中，在出售20%的股权后，甲公司对乙公司的持股比例为40%，对乙公司施加重大影响。对乙公司长期股权投资应由成本法改为按照权益法核算。有关会计处理如下：

(1)确认长期股权投资处置损益。

借：银行存款	36 000 000	
贷：长期股权投资		20 000 000
投资收益		16 000 000

(2)调整长期股权投资账面价值。

剩余长期股权投资的账面价值为4 000万元，与原投资时应享有被投资单位可辨认净资产公允价值份额之间的差额400万元(4 000－9 000×40%)为商誉，该部分商誉的价值不需要对长期股权投资的成本进行调整。

处置投资以后按照持股比例计算享有被投资单位自购买日至处置投资日期初之间实现的净损益为1 600万元(4 000×40%)，应调整增加长期股权投资的账面价值，同时调整留存收益；处置期初至处置日之间实现的净损益400万元(1 000×40%)，应调整增加长期股权投资的账面价值，同时计入当期投资收益。企业应进行如下会计处理：

借：长期股权投资	20 000 000	
贷：盈余公积		1 600 000
利润分配——未分配利润		14 400 000
投资收益		4 000 000

(五)成本法核算转公允价值计量

原持有的对被投资单位具有控制的长期股权投资，因部分处置等原因导致持股比例下降，不能再对被投资单位实施控制、共同控制或重大影响的，应改按金融工具确认和计量准则进行会计处理，在丧失控制之日的公允价值与账面价值之间的差额计入当期投资收益。

【例6－28】 甲公司持有乙公司60%的有表决权股份，能够对乙公司实施控制，对该股权投资采用成本法核算。

2×18年10月，甲公司将该项投资中的80%出售给非关联方，取得价款8 000万元。相关手续于当日完成。甲公司无法再对乙公司实施控制，也不能施加共同控制或重大影响，将剩余股权投资转为以公允价值计量且其变动计入其他综合收益的金融资产。出售时，该项长期股权投资的账面价值为8 000万元，剩余股权投资的公允价值为2 000万元。不考虑相关税费等其他因素的影响。

甲公司有关会计处理如下：

(1)确认有关股权投资的处置损益。

借：银行存款	80 000 000	

贷：长期股权投资　　64 000 000

投资收益　　16 000 000

(2)剩余股权投资转为其他权益工具投资，当日公允价值为 2 000 万元，账面价值为 1 600万元，两者差异应计入当期投资收益。

借：其他权益工具投资　　20 000 000

贷：长期股权投资　　16 000 000

投资收益　　4 000 000

第四节　长期股权投资的减值与处置

一、长期股权投资的减值

长期股权投资在持有期间如果存在减值迹象的，应当按照相关准则的要求进行减值测试。长期股权投资的减值应当按照《企业会计准则第 8 号——资产减值》的有关规定确定其可收回金额及应予计提的减值准备。长期股权投资减值损失一经确认，在以后期间不得转回。投资企业在计提长期股权投资发生减值准备时，应按确认的减值损失金额做如下会计分录：

借：资产减值损失

贷：长期股权投资减值准备

二、长期股权投资的处置

企业在持有长期股权投资的过程中，由于各方面的考虑，决定将所持有的对被投资单位的股权投资全部或部分对外出售时，应相应结转与所售股权投资相对应的长期股权投资的账面价值，出售所得价款与处置长期股权投资账面价值之间的差额，应确认为处置当期的投资损益。

处置长期股权投资时，企业应做如下会计分录：

借：银行存款等(企业实际收到的价款)

长期股权投资减值准备(已计提的长期股权投资减值准备)

贷：长期股权投资(按处置比例结转的投资的账面价值)

(贷或借)：投资收益(差额)

采用权益法核算的长期股权投资处置时，应同时结转原已确认的其他综合收益(不能结转损益的除外)和因被投资单位除净损益、其他综合收益和利润分配外的其他所有者权益变动而确认的所有者权益(资本公积——其他资本公积)至当期损益(投资收益)。部分处置的，应将与所出售股权相对应的其他综合收益或资本公积按比例结转至当期损益(投资收益)。

有关会计处理如下:

借(或贷):其他综合收益

资本公积——其他资本公积

贷(或借):投资收益

【例 6—29】 甲公司原持有乙公司 40%的股权,能够对乙公司施加重大影响。2×18 年 6 月 30 日,甲公司决定出售其持有的乙公司股权的 50%,出售时甲公司对乙公司长期股权投资的账面价值为2 000万元,其中:投资成本1 200万元,损益调整 400 万元,其他综合收益 200 万元(均可重分类进损益),其他权益变动 200 万元。出售取得价款1 200万元,已收入银行存款户。出售部分股权后,甲公司仍能够对乙公司施加重大影响。假定不考虑其他因素,甲公司的有关会计处理如下:

(1)确认有关股权投资的处置损益。

甲公司应确认的处置损益=1 200-2 000×50%=200(万元),其应做如下会计分录:

借:银行存款	12 000 000	
贷:长期股权投资——成本		6 000 000
——损益调整		2 000 000
——其他综合收益		1 000 000
——其他权益变动		1 000 000
投资收益		2 000 000

(2)结转该项股权投资原已确认的其他综合收益和资本公积(按出售比例结转)。

借:其他综合收益	1 000 000	
资本公积——其他资本公积	1 000 000	
贷:投资收益		2 000 000

三、长期股权投资的列报

企业在披露长期股权投资时,应当在非流动资产部分以“长期股权投资”项目列报,并根据“长期股权投资”账户的期末余额减去“长期股权投资减值准备”账户期末余额后的金额列示。

【案例分析】

1. 甲上市公司(以下简称“甲公司”)2×17 年 7 月 20 日对外公告,拟以定向发行本公司普通股的方式自独立的非关联方收购乙公司、丙公司持有的 A 公司 100%股权。双方签订的并购合同中约定对标的资产A公司的评估基准日为2×17年6月30日，以评估确定的该时点标的资产价值为基础，甲公司拟以6元/股(公告日前60天甲公司普通股的平均市场价格)的价格购买A公司原股东所持其全部股份。合同中同时约定，在评估基准日至甲公司取得A公司股权之日期间内A公司实现的净损益归甲公司所有。

该并购重组事项的具体执行情况如下：

(1)2×17年7月16日经甲公司、乙公司、丙公司各自决策机构批准。

(2)2×17年7月20日对外公告。

(3)2×17年10月22日向有关监管机构提交并购重组申请材料。

(4)2×17年12月20日，该重组事项获监管部门批准。

(5)2×17年12月31日，甲公司取得监管部门批文。当日，甲公司对A公司董事会进行改组，在A公司7名董事会成员中，派出5名。同时，买卖双方于当日办理了A公司有关财产的交接手续。

A公司章程规定：公司的生产经营活动由董事会决策，重大生产经营决策需经参加董事会成员半数以上通过后实施；涉及公司合并、分立、解散、清算等事项需经董事会全体成员一致通过。

(6)2×18年1月6日，注册会计师完成对A公司注册资本验资程序。A公司于当日向工商部门申请变更股东并获批准。

(7)2×18年1月28日，甲公司在有关股权登记部门完成股东登记手续。

问题：在甲公司购买A公司100%股权交易中，在哪一时点可以确认对A公司长期股权投资？

2. 关于计提长期股权投资减值准备的公告。

本公司董事会及全体董事保证本公告内容不存在任何虚假记载、误导性陈述或者重大遗漏，并对其内容的真实性、准确性和完整性承担个别及连带责任。

2017年度，公司拟对持有的南京华威医药科技集团有限公司(以下简称南京华威)计提大额资产减值准备53 532.65万元，具体情况如下：

(1)计提减值的原因。公司2016年通过重大资产重组以重大资产置换并发行股份及支付现金购买资产购买了南京华威医药100%的股份，南京华威医药自2016年8月纳入合并范围，形成商誉17.04亿元。

2016年3月，国家食品药品监督管理总局发布了《化学药品注册分类改革工作方案》(2016年第51号)，根据相关文件，化学药品新注册分类共分为5个类别。企业开展上述五类药品注册时，新注册分类1、2类别药品，按照《药品注册管理办法》中新药的程序申报；新注册分类3、4类别药品，按照《药品注册管理办法》中仿制药的程序申报；新注册分类5类别药品，按照《药品注册管理办法》中进口药品的程序申报。方案发布实施前已受理的化学药品注册申请，可以继续按照原规定进行审评审批，也可以申请按照新注册分类进行审评审批。

华威医药主要从事《药品注册管理办法》(2007 版)中 3 类药品研发及批件转让(简称老 3 类),《化学药品注册分类改革工作方案》颁布后,华威医药老 3 类药品需按照仿制药的注册流程进行研发,华威医药老 3 类药品研发及批件转让业务受到较大影响,该业务收入明显下降。

2016 年 3 月,中华人民共和国国务院办公厅发布《国务院办公厅关于开展仿制药质量和疗效一致性评价的意见》(国办发〔2016〕8 号),意见中指出:化学药品新注册分类实施前批准上市的仿制药,凡未按照与原研药品质量和疗效一致原则审批的,均须开展一致性评价。公司于 2017 年开展了一致性评价业务,尽管该业务增长较快,但由于开展时间较短,未能弥补技术转让业务下滑所导致的收入下降,因此公司利润有所降低。受前述因素影响,2017 年南京华威医药盈利情况低于预期,公司收购南京华威所形成的商誉,存在减值迹象。

(2)计提金额。根据北京卓信大华资产评估有限公司出具的卓信大华估报字(2018)第 8602 号估值报告,2017 年 12 月 31 日,南京华威医药 100%股权价值149 004.00万元(不包括对黄龙生物的投资),加上对黄龙生物的投资 750.00 万元,与母公司对南京华威的投资成本203 286.65万元差额53 532.65万元计提长期股权投资减值准备。

思考:

1. 计提长期股权投资减值准备的前提依据是什么?

2. 母公司对南京华威医药长期股权投资计提减值准备体现了会计信息质量的哪条要求?

案例解析:

1. 确定甲公司对 A 公司长期股权投资的确认时点实际上需要根据交易进行过程中的相关情况,判断该项非同一控制下企业合并的购买日。该项交易中,甲公司并购重组交易取得内、外部机构批准的时点为 2×17 年 12 月 20 日,至 12 月 31 日,甲公司已经通过派出 A 公司董事会成员,对其生产经营决策进行控制。虽然至 2×17 年 12 月 31 日,该项交易并未完全完成,但后续在 2×18 年 1 月完成的工商登记及甲公司股东登记程序原则上在前期条件均已具备的情况下,该程序应为程序性的,对交易本身不构成实质性障碍,亦不会因有关程序未完成而发生交易逆转的情况,因此可以认为 2×17 年 12 月 31 日为该项交易的购买日。

2.(1)计提长期股权投资减值准备的前提依据是公司于 2017 年开展了一致性评价业务,尽管该业务增长较快,但由于开展时间较短,未能弥补技术转让业务下滑所导致的收入下降,因此公司利润有所降低。受前述因素影响,2017 年南京华威医药盈利情况低于预期,公司收购南京华威所形成的商誉,存在减值迹象。

(2)体现了会计信息质量的谨慎性要求。

【复习思考及实务训练】

一、名词解释

长期股权投资　同一控制下企业合并　非同一控制下企业合并　成本法　权益法

二、思考题

1. 长期股权投资核算的内容有哪些?

2. 成本法和权益法核算的适用范围和核算方法有什么不同?

3. 同一控制下企业合并和非同一控制下企业合并取得的长期股权投资初始投资成本如何确定?

4. 在确认应分担被投资企业发生超额亏损时应按照什么顺序进行账务处理?

5. 长期股权投资在什么情况下由成本法改为按权益法核算?如何确定从成本法改为权益法时长期股权投资的初始投资成本?

6. 长期股权投资在什么情况下由权益法改为按成本法核算?如何确定从权益法改为成本法时长期股权投资的初始投资成本?

三、选择题

1. 某投资企业于2×17年1月1日取得对联营企业30%的股权,取得投资时被投资单位可辨认净资产公允价值为8 000万元,支付了2 430万元,其中包括已经宣告但尚未发放的股利50万元,另支付相关费用10万元,假定不考虑其他因素,长期股权投资的入账价值是(　　)。

A. 2 440万元　B. 2 430万元　C. 2 390万元　D. 2 400万元

2. A公司2×17年1月1日购入B公司30%的股份,对B公司能够实施重大影响,A公司以银行存款支付买价1 900万元,同时支付相关税费20万元。A公司购入B公司股份后准备长期持有,B公司2×17年1月1日的所有者权益账面价值总额为6 000万元,B公司可辨认净资产的公允价值为6 500万元。A公司应确认的长期股权投资初始投资成本为(　　)。

A. 1 900万元　B. 1 920万元　C. 1 800万元　D. 1 950万元

3. A企业2×17年1月1日以1 000万元取得B企业30%的普通股权,并对B公司具有重大影响,投资当日B公司可辨认净资产公允价值为4 000万元。A企业与B企业适用的会计政策、会计期间相同,投资时B企业有关资产、负债的公允价值与账面价值相同,不考虑所得税因素。2×17年B公司实现净利润1 000万元,实现其他综合收益300

万元，实现其他所有者权益变动 200 万元。在 2×17 年年末，该项长期股权投资的账面价值为（　　）。

A. 1 650 万元　　B. 1 600 万元　　C. 4 300 万元　　D. 1 750 万元

4. 投资企业因增加投资等原因对长期股权投资由权益法改为成本法而形成非同一控制下企业合并时，下列各项中应作为成本法下长期股权投资的初始投资成本的是（　　）。

A. 原权益法下股权投资的公允价值与新增投资成本之和

B. 原权益法下股权投资的账面价值与新增投资成本之和

C. 在被投资单位所有者权益中所占份额

D. 被投资方的所有者权益

5. 2×17 年 3 月 30 日，甲公司以增发1 000万股本公司普通股股票和一批货物为对价，取得乙公司 60%的股权，当日取得对乙公司的控制权。其中，所发行普通股面值为每股 1 元，公允价值为每股 6 元；用作对价的货物账面价值为 800 万元，公允价值为1 000万元。当日，乙公司可辨认净资产公允价值为12 000万元。甲公司和乙公司在合并前不存在任何关联方关系。为增发股份，甲公司支付证券承销机构手续费 300 万元；为取得该项投资，支付审计费、评估费 30 万元。不考虑增值税等其他因素，甲公司取得该项长期股权投资的初始投资成本是（　　）。

A. 7 000 万元　　B. 7 030 万元　　C. 7 200 万元　　D. 7 300 万元

6. 甲公司于 2×17 年 1 月 1 日以银行存款 200 万元为对价取得乙公司 10%的股权，同时甲公司的子公司持有乙公司 10%的股权，因此甲公司能够对乙公司施加重大影响。当日乙公司可辨认净资产公允价值为 1 600 万元。乙公司 2×17 年度实现净利润1 000万元，以公允价值计量且其变动计入其他综合收益的金融资产的公允价值上升 200 万元（已扣除所得税影响），无其他所有者权益变动。2×17 年末甲公司长期股权投资的账面价值为（　　）。

A. 200 万元　　B. 300 万元　　C. 320 万元　　D. 440 万元

7. 下列有关长期股权投资的表述中，错误的是（　　）。

A. 甲公司取得乙公司 30%的股权投资，对其具有重大影响，应按照权益法进行后续计量

B. 甲公司取得乙公司 40%有表决权股份，能够控制乙公司，应按照成本法进行后续计量

C. 甲、乙公司共同设立丙公司，双方对丙公司具有共同控制，且能够对丙公司的净资产享有权利，则甲、乙公司均应按照权益法对各自的股权投资进行后续计量

D. 甲公司从证券市场购入乙上市公司 0.5%股份，对其不具有重大影响，甲公司将其划分为长期股权投资并按照成本法计量

8. 甲企业于2×17年6月20日取得乙企业10%的股权，于2×17年12月20日进一步取得乙企业15%的股权并有重大影响，于2×18年12月20日又取得乙企业40%的股权，开始能够对乙企业实施控制，企业合并的购买日为(　　)。

A. 2×17年6月20日　B. 2×17年12月20日

C. 2×18年12月20日　D. 2×18年1月1日

9. 同一控制下的吸收合并中，合并方为进行企业合并发生的各项直接相关费用，包括为进行企业合并而支付的审计费用、评估费用、法律服务费用等，应当于发生时计入(　　)。

A. 合并成本　B. 财务费用　C. 资本公积　D. 管理费用

10. 甲、乙公司为A公司控制下的两家子公司，甲公司于2×15年5月4日发行100万股普通股作为对价，自A公司处取得乙公司60%的股权，合并后乙公司仍维持独立法人资格继续经营。发行普通股每股10元，支付发行费用200万元，合并当日乙公司的所有者权益相对于A公司而言的账面价值为3 000万元，支付的发行费用200万元，影响的会计科目是(　　)。

A. 股本　B. 资本公积　C. 管理费用　D. 商誉

【参考答案】

1. D　2. B　3. A　4. B　5. A　6. C　7. D　8. C　9. D　10. B

四、业务题

1. 2×18年6月1日，甲公司以库存商品及土地使用权取得同一集团乙公司90%的股权，并于当日起能够对乙公司实施控制。合并日，库存商品的账面余额为60万元，公允价值为100万元，增值税率为13%，消费税率为5%；土地使用权的账面余额为500万元，累计摊销100万元，公允价值为600万元，转让土地使用权的增值税率为10%。合并日乙公司所有者权益在最终控制方合并财务报表中的账面价值为800万元，可辨认净资产的公允价值为900万元。甲公司与乙公司的会计年度和采用的会计政策相同。

要求：基于上述资料，请做出甲公司的账务处理。

2. 2×18年5月20日，甲公司以发行公司债券的方式取得母公司控制的乙公司90%的股权，并于当日起能够对乙公司实施控制。甲公司所发行的公司债券的面值为500万元，票面年利率为6%，每年末付息到期还本，甲公司另行支付发行费用2万元。合并日，乙公司所有者权益在最终控制方合并财务报表中的账面价值为600万元。甲公司与乙公司的会计年度和采用的会计政策相同。

要求：基于上述资料，请做出甲公司的账务处理。

3. 2×18年1月1日，长江公司向A公司定向发行1 000万股普通股(每股面值1元，每股市价5元)作为对价,取得A公司拥有的甲公司60%的股权。在此之前,A公司与长江公司不存在任何关联方关系。长江公司另以银行存款支付评估费、审计费以及律师费50万元;为发行股票,长江公司以银行存款支付了证券商佣金、手续费100万元。

2×18年1月1日,甲公司可辨认净资产公允价值为6 000万元,与账面价值相同,相关手续于当日办理完毕,长江公司于当日取得控制权。2×18年3月10日,甲公司股东大会做出决议,宣告分配现金股利300万元。2×18年3月20日,长江公司收到该现金股利。2×18年度甲公司实现净利润1 000万元,因投资性房地产转换增加其他综合收益200万元。2×18年12月31日,经减值测试,确定其可收回金额为4 800万元。

要求:(1)根据以上资料,分析、判断长江公司合并甲公司属于何种合并类型,并说明理由。后续计量采用什么方法?(2)根据上述资料,编制长江公司在2×18年度的会计分录。

4. 甲公司于2×16年1月1日以855万元(含支付的相关费用1万元)购入乙公司股票400万股,每股面值1元,占乙公司实际发行在外普通股股数的30%,甲公司采用权益法核算此项投资。2×16年1月1日乙公司可辨认净资产公允价值为3 000万元。其中,存在两项资产公允价值与账面价值不一致:甲存货公允价值为300万元,账面价值为200万元,当年出售了40%,2×17—2×18年末将剩余的存货出售;无形资产公允价值为100万元,账面价值为50万元,无形资产的预计剩余使用年限为10年,净残值为零,按照直线法摊销。除此之外,其他资产、负债的公允价值等于账面价值。

2×16年乙公司实现净利润300万元,提取盈余公积30万元。

2×17年乙公司发生亏损4 000万元,2×17年乙公司其他综合收益增加100万元。假定A公司账上有应收乙公司长期应收款20万元且乙公司无任何清偿计划。

2×18年乙公司在调整了经营方向后,扭亏为盈,当年实现净利润820万元。假定不考虑所得税和其他事项。

要求:根据以上材料,编制从2×16年至2×18年甲公司对乙公司长期股权投资的处理分录。

5. A公司有关投资业务资料如下:

(1)2×17年1月6日,A公司以银行存款2 600万元购入B公司3%的有表决权股份,A公司划分为以公允价值计量且其变动计入其他综合收益的金融资产。2×17年年末该股份的公允价值合计为3 000万元。2×18年3月B公司宣告派发现金股利1 000万元。

(2)假定一:2×18年6月30日,A公司又以银行存款15 000万元从B公司其他股东处受让取得B公司17%的股权,至此持股比例达到20%。取得该部分股权后,按照B公司章程规定,A公司派人参与B公司的生产经营决策,对该项股权投资由以公允价值计量且其变动计入其他综合收益的金融资产转为采用权益法核算的长期股权投资。2×18年6月30日,原投资的公允价值为3 600万元。当日B公司可辨认净资产公允价值为

93 500万元。

假定二：2×18年6月30日，A公司又以60 000万元的价格从B公司其他股东处受让取得B公司68%的股权，至此持股比例达到71%，取得该部分股权后，按照B公司章程规定，A公司能够控制B公司的相关活动，对该项股权投资由以公允价值计量且其变动计入其他综合收益的金融资产转为采用成本法核算的长期股权投资。2×18年6月30日，原投资的公允价值为3 600万元。

假定A公司按净利润的10%计提法定盈余公积，A公司与B公司其他股东不存在任何关联方关系，不考虑其他因素影响。

要求：

(1)根据资料(1)，编制有关以公允价值计量且其变动计入其他综合收益的金融资产的会计分录。

(2)根据资料(2)的两个假定条件，分别计算追加投资后长期股权投资的初始投资成本，并编制金融资产转换为长期股权投资的相关会计分录。

6. M公司2×16年5月1日至2×18年1月10日发生下列与长期股权投资有关的经济业务：

(1)2×16年5月1日M公司从证券市场上购入N公司发行在外40%的股份并准备长期持有，从而对N公司能够施加重大影响，实际支付款项2 500万元(含已宣告但尚未发放的现金股利60万元)，另支付相关税费10万元。2×16年5月1日，N公司可辨认净资产公允价值为6 600万元，账面价值为6 300万元，差额为一项无形资产，该无形资产在投资当日的公允价值为700万元，账面价值为400万元，采用直线法，剩余使用年限为10年，无残值，当期计提的摊销均影响损益。

(2)2×16年6月20日收到现金股利。

(3)2×16年10月8日N公司向M公司销售一批商品，售价为200万元，成本为150万元，至2×16年12月31日，M公司将上述商品对外销售80%，余下的商品在2×17年全部对外出售。

(4)2×16年12月31日，N公司因投资性房地产转换导致其他综合收益增加了200万元。

(5)2×16年N公司实现净利润800万元，其中1月至4月份共实现净利润200万元。

(6)2×17年3月10日，N公司宣告分派现金股利100万元。

(7)2×17年3月25日，M公司收到现金股利。

(8)2×17年度N公司实现净利润620万元，无其他所有者权益变动。

(9)2×18年1月10日，M公司将持有N公司10%的股份对外转让，收到款项820万元存入银行。转让后持有N公司30%的股份，对N公司仍具有重大影响。

假定不考虑所得税等相关因素的影响。

要求：

(1)编制M公司2×16年与长期股权投资相关的会计分录。

(2)编制M公司2×17年与长期股权投资相关的会计分录。

(3)编制M公司2×18年1月10日处置长期股权投资相关的会计分录。

【参考答案】(单位:万元)

1. 借:长期股权投资　　720
　　累计摊销　　100
　　贷:库存商品　　60
　　　应交税费——应交增值税(销项税额)　73(100×13%+600×10%)
　　　　　　——应交消费税　　5
　　　无形资产　　500
　　　资本公积——股本溢价　　182

2.(1)长期股权投资的入账成本＝600×90%＝540(万元)。

(2)甲公司的会计分录如下：

借:长期股权投资——乙公司　　540
　贷:应付债券——面值　　500
　　　　——利息调整　　40

同时,支付发行费用时：

借:应付债券——利息调整　　2
　贷:银行存款　　2

3.(1)长江公司合并甲公司属于非同一控制下的企业合并。

理由:长江公司与A公司两者之间没有关联方关系,本次合并前后不受同一方或相同多方最终控制。后续计量采用成本法。

(2)资料①。

2×18年1月1日：

借:长期股权投资　　5 000(1 000×5)
　贷:股本　　1 000(1 000×1)
　　资本公积——股本溢价　　4 000

借:管理费用　　50
　贷:银行存款　　50

借:资本公积——股本溢价　　100
　贷:银行存款　　100

2×18 年 3 月 10 日：

借：应收股利　180(300×60%)

　贷：投资收益　180

2×18 年 3 月 20 日：

借：银行存款　180

　贷：应收股利　180

长江公司对甲公司的投资采用成本法核算，因此对于甲公司实现净利润和其他综合收益变动时，不需要进行会计处理。

2×18 年 12 月 31 日：

借：资产减值损失　200(5 000−4 800)

　贷：长期股权投资减值准备　200

4. 2×16 年 1 月 1 日取得股权时：

借：长期股权投资——成本　900

　贷：银行存款　855

　　营业外收入　45

2×16 年 12 月 31 日 B 公司调整后的净利润＝300−(300−200)×40%−(100−50)÷10＝255(万元)，应确认的投资收益＝255×30%＝76.5(万元)，分录为：

借：长期股权投资——损益调整　76.5

　贷：投资收益　76.5

2×17 年 12 月 31 日 B 公司调整后的净利润＝−4 000＋(300−200)×40%＋(100−50)÷10＝−3 955(万元)，应承担的损失金额＝−3 955×30%＝−1 186.5(万元)，此时长期股权投资账面价值＝900＋76.5＋30＝1 006.5(万元)，全部冲减之后冲减 A 公司对 B 公司的长期应收款 20 万元，剩余金额 160 万元(1 186.5−1 006.5−20)进行备查登记，分录为：

借：投资收益　1 026.5

　贷：长期股权投资——损益调整　1 006.5

　　长期应收款　20

对于当年的其他综合收益确认为长期股权投资，分录为：

借：长期股权投资——其他综合收益　30

　贷：其他综合收益　30

2×18 年 12 月 31 日 B 公司调整后的净利润＝820−(300−200)×40%−(100−50)÷10＝775(万元)，应享有的份额＝775×30%＝232.5(万元)，先冲减备查登记的 160 万元，然后恢复长期应收款 20 万元，剩余 52.5 万元确认为长期股权投资，分录为：

借：长期应收款　20

长期股权投资——损益调整 52.5

贷:投资收益 72.5

5.(1)2×17年1月6日:

借:其他权益工具投资——成本 2 600

贷:银行存款 2 600

2×17年年末:

借:其他权益工具投资——公允价值变动 400

贷:其他综合收益 400

2×18年3月:

借:应收股利 30(1 000×3%)

贷:投资收益 30

(2)假定一:

①2×18年6月30日追加投资时:

改按权益法核算的初始投资成本=原持有股权投资的公允价值3 600+新增投资成本15 000=18 600(万元)

借:长期股权投资——投资成本 18 600(3 600+15 000)

贷:其他权益工具投资——成本 2 600

——公允价值变动 400

盈余公积 60

利润分配——未分配利润 540

银行存款 15 000

借:其他综合收益 400

贷:盈余公积 40

利润分配——未分配利润 360

②追加投资时,初始投资成本(18 600万元)小于投资时应享有被投资单位可辨认净资产公允价值的份额18 700万元(93 500×20%)的差额,应调整初始投资成本。

借:长期股权投资——投资成本 100

贷:营业外收入 100

假定二:

①2×18年6月30日追加投资时:

长期股权投资在购买日的初始投资成本=原持有股权投资的公允价值3 600+购买日新增投资成本60 000=63 600(万元)

借:长期股权投资——投资成本 63 600(60 000+3 600)

贷:其他权益工具投资——成本 2 600

——公允价值变动 400

盈余公积 60

利润分配——未分配利润 540

银行存款 60 000

②购买日之前采用金融资产核算的，原计入其他综合收益的累计公允价值变动应当在改按成本法核算时转入留存收益：

借：其他综合收益 400

贷：盈余公积 40

利润分配——未分配利润 360

6.(1)2×16 年 5 月 1 日，取得长期股权投资时：

借：长期股权投资——成本 2 450

应收股利 60

贷：银行存款 2 510

由于投资当日初始投资成本 2 450 万元小于应享有被投资单位可辨认净资产公允价值的份额 2 640 万元(6 600×40%)，应调整长期股权投资的初始投资成本，调增的金额＝2 640－2 450＝190(万元)。

借：长期股权投资——投资成本 190

贷：营业外收入 190

2×16 年 6 月 20 日：

借：银行存款 60

贷：应收股利 60

2×16 年 12 月 31 日：

N 公司自投资日至 2016 年年末调整后的净利润＝(800－200)－(700/10－400/10)×8/12－(200－150)×(1 80%)－570(万元)，M 公司应进行的会计处理为：

借：长期股权投资——损益调整 228(570×40%)

——其他综合收益 80(200×40%)

贷：投资收益 228

其他综合收益 80

(2)2×17 年 3 月 10 日：

借：应收股利 40(100×40%)

贷：长期股权投资——损益调整 40

2×17 年 3 月 25 日：

借：银行存款 40

贷：应收股利 40

2×17 年 12 月 31 日：

N 公司 2×17 年度调整后的净利润＝620－(700/10－400/10)＋(200－150)×(1－80%)＝600(万元)，M 公司进行的会计处理为：

借：长期股权投资——损益调整　　240(600×40%)

　贷：投资收益　　240

(3)2×18 年 1 月 10 日，处置长期股权投资的会计处理为：

借：银行存款　　820

　贷：长期股权投资——投资成本　　660[(2 450＋190)×10%/40%]

　　　　　　　　——损益调整　　107[(228－40＋240)×10%/40%]

　　　　　　　　——其他综合收益　　20(80×10%/40%)

　　投资收益　　33

借：其他综合收益　　20(80×10%/40%)

　贷：投资收益　　20

第七章　固定资产

【学习目标】

- 固定资产的概念
- 固定资产增减的核算
- 固定资产折旧的计算与核算
- 固定资产减值的核算

【思维导图】

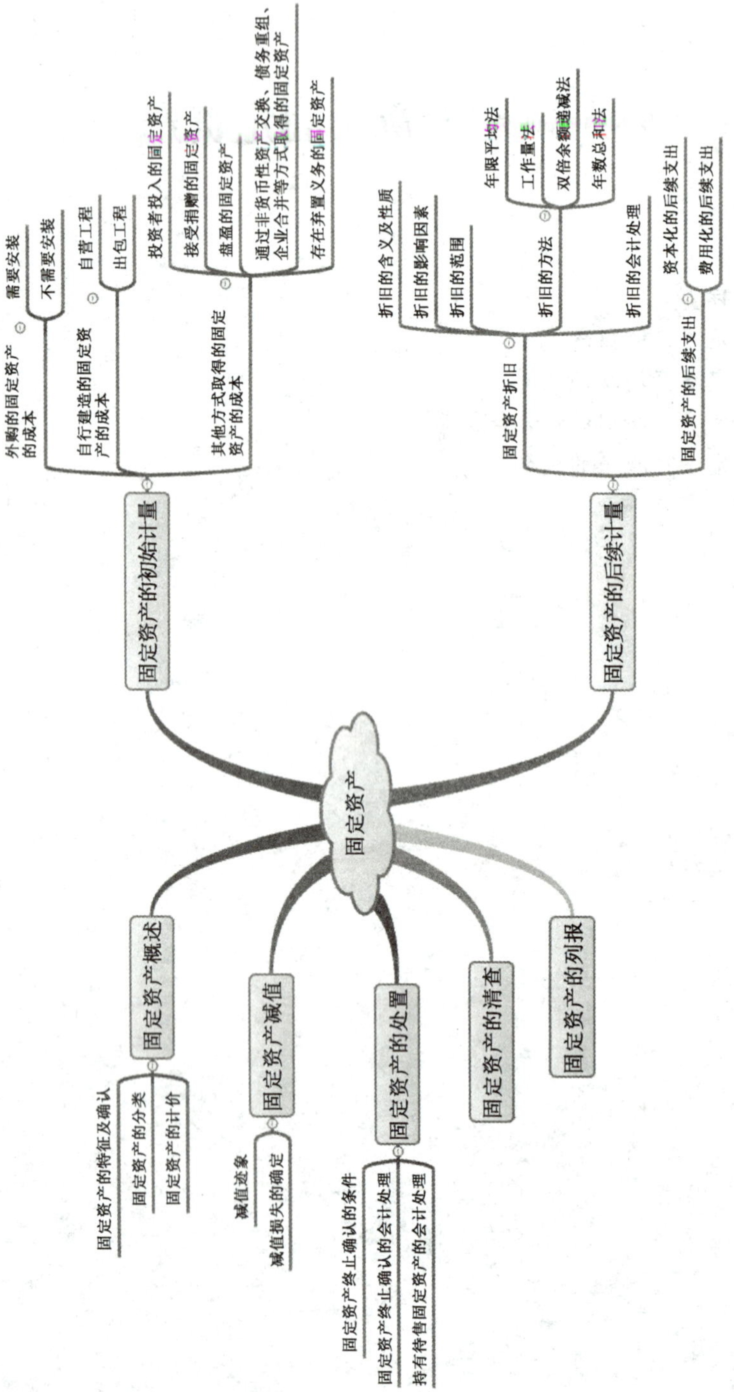

图 7-1　思维导图

第一节　固定资产概述

一、固定资产的特征及确认

（一）固定资产的含义

固定资产是指企业为生产商品、提供劳务、出租或经营管理而持有的，使用寿命超过一个会计年度的有形资产。

（二）固定资产的特征

1. 为生产商品、提供劳务、出租或经营管理而持有

企业持有固定资产的目的是为了生产商品、提供劳务、出租或经营管理，持有固定资产是企业的劳动工具或手段，而不是像库存商品一样用于出售。这是区别固定资产和存货的重要标志。

比如，企业生产的汽车就需要根据其持有目的确认是固定资产还是存货；以经营租赁方式出租的建筑物，属于投资性房地产，属于固定资产。

2. 使用寿命超过一个会计年度

企业使用固定资产的期限较长，一般超过一年。表明企业固定资产的收益期超过一年，也说明企业为购建固定资产所发生的支出，属于资本性支出。

比如，生产经营用的劳动资料，使用期限在一年以上，单位价值较高，就应列为固定资产，否则列为低值易耗品。

3. 固定资产是有形资产

固定资产具有实物形态。这一特征是区分固定资产与无形资产的主要标志。

比如，专利权是为生产商品、提供劳务而持有，使用寿命超过一个会计年度，但是不具有实物形态，因此不属于固定资产，属于无形资产。

（三）固定资产的确认

固定资产在符合定义的前提下，应当同时满足以下两个条件，才能加以确认。

（1）与该固定资产有关的经济利益很可能流入企业；

（2）固定资产的成本能可靠地计量。

固定资产的各个组成部分如果具有不同的使用寿命或者以不同的方式为企业提供经济利益，并以不同的折旧率或折旧方法计提折旧，则应当分别将各组成部分确认为单项资产。

比如，20×8 年，为遵守国家有关环保的法律规定，甲公司购买 A 生产设备，预计使用年限为 8 年，并为其安装 B 环保设备，预计使用年限为 6 年。企业购置的 B 环保设备，虽然不能直接为企业带来经济利益，但有助于企业从相关资产中获取经济利益，或者将减少企业未来经济利益的流出，因此，B 环保设备确认为固定资产；由于 A 生产设备和 B 环保

设备使用寿命不同,因此,将设备A和B分别确认为固定资产。

二、固定资产的分类

企业固定资产种类繁多,为了正确地对固定资产进行核算,可按不同标准对其进行分类。

(一)按固定资产的经济用途分类

1. 生产经营用固定资产

它是指直接服务于企业生产经营过程中的固定资产,如生产经营用的房屋及建筑物、机器设备、运输设备等。

2. 非生产经营用固定资产

它是指不直接服务于企业生产经营过程中的固定资产,如职工宿舍、食堂等使用的房屋、设备和其他固定资产等。

(二)按固定资产的使用情况分类

1. 使用中的固定资产

它是指正在使用中的经营性和非经营性固定资产。由于季节性经营或大修理等原因暂时停止使用的固定资产仍属于企业使用中的固定资产;企业出租给其他单位使用的固定资产和内部替换使用的固定资产也属于企业使用中的固定资产。

2. 未使用的固定资产

它是指已完工或已购建的尚未交付使用的新增固定资产以及因进行改建、扩建等原因暂停使用的固定资产,如企业购建的尚待安装的固定资产、经营任务变更停止使用的固定资产等。

3. 不需用的固定资产

它是指本企业多余或不适用、需要调配处理的各种固定资产。

(三)按固定资产的所有权分类

1. 自有固定资产

它是指企业拥有所有权的固定资产。

2. 融资租入固定资产

它是指企业在租赁期间不拥有所有权但拥有实际控制权的固定资产。

(四)综合分类

按经济用途和使用情况综合分类,固定资产可分为:

(1)生产经营用固定资产;

(2)非生产经营用固定资产;

(3)租出固定资产(经营租赁方式租出的固定资产);

(4)未使用固定资产;

(5)不需用固定资产;

(6)土地；

(7)融资租入固定资产。

除此之外，固定资产还可按照其他标准分类，在会计实务中，企业通常按照综合的标准对固定资产进行分类。

三、固定资产的计价

为保证固定资产核算的统一性，企业应按一定的标准对固定资产进行计价，一般采用以下三种计价标准。

(一)原始价值

原始价值亦称为原价或原值，是指企业购建某项固定资产达到可使用状态前所发生的全部支出，是固定资产的基本计价标准。

企业采用不同方式购建的固定资产，其原始价值的构成有所不同。比如，企业从外部取得的固定资产，其原值包括固定资产的买价、运杂费以及在使用前发生的各种安装调试费；企业自行建造的固定资产，原值包括建造过程中发生的全部耗费。固定资产原值的具体构成，将在后续内容中进行具体讲述。

(二)重置价值

重置价值亦称为重置成本，是指在当前条件下，重新购建同样的固定资产所需要的全部合理支出。

一般在购入旧的固定资产、固定资产盘盈、接受捐赠固定资产等无法确定其原始价值的情况下，或者在接受旧的固定资产投资的情况下，采用重置价值计价。

(三)净值

固定资产净值亦称为折余价值，是指固定资产原始价值减去已提折旧后的净额。用净值与原值比较可反映固定资产的新旧程度。

第二节 固定资产的初始计量

固定资产的初始计量是指固定资产的取得成本，指企业为购建某项固定资产达到预定可使用状态前所发生的一切合理的、必要的支出，如直接发生的价款、运杂费、包装费和安装成本等，也包括间接发生的成本，如应承担的借款利息、外币借款折算差额及应分摊的其他间接费用。

企业取得固定资产的方式是多种多样的，包括外购、自行建造、投资者投入、接受捐赠、盘盈和非货币性资产交换、债务重组、企业合并等。取得方式不同，其成本的构成及确定方法也不尽相同，需要根据相关准则的具体规定予以确认。

一、外购的固定资产

(一)外购固定资产的成本

企业外购固定资产的成本，包括购买价款(不包括可作为进项税额抵扣的增值税)、相关税费、使固定资产达到预定可使用状态前所发生的可归属于该项资产的运输费、装卸费、安装费、场地费和专业人员服务费等。

实际工作中，如果企业以一笔款项购入多项没有单独标价的资产，如果这些资产符合固定资产确认的条件，则按各项固定资产公允价值的比例对总成本进行分配，分别确定各项固定资产的入账价值。

甲公司购入一台生产用大型设备，设备由A、B、C三个部件组成。该设备买价为100万元，增值税16万元，购入后发生安装费用12万元，为达到正常运转发生的测试费8万元，外聘专业人员服务费5万元，员工培训费2万元。20×8年12月，该设备达到预定可使用状态并投入使用。

该设备整体预计使用年限为10年，预计净残值为零，采用年限平均法计提折旧。A、B、C各部件在达到预定可使用状态时的公允价值分别为54万元、30万元、36万元，各部件的预计使用年限分别为12年、15年和18年。

根据上述资料，确定该项设备的成本：

因该设备的各组成部分具有不同的使用寿命，因此折旧率不同，应当分别将各组成部分确定为单项资产。

设备的总成本＝100＋12＋8＋5＝125(万元)

注意：员工培训费2万元应当计入当期损益。

各部件的成本：按其公允价值的比例对总成本进行分配。

A部件的成本＝125×54÷(54＋30＋36)＝56.25(万元)

B部件的成本＝125×30÷(54＋30＋36)＝31.25(万元)

C部件的成本＝125×36÷(54＋30＋36)＝37.5(万元)

购买固定资产的价款超过正常信用条件(3年以上)延期支付(分期付款)，实际上具有融资性质，固定资产的成本以购买价款的现值为基础确定，实际支付的价款与购买价款现值之间的差额，应当在信用期间内用实际利率法进行摊销，摊销金额中除满足借款费用资本化条件的计入固定资产成本之外，其他均应当在信用期内计入当期损益(财务费用)。

(二)外购固定资产的会计处理

外购固定资产分为不需要安装的固定资产和需要安装的固定资产两类。

1. 购入不需要安装的固定资产

购入不需要安装的固定资产，是指企业购入的固定资产不需要安装就可以直接交付使用。企业按照购入固定资产时实际支付的买价、运输费、装卸费、专业人员服务费和其他相关税费等作为固定资产的成本，其账务处理如下：

借：固定资产（固定资产的成本）

　应交税费——应交增值税（进项税额）（可以抵扣的进项税额）

　贷：银行存款（支付的全部价款）

某公司购入不需安装的设备一台，价款为10万元，增值税税率为13%，运杂费5 000元，均以银行存款支付。该公司会计分录如下：

借：固定资产	105 000	
应交税费——应交增值税（进项税额）	13 000	
贷：银行存款		118 000

2. 购入需要安装的固定资产

企业购入需要安装的固定资产，应先通过“在建工程”账户核算，待安装完毕达到预定可使用状态时，再从“在建工程”账户转入“固定资产”账户。

在安装过程中发生的实际安装费，应计入固定资产原值。固定资产安装工程可以采用自营安装方式，也可以采用出包安装方式。采用自营安装方式，安装费包括安装工程耗用的材料、人工以及其他支出；采用出包安装方式，安装费为向承租单位支付的安装价款。不论采用何种安装方式，固定资产的全部安装工程成本（包括固定资产买价以及包装运杂费和安装费）均应通过“在建工程”科目进行核算，待安装完毕达到预定可使用状态时，再从“在建工程”账户转入“固定资产”账户。

（1）购入固定资产时：

借：在建工程（实际支付的买价、运输费、装卸费和其他相关税费等）

　应交税费——应交增值税（进项税额）（可以抵扣的进项税额）

　贷：银行存款（实际支付的全部价款）

（2）发生专业人员服务费、安装费等时：

借：在建工程

　贷：银行存款（实际支付的款项）

　　工程物资（安装固定资产领用的工程物资）

　　原材料（如固定资产的增值税不能抵扣，应同时将材料的进项税额转出）

（3）安装完毕，达到预定可使用状态时：

借：固定资产（确定的固定资产的实际成本）

　贷：在建工程

【例7—1】 某公司于20×8年6月1日购买了一台需要安装的设备，以银行存款支付买价50万元，增值税税率为13%，另以银行存款支付运杂费2万元，包装费1万元。安装过程中用银行存款支付安装费2万元。安装后交付使用。该公司账务处理如下：

购入固定资产时：

借:在建工程 530 000

应交税费——应交增值税(进项税额) 65 000

贷:银行存款 595 000

支付安装费用时:

借:在建工程 20 000

贷:银行存款 20 000

安装完工交付使用时:

借:固定资产 550 000

贷:在建工程 550 000

【例 7—2】 20×7 年 1 月 1 日,甲公司与乙公司签订一项购货合同,从乙公司购入一台大型机器设备,已到货,需安装。购货合同约定,该型机器的总价款为2 000万元,分 3 年支付,20×7 年 12 月 31 日支付1 000万元,20×8 年 12 月 31 日支付 600 万元,20×9 年 12 月 31 日支付 400 万元。甲公司收到该设备并投入安装,发生安装费 5 万元,20×7 年 12 月 31 日,该设备安装完毕达到预定可使用状态。假定甲公司按照 3 年期银行借款年利率 6%为折现率。

总价款的现值=1 000×(P/F,6%,1)+600×(P/F,6%,2)+400×(P/F,6%,3)=1 813.24(万元)

未确认融资费用(总价款与现值的差额)=2 000—1 813.24=186.76(万元)

会计处理如下(单位:万元):

(1)20×7 年 1 月 1 日设备购置时:

借:在建工程 1 813.24

未确认融资费用 186.76

贷:长期应付款 2 000

(2)20×7 年度发生安装费用 5 万元:

借:在建工程 5

贷:银行存款 5

(3)20×7 年 12 月 31 日,安装完毕交付使用:

借:固定资产 1 818.24

贷:在建工程 1 818.24

(4)20×7 年 12 月 31 日,付款 1 000 万元:

20×7 年应确认的融资费用=1 813.24×6%=108.79(万元)

借:长期应付款 1 000

贷:银行存款 1 000

借:财务费用 108.79

贷:未确认融资费用　　108.79

(5)20×8 年 12 月 31 日,付款 600 万元:

借:长期应付款　　600

　贷:银行存款　　600

借:财务费用　　55.32

　贷:未确认融资费用　　55.32

(6)20×9 年 12 月 31 日,付款 600 万元:

借:长期应付款　　400

　贷:银行存款　　400

借:财务费用　　22.64

　贷:未确认融资费用　　22.64

表 7—1　　分期付款额及融资费用　　单位:万元

日　期	分期付款额	确认的融资费用	应付本金减少额	应付本金余额
	(1)	(2)=期初(4)×6%	(3)=(1)−(2)	(4)=期初(4)−(3)
20×7 年 1 月 1 日				1 813.24
20×7 年 12 月 31 日	1 000	108.79	891.21	922.03
20×8 年 12 月 31 日	600	55.32	544.68	377.35
20×9 年 12 月 31 日	400	22.64	377.36	0
合　计	2 000	186.75	1 813.25	

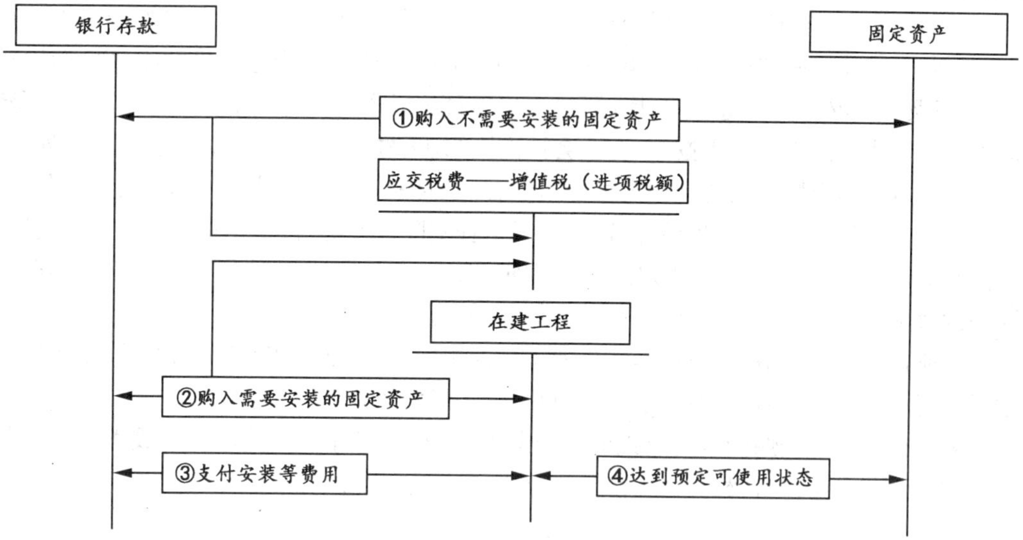

图 7—2　外购固定资产的会计处理程序

二、自行建造的固定资产

（一）自行建造固定资产成本的确定

自行建造的固定资产，按建造该项资产达到预定可使用状态前所发生的必要支出，作为入账价值。包括工程物资成本、人工成本、交纳的相关税费、应予以资本化的借款费用及应分摊的间接费用等。

（二）自行建造固定资产的会计处理

企业自行建造固定资产包括自营建造和出包建造两种方式。无论采用何种方式，所建工程都应按照实际发生的支出确定其工程成本并单独核算。

1. 自营工程

企业以自营方式建造固定资产，意味着企业自行组织工程物资采购、自行组织施工人员从事工程施工。实务中，企业较少采用自营方式建造固定资产，多数情况下采用出包方式。企业如有以自营方式建造固定资产，其成本应当按照直接材料、直接人工、直接机械施工费等计量。

企业为建造固定资产准备的各种物资应当按照实际支付的买价、运输费、保险费等相关税费作为实际成本，并按照各种专项物资的种类进行明细核算。工程完工后，剩余的工程物资转为本企业存货的，按其实际成本或计划成本进行结转。建设期间发生的工程物资盘亏、报废及毁损，减去残料价值以及保险公司、过失人等赔款后的净损失，计入所建工程项目的成本；盘盈的工程物资或处置净收益，冲减所建工程项目的成本。工程完工后发生的工程物资盘盈、盘亏、报废、毁损，计入当期损益。

建造固定资产领用工程物资、原材料或库存商品，应按其实际成本转入所建工程成本。自营方式建造固定资产应负担的职工薪酬、辅助生产部门为之提供的水、电、运输等劳务，以及其他必要支出等也应计入所建工程项目的成本。符合资本化条件，应计入所建造固定资产成本的借款费用按照《企业会计准则第 17 号——借款费用》的有关规定处理。

所建造的固定资产已达到预定可使用状态，但尚未办理竣工结算的，应当自达到预定可使用状态之日起，根据工程预算、造价或者工程实际成本等，按暂估价值转入固定资产，并按有关计提固定资产折旧的规定，计提固定资产折旧。待办理竣工决算手续后再调整原来的暂估价值，但不需要调整原已计提的折旧额。

企业自营方式建造固定资产，发生的工程成本应通过“在建工程”科目核算，工程完工达到预定可使用状态时，从“在建工程”科目转入“固定资产”科目。

高危行业企业按照国家规定提取的安全生产费，应当计入相关产品的成本或当期损益，同时记入“专项储备”科目。

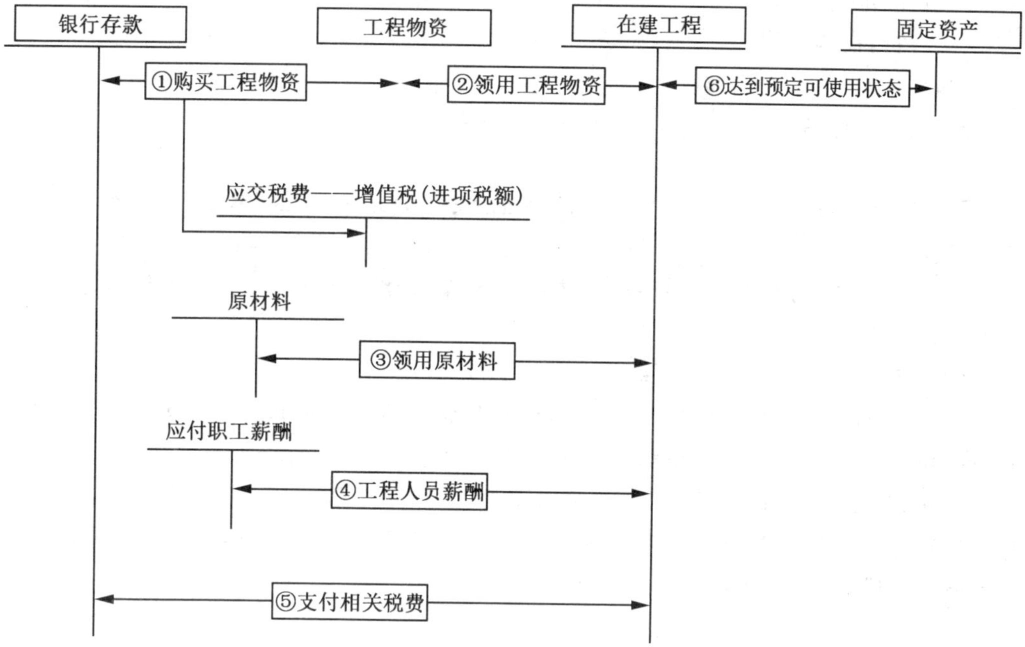

图7—3　自营工程会计处理程序

当企业按规定标准提取安全费用等时，应做如下会计分录：

借：生产成本等

　　贷：专项储备

企业使用提取的安全生产费，分以下两种情况处理：

一是支付属于费用性支出，应直接冲减“专项储备”，做如下会计分录：

借：专项储备

　　贷：银行存款

二是企业使用提取的安全生产费形成固定资产的，应当通过“在建工程”科目归集所发生的支出，待安全项目完工达到预定可使用状态时确认为固定资产；同时，按照形成固定资产的成本冲减专项储备，并确认相同金额的累计折旧。该固定资产在以后期间不再计提折旧。其有关会计分录如下：

购入相关设备及支付相关费用时：

借：在建工程——××设备

　　应交税费——应交增值税(进项税额)

　　贷：银行存款

设备达到预定可使用状态时：

借:固定资产

　　贷:在建工程——××设备

同时:

借:专项储备

　　贷:累计折旧

【例7—3】 20×8年6月,甲公司采用自营方式建造一条生产线,发生的相关经济业务如下:

(1)6月4日,购入工程物资一批,已验收入库,价款200 000元,可抵扣的进项税为26 000元,以银行存款支付。

(2)6月5日,工程领用购入的工程物资50%。

(3)6月10日,工程领用生产材料一批,该批材料的实际成本50 000元。

(4)6月25日,工程应负担职工薪酬20 000元。

(5)6月28日,以银行存款支付相关工程费用40 000元。

(6)6月30日,工程交付使用,剩余50%的工程物资交材料仓库,供生产使用。

根据上述业务,该公司有关会计处理如下:

(1)6月4日,购入工程物资时:

借:工程物资	200 000	
应交税费——应交增值税(进项税额)	26 000	
贷:银行存款		226 000

(2)6月5日,工程领用购入的工程物资时:

借:在建工程	100 000	
贷:工程物资		100 000

(3)6月10日,工程领用生产材料:

借:在建工程	50 000	
贷:原材料		50 000

(4)6月25日,负担职工薪酬时:

借:在建工程	20 000	
贷:应付职工薪酬		20 000

(5)6月28日,支付相关工程费用:

借:在建工程	40 000	
贷:银行存款		40 000

(6)6月30日,剩余工程物资交材料仓库:

借:原材料	100 000	
贷:工程物资		100 000

固定资产达到预定可使用状态时：

实际成本＝100 000＋50 000＋20 000＋40 000＝210 000(元)

借：固定资产　　210 000

　贷：在建工程　　210 000

2. 出包工程

在出包方式下，企业通过招标方式将工程项目发包给建造承包商，由建造承包商(即施工企业)组织工程项目施工。企业要与建造承包商签订建造合同，企业是建造合同的甲方，负责筹集资金和组织管理工程建设，通常称为建设单位，建造承包商是建造合同的乙方，负责建筑安装工程施工任务。

企业以出包方式建造固定资产，其成本由建造该项固定资产达到预定可使用状态前所发生的必要支出构成，包括发生的建筑工程支出、安装工程支出以及需分摊计入各固定资产价值的待摊支出。建筑工程、安装工程支出，如人工费、材料费、机械使用费等由建造承包商核算。对于发包企业而言，建筑工程支出、安装工程支出是构成在建工程成本的重要内容，发包企业按照合同规定的结算方式和工程进度定期与建造承包商办理工程价款结算，结算的工程价款计入在建工程成本。待摊支出，是指在建设期间发生的不能直接计入某项固定资产价值，而应由所建造固定资产共同负担的相关费用，包括为建造工程发生的管理费、可行性研究费、临时设施费、公证费、监理费、应负担的税金、符合资本化条件的借款费用、建设期间发生的工程物资盘亏、报废及毁损净损失以及负荷联合试车费等。企业为建造固定资产通过出让方式取得土地使用权而支付的土地出让金不计入在建工程成本，应确认为无形资产(土地使用权)。

在出包方式下，“在建工程”科目主要是企业与建造承包商办理工程价款的结算科目，企业支付给建造承包商的工程价款，作为工程成本通过“在建工程”科目核算。企业应按合理估计的工程进度和合同规定结算的进度款，借记“在建工程——建筑工程——××工程”“在建工程——安装工程——××工程”科目，贷记“银行存款”“预付账款”等科目。工程完成时，按合同规定补付的工程款，借记“在建工程”科目，贷记“银行存款”等科目。企业将需安装设备运抵现场安装时，借记“在建工程——在安装设备——××设备”科目，贷记“工程物资——××设备”科目；企业为建造固定资产发生的待摊支出，借记“在建工程——待摊支出”科目，贷记“银行存款”“应付职工薪酬”等科目。

在建工程达到预定可使用状态时，首先计算分配待摊支出，待摊支出的分配率可按下列公式计算：

$$待摊支出分配率=\frac{累计发生的待摊支出}{建筑工程支出+安装工程支出+在安装设备支出}\times 100\%$$

$$××工程应分摊的待摊支出=(××工程的建筑工程支出+××工程的安装工程支出+××工程的在安装设备支出)\times 待摊支出分配率$$

其次，计算确定已完工的固定资产成本：

房屋、建筑物等固定资产成本＝建筑工程支出＋应分摊的待摊支出

需要安装设备的成本＝设备成本＋为设备安装发生的基础、支座等建筑工程支出＋安装工程支出＋应分摊的待摊支出

然后，进行相应的账务处理，借记"固定资产"科目，贷记"在建工程——建筑工程""在建工程——安装工程""在建工程——待摊支出"等科目。

【例7－4】 某公司批准新建一生产车间，工程由厂房建造和一条生产线设备安装工程两部分组成。20×9年2月1日，甲公司与乙公司签订合同，将该项目出包给乙公司承建。根据双方签订的合同，建造厂房的价款为10 000 000元，设备安装费用800 000元。有关事项如下(假定不考虑相关税费)：

(1)20×9年2月1日，甲公司按合同约定向乙公司支付预付10％的厂房建造备料款1 000 000元。

(2)20×9年6月30日，建造车间厂房工程进度达到60％，甲公司与乙公司办理工程价款结算6 000 000元。甲公司抵扣了预付备料款后，将余款用银行存款支付。

(3)20×9年9月2日，甲公司购入需要安装的设备，价款总计4 200 000元(不含增值税进项税额)，款项已用银行存款支付。

(4)20×9年9月30日，车间厂房工程主体已完工，甲公司与乙公司办理工程价款结算4 000 000元。甲公司向乙公司支付了相关工程款。

(5)20×9年10月5日，甲公司将设备运抵现场，交乙公司安装。

(6)20×9年11月10日，设备安装到位，甲公司与乙公司办理设备安装价款结算800 000元，款项已用银行存款支付。

(7)20×9年11月，进行试车生产，领用本企业材料200 000元，发生其他试车费用50 000元，用银行存款支付，试车生产的合格产品交仓库，预计售价300 000元。

(8)20×9年12月30日，完成试车，各项指标达到设计要求。

根据上述资料，该公司的账务处理如下：

(1)20×9年2月1日，预付备料款：

借：预付账款　　1 000 000

　贷：银行存款　　1 000 000

(2)20×9年6月30日，办理工程价款结算并支付：

借：在建工程——建筑工程(厂房)　　6 000 000

　贷：预付账款　　1 000 000

　　银行存款　　1 000 000

(3)20×9年9月2日，购入需要安装的设备：

借：工程物资——设备　　4 200 000

应交税费——应交增值税(进项税额) 546 000
　　贷:银行存款 4 746 000

(4)20×9 年 9 月 30 日,支付工程价款:

借:在建工程——建筑工程(厂房) 4 000 000
　　贷:银行存款 4 000 000

(5)20×9 年 10 月 5 日,将设备交乙公司安装:

借:在建工程——安装工程 4 200 000
　　贷:工程物资——设备 4 200 000

(6)20×9 年 11 月 10 日,支付设备安装工程价款:

借:在建工程——安装工程 800 000
　　贷:银行存款 800 000

(7)20×9 年 11 月,领用材料试生产:

借:在建工程——安装工程 250 000
　　贷:原材料 200 000
　　　　银行存款 50 000

借:库存商品 300 000
　　贷:在建工程——安装工程 300 000

(8)20×9 年 12 月 30 日,工程完工,结转已完工的固定资产成本:

车间厂房的成本=10 000 000(元)

生产线设备的成本=(4 200 000+800 000)+250 000-300 000=4 950 000(元)

借:固定资产——厂房 10 000 000
　　　　　　——设备 4 950 000
　　贷:在建工程——建筑工程 10 000 000
　　　　　　　　——安装工程 4 950 000

三、其他方式取得的固定资产

企业取得固定资产的其他方式主要包括接受投资者投资、接受捐赠、盘盈和非货币性资产交换、债务重组、企业合并等。

(一)投资者投入的固定资产

投资者投入的固定资产,在办理了固定资产移交手续后,按照合同或协议约定的价值入账,但合同或协议约定价值不公允的除外。在合同或协议约定价值不公允的情况下,按照该项固定资产的公允价值作为入账价值。

(二)接受捐赠的固定资产

接受捐赠的固定资产,按以下方法确定其入账价值:

(1)捐赠方提供了相关凭据的;

(2)捐赠方没有提供相关凭据的。

捐赠方没有提供相关凭据的,按以下顺序确定其入账价值:

同类或类似固定资产存在活跃市场的,按同类或类似固定资产的市场价格估计的金额,加上应当支付的相关税费,作为入账价值。

同类或类似固定资产不存在活跃市场的,按接受捐赠的固定资产预计未来的现金流量的现值,加上应当支付的相关税费,作为入账价值。

【例 7—5】 20×9 年 1 月 1 日,某公司接受一捐赠的专用设备,根据提供的相关发票等凭证,确定该设备的价格为 100 万元,增值税税额 13 万元。该公司为使设备达到预定可使用状态发生的运输费为 0.5 万元,全部以银行存款支付。

该公司账务处理如下:

借:固定资产	1 005 000	
应交税费——应交增值税(进项税额)	130 000	
贷:营业外收入		1 130 000
银行存款		5 000

(三)盘盈的固定资产

盘盈的固定资产,按以下方法确定其入账价值:

同类或类似固定资产存在活跃市场的,按同类或类似固定资产的市场价格(重置成本),减去按该固定资产的新旧程度估计的价值损耗后的余额,作为入账价值。

同类或类似固定资产不存在活跃市场的,按该固定资产预计未来的现金流量的现值,作为入账价值。

对于盘盈的固定资产,应按前期差错更正进行会计处理。盘盈的固定资产通过"以前年度损益调整"账户进行核算。

(四)通过非货币性资产交换、债务重组、企业合并等方式取得的固定资产

企业通过非货币性资产交换、债务重组、企业合并等方式取得的固定资产,其成本应当分别按照《企业会计准则第 7 号——非货币性资产交换》《企业会计准则第 12 号——债务重组》《企业会计准则第 20 号——企业合并》等的规定确定,后续计量和披露应当执行固定资产准则的规定。

(五)存在弃置义务的固定资产

对于特殊行业的固定资产,在确认其原始价值时要考虑弃置费用。弃置费用,指根据国家法律和行政法规、国际公约等规定,企业承担的环境保护和生态恢复等义务所确定的支出,如核电站核设施等的弃置和恢复环境义务等。

弃置费用应计入固定资产的原始价值,通过折旧方式予以补偿。但是,弃置费用的数额一般较大,且支出的时间比较久远,根据《企业会计准则第 13 号——或有事项》,将弃置

费用按照取得固定资产的实际利率进行折现计入相关固定资产的成本中,并确认为预计负债,会计分录如下:

借:固定资产(弃置费用的现值)

贷:预计负债

在固定资产的使用寿命内按照预计负债的摊余成本和实际利率计算确定的利息费用应当在发生时计入财务费用。

借:财务费用(计提的利息费用)

贷:预计负债

一般工商企业的固定资产发生的报废清理费用不属于弃置费用,应当在发生时作为固定资产处置费用处理。

第三节 固定资产的折旧

固定资产的后续计量主要包括固定资产折旧的计提、减值损失的确定,以及后续支出的计量。其中,固定资产的减值应当按照《企业会计准则第 8 号——资产减值》进行计量。

一、固定资产折旧的定义

固定资产折旧是指在固定资产使用寿命内,按照确定的方法对应计折旧额进行系统分摊。使用寿命是指固定资产的预计寿命,或者该固定资产所能生产产品或提供劳务的数量;应计折旧额是指应计提折旧的固定资产的原价扣除其预计净残值后的金额;已计提减值准备的固定资产,还应扣除已计提的固定资产减值准备累计金额。

应计折旧额=固定资产原值(价)-预计净残值-固定资产减值准备

折旧是指固定资产由于损耗而减少的价值。固定资产损耗分为有形损耗和无形损耗。有形损耗是指固定资产在使用过程中由于使用和自然力的影响在使用价值和价值上的损耗;无形损耗是指由于技术进步而引起的固定资产价值上的损耗。

固定资产与存货不同,它的价值不是一次转移计入成本或费用,而是在长期使用过程中,随着损耗程度,以折旧费计入各期成本,与各期收入进行配比,使固定资产的成本得到补偿。

二、影响固定资产折旧的因素

计算固定资产折旧是为了用一种比较合理的方法,将固定资产原始成本减去预计残值后的应计折旧总额在固定资产的预计使用寿命内分摊。因此,影响固定资产折旧的因素主要有原始价值、预计使用寿命、预计净残值和折旧方法。

(一)原始价值

原值是取得固定资产的实际成本,包括固定资产买价和使固定资产达到预定可使用状态前所发生的一切合理的、必要的支出。

(二)预计使用寿命

固定资产预计使用年限是指固定资产预计的经济使用年限,应考虑固定资产的有形损耗和无形损耗。对于无形损耗不显著的固定资产,如房屋和建筑物,主要考虑有形损耗;对于无形损耗比较显著的固定资产,如电子设备,主要考虑无形损耗。

(三)预计净残值

预计净残值是指假定固定资产预计使用寿命已满并处于使用寿命终了时的预期状态,企业能从该项资产处置中获得的扣除处置费用后的金额。这部分价值不需要通过计提折旧的方式进行补偿,应在计算折旧时预先估计,从原值扣除。我国企业所得税法规定了固定资产净残值比例标准,即固定资产净残值比例应在其原价5%以内。企业会计准则规定固定资产净残值的比例由企业自行确定。

预计净残值=预计残值收入-预计处置(清理)费用

(四)折旧方法

固定资产的折旧方法包括直线法和加速折旧法。折旧方法会影响到固定资产某一会计期间的折旧额,但不会影响固定资产应计的折旧总额。企业应根据与固定资产有关的经济利益的预期实现方式合理选择固定资产折旧方法。

此外,固定资产折旧还受到固定资产减值准备的影响。固定资产减值准备是指固定资产已计提的固定资产减值准备的累计金额。固定资产计提减值准备后,应当在剩余使用寿命内根据调整后的固定资产账面价值和预计净残值重新确定折旧率和折旧额。

固定资产折旧只是一种会计估计,上述影响固定资产折旧的因素中,只有原值是实际发生的金额,使用寿命和预计净残值都是估计的,具有较大的不确定性;某一会计期间计提的折旧额,也会由于折旧方法的不同产生较大的差异。

三、固定资产折旧的范围

确定固定资产折旧的范围,从两个方面进行考虑:从空间上,确定哪些资产需要计提折旧,哪些资产不需要计提折旧;从时间上,确定需要计提折旧的资产从什么时候开始计提折旧,到什么时候停止计提折旧。

按照企业会计准则对固定资产的相关规定,企业应对所有固定资产计提折旧,以下情况除外:

(1)已提足折旧继续使用的固定资产;

(2)按规定单独入账的土地。

固定资产计提折旧具体规定如下:

(1)企业应按月计提固定资产折旧,固定资产应自达到预定可使用状态时开始计提折旧,终止确认时或划分为持有待售非流动资产时停止计提折旧。当月增加的固定资产在当月不计提折旧,从下月开始计提折旧;当月减少的固定资产在当月继续计提折旧,从下月起不再计提折旧。

(2)固定资产提足折旧后,不论能否继续使用,均不再计提折旧,提前报废的固定资产也不再补提折旧。提足折旧是指已经提足该项固定资产的应计折旧额。

(3)对于已经达到预定可使用状态但尚未办理竣工决算的固定资产,应当按照估计价值确定其成本,并计提折旧;待办理竣工决算后再按实际成本调整原来的暂估价值,但不需要调整原已计提的折旧额。

四、固定资产折旧的方法

固定资产折旧方法,是指将应提折旧总额在固定资产各使用期间进行分配时所采用的具体计算方法,可以分为两类:直线法和加速折旧法,具体为年限平均法、工作量法、双倍余额递减法和年数总和法等。企业选择不同的固定资产折旧方法,将影响固定资产使用寿命期间内不同时期的折旧费用,因此,固定资产折旧方法一经确定,不得随意变更,如需变更,应按规定的程序报经批准后备案,并在会计报表附注中说明。

(一)直线法

直线法是指按照固定资产的使用时间或完成的工作量平均计提折旧的方法,主要包括年限平均法和工作量法。

1. 年限平均法

年限平均法,又称直线法,是指按照固定资产的预计使用年限平均计提折旧。采用这种方法计算的每期折旧额相等。采用这种方法,假定固定资产的使用价值随着时间推移均匀减少,与其他因素无关,因此,固定资产的应计提折旧总额可以均匀摊配于预计使用年限内的各个会计期间。其计算公式如下:

$$\text{年折旧额}=(\text{固定资产原值}-\text{预计净残值})\div\text{预计使用年限}$$

$$\text{月折旧额}=\text{年折旧额}\div 12$$

在实际工作中,固定资产折旧额一般根据固定资产原值乘以折旧率计算,其中,固定资产折旧率是固定资产折旧额与固定资产原值的比率,其计算公式如下:

$$\text{年折旧率}=(1-\text{预计净残值率})\div\text{预计使用年限}\times 100\%$$

$$\text{月折旧率}=\text{年折旧率}\div 12$$

$$\text{月折旧额}=\text{固定资产原值}\times\text{月折旧率}$$

例如,某公司有一台机器设备原价为60万元,预计使用寿命为5年,预计净残值率为4%。按年限平均法计算折旧。

其每年折旧如下:

年折旧率＝(1－4％)/5＝0.192

年折旧额＝固定资产原价×年折旧率＝600 000×0.192＝115 200(元)

2. 工作量法

工作量法，又称作业量法，是指按照固定资产预计完成的工作总量平均计提折旧的方法。采用这种方法，假定固定资产的服务潜力随着完成工作量的增加而逐渐递减，其效能与固定资产的新旧程度无关，因此，固定资产的应计提折旧总额可以均匀摊配于预计的每一单位工作量。其计算公式如下：

单位工作量折旧额＝固定资产原值×(1－预计净残值率)÷预计总工作量

某项固定资产月折旧额＝单位工作量折旧额×该项固定资产当月实际完成的工作量

不同的固定资产，其工作量有不同的表现形式。比如，对于运输设备来说，其工作量表现为运输里程；对于机器设备来说，其工作量为机器工时等。

例如，甲公司对运输车辆采用工作量法计提折旧。某运输车辆，原值为 40 万元，预计净残值率为 5％，预计行驶里程为800 000千米。20××年 1 月该汽车行驶里程为100 000千米。

其折旧额计算如下：

单位工作量折旧额＝400 000×(1－5％)÷800 000＝0.475(元/千米)

20××年 1 月该汽车应计提的折旧额＝0.475×100 000＝47 500(元)

工作量法一般适用于价值较高的检测设备、运输设备等固定资产。这些固定资产价值较高，各月的工作量一般不均衡，采用年限法计提折旧，会使各月成本费用的负担不合理。

(二)加速折旧法

加速折旧法，又称递减费用法，是指在固定资产使用初期计提折旧较多而在后期计提折旧较少，从而相对加速折旧的方法。在税法允许采用加速折旧的情况下，加速折旧可以使企业推迟纳税。

采用加速折旧法的目的是为了使固定资产成本尽快得到补偿，其理论依据是：①固定资产在使用前期效率较高，企业受益多，应分摊较多的折旧；②固定资产的使用成本包括折旧费用和维修费用，在固定资产使用前期，维修费一般较少，后期较多，因此采用加速折旧法可以均衡固定资产的使用成本；③在科学技术日新月异的情况下，无形损耗使许多固定资产提前报废，加速折旧法可以使企业减少固定资产提前报废的损失。

为了简化核算工作，加速折旧法以 12 个月为单位计算折旧，月折旧额是年折旧额的 1/12。常用的加速折旧法有双倍余额递减法和年数总和法。

1. 双倍余额递减法

双倍余额递减法，是指按固定资产净值和双倍直线折旧计提折旧的方法，一般不考虑预计净残值。

但是必须注意，在预计使用年限结束时，应避免固定资产净值大于预计净残值。如果固定资产净值大于预计净残值，意味着该项固定资产在预计使用年限内少提了折旧。为此，在固定资产使用期间内，某一年按双倍余额递减法计提的折旧额小于该年在剩余年限内按平均年限法计提的折旧额，则该年应按年限平均法计提折旧(我国一般在最后两年改为年限平均法计提折旧)。

年折旧率＝2÷预计使用年限×100%

年折旧额＝固定资产期初净值×年折旧率

月折旧额＝年折旧额÷12

最后两年:年折旧额＝(固定资产期初净值－预计净残值)÷2

【例7－6】 甲公司某项设备原价为120万元，预计使用寿命为5年，预计净残值率为4%，假设该公司没有对该机器设备计提减值准备。该公司按双倍余额递减法计提折旧。

其每年折旧如下：

年折旧率＝2/5×100%＝40%

第一年计提的折旧额＝120×40%＝48(万元)

第二年计提的折旧额＝(120－48)×40%＝28.8(万元)

第三年计提的折旧额＝(120－48－28.8)×40%＝17.28(万元)

第四年起改按年限平均法(直线法)计提折旧

第四、五年计提的折旧额＝(120－48－28.8－17.28－120×4%)÷2＝10.56(万元)

2. 年数总和法

年数总和法，是指按固定资产应计提折旧总额和某年尚可使用年数占各年尚可使用年数总和的比重的乘积计提折旧的方法。

年折旧率＝尚可使用年数÷尚可使用年数总和×100%

年折旧额＝(固定资产原值－预计净残值)×年折旧率

月折旧额＝年折旧额÷12

沿用【例7－6】的资料，采用年数总和法计算的各年折旧额如表7－2所示：

表7－2　采用年数总和法计算的各年折旧额　　单位:元

年份	尚可使用寿命	原价－预计净残值	年折旧率	年折旧额	累计折旧
第1年	5	1 152 000	5/15	384 000	384 000
第2年	4	1 152 000	4/15	307 200	691 200
第3年	3	1 152 000	3/15	230 400	921 600
第4年	2	1 152 000	2/15	153 600	1 075 200
第5年	1	1 152 000	1/15	76 800	1 152 000

五、固定资产折旧的会计处理

固定资产应当按月计提折旧，计提的折旧应通过"累计折旧"科目核算，并根据用途计入相关资产的成本或者当期损益。

(1)企业基本生产车间所使用的固定资产，其计提的折旧应计入制造费用；

(2)管理部门所使用的固定资产，其计提的折旧应计入管理费用；

(3)销售部门所使用的固定资产，其计提的折旧应计入销售费用；

(4)自行建造固定资产过程中所使用的固定资产，其计提的折旧应计入在建工程成本；

(5)经营租出的固定资产，其计提的折旧应计入其他业务成本；

(6)未使用的固定资产，其计提的折旧应计入管理费用。

企业应按照计提的折旧额作如下会计分录：

借：制造费用
　　管理费用
　　销售费用
　　在建工程
　　其他业务成本
　　贷：累计折旧

六、固定资产使用寿命、预计净残值和折旧方法的复核

企业至少应当于每年年度终了，对固定资产的使用寿命、预计净残值和折旧方法进行复核。如有确凿证据表明，固定资产使用寿命预计数与原先估计数有差异的，应当调整固定资产使用寿命；预计净残值与原先估计数有差异的，应当调整预计净残值；与固定资产有关的经济利益预期实现方式有重大改变的，应当改变固定资产折旧方法。固定资产使用寿命、预计净残值和折旧方法的改变应当作为会计估计变更，按照《企业会计准则第28号——会计政策、会计估计变更和差错更正》处理。

第四节　固定资产的后续支出

固定资产的后续支出，是指固定资产投入使用后发生的修理和改扩建支出等。

后续支出的处理原则为：符合资本化条件的，应当计入固定资产成本或其他相关资产的成本，同时将被替换部分的账面价值扣除；不符合资本化条件的，应当计入当期损益。

企业对固定资产定期检查发生的大修理费用，有确凿证据表明符合固定资产确认条

件的部分，可以计入固定资产成本，不符合固定资产确认条件的应当费用化，计入当期损益。其中，固定资产在定期大修理期间，折旧照提。

一、资本化的后续支出

与固定资产有关的后续支出，符合固定资产确认条件的应当予以资本化。也就是说，如果固定资产的后续支出能延长资产的使用寿命，或者实质性地提升产品质量，或者实质性地降低成本，则应当计入固定资产账面价值。

企业的固定资产发生可资本化的后续支出时，如进行更新改造或者技术改良，企业应将固定资产的账面净值转入“在建工程”账户，并停止计提折旧。发生资本化的后续支出，也通过“在建工程”账户核算。终止确认被替换部分的账面价值转入“营业外支出”账户。在固定资产发生的可资本化的后续支出完工并达到预定可使用状态时，将固定资产的价值由“在建工程”账户转入“固定资产”账户，并按重新确定的使用寿命、预计净残值和折旧方法计提折旧。

固定资产后续支出资本化的具体账务如下：

(1)将固定资产转入改扩建时：

借：在建工程(固定资产的账面价值)

　　累计折旧(固定资产已计提的累计折旧额)

　　固定资产减值准备(已计提的固定资产减值准备)

　　贷：固定资产(固定资产的原值)

(2)发生改扩建支出时：

借：在建工程

　　贷：应付职工薪酬

　　　　原材料

　　　　银行存款等

(3)结转被替换部分的账面价值：

借：营业外支出

　　贷：在建工程

(4)达到预定可使用状态时：

借：固定资产(改扩建后固定资产的原价)

　　贷：在建工程

【例7—7】 甲公司20×6年12月自行建成了一条生产线，建造成本为60万元，采用年限平均法计提折旧，预计净残值为零，预计使用年限为6年。

20×9年1月1日，由于现有生产线的生产能力已难以满足公司生产发展的需要，公司决定对现有生产线进行改扩建，以提高其生产能力。20×9年1月1日至3月31日，经过三个月的改扩建，完成了对这条生产线的改扩建工程，为改造该固定资产领用原材料5万元，增值税进项税额0.65万元，发生人工费2万元，领用工程物资6万元，改造过程中更换了该设备的一个主要部件，替换部件的账面原值为12万元。

该生产线改扩建工程达到预定可使用状态后，大大提高了生产能力，预计将其使用年限延长4年，即预计使用年限为10年。该固定资产的折旧方法不变。

根据以上资料，甲公司的账务处理如下：

(1)将固定资产转入在建工程。

累计折旧额＝60×1/6×2＝200 000(元)

借：在建工程	400 000	
累计折旧		200 000
贷：固定资产		600 000

(2)发生相关工程支出。

借：在建工程	130 000	
贷：原材料		50 000
应付职工薪酬		20 000
工程物资		60 000

(3)结转被替换部分的账面价值。

被替换部分的账面价值＝12－12×1/6×2＝8(万元)

借：营业外支出	80 000	
贷：在建工程		80 000

(4)改建工程完工，结转工程成本。

改造后固定资产原值＝400 000＋130 000－80 000＝450 000(元)

借：固定资产	450 000	
贷：在建工程		450 000

(5)改建后固定资产各年的折旧额。

改建后固定资产年折旧额＝450 000÷8＝56 250(元)

二、费用化的后续支出

与固定资产有关的修理费等后续支出，不符合固定资产确认条件的，应当根据不同情况分别在发生时计入当期管理费用或销售费用等。

一般情况下，固定资产投入使用之后，由于固定资产磨损、各组成部分耐用程度不同，导致固定资产的局部损坏，为了维护固定资产的正常运转和使用，充分发挥其效能，企业应对固定资产进行必要的维护。将企业生产车间和行政管理部门等发生的固定资产修理费用等后续支出计入管理费用；专设销售机构发生的相关固定资产修理费用等后续支出计入销售费用。

第五节 固定资产减值

一、固定资产的减值迹象

每年年末，企业应当对固定资产的账面价值进行检查，如果出现下列情况之一，表明该固定资产已出现减值迹象，应对固定资产的可收回金额进行估计。

固定资产减值准备是指由于固定资产市价持续下跌，或技术陈旧、损坏、长期闲置等原因导致其可收回金额低于账面价值的，应当将可收回金额低于其账面价值的差额作为固定资产减值准备。

可收回金额是指固定资产的销售净价与预期从固定资产的持续使用和使用寿命结束时的处置中形成的预计未来现金流量的现值两者之中的较高者。账面价值指固定资产原值扣减已提累计折旧和固定资产减值准备后的净额。

每年年末，企业应当对固定资产的账面价值进行检查，如果出现下列情况之一，表明该固定资产已出现减值迹象。

(1)固定资产市价大幅度下跌，其跌幅大大高于因时间推移或正常使用而预计的下跌，并且预计在近期内不可能恢复。

(2)企业所处经营环境，如技术、市场、经济或法律环境，或者产品营销市场在当期发生或在近期发生重大变化，并对企业产生负面影响。

(3)同期市场利率等大幅度提高，从而很可能影响企业计算固定资产可收回金额的折现率，并导致固定资产可收回金额大幅度降低。

(4)有证据表明固定资产陈旧过时或发生实体损坏等。

(5)固定资产已经或者将被闲置、终止使用或者计划提前处置。

(6)企业内部报告的证据表明固定资产的经济绩效已经低于或者将低于预期，如固定资产创造的净现金流量或者实现的营业利润(或者亏损)远远低于(或者高于)预计金额等。

(7)其他有可能表明资产已发生减值的情况。

二、固定资产减值损失的确定

固定资产可收回金额的计量结果表明，固定资产可收回金额低于其账面价值的，应当将固定资产的账面价值减至可收回金额，借记“资产减值损失”科目，贷记“固定资产减值准备”科目。固定资产减值损失确认后，减值固定资产的折旧费用应当在未来期间作相应调整，以使该固定资产在剩余使用寿命期内，系统地分摊调整后的固定资产账面价值。固定资产减值损失一经确认，在以后会计期间不可转回。

借:资产减值损失

　　贷:固定资产减值准备

【例 7—8】 甲公司某类设备原值1 000万元,已提折旧 150 万元,已提减值准备 50 万元,20×6 年 12 月 31 日,该类设备明显存在减值迹象,减值测试表明,如果该公司出售设备,买方愿意以 560 万元的销售净价收购;如果继续使用,尚可使用 5 年,未来四年现金流量净值及第五年使用和期满处置现金流量净值分别为 200 万元、150 万元、125 万元、100 万元、95 万元,折现率为 5%。

该公司的减值情况如下:

(1)账面价值=1 000－150－50=800(万元)

(2)可收回金额=公允价值减去处置费用后的净额=560(万元)

预计未来现金流量的现值=200×(P/F,5%,1)+150×(P/F,5%,2)+125×(P/F,5%,3)+100×(P/F,5%,4)+95×(P/F,5%,5)=591(万元)

因此,按照公允价值减去处置费用后的净额和未来现金流量的现值孰高原则确定可收回金额为 591 万元。

(3)确认减值准备。

因为该设备的可收回金额小于账面价值,因此计提减值准备。

计提减值准备=800－591=209(万元)

借:资产减值损失	2 090 000	
贷:固定资产减值准备		2 090 000

第六节　固定资产的处置

企业在生产经营过程中,对于不适用或不需用的固定资产,可以通过对外出售的方式进行处置;对于由于磨损等原因导致不能继续使用的固定资产予以报废,或由于技术进步等原因导致固定资产提前报废,或由于遭受自然灾害等原因发生损毁;以及企业因对外投资、债务重组、非货币性资产交换而减少的固定资产;等等,也属于固定资产的处置。

会计准则规定,固定资产满足下列条件之一的,应当予以终止确认:

(1)该固定资产处于处置状态。包括固定资产的出售、转让、报废或毁损、对外投资、非货币性资产交换、债务重组等。处于处置状态的固定资产不再用于生产商品、提供劳务、出租或经营管理,因此不符合固定资产的定义,应当予以终止确认。

(2)该固定资产预期通过使用或处置不能产生经济利益。固定资产的确认条件之一是"与该固定资产有关的经济利益很可能流入企业",如果一项固定资产预期通过使用或处置不能产生经济利益,就不再符合固定资产的定义和确认条件,应当予以终止确认。

一、固定资产终止确认的会计处理

企业出售、转让、报废固定资产或发生固定资产的损毁，应当将处置收入扣除账面价值和相关税费后的金额计入当期损益。固定资产处置一般通过“固定资产清理”科目进行核算。

企业因出售、报废或毁损、对外投资、非货币性资产交换、债务重组等处置固定资产，其会计处理一般经过以下几个步骤：固定资产转入清理，发生清理费用，出售收入和残料及保险赔偿和出售固定资产净损益的结转，其具体账务如下：

（一）固定资产转入清理

企业应将出售、报废或者毁损固定资产的账面价值转入固定资产清理，做如下会计分录：

借：固定资产清理（固定资产的账面价值）

　　累计折旧（固定资产已计提的累计折旧额）

　　固定资产减值准备（已计提的固定资产减值准备）

　　贷：固定资产（固定资产的原价）

（二）发生的清理费用

固定资产清理过程中发生的有关费用及应支付的相应税费通过“固定资产清理”账户处理，做如下会计分录：

借：固定资产清理

　　贷：银行存款

　　　　应交税费

　　　　应付职工薪酬

（三）出售收入和残料等的处理

企业收回出售固定资产的价款、残料价值和变价收入等，应冲减清理支出，做如下会计分录：

借：银行存款（实际收到的出售价款）

　　原材料（入库残料的价值）

　　贷：固定资产清理

　　　　应交税费——应交增值税（销项税额）

（四）保险赔偿的处理

企业计算或收到的应由保险公司或过失人赔偿的损失，应冲减清理支出，做如下会计分录：

借：其他应收款（应收的赔偿款金额）

　　银行存款（保险赔款等）

贷:固定资产清理

(五)清理净损益的处理

固定资产清理完成后的净损失,应分以下几种情况:

(1)属于正常出售、转让所产生的利得或损失,做如下会计分录:

借:资产处置损益

贷:固定资产清理

或:

借:固定资产清理

贷:资产处置损益

(2)属于已丧失使用功能正常报废所产生的利得或损失,做如下会计分录:

借:营业外支出——非流动资产报废

贷:固定资产清理

或:

借:固定资产清理

贷:营业外支出——非流动资产报废

(3)属于自然灾害等非正常原因造成的,做如下会计分录:

借:营业外收入——非常损失

贷:固定资产清理

或:

借:固定资产清理

贷:营业外收入——非常损失

【例 7—9】 甲公司 20×9 年 1 月 1 日购入一台机器设备并投入使用,取得的增值税专用发票上注明的设备价款为200 000元,增值税税额为26 000元。因产品转型,20×1 年 1 月 1 日,该公司将机器设备出售,开具的增值税专用发票上注明的价款为160 000元,增值税额为20 800元,出售时,该设备已计提折旧20 000元,已计提减值准备4 000元,甲公司以银行存款支付该设备拆卸费用4 000元。

根据上述资料,该公司的账务处理如下:

(1)20×9 年 1 月 1 日购入设备:

借:固定资产——××设备	200 000	
应交税费——应交增值税(进项税额)	26 000	
贷:银行存款		226 000

(2)20×1 年 1 月 1 日固定资产转入清理:

借:固定资产清理——××设备	176 000	
累计折旧	20 000	

固定资产减值准备　　4 000
　　贷：固定资产——××设备　　200 000

(3)发生清理费用：
　借：固定资产清理——××设备　　4 000
　　贷：银行存款　　4 000

(4)出售固定资产：
　借：银行存款　　180 800
　　贷：固定资产清理——××设备　　160 000
　　　　应交税费——应交增值税(销项税额)　　20 800

(5)结转清理损益：
　借：固定资产处置损益　　20 000
　　贷：固定资产清理——××设备　　20 000

【例7—10】　乙公司有一台生产设备，试用期满批准报废。该设备原价为200 000元，累计已计提折旧160 000元，已计提减值准备10 000元。清理过程中，以银行存款支付清理费用5 000元，残料变卖收入15 000元，存入银行存款户。假设不考虑相关税费。

根据上述资料，该公司的账务处理如下：

(1)将固定资产转入清理时：
　借：固定资产清理　　30 000
　　累计折旧　　160 000
　　固定资产减值准备　　10 000
　　贷：固定资产　　200 000

(2)支付清理费用
　借：固定资产清理　　5 000
　　贷：固定资产　　5 000

(3)收到残料变卖收入
　借：银行存款　　15 000
　　贷：固定资产清理　　15 000

(4)结转清理损益
　借：营业外支出——非流动资产报废　　20 000
　　贷：固定资产清理　　20 000

【例7—11】　丙公司一项固定资产因为遭受自然灾害而造成损毁。该设备原价为100 000元，累计已计提折旧80 000元。以银行存款支付清理费用5 000元，残料变卖收入15 000元，收到保险公司理赔款18 000元，存入银行存款户。假设不考虑相关税费。

根据上述资料，该公司的账务处理如下：

(1)将固定资产转入清理时:

借:固定资产清理　　20 000

　累计折旧　　80 000

　贷:固定资产　　100 000

(2)支付清理费用

借:固定资产清理　　5 000

　贷:固定资产　　5 000

(3)收到残料变卖收入

借:银行存款　　15 000

　贷:固定资产清理　　15 000

(4)收到保险理赔款:

借:银行存款　　18 000

　贷:固定资产清理　　18 000

(5)结转清理损益

借:固定资产清理　　8 000

　贷:营业外收入　　8 000

二、持有待售固定资产的会计处理

(一)持有待售固定资产的确定

同时满足下列条件的固定资产,应当划分为持有待售固定资产:

(1)企业已就处置该固定资产作出决议;

(2)企业已经与受让方签订了不可撤销的转让协议;

(3)该项转让将在一年内完成。

(二)持有待售固定资产的会计处理

持有待售固定资产从划归为持有待售之日起停止计提折旧,同时应当调整该项固定资产的预计净残值,使该项固定资产的预计净残值能够反映其公允价值减去处置费用后的金额,但不得超过符合持有待售条件时该项固定资产的原账面价值,原账面价值高于预计净残值的差额,应作为资产减值损失计入当期损益。

某项资产或资产组被划归为持有待售,但后来不再满足持有待售固定资产的确认条件时,企业应当停止将其划归为持有待售,并按照下列两项金额较低者计量:

(1)该资产或资产组被划归为持有待售之前的账面价值,按照其假设在没有被划归为持有待售的情况下原应确认的折旧、摊销或减值进行调整后的金额;

(2)决定不再出售之日的在回收金额。

三、固定资产的清查

企业应当定期或者至少于每年年末对固定资产进行清查盘点，以保证固定资产核算的真实性和完整性。在固定资产清查过程中，如果发现盘盈、盘亏的固定资产，应当填制固定资产盘盈盘亏报告表。清查固定资产的损益，应当及时查明原因，并按照规定程序报批处理。

（一）固定资产盘盈的会计处理

企业在财产清查中盘盈的固定资产，作为前期差错处理。在按管理权限报经批准处理前应先通过"以前年度损益调整"科目核算。盘盈的固定资产，应按重置成本确定其入账价值，借记"固定资产"科目，贷记"以前年度损益调整"科目。

【例 7—12】 甲公司于 20×8 年 12 月 8 日对企业全部的固定资产进行盘查，盘盈一台 6 成新的机器设备，该设备同类产品市场价格为100 000元，企业所得税税率为 25%，按净利润的 10%提取法定盈余公积金。

有关会计处理为：

借：固定资产　　100 000

　贷：累计折旧　　40 000

　　以前年度损益调整　　60 000

借：以前年度损益调整　　15 000(60 000×25%)

　贷：应交税费——应交所得税　　15 000

借：以前年度损益调整　　4 500[(60 000−15 000)×10%]

　贷：盈余公积——法定盈余公积　　4 500

借：以前年度损益调整　　40 500(45 000−4 500)

　贷：利润分配——未分配利润　　40 500

（二）固定资产盘亏的会计处理

企业在财产清查中盘亏的固定资产，通过"待处理财产损溢——待处理固定资产损溢"科目核算，盘亏造成的损失，应当计入当期损益，通过"营业外支出——盘亏损失"科目核算。

企业发生固定资产盘亏时：

借：待处理财产损溢——待处理固定资产损溢(固定资产账面价值)

　累计折旧(固定资产已计提的累计折旧额)

　固定资产减值准备(已计提的固定资产减值准备)

　贷：固定资产(固定资产原值)

报经批准处理时：

借：营业外支出——盘亏损失

贷:待处理财产损溢——待处理固定资产损溢

四、固定资产的列报

(一)"固定资产"项目

在资产负债表中,"固定资产"项目反映全部固定资产的账面价值,根据"固定资产"账户的期末余额减去"累计折旧"账户和"固定资产减值准备"账户期末余额后的净额列示。

(二)"在建工程"项目

在资产负债表中,"在建工程"项目反映全部在建工程的账面价值,根据在建工程账户的期末余额减去在建工程减值准备后的净额列示。

(三)"持有待售非流动资产"项目

在资产负债表中,"持有待售非流动资产"项目反映近期准备出售的非流动资产。企业待售的固定资产,应将其账面价值在"持有待售非流动资产"项目中列示。

【案例分析】

注册会计师李文审计甲公司20×9年度会计报表时,了解到该公司固定资产的期末计价采用成本与可变现净值孰低法,20×9年末该公司部分固定资产有关资料及会计处理情况是:

1. 设备A:账面原值40万元,累计折旧4万元,减值准备为零,该设备生产的产品为大量的不合格品。甲公司按设备资产净值补提减值准备36万元。

2. 设备B:账面原值10万元,累计折旧零,减值准备零,该设备因长期未使用,在可预见的未来不会再使用,经认定其转让价值为1万元。甲公司全额提取减值准备。

3. 设备C:账面原值200万元,累计折旧50万元;已提取减值准备150万元,该设备上年度已遭毁损,不再具有使用价值和转让价值,在上年已全额计提减值准备,甲公司本年度又计提累计折旧2万元。

4. 设备D:账面原值30万元,累计折旧3万元,已提取减值准备2万元,该设备未发现减值迹象。甲公司从谨慎原则出发,从本年度起每年计提减值准备2万元。

案例解析:

根据《企业会计制度》的规定:

1. 对于设备A,当企业的固定资产由于使用而产生大量不合格品时,企业应当计提全额减值准备。该设备的固定资产原值40万元,已提累计折旧4万元,净值为36万元,所以甲公司补提36万元的减值准备是正确的。

2. 对于设备B,只有当企业的固定资产由于长期闲置不用,在可预见的未来不会再使用，且无转让价值的情况下，方可全额计提减值准备，而甲公司的该设备虽然由于闲置不用已无使用价值，但仍有转让价值1万元，因此，不符合全额计提减值准备的条件，甲公司全额计提减值准备的做法将会使企业的费用多计、利润少计、固定资产的价值虚减。应冲回所计提的减值准备，同时考虑该项调整对当期利润及所得税的影响。

3. 对于设备C，企业的固定资产在遭受毁损，以至于不再具有使用价值和转让价值时，应在按规定程序核准报废处理前，全额计提减值准备。而且在对资产计提了全额减值准备后不再计提折旧，应及时对其进行处理。甲公司不仅未对此设备进行处理，反而计提了2万元的累计折旧。此做法将会使企业费用虚计、利润少计。注册会计师应建议首先将计提的累计折旧冲回，并按规定程序处理该设备，同时考虑该项调整对当期利润及所得税的影响。

4. 对于设备D，如果企业的固定资产无任何减值的迹象，不能擅自计提减值准备。甲公司这种做法将会使企业的费用多计、利润少计、资产的价值虚减。所以，注册会计师应建议调整冲回，同时考虑该项调整对当期利润及所得税的影响。

【复习思考及实务训练】

一、名词解释

固定资产　　固定资产折旧　　直线折旧法　　年数总和法　　双倍余额递减法　　固定资产清理

二、简答题

1. 什么是固定资产折旧？影响折旧的主要因素有哪些？
2. 判断固定资产发生减值有哪些迹象？
3. 简述固定资产折旧的直线法和加速折旧法的特点及优缺点。

三、选择题

1. 下列各项中，不应计入一般纳税人生产用固定资产入账价值的是（　　）。

A. 达到预定可使用状态以前的利息费用

B. 购置固定资产发生的运输费

C. 购置过程中固定资产的增值税

D. 改良过程中领用的材料

2. 计提固定资产折旧时，可先不考虑固定资产残值的计算方法是（　　）。

A. 平均年限法　　B. 工作量法

C. 双倍余额递减法　　D. 年数总和法

3. 某企业20×6年9月30日自行建造的一条生产线投入使用，该生产线建造成本为740万元，预计使用年限为5年，预计净残值为20万元。在采用年数总和法计提折旧的情况下，20×7年该设备应计提的折旧额为(　　)万元。

A. 180　　B. 192　　C. 240　　D. 228

4. 某企业对原有仓库进行改建，账面原值为6 000万元，已提折旧1 200万元，改建过程中，发生各项支出2 300万元，变价收入100万元。则该企业改建后的仓库账面价值应为(　　)万元。

A. 7 000　　B. 7 100　　C. 8 200　　D. 8 400

5. 对在建工程项目发生的净损失，如为非常损失造成的报废或毁损，应将其净损失计入当期(　　)。

A. 在建工程　　B. 固定资产　　C. 管理费用　　D. 营业外支出

6. 企业取得固定资产出售收入时，应贷记的科目是(　　)。

A. 固定资产　　B. 累计折旧

C. 固定资产清理　　D. 营业外收入

7. 下列关于企业自营固定资产会计处理的表述中，正确的是(　　)。

A. 为使固定资产达到预定可使用状态发生的临时设施费、公证费应计入当期损益

B. 建造过程中领用自产产品的，应按照产品的预计售价转入所建工程成本

C. 自营建造过程中发生的工程物资盘亏应计入在建工程成本中

D. 达到预定可使用状态但尚未办理竣工决算的，不计提折旧

8. 某公司20×8年3月31日与甲公司签订一项不可撤销的销售合同，将其不再使用的厂房转让给甲公司。合同约定，厂房转让价格为4 300万元，该厂房所有权的转移手续将于20×9年2月10日前办理完毕。该公司厂房系20×3年9月达到预定可使用状态并投入使用，成本为8 100万元，预计使用年限为10年，预计净残值为100万元，采用年限平均法计提折旧，至20×8年3月31日签订销售合同时未计提减值准备。则该公司在20×8年对该厂房应计提的折旧额及应计入资产减值损失的金额分别为(　　)。

A. 200万元，200万元　　B. 200万元，300万元

C. 800万元，200万元　　D. 800万元，300万元

9. 某企业为增值税一般纳税人，购入一台需要安装的生产设备，取得的增值税专用发票上注明的设备买价为40 000元，增值税税额为5 200元，支付的运杂费为1 000元，设备安装时领用工程材料账面成本1 000元，设备安装时支付有关人员工资1 500元。该固定资产的成本为(　　)元。

A. 43 500　　B. 43 600　　C. 43 670　　D. 50 470

10. 关于弃置费用的理解，下列说法中不正确的是(　　)。

A. 对于特殊行业的固定资产，确定固定资产的初始入账成本时需要考虑弃置费用

B. 一般情况下，弃置费用需要按照现值计入固定资产的入账价值，同时确认预计负债

C. 在固定资产的使用年限内，应按照预计负债的摊余成本和实际利率确认利息费用并计入固定资产成本

D. 一般企业固定资产的报废清理发生的费用不属于弃置费用，应在实际发生时作为固定资产处置费用处理

【参考答案】

1. C　2. C　3. D　4. A　5. D　6. C　7. C　8. A　9. A　10. C

四、计算及实务题

1. 公司某项固定资产原值为400 000元，预计净残值率为 5%，使用寿命为 5 年。

要求：分别按平均年限法、双倍余额递减法和年数总和法计算各年的折旧额。

2. 企业有关自行建造机器设备的经济业务如下：

(1)20×8 年 4 月领用原材料一批，价值30 000元，增值税税率 13%，购进该批原材料时支付的进项税额3 900元已经抵扣。

(2)4 月领用本企业产品一批，账面价值10 000元，对外售价12 000元，支付建造人员工资 10 000 元。

(3)5 月份机器设备建造完毕，交付使用。

要求：编制相关会计分录。

3. 某公司为增值税一般纳税人，适用的增值税率为 13%，假定不考虑其他相关税费。20×4 年至 20×8 年有关固定资产业务的资料如下：①20×4 年 12 月 10 日，购买尚需安装的新设备一台，该设备买价为2 000万元，增值税 260 万元，用银行存款支付。②在该设备安装过程中，发生安装人员工资 119 万元。20×4 年 12 月 31 日该设备安装完工并交付使用。③该设备预计使用年限为 5 年，预计净残值 19 万元，采用年数总和法计提折旧。④20×6 年 12 月 31 日，对该设备进行减值测试，预计其继续持有获得的未来现金流量的现值 829 万元作为可收回金额。⑤20×8 年 5 月 12 日将该设备出售，收到价款 367.25 万元并存入银行，另以银行存款支付清理费用 3 万元。

要求：

(1)编制购买设备时的会计分录。

(2)编制安装过程中发生的安装工人工资费用时的会计分录。

(3)编制交付使用时的会计分录。

(4)计算该设备 20×5 年、20×6 年应计提的折旧额。

(5)计算该设备 20×7 年应计提的折旧额(假定该设备计提减值准备后的预计使用年

限和预计净残值不变)。

(6)计算 20×8 年出售该设备所产生的净损益并编制出售该设备的会计分录。

【参考答案】

1.(1)平均年限法

年折旧率=(1－5%)/5×100%=19%

年折旧额=400 000×19%=76 000(元)

(2)双倍余额递减法

年折旧率=2/5×100%=40%

第一年应提折旧额=400 000×40%=160 000(元)

第二年应提折旧额=(400 000－160 000)×40%=96 000(元)

第三年应提折旧额=(240 000－96 000)×40%=57 600(元)

从第四年起改按平均年限法(直线法)计提折旧:

第四、第五年的年折旧额=(86 400－400 000×5%)/2=33 200(元)

(3)年数总和法

固定资产净额=400 000－400 000×5%=380 000(元)

第一年应提折旧额=380 000×(5/15)=126 666.67(元)

第二年应提折旧额=380 000×(4/15)=101 333.33(元)

第三年应提折旧额=380 000×(3/15)=76 000(元)

第四年应提折旧额=380 000×(2/15)=50 666.67(元)

第五年应提折旧额=380 000×(1/15)=25 333.33(元)

2.(1)领用原材料

借:在建工程	30 000	
贷:工程物资		30 000

(2)领用产品和计提人工费用建造固定资产

借:在建工程	21 560	
贷:库存商品		10 000
应付职工薪酬		10 000
应交税费——应交增值税(销项税额)		1 560

(3)机器设备完毕交付使用

借:固定资产	51 560	
贷:在建工程		51 560

3.(单位:万元)

(1)借:在建工程	2 000	

应交税费——应交增值税(进项税额)　260
　贷:银行存款　2 260

(2)借:在建工程　119
　贷:银行存款　119

(3)借:固定资产　2 119
　贷:在建工程　2 119

(4)计算该设备 20×5 年、20×6 年应计提的折旧额

20×5 年折旧率＝5/15

20×5 年应计提的折旧额＝(2 119－19)×5/15＝700(万元)

20×6 年折旧率＝4/15

20×6 年应计提的折旧额＝(2 119－19)×4/15＝560(万元)

(5)计算该设备 20×7 年应计提的折旧额

20×6 年应计提的减值准备＝(2 119－700－560)－829＝30(万元)

20×7 年折旧率＝3/15

20×7 年应计提的折旧额＝(829－19)×3/15＝162(万元)

(6)20×8 年折旧率＝2/15

20×8 年应计提的折旧额＝(829－19)×2/15×6/12＝54(万元)

出售该设备产生的净损失＝622＋3－325＝300(万元)

借:固定资产清理　613
　累计折旧　1 476
　固定资产减值准备　30
　贷:固定资产　2 119

借:固定资产清理　3
　贷:银行存款　3

借:银行存款　367.25
　贷:固定资产清理　325
　　应交税费——应交增值税(销项税额)　42.25

借:固定资产处置损益　291
　贷:固定资产清理　291

第八章　无形资产

【学习目标】

- 理解无形资产的含义和特点
- 掌握无形资产的初始计量
- 掌握内部研究开发形成的无形资产的会计处理
- 掌握使用寿命有限的无形资产摊销及其会计处理
- 掌握无形资产的处置

【思维导图】

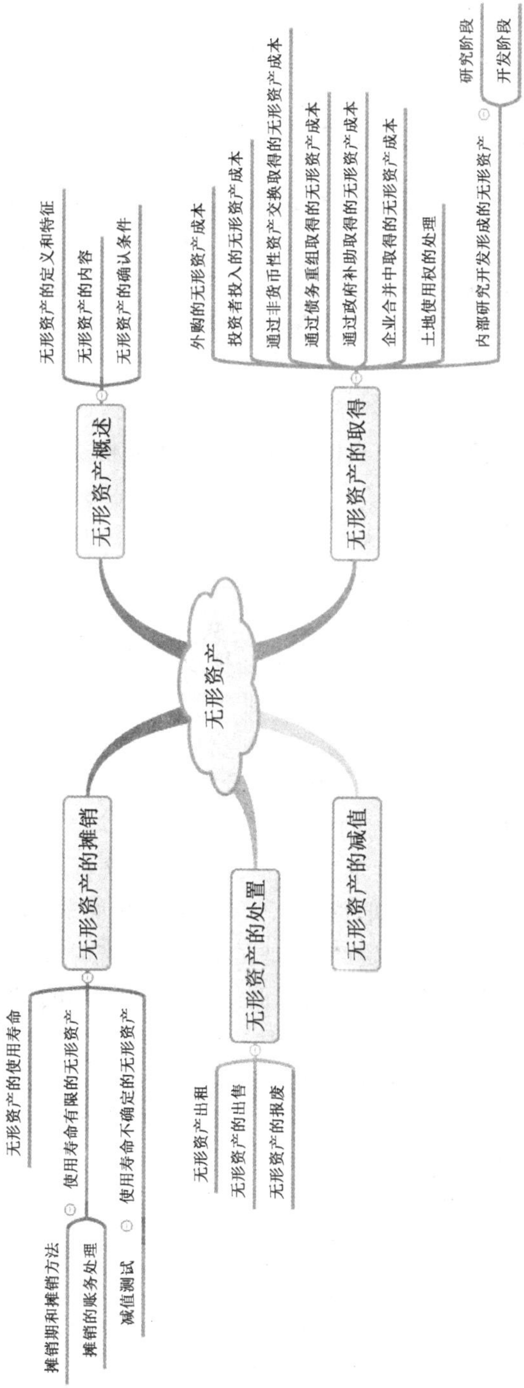

图 8-1　思维导图

第一节　无形资产概述

一、无形资产的定义及特征

无形资产是指企业拥有或者控制的没有实物形态的可辨认非货币性资产。无形资产具有以下特征。

（一）由企业拥有或者控制并能为其带来未来经济利益的资源

无形资产作为一项资产，具有一般资产的本质特征，即由企业拥有或控制并预期能为企业带来经济利益。通常情况下，企业拥有或者控制的无形资产应当拥有其所有权并且能够为企业带来未来经济利益。但在某些情况下，如果企业有权获得某项无形资产产生的经济利益，同时又能约束其他人获得这些经济利益，即使企业没有拥有其所有权，也可认为企业控制了该无形资产。比如，企业自行研制的技术通过申请依法取得专利权后，在一定期限内拥有了该专利技术的法定所有权；又比如，企业与其他企业签订合约转让商标权，由于合约的签订，使商标使用权转让方的相关权利受到法律的保护。

（二）无形资产不具有实物形态

无形资产通常表现为某种权利、某项技术或是某种获取超额利润的综合能力。它们不具有实物形态，比如，土地使用权、非专利技术等。无形资产为企业带来经济利益的方式与固定资产不同，固定资产是通过实物价值的磨损和转移来为企业带来未来经济利益，而无形资产很大程度上是通过自身所具有的技术等优势为企业带来未来经济利益，不具有实物形态是无形资产区别于其他资产的特征之一。

需要指出的是，某些无形资产的存在有赖于实物载体。比如，计算机软件需要存储在介质中。但这并不改变无形资产本身不具有实物形态的特性。在确定一项包含无形和有形要素的资产是属于固定资产，还是属于无形资产时，需要通过判断来加以确定，通常以哪个要素更重要作为判断的依据。例如，计算机控制的机械工具没有特定计算机软件就不能运行时，则说明该软件是构成相关硬件不可缺少的组成部分，该软件应作为固定资产处理；如果计算机软件不是相关硬件不可缺少的组成部分，则该软件应作为无形资产核算。无论是否存在实物载体，只要将一项资产归类为无形资产，则不具有实物形态仍然是无形资产的特征之一。

（三）无形资产具有可辨认性

要作为无形资产进行核算，该资产必须是能够区别于其他资产可单独辨认的，如企业持有的专利权、非专利技术、商标权、土地使用权、特许权等。从可辨认性角度考虑，商誉是与企业整体价值联系在一起的，无形资产的定义要求无形资产是可辨认的，以便与商誉清楚地区分开来。企业合并中取得的商誉代表了购买方为从不能单独辨认并独立确认的资产中获得预期未来经济利益而付出的代价。这些未来经济利益可能产生于取得的可辨认资产之间的协同作用,也可能产生于购买者在企业合并中准备支付的、但不符合在财务报表上确认条件的资产。从计量上来讲,商誉是企业合并成本大于合并中取得的各项可辨认资产、负债公允价值份额的差额,代表的是企业未来现金流量大于每一单项资产产生未来现金流量的合计金额,其存在无法与企业自身区分开来,由于不具有可辨认性,虽然商誉也是没有实物形态的非货币性资产,但不构成无形资产。符合以下条件之一的,则认为其具有可辨认性:

第一,能够从企业中分离或者划分出来,并能单独用于出售或转让等,而不需要同时处置在同一获利活动中的其他资产,表明无形资产可辨认。某些情况下无形资产可能需要与有关的合同一起用于出售转让等,此类无形资产也视为可辨认。

第二,产生于合同性权利或其他法定权利,无论这些权利是否可以从企业或其他权利和义务中转移或者分离。如一方通过与另一方签订特许权合同而获得的特许使用权,通过法律程序申请获得的商标权、专利权等。

如果企业有权获得一项无形资产产生的未来经济利益,并能约束其他方获取这些利益,则表明企业控制了该项无形资产。例如,对于会产生经济利益的技术知识,若其受到版权、贸易协议约束(如果允许)等法定权利或雇员保密法定职责的保护,那么说明该企业控制了相关利益。客户关系、人力资源等,由于企业无法控制其带来的未来经济利益,不符合无形资产的定义,不应将其确认为无形资产。内部产生的品牌、报刊名、刊头、客户名单和实质上类似项目的支出不能与整个业务开发成本区分开来。因此,这类项目不应确认为无形资产。

(四)无形资产属于非货币性资产

非货币性资产是相对于货币性资产而言的,货币性资产是指企业持有的货币资金和将以固定或可确定的金额收取的资产。货币性资产主要有现金、银行存款、应收账款、应收票据和短期有价证券等,它们的共同特点是直接表现为固定的货币数额,或在将来收到一定货币数额的权利。非货币性资产是指除货币性资产以外的资产。无形资产由于没有发达的交易市场,一般不容易转化成现金,在持有过程中为企业带来未来经济利益的情况不确定,不属于以固定或可确定的金额收取的资产,属于非货币性资产。

二、无形资产的内容

无形资产通常包括专利权、非专利技术、商标权、著作权、特许权、土地使用权等。

(一)专利权

专利权,是指国家专利主管机关依法授予发明创造专利申请人,对其发明创造在法定期限内所享有的专有权利,包括发明专利权、实用新型专利权和外观设计专利权。发明专利权的期限为20年,实用新型专利权和外观设计专利权的期限为10年,均自申请日起计算。

（二）非专利技术

非专利技术，也称专有技术。它是指不为外界所知、在生产经营活动中已采用了的、不享有法律保护的、可以带来经济效益的各种技术和诀窍。非专利技术一般包括工业专有技术、商业贸易专有技术、管理专有技术等。非专利技术并不是专利法的保护对象，非专利技术用自我保密的方式来维持其独占性，具有经济性、机密性和动态性等特点。

（三）商标权

商标是用来辨认特定的商品或劳务的标记。商标权指专门在某类指定的商品或产品上使用特定的名称或图案的权利。经商标局核准注册的商标为注册商标，包括商品商标、服务商标和集体商标、证明商标。注册商标的有效期为10年，自核准注册之日起计算。注册商标有效期满，需要继续使用的，应当在期满前6个月内申请续展注册；在此期间未能提出申请的，可以给予6个月的宽展期。宽展期满仍未提出申请的，注销其注册商标。每次续展注册的有效期为10年。

（四）著作权

著作权又称版权，指作者对其创作的文学、科学和艺术作品依法享有的某些特殊权利。著作权包括作品署名权、发表权、修改权和保护作品完整权，还包括复制权、发行权、出租权、展览权、表演权、放映权、广播权、信息网络传播权、摄制权、改编权、翻译权、汇编权以及应当由著作权人享有的其他权利。

（五）特许权

特许权，又称经营特许权、专营权，指企业在某一地区经营或销售某种特定商品的权利，或是一家企业接受另一家企业使用其商标、商号、技术秘密等的权利。通常有两种形式，一种是由政府机构授权，准许企业使用或在一定地区享有经营某种业务的特权，如水、电、邮电通信等专营权、烟草专卖权等等；另一种指企业间依照签订的合同，有限期或无限期使用另一家企业的某些权利，如连锁店分店使用总店的名称等。

（六）土地使用权

土地使用权，指国家准许某企业在一定期间内对国有土地享有开发、利用、经营的权利。根据我国土地管理法的规定，我国土地实行公有制，任何单位和个人不得侵占、买卖或者以其他形式非法转让。企业取得土地使用权的方式大致有行政划拨取得、外购取得（例如以缴纳土地出让金方式取得）及投资者投资取得几种。通常情况下，作为投资性房地产或者作为固定资产核算的土地，按照投资性房地产或者固定资产核算；以缴纳土地出让金等方式外购的土地使用权、投资者投入等方式取得的土地使用权，作为无形资产核算。

三、无形资产的确认条件

无形资产应当在符合定义的前提下，同时满足以下两个确认条件时，才能予以确认。

(一)与该资产有关的经济利益很可能流入企业

作为无形资产确认的项目,必须满足产生的经济利益很可能流入企业。通常情况下,无形资产产生的未来经济利益可能包括在销售商品、提供劳务的收入中,或者企业使用该项无形资产而减少或节约的成本中,或体现在获得的其他利益中。例如,生产加工企业在生产工序中使用了某种知识产权,使其降低了未来生产成本。实务中,要确定无形资产创造的经济利益是否很可能流入企业,需要实施职业判断。在实施这种判断时,需要对无形资产在预计使用寿命内可能存在的各种经济因素作出合理估计,并且应当有明确的证据支持,比如,企业是否有足够的人力资源、高素质的管理队伍、相关的硬件设备、相关的原材料等来配合无形资产为企业创造经济利益,同时,更为重要的是关注一些外界因素的影响,比如是否存在相关的新技术、新产品冲击等。在实施判断时,企业的管理当局应对无形资产的预计使用寿命内存在的各种因素作出最稳健的估计。

(二)该无形资产的成本能够可靠地计量

成本能够可靠地计量是资产确认的一项基本条件。对于无形资产来说,这个条件相对更为重要。比如,企业内部产生的品牌、报刊等,因其成本无法可靠计量,不作为无形资产确认。

第二节　无形资产的取得

无形资产通常是按实际成本计量,即以取得无形资产并使之达到预定用途而发生的全部支出,作为无形资产的成本。对于不同来源取得的无形资产,其初始成本构成也不尽相同。

一、外购的无形资产成本

外购的无形资产,其成本包括购买价款、相关税费以及直接归属于使该项资产达到预定用途所发生的其他支出。其中,直接归属于使该项资产达到预定用途所发生的其他支出,包括使无形资产达到预定用途所发生的专业服务费用、测试无形资产是否能够正常发挥作用的费用等。但不包括为引入新产品进行宣传发生的广告费、管理费用及其他间接费用,也不包括无形资产已经达到预定用途以后发生的费用。

外购的无形资产,应按其取得成本进行初始计量;如果购入的无形资产超过正常信用条件延期支付价款,实质上具有融资性质的,应按所取得无形资产购买价款的现值计量其成本,现值与应付价款之间的差额作为未确认的融资费用,在付款期间内按照实际利率法确认为利息费用。

【例 8—1】 因甲公司某项生产活动需要乙公司已获得的专利技术,如果使用了该项专利技术,甲公司预计其生产能力比原先提高 20%,销售利润率增长 15%。为此,甲公司从乙公司购入一项专利权，按照协议约定以现金支付，实际支付的价款为 300 万元，并支付相关税费 1 万元和有关专业服务费用 5 万元，款项已通过银行转账支付。

分析：(1)甲公司购入的专利权符合无形资产的定义，即甲公司能够拥有或者控制该项专利技术，符合可辨认的条件，同时是不具有实物形态的非货币性资产。(2)甲公司购入的专利权符合无形资产的确认条件。首先，甲公司的某项生产活动需要乙公司已获得的专利技术，甲公司使用了该项专利技术，预计甲公司的生产能力比原先提高 20%，销售利润率增长 15%，即经济利益很可能流入；其次，甲公司购买该项专利权的成本为 300 万元，另外支付相关税费和有关专业服务费用 6 万元，即成本能够可靠计量。由此，符合无形资产的确认条件。

无形资产初始计量的成本＝300＋1＋5＝306(万元)，甲公司的账务处理如下：

借：无形资产——专利权　　　　3 060 000

　贷：银行存款　　　　3 060 000

【例 8—2】 20×5 年 1 月 8 日，甲公司从乙公司购买一项商标权，由于甲公司资金周转比较紧张，经与乙公司协议采用分期付款方式支付款项。合同规定，该项商标权总计 1 000万元，每年末付款 200 万元，5 年付清。假定银行同期贷款利率为 5%。为了简化核算，假定不考虑其他有关税费(已知 5 年期 5%利率，其年金现值系数为4. 329 5)。

甲公司的账务处理如下(见表 8—1)：

表 8—1　　未确认的融资费用　　金额单位：万元

年份	融资余额	利率	本年利息 融资余额×利率	付款	还本付款—利息	未确认融资费用 上年余额—本年利息
0	865.90					134.10
1	709.20	0.05	43.30	200.00	156.70	90.80
2	544.66	0.05	35.46	200.00	164.54	55.34
3	371.89	0.05	27.23	200.00	172.77	28.11
4	190.48	0.05	18.59	200.00	181.41	9.52
5	0.00	0.05	9.52	200.00	190.48	0.00
合计			134.10	1 000.00	865.90	

无形资产现值＝1 000×20%×4. 329 5＝865. 9(万元)

未确认的融资费用＝1 000－865. 9＝134. 1(万元)

借：无形资产——商标权　　　　8 659 000

　　未确认融资费用　　　　1 341 000

　贷：长期应付款　　　　10 000 000

20×5 年年底付款时：

借：长期应付款	2 000 000	
贷：银行存款		2 000 000
借：财务费用	433 000	
贷：未确认融资费		433 000

20×6 年年底付款时：

借：长期应付款	2 000 000	
贷：银行存款		2 000 000
借：财务费用	354 600	
贷：未确认融资费用		354 600

20×7 年年底付款时：

借：长期应付款	2 000 000	
贷：银行存款		2 000 000
借：财务费用	272 300	
贷：未确认融资费用		272 300

20×8 年年底付款时：

借：长期应付款	2 000 000	
贷：银行存款		2 000 000
借：财务费用	185 900	
贷：未确认融资费用		185 900

20×9 年年底付款时：

借：长期应付款	2 000 000	
贷：银行存款		2 000 000
借：财务费用	95 200	
贷：未确认融资费用		95 200

二、投资者投入的无形资产成本

投资者投入的无形资产的成本，应当按照投资合同或协议约定的价值确定无形资产的取得成本。如果投资合同或协议约定价值不公允的，应按无形资产的公允价值作为无形资产初始成本入账。

三、通过非货币性资产交换取得的无形资产成本

企业通过非货币性资产交换取得的无形资产，包括以投资、存货、固定资产或无形资产换入的无形资产等。非货币性资产交换具有商业实质且公允价值能够可靠计量的，在

发生补价的情况下，支付补价方应当以换出资产的公允价值加上支付的补价（即换入无形资产的公允价值）和应支付的相关税费，作为换入无形资产的成本；收到补价方，应当以换入无形资产的公允价值（或换出资产的公允价值减去补价）和应支付的相关税费，作为换入无形资产的成本。

四、通过债务重组取得的无形资产成本

通过债务重组取得的无形资产，是指企业作为债权人取得的债务人用于偿还债务的非现金资产，且企业作为无形资产管理的资产。通过债务重组取得的无形资产成本，应当以其公允价值入账。

五、通过政府补助取得的无形资产成本

通过政府补助取得的无形资产成本，应当按照公允价值计量；公允价值不能可靠取得的，按照名义金额计量。

六、土地使用权的处理

企业取得的土地使用权，通常应当按照取得时所支付的价款及相关税费确认为无形资产。土地使用权用于自行开发建造厂房等地上建筑物时，土地使用权的账面价值不与地上建筑物合并计算其成本，而仍作为无形资产进行核算，土地使用权与地上建筑物分别进行摊销和提取折旧。但下列情况除外：

(1)房地产开发企业取得的土地使用权用于建造对外出售的房屋建筑物，相关的土地使用权应当计入所建造的房屋建筑物成本。

(2)企业外购的房屋建筑物，实际支付的价款中包括土地以及建筑物的价值，则应当对支付的价款按照合理的方法（例如，公允价值比例）在土地和地上建筑物之间进行分配；如果确实无法在地上建筑物与土地使用权之间进行合理分配的，应当全部作为固定资产，按照固定资产确认和计量的规定进行处理。

企业改变土地使用权的用途，将其用于出租或增值目的时，应将其转为投资性房地产。

【例 8—3】 20×8 年 1 月 1 日，A 股份有限公司购入一块土地的使用权，以银行存款转账支付 8 000 万元，并在该土地上自行建造厂房等工程，发生材料支出 12 000 万元，工资费用 8 000 万元，其他相关费用 10 000 万元等。该工程已经完工并达到预定可使用状态。假定土地使用权的使用年限为 50 年，该厂房的使用年限为 25 年，两者都没有净残值，都采用直线法进行摊销和计提折旧。为简化核算，不考虑其他相关税费。

分析：A 公司购入土地使用权，使用年限为 50 年，表明它属于使用寿命有限的无形资产，在该土地上自行建造厂房，应将土地使用权和地上建筑物分别作为无形资产和固定资

产进行核算,并分别摊销和计提折旧。

A公司的账务处理如下:

(1)支付转让价款:

借:无形资产——土地使用	80 000 000	
贷:银行存款		80 000 000

(2)在土地上自行建造厂房:

借:在建工程	300 000 000	
贷:工程物资		120 000 000
应付职工薪酬		80 000 000
银行存款		100 000 000

(3)厂房达到预定可使用状态:

借:固定资产	300 000 000	
贷:在建工程		300 000 000

(4)每年分期摊销土地使用权和对厂房计提折旧:

借:管理费用	1 600 000	
制造费用	12 000 000	
贷:累计摊销		1 600 000
累计折旧		12 000 000

七、企业合并中取得的无形资产成本

企业合并中取得的无形资产,按照企业合并的分类,分别处理:

(1)同一控制下吸收合并,按照被合并企业无形资产的账面价值确认为取得时的初始成本;同一控制下控股合并,合并方在合并日编制合并报表时,应当按照被合并方无形资产的账面价值作为合并基础。

(2)非同一控制下的企业合并中,购买方取得的无形资产应以其在购买日的公允价值计量,包括:

①被购买企业原已确认的无形资产。

②被购买企业原未确认的无形资产,但其公允价值能够可靠计量,购买方就应在购买日将其独立于商誉确认为一项无形资产。例如,被购买方正在进行中的一个研究开发项目,符合无形资产的定义且其公允价值能够可靠计量,则购买方应将其独立于商誉确认为一项无形资产。

八、内部研究开发形成的无形资产

(一)研究与开发阶段的划分

对于企业自行进行的研究开发项目,应当区分研究阶段与开发阶段分别进行核算。在实务工作中,关于研究阶段与开发阶段的具体划分,应当根据企业的实际情况以及相关信息予以判断。

1. 研究阶段

研究阶段,是指为获取新的技术和知识等进行的有计划的调查,研究活动的例子包括:意于获取知识而进行的活动;研究成果或其他知识的应用研究、评价和最终选择;材料、设备、产品、工序、系统或服务替代品的研究。

研究阶段具有计划性和探索性的特点。计划性,是指研究阶段是建立在有计划的调查基础上,即研发项目已经董事会或者相关管理层批准,并着手收集相关资料、进行市场调查等。探索性,是指研究阶段基本上是探索性的,为进一步的开发活动进行资料及相关方面的准备,在这一阶段不会形成阶段性成果。

从研究活动的特点看,其研究是否能在未来形成成果,即通过开发后是否会形成无形资产均具有很大的不确定性,企业也无法证明其能够带来未来经济利益的无形资产的存在,因此,研究阶段的有关支出在发生时,应当予以费用化计入当期损益。

2. 开发阶段

开发阶段是指在进行商业性生产或使用前,将研究成果或其他知识应用于某项计划或设计,以生产出新的或具有实质性改进的材料、装置、产品等。有关开发活动的例子包括:生产前或使用前的原型和模型的设计、建造和测试;含新技术的工具、夹具、模具和冲模的设计;不具有商业性生产经济规模的试生产设施的设计、建造和运营;新的或经改造的材料、设备、产品、工序、系统或服务所选定的替代品的设计、建造和测试等。

开发阶段具有针对性和形成成果的可能性较大的特点。相对于研究阶段来讲,开发阶段很大程度上形成一项新产品或新技术的基本条件已经具备,此时如果企业能够证明满足无形资产的定义及相关确认条件,所发生的开发支出可资本化,确认为无形资产的成本。

(二)开发阶段有关支出资本化的条件

对于企业内部研究开发项目,开发阶段的支出同时满足下列条件的才能资本化,计入无形资产成本,否则应当计入当期损益。

(1)完成该无形资产以使其能够使用或出售在技术上具有可行性。企业在判断是否满足该条件时,应以目前阶段的成果为基础,说明在此基础上进一步进行开发所需的技术条件等已经具备,基本上不存在技术上的障碍或其他不确定性,企业在判断时,应提供相关的证据和材料。

(2)具有完成该无形资产并使用或出售的意图。开发某项产品或专利技术产品等,是使用或出售通常根据管理当局决定该项研发活动的目的或者意图所决定,即研发项目形成成果以后,是为出售,还是为自己使用并从使用中获得经济利益,应当以管理当局意图而定。因此,企业的管理当局应能够说明其持有拟开发无形资产的目的,并具有完成该项无形资产开发并使其能够使用或出售的可能性。

(3)无形资产产生经济利益的方式,包括能够证明运用该无形资产生产的产品存在市场或无形资产自身存在市场,无形资产将在内部使用的,应当证明其有用性。

(4)有足够的技术、财务资源和其他资源支持,以完成该无形资产的开发,并有能力使用或出售该无形资产。

(5)归属于该无形资产开发阶段的支出能够可靠地计量。

(三)内部开发的无形资产的计量

内部研发活动形成的无形资产成本,由可直接归属于该资产的创造、生产并使该资产能够以管理层预定的方式运作的所有必要支出组成。可直接归属成本包括:开发该无形资产时耗费的材料、劳务成本、注册费、在开发该无形资产过程中使用的其他专利权和特许权的摊销,以及按照借款费用的处理原则可资本化的利息支出。在开发无形资产过程中发生的除上述可直接归属于无形资产开发活动的其他销售费用、管理费用等间接费用,无形资产达到预定用途前发生的可辨认的无效和初始运作损失,为运行该无形资产发生的培训支出等不构成无形资产的开发成本。

值得说明的是,内部开发无形资产的成本仅包括在满足资本化条件的时点至无形资产达到预定用途前发生的支出总和,对于同一项无形资产在开发过程中达到资本化条件之前已经费用化计入当期损益的支出不再进行调整。

(四)内部研究开发费用的会计处理

企业自行开发无形资产发生的研发支出,不满足资本化条件的,借记“研发支出——费用化支出”科目,满足资本化条件的,借记“研发支出——资本化支出”科目,贷记“原材料”“银行存款”“应付职工薪酬”等科目。期末,应将不符合资本化条件的研发支出转入当期损益,借记“管理费用”科目,贷记“研发支出——费用化支出”科目。研究开发项目达到预定用途形成无形资产的,应按“研发支出——资本化支出”科目的余额,借记“无形资产”科目,贷记“研发支出——资本化支出”科目。

企业以其他方式取得的正在进行中的研究开发项目,应按确定的金额,借记“研发支出——资本化支出”科目,贷记“银行存款”等科目。

企业为享受《关于完善研究开发费用税前加计扣除政策的通知》中有关研究开发费用加计扣除优惠政策,可以对享受加计扣除的研究开发费用按研发项目设置辅助账,归集核算当年可加计扣除的各项研究开发费用实际发生额。

【例 8—4】 20×8 年 1 月 1 日,甲公司经董事会批准研发某项新产品专利技术,该公司董事会认为，研发该项目具有可靠的技术和财务等资源的支持，并且一旦研发成功将降低该公司生产产品的生产成本。该公司在研究开发过程中发生材料费 5 000 万元、人工工资 1 000 万元，以及其他费用 4 000 万元，总计 10 000 万元，其中，符合资本化条件的支出为 6 000 万元。20×8 年 12 月 31 日，该专利技术已经达到预定用途。

分析：首先，甲公司经董事会批准研发某项新产品专利技术，并认为完成该项新型技术无论从技术上还是财务等方面能够得到可靠的资源支持，并且一旦研发成功将降低公司的生产成本，因此，符合条件的开发费用可以资本化。其次，甲公司在开发该项新型技术时，累计发生 10 000 万元的研究与开发支出，其中符合资本化条件的开发支出为 6 000 万元，其符合"归属于该无形资产开发阶段的支出能够可靠地计量"的条件。

甲公司的账务处理如下：

(1)发生研发支出：

借：研发支出——费用化支出	40 000 000	
——资本化支出	60 000 000	
贷：原材料		50 000 000
应付职工薪酬		10 000 000
银行存款		40 000 000

(2)20×8 年 12 月 31 日，该专利技术已经达到预定用途：

借：管理费用	40 000 000	
无形资产	60 000 000	
贷：研发支出——费用化支出		40 000 000
——资本化支出		60 000 000

第三节　无形资产的摊销

一、无形资产的使用寿命

无形资产初始确认和计量后，在其后使用该项无形资产期间内应以成本减去累计摊销额和累计减值损失后的余额计量。使用寿命有限的无形资产才需要在估计使用寿命内采用系统合理的方法进行摊销，对于使用寿命不确定的无形资产则不需要摊销，但每年应进行减值测试。要确定无形资产在使用过程中的累计摊销额，基础是估计其使用寿命。

(一)估计无形资产的使用寿命

无形资产的使用寿命包括法定寿命和经济寿命两个方面。有些无形资产的使用寿命受法律、规章或合同的限制，称为法定寿命；经济寿命则是指无形资产可以为企业带来经济利益的年限。估计无形资产使用寿命应考虑的主要因素包括以下方面：

(1)该资产通常的产品寿命周期,以及可获得的类似资产使用寿命的信息;

(2)技术、工艺等方面的现实情况及对未来发展的估计;

(3)以该资产在该行业运用的稳定性和生产的产品或服务的市场需求情况;

(4)现在或潜在的竞争者预期采取的行动;

(5)为维持该资产产生未来经济利益的能力所需要的维护支出,以及企业预计支付有关支出的能力;

(6)对该资产的控制期限,以及对该资产使用的法律或类似限制,如特许使用期间、租赁期间等;

(7)与企业持有的其他资产使用寿命的关联性等。

(二)无形资产使用寿命的确定

(1)源自合同性权利或其他法定权利取得的无形资产,其使用寿命通常不应超过合同性或其他法定权利的期限。例如,企业以支付土地出让金方式取得一块土地50年的使用权,如果企业准备持续持有,在50年期间内没有计划出售,则该项土地使用权预期为企业带来未来经济利益的期间为50年。但如果企业使用资产的预期期限短于合同性权利或其他法定权利规定的期限,则应当按照企业预期使用的期限来确定使用寿命。

(2)没有明确的合同或法律规定无形资产的使用寿命的,企业应当综合各方面情况,例如企业经过努力,聘请相关专家进行论证、与同行业的情况进行比较以及参考企业的历史经验等,来确定无形资产为企业带来未来经济利益的期限。如果经过这些努力,仍确实无法合理确定无形资产为企业带来经济利益的期限的,才能将该无形资产作为使用寿命不确定的无形资产。

(三)无形资产使用寿命的复核

企业至少应当于每年年度终了,对无形资产的使用寿命及摊销方法进行复核,如果有证据表明无形资产的使用寿命及摊销方法不同于以前的估计,如由于合同的续约或无形资产应用条件的改善,延长了无形资产的使用寿命,则对于使用寿命有限的无形资产,应改变其摊销年限及摊销方法,并按照会计估计变更进行处理。

对于使用寿命不确定的无形资产,如果有证据表明其使用寿命是有限的,则应视为会计估计变更,应当估计其使用寿命并按照使用寿命有限的无形资产的处理原则进行处理。

二、使用寿命有限的无形资产

使用寿命有限的无形资产,应在其预计的使用寿命内采用系统合理的方法对应摊销金额进行摊销。应摊销金额,是指无形资产的成本扣除残值后的金额。已计提减值准备的无形资产,还应扣除已计提的无形资产减值准备累计金额。使用寿命有限的无形资产,其残值一般应当视为零。

（一）摊销期和摊销方法

无形资产的摊销期自其可供使用（即其达到预定用途）时起至终止确认时止。当月增加的无形资产，当月开始摊销；当月减少的无形资产，当月不再摊销。

在无形资产的使用寿命内系统地分摊其应摊销金额，存在多种方法。这些方法包括直线法、产量法等。企业选择的无形资产摊销方法，应当能够反映与该项无形资产有关的经济利益的预期实现方式，并一致地运用于不同会计期间。例如，受技术陈旧因素影响较大的专利权和专有技术等无形资产，可采用类似固定资产加速折旧的方法进行摊销；有特定产量限制的特许经营权或专利权，应采用产量法进行摊销。无法可靠确定其预期实现方式的，应当采用直线法进行摊销。

（二）使用寿命有限的无形资产摊销的账务处理

无形资产的摊销一般应计入当期损益，但如果某项无形资产是专门用于生产某种产品或者其他资产，其所包含的经济利益是通过转入到所生产的产品或其他资产中实现的，则无形资产的摊销费用应当计入相关资产的成本。例如，某项专门用于生产过程中的专利技术，其摊销费用应构成所生产产品成本的一部分，计入制造该产品的制造费用。

【例 8—5】 20×6 年 1 月 1 日，A 公司从外单位购得一项非专利技术，支付价款 5 000万元，款项已支付，估计该项非专利技术的使用寿命为 10 年，该项非专利技术用于产品生产；同时，购入一项商标权，支付价款 3 000 万元，款项已支付，估计该商标权的使用寿命为 15 年。假定这两项无形资产的净残值均为零，并按直线法摊销。

A 公司的账务处理如下：

（1）取得无形资产时：

借：无形资产——非专利技术　　50 000 000

　　　　　——商标权　　30 000 000

　贷：银行存款　　80 000 000

（2）按年摊销时：

借：制造费用——非专利技术　　5 000 000

　管理费用——商标权　　2 000 000

　贷：累计摊销　　7 000 000

如果 A 公司 20×7 年 12 月 31 日根据科学技术发展的趋势判断，20×6 年购入的该项非专利技术在 4 年后将被淘汰，不能再为企业带来经济利益，决定对其再使用 4 年后不再使用。为此，A 公司应当在 20×7 年 12 月 31 日据此变更该项非专利技术的估计使用寿命，并按会计估计变更进行处理。

20×7 年 12 月 31 日该项无形资产累计摊销金额为 1 000 万元（500×2），20×8 年该项无形资产的摊销金额为 1 000 万元[（5 000－1 000）/4]。A 公司 20×8 年对该项非专利技术按年摊销的账务处理如下：

借:制造费用——非专利技术 10 000 000

贷:累计摊销 10 000 000

三、使用寿命不确定的无形资产

对于使用寿命不确定的无形资产,在持有期间内不需要摊销,但应当在每个会计期间进行减值测试。其减值测试的方法按照资产减值的原则进行处理,如经减值测试表明已发生减值,则需要计提相应的减值准备,其相关的账务处理为:借记“资产减值损失”科目,贷记“无形资产减值准备”科目。

【例 8—6】 20×8 年 1 月 1 日,A 公司购入一项市场领先的畅销产品的商标的成本为 6 000 万元,该商标按照法律规定还有 5 年的使用寿命,但是在保护期届满时,A 公司可每 10 年以较低的手续费申请延期,同时,A 公司有充分的证据表明其有能力申请延期。此外,有关的调查表明,根据产品生命周期、市场竞争等方面情况综合判断,该商标将在不确定的期间内为企业带来现金流量。

根据上述情况,该商标可视为使用寿命不确定的无形资产,在持有期间内不需要进行摊销。

20×9 年年底,A 公司对该商标按照资产减值的原则进行减值测试,经测试表明该商标已发生减值。20×9 年年底,该商标的公允价值为 4 000 万元。

则 A 公司的账务处理如下:

(1)20×8 年购入商标时:

借:无形资产——商标权 60 000 000

贷:银行存款 60 000 000

(2)20×9 年发生减值时:

借:资产减值损失 20 000 000

贷:无形资产减值准备——商标权 20 000 000

第四节 无形资产的减值

无形资产在资产负债表日存在可能发生减值的迹象时,其可收回金额低于账面价值的,企业应当将该无形资产的账面价值减记至可收回金额,减记的金额确认为减值损失,计入当期损益,同时计提相应的资产减值准备。企业按照应减记的金额,借记“资产减值损失”科目,贷记“无形资产减值准备”科目。

需要强调的是,根据《企业会计准则第 8 号——资产减值》的规定,企业无形资产减值损失一经确认,在以后会计期间不得转回。

例如,20×8 年 12 月 31 日,市场上某项技术生产的产品销售势头较好,已对甲公司产品的销售产生重大不利影响，甲公司外购的类似专利技术的账面原值为 1 600 万元，摊销年限为 10 年，已摊销年限为 5 年，采用直线法摊销。经减值测试，该专利技术的可收回金额为 750 万元。则甲公司可收回金额低于账面价值 800 万元(1 600－1 600/10×5)，应按差额 50 万元计提减值准备。甲公司应编制会计分录：

借：资产减值损失　　500 000

　贷：无形资产减值准备　　500 000

第五节　无形资产的处置

无形资产的处置，主要是指无形资产出售、对外出租、对外捐赠，或者是无法为企业带来未来经济利益时，应予终止确认并转销。

一、无形资产出租

企业让渡无形资产的使用权并收取租金，在满足收入确认条件的情况下，应确认相关的收入及成本。出租无形资产取得的租金收入，借记“银行存款”等科目，贷记“其他业务收入”等科目；摊销出租无形资产的成本并发生与转让有关的各种费用支出时，借记“其他业务成本”“税金及附加”科目，贷记“累计摊销”“应交税费”科目。

【例 8－7】 20×9 年 1 月 1 日，甲公司将某商标权出租给乙公司使用，租期为 4 年，每年收取不含税租金150 000元，应缴纳的增值税为 9 000 元(适用增值税税率为 6%)。在出租期间内甲公司不再使用该商标权。该商标权系甲公司 20×8 年 1 月 1 日购入的，初始入账价值为1800 000元，预计使用年限为 15 年，采用直线法推销。假定按年摊销商标权，且不考虑增值税以外的其他相关税费。

甲公司的账务处理为：

(1)每年取得租金。

借：银行存款　　159 000

　贷：其他业务收入——出租商标权　　150 000

　　应交税费——应交增值税(销项税额)　　9 000

(2)按年对该商标权进行摊销。

借：其他业务成本——商标权摊销　　120 000

　贷：累计摊销　　120 000

二、无形资产的出售

企业出售某项无形资产，表明企业放弃无形资产的所有权，应将所取得的价款与该无形资产账面价值的差额作为资产处置利得或损失，计入当期损益。但值得注意的是，企业出售无形资产确认其利得的时点，应按照收入确认中的有关原则进行确定。

出售无形资产时，应按实际收到的金额，借记“银行存款”等科目，按已计提的累计摊销，借记“累计摊销”科目，原已计提减值准备的，借记“无形资产减值准备”科目，按应支付的相关税费，贷记“应交税费”等科目，按其账面余额，贷记“无形资产”科目，按其差额，贷记或借记“资产处置损益”科目。

【例 8—8】 甲企业为增值税一般纳税人，出售一项商标权，所得的不含税价款为1 200 000元，应缴纳的增值税为72 000元(适用增值税税率为6%，不考虑其他税费)。该商标权成本为3 000 000元，出售时已摊销金额为1 800 000元，已计提的减值准备为300 000元。

甲企业的账务处理为：

借：银行存款	1 272 000	
累计摊销	1 800 000	
无形资产减值准备——商标权	300 000	
贷：无形资产——商标权		3 000 000
应交税费——应交增值税(销项税额)		72 000
资产处置损益		300 000

三、无形资产的报废

如果无形资产预期不能为企业带来未来经济利益，例如，该无形资产已被其他新技术所替代或超过法律保护期，不能再为企业带来经济利益的，则不再符合无形资产的定义，应将其报废并予以转销，其账面价值转作当期损益。转销时，应按已计提的累计摊销，借记“累计摊销”科目；按其账面余额，贷记“无形资产”科目；按其差额，借记“营业外支出”科目。已计提减值准备的，还应同时结转减值准备。

【例 8—9】 D企业拥有某项专利技术，根据市场调查，用其生产的产品已没有市场，决定应予转销。转销时，该项专利技术的账面成本为600万元，摊销期限为10年，采用直线法进行摊销，已累计摊销300万元，假定该项专利权的残值为零，已累计计提的减值准备为160万元，假定不考虑其他相关因素。

则D公司的账务处理如下：

借：累计摊销	3 000 000	
无形资产减值准备	1 600 000	
营业外支出——处置非流动资产损失	1 400 000	
贷：无形资产——专利权		6 000 000

【案例分析】

甲公司为从事土地开发与建设业务的股份有限公司，其对无形资产土地使用权采用直线法摊销。与土地使用权相关的交易或事项如下：

(1)2017 年 1 月 10 日，甲公司以出让方式取得一宗土地使用权——A 地块，实际成本为14 000万元，预计使用 70 年。2017 年 7 月 1 日，甲公司在该地块上开始建设一住宅小区，建成后对外出售。至 2017 年 12 月 31 日，住宅小区尚未完工。甲公司将取得的 A 地块按照取得时的实际成本14 000万元确认为无形资产，并分期摊销。同时，将住宅小区所在地块的土地使用权在建设期间的摊销金额计入住宅小区开发成本。

(2)2017 年 1 月 15 日，甲公司以转让方式取得一宗土地使用权——B 地块，实际成本为3 000万元，预计使用 50 年，取得当月，甲公司在地块上开工建地办公。甲公司将在建办公楼所在地块的土地使用权按照取得时的成本3 000万元计入了在建工程成本。至 2017 年 12 月 31 日，办公尚未达到可使用状态，实际发生工程成本5 000万元(不含土地使用权的价值)。2017 年年末，甲公司在资产负债表中列示的在建工程项目的金额为8 000万元。

要求：

1. 分析判断甲公司对土地使用权——A 地块的会计处理是否正确，并说明理由。

2. 分析判断甲公司对土地使用权——B 地块的会计处理是否正确，并说明理由。

3. 分析判断甲公司对在建办公楼在资产负债表中列示的金额是否正确，如不正确，说明正确的列示项目和金额。

案例解析：

1. 甲公司对土地使用权——A 地块的会计处理不正确。

理由：按照企业会计准则的规定，房地产开发企业取得的土地使用权用于建造对外出售的房屋建筑物，相关的土地使用权应当计入所建造的房屋建筑物的成本。甲公司对于用于建造住宅小区的 A 地块土地使用权，应在取得时计入开发成本。即使过了好几个月再对土地进行开发，土地使用权的价值也应计入开发成本，并不需要进行摊销。

2. 甲公司对土地使用权——B 地块的会计处理不正确。

理由：按照企业会计准则的规定，土地使用权用于自行开发建造厂房等地上建筑物时，土地使用权的账面价值不与地上建筑物合并计算其成本，而仍作为无形资产进行核算，土地使用权与地上建筑物分别进行摊销和计提折旧。因此，土地使用权——B 地块应在取得时按照实际成本3 000万元确认为无形资产，并于当月开始摊销。

3. 甲公司对在建办公楼在资产负债表中列示的金额不正确。正确的列示为：无形资产项目列示的金额为2 940万元(3 000－3 000/50)；在建工程项目列示的金额为5 000万元。

【复习思考及实务训练】

一、名词解释

无形资产　　研究阶段　　开发阶段　　商誉

二、思考题

1. 无形资产如何确认？
2. 无形资产如何进行初始计量？不同来源的无形资产的入账价值如何确定？
3. 无形资产如何进行后续计量？
4. 无形资产的出售和出租的会计处理有何不同？
5. 无形资产的减值如何确认与处理？

三、选择题

1. 下列各项中，属于本企业无形资产的是(　　)。

A. 企业自创的品牌　　B. 吸收合并中形成的商誉

C. 经营租入的专利权　　D. 企业的经营特许权

2. 下列各项关于无形资产的初始计量的表述中不正确的是(　　)。

A. 外购的无形资产，其成本包括购买价款、相关税费以及直接归属于使该项资产达到预定用途所发生的其他支出，包括为引进新产品进行宣传发生的广告费

B. 投资者投入的无形资产的成本，应当按照投资合同或协议约定的价值确定为无形资产的取得成本，但投资合同或协议约定价值不公允的，应按无形资产的公允价值作为无形资产初始成本入账

C. 通过债务重组取得的无形资产成本，应当以其公允价值入账

D. 通过政府补助取得的无形资产成本，应当按照公允价值计量，公允价值不能可靠取得的，按照名义金额计量

3. A 公司 20×8 年 3 月 1 日开始自行研发一项新工艺，3 月至 10 月发生的各项研究、调查等费用共计 200 万元；11 月研究阶段成功，进入开发阶段，支付开发人员工资 160 万元，福利费 40 万元，支付租金 40 万元，假设开发阶段支出有 60%满足资本化条件。20×8 年12 月 31 日，A 公司自行开发成功该项新工艺，并于 20×9 年 2 月 1 日依法申请了专利，支付注册费 4 万元，律师费 6 万元，3 月 1 日为运行该项资产发生的培训费 8 万元。则 A 公司无形资产的入账价值为(　　)万元。

A. 162　　B. 218　　C. 152　　D. 154

4. 企业用于出租的无形资产摊销额(出租期间,企业不再使用该无形资产),应计入(　　)。

A. 管理费用　　B. 其他业务成本

C. 营业外支出　　D. 制造费用

5. 甲公司自20×8年年初开始自行研究开发一项新专利技术,20×9年7月专利技术研发获得成功,达到预定用途。20×8年在研究开发过程中发生材料费200万元、人工工资50万元,以及其他费用30万元,共计280万元,其中,符合资本化条件的支出为200万元;20×9年在研究开发过程中发生材料费100万元(假定不考虑相关税费)、人工工资30万元,以及其他费用20万元,共计150万元,其中,符合资本化条件的支出为120万元。无形资产达到预定可使用状态后,预计使用年限为5年,采用直线法摊销,预计净残值为0。假设企业于每年年末或开发完成时对不符合资本化条件的开发支出转入管理费用,则对20×9年损益的影响金额为(　　)万元。

A. −110　　B. −94　　C. −30　　D. −62

6. 20×9年6月1日,英明公司将其拥有的某项专利技术出售给科贸公司,该专利技术于20×7年3月1日自主研发形成,该专利技术的入账价值为500万元,该专利技术用于生产产品。至出售日,已计提累计摊销50万元,计提减值准备50万元,出售取得价款为600万元,假定该专利技术生产的产品全部尚未销售。不考虑其他因素,英明公司从持有到出售期间,影响利润总额的金额为(　　)万元。

A. 170　　B. 150　　C. 200　　D. 100

7. 2×18年1月1日,甲公司将一项专利权用于对外出租,年租金100万元。已知该项专利权的原值为1 000万元,预计该项专利权的使用寿命为10年,已使用3年,预计净残值为零,采用直线法摊销。2×18年12月31日,甲公司估计该项专利权的可收回金额为545万元。不考虑其他因素,则甲公司2×18年度因该项专利权影响利润总额的金额为(　　)万元。

A. −155　　B. 55　　C. 45　　D. −55

8. 关于无形资产的摊销,下列各项会计处理中正确的是(　　)。

A. 企业选择的无形资产摊销方法,应当反映与该项无形资产有关的经济利益的预期消耗方式;无法可靠确定预期消耗方式的,不应摊销

B. 出租无形资产的摊销应冲减其他业务收入

C. 用于生产产品的专利权的摊销应计入产品成本

D. 用于研发另一项无形资产的专利权的摊销计入管理费用

9. 下列关于无形资产会计处理的表述中,正确的是(　　)。

A. 当月增加的使用寿命有限的无形资产从下月开始摊销

B. 无形资产摊销方法应当反映其经济利益的预期实现方式

C. 价款支付具有融资性质的无形资产以总价款确定初始成本

D. 使用寿命不确定的无形资产应采用年限平均法按 10 年摊销

10. 20×8 年 1 月 5 日某公司外购一项商标权入账金额为 500 万元，无残值，采用生产总量法计提摊销，根据合同约定使用该商标权可以生产 500 万件甲产品。20×8 年全年生产甲产品 15 万件。20×8 年 12 月 31 日该商标权的公允价值为 400 万元，预计处置费用为 5 万元，其预计未来现金流量的现值为 380 万元。则在 20×8 年 12 月 31 日资产负债表中“无形资产”项目应填列的金额为(　　)万元。

A. 485　　B. 400　　C. 395　　D. 380

【参考答案】

1. D　2. A　3. D　4. B　5. D　6. B　7. D　8. C　9. B　10. C

四、计算及实务题

1. 英明股份有限公司(以下简称“英明公司”)有关无形资产业务如下：

(1)20×8 年 1 月，英明公司以银行存款1 200万元购入一项土地使用权作为无形资产核算(不考虑相关税费)。该土地使用权预计使用年限为 25 年，采用直线法摊销，无残值。

(2)20×8 年 6 月，英明公司研发部门准备研究开发一项专利技术。在研究阶段，企业为了研究成果的应用研究、评价，以银行存款支付了相关费用 600 万元。

20×8 年 8 月，上述专利技术经研究具有可开发性，转入开发阶段。企业将研究成果应用于该项专利技术的设计，直接发生的研发人员工资、材料费以及相关设备折旧费分别为 800 万元、1 300万元和 200 万元，同时以银行存款支付了其他相关费用 100 万元。以上开发支出均满足无形资产的确认条件。

20×8 年 10 月，上述专利技术的研究开发项目达到预定用途，形成无形资产。英明公司预计该专利技术的使用年限为 10 年，无残值，采用直线法摊销。

20×9 年 5 月，英明公司研发的专利技术预期不能为企业带来经济利益，经批准将其予以转销。

要求：

(1)编制英明公司 20×8 年购入土地使用权以及当年摊销的会计分录，并计算英明公司 20×8 年 12 月 31 日该项土地使用权的账面价值。

(2)编制英明公司 20×8 年研发专利技术的会计分录。

(3)编制英明公司 20×9 年 5 月转销专利技术的会计分录。

2. 英明公司 20×5 年 1 月 1 日以银行存款 300 万元购入一项管理用专利权。该项无形资产的预计使用年限为 10 年，无残值，采用直线法摊销。20×8 年年末预计该项无形资产可收回金额为 100 万元，减值后预计尚可使用年限为 5 年，净残值以及摊销方法不变。另外，该公司 20×6 年 1 月内部研发成功并可供管理使用的无形资产账面价值为 150 万元，无法预见这一非专利技术为企业带来未来经济利益的期限，20×8 年年末预计其可收回金额为 130 万元，减值后预计该非专利技术尚可使用年限为 4 年，无残值，采用直线法摊销。

假设英明公司没有其他无形资产。不考虑相关税费的影响。

要求：

(1)计算英明公司 20×8 年无形资产计提减值准备的金额并编制会计分录。

(2)计算英明公司 20×9 年无形资产的摊销额，并编制会计分录。

【参考答案】(分录单位：万元)

1. (1)购入土地使用权。

借：无形资产　　1 200
　贷：银行存款　　1 200

20×8 年该土地使用权摊销额＝1 200÷25＝48(万元)

借：管理费用　　48
　贷：累计摊销　　48

20×8 年 12 月 31 日该项土地使用权的账面价值＝1 200－48＝1 152(万元)

(2)研发专利技术会计分录。

借：研发支出——费用化支出　　600
　贷：银行存款　　600

借：研发支出——资本化支出　　2 400
　贷：原材料　　1 300
　　银行存款　　100
　　应付职工薪酬　　800
　　累计折旧　　200

借：无形资产　　2 400
　贷：研发支出——资本化支出　　2 400

借：管理费用　　600
　贷：研发支出——费用化支出　　600

无形资产摊销：

借：管理费用　　60
　贷：累计摊销　　60(2 400/10×3/12)

(3)专利技术报废时的累计摊销额＝2 400/10×7/12＝140(万元)。

借:营业外支出　　2 260
　累计摊销　　140
　贷:无形资产　　2 400

2.(1)20×8 年年末计提减值前,该专利权的账面价值=300－300÷10×4=180(万元),可收回金额为 100 万元,计提减值准备金额=180－100=80(万元);内部研发非专利技术账面价值 150 万元,属于使用寿命不确定的无形资产,不进行摊销,可收回金额为130(万元),计提减值准备=150－130=20(万元),分录如下:

借:资产减值损失　　100
　贷:无形资产减值准备　　100

(2)①计提减值准备以后,购入的专利权在 20×9 年继续摊销,摊销金额=100÷5=20(万元)。

借:管理费用　　20
　贷:累计摊销　　20

②内部研发非专利技术确定可使用年限后需要摊销,摊销金额=130÷4=32.5(万元)。

借:管理费用　　32.5
　贷:累计摊销　　32.5

第九章　投资性房地产

【学习目标】

- 理解投资性房地产的特征与范围
- 掌握投资性房地产的确认和初始计量
- 掌握投资性房地产的后续计量
- 掌握投资性房地产的转换与处置

【思维导图】

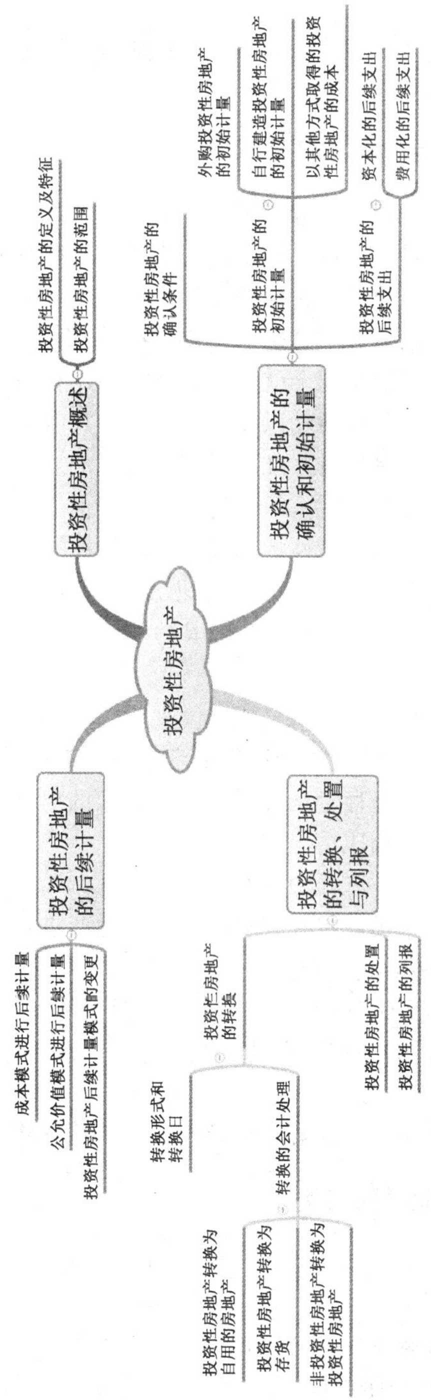

图9-1　思维导图

第一节 投资性房地产概述

一、投资性房地产的定义及特征

投资性房地产是指为赚取租金或资本增值，或两者兼有而持有的房地产，投资性房地产应当能够单独计量和出售。投资性房地产主要有以下特征。

（一）投资性房地产是一种经营性活动

投资性房地产的主要形式是出租建筑物、出租土地使用权，这实质上属于一种让渡资产使用权的行为。房地产租金就是让渡资产使用权取得的使用费收入，是企业为完成其经营目标所从事的经营性活动以及与之相关的其他活动形成的经济利益总流入。投资性房地产的另一种形式是持有并准备增值后转让的土地使用权，尽管其增值收益通常与市场供求、经济发展等因素相关，但目的是为了增值后转让以赚取增值收益，也是企业为完成其经营目标所从事的经营性活动以及与之相关的其他活动形成的经济利益总流入。但是按照国家有关规定认定的闲置土地，不属于持有并准备增值后转让的土地使用权。

（二）投资性房地产在用途、状态、目的等方面区别于作为生产经营场所的房地产和用于销售的房地产

企业将房地产用于赚取租金或增值收益的活动，属于企业的一种营业活动，有的企业甚至是主营业务。因此，将投资性房地产单独作为一项资产核算和反映，与自用的厂房、办公楼等房地产和作为存货（已建完工商品房）的房地产加以区别，能够更加清晰地反映企业所持有房地产的构成情况和盈利能力。

（三）投资性房地产有两种后续计量模式

企业通常应当采用成本模式对投资性房地产进行后续计量，在满足特定条件的情况下，即有确凿证据表明其所有投资性房地产的公允价值能够持续可靠取得的，也可以采用公允价值模式进行后续计量。但是，同一企业只能采用一种模式对所有投资性房地产进行后续计量，不得同时采用两种计量模式进行后续计量。

【思考与讨论1】

企业对投资性房地产的后续计量能否在两种计量模式中任选一种？为什么？

二、投资性房地产的范围

投资性房地产的范围包括：已出租的土地使用权、持有并准备增值后转让的土地使用权、已出租的建筑物。

（一）属于投资性房地产的项目

1. 已出租的土地使用权

已出租的土地使用权是指企业通过出让或转让方式取得的，以经营租赁方式出租的土地使用权。企业计划用于出租但尚未出租的土地使用权，不属于此类。另外，企业以经营方式租入土地使用权再转租给其他单位的，不能确认为投资性房地产，包括已出租的土地使用权、持有并准备增值后转让的土地使用权、已出租的建筑物。

【思考与讨论 2】

企业租入再转租的房地产为什么不能确认为投资性房地产？

【例 9－1】 2×18 年 3 月 10 日，甲公司与乙公司签订了一项经营租赁合同，约定自 2×18 年 4 月 1 日起，甲公司以年租金1 000 000元租赁使用乙公司拥有的一块50 000平方米的场地，租赁期为 5 年。2×18 年 5 月 1 日，甲公司又将这块场地转租给丙公司，以赚取租金差价，租赁期为 3 年。以上交易假设不违反国家有关规定。

本例中，对于甲公司而言，这项土地使用权不能予以确认，也不属于其投资性房地产。因为甲企业以经营方式租入土地使用权再转租给丙公司，甲企业并不拥有产权，因此不能确认为投资性房地产。对于乙公司而言，租赁期开始日(2×18 年 4 月 1 日)起，这项土地使用权属于投资性房地产。

2. 持有并准备增值后转让的土地使用权

持有并准备增值后转让的土地使用权，是指企业取得的、准备增值后转让的土地使用权。按照国家有关规定认定的闲置土地，不属于持有并准备增值后转让的土地使用权。

3. 已出租的建筑物

已出租的建筑物，是指企业拥有产权并以经营租赁方式出租的房屋等建筑物，包括自行建造或开发活动完成后用于出租的建筑物。

企业在判断和确认已出租的建筑物时，应当把握以下要点：

(1)用于出租的建筑物是指企业拥有产权的建筑物，企业以经营租赁方式租入再转租的建筑物不属于投资性房地产。

(2)已出租的建筑物是企业已经与其他方签订了租赁协议，约定以经营租赁方式出租的建筑物。一般应自租赁协议规定的租赁期开始日起，经营租出的建筑物属于已出租的建筑物。

(3)企业将建筑物出租，按租赁协议向承租人提供的相关辅助服务在整个协议中不重大的，应当将该建筑物确认为投资性房地产。例如，企业将办公楼出租，同时向承租人提供维护、保安等日常辅助服务，企业应当将其确认为投资性房地产。

(二)不属于投资性房地产的项目

1. 自用的房地产

自用的房地产即为生产商品、提供劳务或者经营管理而持有的房地产。如企业生产经营用的厂房和办公楼属于固定资产；企业生产经营用的土地使用权属于无形资产。对于企业出租给本企业职工居住的宿舍，虽然也收取租金，但间接为企业自身的生产经营服务，因此具有自用房地产的性质。还有，企业拥有并自行经营的旅馆饭店不属于投资性房地产。因为企业在向顾客提供住宿服务的同时，还提供餐饮、娱乐等其他服务，其经营目的主要是通过向客户提供服务取得服务收入，因此，企业自行经营的旅馆饭店是企业的经营场所，应当属于自用房地产。但如果企业将其拥有的旅馆饭店部分或全部出租，且出租的部分能够单独计量和出售的，出租的部分可确认为投资性房地产。

2. 作为存货的房地产

作为存货的房地产是指房地产开发企业在正常经营过程中销售的或为销售而正在开发的商品房和土地。这部分房地产属于房地产开发企业的存货，其生产、销售构成企业的主营业务活动，产生的现金流量也与企业的其他资产密切相关。因此，具有存货性质的房地产不属于投资性房地产。

（三）需要根据具体情况判断是否属于投资性房地产

（1）一项房地产，部分用于赚取租金或资本增值，部分用于生产商品、提供劳务、经营管理或作为存货出售，用于赚取租金或资本增值的部分，如果能够单独计量和出售的，可以确认为投资性房地产。自用或用于出售的部分确认为固定资产、无形资产或存货。例如，甲房地产开发商建造了一栋商住两用楼盘，一层出租给一家大型超市，已签订经营租赁合同；其余楼层均为普通住宅，正在公开销售中。这种情况下，如果一层商铺能够单独计量和出售，应当确认为甲企业的投资性房地产，其余楼层为甲企业的存货，即开发产品。

（2）企业将建筑物出租并按出租协议向承租人提供保安和维修等其他服务，所提供的其他服务在整个协议中不重大的，可以将该建筑物确认为投资性房地产；所提供的其他服务在整个协议中如为重大的，该建筑物应视为企业的经营场所，应当确认为自用房地产。

（3）关联企业之间租赁房地产的，出租方应将出租的房地产确定为投资性房地产。但对于母公司与其子公司之间租赁房地产的，出租方的个别财务报表中应作为投资性房地产，而在编制合并报表中，应将其作为企业集团的自用房地产。

第二节　投资性房地产的确认和初始计量

一、投资性房地产的确认条件

（一）确认条件

投资性房地产只有在符合定义，并同时满足下列条件时，才能予以确认：

（1）与该投资性房地产有关的经济利益很可能流入企业；

（2）该投资性房地产的成本能够可靠地计量。

（二）确认时点

（1）已出租的土地使用权、已出租的建筑物，其作为投资性房地产的确认时点一般为租赁期开始日，即土地使用权、建筑物进入出租状态、开始赚取租金的日期。

(2)持有并准备增值后转让的土地使用权，其作为投资性房地产的确认时点为企业将自用土地使用权停止自用，准备增值后转让的日期。

(3)企业持有以备经营出租的空置建筑物，董事会或类似机构作出书面决议，明确表明将其用于经营出租且持有意图短期内不再发生变化的，即使尚未签订租赁协议，也应视为投资性房地产。其作为投资性房地产的时点为企业管理当局就该事项作出正式书面决议的日期。

二、投资性房地产的初始计量

投资性房地产在初始计量时，应当按照成本进行计量。

(一)外购投资性房地产的初始计量

企业外购投资性房地产时，均应按照取得时的实际成本进行初始计量。其实际成本包括购买价款、相关税费和可直接归属于该资产的其他支出。企业购入的房地产，部分用于出租(或资本增值)、部分自用，用于出租(或资本增值)的部分应当予以单独确认的，应按照不同部分的公允价值占公允价值总额的比例将成本在不同部分之间进行分配。

企业外购的房地产，只有在购入的同时开始对外出租或用于资本增值，才能作为投资性房地产加以确认。企业购入房地产，自用一段时间之后再改为出租或用于资本增值的，应当先将外购的房地产确认为固定资产或无形资产，自租赁开始日或用于资本增值之日起，才能从固定资产或无形资产转换为投资性房地产。

企业采用成本模式进行后续计量的，企业应当在购入投资性房地产时，借记“投资性房地产”科目，贷记“银行存款”等科目；采用公允价值模式进行后续计量的，企业应当在购入投资性房地产时，借记“投资性房地产——成本”科目，贷记“银行存款”等科目。

(二)自行建造投资性房地产的初始计量

自行建造投资性房地产，其成本由建造该项资产达到预定可使用状态前发生的必要支出构成，包括土地开发费、建筑成本、安装成本、应予以资本化的借款费用、支付的其他费用和分摊的间接费用等。建造过程中发生的非正常性损失，直接计入当期损益，不计入建造成本。

企业自行建造的房地产，只有在自行建造活动完成(即可达到预定可使用状态)的同时开始对外出租或用于资本增值，才能将自行建造的房地产确认为投资性房地产。企业自行建造房地产达到预定可使用状态后一段时间才对外出租或用于资本增值的，应当先将其确认为固定资产或无形资产或存货，自租赁期开始日或用于资本增值之日开始，从固定资产、无形资产或存货转换为投资性房地产。

采用成本模式进行后续计量，应当按照确定的自行建造投资性房地产成本，借记“投资性房地产”科目，贷记“在建工程”或“开发产品”科目。采用公允价值进行后续计量的，应按照确定的自行建造投资性房地产成本，借记“投资性房地产——成本”科目，贷记“在建工程”或“开发产品”科目。

（三）以其他方式取得的投资性房地产的成本，按照相关会计准则的规定确定

【例 9—2】 2×18 年 5 月，甲公司从其他单位购入一块使用期限为 50 年的土地，并在这块土地上开始自行建造两栋厂房。2×18 年 11 月，甲公司预计厂房即将完工，与乙公司签订了经营租赁合同，将其中的一栋厂房租赁给乙公司使用。租赁合同约定，该厂房于完工时开始起租。2×18 年 12 月 1 日，两栋厂房同时完工。该块土地使用权的成本为 10 000 000 元，至 2×18 年 12 月 1 日，土地使用权已摊销 150 000 元；两栋厂房的实际造价均为 15 000 000 元，能够单独出售。为简化处理，假设两栋厂房分别占用这块土地的一半面积，并且以占用的土地面积作为土地使用权划分依据。假设甲公司采用成本模式进行后续计量。

甲公司的账务处理如下：

由于甲公司在购入的土地上建造的两栋厂房中，其中的一栋厂房用于出租，因此应当将土地使用权中的对应部分同时转换为投资性房地产。

$$10\ 000\ 000\times\frac{1}{2}=5\ 000\ 000(\text{元})$$

地上建筑物部分的账务处理：

借：固定资产——厂房	15 000 000	
投资性房地产——厂房	15 000 000	
贷：在建工程——厂房		30 000 000

已出租土地使用权部分的账务处理：

借：投资性房地产——已出租土地使用权	5 000 000	
累计摊销	75 000	
贷：无形资产——土地使用权		5 000 000(10 000 000÷2)
投资性房地产累计摊销		75 000(150 000÷2)

三、与投资性房地产有关的后续支出

（一）资本化的后续支出

与投资性房地产有关的后续支出，满足投资性房地产确认条件的，应当计入投资性房地产成本。例如，企业为了提高投资性房地产的使用效能，往往需要对投资性房地产进行改建、扩建而使其更加坚固耐用，或者通过装修而改善其室内装潢，改扩建或装修支出满足确认条件的，应当将其资本化。

采用成本模式计量的，投资性房地产进入改扩建或装修阶段后，应当将其账面价值转入改扩建工程，借记“投资性房地产——在建”“投资性房地产累计折旧”等科目，贷记“投

资性房地产”科目。发生资本化的改良或装修支出，通过“投资性房地产——在建”科目归集，借记“投资性房地产——在建”科目，贷记“银行存款”“应付账款”等科目。改扩建或装修完成后，借记“投资性房地产”科目，贷记“投资性房地产——在建”科目。

采用公允价值模式计量的，投资性房地产进入改扩建或装修阶段，借记“投资性房地产——在建”科目，贷记“投资性房地产——成本”“投资性房地产——公允价值变动”等科目；在改扩建或装修完成后，借记“投资性房地产——成本”科目，贷记“投资性房地产——在建”科目。

企业对某项投资性房地产进行改扩建等再开发且将来仍作为投资性房地产的，再开发期间应继续将其作为投资性房地产，不计提折旧或摊销。

【例 9—3】 2×18 年 6 月，甲企业与乙企业的一项厂房经营租赁合同即将到期。该厂房按照成本模式进行后续计量，原价为40 000 000元，已计提折旧8 000 000元。为了提高厂房的租金收入，甲公司决定在租赁期满后对该厂房进行改扩建，并与丙公司签订了经营租赁合同，约定自改扩建完工时将该厂房出租给丙公司。2×18 年 6 月 31 日，与乙公司的租赁合同到期，该厂房随即进入改扩建工程。2×18 年 12 月 31 日，该厂房改扩建工程完工，共发生支出5 000 000元，均已支付，即日按照租赁合同出租给丙公司。假定甲公司采用成本计量模式。

本例中，改扩建支出属于后续支出，假定符合《企业会计准则第 3 号——投资性房地产》第六条的规定，应当计入投资性房地产的成本。

甲公司的账务处理如下：

(1)2×18 年 6 月 31 日，投资性房地产转入改扩建工程。

借：投资性房地产——厂房——在建	32 000 000	
投资性房地产累计折旧	8 000 000	
贷：投资性房地产——厂房		40 000 000

(2)2×18 年 6 月 31 日～12 月 31 日，发生改扩建支出。

借：投资性房地产——厂房——在建	5 000 000	
贷：银行存款		5 000 000

(3)2×18 年 12 月 31 日，改扩建工程完工。

借：投资性房地产——厂房	37 000 000	
贷：投资性房地产——厂房——在建		37 000 000

【例 9—4】 2×18 年 6 月，甲企业与乙企业的一项厂房经营租赁合同即将到期。为了提高厂房的租金收入，甲公司决定在租赁期满后对该厂房进行改扩建，并与丙公司签订了经营租赁合同，约定自改扩建完工时将该厂房出租给丙公司。6 月 15 日，与乙公司的租赁合同到期，厂房随即进入改扩建工程。6 月 15 日，厂房账面余额为40 000 000元，其中成本35 000 000元，累计公允价值变动5 000 000元。假设甲企业采用公允价值计量模

式，不考虑相关税费。12 月 31 日，厂房改扩建工程完工，共发生支出5 000 000元，即日起按照租赁合同出租给丙企业。

甲公司的账务处理如下：

(1)2×18 年 6 月 15 日，投资性房地产转入改扩建工程。

借：投资性房地产——厂房——在建　　40 000 000

　　贷：投资性房地产——厂房——成本　　35 000 000

　　　　　　　　　　——公允价值变动　　5 000 000

(2)2×18 年 6 月 31 日～12 月 31 日，发生改扩建支出。

借：投资性房地产——厂房——在建　　5 000 000

　　贷：银行存款　　5 000 000

(3)2×18 年 12 月 31 日，改扩建工程完工。

借：投资性房地产——厂房　　45 000 000

　　贷：投资性房地产——厂房——在建　　45 000 000

(二)费用化的后续支出

与投资性房地产有关的后续支出，不满足投资性房地产确认条件的，如企业对投资性房地产进行日常维护所发生的支出，应当在发生时计入当期损益。企业在发生投资性房地产费用化的后续支出时，应根据所发生的支出做会计分录：

借：其他业务成本

　　贷：银行存款等

【思考与讨论 3】

对于资本化的后续支出的会计处理，投资性房地产与固定资产有何不同？

第三节　投资性房地产的后续计量

企业通常应当采用成本模式对投资性房地产进行后续计量，在满足特定条件的情况下可采用公允价值模式对投资性房地产进行后续计量。但是，同一企业只能采用一种模式对所有投资性房地产进行后续计量，不得同时采用两种计量模式。

一、采用成本模式进行后续计量的投资性房地产

采用成本模式对投资性房地产进行后续计量的企业，对投资性房地产的具体会计处理同固定资产或无形资产相同。即应按期(月)计提折旧或摊销，投资性房地产存在减值迹象的，还应按照资产减值的有关规定，经减值测试后发生减值的，应当计提减值准备。投资性房地产采用成本模式进行后续计量的具体会计处理如下：

(1)按期(月)计提折旧或摊销时(方法同固定资产、无形资产)，应做如下会计分录：

借：其他业务成本

　　贷：投资性房地产累计折旧（摊销）

（2）取得租金收入时：

借：银行存款

　　其他应收款等

　　贷：其他业务收入

　　　　应交税费——应交增值税（销项税）

（3）经减值测试后确定发生减值的：

借：资产减值损失

　　贷：投资性房地产减值准备

（4）如果已经计提减值准备的投资性房地产的价值又得以恢复，不得转回。

【例 9－5】 甲公司将一栋写字楼出租给乙公司使用，按照经营租赁合同约定，乙企业每年年末支付给甲公司租金 240 万元。甲公司对投资性房地产采用成本模式进行后续计量。假设这栋办公楼的成本为3 000万元，按照年限平均法计提折旧，预计使用寿命为 20 年，预计净残值为零。2×18 年年末这栋办公楼发生减值迹象，经减值测试，其可收回金额为2 800万元，该办公楼以前未计提减值准备。不动产租赁服务适用的增值税税率为 10％。

假定不考虑其他因素，根据上述资料，甲公司的有关账务处理如下：

（1）2×18 年每月计提折旧时：

每月计提的折旧额＝3 000÷20÷12＝12.5（万元）

借：其他业务成本	125 000	
贷：投资性房地产累计折旧		125 000

（2）每月确认租金收入时：

每月确认的租金收入＝240÷12＝20（万元）

借：其他应收款	218 000	
贷：其他业务收入		200 000
应交税费——应交增值税（销项税额）		18 000

（3）年末收到租金时：

借：银行存款	2 616 000	
贷：其他应收款		2 616 000

（4）年末计提减值准备时：

投资性房地产应计提的减值准备＝3 000－30 00÷20－2 800＝50（万元）

借：资产减值损失	500 000	
贷：投资性房地产减值准备		500 000

二、采用公允价值模式进行后续计量的投资性房地产

企业只有存在确凿证据表明投资性房地产的公允价值能够持续可靠取得的，才可以采用公允价值模式对投资性房地产进行后续计量。企业一旦选择采用公允价值计量模式，就应当对其所有投资性房地产均采用公允价值模式进行后续计量。

（一）采用公允价值模式计量的条件

采用公允价值模式进行后续计量的投资性房地产，应同时满足以下两个条件：

（1）投资性房地产所在地有活跃的房地产交易市场。这里的所在地，通常指投资性房地产所在的城市。对于大中型城市，应当为投资性房地产所在的城区。

（2）企业能够从活跃的房地产交易市场上取得同类或类似房地产的市场价格及其他相关信息，从而对投资性房地产的公允价值作出合理的估计。

同类或类似的房地产，对建筑物而言，是指所处地理位置和地理环境相同、性质相同、结构类型相同或相近、新旧程度相同或相近、可使用状况相同或相近的建筑物；对土地使用权而言，是指同一位置区域、所处地理环境相同或相近、可使用状况相同或相近的土地。

投资性房地产的公允价值，是指在有序交易中，市场参与者出售房地产所能收到的金额。确定投资性房地产的公允价值时，应当参照活跃市场上同类或类似房地产的现行市场价格（市场公开报价）；无法取得同类或类似房地产现行市场价格的，应当参照活跃市场上同类或类似房地产的最近交易价格，并考虑交易情况、交易日期、所在区域等因素，从而对投资性房地产的公允价值作出合理的估计；也可以基于预计未来获得的租金收益和相关现金流量的现值计量。

（二）采用公允价值模式计量的会计处理

采用公允价值模式后续计量的，应当遵循以下会计处理规定：

（1）不对投资性房地产计提折旧或进行摊销，应当以资产负债表日投资性房地产的公允价值为基础调整其账面价值，公允价值与原账面价值之间的差额计入当期损益（公允价值变动损益）。

资产负债表日，按照投资性房地产的公允价值高于其账面价值的差额，做如下会计分录：

借：投资性房地产——公允价值变动

　　贷：公允价值变动损益

资产负债表日，投资性房地产的公允价值低于其账面价值的差额，做与上述相反的会计分录。

（2）取得租金收入。

借：银行存款

　　其他应收款等

贷:其他业务收入

应交税费——应交增值税(销项税额)

【例 9—6】 甲公司为从事房地产经营开发的企业。2×18 年 8 月 1 日,甲公司与乙公司签订租赁协议,约定将甲公司当日开发完成的一栋精装修的写字楼自当日起经营租赁给乙公司使用,租赁期为 10 年。该写字楼的造价为10 000万元。2×18 年 12 月 31 日,该写字楼的公允价值为10 200万元。假设甲公司采用公允价值计量模式。

甲企业的账务处理如下:

(1)2×18 年 8 月 1 日,甲公司开发完成写字楼并出租:

借:投资性房地产——成本 100 000 000

贷:开发成本 100 000 000

(2)2×18 年 12 月 31 日,按公允价值调整其账面价值,公允价值与原账面价值之间的差额计入当期损益:

借:投资性房地产——公允价值变动 2 000 000

贷:公允价值变动损益 2 000 000

【思考与讨论 4】

实务中,为什么大多采用成本模式计量,公允价值计量模式几乎很少有企业使用?

三、投资性房地产后续计量模式的变更

为保证会计信息的可比性,企业对投资性房地产的计量模式一经确定,不得随意变更。只有在房地产市场比较成熟、能够满足采用公允价值模式条件的情况下,才允许企业对投资性房地产从成本模式计量变更为公允价值模式计量。成本模式转为公允价值模式的,应当作为会计政策变更处理,并按计量模式变更时公允价值与账面价值的差额调整期初留存收益。已采用公允价值模式计量的投资性房地产,不得从公允价值模式转为成本模式。

企业将投资性房地产的计量由成本模式转为公允价值模式时,应做如下会计分录:

借:投资性房地产——成本 (转换日投资性房地产的公允价值)

投资性房地产累计折旧(摊销)

(投资性房地产累计已计提的折旧或摊销)

投资性房地产减值准备 (投资性房地产已计提的减值准备)

贷:投资性房地产 (投资性房地产的账面原价)

利润分配——未分配利润

[公允价值与其账面价值的差额×(1—所得税率)×90%]

盈余公积[公允价值与其账面价值的差额×(1—所得税率)×10%]

递延所得税负债或资产 (差额×所得税率)

第四节　投资性房地产的转换、处置与列报

一、投资性房地产的转换

(一)房地产转换形式和转换日

房地产的转换是指房地产用途的变更。企业不得随意对自用或作为存货的房地产进行重新分类。企业有确凿证据表明房地产用途发生改变,满足下列条件之一的,企业应当将投资性房地产转换为其他资产或者将其他资产转换为投资性房地产。

(1)投资性房地产开始自用,即将投资性房地产转换为自用的房地产(固定资产或无形资产)。例如,企业将出租的厂房收回,并用于生产本企业的产品。转换日是指房地产达到自用状态,企业开始将房地产用于生产商品、提供劳务或者经营管理的日期。

(2)作为存货的房地产改为出租,通常指房地产开发企业将其持有的开发产品以经营租赁的方式出租,相应地由存货转换为投资性房地产。转换日通常为租赁期开始日。租赁期开始日是指承租人有权行使其使用租赁资产权利的日期。但如董事会或类似机构作出书面决议,明确表明其自用房地产用于经营租出、持有意图短期内不再发生变化的,应视为存货转换为投资性房地产,转换日为董事会或类似机构作出书面决议的日期。

(3)自用土地使用权停止自用,用于赚取租金或资本增值,相应地由无形资产转换为投资性房地产。转换日为租赁期开始日。

(4)自用建筑物停止自用,改为出租,相应地由固定资产转换为投资性房地产。转换日为租赁期开始日。

(5)房地产企业将用于经营出租的房地产重新开发用于对外销售,从投资性房地产转为存货。转换日为租赁期届满、企业董事会或类似机构作出书面决议明确表明将其重新开发用于对外销售的日期。

以上所指确凿证据包括两个方面:一是企业董事会或类似机构应当就改变房地产用途形成正式的书面决议;二是房地产因用途改变而发生实际状态上的改变,如从自用状态改为出租状态。

(二)房地产转换的会计处理

1. 投资性房地产转换为自用的房地产

(1)采用成本模式下进行后续计量的投资性房地产转换为自用房地产。企业将原本用于赚取租金或资本增值的房地产改用于生产商品、提供劳务或者经营管理,投资性房地产相应地转换为固定资产或无形资产。例如,企业将出租的办公楼收回,并用于生产本企业的产品。在此种情况下,企业应将投资性房地产转换日的账面余额、累计折旧或摊销、减值准备等,分别转入“固定资产”或“无形资产”“累计折旧(摊销)”“固定资产(或无形资

产)减值准备”等账户。

转换时应做如下会计分录:

借:固定资产(或无形资产) (投资性房地产的账面原价)

投资性房地产累计折旧(摊销)

(投资性房地产已计提的折旧或摊销)

投资性房地产减值准备 (投资性房地产已计提的减值准备)

贷:投资性房地产 (投资性房地产的账面原价)

累计折旧(累计摊销) (投资性房地产已计提的折旧或摊销)

固定资产(或无形资产)减值准备(投资性房地产已计提的减值准备)

【例 9—7】 2×18 年 7 月 1 日,甲企业将出租在外的厂房收回,开始用于本企业生产商品。该项房地产账面价值为3 635万元。其中,原价5 200万元,累计已计提折旧1 565万元。假设甲企业采用成本计量模式。

甲企业的账务处理如下:

借:固定资产 52 000 000

投资性房地产累计折旧 15 650 000

贷:投资性房地产 52 000 000

累计折旧 15 650 000

(2)采用公允价值模式下进行后续计量的投资性房地产转为自用房地产。企业将采用公允价值模式计量的投资性房地产转换为自用房地产时,应当以其转换当日的公允价值作为自用房地产的账面价值,公允价值与原账面价值的差额计入当期损益(公允价值变动损益)。

转换时应作如下会计分录:

借:固定资产、无形资产 (投资性房地产在转换当日的公允价值)

贷:投资性房地产——成本 (投资性房地产的成本)

——公允价值变动

(投资性房地产累计确认的公允价值变动)

贷(或借):公允价值变动损益

(投资性房地产公允价值与其账面价值的差额)

【例 9—8】 在【例 9—7】中,假定甲企业采用公允价值计量模式进行后续计量,2×18 年 7 月 1 日该厂房的公允价值为6 000万元。原账面价值为5 700万元。其中,成本5 200万元,公允价值变动为增值 500 万元。

借:固定资产 60 000 000

贷:投资性房地产——成本 52 000 000

——公允价值变动 5 000 000

公允价值变动损益　　3 000 000

2. 投资性房地产转换为存货

(1)采用成本模式进行后续计量的投资性房地产转换为存货。企业将用于经营出租的房地产收回且重新开发用于对外销售的，相应地从投资性房地产再转换为存货，按照该项房地产在转换日的账面价值结转。即按照该项房地产在转换日的账面价值作为存货(开发产品)的入账价值。转换时应做如下会计分录：

借:开发产品　　(投资性房地产在转换日的账面价值)

投资性房地产累计折旧(摊销)

(投资性房地产已计提的折旧或摊销)

投资性房地产减值准备　　(投资性房地产已计提的减值准备)

贷:投资性房地产　　(投资性房地产的账面原价)

(2)采用公允价值模式进行后续计量的投资性房地产转换为存货。企业应当以其转换当日的公允价值作为存货的账面价值，公允价值与原账面价值的差额计入当期损益(公允价值变动损益)。转换时应做如下会计分录：

借:开发产品　　(投资性房地产在转换当日的公允价值)

贷:投资性房地产——成本　　(投资性房地产的成本)

——公允价值变动

(投资性房地产累计确认的公允价值变动)

贷(或借):公允价值变动损益

(投资性房地产公允价值与其账面价值的差额)

【例 9—9】 甲房地产开发企业将其开发的部分写字楼用于对外经营租赁。2×18 年 7 月 10 日，因租赁期满，甲企业将出租的写字楼收回，并作出书面决议，将该写字楼重新开发对外销售，即由投资性房地产转换为存货，当日的公允价值为3 600万元。该项房地产在转换前采用公允价值模式计量，原账面价值为3 400万元，其中，成本3 000万元，公允价值增值为 400 万元。

甲企业的账务处理如下：

借:开发产品　　36 000 000

贷:投资性房地产——成本　　3 0000 000

——公允价值变动　　4 000 000

公允价值变动损益　　2 000 000

3. 非投资性房地产转换为投资性房地产

(1)非投资性房地产转换为采用成本模式进行后续计量的投资性房地产。

①自用房地产转换为投资性房地产。企业将原本用于日常生产商品、提供劳务或者经营管理的房地产改用于出租，通常应于租赁期开始日，按照固定资产或无形资产的账面

价值，将固定资产或无形资产相应地转换为投资性房地产。对不再用于日常生产经营活动且经整理后达到可经营出租状况的房地产，如果企业董事会或类似机构正式作出书面决议，明确表明其自用房地产用于经营出租且持有意图短期内不再发生变化的，应视为自用房地产转换为投资性房地产，转换日为企业董事会或类似机构正式作出书面决议的日期。

企业将自用土地使用权或建筑物转换为以成本模式计量的投资性房地产时，应当按该项建筑物或土地使用权在转换日的原价、累计折旧、减值准备等，分别转入"投资性房地产""投资性房地产累计折旧(摊销)""投资性房地产减值准备"账户。转换时应做如下会计分录：

借：投资性房地产　　（房地产的账面原价）
　　累计折旧(累计摊销)　　（房地产已计提的折旧或摊销）
　　固定资产(或无形资产)减值准备　　（房地产已计提的减值准备）
　　贷：固定资产(或无形资产)　　（房地产的账面原价）
　　　　投资性房地产累计折旧(摊销)　　（房地产已计提的折旧或摊销）
　　　　投资性房地产减值准备　　（房地产已计提的减值准备）

【例 9—10】 甲公司拥有一栋厂房，公司董事会将该厂房用于出租形成了书面决议。2×18 年 6 月 10 日，甲公司与乙公司签订了经营租赁协议，将厂房整体出租给乙公司使用，租赁期开始日为 2×18 年 7 月 1 日，租期为 6 年。2×18 年 7 月 1 日，厂房的账面余额为3 000万元，已计提折旧 500 万元。假设甲公司采用成本法进行后续计量。

甲公司的账务处理如下：

2×18 年 7 月 1 日：

借：投资性房地产——厂房　　30 000 000
　　累计折旧　　5 000 000
　　贷：固定资产——厂房　　30 000 000
　　　　投资性房地产累计折旧　　5 000 000

②作为存货的房地产转换为投资性房地产。它通常指房地产开发企业将其持有的开发产品以经营租赁的方式出租，存货相应地转换为投资性房地产。转换日，企业应当按该项存货在转换日的账面价值作为投资性房地产的入账价值。即在转换时做如下会计分录：

借：投资性房地产(房地产在转换日的账面价值)
　　存货跌价准备(房地产已计提的存货跌价准备)
　　贷：开发产品(房地产的成本)

【例 9—11】 甲公司是从事房地产开发的企业，2×18 年 5 月 10 日，甲公司董事会就将其开发的一栋写字楼不再出售改作出租形成了书面决议。甲公司遂与乙公司签订了租赁协议，将此写字楼整体出租给乙公司使用，租赁期开始日为2×18年6月1日，租赁期为5年。2×18年6月1日，该写字楼的账面余额为4 500万元，已计提存货跌价准备500万元，转换后采用成本模式进行后续计量。

甲公司的账务处理如下：

2×18年6月1日：

借：投资性房地产——写字楼　　40 000 000

　　存货跌价准备　　5 000 000

　　贷：开发产品　　45 000 000

(2)非投资性房地产转换为采用公允价值进行后续计量的投资性房地产。

①自用房地产转换为投资性房地产。企业将自用房地产转换为采用公允价值模式计量的投资性房地产，应当按该项土地使用权或建筑物在转换日的公允价值作为投资性房地产的入账价值；转换当日房地产的公允价值小于其原账面价值的差额，计入当期损益(公允价值变动损益)；转换当日房地产的公允价值大于其原账面价值的差额，计入所有者权益(其他综合收益)，当该项投资性房地产处置时转入当期损益(其他业务成本)。转换时应做如下会计分录：

转换当日房地产的公允价值小于原账面价值的：

借：投资性房地产———成本　　(转换当日房地产的公允价值)

　　累计折旧(摊销)　　(转换当日房地产已计提的累计折旧或摊销)

　　固定资产(或无形资产)减值准备

　　　　(转换当日房地产已计提的减值准备)

　　公允价值变动损益　　(房地产的公允价值小于其账面价值的差额)

　　贷：固定资产(或无形资产)　　(房地产的账面原价)

转换当日的公允价值大于原账面价值的：

借：投资性房地产———成本　　(转换当日房地产的公允价值)

　　累计折旧(摊销)　　(转换当日房地产已计提的累计折旧或摊销)

　　固定资产(无形资产)减值准备

　　　　(转换当日房地产已计提的减值准备)

　　贷：固定资产(或无形资产)　　(房地产的账面原价)

　　　　其他综合收益　　(房地产的公允价值大于其账面价值的差额)

【例9—12】 2×18年6月，甲企业打算搬迁至新建办公楼，由于原办公楼处于商业繁华地段，甲企业准备将其出租，以赚取租金收入。2×18年9月30日，甲企业完成了搬迁工作，原办公楼停止自用，并与乙企业签订了租赁协议，将其原办公楼租赁给乙企业使用，租赁期开始日为2×18年9月30日，租赁期限为5年。2×18年该办公楼原价为1.5亿元，已提折旧5 000万元，公允价值为1.2亿元。假设甲企业对投资性房地产采用公允价值模式计量。

甲企业的账务处理如下：

借：投资性房地产——成本　　120 000 000
　　累计折旧　　50 000 000
　　贷：固定资产　　150 000 000
　　　　其他综合收益　　20 000 000

②作为存货的房地产转换为投资性房地产。企业将作为存货的房地产转换为采用公允价值模式计量的投资性房地产时，转换日，企业应当按该项存货在转换日的公允价值作为投资性房地产的入账价值；转换当日房地产的公允价值小于其原账面价值的差额，计入当期损益（公允价值变动损益）；转换当日房地产的公允价值大于其原账面价值的差额，计入所有者权益（其他综合收益），当该项投资性房地产处置时转入当期损益（其他业务成本）。转换时应做如下会计分录。

转换当日房地产的公允价值小于原账面价值的：

借：投资性房地产——成本　　（转换当日房地产的公允价值）
　　存货跌价准备　　（转换当日房地产已计提的存货跌价准备）
　　公允价值变动损益　　（房地产的公允价值小于其账面价值的差额）
　　贷：开发产品（房地产的账面余额）

转换当日房地产的公允价值大于原账面价值的：

借：投资性房地产——成本　　（转换当日房地产的公允价值）
　　存货跌价准备　　（转换当日房地产已计提的存货跌价准备）
　　贷：开发产品　　（房地产的账面余额）
　　　　其他综合收益　　（房地产的公允价值大于其账面价值的差额）

【例 9—13】 2×18 年 5 月 10 日，甲房地产开发公司与乙企业签订了租赁协议，将其开发的一栋写字楼出租给乙企业。租赁期开始日为 2×18 年 6 月 18 日。2×18 年 6 月 18 日，该写字楼的账面余额为5 800万元，公允价值为6 700万元。2×18 年 12 月 31 日，该项投资性房地产的公允价值为6 900万元。

甲企业的账务处理如下：

2×18 年 6 月 18 日：

借：投资性房地产——成本　　67 000 000
　　贷：开发产品　　58 000 000
　　　　其他综合收益　　9 000 000

2×18 年 12 月 31 日

借：投资性房地产——公允价值变动　　2 000 000
　　贷：公允价值变动损益　　2 000 000

二、投资性房地产的处置

投资性房地产的处置，既包括投资性房地产的对外出售或转让、报废和毁损，也包括对外投资、非货币性资产交换、债务重组等原因而转出的投资性房地产。当投资性房地产被处置或者永久退出使用且预计不能从其处置中取得经济利益时，应当终止确认该项投资性房地产。

企业出售、转让、报废投资性房地产或者发生投资性房地产毁损，应当将处置收入扣除其账面价值和相关税费后的金额计入当期损益。

(一)采用成本模式计量的投资性房地产的处置

采用成本模式进行后续计量的投资性房地产处置时，应将实际收到的处置收入计入其他业务收入；将处置投资性房地产的账面价值转入其他业务成本；对应交的营业税等相关税费计入营业税金及附加。具体账务处理如下：

(1)取得处置收入时，应做如下会计分录：

借：银行存款等(实际收到的处置收入)

　　贷：其他业务收入

　　　　应交税费——应交增值税(销项税额)

(2)结转投资性房地产的账面价值时，应做如下会计分录：

借：其他业务成本　　(投资性房地产的账面价值)

　　投资性房地产累计折旧(摊销)

　　　　(投资性房地产已计提的累计折旧或摊销)

　　投资性房地产减值准备　　(投资性房地产已计提的减值准备)

　　贷：投资性房地产　　(投资性房地产的账面余额)

【例 9－14】 甲公司对投资性房地产采用成本模式进行后续计量。2×18 年 12 月 31 日收回租赁期届满的办公楼并对外出售，取得价款6 000万元，已收入银行存款户，增值税税率为 9%。出售时，该栋办公楼的成本(原价)为9 000万元，已计提折旧4 200万元。假设不考虑相关税费。甲公司的有关账务处理如下：

借：银行存款	65 400 000	
贷：其他业务收入		60 000 000
应交税费——应交增值税(销项税额)		5 400 000
借：其他业务成本	48 000 000	
投资性房地产累计折旧	42 000 000	
贷：投资性房地产——写字楼		90 000 000

(二)采用公允价值模式计量的投资性房地产的处置

采用公允价值模式进行后续计量的投资性房地产处置时，应将实际收到的处置收入计入其他业务收入；将处置投资性房地产的账面价值转入其他业务成本。同时将累计确认的公允价值变动损益转至其他业务成本；若存在原转换日计入其他综合收益的金额，也一并结转至其他业务成本。具体账务处理如下：

(1)取得处置收入时，应做如下会计分录：

借：银行存款等（实际收到的处置收入）

　贷：其他业务收入

　　应交税费——应交增值税（销项税额）

(2)结转投资性房地产的账面价值时，应做如下会计分录：

借：其他业务成本（投资性房地产的账面价值）

　贷：投资性房地产——成本（投资性房地产的成本）

　　——公允价值变动（投资性房地产累计公允价值变动的金额）

(3)结转累计确认的公允价值变动损益时，应做如下会计分录：

借：公允价值变动损益

　贷：其他业务成本

如为公允价值变动损失，则做相反会计分录。

(4)结转原转换日计入其他综合收益的金额时，应做如下会计分录：

借：其他综合收益

　贷：其他业务成本

【例 9—15】 甲企业为一家房地产开发企业，2×17 年 6 月 10 日，甲企业与乙企业签订了租赁协议，将其开发的一栋写字楼出租给乙企业使用，租赁期开始日为 2×17 年 7 月 16 日。2×18 年 7 月 16 日，该写字楼的账面余额为38 000万元，公允价值40 000万元。2×18 年12 月 31 日，该项投资性房地产的公允价值41 000万元。2×18 年 6 月 10 日租赁期届满，企业收回该项投资性房地产，并以45 000万元出售，增值税率为 9%，出售款项已收讫。甲企业采用公允价值模式计量，不考虑其他相关税费。

(1)2×17 年 7 月 16 日：

借：投资性房地产——成本	40 000 000	
贷：开发产品		380 000 000
其他综合收益		20 000 000

(2)2×17 年 12 月 31 日：

借：投资性房地产——公允价值变动	10 000 000	
贷：公允价值变动损益		10 000 000

(3)2×18 年 6 月 10 日，分步账务处理：

取得处置收入：

借：银行存款	490 500 000	

贷:其他业务收入　　450 000 000

　应交税费——应交增值税(销项税额)　　40 500 000

(4)结转投资性房地产的账面价值:

借:其他业务成本　　50 000 000

　贷:投资性房地产——成本　　40 000 000

　　　　　　　　——公允价值变动　　10 000 000

(5)结转累计确认的公允价值变动损益:

借:公允价值变动损益　　10 000 000

　贷:其他业务成本　　10 000 000

(6)结转原转换日计入其他综合收益的金额:

借:其他综合收益　　20 000 000

　贷:其他业务成本　　20 000 000

三、投资性房地产的列报

企业在披露投资性房地产时,应当在非流动资产部分以“投资性房地产”项目列报,其中投资性房地产采用成本模式进行后续计量的,该项目应根据“投资性房地产”账户的期末余额减去“投资性房地产累计折旧(摊销)”账户和“投资性房地产减值准备”账户期末余额后的金额列示;投资性房地产采用公允价值模式进行后续计量的,该项目应根据“投资性房地产”账户的期末余额直接填列。

【案例分析】

*ST 中富:关于对投资性房地产采用公允价值模式计量的公告

本公司及董事会全体成员保证公告内容真实、准确和完整,没有虚假记载、误导性陈述或重大遗漏。

由于公司若干自用建筑物停止自用,改为出租,根据《企业会计准则第 3 号》,公司将相关资产转换为投资性房地产。为了更准确地反映公司持有的投资性房地产的价值,增强公司财务信息的准确性,便于公司管理层及投资者及时了解公司真实财务状况及经营成果,本公司第九届董事会 2018 年第一次会议 (2017 年度)审议通过了《关于对公司投资性房地产采用公允价值模式进行后续计量的议案》,自相关房屋建筑物于 2017 年度签订对外出租的租赁协议时起,决定采用公允价值计量模式进行后续计量。

情况概述:公司下属子公司与承租人签订经营性租赁协议,主要自 2017 年度起出租若干房屋建筑物及土地,涉及账面价值3 203.55万元的房屋建筑物和土地使用权。

1. 涉及范围

<table>
<tr><th>序号</th><th>项目名称</th><th>租赁期限</th><th>面积</th><th>房产证号码</th><th>土地权证编号</th></tr>
<tr><td>1</td><td>北京经济技术开发区永昌北路18号厂房出租</td><td>10年</td><td>11 187.17平方米</td><td>京房权证开港澳台字第00019号</td><td>京技(中外)国用96字第017号</td></tr>
<tr><td rowspan="3">2</td><td>天津市开发区第六大街79号出租部分(土地)</td><td>至产权人另行开发或变更止</td><td>1 000平方米</td><td rowspan="3">房地证津字第114011300729号</td><td rowspan="3">房地证津字第114011300729号</td></tr>
<tr><td rowspan="2">天津市开发区第六大街79号出租部分(建筑物)</td><td>3年</td><td>3 860平方米</td></tr>
<tr><td>不定期</td><td>7 283.76平方米</td></tr>
<tr><td>3</td><td>南宁西乡塘区科园西十路15号厂房及综合楼出租部分</td><td>10年</td><td>8 885.74平方米</td><td>邕房权证第02358861号
邕房权证第02358860号</td><td>南宁国用(2014)第627238号</td></tr>
<tr><td>4</td><td>杭州经济技术开发区10号大街29号出租部分</td><td>10年</td><td>2 200平方米</td><td>杭房权证经字第005751号</td><td>杭经出国用(2002)字第0005号</td></tr>
</table>

2. 选择公允价值进行后续计量的原因及依据

根据《企业会计准则第3号》，公司把相关房屋建筑物和土地使用权，从固定资产、在建工程和无形资产等科目转入投资性房地产，以成本进行初次计量。考虑相关投资性房地产能够同时满足下列条件，按《企业会计准则第3号》第十条，对投资性房地产采用公允价值模式进行后续计量：

(1)投资性房地产所在地有活跃的房地产交易市场；

(2)企业能够从房地产交易市场上取得同类或类似房地产的市场价值及其他相关信息，从而对投资性房地产的公允价值作出合理的估计。

故此上述房屋建筑物和土地使用权从固定资产、在建工程和无形资产等科目转入投资性房地产，并按公允价值进行计量。

3. 公允价值计量情况分析

公司聘请了评估机构对已出租的房地产市场交易情况进行了调查，对公司截至2017年12月31日的投资性房地产公允价值涉及的相关资产提供价值咨询意见，并出具了相关评估报告，以其评估报告确定的相关投资性房地产的市场价值作为投资性房地产的公允价值。

序号	项目名称	公允价值(元)
1	北京经济技术开发区永昌北路18号厂房出租	58 732 600.00
2	天津市开发区第六大街79号出租部分	31 759 700.00

续表

序号	项目名称	公允价值(元)
3	南宁西乡塘区科园西十路 15 号厂房及综合楼出租部分	24 435 800.00
4	杭州经济技术开发区 10 号大街 29 号出租部分	8 756 000.00
合计		123 684 100.00

按房屋建筑物和土地使用权分类的结果为：

项　目	房屋、建筑物、土地使用权
2016 年 12 月 31 日	0
2017 年增加	32 035 499.54 元
2017 年增值	91 648 600.46 元
2017 年 12 月 31 日	123 684 100.00 元

上述投资性房地产由独立专业合格评估师按收益法进行评估。评估值按预计投资性房地产未来的正常净收益，将其折现累加后获得。上述投资性房地产原账面价值与评估价值之差91 648 600.46元的税后金额68 736 450.36元于该些房产自固定资产及在建工程转入投资性房地产时确认为其他综合收益。

资料来源：深圳证券交易所 2018 年 3 月 23 日。

请结合所学知识分析本次投资性房地产采用公允价值进行后续计量对公司的影响？

如果采用成本模式计量，对其财务报表会有什么影响？

案例解析：

（一）本次投资性房地产采用公允价值进行后续计量对公司的影响

1. 以上投资性房地产采用公允价值进行后续计量为首次选择，不存在对以前会计年度报表进行追溯调整，不属于会计政策变更。

2. 本次会计政策选择后，公司每个会计年度末均须通过市场调研报告或评估报告对投资性房地产公允价值进行估价，若项目所在地的房地产市场出现大幅变动，会导致公允价值的变动，可能会增加公司未来年度业绩波动的风险。

3. 本公告采用公司聘请的广东中广信资产评估有限公司出具的中广信评报字〔2018〕第 046 号、045 号、049 号、048 号资产评估报告书的有关数据，主要是为了说明本次会计政策选择对公司 2017 年度报告的影响。

（二）如果采用成本模式计量，对其财务报表会有什么影响

投资性房地产采用成本模式计量的情况下，需要计提折旧（或摊销），期末应进行减值

测试。列示财务报表投资性房地产项目的金额为投资性房地产成本减折旧、减投资性房地产资产减值准备后的金额。

【复习思考及实务训练】

一、名词解释

投资性房地产　　房地产转换　　转换日

二、思考题

1. 什么是投资性房地产？其范围包括哪些？
2. 投资性房地产如何进行初始计量和后续计量？
3. 投资性房地产的后续支出如何处理？
4. 投资性房地产的转换如何进行会计处理？
5. 处置投资性房地产时如何进行会计处理？

三、单项选择题

1. 2×18 年 1 月 1 日，甲公司购入一幢建筑物用于出租，取得该建筑物的含税价款为 110 万元(适用的增值税税率 9%)，款项以银行存款支付。购入该建筑物发生的谈判费用为 0.2 万元，差旅费为 0.3 万元。该投资性房地产的入账价值为(　　)。

A. 100 万元　　B. 117 万元　　C. 117.5 万元　　D. 100.5 万元

2. 下列关于成本模式计量的投资性房地产的说法中，不正确的是(　　)。

A. 租金收入通过“其他业务收入”等科目核算

B. 在每期计提折旧或者摊销时，计提的折旧和摊销金额需要记入“管理费用”科目

C. 发生减值时，需要将减值的金额记入“资产减值损失”科目

D. 在满足一定条件时，可以转换为公允价值模式进行后续计量

3. 甲公司从事房地产开发经营业务，2×18 年 1 月 1 日，因商品房滞销，董事会决定将两栋商品房用于出租。1 月 20 日，甲公司与乙公司签订租赁合同并已将两栋商品房以经营租赁方式提供给乙公司使用。出租商品房的账面余额为9 000万元，未计提跌价准备，公允价值为10 000万元。该出租商品房预计使用 50 年，预计净残值为零，采用年限平均法计提折旧。甲公司对出租的商品房采用成本模式进行后续计量。甲公司出租商品房 2×18 年度应当计提的折旧是(　　)。

A. 165.00 万元　　B. 180.00 万元

C. 183.33 万元　　D. 200.00 万元

4. 2×18 年 5 月 25 日大华公司的一项办公楼经营租赁合同即将在 7 月 31 日到期，该办公楼原价为 1 500 万元，到期时累计计提折旧 600 万元，大华公司决定到期收回后对其进行改建，改建后继续用于出租。8 月 1 日改建工程正式开始，改建期间共领用原材料 50 万元，人工费 170 万元，同时发生资本化的利息费用 23 万元，改建工程于 2018 年 10 月 31 日正式完工。大华公司对其采用成本模式进行后续计量，假定不考虑相关税费及其他因素，改建后办公楼的入账价值为(　　)。

A. 1 143 万元　　B. 1 743 万元

C. 1 151.5 万元　　D. 1 120 万元

5. 投资性房地产的后续支出，不满足资本化条件的，应当在发生时计入(　　)。

A. 管理费用　　B. 其他业务成本

C. 制造费用　　D. 销售费用

6. 下列关于投资性房地产后续支出的说法中，不正确的是(　　)。

A. 投资性房地产的后续支出，满足资本化条件的，应当计入投资性房地产的成本

B. 投资性房地产的后续支出，不满足资本化条件的，应当计入当期损益

C. 企业对投资性房地产进行改扩建等再开发且将来仍作为投资性房地产的，在再开发期间，需要将投资性房地产的账面价值结转到在建工程

D. 采用成本模式计量的投资性房地产在再开发期间不计提折旧或摊销

7. 甲公司主要从事房地产开发经营业务，2×18 年发生如下经济业务：(1)2×18 年 6 月甲公司建造的三座相同结构办公楼即将完工时，甲公司与 B 公司签订经营租赁合同，将其中一座办公楼租赁给 B 公司使用，租赁期开始日为办公楼达到预定可使用状态的日期。2×18 年 6 月 1 日三座办公楼达到预定可使用状态并交付使用，三座办公楼的成本均为 50 000 万元。(2)2×18 年 10 月，建成商品房 10 栋，取得预售许可证，商品房成本为 1 000 万元。(3)为改善职工住宿环境，将未出售的商品房给本公司职工居住，出租商品房成本为 100 万元。投资性房地产的初始入账成本总计为(　　)。

A. 51 000 万元　　B. 50 000 万元

C. 51 100 万元　　D. 151 100 万元

8. 甲公司拥有一项投资性房地产，采用成本模式进行后续计量。2×18 年 1 月 1 日，甲公司认为该房地产所在地的房地产交易市场比较成熟，具备了采用公允价值模式计量的条件，决定对该项投资性房地产从成本模式转换为公允价值模式计量。2×18 年 1 月 1 日，该写字楼的原价为 3 000 万元，已计提折旧 300 万元，账面价值为 2 700 万元，公允价值为 3 200 万元。不考虑所得税影响，甲公司按照净利润的 10%计提盈余公积，甲公司的下列处理中正确的是(　　)。

A. 确认其他综合收益 500 万元　　B. 确认其他综合收益 200 万元

C. 确认公允价值变动损益 500 万元　　D. 调整留存收益 500 万元

9. 甲公司采用公允价值模式对投资性房地产进行后续计量。2×18 年 3 月 1 日，甲公司与 A 公司签订租赁合同，将其持有的一项房地产用于出租，租期为 3 年，租金为每年 120 万元，合同于当日起执行。该项房地产在出租当日的公允价值为 3 500 万元，账面价值为 3 200 万元，出租之前作为固定资产核算。2×18 年 12 月 31 日，该项投资性房地产的公允价值为 3 700 万元。不考虑其他因素，甲公司在 2×18 年因该事项确认的损益的金额为（　　）。

A. 300 万元　　B. 600 万元　　C. 200 万元　　D. 500 万元

10. 投资性房地产进行初始计量时，下列处理方法中不正确的是（　　）。

A. 采用公允价值模式和成本模式进行后续计量的投资性房地产，应当按照实际成本进行初始计量

B. 采用公允价值模式进行后续计量的投资性房地产，取得时按照公允价值进行初始计量

C. 自行建造投资性房地产的成本，由建造该项资产达到预定可使用状态前所发生的必要支出构成

D. 外购投资性房地产的成本，包括购买价款、相关税费和可直接归属于该资产的其他支出

【参考答案】

1. A　2. B　3. A　4. A　5. B　6. C　7. B　8. D　9. A　10. B

四、业务题

1. 甲公司采用成本模式对投资性房地产进行后续计量，适用的所得税税率为 25%，每年均按净利润的 10%计提盈余公积。

(1)2×15 年 12 月 31 日，甲公司将一栋自用办公楼出租给乙公司，租赁期开始日为 12 月 31 日，租期 3 年，年租金 240 万元，于每年年初支付。该办公楼原值 3 000 万元，预计使用年限为 50 年，预计净残值为 0，采用直线法计提折旧，至出租时已累计使用 10 年，累计计提折旧 600 万元，未计提减值，转为投资性房地产后折旧方法、净残值等与转换前一致。税法与会计规定的折旧年限、折旧方法以及净残值相同。

(2)2×16 年，由于道路修整，该出租办公楼出现减值迹象，当年末甲公司预计此办公楼未来现金流量的现值为 2 000 万元，公允价值减去处置费用后的净额为 2 150 万元。

(3)2×17 年 1 月 1 日甲公司收回租赁期满的办公楼，同日以 3 200 万元的价格出售给丙公司，取得价款并存入银行。

假定不考虑其他因素。

要求：

根据资料(1),判断投资性房地产的转换日并说明理由,做出自用房地产转为投资性房地产的分录。

根据资料(2),确定该办公楼 2×16 年末的可收回金额,并说明此办公楼是否应该确认减值,如果需要确认,计算减值金额并编制相关分录。

编制甲公司 2×15 年收取租金、确认租金收入以及结转成本相关分录;计算甲公司因该项投资性房地产对 2×15 年营业利润的影响金额。

根据资料(3),编制甲公司出售投资性房地产的分录。

2. 甲公司将该公司写字楼经营租赁给乙公司,租赁期为 1 年,年租金为 300 万元,租金于每年年末结清。租赁期开始日为 2×17 年 1 月 1 日。租赁期间,由甲企业提供该写字楼的日常维护。该写字楼的原造价为3 000万元,按直线法计提折旧,使用寿命为 30 年,预计净残值为零,已计提折旧1 000万元,账面价值为2 000万元。甲企业采用成本模式对投资性房地产进行后续计量。

2×17 年 12 月,该办公楼发生减值迹象,经减值测试,其可收回金额为 1 700 万元;2×17 年共发生日常维护费用 40 万元,均以银行存款支付。

2×18 年 1 月 1 日,甲企业决定于当日开始对该写字楼进行再开发,开发完成后将继续用于经营租赁。

2×18 年 4 月 20 日,甲企业与丙公司签订经营租赁合同,约定自 2×18 年 7 月 1 日起将写字楼出租给丙公司。租赁期为 2 年,年租金为 500 万元,租金每半年支付一次。

2×18 年 6 月 30 日,该写字楼再开发完成,共发生支出 200 万元,均以银行存款支付。现预计该项投资性房地产尚可使用年限为 25 年,预计净残值为零,折旧方法仍为直线法(假定不考虑相关税费及其他相关因素的影响)。

要求:

编制 2×17 年 1 月 1 日甲企业出租写字楼的有关会计分录;

编制 2×17 年 12 月 31 日该投资性房地产的有关会计分录;

编制 2×18 年甲企业该投资性房地产再开发的有关会计分录;

编制 2×18 年 12 月 31 日该投资性房地产的有关会计分录。

【参考答案】(分录单位:万元)

1. (1)投资性房地产的转换日为 2×15 年 12 月 31 日。

理由:自用房地产改为出租,则转换日通常为租赁期开始日,也就是本题中的 2×15 年 12 月 31 日。

自用房地产转换为投资性房地产的分录为:

借:投资性房地产	3 000
累计折旧	600

贷:固定资产　　3 000

投资性房地产累计折旧　　600

(2)办公楼 2×15 年末的可收回金额为预计未来现金流量的现值与公允价值减去处置费用后的净额中的较高者,所以可收回金额为 2 150 万元。

办公楼计提减值前的账面价值=3 000－600－(3 000－600)/(50－10)=2 340(万元),账面价值>可收回金额,应该计提减值,减值金额=2 340－2 150=190(万元),分录为:

借:资产减值损失　　190

贷:投资性房地产减值准备　　190

(3)甲公司 2×15 年收取租金、确认租金收入以及结转成本的分录为:

借:银行存款　　240

贷:预收账款　　240

借:预收账款　　240

贷:其他业务收入　　240

借:其他业务成本　　60

贷:投资性房地产累计折旧　　60

此业务对甲公司 2×15 年营业利润的影响金额=240－60－190=－10(万元)。

(4)甲公司出售投资性房地产的分录为:

借:银行存款　　3 200

贷:其他业务收入　　3 200

借:其他业务成本　　2 150

投资性房地产累计折旧　　660

投资性房地产减值准备　　190

贷:投资性房地产　　3 000

2.(1)2×17 年 1 月 1 日:

借:投资性房地产——写字楼　　3 000

累计折旧　　1 000

贷:固定资产　　3 000

投资性房地产累计折旧　　1 000

(2)2×17 年 12 月 31 日:

借:银行存款　　300

贷:其他业务收入　　300

借:其他业务成本　　100

贷:投资性房地产累计折旧　　100

借:其他业务成本　40
　贷:银行存款　40
借:资产减值损失　200
　贷:投资性房地产减值准备　200

注意:投资性房地产的日常修理费用,应该直接计入当期损益,通过其他业务成本核算。

(3)2×18 年 1 月 1 日至 6 月 30 日:

借:投资性房地产——写字楼(在建)　1 700
　投资性房地产累计折旧　1 100
　投资性房地产减值准备　200
　贷:投资性房地产——写字楼　3 000
借:投资性房地产——写字楼(在建)　200
　贷:银行存款　200

2×18 年 6 月 30 日该写字楼再开发完成:

借:投资性房地产——写字楼　1 900
　贷:投资性房地产——写字楼(在建)　1 900

(4)2×18 年 12 月 31 日:

借:银行存款　250
　贷:其他业务收入　250
借:其他业务成本　38[1 900/25×(6/12)]
　贷:投资性房地产累计折旧　38

第十章　流动负债

【学习目标】

● 了解流动负债的含义、特征、分类

● 掌握短期借款、应付账款、预收账款、应付职工薪酬、应交税费、应付股利等流动负债的会计处理

【思维导图】

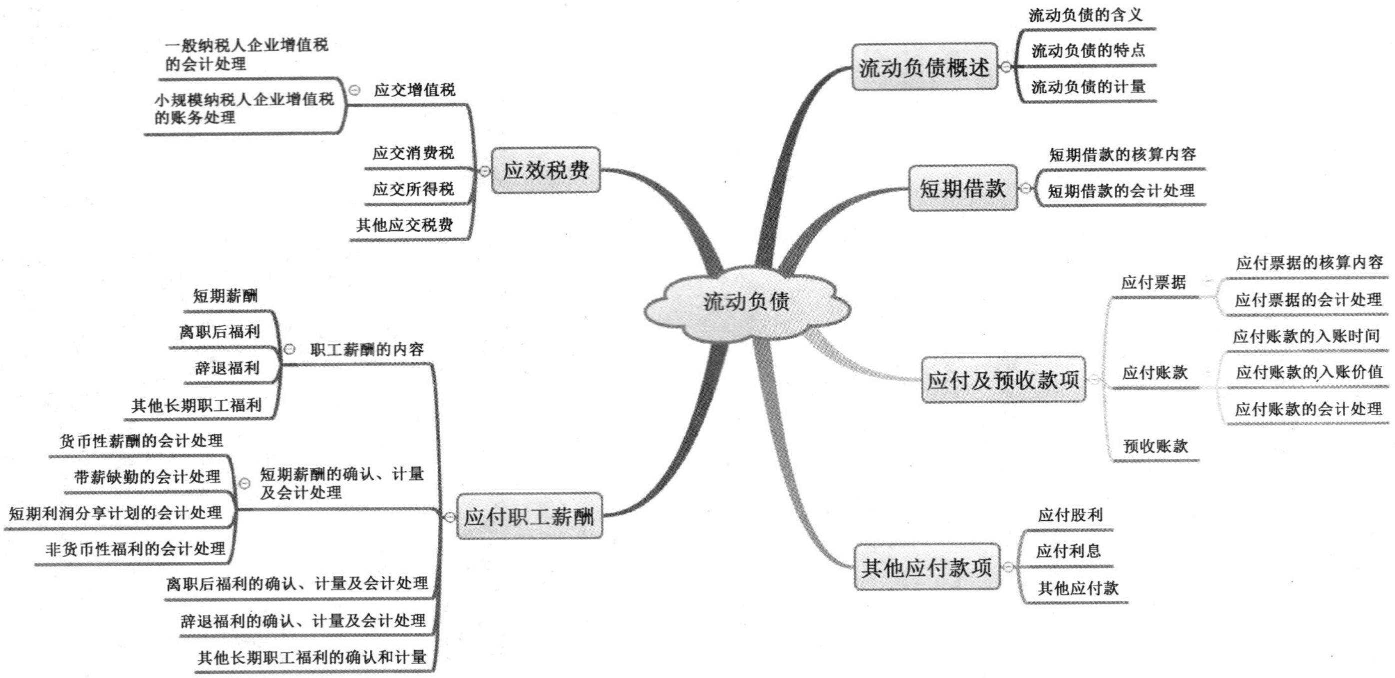

图 10-1　思维导图

第一节　流动负债概述

一、负债的特征、确认条件和分类

(一)负债的定义及特征

负债是指企业过去的交易或者事项形成的、预期会导致经济利益流出企业的现时义务。

根据负债的定义,负债具有以下特征。

1. 负债是企业承担的现时义务

负债是企业现已承担的现时义务,而非潜在义务。现时义务是指企业在现行条件下已承担的义务。未来发生的交易或者事项形成的义务,不属于现时义务,不应当确认为负债。例如,企业与供货单位签订在将来可能形成负债的供货合同,在当前就不能视为负债。

2. 负债的清偿预期会导致经济利益流出企业

负债清偿的方式有多种,可以支付货币资金,或者交付一定的产品等资产,或者提供劳务,或者转化为资本。不管采用哪一种方式,都有可能导致经济利益流出企业。有时企业也有可能通过承诺另一项负债的形式来清偿一项负债。

3. 负债是由于企业过去的交易或事项产生的

负债是由企业过去的交易或事项形成的。例如,企业购入材料,尚未支付对方单位的款项就形成了企业的债务。与此相比,企业将要发生的交易或事项可能产生的义务,就不能确认为负债。

(二)负债的确认条件

企业要确认一项负债,除了要符合定义之外,还应当同时满足以下两个条件:

(1)与该义务有关的经济利益很可能流出企业;

(2)未来流出的经济利益的金额能够可靠地计量。

(三)负债的分类

根据偿还期限的长短,将负债分为流动负债和非流动负债。

二、流动负债的含义及其特点

(一)流动负债的含义

流动负债是指将在 1 年或者长于 1 年的一个营业周期内偿还的债务。

【提示与说明】

流动负债的判断

根据《企业会计准则第 30 号——对财务报表列报》的规定，负债满足下列条件之一的，应当归类为流动负债：

(1)预计在一个正常营业周期中清偿；

(2)主要为交易目的而持有；

(3)自资产负债表日起 1 年内到期并应予以清偿；

(4)企业无权自主地将清偿推迟至资产负债表日后 1 年以上。

流动负债包括短期借款、应付票据、应付账款、预收账款、应付职工薪酬、应交税费、应付利息、应付股利、其他应付款等。

(二)流动负债的特点

除具有负债的基本特征外，流动负债还具有以下特点：

(1)偿还期限短；

(2)举借目的是为了满足经营周转资金的需要；

(3)负债的数额相对较小；

(4)一般以企业的流动资产来偿付。

三、流动负债的计量

从理论上说，负债的计量应以未来偿付债务所需的现金流出量的现值为基础，按未来应付金额的贴现值(即其现值)来计量。但流动负债偿还期限较短，其现值与账面价值相差不大。因此，现行准则规定流动负债一般应按实际发生额入账。

第二节　短期借款

一、短期借款的核算内容

短期借款是指企业向银行或其他金融机构借入的偿还期限在 1 年以内(含 1 年)的各种借款。一般是企业为了维持正常的生产经营所需要的资金或者为了偿还某项债务而借入的款项。债权人主要为银行或其他金融机构。短期借款与长期借款相比，具有金额小、时间短、利息低、容易取得等特点。无论短期借款用于哪方面，都需要到期归还本金和支付利息。

二、短期借款的会计处理

短期借款的核算一般分为三个部分：借款取得、计息、归还本金及利息。

为了核算短期借款的取得、偿还及其利息的计提和支付，企业应当设置“短期借款”“应付利息”“财务费用”等账户。

"短期借款"账户用来核算短期借款本金的借入和偿还情况，短期借款的利息不通过该账户核算。短期借款应当按照债权人设置明细账，并按借款种类进行明细核算。

"财务费用"账户用来核算企业为筹集生产经营所需资金等而发生的费用，包括利息支出（减利息收入）、汇兑损失（减汇兑收益）以及相关的手续费。企业发生的短期借款利息应当直接计入当期财务费用，并分别以下情况进行账务处理：

（1）如果短期借款的利息是按期（如季度、半年）结算，或到期还本付息并且利息数额较大的，一般应按月计提利息，计入各期财务费用。其有关会计分录如下：

按月计提利息费用时，应按照计提的数额做如下会计分录：

借：财务费用

　　贷：应付利息

实际支付利息时，应做如下会计分录：

借：应付利息（已经计提的利息数额）

　　财务费用（实际支付的利息金额与已计提利息的差额）

　　贷：银行存款（实际支付的利息金额）

（2）如果短期借款的利息是按月支付的，或者是按期或到期还本付息但是利息数额较小的，可以在实际支付利息时，直接计入当期损益（财务费用）。按支付的利息金额做如下会计分录：

借：财务费用

　　贷：银行存款

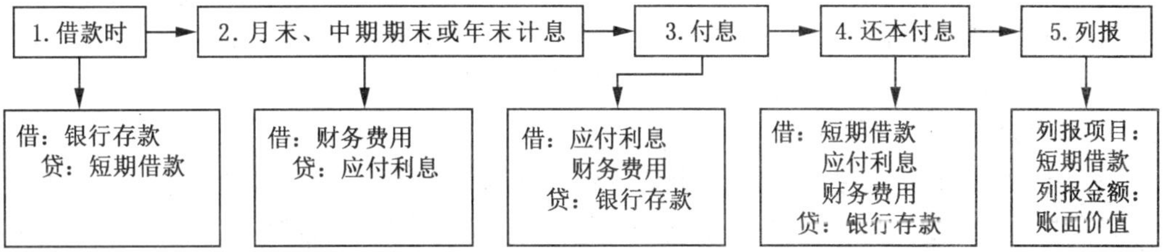

图 10—2　短期借款实务操作流程图

【例 10—1】 20×8 年 1 月 1 日，甲公司向银行借入一笔生产经营用短期借款共计 2 400 000元，期限为 3 个月，年利率为 4%。该项借款的本金到期后一次归还，利息按季支付。甲公司应编制如下会计分录：

（1）1 月 1 日借入短期借款：

借：银行存款	2 400 000	
贷：短期借款		2 400 000

(2)1月末，计提1月份应付利息：

本月应计提的利息金额＝2 400 000×4%÷12＝8 000(元)

借：财务费用　　8 000

　　贷：应付利息　　8 000

2月末计提2月份利息费用的处理与1月份相同。

(3)3月末，短期借款到期，归还本息，已计提利息16 000元：

借：短期借款　　2 400 000

　　财务费用　　8 000

　　应付利息　　16 000

　　贷：银行存款　　2 424 000

企业对于外币短期借款应当单独核算，取得借款和归还借款时由于市场汇率变化而产生的汇兑差额，作为汇兑损益计入当期损益(财务费用)。

第三节　应付及预收款项

一、应付票据

(一)应付票据的核算内容

应付票据是企业在购入材料物资或者接受劳务时，由出票人签发的，委托付款人在指定日期无条件支付款项给收款人或者持票人的商业汇票。商业汇票按照承兑人不同可分为银行承兑汇票和商业承兑汇票；按照是否带息分为带息票据和不带息票据。在我国，商业汇票的付款期最长为6个月，属短期应付票据。

(二)应付票据的会计处理

企业应当设置"应付票据"账户，用来核算企业购买材料、商品或接受劳务供应等而开出、承兑的商业汇票。应付票据不论是否带息，均应按其面值入账，如为带息应付票据，其票据到期时应付金额为面值和利息之和；如为不带息应付票据，其票据到期时的应付金额就是票据的面值。企业对于带息票据，期末应对尚未支付的应付票据计提利息，计入当期财务费用；票据到期支付票款时，尚未计提的利息部分直接计入当期财务费用。应付票据的具体账务处理如下：

(1)企业开具商业汇票支付货款时：

借：原材料、库存商品(购买材料、商品等的价款)

　　应交税费——应交增值税(进项税额)(专用发票上注明的增值税税额)

　　贷：应付票据(开出商业汇票的面值)

(2)支付银行承兑汇票的手续费时：

借:财务费用

　　贷:银行存款

(3)企业开出的商业汇票如为应付带息票据,则期末按期计提利息时:

借:财务费用

　　贷:应付票据

如果票据的期限较短,利息的金额不大,为了简化会计核算手续,也可以于票据到期支付票据的面值和利息时,一次性计入财务费用。

(4)商业汇票到期支付票据款时:

对不带息应付票据:

借:应付票据

　　贷:银行存款

对带息应付票据:

借:应付票据(票据的账面价值,即票据的面值+已计提的利息)

　　财务费用(尚未计提的利息)

　　贷:银行存款(实际支付的款项,即:票据的面值+票据的全部利息)

(5)应付汇票到期时,如果企业无力支付商业汇票的款项,应分别如下情况进行处理:

应付票据为商业承兑汇票的,应做如下会计分录:

借:应付票据(票据的账面价值,即票据的面值+已计提的利息)

　　贷:应付账款

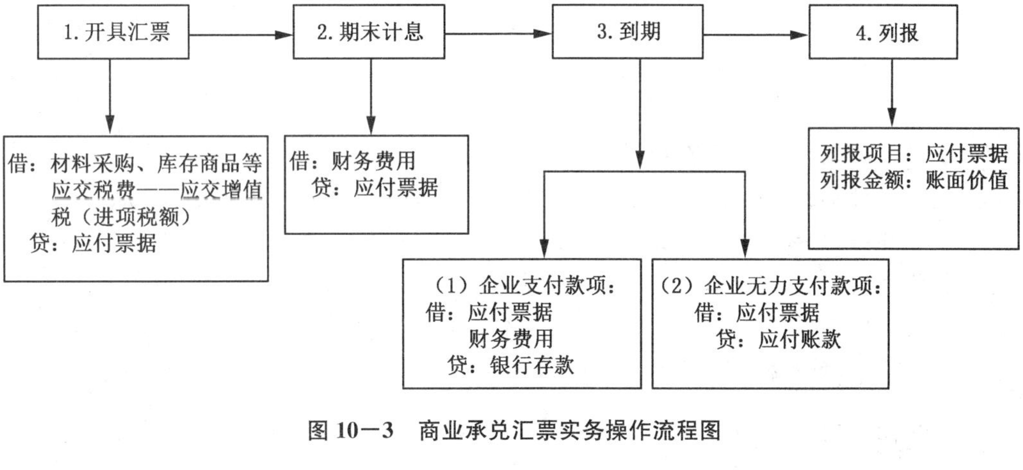

图 10—3　商业承兑汇票实务操作流程图

应付票据为银行承兑汇票的,应做如下会计分录:

借:应付票据(票据的账面价值,即票据的面值+已计提的利息)

　　财务费用(尚未计提的利息)

贷:短期借款(票据的到期值,即:票据的面值+票据的全部利息)

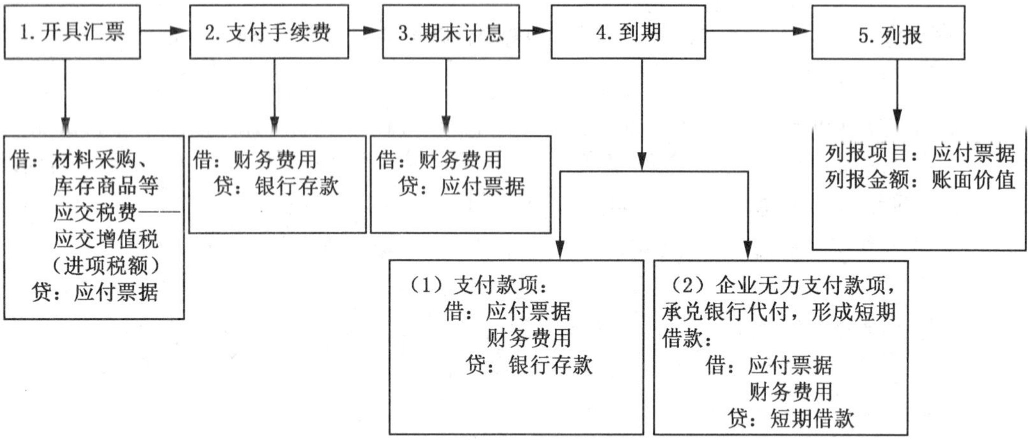

图 10—4 银行承兑汇票实务操作流程图

【例 10—2】 20×8 年 5 月,甲公司从乙公司购入一批材料,不含增值税的价款为 100 000元,增值税进项税额为13 000元,材料已验收入库。企业开出一张面值金额为 113 000元、期限为 6 个月的商业承兑汇票。

甲公司的有关会计处理如下:

(1)购买材料,开出商业汇票时:

借:原材料　　100 000

　　应交税费——应交增值税(进项税额)　　13 000

　　贷:应付票据　　113 000

(2)汇票到期,企业偿付款项时:

借:应付票据　　113 000

　　贷:银行存款　　113 000

(3)汇票到期,假定企业无力支付到期票款时:

借:应付票据　　113 000

　　贷:应付账款　　113 000

二、应付账款

应付账款是指企业因购买材料、商品或接受劳务供应等而发生的应付未付的款项。应付账款是买卖双方在购销活动中由于取得物资与支付货款在时间上不一致而产生的负债。

(一)应付账款的入账时间

应付账款入账时间的确定,应以所购买物资的所有权转移或接受劳务已经发生作为标志。在实际工作中,一般有以下两种情况:

(1)物资和发票账单同时到达。在这种情况下,应待物资验收入库后,按发票账单登记入账,其目的是为了确定所购入的物资是否在数量、质量和品种等方面与合同规定的相符。

(2)物资已到,发票账单未到。在这种情况下,一般应等到发票账单到了之后再一并处理。如果到月末单据还没有到达,应先暂估入账,估计材料的成本和应付债务,待到下月月初再用红字或做相反会计分录予以冲回。

(二)应付账款的入账价值

应付账款一般按照实际发生的金额即未来应付的金额入账,而不是按到期应付金额的现值入账。如果购入的资产在形成一笔应付账款时含有现金折扣的,按照会计准则的要求,应付账款的入账金额应以发票上记载的应付金额的总值(即不扣除现金折扣)入账。如果企业在折扣期内支付了款项,就应当将享有的现金折扣作为理财收益冲减财务费用。

(三)应付账款的会计处理

企业应设置“应付账款”账户,用来核算应付账款的发生及偿付情况,并按照供应单位设置明细账户进行明细核算。其有关账务处理如下:

(1)企业购入材料、商品等并验收入库时,应根据应付未付的款项做如下会计分录:

借:原材料等(购买材料、商品等的价款)

　　应交税费——应交增值税(进项税额)

　　贷:应付账款(应付的价款和税款)

如果企业接受劳务而发生应付未付的款项,应根据应付的金额做如下会计分录:

借:生产成本、管理费用等

　　贷:应付账款

(2)企业偿付应付款项时,应做如下会计分录:

借:应付账款

　　贷:银行存款(实际支付的金额)

　　　　财务费用(享有的现金折扣)

(3)企业对于确实无法支付的应付账款,应直接转入营业外收入,并做如下会计分录:

借:应付账款

　　贷:营业外收入

【例10－3】　20×8年6月16日,甲公司购入材料一批,发票上注明的价款为100 000元,增值税率为13%,材料已经验收入库,款项尚未支付。7月8日,企业开具转账支票,支付前欠款项。

根据上述资料,甲公司的有关账务处理如下:

(1)6 月 16 日,购入材料时:

借:原材料　　100 000

　　应交税费——应交增值税(进项税额)　　13 000

　　贷:应付账款　　113 000

(2)7 月 8 日,企业开具转账支票,支付前欠款项:

借:应付账款　　113 000

　　贷:银行存款　　113 000

三、预收账款

预收账款是指企业按照规定预收的款项。预收账款一般由企业在以后用商品或者劳务来偿付。为了核算企业的预收账款,在预收账款业务较多的企业,应当设置“预收账款”账户,用来核算企业按照合同规定向购货单位预收的款项及其结算的款项。“预收账款”账户应当按照购货单位设置明细账,进行明细核算。预收账款的具体账务处理如下:

(1)企业向购货单位预收款项时:

借:银行存款

　　贷:预收账款

(2)企业向对方提供商品或劳务时:

借:预收账款(应确认收入的金额和增值税销项税额)

　　贷:主营业务收入(应确认收入的金额)

　　　　应交税费——应交增值税(销项税额)(应交的增值税销项税额)

(3)收到对方单位支付的剩余款项时:

借:银行存款(实际收到的补付的金额)

　　贷:预收账款

当企业退回多收的款项时,做相反的会计分录。

预收账款不多的企业,也可以不单设“预收账款”账户,可以直接将预收的款项记入“应收账款”账户的贷方。在期末编制资产负债表时,“预收账款”项目应当根据“预收账款”明细账户的贷方余额和“应收账款”明细账户的贷方余额计算填列。

【例 10—4】 20×8 年 6 月 10 日,甲公司采用预收货款的方式销售商品给乙公司,按合同向乙公司预收货款100 000元,款项已收入银行存款户。6 月 22 日,甲公司向乙公司销售一批产品,已经委托有关运输部门运出,商品的价款为200 000元,增值税税率为13%,余款尚未收到。该批商品的成本为150 000元。6 月 30 日,甲公司收到乙公司支付的剩余款项126 000元。根据上述资料,甲公司的有关账务处理如下:

(1)收到预收款项时:

借:银行存款　　100 000

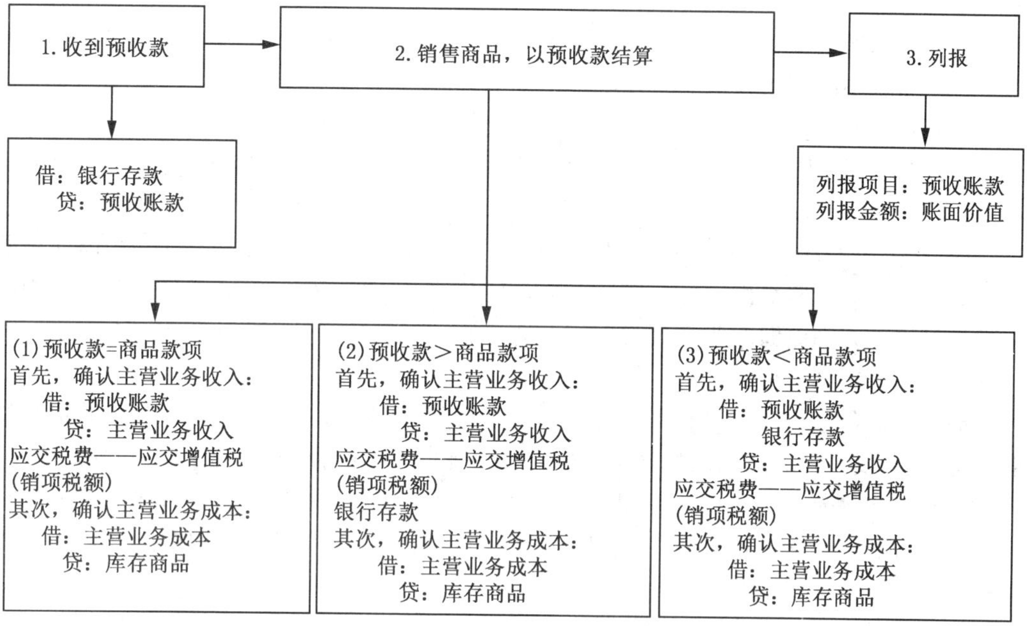

图 10－5　预收账款实务操作流程图

贷：预收账款		100 000

(2)销售商品确认收入并结转成本时：

借：预收账款	226 000	
贷：主管业务收入		200 000
应交税费——应交增值税(销项税额)		26 000
借：主营业务成本	150 000	
贷：库存商品		150 000

(3)收到对方单位偿还剩余款项时：

借：银行存款	126 000	
贷：预收账款		126 000

第四节　应付职工薪酬

一、应付职工薪酬的概念

职工薪酬是指企业为获得职工提供的服务或解除劳动关系而给予的各种形式的报酬

或补偿。

（一）职工的范围

职工薪酬中的职工是指下列人员：

(1)与企业订立劳动合同的所有人员，含全职、兼职和临时职工；

(2)虽未与企业订立正式劳动合同但由企业正式任命的人员（如董事会、监事会成员和内部审计委员会成员等）；

(3)在企业的计划和控制下，虽未与企业订立劳动合同或未由其正式任命，但向企业所提供服务与职工所提供服务类似的人员，也属于职工的范畴，包括企业通过与劳务中介公司签订用工合同而向企业提供服务的人员。

（二）职工薪酬的内容

职工薪酬包括：短期薪酬、离职后福利、辞退福利和其他长期职工福利。企业提供给职工配偶、子女、受赡养人、已故员工遗属及其他受益人等的福利，也属于职工薪酬。

(1)短期薪酬是指企业在职工提供相关服务的年度报告期间结束后12个月内需要全部予以支付的职工薪酬，因解除与职工的劳动关系给予的补偿除外。因解除与职工的劳动关系给予的补偿属于辞退福利的范畴。

短期薪酬主要包括：职工工资、奖金、津贴和补贴，职工福利费、医疗保险费、工伤保险费和生育保险费等社会保险费、住房公积金、工会经费和职工教育经费、短期带薪缺勤、短期利润分享计划、非货币性福利以及其他短期薪酬。

知识点拓展：

短期薪酬的具体内容

1. 职工工资、奖金、津贴和补贴，是指企业按照构成工资总额的计时工资、计件工资、支付给职工的超额劳动报酬等的劳动报酬，为了补偿职工特殊或额外的劳动消耗和因其他特殊原因支付给职工的津贴，以及为了保证职工工资水平不受物价影响支付给职工的物价补贴等。

2. 职工福利费，是指企业向职工提供的生活困难补助，丧养补助费、抚恤费、职工异地安家费、防暑降温等职工福利支出。

3. 医疗保险费、工伤保险费和生育保险费等社会保险费，是指企业按照国家规定的基准和比例计算、向社会保险经办机构缴存的医疗保险费、工伤保险费和生育保险费。

4. 住房公积金，是指企业按照国家规定的基准和比例计算，向住房公积金管理机构缴存的住房公积金。

5. 工会经费和职工教育经费，是指企业为了改善职工文化生活、为职工学习先进技术和提高文化水平和业务素质，用于开展工会活动和职工教育及职业技能培训等的相关支出。

6. 短期带薪缺勤，是指职工虽然缺勤但企业仍向其支付报酬的安排，包括年休假、病假、婚假、产假、探亲假等。长期带薪缺勤属于其他长期职工福利。

7. 短期利润分享计划，是指因职工提供服务而与职工达成的基于利润或其他经营成果提供薪酬的协议。长期利润分享计划属于其他长期职工福利。

8. 非货币性福利，是指企业以自己的产品或外购商品发放给职工作为福利，企业提供给职工无偿使用自己拥有的资产或租赁资产供职工无偿使用等。

9. 其他短期薪酬，是指除上述薪酬以外的其他为获得职工提供的服务而给予的短期薪酬。

(2)离职后福利是指企业为获得职工提供的服务而在职工退休或与企业解除劳动关系后提供的各种形式的报酬和福利，短期薪酬和辞退福利除外。

(3)辞退福利是指企业在职工劳动合同到期之前解除与职工的劳动关系，或者为鼓励职工自愿接受裁减而给予职工的补偿。

(4)其他长期职工福利是指除短期薪酬、离职后福利、辞退福利之外所有的职工薪酬，包括长期带薪缺勤、长期残疾福利、长期利润分享计划等。

二、短期薪酬的确认、计量及会计处理

企业应当在职工为其提供服务的会计期间，将实际发生的短期薪酬确认为负债，并根据职工提供服务的受益对象，计入当期损益或相关资产成本。

(一)短期薪酬的确认和计量

(1)企业发生的职工工资、津贴和补贴等短期薪酬，应当根据职工提供服务情况和工资标准等计算应计入职工薪酬的工资总额，并按照受益对象计入当期损益或相关资产成本。

(2)企业为职工缴纳的医疗保险费、工伤保险费、生育保险费等社会保险费和住房公积金以及按规定提取的工会经费和职工教育经费，应当在职工为其提供服务的会计期间，根据规定的计提基础和计提比例计算确定相应的职工薪酬金额，并确认相关负债，按照受益对象计入当期损益或相关资产成本。

(3)企业发生的职工福利费，应当在实际发生时根据实际发生额计入当期损益或相关资产成本。

企业向职工提供非货币性福利的，应当按照公允价值计量。公允价值不能可靠计量的，可以采用成本计量。其中：

①企业以自产的产品作为非货币性福利提供给职工的，应当按照该产品的公允价值和相关税费确定职工薪酬金额，并计入当期损益或相关资产成本。

②企业以外购的商品作为非货币性福利提供给职工的，应当按照该商品的公允价值和相关税费确定职工薪酬的金额，并计入当期损益或相关资产成本。

(4)带薪缺勤，应分为累积带薪缺勤和非累积带薪缺勤。

①累积带薪缺勤是指带薪缺勤权利可以结转下期的带薪缺勤，本期尚未用完的带薪缺勤权利可以在未来期间使用。我国企业职工的休年休假期间的工资通常属于累积带薪缺勤。

企业应当在职工提供服务从而增加了其未来享有的带薪缺勤权利时，确认与累积带薪缺勤相关的职工薪酬，并以累积未行使权利而增加的预期支付金额计量。

②非累积带薪缺勤是指带薪缺勤权利不能结转下期的带薪缺勤，本期尚未用完的带薪缺勤权利将予以取消，并且职工离开企业时也无权获得现金支付。我国企业职工休婚假、产假、丧假、探亲假、病假期间的工资通常属于非累积带薪缺勤。

企业应当在职工实际发生缺勤的会计期间确认与非累积带薪缺勤相关的职工薪酬。

(5)短期利润分享计划，同时满足下列条件的，企业应当确认与利润分享计划相关的应付职工薪酬，并计入当期损益或相关资产成本：

①企业因过去事项导致现在具有支付职工薪酬的法定义务或推定义务。

②因利润分享计划所产生的应付职工薪酬义务能够可靠估计。

企业在计量利润分享计划产生的应付职工薪酬时，应当反映职工因离职而没有得到利润分享计划支付的可能性。如果企业在职工为其提供相关服务的年度报告期间结束后12个月内，不需要全部支付利润分享计划产生的应付职工薪酬，该利润分享计划应当作为其他长期职工福利处理。

(二)短期薪酬的会计处理

企业应当设置“应付职工薪酬”账户，用来核算根据有关规定应付给职工的各种薪酬，并按照职工薪酬的组成内容设置明细账，进行明细核算。

1. 货币性薪酬的会计处理

企业应付的职工工资、奖金、津贴和补贴，职工福利费、医疗保险费、工伤保险费和生育保险费等社会保险费，以及住房公积金、工会经费和职工教育经费等一般均属于货币性薪酬。

企业对于货币性薪酬，应按照劳动工资制度的规定，根据考勤制度、工时记录、产量记录、工资标准、工资级别等，编制工资单，计算应支付给职工的各种薪酬，并将“工资单”进行汇总，编制工资汇总表。同时根据职工提供服务情况，将应计入职工薪酬的工资总额等货币性薪酬按照受益对象计入相关资产的成本或当期费用。

企业分配职工薪酬时，应做如下会计处理：

借：生产成本(直接生产人员的职工薪酬)
　　制造费用(车间管理人员的职工薪酬)
　　管理费用(行政管理人员的职工薪酬)
　　销售费用(销售人员的职工薪酬)
　　在建工程(在建工程人员的职工薪酬)

研发支出（研究开发人员的职工薪酬）

贷：应付职工薪酬

支付货币性薪酬时，应做如下会计处理：

借：应付职工薪酬

贷：银行存款、库存现金（实际支付的金额）

其他应收款（代垫的房租、家属医药费等款项）

其他应付款（如代扣的水电费等）

应交税费——应交个人所得税（代扣的个人所得税）

【例 10—5】 20×8 年 6 月，甲公司本月应发放职工工资总额为2 000万元，其中，生产部门产品的工人工资为 900 万元，生产部门管理人员的工资为 300 万元，公司管理部门管理人员的工资为 500 万元，专设销售机构人员工资为 100 万元，研发人员工资 200 万元。假设根据所在地政府规定，公司分别按照职工工资总额的 10%、8%、2%和 1.5%的比例提取医疗保险、住房公积金、工会经费和职工教育费。假定不考虑所得税的影响，具体计算如表 10—1 所示：

表 10—1　　甲公司职工薪酬分配汇总表　　单位：万元

应借账户	工资总额	医疗保险（10%）	住房公积金（8%）	工会经费（2%）	职工教育经费（1.5%）	合　计
生产成本	900	90	72	18	13.5	1 093.5
制造费用	300	30	24	6	4.5	364.5
管理费用	500	50	40	10	7.5	607.5
销售费用	100	10	8	2	1.5	121.5
研发支出	200	20	16	4	3	243
合　计	2 000	200	160	40	30	2 430

根据表 10—1 资料，甲公司应做如下会计分录：

借：生产成本　10 935 000

制造费用　3 645 000

管理费用　6 075 000

销售费用　1 215 000

研发支出　2 430 000

贷：应付职工薪酬——工资　20 000 000

——社会保险费　2 000 000

——住房公积金　1 600 000

——工会经费　　400 000

——职工教育经费　　300 000

2. 带薪缺勤的会计处理

带薪缺勤应当分为累积带薪缺勤和非累积带薪缺勤两类。

(1)累积带薪缺勤的会计处理。有些累积带薪缺勤在职工离开企业时，对于未行使的权利，职工有权获得现金支付。职工在离开企业时能够获得现金支付的，企业应当确认企业必须支付的、职工全部累积未使用权利的金额。企业应当根据资产负债表日因累积未使用权利而导致的预期支付的追加金额，记入“应付职工薪酬——累积带薪缺勤”账户，同时，应当根据受益对象，将其计入相关资产成本或当期损益。

【例 10－6】 甲公司共有 500 名职工，从 20×7 年 1 月 1 日起，该公司实行累积带薪缺勤制度。该制度规定，每个职工每年可享受 5 个工作日带薪年休假，未使用的年休假只能向后结转一个日历年度。超过 1 年未使用的权利作废，不能在职工离开公司时获得现金支付；职工休年休假是以后进先出为基础，即首先从当年可享受的权利中扣除，再从上年结转的带薪年休假余额中扣除；职工离开公司时，公司对职工未使用的累积带薪年休假不支付现金。

20×7 年 12 月 31 日，每个职工当年平均未使用带薪年休假为 2 天。根据过去的经验并预期该经验将继续适用，乙公司预计 20×8 年有 450 名职工将享受不超过 5 天的带薪年休假，剩余 50 名职工每人将平均享受 6 天半年休假，假定这 50 名职工全部为总部各部门经理，该公司平均每名职工每个工作日工资为 500 元。

甲公司在 20×7 年 12 月 31 日应当预计由于职工累积未使用的带薪年休假权利而导致预期将支付的工资负债，即相当于 75 天(50×1.5 天)的年休假工资 37 500(75×500)元，并作如下账务处理：

借：管理费用　　37 500

　贷：应付职工薪酬——累积带薪缺勤　　37 500

20×8 年，如果 50 名职工均未享受累积未使用的带薪年休假，则冲回上年度确认的费用：

借：应付职工薪酬——累积带薪缺勤　　37 500

　贷：管理费用　　37 500

2×18 年，如果 50 名职工均享受了累积未使用的带薪年休假，则 20×8 年确认的工资费用应扣除上年度已确认的累积带薪费用。

(2)非累积带薪缺勤的会计处理。一般情况下，与非累积带薪缺勤相关的职工薪酬已经包括在企业每期向职工发放的工资等薪酬中，因此，不必再单独作相应的账务处理。

3. 短期利润分享计划的会计处理

企业制订有短期利润分享计划(或奖金计划)的，如当职工完成规定业绩指标时，可按照企业净利润的一定比例计算应享有的薪酬，记入“应付职工薪酬——短期利润分享计划”账户，同时应当根据受益对象，将其计入相关资产成本或当期损益。

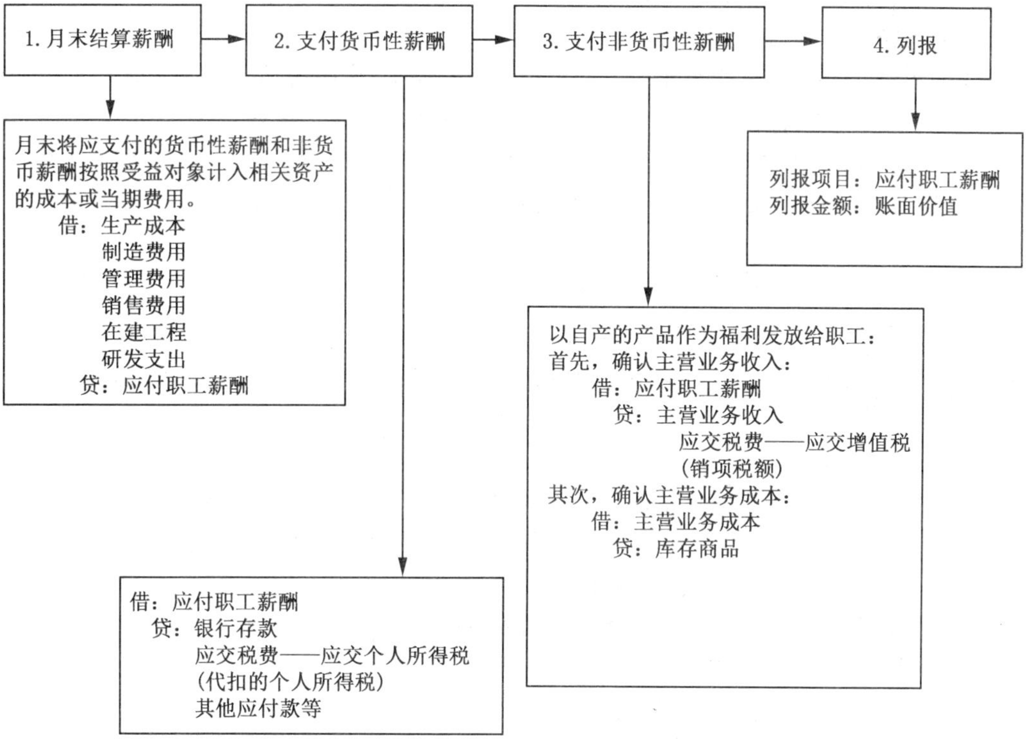

图 10—6　应付职工薪酬实务操作流程图

【例 10—7】　甲公司于 20×8 年年初制定和实施了一项短期利润分享计划，以对公司管理层进行激励。该计划规定，公司管理层如超额完成全年净利润指标（20×8 年净利润指标为1 000万元），可以按超过净利润指标部分的 15%作为额外报酬。20×8 年甲公司全年实际完成净利润1 500万元。

根据以上资料，假定不考虑离职等其他因素，则甲公司管理层按照利润分享计划可以分享利润 75 万元[(1 500－1 000)×15%]作为其额外的薪酬。

20×8 年 12 月 31 日，甲公司应做如下会计分录：

借：管理费用	750 000	
贷：应付职工薪酬——利润分享计划		750 000

4. 非货币性福利的会计处理

企业向职工提供非货币性福利的，应当按照公允价值计量。公允价值不能可靠取得的，可以采用成本计量。

(1)企业以自产产品或外购商品发放给职工作为福利。企业以其生产的产品作为非货币性福利发放给职工的，应当按照该产品的公允价值和相关税费，记入“应付职工薪酬——非货币性福利”账户借方，同时确认商品销售收入，结转销售成本。

企业以其生产的产品作为非货币性福利发放给职工时，应做如下会计处理：

借：生产成本(提供给生产工人的产品的公允价值＋相关税费)

　　管理费用等(提供给行政管理人员的产品的公允价值＋相关税费)

　　贷：应付职工薪酬——非货币性福利

同时：

借：应付职工薪酬——非货币性福利

　　贷：主营业务收入(产品的公允价值)

　　　　应交税费——应交增值税(销项税额)(按产品公允价值计算的增值税)

借：主营业务成本

　　贷：库存商品(产品的成本)

企业将外购商品作为非货币性福利提供给职工的，同样应当按照该商品的公允价值和相关税费，记入“应付职工薪酬——非货币性福利”账户。发放时，应做如下会计处理：

借：生产成本(提供给生产工人的外购商品的公允价值＋相关税费)

　　管理费用等(提供给行政管理人员的外购商品的公允价值＋相关税费)

　　贷：应付职工薪酬——非货币性福利

借：应付职工薪酬——非货币性福利

　　贷：库存商品(商品的公允价值)

　　　　应交税费——应交增值税(进项税额转出)

【例 10－8】 甲公司为一家生产笔记本电脑的企业，共有 200 名职工，20×8 年 6 月，公司以其生产的成本为10 000元的高级笔记本电脑和外购的每部不含税价格为1 000元的手机作为春节福利发放给公司每名职工。该型号笔记本电脑的售价为每台14 000元，甲公司适用的增值税税率为 13%，已开具了增值税专用发票；甲公司以银行存款支付了购买手机的价款和增值税进项税额，已取得增值税专用发票，适用的增值税税率为 13%。假定 200 名职工中 170 名为直接参加生产的职工，30 名为总部管理人员。

笔记本电脑的售价总额＝14 000×170＋14 000×30＝2 380 000＋420 000＝2 800 000(元)

笔记本电脑的增值税销项税额＝170×14 000×13%＋30×14 000×13%＝309 400＋54 600＝364 000(元)

甲公司决定发放非货币性福利时，应作如下账务处理：

借：生产成本　　　　　　　　　　　　　　　　2 689 400

管理费用　4 746 000

　贷：应付职工薪酬——非货币性福利　3 164 000

实际发放笔记本电脑时，应作如下账务处理：

借：应付职工薪酬——非货币性福利　3 164 000

　贷：主营业务收入　2 800 000

　　应交税费——应交增值税(销项税额)　364 000

借：主营业务成本　2 000 000

　贷：库存商品　2 000 000

手机的售价总额＝170×1 000＋30×1 000＝170 000＋30 000＝200 000(元)

手机的进项税额＝170×1 000×13%＋30×1 000×13%＝22 100＋3 900＝26 000(元)

甲公司决定发放非货币性福利时，应作如下账务处理：

借：生产成本　192 100

　管理费用　33 900

　贷：应付职工薪酬——非货币性福利　226 000

购买手机时，甲公司应作如下账务处理：

借：库存商品　200 000

　应交税费——应交增值税(进项税额)　26 000

　贷：银行存款　226 000

借：应付职工薪酬——非货币性福利　226 000

　贷：库存商品　200 000

　　应交税费——应交增值税(进项税额转出)　26 000

(2)企业将其拥有的房屋、汽车等资产无偿提供给职工使用的，应当根据受益对象，将该房屋、汽车等资产每期应计提的折旧计入相关资产成本或当期损益，同时确认应付职工薪酬。

(3)企业租赁住房等资产供职工无偿使用的，应当根据受益对象，将每期应付的租金计入相关资产成本或当期损益，并确认应付职工薪酬。

【例10－9】 甲公司为集团总部部门经理级别以上职工每人提供一辆免费使用的轿车，甲公司集团总部共有部门经理以上职工20名，假定每辆轿车每月应计提折旧1 000元；该公司还为其5名副总以上高级管理人员每人租赁一套公寓免费使用，月租金为每套5 000元(假定上述人员发生的费用无法认定受益对象)。

根据以上资料，甲公司的会计处理如下：

(1)甲公司确认该项非货币性薪酬时：

借：管理费用　45 000

贷:应付职工薪酬——非货币性福利　　45 000

(2)期末计提汽车折旧和应付房屋租金时:

借:应付职工薪酬——非货币性福利　　45 000

贷:累计折旧　　20 000

其他应付款　　25 000

三、离职后福利的确认、计量及会计处理

(一)离职后福利的概念

离职后福利是指企业为获得职工提供的服务而在职工退休或与企业解除劳动关系后,提供的各种形式的报酬和福利,短期薪酬和辞退福利除外。

企业应当将离职后福利计划分类为设定提存计划和设定受益计划。其中,设定提存计划是指向独立的基金缴存固定费用后,企业不再承担进一步支付义务的离职后福利计划;设定受益计划是指除设定提存计划以外的离职后福利计划。

(二)设定提存计划的确认、计量及会计处理

1. 设定提存计划的确认和计量

企业应当在职工为其提供服务的会计期间,将根据设定提存计划计算的应缴存金额确认为负债,并计入当期损益或相关资产成本。

根据设定提存计划,预期不会在职工提供相关服务的年度报告期结束后12个月内支付全部应缴存金额的,企业应当按照规定的折现率,将全部应缴存金额以折现后的金额计量应付职工薪酬。

2. 设定提存计划的会计处理

对于设定提存计划,企业应当根据在资产负债表日为换取职工在会计期间提供的服务而应向单独主体缴存的提存金,确认为职工薪酬负债,并计入当期损益或相关资产成本。

【例10—10】 甲公司20×8年2月应发放职工工资总额为300 000元,其中生产工人工资为120 000元,车间管理人员的工资为20 000元,企业行政管理部门管理人员的工资为60 000元,专设销售机构人员工资为60 000元,研发人员(研究阶段)工资40 000元,假设甲公司根据所在地政府规定,按照职工工资总额的12%计提基本养老保险费,缴存当地社会保险经办机构。

20×8年2月,甲公司应做如下会计分录:

借:生成成本　　14 400

制造费用　　2 400

管理费用　　7 200

销售费用　　7 200

研发支出——费用化支出 4 800
贷:应付职工薪酬——设定提存计划 36 000

(三)设定受益计划的确认、计量及会计处理

1. 设定受益计划的确认和计量

设定提存计划和设定受益计划的区分,取决于离职后福利计划的主要条款和条件所包含的经济实质。在设定提存计划下,企业的义务以企业应向独立主体缴存的提存金金额为限,职工未来所能取得的离职后福利金额取决于向独立主体支付的提存金金额,以及提存金所产生的投资回报,从而精算风险和投资风险实质上要由职工来承担。在设定受益计划下,企业的义务是为现在及以前的职工提供约定的福利,并且精算风险和投资风险实质上由企业来承担,当企业负有下列义务时,该计划就是一项设定受益计划:

(1)计划福利公式不仅仅与提存金金额相关,且要求企业在资产不足以满足该公式的福利时提供进一步的提存金;

(2)通过计划间接地或直接地对提存金的特定回报作出担保。

设定受益计划可能是不注入资金的,或者可能全部或部分地由企业(有时由其职工)向独立主体以缴纳提存金形式注入资金,并由该独立主体向职工支付福利。到期时已注资福利的支付不仅取决于独立主体的财务状况和投资业绩,而且取决于企业补偿独立主体资产不足的意愿和能力。企业实质上承担着与计划相关的精算风险和投资风险。因此,设定受益计划所确认的费用并不一定是本期应付的提存金金额。

2. 设定受益计划的会计处理

企业对设定受益计划的会计处理通常包括下列四个步骤:

(1)确定设定受益计划义务的现值和当期服务成本。企业可以通过以下两步骤确定设定受益计划义务的现值和当期服务成本:

第一步,根据预期累计福利单位法,采用无偏且相互一致的精算假设(精算假设是指企业对影响离职后福利最终义务的各种变量的最佳估计)对有关人口统计变量(如职工的死亡率、离职率、伤残率、提前退休率等)和财务变量(如折现率、福利水平和未来薪酬)等作出估计,计量设定受益计划所产生的义务(即预期未来所需支付的金额),并确定相关义务的归属期间。

第二步,根据资产负债表日与设定受益计划义务期限和币种相匹配的国债或活跃市场上的高质量公司债券的市场收益率确定折现率,并将设定受益计划所产生的义务(预期未来所需支付的金额)予以折现,以确定设定受益计划义务的现值和当期服务成本。

设定受益计划义务的现值,是指企业在不扣除任何计划资产的情况下,为履行获得当期和以前期间职工服务产生的最终义务,所需支付的预期未来金额的现值。企业在折现时,即使预期有部分义务在报告期间结束后的 12 个月内结算,企业仍应对整项义务进行折现。

当期服务成本,是指因职工当期提供服务所导致的设定受益计划义务现值的增加额。

根据预期累计福利单位法,职工每提供一个期间的服务,就会增加一个单位的福利权利,企业应当对每一单位的福利权利进行单独计量,并将所有单位的福利权利累计形成最终义务。预期累计福利单位法要求企业将福利归属于当期(以确定当期服务成本)和当期及以前期间(以确定设定受益计划的现值)。

当职工后续年度的服务将导致其享有的设定受益计划福利水平显著高于以前年度时,企业应当按照直线法,将累计设定受益计划义务分摊确认于职工提供服务而导致企业第一次产生设定受益计划福利义务至职工提供服务不再导致该福利义务显著增加的期间。在确定后续年度服务是否将导致职工享有的设定受益福利水平显著高于以前年度时,不应考虑仅因未来工资水平提高而导致设定受益计划义务显著增加的情况。

企业在确定设定受益计划义务的现值、当期服务成本以及过去服务成本时,应当根据计划的福利公式将设定受益计划产生的福利义务归属于职工提供服务的期间,并计入当期损益或相关资产成本。

【例 10-11】 甲公司在 20×4 年 1 月 1 日设立了一项设定受益计划,并于当日开始实施。该设定受益计划规定:甲公司向企业管理人员提供统筹外补充退休金,55 岁的王某为该公司的管理人员,于 20×4 年初入职,折现率为 10%,,预计该员工在服务 5 年后即 20×9 年退休。假定精算假设不变。

表 10-2 受益计划 单位:元

年　度	20×4 年	20×5 年	20×6 年	20×7 年	20×8 年
福利归属于以前年度	0	1 310	2 620	3 930	5 240
福利归属于当年	1 310	1 310	1 310	1 310	1 310
当年和以前年度	1 310	2 620	3 930	5 240	6 550
期初义务	0	890	1 960	3 240	4 760
利率为 10%的利息	0	89	196	324	476
当期服务成本	890 [1 310/(1 + 10%)^4]	980 [1 310/(1 + 10%)^3]	1 080 [1 310/(1 +10%)^2]	1 190 [1 310/(1 +10%)]	
期末义务	890	1 959 = 890 + 89 +980	3 236 = 1 960 + 196+1 080	4 754 = 3 240 + 324+1 190	6 546 = 4 760 + 476+1 310

注:1. 期初义务是归属于以前年度的设定受益义务的现值;2. 当期服务成本是归属于当年的设定受益义务的现值;3. 期末义务是归属于当年和以前年度的设定受益义务的现值。

20×4 年末,企业对该管理人员的会计处理如下:

借:管理费用　　890

　贷:应付职工薪酬——设定受益计划义务　　890

同理,20×5 年末,企业对该管理人员的会计处理如下:

借:财务费用　　89

贷:应付职工薪酬——设定受益计划义务 89

借:管理费用(当期服务成本) 980

贷:应付职工薪酬——设定受益计划义务 980

以后各年,以此类推。

(2)确定设定受益计划净负债或净资产。设定受益计划存在资产的,企业应当将设定受益计划义务的现值减去设定受益计划资产公允价值所形成的赤字或盈余确认为一项设定受益计划净负债或净资产。

表 10—3　计划资产的内容

包括的内容	①长期职工福利基金持有的资产 ②符合条件的保险单
不包括的内容	①企业应付但未付给基金的提存金 ②由企业发行并由基金持有的任何不可转换的金融工具

设定受益计划存在盈余的,企业应当以设定受益计划的盈余和资产上限(是指企业可从设定受益计划退款或减少未来向独立主体缴存提存金而获得的经济利益的现值)两项的孰低者计量设定受益计划净资产。

(3)确定应当计入当期损益的金额。报告期末,企业应当在损益中确认的设定受益计划产生的职工薪酬成本包括服务成本(包括当期服务成本、过去服务成本和结算利得或损失)和设定受益净负债或净资产的利息净额(包括计划资产的利息收益、设定受益计划义务的利息费用以及资产上限影响的利息)。除非其他相关会计准则要求或允许职工福利成本计入资产成本,企业应当将服务成本和设定受益净负债或净资产的利息净额计入当期损益。

表 10—4　设定收益计划的职工薪酬成本组成

<table>
<tr><td rowspan="4">设定受益计划产生的职工薪酬成本</td><td rowspan="3">①服务成本</td><td>a. 当期服务成本</td><td>借:管理费用/生产成本等
贷:应付职工薪酬</td></tr>
<tr><td>b. 过去服务成本</td><td></td></tr>
<tr><td>c. 结算利得或损失</td><td></td></tr>
<tr><td colspan="2">②设定受益计划净负债或净资产的利息净额</td><td>借:财务费用(净负债)
贷:应付职工薪酬
或者
借:应付职工薪酬
贷:财务费用(净资产)</td></tr>
</table>

①当期服务成本。是指因职工当期提供服务所导致的设定受益计划义务现值的增加额。在【例 10—11】中,甲公司第 1 年年末应当计入当期损益的当期服务成本为 890 元。

②过去服务成本。是指设定受益计划修改所导致的与以前期间职工服务相关的设定

受益计划义务现值的增加或减少。当企业设立或取消一项设定受益计划或是改变现有设定受益计划下的应付福利时，设定受益计划就发生了修改。

过去服务成本可以是正的(如设立或改变设定受益计划从而导致设定受益计划义务的现值增加)，也可以是负的(如取消或改变设定受益计划从而导致设定受益计划义务的现值减少)。过去服务成本不包括.以前假定的薪金增长额与实际发生额之间的差额对支付以前年度服务产生的福利义务的影响(因为精算假设允许预计薪金增长，所以不会产生过去服务成本)。

③结算利得和损失。企业应当在设定受益计划结算(指企业为了消除设定受益计划所产生的部分或所有未来义务进行的交易，而不是根据计划条款和所包含的精算假设向职工支付福利)时，确认一项结算利得或损失。设定受益计划结算利得或损失是下列两项的差额：一是在结算日确定的设定受益计划义务的现值；二是结算价格，包括转移的计划资产的公允价值和企业直接发生的与结算相关的支付。

④设定受益计划净负债或净资产的利息净额。设定受益计划净负债或净资产的利息净额，是指设定受益净负债或净资产在职工提供服务期间由于时间变化而产生的变动，包括计划资产的利息收益、设定受益计划义务的利息费用以及资产上限影响的利息。

企业应当通过将设定受益计划净负债或净资产乘以适当的折现率来确定设定受益计划净负债或净资产的利息净额。企业应当通过将计划资产公允价值乘以折现率来确定计划资产的利息收益，作为计划资产回报的组成部分。企业应当将计划资产的利息收益和计划资产回报之间的差额包括在设定受益计划净负债或净资产的重新计量中。

企业计算设定受益计划净负债或净资产的利息净额时，应当考虑资产上限的影响。企业应当通过将资产上限的影响乘以折现率来确定资产上限影响的利息，作为资产上限影响总变动的部分。企业应当将资产上限影响的利息金额与资产上限影响总变动之间的差额包括在设定受益计划净负债或净资产的重新计量中。

确定应当计入其他综合收益的金额。企业应当将重新计量设定受益计划净负债或净资产所产生的变动计入其他综合收益，并且在后续会计期间不允许转回至损益，但企业可以在原设定受益计划终止时在权益范围内转移这些在其他综合收益中确认的金额，部分或全部结转至重新计量设定受益计划净负债或净资产所产生的变动。

重新计量设定受益计划净负债或净资产所产生的变动包括下列部分：

①精算利得或损失，即由于精算假设和经验调整导致之前所计量的设定受益计划义务现值的增加或减少。企业未能预计的过高或过低的职工离职率、提前退休率、死亡率、过高或过低的薪酬、福利的增长以及折现率变化等因素，将导致设定受益计划产生精算利得和损失。

②计划资产回报，扣除包括在设定受益计划净负债或净资产的利息净额中的金额。

计划资产回报，指计划资产产生的利息、股利和其他收入，以及计划资产已实现和未实现的利得或损失。

③资产上限影响的变动，扣除包括在设定受益计划净负债或净资产的利息净额中的金额，企业重新计量设定受益计划净负债或净资产所产生的变动时，应做如下会计分录：

借：其他综合收益——设定受益计划净负债或净资产重新计量——精算损失

　贷：应付职工薪酬——设定受益计划义务

离职后福利的会计处理如图 10－7 所示：

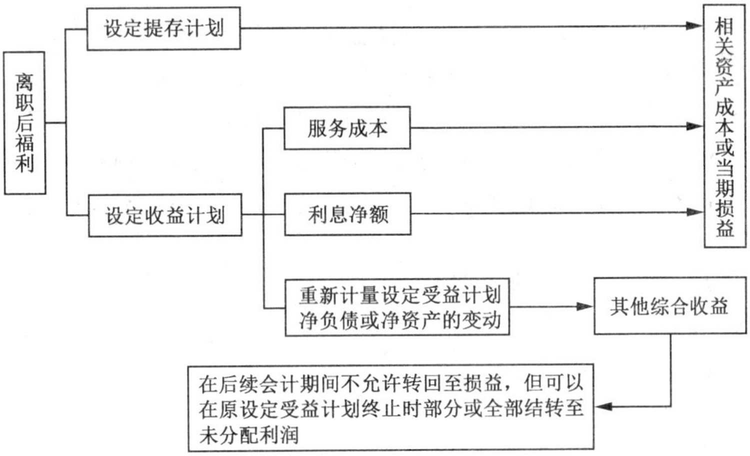

图 10－7 离职后福利的会计处理

四、辞退福利的确认、计量及会计处理

（一）辞退福利的确认和计量

企业向职工提供辞退福利的，应当在下列两者孰早日确认辞退福利产生的职工薪酬负债，并计入当期损益：

(1)企业不能单方面撤回因解除劳动关系计划或裁减建议所提供的辞退福利时；

(2)企业确认与涉及支付辞退福利的重组相关的成本或费用时。

企业应当按照辞退计划条款的规定，合理预计并确认辞退福利产生的应付职工薪酬。辞退福利预期在其确认的年度报告期结束后 12 个月内完全支付的，应当适用短期薪酬的相关规定；辞退福利预期在年度报告期结束后 12 个月内不能完全支付的，应当适用其他长期职工福利的有关规定。

（二）辞退福利的会计处理

(1)对于职工没有选择权的辞退计划，应当根据辞退计划条款规定的拟解除劳动关系的职工数量、每一职位的辞退补偿标准等，计提应付职工薪酬。

（2）对于自愿接受裁减建议的，应当预计将会接受裁减建议的职工数量，根据预计的职工数量和每一职位的辞退补偿标准等，计提应付职工薪酬。

企业确认辞退福利时，应根据确定的金额做如下会计分录：

借：管理费用

　贷：应付职工薪酬——辞退福利

（3）对于辞退福利预期在其确认的年度报告期间期末后 12 个月内完全支付的，企业应当按短期薪酬的相关规定处理。

（4）对于辞退福利预期在年度报告期间期末后 12 个月内不能完全支付的辞退福利，即实质性辞退工作在一年内完成，但付款时间超过一年的辞退福利，企业应当选择恰当的折现率，以折现后的金额作为计入当期管理费用的辞退福利金额，该项金额与实际应支付的辞退福利之间的差额，作为未确认融资费用，在以后各期实际支付辞退福利款项时，分期摊销计入财务费用。应付辞退福利款金额与折现后金额相差不大的，也可以不折现。有关账务处理如下：

在确认辞退福利时，应做如下会计分录：

借：管理费用

　未确认融资费用

　贷：应付职工薪酬——辞退福利

在分期支付时，应做如下会计分录：

借：应付职工薪酬——辞退福利

　贷：银行存款

借：财务费用

　贷：未确认融资费用

（5）对于职工虽然没有与企业解除劳动合同，但未来不再为企业提供服务，不能为企业带来经济利益，企业承诺提供实质上具有辞退福利性质的经济补偿的，如发生“内退”的情况，在其正式退休日期之前应当比照辞退福利处理，在其正式退休日期之后，应当按照离职后福利处理。

五、其他长期职工福利的确认和计量

（一）企业向职工提供的其他长期职工福利

符合设定提存计划条件的，应当按照设定提存计划的有关规定进行处理。此外，企业应当按照设定受益计划的有关规定，确认和计量其他长期职工福利净负债或净资产。在报告期末，企业应当将其他长期职工福利产生的职工薪酬成本确认为下列组成部分：

（1）服务成本；

（2）其他长期职工福利净负债或净资产的利息净额；

(3)重新计量其他长期职工福利净负债或净资产所产生的变动。

为简化相关会计处理，上述项目的总净额应计入当期损益或相关资产成本。

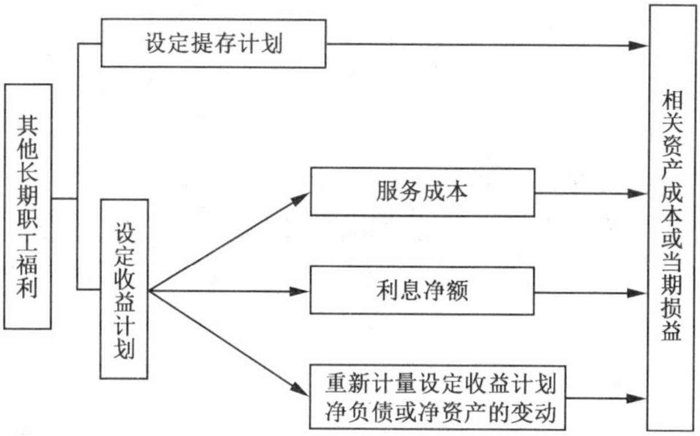

图 10—8　其他长期福利的会计处理

(二)长期残疾福利

(1)长期残疾福利水平取决于职工提供服务期间长短的，企业应当在职工提供服务的期间确认应付长期残疾福利义务，计量时应当考虑长期残疾福利支付的可能性和预期支付的期限。

(2)长期残疾福利与职工提供服务期间长短无关的，企业应当在导致职工长期残疾的事件发生的当期确认应付长期残疾福利义务。

第五节　应交税费

企业在一定时期内取得的营业收入、实现的利润以及从事其他应税项目应当按照规定交纳各种税金。企业应交纳的税金主要有增值税、消费税、所得税、资源税、城市维护建设税、房产税、土地使用税、车船税、印花税、耕地占用税等，按照权责发生制的原则，这些税金有些有可能在尚未交纳之前就形成了企业的负债，通过"应交税费"账户进行核算。但印花税、耕地占用税以及其他不需要预计应交数的税金，不通过"应交税费"账户核算。需要注意的是，有些代扣代缴的税金，如企业以代理人的身份代理国家而向职工征收的个人所得税，在上交给国家之前，也是作为负债处理。

一、应交增值税

(一)增值税概述

增值税是指对我国境内销售货物、进口货物或提供加工、修理修配等劳务的增值额所征收的一种流转税，按照《中华人民共和国增值税暂行条例》规定，一般纳税企业在购进商品或者接受劳务时支付的增值税税额（即进项税额），可以从销售货物或提供劳务按照规定收取的增值税（即销项税额）中抵扣。

进项税额，是指企业在购进商品或者接受应税劳务时支付的增值税税额。准予从销项税额中抵扣的进项税额必须从销售方取得符合规定的增值税专用发票或其他完税凭证，具体包括：

（1）企业从销售方取得的增值税专用发票上注明的增值税税额。

（2）从海关取得的完税凭证上注明的增值税税额。

（3）纳税人购进用于生产销售或委托加工13%税率货物的农产品，按照10%的扣除率计算进项税额。

（4）购进货物和销售货物所付运输费可以按照增值税专用发票中注明的增值税（按9%的税率计算）作为进项税。

销项税额，是指纳税人销售货物或提供应税劳务，按照销售额和规定的税率计算并向购买方收取的增值税税额。

现行增值税暂行条例将纳税人按其经营规模及会计核算健全与否分为一般纳税人和小规模纳税人。小规模纳税人是指年销售额在规定数额以下，并且会计核算制度不健全，不能按规定报送有关税务资料的增值税纳税人。一般纳税人是指年应征增值税销售额超过增值税暂行条例实施细则规定的小规模纳税人标准的企业和企业性单位。

（二）一般纳税人企业增值税的会计处理

为了核算企业应交增值税的发生、抵扣、缴纳、退税及转出等情况，企业应在“应交税费”账户下设置“应交增值税”“未交增值税”“预交增值税”“待抵扣进项税额”“待认证进项税额”“待转销项税额”“增值税留抵税额”“简易计税”“转让金融商品应交增值税”“代扣代交增值税”等明细账户，在“应交增值税”明细账内，设置“进项税额”“销项税额抵减”“已交税金”“转出未交增值税”“减免税款”“出口抵减内销产品应纳税额”“销项税额”“出口退税”“进项税额转出”“转出多交增值税额”等专栏，并按规定进行核算。

增值税科目设置如下：

（1）增值税一般纳税人：

应交税费——应交增值税（进项税额）

（销项税额抵减）

（已交税金）

（转出未交增值税）

（减免税款）

（出口抵减内销产品应纳税额）

应交税费——应交增值税（销项税额）

（出口退税）

（进项税额转出）

（转出多交增值税）

——未交增值税

——预交增值税

——待抵扣进项税额

——待认证进项税额

——待转销项税额

应交税费——增值税留抵税额

——简易计税

——转让金融商品应交增值税

——代扣代交增值税

（2）小规模纳税人：

应交税费——应交增值税

——转让金融商品应交增值税

——代扣代交增值税

【知识点拓展】

1.“进项税额”专栏，记录一般纳税人购进货物、加工修理修配劳务、服务、无形资产或不动产而支付或负担的、准予从当期销项税额中抵扣的增值税额；

2.“销项税额抵减”专栏，记录一般纳税人按照现行增值税制度规定因扣减销售额而减少的销项税额；

3.“已交税金”专栏，记录一般纳税人当月已交纳的应交增值税额；

4.“转出未交增值税”和“转出多交增值税”专栏，分别记录一般纳税人月度终了转出当月应交未交或多交的增值税额；

5.“减免税款”专栏，记录一般纳税人按现行增值税制度规定准予减免的增值税额；

6.“出口抵减内销产品应纳税额”专栏，记录实行“免、抵、退”办法的一般纳税人按规定计算的出口货物的进项税抵减内销产品的应纳税额；

7.“销项税额”专栏，记录一般纳税人销售货物、加工修理修配劳务、服务、无形资产或不动产应收取的增值税额；

8.“出口退税”专栏，记录一般纳税人出口货物、加工修理修配劳务、服务、无形资产按规定退回的增值税额；

9.“进项税额转出”专栏，记录一般纳税人购进货物、加工修理修配劳务、服务、无形资产或不动产等发生非正常损失以及其他原因而不应从销项税额中抵扣、按规定转出的进项税额。

10.“未交增值税”明细科目，核算一般纳税人月度终了从“应交增值税”或“预交增值税”明细科目转入当月应交未交、多交或预缴的增值税额，以及当月交纳以前期间未交的增值税额。

11.“预交增值税”明细科目，核算一般纳税人转让不动产、提供不动产经营租赁服务、提供建筑服务、采用预收款方式销售自行开发的房地产项目等，以及其他按现行增值税制度规定应预缴的增值税额。

12.“待抵扣进项税额”明细科目，核算一般纳税人已取得增值税扣税凭证并经税务机关认证，按照现行增值税制度规定准予以后期间从销项税额中抵扣的进项税额。包括实行纳税辅导期管理的一般纳税人取得的尚未交叉稽核比对的增值税扣税凭证上注明或计算的进项税额。

13.“待认证进项税额”明细科目，核算一般纳税人由于未经税务机关认证而不得从当期销项税额中抵扣的进项税额。包括：一般纳税人已取得增值税扣税凭证、按照现行增值税制度规定准予从销项税额中抵扣，但尚未经税务机关认证的进项税额；一般纳税人已申请稽核但尚未取得稽核相符结果的海关缴款书进项税额。

14.“待转销项税额”明细科目，核算一般纳税人销售货物、加工修理修配劳务、服务、无形资产或不动产，已确认相关收入(或利得)但尚未发生增值税纳税义务而需于以后期间确认为销项税额的增值税额。

15.“增值税留抵税额”明细科目，核算兼有销售服务、无形资产或者不动产的原增值税一般纳税人，截止到纳入营改增试点之日前的增值税期末留抵税额按照现行增值税制度规定不得从销售服务、无形资产或不动产的销项税额中抵扣的增值税留抵税额。

16.“简易计税”明细科目，核算一般纳税人采用简易计税方法发生的增值税计提、扣减、预缴、缴纳等业务。

17.“转让金融商品应交增值税”明细科目，核算增值税纳税人转让金融商品发生的增值税额。

18.“代扣代交增值税”明细科目，核算纳税人购进在境内未设经营机构的境外单位或个人在境内的应税行为代扣代缴的增值税。

一般纳税人企业增值税的会计处理，具有以下特点：

一是在购进阶段，在会计处理时实行价税分离，价税分离的依据为增值税专用发票上注明的价款和增值税，属于价款的部分，计入货物的成本；属于增值税税额的部分，计入进项税额。

二是在销售阶段，销售价格中不再含税，如果在定价时含税，应当还原为不含税的价格作为销售收入，向购买方收取的增值税作为销项税额。

企业将含税价格还原为不含税价格时，可按下列公式计算：

不含税的销售额＝含税的销售额÷(1＋税率)

销项税额＝不含税的销售额×适用税率

一般纳税人企业有关增值税的具体账务处理如下：

1. 取得资产或接受劳务等业务的账务处理

(1)采购等业务进项税额允许抵扣的账务处理。一般纳税人购进货物、加工修理修配劳务服务、无形资产或不动产时，应做如下会计分录：

借：原材料、库存商品、生产成本、无形资产、固定资产、管理费用等

　　应交税费——应交增值税（进项税额）（当月已认证的可抵扣增值税额）

　　待认证进项税额（当月未认证的可抵扣增值税额）

　　贷：应付账款、应付票据、银行存款等（应付或实际支付的金额）

发生退货的，如原增值税专用发票已做认证，应根据税务机关开具的红字增值税专用发票做相反的会计分录；如原增值税专用发票未做认证，应将发票退回并做相反的会计分录。

(2)采购等业务进项税额不得抵扣的账务处理。一般纳税人购进货物、加工修理修配劳务、服务、无形资产或不动产，用于简易计税方法计税项目、免征增值税项目、集体福利或个人消费等，其进项税额按照现行增值税制度规定不得从销项税额中抵扣的，取得增值税专用发票时，应做如下会计分录：

借：原材料、库存商品、生产成本、无形资产、固定资产、管理费用等（应计入相关成本费用或资产的金额）

　　应交税费——应交增值税（进项税额）（当月已认证的可抵扣增值税额）

　　　　　　——待认证进项税额（当月未认证的可抵扣增值税额）

　　贷：应付账款、应付票据、银行存款等（应付或实际支付的金额）

经税务机关认证后，做如下会计分录：

借：原材料、库存商品、生产成本、无形资产、固定资产、管理费用等

　　贷：应交税费——待认证进项税额（经认证不可抵扣的增值税额）

(3)货物等已验收入库但尚未取得增值税扣税凭证的账务处理。一般纳税人购进的货物等已到达并验收入库，但尚未收到增值税扣税凭证并未付款的，应在月末按货物清单或相关合同协议的价格暂估入账，不需要将增值税的进项税额暂估入账。下月初，用红字冲销原暂估入账金额，待取得相关增值税扣税凭证并经认证后，做如下会计分录：

借：原材料、库存商品、固定资产、无形资产等（应计入相关成本费用或资产的金额）

　　应交税费——应交增值税（进项税额）（可抵扣的增值税额）

　　贷：应付账款等（应付金额）

(4)购买方作为扣缴义务人的账务处理。按照现行增值税制度规定，境外单位或个人在境内发生应税行为，在境内未设有经营机构的，以购买方为增值税扣缴义务人，境内一般纳税人购进服务、无形资产或不动产时，应做如下会计分录：

借:生产成本、无形资产、固定资产、管理费用等(应计入相关成本费用或资产的金额)

应交税费——进项税额(可抵扣的增值税额)

贷:应付账款、银行存款等(应付或实际支付的金额)

应交税费——代扣代交增值税(应代扣代缴的增值税额)

实际交纳代扣代缴增值税时,应做如下会计分录:

借:应交税费——代扣代交增值税(实际缴纳代扣代缴的增值税额)

贷:银行存款

2. 销售等业务的账务处理

(1)销售业务的账务处理。企业销售货物、加工修理修配劳务、服务、无形资产或不动产,应做如下会计分录:

借:应收账款、应收票据、银行存款等(应收或已收的金额)

贷:主营业务收入、其他业务收入、固定资产清理、工程结算(按取得的收入金额)

应交税费——应交增值税(销项税额)(按规定计算的销项税额)

(或贷:应交税费——简易计税)(采用简易计税方法计算的应纳增值税额)

发生销售退回的,应根据按规定开具的红字增值税专用发票做相反的会计分录。

按照国家统一的会计制度确认收入或利得的时点早于按照增值税制度确认增值税纳税义务发生时点的,如分期收款销售商品,销售商品时应做如下会计分录(结转成本略):

借:长期应收款(商品售价加上增值税销项税额)

贷:主营业务收入(商品的公允价值)

未实现融资收益(商品售价大于公允价值的差额)

应交税费——待转销项税额(按销售额计算的相关销项税额)

实际发生纳税义务时(即收款时),应做如下会计分录:

借:银行存款(实际收到的商品价款和增值税)

贷:长期应收款

借:应交税费——待转销项税额(应确认的增值税金额)

贷:应交税费——应交增值税(销项税额)

(或贷:应交税费——简易计税)(采用简易计税方法计算的应纳增值税额)

按照增值税制度确认增值税纳税义务发生时点早于按照国家统一的会计制度确认收入或利得的时点的(如房地产开发企业销售期房),在增值税纳税义务发生时,应做如下会计分录:

借:银行存款等(商品的价款和应收的增值税额)

贷:预收账款(销售商品的价款)

应交税费——应交增值税(销项税额)(应纳增值税额)

(或贷:应交税费——简易计税)(采用简易计税方法计算的应纳增值税额)

(2)视同销售的账务处理。企业发生税法上视同销售的行为,应当按照企业会计准则制度相关规定进行相应的会计处理(如企业将自产的商品作为福利发放给职工等时),应做如下会计分录:

借:应付职工薪酬等

贷:主营业务收入(商品的公允价值)

应交税费——应交增值税(销项税额)(按规定计算的销项税额)

(或贷:应交税费—简易计税)(采用简易计税方法计算的应纳增值税额)

3. 差额征税的账务处理

(1)企业发生相关成本费用允许扣减销售额的账务处理。按现行增值税制度规定企业发生相关成本费用允许扣减销售额的,发生成本费用时,应做如下会计分录:

借:主营业务成本、工程施工等(应付或实际支付的金额)

贷:应付账款、应付票据、银行存款等科目

待取得合规增值税扣税凭证且纳税义务发生时,做如下会计分录:

借:应交税费——应交增值税(销项税额抵减)(允许抵扣的税额)

(或借:应交税费——简易计税)

贷:主营业务成本、工程施工等

【例 10—12】 某旅游企业为增值税一般纳税人,选择差额征税的方式。该企业本期向旅游服务购买方收取的含税价款为530 000元(含增值税30 000元),应支付给其他接团旅游企业的旅游费用和其他单位的相关费用为424 000元,其中因允许扣除销售额而减少的销项税额24 000元。根据该项经济业务,企业可作如下账务处理:

借:银行存款	530 000	
贷:主营业务收入		500 000
应交税费——应交增值税(销项税额)		30 000
借:主营业务成本	400 000	
应交税费——应交税费(销项税额抵减)	24 000	
贷:应付账款		424 000

(2)金融商品转让按规定以盈亏相抵后的余额作为销售额的账务处理。金融商品实际转让月末,如产生转让收益,则做如下会计分录:

借:投资收益等(应纳税额)

贷:应交税费——转让金融商品应交增值税

如产生转让损失,则按可结转下月抵扣税额,做相反的会计分录。

交纳增值税时,做如下会计分录:

借:应交税费——转让金融商品应交增值税

　　贷:银行存款

4. 出口退税的账务处理

为核算纳税人出口货物应收取的出口退税款,企业应设置"应收出口退税款"账户。

(1)实行"免、抵、退"办法的一般纳税人出口货物按规定办理退税时,应做如下会计分录:

借:应收出口退税款(按规定计算的应收出口退税额)

　　贷:应交税费——应交增值税(出口退税)

到出口退税时,做如下会计分录:

借:银行存款

　　贷:应收出口退税款

结转退税额低于购进时取得的增值税专用发票上的增值税额的差额,应做如下会计分录:

借:主营业务成本

　　贷:应交税费——应交增值税(进项税额转出)

(2)实行"免、抵、退"办法的一般纳税人出口货物,在货物出口销售后结转产品销售成本时,按规定计算的退税额低于购进时取得的增值税专用发票上的增值税额的差额应转入主营业务成本,做如下会计分录:

借:主营业务成本

　　贷:应交税费——应交增值税(进项税额转出)

按规定计算的当期出口货物的进项税抵减内销产品的应纳税额,应做如下会计分录:

借:应交税费——应交增值税(出口抵减内销产品应纳税额)

　　贷:应交税费——应交增值税(出口退税)

在规定期限内,内销产品的应纳税额不足以抵减出口货物的进项税额,不足部分按有关税法规定给予退税的,应在实际收到退税款时,做如下会计分录:

借:银行存款

　　贷:应交税费——应交增值税(出口退税)

5. 进项税额抵扣情况发生改变的账务处理

(1)因发生非正常损失或改变用途等,原已计入进项税额、待抵扣进项税额或待认证进项税额,但按现行增值税制度规定不得从销项税额中抵扣的,结转时应做如下会计分录:

借:待处理财产损溢、应付职工薪酬、固定资产、无形资产等

　　贷:应交税费——应交增值税(进项税额转出)

　　　　应交税费——待抵扣进项税额

（或贷应交税费——待认证进项税额）

（2）原不得抵扣且未抵扣进项税额的固定资产、无形资产等，因改变用途等用于允许抵扣进项税额的应税项目的，应结转允许抵扣的进项税额，做如下会计分录：

借：应交税费——应交增值税（进项税额）（允许抵扣的进项税额）

贷：固定资产、无形资产等

（3）一般纳税人购进时已全额计入进项税额的货物或服务等专用于不动产在建工程的，对于应结转以后期间抵扣的进项税额，结转时应做如下会计分录：

借：应交税费

贷：应交税费——应交增值税（进项税额转出）

6．月末转出多交增值税和未交增值税的账务处理

月末，企业应当将当月应交未交或多交的增值税自“应交增值税”明细账户转入“未交增值税”明细账户。

结转当月应交未交的增值税时，应做如下会计分录：

借：应交税费——应交增值税（转出未交增值税）

贷：应交税费——未交增值税

结转当月多交的增值税，应做如下会计分录：

借：应交税费——未交增值税

贷：应交税费——应交增值税（转出多交增值税）

7．交纳增值税的账务处理

（1）当月交纳当月应交增值税时，应做如下会计分录：

借：应交税费——应交增值税（已交税金）（实际交纳增值税的金额）

贷：银行存款

（2）当月交纳以前期间未交增值税时，应做如下会计分录：

借：应交税费——未交增值税

贷：银行存款

（3）当月预缴增值税时，应做如下会计分录：

借：应交税费——预交增值税

贷：银行存款

月末，企业应将“预交增值税”明细账户的余额转入“未交增值税”明细账户。

应做如下会计分录：

借：应交税费——未交增值税

贷：应交税费——预交增值税

房地产开发企业等在预缴增值税后，应直至纳税义务发生时方可从“应交税费——预交增值税”账户结转至“应交税费——未交增值税”账户。

8. 增值税期末留抵税额的账务处理(营改增当期的相关会计处理)

(1)纳入营改增试点当月月初,原增值税一般纳税人应按不得从销售服务、无形资产或不动产的销项税额中抵扣的增值税留抵税额,应做如下会计分录:

借:应交税费——增值税留抵税额

　　贷:应交税费——增值税(进项税额转出)

(2)待以后期间允许抵扣时,做如下会计分录:

借:应交税费——应交增值税(进项税额)(允许抵扣的金额)

　　贷:应交税费——增值税留抵税额

9. 增值税税控系统专用设备和技术维护费用抵减增值税额的账务处理

按现行增值税制度规定,企业初次购买增值税税控系统专用设备支付的费用以及缴纳的技术维护费允许在增值税应纳税额中全额抵减的,应按可抵减增值税应纳税额做如下会计分录:

借:应交税费——应交增值税(减免税款)(按规定可抵减的增值税应纳税额)

　　贷:管理费用

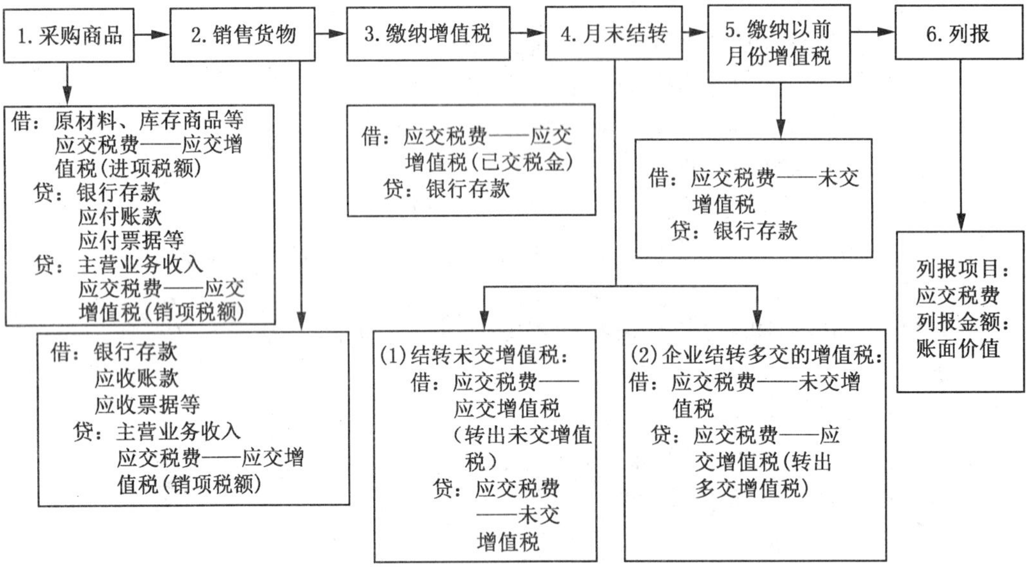

图 10—9　一般纳税人应交增值税实务操作流程图

(三)小规模纳税人企业增值税的账务处理

小规模纳税人只需设置"应交税费——应交增值税"明细账户,不需要在"应交增值税"明细账户内设置专栏。

小规模纳税人企业对增值税的会计处理,具有以下特点:

(1)无论是否取得增值税专用发票,其支付的增值税税额均直接计入购入货物的成本;

(2)企业销售货物或提供劳务时,一般不可以开具增值税专用发票;

(3)销售货物或提供应税劳务采用简易办法计算应纳税额,即按照销售额的一定比例计算;

(4)如果企业销售货物或提供劳务时采用价税合一的方法定价的,可以按照公式"不含税的销售额=含税的销售额/(1+征收率)"先计算销售额,再根据不含税的销售额计算应纳税额。

【例 10—13】 甲公司为增值税小规模纳税人,增值税征收率为 3%。20×8 年 6 月 3 日购入一批原材料,增值税专用发票上注明的价款为 100 万元,增值税税额为 13 万元,企业开出商业承兑汇票,材料已到达并验收入库。6 月 15 日,甲公司销售产品,含税价为 110 万元,货款已收存银行,根据以上经济业务,企业应做如下会计处理:

购进货物时:

借:原材料	1 130 000	
贷:应付票据		1 130 000

销售货物时:

不含税价格=1 100 000/(1+3%)=1 067 961.17(元)

应交增值税=1 067 961.17×3%=32 038.83(元)

借:银行存款	1 100 000	
贷:主营业务收入		1 067 961.17
应交税费——应交增值税		32 038.83

二、应交消费税

(一)消费税概述

按照《中华人民共和国消费税暂行条例》的规定,消费税的纳税义务人为生产、委托加工和进口应税消费品的企业,即消费税在生产和进口应税消费品环节征收,一旦出了生产环节进入流通领域,一般不再交纳消费税(金银首饰例外)。所以,消费税一般仅仅是生产及进口应税消费品企业缴纳。

消费税实行价内征收方式,具体分为两种:从价定率征收和从量定额征收。

实行从价定率办法征收的消费品,其计税依据是销售额,是指包含消费税但是不含增值税的销售额,如果企业应税消费品的销售额中含有增值税,在计算应纳消费税税额时,应当按照公式"应纳消费税的销售额=含增值税的销售额/(1+增值税税率或征收率)"换算为不含增值税的销售额。销售额的范围包括纳税人销售应税消费品向购买方收取的全部价款和价外费用。委托加工应税消费品和自产自用的应税消费品应按照规定的方法确定计税销售额，如计税销售额明显偏低又无正当理由的，由主管税务机关核定其销售额。其应纳税额的计算公式为：

应交消费税＝不含增值税的销售额×适用税率

实行从量定额征收方法的消费品的计税依据为其销售数量（包括自产自用的移送使用数量、委托加工收回的应税数量、海关核定的进口征税数量）。其应纳税额的计算公式为：

应交消费税＝销售数量×单位税额

（二）销售应税消费品的会计处理

企业应在“应交税费”账户下设“应交消费税”明细账户核算应交消费税。其具体会计处理如下：

企业将生产的应税消费品对外销售时，应按照税法的规定计算应交消费税的金额，并确认为一项负债，同时，将应交的消费税计入当期损益。企业应做如下会计分录：

借：税金及附加（经计算的应交消费税的金额）

　　贷：应交税费——应交消费税

【例 10－14】 20×8 年 6 月，甲公司向乙公司销售高档香水（应税消费品）10 吨，每吨 100 万元，不含税价款为1 000万元，增值税税率为 13%，消费税税率为 15%，款项已收存银行。该批产品的成本为 600 万元。根据上述资料，甲公司应做如下会计分录：

（1）确认销售收入时：

借：银行存款	11 300 000	
贷：主营业务收入		10 000 000
应交税费——应交增值税（销项税额）		1 300 000

（2）确认应交消费税时：

应交消费税＝10 000 000×15%＝1 500 000（元）

借：税金及附加	1 500 000	
贷：应交税费——应交消费税		1 500 000

（3）结转产品销售成本时：

借：主营业务成本	6 000 000	
贷：库存商品		6 000 000

企业将自产的应税消费品用于在建工程、非生产机构等其他方面，按照规定计算的应缴纳的消费税，应计入有关资产的成本。应做如下会计分录：

借：在建工程等

　　贷：库存商品

　　　　应交税费——应交增值税（销项税额）

　　　　　　　　——应交消费税

(三)委托加工应税消费品的会计处理

按照税法规定,企业委托加工应税消费品时,应由受托方向委托方代收代缴消费税(加工金银首饰除外),消费税由委托方负担。委托方对于委托加工应税消费品应支付的消费税,分别以下两种情况处理:

(1)委托加工应税消费品收回后,直接用于销售的,委托方应将支付的消费税计入委托加工应税消费品的成本。

(2)委托加工的应税消费品收回后用于连续生产应税消费品,按规定准予抵扣的,委托方应将支付的消费税税款计入"应交税费——应交消费税"账户。

【例 10—15】 某企业委托外单位加工一批应税原材料,价款 20 万元,加工费用 5 万元,由受托方代收代缴的消费税 0.5 万元(不考虑增值税),材料已经加工完毕验收入库,费用尚未支付。假定该企业材料采用实际成本核算。

(1)材料收回之后,用于继续生产应税产品:

借:委托加工物资	200 000	
贷:原材料		200 000
借:委托加工物资	50 000	
应交税费——应交消费税	5 000	
贷:应付账款		55 000
借:原材料	250 000	
贷:委托加工物资		250 000

(2)以不高于受托方的计税价格直接销售:

借:委托加工物资　55 000(加工费 50 000 元+消费税 5 000 元)		
贷:应付账款		55 000
借:原材料	255 000	
贷:委托加工物资		255 000

(四)进口应税消费品的会计处理

企业进口应税消费品应缴纳的消费税,按照规定应直接计入该进口消费品的成本。需要交纳消费税的进口消费品,其应交纳的消费税应计入该进口消费品的成本:

借:固定资产、材料采购等

　贷:银行存款

三、应交所得税

企业所得税是国家对企业的生产、经营所得和其他所得,依照有关所得税暂行条例及其实施细则的规定征收的一种税金。企业应缴纳的所得税,在"应交税费"账户下设置"应交所得税"明细账户核算。所得税是一种费用,应当计入当期损益(所得税费用)。

四、其他应交税费

（一）资源税

资源税是为了体现国家对资源的权益，促进合理开发资源，以在中华人民共和国境内开采应税资源的矿产品或者生产盐的单位和个人为纳税义务人，对开采资源产品征收的一种税。资源税采取从量定额的办法征收。

为了核算资源税，企业应在“应交税费”账户下设“应交资源税”明细账户。其具体会计处理如下：

（1）企业销售或自产自用应税矿产品，计算出应缴纳的资源税时，应做如下会计分录：

借：税金及附加（销售应税矿产品应交的资源税）
　　生产成本（自产自用矿产品应缴纳的资源税）
　　贷：应交税费——应交资源税

（2）收购未税矿产品时，应做如下会计分录：

借：原材料
　　贷：银行存款（实际支付的收购款）
　　　　应交税费——应交资源税（代扣代交的资源税）

（3）外购液体盐加工固体盐时，应做如下会计分录：

借：原材料
　　应交税费——应交资源税（允许抵扣的资源税）
　　贷：银行存款（实际支付的收购款）

（4）企业实际缴纳资源税时，应做如下会计分录：

借：应交税费——应交资源税
　　贷：银行存款

（二）土地增值税

土地增值税是对转让国有土地使用权、地上建筑物及其附着物并取得收入的单位和个人，就其转让房地产所产生的增值额征收的一种税。

为了核算土地增值税，企业应在“应交税费”账户下设“应交土地增值税”明细账户。其具体会计处理如下：

（1）主营或兼营房地产开发业务的企业，计算出应由当期收入负担的土地增值税时，应做如下会计分录：

借：税金及附加
　　贷：应交税费——应交土地增值税

（2）企业转让的国有土地使用权连同地上的建筑物及其附着物一并在“固定资产”账户核算的，按转让时应缴纳的土地增值税，做如下会计分录：

借:固定资产清理

　　贷:应交税费——应交土地增值税

(3)企业实际缴纳土地增值税时,按实际支付的金额做如下会计分录:

借:应交税费——应交土地增值税

　　贷:银行存款

(三)房产税、土地使用税、车船税和印花税

房产税是以房产为征税对象,依据房产价格或房产租金收入向房产所有人或经营人征收的一种税。土地使用税是以城镇土地为征税对象,对拥有土地使用权的单位或个人征收的一种税。车船税是指国家对行驶于境内公共道路的车辆和航行于境内河流、湖泊或者领海的船舶,依法征收的一种税。印花税是指对书立、领受购销合同等凭证行为征收的税款。

(1)企业按照规定计算应当缴纳的房产税、土地使用税、车船税时,应做如下会计分录:

借:税金及附加

　　贷:应交税费——应交房产税

　　　　　　　——应交土地使用税

　　　　　　　——应交车船税

(2)企业实际缴纳房产税、土地使用税、车船税时,按实际支付的金额做如下会计分录:

借:应交税费——应交房产税

　　　　　——应交土地使用税

　　　　　——应交车船税

　　贷:银行存款

(3)企业一般应预先购买一定的印花税税票,在发生应税行为时,根据凭证的性质和规定的比例税率或者按照件数计算应纳税额,将印花税税票粘贴在应税凭证上并在骑缝中盖章注销或划销。企业在购买印花税税票时,不需要通过"应交税费"科目核算,应按实际支付的金额做如下会计分录:

借:税金及附加

　　贷:银行存款

(四)城市维护建设税

城市维护建设税是国家为了加强城市的维护建设,扩大和稳定城市的维护建设资金而开征的一种税。城市维护建设税税额按照增值税和消费税的税额之和并依据一定的比率计算,企业应在"应交税费"下设"应交城市维护建设税"明细账户核算应交城市维护建设税。其具体会计处理如下:

(1)企业计算应缴纳的城市维护建设税时,应做如下会计分录:

借:税金及附加

贷:应交税费——应交城市维护建设税

(2)企业实际缴纳城市维护建设税时,应按实际支付的金额做如下会计分录:

借:应交税费——应交城市维护建设税

贷:银行存款

(五)耕地占用税

耕地占用税是国家为了利用土地资源,加强土地管理,保护农用耕地而征收的一种税。耕地占用税按实际占用耕地面积计税,按照规定税额一次征收。企业缴纳的耕地占用税,不需要通过"应交税费"账户核算。企业按规定计算缴纳耕地占用税时,直接计入相关资产成本。

(六)教育费附加

教育费附加是国家为了发展我国的教育事业、提高人民的文化素质而征收的一项费用,按企业缴纳流转税的一定比例计征,并与流转税一起缴纳。其具体会计处理如下:

(1)企业按规定计算出应缴纳教育费附加时,应做如下会计分录:

借:税金及附加等

贷:应交税费——应交教育费附加

(2)实际缴纳时,应按实际支付的金额做如下会计分录:

借:应交税费——应交教育费附加

贷:银行存款

(七)矿产资源补偿费

矿产资源补偿费是对在中华人民共和国领域和其他管辖海域开采矿产资源而征收的一项费用。企业在进行缴纳矿产资源补偿费前,应根据各月矿产销售收入和开采回采率系数等资料,按月计提矿产资源补偿费,计入管理费用。

第六节 其他应付款项

一、应付股利

应付股利是指企业经股东大会或类似机构审议批准分配的现金股利或利润。企业经股东大会或类似机构审议批准利润分配方案、宣告分派的现金股利或利润,在实际支付前,形成企业的负债。

企业董事会或类似机构通过的利润分配方案中拟分配的现金股利或利润,不应确认负债(应付股利),但应在财务报表附注中披露。

企业经股东大会或类似机构审议批准的利润分配方案，按应支付的现金股利或利润，做如下会计分录：

借：利润分配——应付现金股利或利润

贷：应付股利

实际支付现金股利或利润时：

借：应付股利

贷：银行存款

二、应付利息

应付利息是指企业按照合同约定应支付的利息，包括企业短期借款当期计提应付的利息、企业分期付息到期还本的长期借款当期计提的应付利息、企业发行的分期付息债券当期计提的应付利息。其具体会计处理如下：

(1)资产负债表日，企业计提利息费用时，应做如下会计分录：

借：在建工程、财务费用、研发支出等(借款或应付债券的摊余成本×实际利率)

借(或贷)：长期借款——利息调整

应付债券——利息调整(差额)

贷：应付利息(借款本金或债券面值×合同利率或票面利率

对于合同利率与实际利率差异较小的长期借款或应付债券，也可以采用合同利率计算确定当期的利息费用。

(2)实际支付利息时，应做如下会计分录：

借：应付利息

贷：银行存款

三、其他应付款

其他应付款是指企业除应付票据、应付账款、预收账款、应付职工薪酬、应付利息、应付股利、应交税费、长期应付款等以外的其他各项应付、暂收的款项，包括应付经营租入固定资产和包装物的租金、存入保证金(如收取的包装物押金)、企业采用售后回购方式融入的资金等。

企业应当设置“其他应付款”账户，用来核算企业应付、暂收其他单位或个人的款项，并按照应付和暂收款项的类别和单位或个人设置明细账，进行明细核算。其具体会计处理如下：

(1)企业发生各种应付、暂收款项时，应做如下会计分录：

借：银行存款、管理费用等

贷：其他应付款

(2)企业实际支付相关款项时,应做如下会计分录:

借:其他应付款

贷:银行存款等

【案例分析】

甲公司为上市公司,有关辞退福利的相关资料如下:

(1)20×4 年 11 月 1 日,因转产决定关闭某生产车间,并提出职工没有选择权的辞退计划,拟辞退生产工人 80 人、车间管理人员 10 人,并于 20×4 年 12 月 31 日执行完毕。已经通知本人,并经董事会批准,辞退补偿标准为生产工人每人补偿 5 万元、车间管理人员每人补偿 10 万元。甲公司有关会计处理如下:确认预计负债 500 万元;增加生产成本 400 万元;增加制造费用 100 万元。

(2)20×4 年 11 月 1 日,甲公司管理层提出职工没有选择权的辞退计划,决定拟辞退总部管理人员 10 人,并于 20×5 年 7 月 31 日执行。已经通知本人,并经董事会批准,辞退补偿标准为每人 30 万元,共计 300 万元。并且规定分 3 年于每年年末支付 100 万元,假定根据当期贷款利率作为折现率,对辞退福利进行折现后的现值为 260 万元。甲公司有关会计处理如下:确认预计负债 300 万元,增加管理费用 300 万元。

要求:

1. 根据资料(1),判断甲公司对事项(1)的会计处理是否正确。如不正确,说明理由和正确的会计处理方法。

2. 根据资料(2),判断甲公司对事项(2)的会计处理是否正确。如不正确,说明理由和正确的会计处理方法。

案例解析:

1. 甲公司对事项(1)的会计处理不正确。

理由:根据《企业会计准则第 9 号——职工薪酬》的有关规定,辞退福利不根据职工的服务对象进行分配,一律计入管理费用。同时,辞退福利不是通过“预计负债”账户核算,而应通过“应付职工薪酬”账户核算。

正确的会计处理为:

借:管理费用　　5 000 000

贷:应付职工薪酬　　50 00 000

2. 甲公司对事项(2)的会计处理不正确。

理由:根据《企业会计准则第 9 号——职工薪酬》的有关规定,实质性辞退工作在一年内完成,但付款时间超过一年的辞退福利,企业应当选择恰当的折现率,以折现后的金额计量应计入当期管理费用的辞退福利金额,该项金额与实际应支付的辞退福利之间的差额，作为未确认融资费用，在以后各期实际支付辞退福利款项时，分期摊销计入财务费用。

正确的会计处理为：

借：管理费用　　2 600 000

　　未确认融资费用　　400 000

　　贷：应付职工薪酬——辞退福利　　3 000 000

【复习思考及实务训练】

一、名词解释

负债　流动负债　短期借款　预收账款　短期薪酬

设定提存计划　设定收益计划　增值税　消费税　其他应付款

二、思考题

1. 应付账款与预收账款的区别是什么？
2. 辞退福利与离职福利的会计处理有什么不同？
3. 企业销售应税消费品时应交增值税和应交的消费税会计处理有何不同？
4. 职工薪酬包括哪些内容？离职后福利应如何进行会计处理？

三、单选题

1. 如果应收账款明细账出现贷方余额，应在资产负债表中反映的项目是（　　）。

A. 应付款项　B. 预付账款　C. 应收账款　D. 预收款项

2. 下列各项税费中，一般工业企业不可以通过“税金及附加”科目核算的是（　　）。

A. 增值税　B. 车船税

C. 房产税　D. 城市维护建设税

3. 下列各项中，应通过“其他应付款”科目核算的是（　　）。

A. 应付现金股利　B. 应交教育费附加

C. 应付租入包装物租金　D. 应付管理人员工资

4. 下列各项目中，不属于职工薪酬中的“职工”的是（　　）。

A. 独立董事　B. 临时职工

C. 为企业提供审计服务的注册会计师　D. 兼职工程师

5. 企业确认的辞退福利，应当计入（　　）。

A. 生产成本　B. 制造费用

C. 管理费用　D. 营业外支出

6. 下列有关应付股利的表述，不正确的是（　　）。

A. 企业应当依据董事会或者类似机构通过的利润分配方案中拟分派的现金股利或利润，确认相关的负债

B. 分派的股票股利不会影响企业的所有者权益总额

C. 宣告分派现金股利时，企业的所有者权益总额减少

D. 企业实际支付现金股利或利润时，企业资产和负债同时减少

7. 下列属于其他长期职工福利的是(　　)。

A. 企业根据经营业绩或职工贡献等情况提取的奖金

B. 设定提存计划

C. 长期带薪缺勤

D. 设定受益计划

8. 甲公司为增值税一般纳税人，原材料适用的增值税税率为 13%。20×8 年发生的部分交易或事项如下：7 月 2 日从乙公司购进原材料一批，增值税专用发票上注明价款 1 000 000元，增值税税额为 130 000 元，对方代垫运费 1 000 元，原材料已验收入库，开出带息商业承兑汇票。12 月 10 日得知该款项无法支付。甲公司对确实无法支付的应付款项，应转入的科目是(　　)。

A. 其他业务收入　　B. 资本公积

C. 盈余公积　　D. 营业外收入

9. 甲公司为增值税一般纳税人，适用的增值税税率为 13%。20×8 年 6 月甲公司董事会决定将本公司生产的产品作为元旦福利发放给公司管理人员。该批产品的成本为 80 万元，市场销售价格为 100 万元(不含增值税)。不考虑其他相关税费，甲公司在 20×8 年 6 月对该项业务的会计处理，不正确的是(　　)。

A. 借：管理费用　　113
　　贷：应付职工薪酬　　113

B. 借：应付职工薪酬　　113
　　贷：主营业务收入　　100
　　　　应交税费——应交增值税(销项税额)　　13

C. 借：主营业务成本　　80
　　贷：库存商品　　80

D. 借：管理费用　　113
　　贷：主营业务收入　　100
　　　　应交税费——应交增值税(销项税额)　　13

10. 下列关于辞退福利的说法正确的是(　　)。

A. 补偿款项超过一年的辞退计划，需要采用恰当的折现率折现

B. 退休金属于辞退福利

C. 无论职工何种原因离开都要支付的福利属于辞退福利

D. 辞退福利应根据被辞退职工的服务对象分别计入相关的成本、费用

【参考答案】

1. D　2. A　3. C　4. C　5. C　6. A　7. A　8. D　9. D　10. A

四、计算及实务题

1. 甲公司是一家电子产品生产企业，有职工 200 名，其中一线生产工人 150 名，总部管理人员 50 名。20×8 年 2 月，甲公司决定以其生产的手机作为福利发放给职工，该批手机的单位成本为1 000元，单位计税价格（公允价值）为1 500元，适用的增值税税率为13%。

要求：根据上述资料编制甲公司的相关会计分录。

2. 20×8 年 6 月 10 日，甲公司根据合同规定预收乙公司货款 2 000 元，收到转账支票存入银行。6 月 20 日，甲公司发出商品并开出增值税专用发票，注明货款20 000元，增值税2 600元。该批商品的实际成本为16 000元，余款尚未收到。6 月 25 日，甲公司收到乙公司转来的剩余价款，金额为20 600元，编制会计分录。

3. 甲公司为家电生产公司，系增值税一般纳税人，销售商品适用的增值税税率为16%。公司共有职工 420 人，其中生产工人 300 人，车间管理人员 20 人，行政管理人员 30 人，销售人员 20 人，在建工程人员 50 人。20×8 年 12 月份发生如下经济业务：

(1)本月应付职工工资总额为 540 万元，工资费用分配汇总表中列示的生产工人工资为 300 万元，车间管理人员工资为 40 万元，行政管理人员工资为 80 万元，销售人员工资为 40 万元，在建工程人员工资为 80 万元。

(2)根据所在地政府规定按照职工工资总额的 12%计提基本养老金，缴存当地社会保险经办机构。

(3)以其自行生产的电暖气发放给公司职工，每台电暖气的成本为1 600元（未计提存货跌价准备），市场售价为每台 2 000 元（不含增值税税额）。

(4)为总部部门经理以上职工提供汽车免费使用，为副总裁以上高级管理人员每人租赁一套住房。甲公司现有总部部门经理以上职工共 10 人（不含副总裁以上高级管理人员），假定所提供汽车每月一共计提折旧 3 万元；现有副总裁以上职工 3 人所提供住房每月的租金总计为 2 万元。

(5)用银行存款支付副总裁以上职工住房共 2 万元。

(6)结算本月应付职工工资总额 540 万元，代扣职工房租 10 万元，代垫职工家属医药费 5 万元，代扣个人所得税 30 万元，余款用银行存款支付。

(7)上交个人所得税 30 万元。

要求:逐项编制上述业务的会计分录。

【参考答案】

1. 手机售价总额=1 500×150+1 500×50=225 000+75 000=300 000(元)

手机的增值税销项税额=1 500×150×13%+1500×50×13%=39 000(元)

甲公司决定发放非货币性福利时,应作如下账务处理:

借:生产成本　254 250
　　管理费用　84 750
　　贷:应付职工薪酬——非货币性福利　339 000

实际发放笔记本电脑时,应作如下账务处理:

借:应付职工薪酬——非货币性福利　339 000
　　贷:主营业务收入　300 000
　　　　应交税费——应交增值税(销项税额)　39 000

借:主营业务成本　2 00 000
　　贷:库存商品　2 00 000

2.(1)6 月 10 号:

借:银行存款　2 000
　　贷:预收账款　2 000

(2)6 月 20 日

借:预收账款　22 600
　　贷:主营业务收入　20 000
　　　　应交税费——应交增值税(销项税额)　2 600

借:主营业务成本　16 000
　　贷:库存商品　16 000

(3)6 月 25 日

借:银行存款　20 600
　　贷:预收账款　20 600

3.(1)

借:生产成本　3 000 000
　　制造费用　400 000
　　管理费用　800 000
　　销售费用　400 000
　　在建工程　800 000
　　贷:应付职工薪酬——工资　5 400 000

(2)

借:生产成本　360 000
　制造费用　48 000
　管理费用　96 000
　销售费用　48 000
　在建工程　96 000
　贷:应付职工薪酬——设定提存计划　648 000
借:应付职工薪酬——设定提存计划　648 000
　贷:其他应付款　648 000
借:其他应付款　648 000
　贷:银行存款　648 000

(3)

借:生产成本　678 000
　制造费用　45 200
　管理费用　67 800
　销售费用　45 200
　在建工程　113 000
　贷:应付职工薪酬——非货币性福利　949 200
借:应付职工薪酬——非货币性福利　949 200
　贷:主营业务收入　840 000(420×2 000)
　　应交税费——应交增值税(销项税)　109 200
借:主营业务成本　672 000(420×1600)
　贷:库存商品　672 000(420×1 600)

(4)

借:管理费用　50 000(30 000+20 000)
　贷:应付职工薪酬——非货币性福利　50 000
借:应付职工薪酬——非货币性福利　30 000
　贷:累计折旧　30 000
借:应付职工薪酬——非货币性福利　20 000
　其他应付款　20 000

(5)

借:其他应付款　20 000
　贷:银行存款　20 000

(6)

借:应付职工薪酬——工资　　5 400 000
　贷:银行存款　　4 950 000
　　其他应收款　　150 000
　　应交税费——应交个人所得税　　300 000

(7)

借:应交税费——应交个人所得税　　300 000
　贷:银行存款　　300 000

第十一章　非流动负债

【学习目标】

- 了解非流动负债的含义、特征及分类
- 掌握长期借款、应付债券、长期应付款、或有事项的核算

【思维导图】

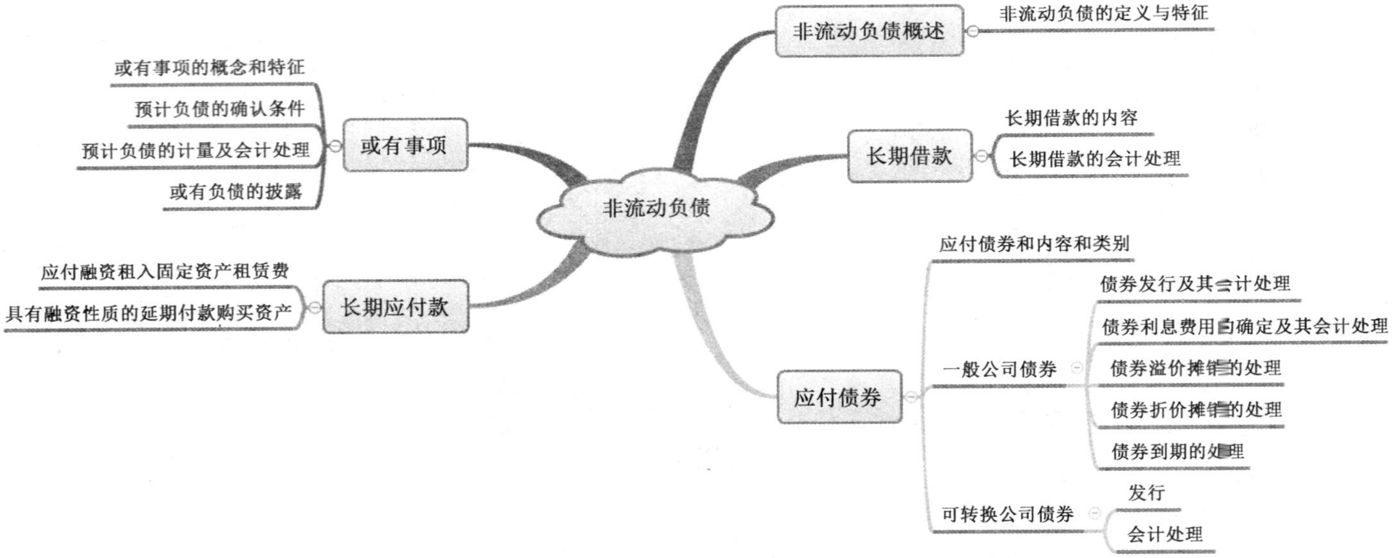

图 11-1 思维导图

第一节　非流动负债概述

一、非流动负债的定义及特征

非流动负债是指偿还期在1年以上或超过1年的一个营业周期以上的负债。主要包括长期借款、应付债券和长期应付款。与流动负债相比，非流动负债具有金额大、期限长、可以分期偿还等特点。

非流动负债具有以下优点：

(1)不影响企业原有的股权结构，有利于保持原有投资者控制企业的权利。

(2)可以增加投资者的收益，不论企业的经营状况如何，债权人都将按约定的利率获取利息，如果企业经营所获得的投资回报率高于长期负债约定的利率，超过的部分就全部归投资者所有。

(3)在缴纳所得税时，长期负债的利息支出作为正常的经营成本或经营费用从利润总额中扣减，而股利只能从税后利润中支付，不能作为纳税扣减项目。

非流动负债有诸多不足之处，主要表现在：

(1)非流动负债的利息是固定费用。如果举债经营的投资回报率低于非流动负债约定的利率将会减少投资者的利益。

(2)非流动负债有明确的到期日。企业必须准备足够的现金偿还到期的债务，这将影响企业财务上的灵活性。

(3)如果企业到期不能偿还债务，债权人的偿债要求可能会导致企业破产清算。

第二节　长期借款

一、长期借款的核算内容

长期借款的核算内容主要是企业从银行或其他金融机构借入的偿还期限在1年以上或超过一个营业周期以上的各种借款。企业从其他单位借入的期限在1年以上的款项应作为长期应付款核算。企业借入长期借款，必须按规定的手续办理长期借款，支付长期借款利息，并按规定的期限归还。

二、长期借款的会计处理

为了核算长期借款的增减变动情况，企业应设置“长期借款”账户，并按贷款方设明细账户。

(一)取得长期借款的会计处理

企业向银行或其他金融机构借入长期借款时,应做如下会计分录:

借:银行存款(实际收到的款项)

　长期借款——利息调整

　贷:长期借款——本金

(二)长期借款利息的会计处理

长期借款借入后产生的利息费用,应根据长期借款的不同用途,分别由不同的受益对象承担。资产负债表日,按摊余成本和实际利率计算确定长期借款的利息费用,属于筹建期间的,计入当期损益(管理费用);为购建固定资产而筹借的长期借款利息支出及其他支出,符合资本化条件的,计入有关固定资产的购建成本;不符合资本化条件的,计入当期的财务费用。企业分期计提利息时,应做如下会计分录:

借:财务费用、在建工程等(按摊余成本和实际利率计算确定的实际利息费用)

　贷:应付利息(按借款本金和合同利率计算确定的应付利息)

　　长期借款——利息调整

支付长期借款的利息时:

借:应付利息

　贷:银行存款

(三)归还长期借款的会计处理

到期归还长期借款本金和利息时,应做如下会计分录:

借:长期借款

　应付利息

　贷:银行存款

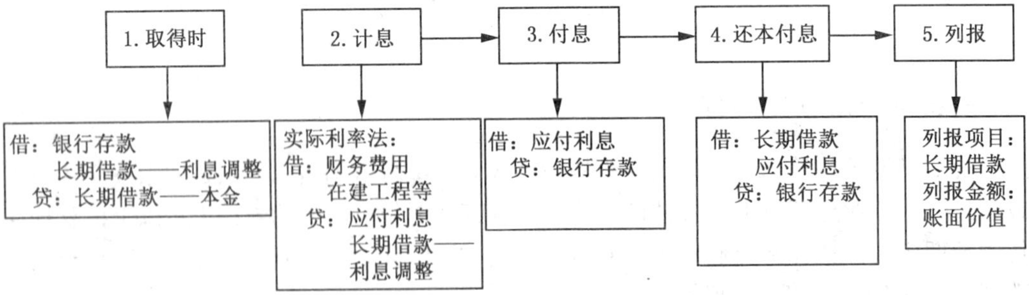

图 11—2　长期借款实务操作流程图

【例 11—1】　20×6 年 1 月 1 日,甲公司需建造厂房,因资金紧张,从银行取得 3 年期专门借款 60 万元,市场利率为 6%,单利计算,到期一次还本,每年年初付息一次。工程以出包方式进行，当日以银行存款支付工程价款63万元，厂房于20×8年1月1日竣工，达到预定可使用状态并交付使用。假定不考虑闲置专门借款资金的存款利息收入或投资收益，不考虑相关税金。根据以上资料，甲公司应做如下会计分录：

(1)取得借款时：

借：银行存款	600 000	
贷：长期借款		600 000

(2)支付工程款时：

借：在建工程——厂房	630 000	
贷：银行存款		630 000

(3)20×6年年末计提借款利息时：

全年应付利息＝600 000×6%＝36 000(元)

借：在建工程——厂房	36 000	
贷：应付利息		36 000

(4)20×7年年初支付借款利息时：

借：应付利息	36 000	
贷：银行存款		36 000

(5)20×7年12月30日，计提借款利息时：

应付利息＝600 000×6%＝36 000(元)

借：在建工程——厂房	36 000	
贷：应付利息		36 000

(6)工程完工交付使用：

借：固定资产——厂房	702 000	
贷：在建工程——厂房		702 000

(7)20×8年1月至20×9年1月，按月确认借款利息：

每月应付利息—600 000×6%/12—3 000(元)

借：财务费用	3 000	
贷：应付利息		3 000

(8)20×8年年初，支付借款利息时：

借：应付利息	36 000	
贷：银行存款		36 000

(9)20×9年1月1日，偿还借款本金和利息时：

借：长期借款	600 000	
应付利息	36 000	
贷：银行存款		636 000

第三节 应付债券

一、应付债券概述

债券是企业为筹集资金，依照法定程序发行的，约定在一定期限内还本付息的一种书面凭证。应付债券是以发行债券的方式筹集资金而形成的一种长期负债。

应付债券可以按不同的方式进行分类。

(一)按照偿还本金方式分类，应付债券可以分为一次还本债券和分期还本债券

(1)一次还本债券是全部本金都在确定的到期日一次偿还的债券。一次还本债券又分为到期一次还本付息的债券和分期付息到期还本的债券两种。

(2)分期还本债券是按不同的日期分次偿还本金的债券。

(二)按照偿债保证分类，应付债券可以分为抵押债券和信用债券

(1)抵押债券是以特定的财产作为偿债保证所发行的债券。

(2)信用债券是没有特定的财产作为偿债保证，仅凭债券发行企业的信誉所发行的债券。

(三)按照是否记名分类，应付债券可以分为记名债券和不记名债券

(1)记名债券是记录持有人姓名的债券。记名债券如果要转让，必须到指定场所办理过户手续。

(2)不记名债券是不记录持有人姓名的债券。

(四)按照付息标准分类，应付债券可以分为普通债券和收益债券

(1)普通债券是按固定利率计算并支付利息的债券。

(2)收益债券是按企业的收益水平确定利息的债券。收益债券没有固定的利率，根据当期收益水平确定应付利息的多少，通常会有上下限的约束。

应付债券除了上述分类外，还有一些特殊的种类。

(五)其他分类

(1)可赎回债券是发行企业有权于债券到期之前，按特定价格赎回的债券。

(2)可要求偿付债券是债权人在到期前有权要求清偿的债券。

(3)可转换债券是在发行后的一定时期内，可以按一定比例和价格转换成发行企业股票的债券。

二、一般公司债券

(一)应付债券的发行及其会计处理

企业发行债券须报请有关证券管理机构审核批准。这是保护债权人的权利、维护正

常的社会经济秩序所必需的。债券在发行时需详细说明企业筹资的目的、债券的发行方式、发行价格、债券面值、筹资总金额、债券的利率、付息时间、偿还方式和期限，以及其他重要事项。

债券一般通过银行、证券公司或其他金融机构发行。债券的具体发行方式有包销和代销两种：包销是由承销商(银行、证券公司或其他金融机构)负责将债券按一定价格全部销售，在规定时间内未能售出的债券，由承销商按相同的价格购买；代销是由承销商(银行、证券公司或其他金融机构)代为销售，未售出的债券退还给发行债券的企业。

企业决定发行债券时，会按照企业自身的信用状况、经营业绩、金融市场的实际利率以及债券市场的供求关系等因素，确定债券的利率。由于债券从申请到发行需要一个过程，如果在这个过程中影响债券利率的因素发生变化，就会出现债券的利率偏高或偏低的情况，即发行时债券的利率高于或低于市场利率。债券利率高于市场利率，发行债券的企业要支付较多的利息；债券利率低于市场利率，债券就难以发行。而债券的利率在发行时就已经确定，不能改变。这时，只有通过调整债券的发行价格来解决债券利率高于或低于市场利率的问题。如果债券利率高于市场利率，可溢价发行(即按高于面值的价格发行)，这是企业以后多付利息而事先得到的补偿；如果债券利率低于市场利率，可折价发行(即按低于面值的价格发行)，这是企业以后少付利息而预先给投资者的补偿。

公司债券的发行方式有三种，即面值发行、溢价发行、折价发行。

表 11－1　　公司债券的发行方式

①债券的票面利率＞同期银行存款利率	溢价发行(超过债券票面价值的价格发行)
②债券的票面利率＜同期银行款利率	折价发行(低于债券面值的价格发行)
③债券的票面利率＝同期银行存款利率	面值发行(按票面价格发行)

企业应设置“应付债券”账户，并在“应付债券”账户下设“面值”“利息调整”“应计利息”三个明细账户。无论是按面值发行，还是溢价发行或折价发行，均按债券面值记入“应付债券”账户的“面值”明细账户，实际收到的价款与面值的差额，计入“利息调整”明细账户。企业发行债券时应做如下会计分录：

借：银行存款等(实际收到的款项)

　贷：应付债券——面值(发行债券的面值)

　贷(或借)：应付债券——利息调整(实际收到的价款与票面面值之间的差额)

(二)应付债券实际利息费用的确定及其会计处理

1. 实际利率法

利息调整应当在债券的存续期间内采用实际利率法进行摊销。实际利率法是指按照应付债券的实际利率计算其摊余成本及各期利息费用的方法；实际利率是指将应付债券在存续期间的未来现金流量，折现为该债券当期账面价值所使用的利率。

在资产负债表日，企业应当按照债券面值和票面利率计算当期的名义利息，同时，按照应付债券的摊余成本和实际利率计算当期的实际利息。其具体账务处理如下：

(1)企业对于分期付息债券计提利息时，应做如下会计分录：

借：在建工程、制造费用、财务费用等(实际利息费用)

　借(或贷)：应付债券——利息调整(差额)

　　贷：应付利息(按票面利率计算的应付利息)

(2)企业对于到期一次付息债券计提利息时，应做如下会计分录：

借：在建工程、制造费用、财务费用等(实际利息费用)

　借(或贷)：应付债券——利息调整

　　贷：应付债券——应计利息(按票面利率计算的应计利息)

2. 溢价发行债券的利息与溢价摊销的会计处理

企业溢价发行债券，各期的票面利息并不是真正的利息费用。因为企业在发行债券时，已经多收了一部分价款，这部分价款是对以后多付利息的补偿。企业应在债券的存续期内，分期摊销债券的溢价，并抵减债券的利息支出。债券的利息支出扣除溢价摊销，即为企业溢价发行债券的利息费用，债券溢价的摊销方法通常有直线摊销法和实际利率摊销法两种，我国企业会计准则规定企业应采用实际利率法。

实际利率法摊销溢价是以应付债券的期初摊余成本乘以实际利率计算出实际利息，即利息费用，再以债券票面利息减去实际利息的差额作为债券溢价的分摊数额。其具体计算公式如下：

实际利息费用＝期初应付债券的摊余成本×实际利率

应付利息＝应付债券的面值×债券票面利率

每期利息调整摊销金额＝应付利息－实际利息费用

【例 11－2】 20×1 年 12 月 31 日，甲公司经批准发行 5 年期债券100 000张、每张面值 100 元，一次还本、分期付息，债券利息在每年 12 月 31 日支付，票面利率为年利率 6%。假设债券发行时的市场利率为 5%。债券已发行完毕，款项收入银行存款户。假定不考虑相关税金。

根据以上资料，甲公司应做如下会计处理：

甲公司该批债券实际发行价格：

＝10 000 000×(P/F，5%，5)＋10 000 000×6%×(P/A，5%，5)

＝10 000 000×0.783 5＋10 000 000×6%×4.329 5＝10 432 700(元)

表 11—2 利息费用一览表 单位:元

付息日期	支付利息	利息费用	摊销的利息调整	应付债券摊余成本
20×1 年 12 月 31 日				10 432 700
20×2 年 12 月 31 日	600 000	521 635	78 365	10 354 335
20×3 年 12 月 31 日	600 000	517 716.75	82 283.25	10 272 051.75
20×4 年 12 月 31 日	600 000	513 602.59	86 397.41	10 185 654.34
20×5 年 12 月 31 日	600 000	509 282.72	90 717.28	10 094 937.06
20×6 年 12 月 31 日	600 000	505 062.94*	94 937.06	10 000 000

*尾数调整。

根据表 11—1 的资料,甲公司的账务处理如下:

(1)20×1 年 12 月 31 日发行债券时:

借:银行存款 10 432 700

　　贷:应付债券——面值 10 000 000

　　　　　　　——利息调整 432 700

(2)20×2 年 1 月 31 日计算利息费用时:(第 1 年)

借:财务费用等 521 635(10 432 700×5%)

　　应付债券——利息调整 78 365

　　贷:应付利息 600 000

借:应付利息 600 000

　　贷:银行存款 600 000

20×3 年 12 月 31 日(第 2 年)

借:财务费用等 517 716.75(10 354 335×5%)

　　应付债券——利息调整 82 283.25

　　贷:应付利息 600 000(10 000 000×6%)

借:应付利息 600 000

　　贷:银行存款 600 000

20×4 年 12 月 31 日(第 3 年)

借:财务费用等 513 602.59(10 272 061.76×5%)

　　应付债券——利息调整 86 397.41

　　贷:应付利息 600 000

借:应付利息 600 000

　　贷:银行存款 600 000

20×5 年 12 月 31 日(第 4 年)

借:财务费用等　509 282.72(1 018 666 434×6%)

　应付债券——利息调整　90 717.28

　贷:应付利息　600 000

借:应付利息　600 000

　贷:银行存款　600 000

(3)20×6 年 12 月 31 日归还债券本金及最后一期利息费用时:(第 5 年)

借:财务费用等　505 062.94(倒挤)

　应付债券——利息调整　94 937.06

　贷:应付利息　600 000

借:应付利息　600 000

　贷:银行存款　600 000

借:应付债券——面值　10 000 000

　贷:银行存款　10 000 000

3. 折价发行的债券利息与折价摊销的会计处理

企业折价发行债券,各期的票面利息并不是全部的利息费用。因为企业在发行债券时,少收了一部分价款,这部分价款是对以后少付利息而提前给投资者的补偿。企业应在债券的存续期内分期摊销债券的折价。债券的利息支出加上折价摊销,即为企业折价发行债券的利息费用。与债券溢价摊销的方法相同,债券折价的摊销也采用实际利率摊销法。

实际利率法摊销折价是以应付债券的期初摊余成本乘以实际利率计算出实际利息费用,再以债券实际利息减去债券票面利息的差额作为债券折价的分摊数额。其具体计算公式如下:

实际利息费用=期初应付债券的摊余成本×实际利率

应付利息=应付债券的面值×债券票面利率

每期利息调整摊销金额=实际利息费用-应付利息

【例 11-3】 20×6 年 1 月 1 日,甲公司为建造厂房发行了期限为 3 年、面值为 500 000元的债券,年利率为 4%,按单利计算,到期一次还本付息,发行价格为 483 728 元。当时的市场利率为 5%。债券已发行完毕,款项收入银行存款户。该厂房以出包方式进行建造,20×6 年 1 月 2 日,支付工程款 510 000 元,借款不足部分用自有资金支付。厂房于 20×7 年 1 月 5 日竣工,达到预定可使用状态,并交付使用。假定不考虑相关税金。

根据上述资料,甲公司有关利息费用的计算如表 11-3 所示:

表 11—3　债券折价摊销表(实际利率法)　单位:元

年度	应计利息	利息费用	摊销的利息调整	债券摊余成本
	(1)＝500 000×4%	(2)＝期初(4)×5%	(3)＝(2)－(1)	(4)＝期初(4)＋(2)
				483 728
20×6	20 000	24 186	4 186	507 914
20×7	20 000	25 396	5 396	533 310
20×8	20 000	26 690	6 690	560 000
合　计	60 000	76 272	16 272	—

根据以上资料,甲公司应做如下会计分录:

(1)20×6 年 1 月 1 日,债券发行时:

借:银行存款　483 728
　应付债券——利息调整　16 272
　贷:应付债券——面值　500 000

(2)20×6 年 1 月 2 日,支付工程款时:

借:在建工程　510 000
　贷:银行存款　510 000

(3)20×6 年 12 月 31 日,确认债券利息时:

借:在建工程　24 186
　贷:应付债券——应计利息　20 000
　　　　——利息调整　4 186

(4)20×7 年 1 月 5 日,厂房竣工达到预定可使用状态时:

借:固定资产　534 186
　贷:在建工程　534 186

(5)20×7 年 12 月 31 日,确认债券利息时:

借:财务费用　25 396
　贷:应付债券——应计利息　20 000
　　　　——利息调整　5 396

(6)20×8 年 12 月 31 日,确认债券利息时:

借:财务费用　26 690
　贷:应付债券——应计利息　20 000
　　　　——利息调整　6 990

(三)应付债券到期偿还的会计处理

企业发行债券之后,应按约定的时间和条件偿还债券本金和尚未支付的利息。其具体会计处理应分别到期一次还本付息和一次还本分期付息进行处理。

(1)采用到期一次还本付息方式的,企业应于债券到期支付债券本息时,做如下会计分录:

借:应付债券——面值(债券本金)

——应计利息(已计提的债券全部利息)

贷:银行存款(支付的本金和全部利息)

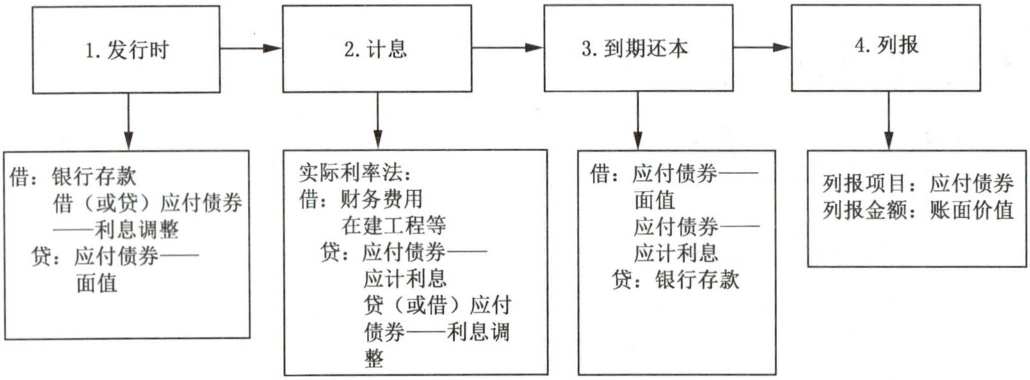

图 11—3 应付债券(一次还本付息)实务流程操作图

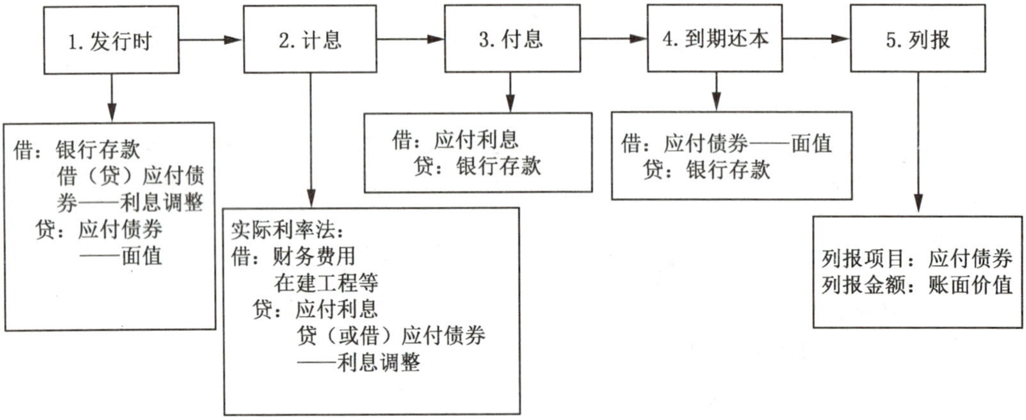

图 11—4 应付债券(分期付息,到期还本)实物流程操作图

(2)采用一次还本分期付息方式的,企业应于到期偿还本金及最后一期利息时,做如下会计分录:

借:应付债券——面值(债券本金)

应付利息(已计提尚未支付的最后一期债券利息)

贷:银行存款(支付的本金和最后一期债券利息)

【例 11—4】沿用【例 11—3】,甲公司在债券到期还本付息时,应做如下会计分录:

借:应付债券——面值 500 000

——应计利息 60 000

贷:银行存款 560 000

三、可转换公司债券

(一)可转换公司债券的性质

可转换债券是指在约定的期间内,可以按规定的价格或比例转换为发行企业股票的债券。可转换债券具有债权性和权益性双重性质,对投资者和发行企业都有很大的吸引力。

对投资者来说,可转换债券的优点是:(1)可以定期获取利息收入,到期收回本金,风险较低;(2)如果债券发行企业的前景看好,股票增值,投资者可以将债券转换为股票,享受股东的权益。

对债券发行企业来说,可转换债券的优点是:(1)可转换债券一般利率较低,因而筹资成本低;(2)在企业直接发行股票有困难时,发行可转换债券有助于资金的筹集。

(二)可转换公司债券的发行及其会计处理

企业应在"应付债券"账户下设"可转换公司债券"明细账户,核算可转换公司债券的发行、转换或到期偿还的相关业务。

企业发行的可转换公司债券,应当在初始确认时将其包含的负债成分和权益成分进行分拆,将负债成分确认为应付债券,将权益成分确认为其他权益工具。

在进行分拆时,应当对负债成分的未来现金流量进行折现确定负债成分的初始确认金额;按发行价格总额扣除负债成分初始确认金额后的金额确定权益成分的初始确认金额。具体可按下列公式计算:

负债成分的公允价值=债券面值 X(P/S,r,n)+年利息×(P/A,r,n)(分期付息债券)

或

=(债券面值+利息总额)×(P/S,r,n)(到期一次还本付息债券)

利息调整的金额=债券的面值—负债成分的公允价值

权益成分的公允价值=发行价格总额—负债成分的公允价值

发行可转换公司债券发生的交易费用,应当在负债成分和权益成分之间按照各自的相对公允价值进行分摊。

企业发行可转换公司债券时,应做如下会计分录:

借:银行存款(实际收到的款项)

应付债券——可转换公司债券(利息调整)(债券的面值——负债成分的公允价值)

贷:应付债券——可转换公司债券(面值)(可转换公司债券的面值)

其他权益工具(权益成分的公允价值)

(三)可转换公司债券转换股份前的会计处理

可转换公司债券的负债成分,在转换为股份前,其会计处理与一般公司债券相同,即按照实际利率和摊余成本确认利息费用,按面值和票面利率确认应付利息(或"应付债券——可转换公司债券(应计利息)"),差额作为利息调整进行摊销。

(四)可转换公司债券的转换及其会计处理

企业将可转换公司债券转换股份时,应做如下会计分录:

借:应付债券——可转换公司债券(面值)(转换部分债券的面值)

其他权益工具(转换部分权益成分的金额)

贷:应付债券——可转换公司债券(利息调整)(转换部分尚未摊销的利息调整金额)

股本(转换的股数×股票面值)

资本公积——股本溢价(差额)

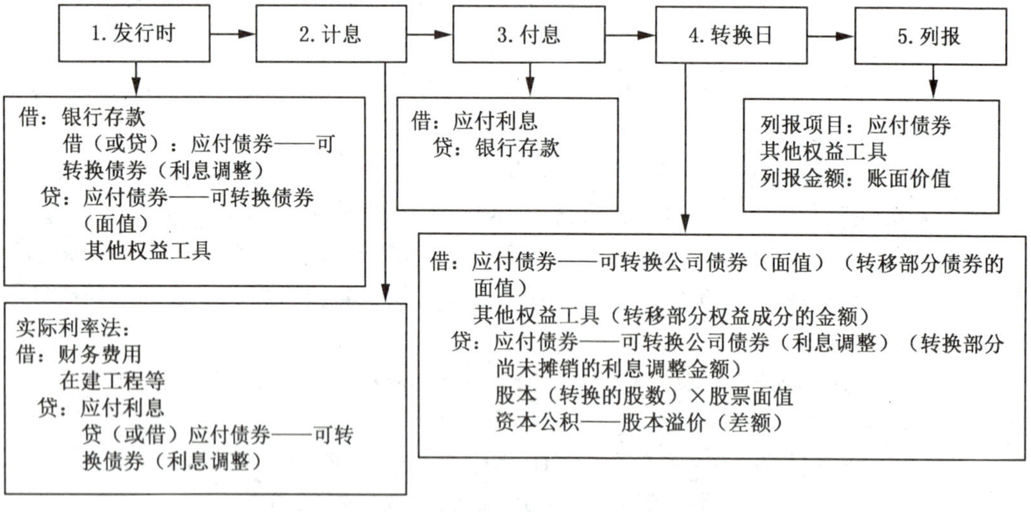

图 11—5　可转换债券(分期付息)实务操作流程

【例 11—5】　甲公司经批准于 20×7 年 1 月 1 日按面值发行 5 年期一次还本、按年付息的可转换公司债200 000 000元(2 亿元),款项已收存银行,债券票面年利率为 6%。债券发行 1 年后可转换为普通股股票,初始转股价为每股 10 元,股票面值为每股 1 元。

假定20×8年1月1日债券持有人将持有的可转换公司债券全部转换为普通股股票，甲公司发行可转换公司债券时二级市场上与之类似的没有附带转换权的债券市场利率为9%。

债券持有人转换股票时，应按债券面值除以转股价，计算转股的股份数。

甲公司会计处理如下：

可转换公司债券负债成分的公允价值＝200 000 000×(P/F,9%,5)＋200 000 000×6%×(P/A,9%,5)＝176 656 400(元)

可转换公司债券权益成分的公允价值

＝200 000 000－176 656 400＝23 343 600(元)

(1)20×7年1月1日发行可转换公司债券时：

借：银行存款	200 000 000	
应付债券——可转换公司债券(利息调整)	23 343 600	
贷：应付债券——可转换公司债券(面值)		200 000 000
其他权益工具		23 343 600

(2)20×7年12月31日确认利息费用：

借：财务费用等	15 899 076(176 666 400×9%)	
贷：应付利息		12 000 000
应付债券——可转换公司债券(利息调整)		3 899 076

(3)20×8年1月1日债券持有人行使转换权转换的股份数：

＝200 000 000÷10＝20 000 000(股)

借：应付债券——可转换公司债券(面值)	200 000 000	
其他权益工具	23 343 600	
贷：股本		200 000
应付债券——可转换公司债券(利息调整)		19 444 524
资本公积——股本溢价		203 699 076

(4)支付利息费用：

借：应付利息	12 000 000	
贷：银行存款		12 000 000

企业发行附有赎回选择权的可转换公司债券，其在赎回日可能支付的利息补偿金，即债券约定赎回期届满日应当支付的利息减去应付债券票面利息的差额，应当在债券发行日至债券约定赎回届满日期间计提应付利息，计提的应付利息，按借款费用的处理原则处理，即利息补偿金视为债券利息，并于计提债券利息时计提，计入在建工程或财务费用。

第四节　长期应付款

长期应付款是指除长期借款和应付债券以外的其他各种长期应付款项，主要包括应付融资租入固定资产的租赁费、以分期付款方式购买资产的应付款项等。

一、应付融资租入固定资产租赁费

在租赁期开始日，承租人应当将租赁资产公允价值与最低租赁付款额现值两者中较低者加上初始直接费用，作为租入资产的入账价值，将最低租赁付款额确认为长期应付款，将租赁资产公允价值与最低租赁付款额现值两者中较低者与最低租赁付款额的差额，确认为未确认融资费用。

最低租赁付款额，是指在租赁期内，承租人应支付或可能被要求支付的款项（不包括或有租金和履约成本），加上由承租人或与其有关的第三方担保的资产余值。资产余值，是指在租赁开始日估计的租赁期届满时租赁资产的公允价值。或有租金，是指金额不固定，以时间长短以外的其他因素（销售百分比、使用费、物价指数等）为依据计算的租金。履约成本，是指在租赁期内为租赁资产支付的各种使用成本，如技术咨询和服务费、人员培训费、维修费、保险费等。

承租人在计算最低租赁付款额的现值时，能够取得出租人租赁内含利率的，应当采用租赁内含利率作为折现率；否则，应当采用租赁合同规定的利率作为折现率。承租人无法取得出租人的租赁内含利率且租赁合同没有规定利率的，应当采用同期银行贷款利率作为折现率。租赁内含利率，是指在租赁开始日，使最低租赁收款额的现值与未担保余值的现值之和等于租赁资产公允价值与出租人的初始直接费用之和的折现率。

未确认融资费用应当在租赁期内各个期间进行分摊。企业应当采用实际利率法计算确认当期的融资费用。

二、具有融资性质的延期付款购买资产

企业延期支付的价款超过正常信用条件，实质上具有融资性质的，所购资产的成本应当以延期支付的购买价款的现值为基础确定。实际支付的价款与购买价款的现值之间的差额，应当在信用期内采用实际利率法进行摊销，计入相关资产成本或当期损益。

第五节　或有事项

一、或有事项的概念及特征

(一)或有事项的概念

企业在经营活动中有时会面临一些具有较大不确定性的经济事项,这些不确定事项对企业的财务状况和经营成果可能会产生较大的影响,其最终结果须由某些未来事项的发生或不发生加以决定。比如,企业售出一批商品并对商品提供售后担保,承诺在商品发生质量问题时由企业无偿提供修理服务。销售商品并提供售后担保是企业过去发生的交易,由此形成的未来修理服务构成一项不确定事项,修理服务的费用是否会发生以及发生金额是多少将取决于未来是否发生修理请求以及修理工作量、费用等的大小。

按照权责发生制原则,企业不能等到客户提出修理请求时,才确认因提供担保而发生的义务,而应当在资产负债表日对这一不确定事项作出判断,以决定是否在当期确认承担的修理义务。这种不确定事项在会计上被称为或有事项。

或有事项是指过去的交易或事项形成的一种状况,其结果须通过未来事项确定的发生或不发生予以证实。常见的或有事项有未决诉讼或仲裁、债务担保、产品质量保证(含产品安全保证)、承诺、亏损合同、重组义务、环境污染整治等。

(二)或有事项的特征

或有事项具有以下三个特征:

(1)或有事项是由过去的交易或事项产生的。比如,产品质量保证是企业对已售出商品或已提供劳务的质量提供的保证,不是为尚未售出商品或尚未提供劳务的质量提供的保证。基于这一特征,未来可能发生的自然灾害、交通事故、经营亏损等事项,都不属于或有事项。

(2)或有事项的结果具有不确定性。它包括两层含义:一是或有事项的结果是否发生具有不确定性;二是或有事项的结果即使预计会发生,但发生的具体时间或金额具有不确定性。

(3)或有事项的结果须由未来事项的发生或不发生来决定。例如,企业为其他单位作担保,因为借款期限尚未到期,所以无法判定企业是否需要承担连带赔偿的责任,在被担保单位经济状况良好的情况下,也许并不需要承担连带责任。

或有事项涉及未来应付金额,满足负债确认条件的应确认为预计负债。

二、预计负债的确认条件

预计负债的确认需满足以下条件:

(一)该义务是企业承担的现时义务

该义务是企业承担的现时义务是指非潜在义务，必须是现时义务，是指企业在当前条件下已承担的义务，企业没有其他现实的选择，只能履行该义务，如法律要求企业必须履行、有关各方合理预期企业应当履行等。

现时义务包括法定义务和推定义务。法定义务是指因合同、法规或其他司法解释等产生的义务，通常是企业在经济管理和经济协调中，依照经济法律、法规的规定必须履行的责任。如企业与其他企业担保合同产生的义务。推定义务是指因企业的特定行为而产生的义务。“企业的特定行为”泛指企业以往的习惯做法、已公开的承诺或已公开宣布的经营政策，如产品质量保证承诺。

(二)履行该义务很可能导致经济利益流出企业

在预计负债的确认和计量中，关于可能性的大小可以按照发生的概率来确定。

表 11—4　　按照发生的概率确定预计负债可能性

项　目	发生的概率区间
基本确定	95%＜发生的可能性＜100%
很可能	50%＜发生的可能性≤95%
可能	5%＜发生的可能性≤50%
极小可能	0＜发生的可能性≤5

(三)该义务的金额能够可靠地计量

该义务的金额能够可靠地计量，是指因为或有事项产生的现时义务的金额能够合理地估计。因为或有事项具有不确定性，因而根据或有事项确认的相关现时义务只有在能够可靠估计的时候，才能够确认为预计负债。

三、预计负债的计量及会计处理

企业应当设置“预计负债”账户，用来核算企业的各项预计负债，并按照预计负债各项目设置。

根据企业会计准则的规定，因为或有事项而确认的负债的金额，应当是清偿该负债所需要支出的最佳估计数。另外，由于或有事项确认的负债还有可能从第三方取得补偿，所以，预计负债的计量主要涉及两个问题：一是最佳估计数的确定；二是预期可获得补偿的金额的确定。

(一)最佳估计数的确定

当与或有事项有关的业务符合预计负债确认的三个条件时，应当按照履行该相关现时义务所需支出的最佳估计数进行初始计量。最佳估计数的确定应当分别以下两种情况处理：

(1)所需支出存在一个连续范围(或区间)，且该范围内各种结果发生的可能性相同，则最佳估计数应当按照该范围内的中间值，即上、下限金额的平均数确定。

【例 11－6】 20×8 年 6 月 10 日，乙公司起诉甲公司侵犯其专利权，要求公司赔偿 600 万元。到 20×8 年 12 月 31 日，法院尚未判决，甲公司咨询法律顾问后得知估计败诉的可能性为 60%，败诉估计需要赔偿的金额可能是 300 万元～400 万元的某一金额，而且这个区间内每个金额发生的可能性都大致相同，另外还需支付诉讼费 15 万元。

根据上述资料，甲公司的有关会计处理如下：

甲公司应确认的预计负债的金额＝(300＋400)÷2＋15＝365(万元)

甲公司应做如下会计分录：

借：营业外支出——赔偿支出	3 500 000	
管理费用	150 000	
贷：预计负债——未决诉讼		3 650 000

(2)所需支出不存在一个连续范围(或区间)，或者虽存在一个连续范围但该范围内各种结果发生的可能性不相同，则应分情况确定。

①或有事项涉及单个项目的，按最可能发生的金额确定："涉及单个项目"指或有事项涉及的项目只有一个，如一项未决诉讼、一项未决仲裁或一项债务担保等。

【例 11－7】 20×8 年 6 月 10 日，乙公司起诉甲公司侵犯其专利权，要求甲公司赔偿 600 万元。到 20×8 年 12 月 31 日，法院尚未判决，乙公司咨询法律顾问后得知估计败诉的可能性为 60%，如败诉，估计需要赔偿 300 万元的可能性为 70%，需要赔偿 400 万元的可能性为 30%，另外还需支付诉讼费 15 万元。

根据上述资料，甲公司的有关会计处理如下：

甲公司应确认的预计负债的金额＝300＋15＝315(万元)

甲公司应做如下会计分录：

借：营业外支出——赔偿支出	3 000 000	
管理费用		150 000
贷：预计负债——未决诉讼		3 150 000

②或有事项涉及多个项目的，按照各种可能结果及相关概率计算确定。涉及多个项目指或有事项涉及的项目不止一个，如在产品质量保证中，提出产品保修要求的可能有许多客户。相应地，企业对这些客户负有保修义务。

【例 11－8】 甲公司 20×5 年度销售 A 产品 10 000 件，销售额为 1 000 万元，甲公司承诺对售出的 A 产品质量保证条款规定：产品售出后一年内，如发生正常质量问题，甲企业将免费负责修理。据以往的经验估计，85%的产品不会发生质量问题；有 10%的产品会发生较小质量问题；有 5%的产品会发生较大质量问题。如发生较小质量问题，修理费用为销售额的3%～5%；如发生较大质量问题，修理费用为销售额的8%。

根据上述资料，甲公司有关会计处理如下：

甲公司应确认的产品质量保修费用＝1 000×(3%＋5%)/2×10%＋1 000×8%×5%＝80 000(元)

甲公司确认产品质量保修费用应做如下会计分录：

借：销售费用——产品质量保证　　80 000

　贷：预计负债——产品质量保证　　80 000

(二)预期可获得补偿的金额的确定

企业会计准则规定，如果清偿因或有事项而确认的负债所需要的支出全部或部分预期由第三方或其他方补偿，那么补偿金额只能在基本能够确定可以收到时，作为资产单独确认，而且确认的补偿金额不应当超过所确认负债的账面价值。这种情况包括：发生交通事故等情况时，企业可以从保险公司获得的合理赔偿；在某些索赔诉讼中，企业可以通过反诉的方式对索赔人或第三方另行提出赔偿要求；在债务担保业务中，企业在履行担保义务的同时，通常可以向被担保企业提出额外追偿要求。

补偿金额的确认涉及三个问题：一是确认时间，补偿只有在“基本确定”能够收到时(也就是说收到的概率在95%以上时)才予以确认；二是确认金额，确认的金额是基本确定能够收到的金额，而且不能超过相关预计负债的账面价值；三是确认的会计处理，确认的补偿金额只能单独确认为资产，而不可以抵减预计负债。

【例11-9】 20×8年10月，乙公司起诉甲公司侵犯了乙公司的专利权，要求甲公司赔偿600万元。至12月31日，法院尚未作出判决。在应诉过程中，甲公司发现诉讼所涉及的软件主体部分是有偿委托丙公司开发的。如果这套软件确有侵权问题，丙公司应当承担连带责任，对甲公司予以赔偿。甲公司在年末编制会计报表时，根据律师的意见，认为对乙公司予以赔偿的可能性在50%以上，最有可能发生的赔偿金额为300万元；从丙公司获得的补偿基本确定可以收到，最有可能获得的补偿金额为200万元。

根据上述资料，甲公司对乙公司的赔偿符合预计负债确认的三个条件，应确认的预计负债的金额为300万元。同时，因该或有事项，甲公司还可从丙公司获得200万元的赔偿，且这笔款项基本确定能收到，因此，甲公司还可确认180万元的一项资产。甲公司应做如下会计分录：

(1)借：营业外支出——赔偿支出　　3 000 000

　　贷：预计负债——未决诉讼　　3 000 000

(2)借：其他应收款——丙公司　　2 000 000

　　贷：营业外收入　　2 000 000

(三)预计负债账面价值的复核

企业应当在资产负债表日对预计负债的账面价值进行复核。如有确凿证据表明该账面价值不能真实反映当前最佳估计数，应当按照当前最佳估计数对该账面价值进行调整。

四、预计负债的列示与披露

在资产负债表中，因或有事项而确认的预计负债应与其他负债项目区别开来，单独列报。此外，企业应在会计报表附注中披露以下内容：

(1)预计负债的种类、形成原因以及经济利益流出不确定性的说明；

(2)各类预计负债的期初、期末余额和本期变动情况；

(3)与预计负债有关的预期补偿金额和本期已确认的预期补偿金额。

五、或有负债的披露

或有负债，是指过去的交易或者事项形成的潜在义务，其存在须通过未来不确定事项的发生或不发生予以证实；或过去的交易或者事项形成的现时义务，履行该义务不是很可能导致经济利益流出企业或该义务的金额不能可靠计量。

企业不应当确认或有负债，但应根据情况对或有负债进行相应的披露。披露的主要内容包括：

(1)或有负债的种类及其形成原因，包括已贴现商业承兑汇票、未决诉讼、未决仲裁、对外提供债务担保等形成的或有负债。

(2)经济利益流出不确定性的说明。

(3)或有负债预计产生的财务影响，以及获得补偿的可能性；无法预计的，应当说明原因。

在涉及未决诉讼、未决仲裁的情况下，披露全部或部分信息预期会对企业造成重大不利影响的，企业无须披露这些信息。但应当披露该未决诉讼、未决仲裁的性质，以及没有披露这些信息的事实和原因。

【案例分析】

甲股份有限公司(简称甲公司)20×8 年发生如下事项：

(1)20×8 年 11 月 10 日，因甲公司产品发生质量事故，致使消费者林某严重受伤，正在医院抢救。12 月 3 日林某家属向法院提起诉讼，要求甲公司赔偿医药费等 100 万元，至年末本诉讼尚未判决。甲公司咨询法律顾问后认为，质量事故已被权威部门认定，本诉讼胜诉的可能性很小。由于林某仍在抢救，律师认为相关赔偿金额难以预料。

(2)20×8 年 11 月 20 日，甲公司接到法院的通知，本公司为其担保的一联营企业的一笔借款到期，本息合计为 200 万元，因联营企业无力偿还，债权单位 A 银行已将甲公司告上法院，要求甲公司履行担保责任，代为清偿。甲公司经研究认为，目前联营企业的财务状况极差,甲公司有 80%的可能性承担全部本息的偿还责任。但随着联营企业项目到位,基本确定能由联营企业补偿 150 万元。

(3)20×8 年 12 月 20 日,甲公司在生产中发生事故,造成有毒液外泄,使附近的一口鱼塘受到污染,大部分鱼死亡。鱼塘承包人已上诉至法院,要求赔偿 15 万元。咨询律师后认为,鱼塘鱼死亡确是本公司毒液外泄所致,本公司很可能败诉。根据市场价格,赔偿损失的金额在 8 万元至 12 万元之间。至 20×8 年 12 月 31 日,诉讼正在进行中。

要求:就上述经济事项首先说明是否属于或有事项:如果是或有事项,可以确认为负债的作出会计分录;属于或有负债的,作出恰当的披露。

案例解析:

(1)本事项属于或有事项,因履行义务的金额不能合理地确定,因而属于或有负债,对于该项未决诉讼,应进行披露,但本或有事项如果充分披露,将会对甲公司造成重大不利影响,因而只需披露未决诉讼形成的原因:"20×8 年 11 月 10 日,本公司因产品发生质量事故,致使消费者林某严重受伤,12 月 3 日, 林某家属起诉至法院,要求赔偿 100 万元,至年末资产负债表日,本诉讼仍在进行中。"

(2)本事项属于或有事项,并满足或有事项确认为负债的三个条件,应确认为预计负债。

借:营业外支出	2 000 000	
贷:预计负债		2 000 000

同时,基本确定能获得 150 万元补偿,应单独确认为一项资产:

借:其他应收款	1 500 000	
贷:营业外收入		1 500 000

(3)本事项属于或有事项,并符合或有事项确认为负债的三个条件,应确认损失 10 万元。

借:营业外支出	100 000	
贷:预计负债		100 000

【复习思考及实务训练】

一、名词解释

非流动负债　长期应付款　长期借款　应付债券　债券折价
债券溢价　或有事项　或有负债　可转换债券

二、思考题

1. 试论述长期借款的会计处理。
2. 债券为什么会出现折价发行和溢价发行?

3. 或有事项是什么？有什么特征？预计负债和或有负债有什么联系和区别？

4. 试比较持有至到期投资与应付债券的会计处理。

三、单选题

1. 下列各项业务，会影响企业负债总额的是(　　)。

A. 根据股东大会的决议进行股票股利的分配和发放

B. 确认并支付本年的职工工资

C. 商业承兑汇票到期不能如期支付

D. 可转换公司债券转换为公司的股票

2. 甲公司于20×6年1月1日发行4年期一次还本付息的公司债券，债券面值1 000 000元，票面年利率5%，发行价格950 520元。甲公司对利息调整采用实际利率法进行摊销，经计算该债券的实际利率为6%。该债券20×6年度应确认的利息费用为(　　)元。

A. 50 000　　　　B. 60 000

C. 47 526　　　　D. 57 031.2

3. 下列关于可转换公司债券的表述不正确的是(　　)。

A. 可转换公司债券属于混合工具，既含有负债成分，又含有权益成分

B. 可转换公司债券的负债成分按照其公允价值进行初始确认

C. 可转换公司债券的权益成分按照债券的发行价格扣除负债成分公允价值后的金额为基础进行初始确认

D. 发行可转换公司债券的交易费用应计入当期损益

4. 企业借入各种长期借款时，按实际收到的款项，借记“银行存款”科目，贷记“长期借款——本金”科目，按其差额(　　)。

A. 借记“长期借款——利息调整”科目

B. 贷记“长期借款——利息调整”科目

C. 借记或贷记“长期借款——利息调整”科目

D. 不做任何处理

5. 与或有事项相关的义务确认为负债的条件之一是履行该义务很可能导致经济利益流出企业。这里所指的“很可能”是指(　　)。

A. 发生的可能性大于5%但小于或等于50%

B. 发生的可能性大于30%但小于或等于50%

C. 发生的可能性大于50%但小于或等于95%

D. 发生的可能性大于95%但小于100%

6. 企业由于或有事项而确认的负债所需的支出，有时全部或部分由第三方补偿，对

于这些补偿金额，只能在(　　)能够收到时作为资产单独确认。

A. 发生的概率大于 0%但小于或等于 50%

B. 发生的概率大于 5%但小于或等于 50%

C. 发生的概率大于 50%但小于或等于 95%

D. 发生的概率大于 95%但小于 100%

7. 下列交易或事项中属于或有事项的是(　　)。

A. 未来可能发生的自然灾害　　B. 环境污染整治

C. 未来可能发生的交通事故　　D. 未来可能发生的经营亏损

8. 因 B 公司未履行经济合同，给 A 公司造成经济损失 200 万元，A 公司要求 B 公司赔偿 200 万元，但 B 公司未予以同意。A 公司遂于本年 11 月 10 日向法院提起诉讼，至 12 月 3 日，法院尚未做出判决。A 公司预计很可能将胜诉，可获得 200 万元的赔偿金额的可能性为 30%，可获得 150 万元的赔偿金额的可能性为 55%，对此业务，A 公司应该(　　)。

A. 确认资产 200 万元，并在会计报表附注中披露

B. 确认资产 150 万元，并在会计报表附注中披露

C. 不确认资产，只在会计报表附注中披露

D. 确认资产，也不在会计报表附注中披露

9. 甲公司为增值税一般纳税人，20×8 年 1 月 1 日向 B 银行借款1 000 000元，为期 3 年，一次还本付息，合同年利率为 3%，实际利率为 4%，为取得借款发生手续费 30 990 元。20×8 年末的“长期借款”科目余额为(　　)。

A. 1 007 770.4 元　　B. 1 072 229.6 元

C. 977 770.4 元　　D. 972 253 元

10. 20×8 年 1 月 1 日甲公司采用分期付款方式购入一台生产设备，合同约定价款为 900 万元，每年末支付 180 万元，分期 5 年支付完毕。假定甲公司适用的折现率为 5%。已知(P/A，5%，5)＝4.329 5，不考虑其他因素，甲公司 20×8 年末长期应付款的账面价值为(　　)。

A. 599.31 万元　　B. 638.28 万元

C. 720 万元　　D. 779.31 万元

【参考答案】

1. D　2. D　3. D　4. A　5. C　6. D　7. B　8. C　9. A　10. B

四、计算及实务题

1. 甲公司 20×7 年 1 月 1 日按面值发行期限为 5 年的 4 万份可转换公司债券，每份面值 100 元，到期一次还本付息，无发行费用，票面年利率为 3%，实际年利率为 6%，债券发行一年后可转换为普通股。假设 20×7 年 12 月 31 日，可转换公司债券持有人尚未行权。已知(P/A,6%,5)＝4.212 4,(P/F,6%,5)＝0.747 3。

要求：编制 20×7 年和 20×8 年与可转换公司债券相关的会计分录。

2. 甲企业为工业生产企业，企业规定如果产品出售后一定期限内出现质量问题，就负责免费修理，假定甲企业只生产和销售 A、B 两种产品。

(1)甲企业为 A 产品计提的“预计负债——产品质量保证”在 20×8 年年初账面余额为 40 万元，A 产品的保修期限为 3 年。该企业对售出的 A 产品可能发生保修费用，在年末按当年 A 产品的销售收入的 2%计提。

甲企业 20×8 年 A 产品销售收入及发生的保修费用资料如下(单位：万元)：

项　目	第一季度	第二季度	第三季度	第四季度	合计
A 产品销售收入	800	1 200	1 400	600	4 000
发生的保修费用	15	10	30	20	75
其中，原材料成本	10	8	10	15	43
人工成本	5	2	5	5	17
用银行存款支付的其他支出			15		15

(2)甲企业为 B 产品计提的“预计负债——产品质量保证”在 20×8 年年初账面余额为 10 万元，B 产品已于 20×7 年 7 月 31 日停止生产，B 产品的保修期截止日期为 20×8 年 12 月 31 日。甲企业库存的 B 产品已于 20×8 年底以前全部售出。

20×8 年第四季度发生的 B 产品保修费用为 8 万元(均为人工成本)，其他各季度均未发生保修费用。

要求：

(1)计算 A 产品 20×8 年年末应确认的“预计负债——产品质量保证”的金额并编制相关会计分录。

(2)编制 A 产品 20×8 年发生保修费用的相关会计分录(假定按年编制会计分录)。

(3)编制 B 产品 20×8 年与预计负债相关的会计分录(假定按年编制会计分录)。

(4)计算甲企业 20×8 年 12 月 31 日“预计负债——产品质量保证”的账面余额(注明借方或贷方)。

【参考答案】

1. 20×7 年 1 月 1 日，该债券负债成分的公允价值=(400+400×3%×5)×(P/F, 6%,5)=343.76(万元)，权益成分的公允价值=400－343.76=56.24(万元)；20×6 年 12 月 31 日财务费用=343.76×6%=20.63(万元)，债券的摊余成本=343.76+20.63=364.39(万元)。

20×7 年 1 月 1 日

借:银行存款	400	
应付债券——可转换公司债券(利息调整)	56.24	
贷:应付债券——可转换公司债券(面值)		400
其他权益工具		56.24

20×7 年 12 月 31 日

借:财务费用	20.63	
贷:应付债券——可转换公司债券(应计利息)		12
——可转换公司债券(利息调整)		8.63

20×8 年 12 月 31 日财务费用=364.39×6%=21.86(万元)，债券的摊余成本=364.39+21.86=386.25(万元)。

20×8 年 12 月 31 日

借:财务费用	21.86	
贷:应付债券——可转换公司债券(应计利息)		12
——可转换公司债券(利息调整)		9.86

2.(1)A 产品 20×8 年度应计提的预计负债——产品质量保证:

(800+1 200+1 400+1 400+600)×2%=80(万元)

借:销售费用	800 000	
贷:预计负债——产品质量保证		800 000
借:预计负债——产品质量保证	750 000	
贷:原材料		430 000
应付职工薪酬		170 000
银行存款		150 000
借:预计负债——产品质量保证	80 000	
贷: 应付职工薪酬		80 000
借:预计负债——产品质量保证	20 000	
贷:销售费用		20 000

(4)20×8 年 12 月 31 日“预计负债——产品质量保证”贷方余额=(40+80－75)+(10－8－2)=45(万元)

第十二章　所有者权益

【学习目标】

- 了解所有者权益的构成
- 熟悉实收资本的核算
- 掌握资本公积及留存收益的核算

【思维导图】

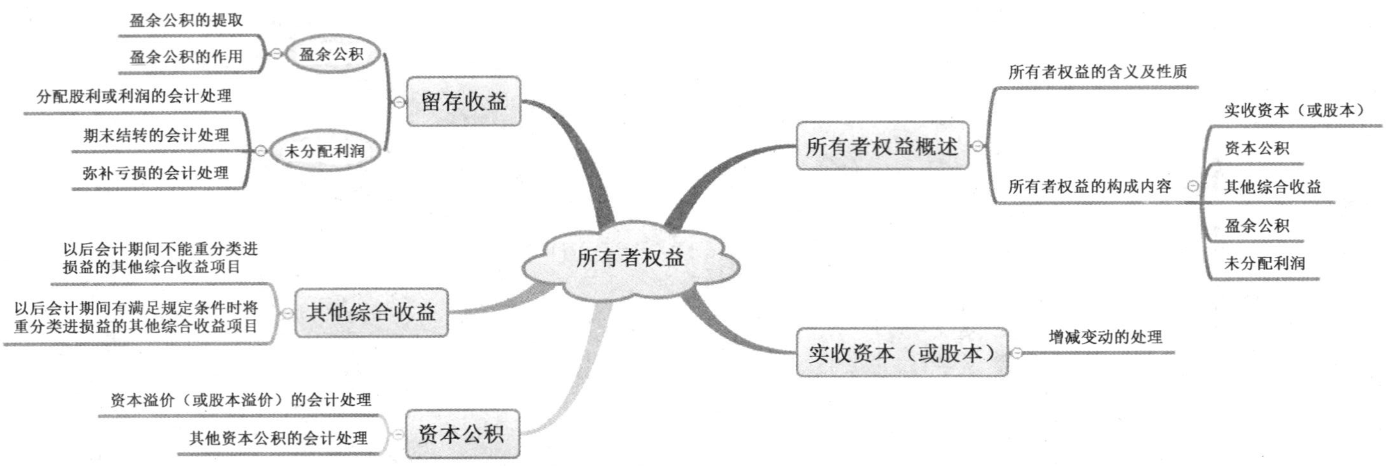

图 12-1 思维导图

第一节 所有者权益概述

一、所有者权益的含义及性质

所有者权益，根据其核算的内容和要求，可分为实收资本(股本)、其他权益工具、资本公积、其他综合收益、盈余公积和未分配利润等部分。其中，盈余公积和未分配利润统称为留存收益。

所有者对企业的经营活动承担着最终风险，也享有最终的剩余权益。任何企业的所有者权益都是由企业投资者投入的资本及增值所构成的。

企业资金的来源包括负债和所有者权益，两者均对企业的资产具有要求权，但两者之间又存在着明显的区别。其主要区别如下：

(1)性质不同。负债是债权人对企业资产的求偿权，是债权人的权益，债权人与企业只有债权债务关系，到期可以收回本息，在企业清偿时对企业的资产有优先求偿权；而所有者权益则是企业所有者对企业净资产的求偿权，这种权利在债权人对企业资产的要求权之后。

(2)偿还责任不同。表现为企业的负债要求企业按规定的时间和利率支付利息，到期偿还本金；而所有者权益则与企业共存亡，在企业经营期内无需偿还，国有企业按照国家规定分配收益，股份制企业按照董事会的决定支付股利，其他企业按照企业最高层管理机构的决定分配利润。

(3)权利不同。债权人通常只有享受收回本金和按事先约定的利息率收回利息的权利，既没有参与企业经营管理的权利，也没有参与企业收益分配的权利；而企业的所有者通常既具有参与企业经营管理的权利，也具有参与企业收益分配的权利。

(4)计量不同。负债通常可以单独直接计量，而所有者权益除了投资者投资时以外，一般不能直接计量，而是通过资产和负债的计量来间接计量。

(5)风险不同。负债由于具有明确的偿还期限和约定的收益率，而且一旦到期就可以收回本金与相应的利息，因而风险较小；而所有者所获得的收益，视企业的盈利水平和经营政策而定，风险较大。

二、所有者权益的构成内容

所有者权益的来源包括所有者投入的资本、资产增值和经营中获得的利润。具体而言，包括实收资本(股本)、资本公积、其他综合收益、盈余公积和未分配利润等项目。

实收资本(或股本)是指投资者按照公司章程，或者合同、协议的约定，实际投入企业的资本。对于股份公司，投入资本表现为实际发行的股票的面值总额，称为股本；对于有限责任公司，投入资本表现为投资者实际出资额，称为实收资本。

资本公积是指归所有者共有的、非利润转化而形成的资本，主要包括资本溢价(或股本溢价)以及其他资本公积(非股本溢价或者资本溢价形成的资本公积)。

其他综合收益是指企业根据其他会计准则规定未在当期损益中确认的各项利得和损失。

盈余公积是指企业从净利润中提取的、具有特定用途的资金，包括法定盈余公积和任意盈余公积。

未分配利润是指企业各期净利润在分配后剩余部分的累计数，即净利润中尚未指定用途、归所有者占有的部分。

第二节　实收资本

一、实收资本概述

按照我国有关法律规定，投资者设立企业首先必须投入资本。实收资本是投资者投入资本形成法定资本的价值，所有者向企业投入的资本，在一般情况下无需偿还，可以长期周转使用。实收资本的构成比例，即投资者的出资比例或股东的股份比例，通常是确定所有者在企业所有者权益中所占的份额和参与企业财务经营决策的基础，也是企业进行利润分配或股利分配的依据，同时还是企业清算时确定所有者对净资产的要求权的依据。

实收资本确认和计量要求企业应当设置"实收资本"科目，核算企业接受投资者投入的实收资本，股份有限公司应将该科目改为"股本"。投资者可以用现金投资，也可以用现金以外的其他有形资产投资，符合国家规定比例的，还可以用无形资产投资。企业收到投资时，应作如下会计处理：

借：银行存款
　　固定资产
　　无形资产
　　贷：实收资本(或股本)
　　　　资本公积——资本溢价(或股本溢价)

初建有限责任公司时，各投资者按照合同、协议或公司章程投入企业的资本，应全部记入"实收资本"科目，注册资本为在公司登记机关登记的全体股东认缴的出资额。在企业增资时，如有新投资者介入，新介入的投资者缴纳的出资额大于其按约定比例计算的其在注册资本中所占的份额部分，不记入"实收资本"科目，而作为资本公积，记入"资本公积"科目。

股份有限公司是指全部资本由等额股份构成并通过发行股票筹集资本、股东以其认购的股份为限对公司承担责任、公司以其全部财产对公司债务承担责任的企业法人。股份有限公司设立有两种方式，即发起式和募集式。

发起式设立的特点是公司的股份全部由发起人认购，不向发起人之外的任何人募集股份；募集式设立的特点是公司股份除发起人认购外，还可以采用向其他法人或自然人发行股票的方式进行募集。公司设立方式不同，筹集资本的风险也不同。发起式设立公同，其所需资本由发起人一次认足，一般不会发生设立公司失败的情况，因此，其筹资风险小。社会募集股份，其筹资对象广泛，在资本市场不景气或股票的发行价格不恰当的情况下，有发行失败(即股票未被全部认购)的可能，因此，其筹资风险大。按照有关规定，发行失败损失由发起人负担，包括承担筹建费用、公司筹建过程中的债务和对认股人已缴纳的股款支付银行同期存款利息等责任。

股份有限公司与其他企业相比较，最显著的特点就是将企业的全部资本划分为等额股份，并通过发行股票的方式来筹集资本。股东以其所认购股份对公司承担有限责任。股票一般分为两大类：普通股和优先股。

(一)普通股

普通股是股份公司的基本股份。普通股股东的权利主要有以下几项：

(1)投票表决权。普通股股东在股东大会上对公司事务拥有表决权。公司事务包括董事会选举和合并、分立或解散等重大经营政策的决定。表决权通常采用一股一票的形式。

(2)受益分配权。普通股的股东享有公司利润分配的权利，利润分配是以股利分配的形式分派到股东的手中。但普通股股东能够获得多少股利，应以股东大会的决议为准。

(3)优先认股权。普通股股东可以在股份公司增发股票时，按其持股比例优先认购新股，以保持其在公司股份中的比例。

(4)剩余财产要求权。当股份公司清算时，公司在偿还债务和优先股股东的投资后，如果还有剩余财产，将按照普通股股东持股比例进行分配。

(二)优先股

优先股是一种介于公司债券和普通股之间的混合性债券，它也是公司股东权益的一部分。优先股股票有固定的股利支付率，这一特点和公司债券相似；然而优先股又没有规定的偿还日期，这又有普通股类似的特征。优先股与普通股相比，一般不具有表决权和优先认股权。与普通股相比，优先股在股利分配和剩余财产分配方面具有优先权。

在会计处理上，股份有限公司应设置“股本”科目。“股本”科目核算股东投入股份有限公司的股本，企业应将核定的股本总额、股份总数、每股面值在股本账户中作备查记录。为提供企业股份的构成情况，企业可在“股本”科目下按股东单位或姓名设置明细账。企业的股本应在核定的股本总额范围内，发行股票取得。但值得注意的是，企业发行股票取得的收入与股本总额往往不一致，公司发行股票取得的收入大于股本总额的，称为溢价发行；小于股本总额的，称为折价发行；等于股本总额的，为面值发行。我国不允许企业折价发行股票。在采用溢价发行股票的情况下，企业应将相当于股票面值的部分记入“股本”科目，其余部分在扣除发行手续费、佣金等发行费用后记入“资本公积——股本溢价”科目。

【例 12－1】 甲公司委托某证券公司代理发行普通股股票10 000万股，每股面值1元，发行价为5元/股。证券公司按照发行收入的1%收取手续费，发行股票资金冻结期间所产生的利息收入为20万元。

根据以上资料，该公司编制的会计分录如下：

公司实收价款＝10 000×5－(10 000×5×1%－20)＝49 520(万元)

普通股股本＝10 000×1＝10 000(万元)

股本溢价＝49 520－10 000＝39 520(万元)

借：银行存款	495 200 000	
贷：股本		100 000 000
资本公积——股本溢价		395 200 000

二、实收资本增减变动的会计处理

我国《公司登记管理条例》规定，公司增加注册资本的，有限责任公司股东认缴新增资本的出资和股份有限公司的股东认购新股，应当分别依照《公司法》设立有限责任公司缴纳出资和设立股份有限公司缴纳股款的有关规定执行。公司法定公积金转增为注册资本的，验资证明应当载明留存的该项公积金不少于转增前公司注册资本的25%。公司减少注册资本的，应当自公告之日起45日后申请变更登记，并应当提交公司在报纸上登载公司减少注册资本公告的有关证明和公司债务清偿或者债务担保情况的说明。公司减资后的注册资本不得低于法定的最低限额。公司变更实收资本的，应当提交依法设立的验资机构出具的验资证明，并应当按照公司章程载明的出资时间、出资方式缴纳出资。公司应当自足额缴纳出资或者股款之日起30日内申请变更登记。

(一)实收资本增加的会计处理

1. 企业增加资本的一般途径

(1)将资本公积转为实收资本或股本。

(2)将盈余公积转为实收资本。

以上两种方式中，资本公积和盈余公积均属所有者权益，转为实收资本或股本时，企业如为独资企业的，直接结转即可；如为股份有限公司或有限责任公司的，应按原投资者所持股份同比例增加各股东的股权。

(3)所有者(包括原企业所有者和新投资者)投入

借：资本公积——资本溢价/股本溢价

盈余公积

资产(包括银行存款、固定资产、无形资产、长期股权投资等)

贷:实收资本/股本

【例 12—2】 甲公司由 A、B、C 共同投资设立,原注册资本为 300 万元,A、B、C 分别出资 100 万元。经协商,A、B、C 同意将盈余公积 150 万元转增资本。

则该公司的会计处理为:

借:盈余公积	1 500 000	
贷:实收资本——A		500 000
——B		500 000
——C		500 000

2. 股份有限公司以发行股票股利的方法实现增资

股份有限公司采用发放股票股利实现增资的,在发放股票股利时,按照股东原来持有的股数分配,如股东所持股份按比例分配的股利不足一股时,应采用恰当的方法处理。

例如,股东会决议按股票面额的 10%发放股票股利(假定新股发行价格及面额与原股相同),对于所持股票不足 10 股的股东,将会发生不能领取一股的情况。在这种情况下,有两种方法可供选择,一是将不足一股的股票股利改为现金股利,用现金支付;二是由股东相互转让,凑为整股。股东大会批准的利润分配方案中分的股票股利,应在办理增资手续后,借记"利润分配"科目,贷记"股本"科目。

借:利润分配

贷:股本

3. 可转换公司债券持有人行使转换权利

可转换公司债券持有人行使转换权利,将其持有的债券转换为股票,按可转换公司债券的余额,借记"应付债券——可转换公司债券(面值、利息调整)"科目,按其权益成分的金额,借记"其他权益工具"科目,按股票面值和转换的股数计算的股票面值总额,贷记"股本"科目,按其差额,贷记"资本公积——股本溢价"科目。

借:应付债券

资本公积——其他资本公积

贷:股本

资本公积——股本溢价

4. 企业将重组债务转为资本

企业将重组债务转为资本的,应按重组债务的账面余额,借记"应付账款"等科目,按债权人因放弃债权而享有本企业股份的面值总额,贷记"实收资本"或"股本"科目,按股份的公允价值总额与相应的实收资本或股本之间的差额,贷记或借记"资本公积——资本溢价"或"资本公积——股本溢价"科目,按其差额,贷记"营业外收入——债务重组利得"科目。

借:应付账款

贷:实收资本

资本公积——资本溢价/股本溢价

营业外收入

5. 以权益结算的股份支付

以权益结算的股份支付换取职工或其他方提供服务的,应在行权日,根据实际行权情况确定的金额,借记“资本公积——其他资本公积”科目,按应计入实收资本或股本的金额,贷记“实收资本”或“股本”科目。

借:资本公积——其他资本公积

贷:实收资本/股本

(二)实收资本减少的会计处理

企业实收资本减少的原因大体有两种,一是资本过剩;二是企业发生重大亏损而需要减少实收资本。企业因资本过剩而减资,一般要发还股款。有限责任公司和一般企业发还投资的会计处理比较简单,按法定程序报经批准减少注册资本的,借记“实收资本”科目,贷记“库存现金”“银行存款”等科目。

借:实收资本

贷:库存现金/银行存款

股份有限公司由于采用的是发行股票的方式筹集股本,发还股款时,则要回购发行的股票,发行股票的价格与股票面值可能不同,回购股票的价格也可能与发行价格不同,会计处理较为复杂。股份有限公司因减少注册资本而回购本公司股份的,应按实际支付的金额,借记“库存股”科目,贷记“银行存款”等科目。注销库存股时,应按股票票面值和注销股数计算的股票面值总额,借记“股本”科目,按注销库存股的账面余额,贷记“库存股”科目,按其差额,冲减股票发行时原记入资本公积的溢价部分,借记“资本公积——股本溢价”科目,回购价格超过上述冲“股本”及“资本公积——股本溢价”科目的部分,应依次借记“盈余公积”“利润分配——未分配利润”等科目;如回购价格低于回购股份所对应的股本,所注销库存股的账面余额与所冲减股本的差额作为增加股本溢价处理,按回购股份所对应的股本面值,借记“股本”科目,按注销库存股的账面余额,贷记“库存股”科目,按其差额,贷记“资本公积——股本溢价”科目。

借:股本

资本公积——股本溢价

盈余公积

利润分配——未分配利润

贷:库存股

或者：

借：股本

　　贷：库存股

　　　　资本公积——股本溢价

【例 12－3】　甲股份有限公司截至 20×8 年 12 月 31 日共发行股票30 000 000股，股票面值为 1 元，资本公积(股本溢价)6 000 000元，盈余公积4 000 000元。经股东大会批准，甲公司以现金回购3 000 000股并注销。假定甲公司按照每股 4 元回购股票，不考虑其他因素，甲公司的账务处理如下：

库存股成本＝3 000 000×4＝12 000 000(元)

借：库存股	12 000 000	
贷：银行存款		12 000 000
借：股本	3 000 000	
资本公积——股本溢价	6 000 000	
盈余公积	3 000 000	
贷：库存股		12 000 000

第三节　资本公积

一、资本公积概述

资本公积是企业收到投资者的超出其在企业注册资本(或股本)中所占份额的投资，以及直接计入所有者权益的利得和损失等。资本公积包括资本溢价(或股本溢价)和其他资本公积。

资本(或股本)溢价是指企业收到投资者的超过其在企业注册资本或股本中所占份额的投资。形成资本(或股本)溢价的原因有溢价发行股票、投资者超额投入资本等。

资本公积一般应当设置“资本(或股本)溢价”“其他资本公积”明细科目核算。

二、资本公积的确认和计量

(一)资本溢价或股本溢价的会计处理

1. 资本溢价

投资者经营的企业(不含股份有限公司)，投资者依其出资份额对企业经营决策享有表决权，依其所认缴的出资额对企业承担有限责任。明确记录投资者认缴的出资额，真实地反映各投资者对企业享有的权利与承担的义务，是会计处理理应注意的问题。为此会计上应设置“实收资本”科目，核算企业投资者按照公司章程所规定的出资比例实际缴付的出资额。在企业创立时，出资者认缴的出资额全部记入“实收资本”科目。

在企业重组并有新的投资者加入时，为了维护原有投资者的权益，新加入的投资者的出资额，并不一定全部作为实收资本处理。因为在企业正常经营过程中投入的资金虽然与企业创立时投入的资金在数量上一致，但其获利能力却不一致。因此，相同数量的投资，由于出资时间不同，其对企业的影响程度不同，由此而带给投资者的权利也不同，往往早期出资带给投资者的权利要大于后期出资带给投资者的权利。所以，新加入的投资者要付出大于原有投资者的出资额，才能取得与投资者相同的投资比例。投资者投入的资本中按其投资比例计算的出资额部分，应记入“实收资本”科目，大于部分应计入“资本公积”科目。

【例 12—4】 甲有限责任公司有 A、B、C 三位股东，公司成立时实收资本 600 万元，A、B、C 出资额相同。两年后，甲公司增资扩股，将注册资本由 600 万元增加到 800 万元。A、B、C 同意投资者 D 投入 400 万元，取得甲公司 25%的股份。甲公司收到 D 的出资额 400 万元中，其在注册资本中的份额 200 万元作为实收资本，超出的 200 万元作为资本公积。

甲公司在收到 D 的投资时应做如下会计分录：

借：银行存款	4 000 000	
贷：实收资本——D		2 000 000
资本公积——资本溢价		2 000 000

2. 股本溢价

股份有限公司是以发行股票的方式筹集股本的，股票是企业签发的证明股东按其所持股份享有权利和承担义务的书面证明。由于股东按其所持企业股份享有权利和承担义务，为了反映和便于计算各股东所持股份占企业全部股本的比例，企业的股本总额应按股票的面值与股份总数的乘积计算。国家规定，实收股本总额应与注册资本相等。因此为提供企业股本总额及其构成和注册资本等信息，在采用与股票面值相同的价格发行股票的情况下，企业发行股票取得的收入，应全部记入“股本”科目；在采用溢价发行股票的情况下，企业发行股票取得的收入，相当于股票面值的部分记入“股本”科目，超出股票面值的溢价收入记入“资本公积”科目。委托证券商代理发行股票而支付的手续费、佣金等，应从溢价发行收入中扣除，企业应按扣除手续费、佣金后的数额记入“资本公积”科目。

【例 12—5】 甲股份公司按法定程序委托某证券公司代理发行股票10 000万股，每股面值 1 元，发行价每股 5 元。股票已发行完毕，扣除代理发行费用 200 万元后的金额已收入银行存款户。

根据上述资料，该公司应做如下会计分录：

借：银行存款	498 000 000	
贷：股本		100 000 000

资本公积——股本溢价　398 000 000

(二)其他资本公积的会计处理

1. 采用权益法核算的长期股权投资

长期股权投资采用权益法核算的，被投资单位除净损益、其他综合收益和利润分配以外的所有者权益的其他变动，投资企业按持股比例计算应享有的份额，应当增加或减少长期股权投资的账面价值，同时增加或减少资本公积(其他资本公积)。当处置采用权益法核算的长期股权投资时，应当将原记入资本公积(其他资本公积)的相关金额转入投资收益(除不能转入损益的项目外)。

2. 以权益结算的股份支付

以权益结算的股份支付换取职工或其他方提供服务的，应按照确定的金额，记入“管理费用”等科目，同时增加资本公积(其他资本公积)。在行权日，应按实际行权的权益工具数量计算确定的金额，借记“资本公积——其他资本公积”科目，按计入实收资本或股本的金额，贷记“实收资本”或“股本”科目，并将其差额记入“资本木公积——资本溢价”或“资本公积——股本溢价”。

3. 自用房地产或存货

自用房地产或存货转换为采用公允价值模式计量的投资性房地产，按照“投资性房地产”科目的相关规定进行处理，相应调整资本公积。

第四节　其他综合收益

其他综合收益，是指企业根据其他会计准则规定未在当期损益中确认的各项利得和损失。包括以后会计期间不能重分类进损益的其他综合收益和以后会计期间满足规定条件时将重分类进损益的其他综合收益两类。

以后会计期间不能重分类进损益的其他综合收益项目，主要包括重新计量设定受益计划净负债或净资产导致的变动、按照权益法核算因被投资单位重新计量设定受益计划净负债或净资产变动导致的权益变动，投资企业按持股比例计算确认的该部分其他综合收益项目，以及在初始确认时，企业可以将非交易性权益工具指定为以公允价值计量且其变动计入其他综合收益的金融资产，该指定后不得撤销，即当该类非交易性权益工具终止确认时原计入其他综合收益的公允价值变动损益不得重分类进损益。

以后会计期间有满足规定条件时将重分类进损益的其他综合收益项目，主要包括：

(1)符合金融工具准则规定，同时符合两个条件的金融资产应当分类为以公允价值计量且其变动计入其他综合收益：①企业管理该金融资产的业务模式既以收取合同现金流量为目标又以出售该金融资产为目标；②该金融资产的合同条款规定，在特定日期产生的现金流量，仅为对本金和以未偿付本金金额为基础的利息的支付。当该类金融资产终止确认时，之前计入其他综合收益的累计利得或损失应当从其他综合收益中转出，计入当期损益。

(2)按照金融工具准则规定，对金融资产重分类按规定可以将原计入其他综合收益的利得或损失转入当期损益的部分。

(3)采用权益法核算的长期股权投资。

采用权益法核算的长期股权投资，按照被投资单位实现其他综合收益以及持股比例计算应享有或分担的金额，调整长期股权投资的账面价值，同时增加或减少其他综合收益，其会计处理为：借记(或贷记)"长期股权投资——其他综合收益"科目，贷记(或借记)"其他综合收益"，待该项股权投资处置时，将原计入其他综合收益的金额转入当期损益。

(4)存货或自用房地产转换为投资性房地产。企业将作为存货的房地产转换为采用公允价值模式计量的投资性房地产时，应当按该项房地产在转换日的公允价值，借记"投资性房地产——成本"科目，原已计提跌价准备的，借记"存货跌价准备"科目，按其账面余额，贷记"开发产品"等科目；同时转换日的公允价值小于账面价值的，按其差额，借记"公允价值变动损益"科目，转换日的公允价值大于账面价值的，按其差额，贷记"其他综合收益"科目。

企业将自用的建筑物等转换为采用公允价值模式计量的投资性房地产时，应当按该项房地产在转换日的公允价值，借记"投资性房地产——成本"科目，原已计提减值准备的，借记"固定资产减值准备"科目，按已计提的累计折旧等，借记"累计折旧"等科目；按其账面余额，贷记"固定资产"等科目；同时，转换日的公允价值小于账面价值的，按其差额，借记"公允价值变动损益"科目，转换日的公允价值大于账面价值的，按其差额，贷记"其他综合收益"科目。

待该项投资性房地产处置时，因转换计入其他综合收益的部分应转入当期损益。

(5)现金流量套期工具产生的利得或损失中属于有效套期的部分。

(6)外币财务报表折算差额。按照外币折算的要求，企业在处置境外经营的当期，将已列入合并财务报表所有者权益的外币报表折算差额中与该境外经营相关部分，自其他综合收益项目转入处置当期损益。如果是部分处置境外经营，应当按处置的比例计算处置部分的外币报表折算差额，转入处置当期损益。

第五节　留存收益

一、盈余公积

(一)相关概述

根据《公司法》等有关法律的规定，企业当年出现的净利润，一般应当按照如下程序进行分配：

(1)提取法定公积金。公司制企业的法定公积金按照税后利润的10%的比例提取(非公司制企业也可按照超过10%的比例提取),在计算提取法定盈余公积的基数时,不应包括企业年初未分配利润。公司法定公积金累计额为公司注册资本的50%以上时,可以不再提取法定公积金。

公司的法定公积金不足以弥补以前年度亏损的,在提取法定公积金之前,应当先用当年利润弥补亏损。

(2)提取任意公积金。公司从税后利润中提取法定公积金后,经股东会或者股东大会决议,还可以从税后利润中提取任意公积金。非公司制企业经类似权力机构批准,也可提取任意盈余公积。

(3)向投资者分配利润或股利。公司弥补亏损和提取公积金后所余税后利润,有限责任公司股东按照实缴的出资比例分取红利,但是,全体股东约定不按照出资比例分取红利的除外;股份有限公司按照股东持有的股份比例分配,但股份有限公司章程规定不按持股比例分配的除外。

股东会、股东大会或者董事会违反规定,在公司弥补亏损和提取法定公积金之前向股东分配利润的,股东必须将违反规定分配的利润退还公司。公司持有的本公司股份不得分配利润。

盈余公积是指企业按照规定从净利润中提取的各种积累资金。公司制企业的盈余公积分为法定盈余公积和任意盈余公积。两者的区别就在于其各自计提的依据不同。前者以国家的法律或行政规章为依据提取;后者则由企业自行决定提取。

企业提取盈余公积主要可以用于以下几个方面：

(1)弥补亏损。企业发生亏损时,应由企业自行弥补。弥补亏损的渠道主要有三条：一是用以后年度税前利润弥补。按照现行制度规定,企业发生亏损时,可以用以后五年内实现的税前利润弥补,即税前利润弥补亏损的期间为五年。二是用以后年度税后利润弥补。企业发生的亏损经过五年期间未弥补足额的,尚未弥补的亏损应用所得税后的利润弥补。三是以盈余公积弥补亏损。企业以提取的盈余公积弥补亏损时,应当由公司董事会提议,并经股东大会批准。

(2)转增资本。企业将盈余公积转增资本时,必须经股东大会决议批准。在实际将盈余公积转增资本时,要按股东原有持股比例结转。企业提取的盈余公积,无论是用于弥补亏损,还是用于转增资本,只不过是在企业所有者权益内部作结构上的调整,比如企业以盈余公积弥补亏损时,实际是减少盈余公积留存的数额,以此抵补未弥补亏损的数额,并不引起企业所有者权益总额的变动;企业以盈余公积转增资本时,也只是减少盈余公积结存的数额,但同时增加企业实收资本或股本的数额,也并不引起所有者权益总额的变动。

(3)扩大企业生产经营。盈余公积的用途,并不是指其实际占用形态,提取盈余公积也并不是单独将这部分资金从企业资金周转过程中抽出。企业盈余公积的结存数，实际只表现为企业所有者权益的组成部分，表明企业生产经营资金的一个来源而已。其形成的资金可能表现为一定的货币资金，也可能表现为一定的实物资产，如存货和固定资产等，随同企业的其他来源所形成的资金进行循环周转，用于企业的生产经营。

（二）盈余公积的确认和计量

为了反映盈余公积的形成及使用情况，企业应设置“盈余公积”科目。企业应当分别“法定盈余公积”“任意盈余公积”进行明细核算。外商投资企业还应分别“储备基金”“企业发展基金”进行明细核算。

1. 盈余公积形成的会计处理

企业提取盈余公积时，按照应提取的金额做如下会计分录：

借：利润分配——提取法定盈余公积
　　　　　　——提取任意盈余公积
　贷：盈余公积——法定盈余公积
　　　　　　——任意盈余公积

外商投资企业按规定提取的储备基金、企业发展基金、职工奖励及福利基金，应做如下会计分录：

借：利润分配——提取储备基金
　　　　　　——提取企业发展基金
　　　　　　——提取职工奖励及福利基金
　贷：盈余公积——储备基金
　　　　　　——企业发展基金
　　应付职工薪酬

【例 12－6】 甲公司 20×8 年实现净利润 100 万元，没有弥补亏损，分别按 10%和 5%的比例提取法定盈余公积和任意盈余公积。

根据上述资料，该公司做如下会计处理：

法定盈余公积提取额＝100×10%＝10（万元）

任意盈余公积提取额＝100×5%＝5（万元）

借：利润分配——提取法定盈余公积　　100 000
　　　　　　——提取任意盈余公积　　50 000
　贷：盈余公积——法定盈余公积　　100 000
　　　　　　——任意盈余公积　　50 000

2. 盈余公积使用的会计处理

企业用盈余公积弥补亏损或转增资本时，应做如下会计分录：

借：盈余公积——法定盈余公积

——任意盈余公积

贷:利润分配——盈余公积补亏

实收资本(股本)

经股东大会决议,用盈余公积派送新股,应做如下会计分录:

借:盈余公积——法定盈余公积

——任意盈余公积

贷:股本

【例 12－7】 甲公司 20×8 年发生亏损 10 万元,决定用“盈余公积——任意盈余公积”弥补该亏损。

根据上述资料,该公司做如下会计处理:

借:盈余公积——任意盈余公积　　100 000

贷:利润分配——盈余公积补亏　　100 000

【例 12－8】 甲公司 20×8 年股东大会决定按 10 送 2 的方案使用任意盈余公积派送新股。股票面值 1 元/股,派送前的总股数为 5 000 万股。

根据上述资料,该公司做如下会计处理:

借:盈余公积——任意盈余公积　　10 000 000

贷:股本　　10 000 000

二、未分配利润

未分配利润是企业留待以后年度进行分配的结存利润,也是企业所有者权益的组成部分。相对于所有者权益的其他部分来讲,企业对于未分配利润的使用分配有较大的自主权。从数量上来讲,未分配利润是期初未分配利润,加上本期实现的净利润,减去提取的各种盈余公积和分出利润后的余额。

在会计处理上,未分配利润是通过“利润分配”科目进行核算的,“利润分配”科目应当分别“提取法定盈余公积”“提取任意盈余公积”“应付现金股利或利润”“转作股本的股利”“盈余公积补亏”和“未分配利润”等进行明细核算。

(一)分配股利或利润的会计处理

经股东大会或类似机构决议,分配给股东或投资者的现金股利或利润,借记“利润分配——应付现金股利或利润”科目,贷记“应付股利”科目。经股东大会或类似机构决议,分配给股东的股票股利,应在办理增资手续后,借记“利润分配——转作股本的股利”科目,贷记“股本”科目。

(二)期末结转的会计处理

企业期末结转利润时,应将各损益类科目的余额转入“本年利润”科目,结平各损益类科目。结转后“本年利润”的贷方余额为当期实现的净利润,借方余额为当期发生的净亏损。年度终了，应将本年收入和支出相抵后结出的本年实现的净利润或净亏损，转入“利润分配——未分配利润”科目。同时，将“利润分配”科目所属的其他明细科目的余额，转入“未分配利润”明细科目。结转后，“未分配利润”明细科目的贷方余额，就是未分配利润的金额；如出现借方余额，则表示未弥补亏损的金额。“利润分配”科目所属的其他明细科目应无余额。

（三）弥补亏损的会计处理

企业在生产经营过程中既有可能发生盈利，也有可能出现亏损。企业在当年发生亏损的情况下，与实现利润的情况相同，应当将本年发生的亏损自“本年利润”科目，转人“利润分配——未分配利润”科目，借记“利润分配——未分配利润”科目，贷记“本年利润”科目，结转后“利润分配”科目的借方余额，即为未弥补亏损的数额。然后通过“利润分配”科目核算有关亏损的弥补情况。

由于未弥补亏损形成的时间长短不同等原因，以前年度未弥补亏损有的可以以当年实现的税前利润弥补，有的则须用税后利润弥补。以当年实现的利润弥补以前年度结转的未弥补亏损，不需要进行专门的账务处理。企业应将当年实现的利润自“本年利润”科目，转入“利润分配——未分配利润”科目的贷方，其贷方发生额与“利润分配——未分配利润”的借方余额自然抵补。无论是以税前利润还是以税后利润弥补亏损，其会计处理方法均相同。但是，两者在计算交纳所得税时的处理是不同的。在以税前利润弥补亏损的情况下，其弥补的数额可以抵减当期企业应纳税所得额，而以税后利润弥补的数额，则不能作为纳税所得扣除处理。

【例 12—9】 甲股份有限公司的股本为100 000 000元，每股面值 1 元。20×8 年年初未分配利润为贷方80 000 000元，20×8 年实现净利润50 000 000元。

假定公司按照 20×8 年实现净利润的 10%提取法定盈余公积，5%提取任意盈余公积，同时向股东按每股 0.2 元派发现金股利，按每 10 股送 3 股的比例派发股票股利。20×9 年 3 月 15 日，公司以银行存款支付了全部现金股利，新增股本也已经办理完股权登记和相关增资手续。甲公司的账务处理如下：

(1)20×8 年度终了时，企业结转本年实现的净利润：

借：本年利润	50 000 000	
贷：利润分配——未分配利润		50 000 000

(2)提取法定盈余公积和任意盈余公积：

借：利润分配——提取法定盈余公积	5 000 000	
——提取任意盈余公积	2 500 000	
贷：盈余公积——法定盈余公积		5 000 000
——任意盈余公积		2 500 000

(3)结转“利润分配”的明细科目：

借：利润分配——未分配利润　7 500 000
　贷：利润分配——提取法定盈余公积　5 000 000
　　　　　　——提取任意盈余公积　2 500 000

甲公司 20×8 年年末“利润分配——未分配利润”科目的余额为：

80 000 000＋50 000 000－7 500 000＝122 500 000(元)

即贷方余额为 122 500 000 元，反映企业的累计未分配利润为 122 500 000 元。

(4)批准发放现金股利：

100 000 000×0.2＝20 000 000(元)

借：利润分配——应付现金股利　20 000 000
　贷：应付股利　20 000 000

20×9 年 3 月 15 日，实际发放现金股利：

借：应付股利　20 000 000
　贷：银行存款　20 000 000

(5)20×9 年 3 月 15 日，发放股票股利：

100 000 000×1×30%＝30 000 000(元)

借：利润分配——转作股本的股利　30 000 000
　贷：股本　30 000 000

【案例分析】

A 股份公司在 20×9 年准备兼并 B 公司。B 公司年末基本财务情况如下：公司资产总额 20 000 万元，负债 14 000 万元，所有者权益 6 000 万元。公司注册资本为 10 000万元。B 公司的净资产初步评估为 7 500 万元。现在 A 公司的董事会正在讨论对 B 公司并购的价格。董事甲认为应该采用资产的账面价值作为并购价格确定的基础，董事乙认为应该参考所有者权益的账面价值，董事丙认为应该采用净资产的评估价作为谈判的基础。

要求讨论：

1. 企业所有者权益的含义是什么？它包括哪几个部分？企业所有者权益的账面价值意味着什么？

2. 在上述确定并购价格的争论中，你觉得哪个董事的建议合理？为什么？

3. 根据董事丙的建议，你认为应该如何确定净资产的评估价格？

案例解析：

1. 所有者权益是指企业资产扣除负债后由所有者享有的剩余权益。包括实收资本(或股本)、资本公积、盈余公积和未分配利润。在股份制企业又称为股东权益。所有者权益是企业投资人对企业净资产的所有权。它受总资产和总负债变动的影响而发生增减变动。所有者权益包含所有者以其出资额的比例分享企业利润。与此同时，所有者也必须以其出资额承担企业的经营风险。所有者权益还意味着所有者有法定的管理企业和委托他人管理企业的权利。

2. 丙董事的建议合理

甲乙董事认为的资产账面价值、所有者权益的账面价值均为账面价值，首先，资产账面价值越大，不代表一家企业价值就越大，因为资产的来源有部分是负债，因此，甲董事认为的不合理；关于乙董事的所有者权益的账面价值，不代表一个企业真正的价值，企业采用历史成本计量属性对会计要素进行计量，一般只在会计年度末才以历史成本以外的计量属性对账面价值作出修正。

而净资产的评估值是一种相对于当事人各方的地位、资产的状况及资产面临的市场条件合理的价值的估计值，是评估人员根据被评估资产自身的条件及其所面临的市场条件，对这种条件下的被评估资产客观价值的合理估计值。净资产的评估值有可能大于所有者权益的账面价值，也有可能小于所有者权益的账面价值。

3. 净资产评估就是评估公司的资产价值－负债价值得到的企业整体评估价值，它并不等同于单项净资产累计之和。

整体资产评估内容：流动资产；固定资产（房屋建筑物/机器设备/在建工程等）；无形资产；长期投资；其他资产及递延资产；流动负债及长期负债；净资产；总资产等。

目前国际通常惯用的无形资产评估模式可分为：成本法、市场法和损益法三大类。

【复习思考及实务训练】

一、名词解释

所有者权益　　留存收益　　资本公积　　未分配利润

法定盈余公积金　　任意盈余公积金　　股份支付　　投入资本

二、简答题

1. 留存收益包括哪些内容？
2. 所有者权益与负债的主要区别是什么？

三、选择题

1. 在接受投资时，非股份有限公司应通过（　　）科目核算。

A. 资本公积——其他资本公积　　B. 未分配利润

C. 股本　　D. 实收资本

2. 某有限责任公司由 A、B、C 三位股东各自出资 100 万元而设立，经过 3 年的经营，该公司的留存收益为 150 万元。如果 D 投资者愿意出资 180 万元而仅占有该公司 25%的股份，则 D 股东投入资金中应记入“资本公积”科目的金额是(　　)万元。

A. 0　　B. 30　　C. 50　　D. 80

3. 下列关于企业回购股票的会计处理，不正确的是(　　)。

A. 股份有限公司因减少注册资本而回购本公司股份的，应按实际支付的金额，借记“库存股”科目，贷记“银行存款”等科目

B. 注销库存股时，应按股票面值和注销股数计算的股票面值总额借记“股本”科目，按注销库存股的账面余额，贷记“库存股”科目，按其差额，冲减股票发行时原记入资本公积的溢价部分“资本公积——股本溢价”等科目

C. 回购价格超过冲减“股本”及“资本公积——股本溢价”科目的部分，应按照 1∶9 的比例借记“盈余公积”和“利润分配——未分配利润”科目

D. 如回购价格低于回购股份所对应的股本，所注销库存股的账面余额与所冲减股本的差额作为增加股本溢价处理

4. ××公司以发行股票的方式购买非同一控制下的乙公司的股权，取得乙公司 60%的股权，为取得该股权甲公司发行 60 万股股票，每股面值为 1 元，每股公允价值为 1.5 元，并支付承销商佣金 10 万元，则甲公司取得该股权应确认的资本公积为(　　)。

A. 80　　B. 90　　C. 20　　D. 30

5. 甲股份有限公司由 A、B、C 三位股东各自出资 300 万元设立，设立时注册资本为 900 万元。甲公司经营五年后，20×6 年 11 月 25 日 D 公司决定投资 380 万元，占甲公司注册资本的 25%，追加投资后，注册资本由 900 万元增加到1 280万元。该投资协议于 20×6年 12 月 10 日经 D 公司临时股东大会批准，12 月 31 日经甲公司董事会、股东会批准，增资手续于 20×7 年 1 月 5 日办理完毕，同日 D 公司已将全部款项投入给甲公司。甲公司记入“资本公积——股本溢价”科目的金额是(　　)万元。

A. 60　　B. 80　　C. 380　　D. 150

6. 下列各项中不会影响其他综合收益产生变化的是(　　)。

A. 发行可转换公司债券包含的权益成分的价值

B. 投资企业应享有联营企业其他综合收益的份额

C. 以公允价值计量且其变动计入其他综合收益的金融资产公允价值正常变动

D. 自用房地产转为公允价值模式计量的投资性房地产转换日公允价值大于账面价值的差额

7. 甲公司 20×6 年期初其他综合收益贷方余额为 500 万元，本期将自用房屋转作经营性出租且以公允价值模式计量，该房屋原值2 000万元，已计提折旧 200 万元，计提减值准备 100 万元，转换日公允价值为1 500万元，期末公允价值为1 000万元，甲公司本期另

购买乙公司股票将其确认为以公允价值计量且其变动计入其他综合收益的金融资产，初始成本1 000万元，期末公允价值 800 万元，假设不考虑所得税等因素的影响，20×6 年年末甲公司其他综合收益的余额是(　　)万元。

A. 300　　B. 800　　C. 500　　D. 900

8. 下列有关盈余公积的表述正确的是(　　)。

A. 企业计提法定盈余公积的基数包括年初未分配利润

B. 企业在提取盈余公积之前可以向投资者分配利润

C. 企业提取的盈余公积可以用于弥补亏损、转增资本和扩大生产经营

D. 企业发生亏损时，可以用以后五年内实现的税前利润弥补，不得用税后利润弥补

9. 企业本年实收资本、资本公积和留存收益发生了以下业务：提取盈余公积 30 万元；用资本公积 5 万元、盈余公积 10 万元转增资本。所有者权益增加额应为(　　)万元。

A. 0　　B. 15　　C. 30　　D. 45

10. 某企业 20×1 年发生亏损 100 万元，20×2～20×7 年每年实现的利润总额为 12 万元(假定与应纳税所得额相同)。设该企业适用 25%的所得税税率，则 20×7 年年末该企业未弥补的亏损为(　　)万元。

A. 16　　B. 31　　C. 34　　D. 37

【参考答案】

1. D　2. D　3. C　4. C　5. A　6. A　7. A　8. C　9. D　10. B

四、计算及实务题

1. (1)某国有企业收到国家追加的投资 100 万元，存入银行。

(2)某企业收到联营单位的投资，其中原材料协议价值80 000元，进项税额10 400元，低值易耗品协议价值20 000元，进项税额2 600元，该批财产已验收入库。

(3)某股份有限公司委托证券公司发行普通股股票 1 000 万股，每股面值为 1 元，发行价格为 1.5 元。按发行价格的 3%向证券公司支付手续费。股票发行已完成，股款已全部存入银行。

(4)某有限责任公司由 A、B、C 三位投资者组建，股权比例为 2∶1∶1，资本总额为 40 万元。现公司吸收 D 投资者入股，D 出资 15 万元，取得 1/5 的股权比例。

(5)某企业决定用资本公积 15 万元、盈余公积 8 万元转增资本。

要求：根据上述经济业务编制会计分录(除了应交税费、实收资本、资本公积科目设置明细科目外，其他科目不设置明细科目)。

2. ××股份有限公司 20×2 年年初未分配利润为贷方120 000 000元，股本为1 000 000 000元，每股面值 1 元，20×2 年实现净利润700 000 000元。假定股东大会决议

的 20×7 年度利润分配方案是：按 20×2 年实现净利润的 10%提取法定盈余公积金，同时向股东按每股 0.5 元发放现金股利，再按每 10 股送 2 股的比例派发股票股利。20×8 年 4 月 5 日，红河公司以银行存款支付了全部股利，新增股本也已经办理完股权登记和相关手续。

试根据红河公司 20×7 年的利润分配方案，编制提取法定盈余公积、宣布发放现金股利、宣布派发股票股利、结转利润分配等相关会计分录，并指出 20×7 年末累计未分配利润余额是多少（除了利润分配、盈余公积科目设置明细科目外，其他科目不设置明细科目）。

【参考答案】

1.

（1）国家投资的核算

借：银行存款	1 000 000	
贷：实收资本		1 000 000

（2）联营企业投资的核算

借：原材料	80 000	
低值易耗品	20 000	
应交税费——应交增值税（进项税额）	13 000	
贷：实收资本		113 000

（3）发行股票的核算

借：银行存款	14 550 000	
贷：股本		10 000 000
资本公积——股本溢价		4 550 000

（4）收到投资的核算

借：银行存款	150 000	
贷：实收资本		100 000
资本公积		50 000

（5）转赠资本的核算

借：盈余公积	80 000	
资本公积	150 000	
贷：实收资本		230 000

2.

（1）提取法定盈余公积的核算

借：利润分配——提取法定盈余公积	70 000 000	

贷:盈余公积——法定盈余公积 70 000 0000

(2)宣布发放现金股利的核算

借:利润分配——分配现金股利 500 000 000

贷:应付股利 500 000 000

借:应付股利 500 000 000

贷:银行存款 500 000 000

(3)宣布派发股票股利的核算

借:利润分配——转作股本的股利 200 000 000

贷:待发股票股利 200 000 000

借:待发股票股利 12 000 000

贷:股本 12 000 000

(4)结转利润分配的核算

借:利润分配——未分配利润 770 000 000

贷:利润分配——提取法定盈余公积 70 000 000

——分配现金股利 500 000 000

——转作股本的股利 200 000 000

(5)20×7 年末累计未分配利润=50 000 000(元)

第十三章　收入、费用与利润

【学习目标】

- 掌握收入确认“五步法”模型及其运用
- 掌握收入的计量及其具体会计处理
- 掌握销售费用、管理费用、财务费用的内容及其会计处理
- 掌握资产减值损失、公允价值变动损益、投资收益的核算
- 掌握资产处置损益的核算
- 掌握所得税费用的核算
- 掌握利润的构成、利润的结算及分配的核算

【思维导图】

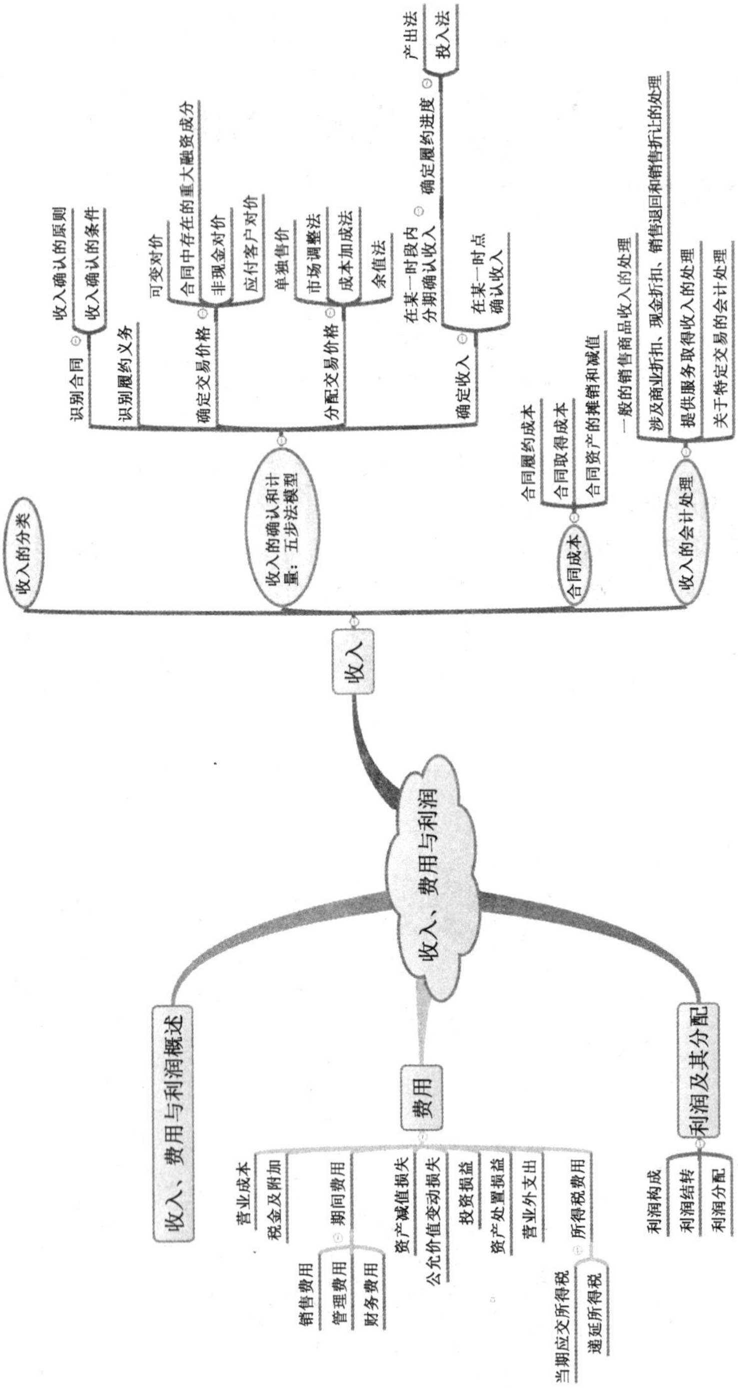

图 13-1 思维导图

第一节　收入、费用与利润概述

一、收入

收入分为广义收入和狭义收入。

广义收入是指会计期间内经济利益的总流入，其表现形式为资产增加或负债减少而引起的所有者权益的增加，但不包括与所有者出资、直接计入所有者权益的其他综合收益增加等有关的资产增加或负债减少。

广义收入包括营业收入、投资收益、公允价值变动收益、资产处置收益、其他收益和营业外收入等。

营业收入是指企业在日常经营业务过程中取得的收入；投资收益是指企业在从事各项对外投资活动中取得的净收益；公允价值变动收益是指以公允价值计量且其变动计入当期损益的金融资产等公允价值变动形成的收益；资产处置收益主要是指固定资产、在建工程以及无形资产等资产处置产生的收益；其他收益主要是指计入营业利润的政府补助等；营业外收入是指企业在营业利润以外取得的与日常活动无关的政府补助、接受捐赠收入等。

狭义收入仅指营业收入。

二、费用

费用，也分为狭义费用和广义费用。

广义的费用是指会计期间内经济利益的总流出，其表现形式为资产减少或负债增加引起的所有者权益减少，但不包括与向所有者分配、直接计入所有者权益的其他综合收益减少等有关的资产减少或负债增加。

广义的费用包括营业成本、税金及附加、销售费用、管理费用、财务费用、投资损失、公允价值变动损失、资产减值损失、资产处置损失、营业外支出和所得税费用。

营业成本是指为了取得营业收入发生的成本；税金及附加是指应缴纳的除应交增值税、应交所得税以外的各种税金及附加费；销售费用是指销售过程中发生的耗费；管理费用是指生产经营管理过程中发生的耗费；财务费用是指筹集资金过程中发生的耗费；投资损失是指企业在从事各项对外投资活动中发生的净损失（各项投资业务取得的收入小于其成本的差额）；公允价值变动损失是指以公允价值计量且其变动计入当期损益的金融资产、以公允价值计量的投资性房地产等公允价值变动发生的损失；资产减值损失是指各项资产价值下跌发生的损失；资产处置损失主要是指固定资产、在建工程及无形资产等处置过程中发生的净损失；营业外支出是指企业在营业利润以外发生的与企业日常活动无关的支出;所得税费用是指应在税前利润中扣除的所得税费用。

费用、成本和支出是三个既有区别又有联系的概念。费用和成本均是对耗费按用途进行的分类。费用是对耗费按当期损益进行的归集,而成本是对耗费按对象进行的归集。支出是指各项资产的减少,不仅包括费用性支出和成本性支出,还包括其他支出。

狭义费用是指企业在日常活动中为了取得狭义收入而发生的耗费。

三、利润

利润也即净利润或净收益。是收入和费用之间的差额,反映企业的经营成果。

本章内容针对广义收入、广义费用展开阐述。

第二节 收 入

工业企业制造并销售产品、商品流通企业销售商品、咨询公司提供咨询服务、软件公司为客户开发软件、安装公司提供安装服务、建筑企业提供建造服务等均为企业收入的来源。

企业按照本章确认收入的方式应当反映其向客户转让商品(或提供服务,以下简称转让商品)的模式,收入的金额应当反映企业因转让这些商品(或服务,以下简称商品)而预期有权收取的对价金额。

本章不涉及企业对外出租资产收取的租金、进行债权投资收取的利息、进行股权投资取得的现金股利、保险合同取得的保费收入等。企业以存货换取客户的存货、固定资产、无形资产以及长期股权投资等,按照本章进行会计处理;其他非货币性资产交换按照非货币性资产交换的规定进行会计处理。企业处置固定资产、无形资产等的,在确定处置时点以及计量处置损益时,按照本节的有关规定进行处理。

一、收入的分类

(一)按收入在经营业务中的主次,可以分为主营业务收入和其他业务收入

主营业务收入,是指企业未完成其经营目标从事经常性活动的收入。其他业务收入,是指企业为完成其经营目标从事的与经营性活动相关的其他活动实现的收入。

例如,万科(000002)的主营业务收入包括销售开发的房地产产品和提供物业服务;其他业务收入主要包括租金收入和向合营联营企业收取的运营管理费。中国联通(600050)的主营业务收入以提供移动业务和固定网络(包括通话即月租费收入,增值业务收入,宽带、数据及物联网收入,网间结算收入,电路及网元租赁收入和信息通信技术服务收入等),其他业务则是销售通信产品所获得的收入等。因此,不同企业之间的业务主次是不完全绝对的,同一企业之间的主次业务也是可以相应调整的。同为房地产企业的万达商

业(3 699. HK)随着其发展战略的调整,逐渐降低物业销售而提高物业持有的比例。

(二)按收入确认的期间分类,收入可分为跨期收入和非跨期收入

跨期收入是指某项经济业务的总收入需要在多个会计期间内分期确认的收入;非跨期收入是指某项经济业务的总收入在一个会计期间内一次性确认的收入。

二、收入的确认和计量

《企业会计准则第 14 号——收入》(2017)关于收入的确认和计量大致分为五步(五步法模型如图 13－2 所示):

第 1 步,识别与客户订立的合同;

第 2 步,识别合同中的单项履约义务;

第 3 步,确定交易价格;

第 4 步,将交易价格分摊至各单项履约义务;

第 5 步,履行各单项履约义务时确认收入。

其中,第 1 步、第 2 步和第 5 步主要与收入的确认有关,第 3 步和第 4 步主要与收入的计量有关。

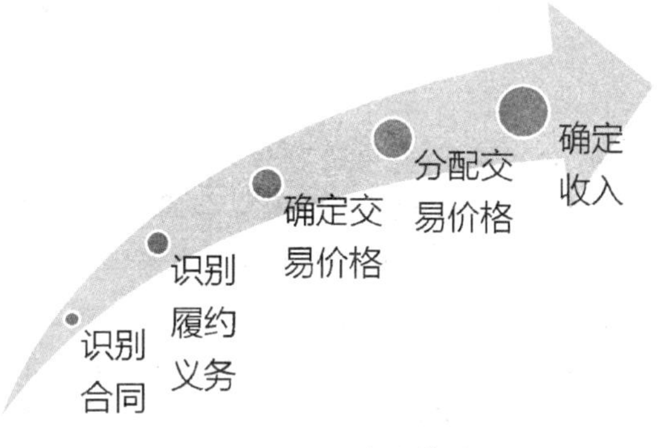

图 13—2　五步法模型

(一)第 1 步:识别与客户订立的合同

客户,是指与企业订立合同以向该企业购买其日常活动产出的商品或服务(简称商品)并支付对价的一方。

合同,是指双方或多方之间订立有法律约束力的权利义务的协议。合同形式包括书面形式、口头形式以及其他可验证的形式(隐含商业习惯或企业以往的习惯做法等)。

1. 收入确认的原则

新准则更强调客户合同的履约义务,规定企业应当在履行了合同中的履约义务,即在客户取得相关商品控制权时确认收入。

履约义务，是指合同中企业向客户转让可明确区分商品的承诺。履约义务既包括合同中明确的承诺，也包括由于企业已公开宣布的政策、特定声明或以往的习惯做法等导致合同订立时客户合理预期企业将履行的承诺。

客户取得相关商品控制权，是指能够主导该商品的使用并从中获得几乎全部的经济利益。

2. 收入确认的条件

当企业与客户之间的合同同时满足下列条件时，企业应当在客户取得相关商品控制权时确认收入：

第一，合同各方已批准该合同并承诺将履行各自义务；

第二，该合同明确了合同各方与所转让商品或提供劳务（以下简称"转让商品"）相关的权利和义务；

第三，该合同有明确的与所转让商品相关的支付条款；

第四，该合同具有商业实质，即履行该合同将改变企业未来现金流量的风险、时间分布或金额；

第五，企业因向客户转让商品而有权取得的对价很可能收回。

同时满足上述条件，说明企业取得了内容完整、合法有效的具有商业实质的合同，且很可能收到相关价款，在这种情况下，企业履行了合同中的履约义务，即客户取得相关商品控制权时，企业可以确认收入。

【例 13—1】 甲房地产公司与乙公司签订合同，向其销售一栋建筑物，合同价款为1 000万元。该建筑物的成本为600万元，乙公司在合同开始日即取得了该建筑物的控制权。根据合同约定，乙公司在合同开始日支付了5%的保证金50万元，并就剩余95%的价款与甲公司签订了不附追索权的长期融资协议，如果乙公司违约，甲公司可重新拥有该建筑物，即使收回的建筑物不能涵盖所欠款项的总额，甲公司也不能向乙公司索取进一步的赔偿。乙公司计划在该建筑物内开设一家餐馆。在该建筑物所在的地区，餐饮行业面临激烈的竞争，但乙公司缺乏餐饮行业的经营经验。试分析，该合同是否满足合同确认的条件？

本例中，乙公司计划以该餐馆产生的收益偿还甲公司的欠款，除此之外并无其他的经济来源，乙公司也未对该笔欠款设定任何担保。如果乙公司违约，甲公司虽然可重新拥有该建筑物，但即使收回的建筑物不能涵盖所欠款项的总额，甲公司也不能向乙公司索取进一步的赔偿。因此，甲公司对乙公司还款的能力和意图存在疑虑，认为该合同不满足合同价款很可能收回的条件。甲公司应当将收到的50万元确认为一项负债。

【例 13—2】 甲公司与乙公司签订合同，将一项专利技术授权给乙公司使用，并按其使用情况收取特许权使用费。甲公司评估认为，该合同在合同开始日满足本节合同确认收入的五个条件。该专利技术在合同开始日即授权给乙公司使用。在合同开始日后的第

1年内，乙公司每季度向甲公司提供该专利技术的使用情况报告，并在约定的期间内支付特许权使用费。在合同开始日后的第2年内，乙公司继续使用该专利技术，但是乙公司的财务状况下滑，融资能力下降，可用现金不足，因此，乙公司仅按合同支付了当年第一季度的特许权使用费，而后三个季度仅按名义金额付款。在合同开始日后的第3年内，乙公司继续使用甲公司的专利技术，但是，甲公司得知，乙公司已经完全丧失了融资能力，且流失了大部分客户，因此，乙公司的付款能力进一步恶化，信用风险显著升高。试分析，该合同是否一直满足收入确认的条件？

本例中，该合同在合同开始日满足收入确认的前提条件，因此，甲公司在乙公司使用该专利技术的行为发生时，按照约定的特许权使用费确认收入。合同开始日后的第2年，由于乙公司的信用风险升高，甲公司在确认收入的同时，按照金融资产减值的要求对乙公司的应收款项进行减值测试。合同开始日后的第3年，由于乙公司的财务状况恶化，信用风险显著升高，甲公司对该合同进行了重新评估，认为“企业因向客户转让商品而有权取得的对价很可能收回”这一条件不再满足，因此，甲公司不再确认特许权使用费收入，同时对现有应收款项是否发生减值继续进行评估。

需要说明的是，大多数企业在经营活动中均需要与客户签订销售合同，例如施工企业与客户签订承接建造合同、生产企业与客户签订商品销售合同等。在这种情况下，应按照规定在履行了合同中的履约义务，即在客户取得相关商品控制权时确认收入；但是，商品零售企业等的商品销售大多在客户付款后直接发货，不需要签订合同，在这种情况下，按照实质重于形式的要求，可以视为履行了合同中的履约义务，直接确认收入。

（二）第2步：识别合同中的单项履约义务

合同开始日，企业应当对合同进行评估，识别该合同所包含的各单项履约义务，并确定各单项履约义务是在某一时段内履行，还是在某一时点履行，然后，在履行了各单项履约义务时分别确认收入。

【例13—3】 某主体与客户签订了一份合同，以提供现成的打印机并提供专用墨水，这种墨水只有该主体生产，但是能够单独销售。试分析，这份安排中包含了几项履约义务？

本例中，合同规定提供打印机和专用墨水，分别可以单独销售，是两项可明确区分的商品，分别可识别为单项履约义务。

企业向客户转让一系列实质相同且转让模式相同的、可明确区分商品的承诺，也应当作为单项履约义务。如每天为客户提供保洁服务或运输服务的长期劳务合同等。

企业为履行合同而应开展的初始活动，通常不构成履约义务，除非该活动向客户转让了承诺的商品。如某俱乐部为注册会员建立档案，该活动并未向会员转让承诺的商品，因此不构成单项履约义务。

（三）第 3 步：确定交易价格

企业应当按照分摊至各单项履约义务的交易价格计量收入。

交易价格，是指企业因向客户转让商品而预期有权收取的对价金额。企业代第三方收取的款项（例如增值税）以及企业预期将退还给客户的款项，应当作为负债进行会计处理，不计入交易价格。

企业在确定其预期有权收取的金额时，应考虑导致客户形成企业将仅要求支付部分合同列明价格的有效预期的过往商业惯例、已公布政策或特定声明。例如，如果涉及特定客户的过往商业惯例表明企业通常仅要求支付合同列明价格的 90％（可免除支付余下的 10％），对于与同一客户订立的新合同而言，交易价格可确定为合同列明价格的 90％。

在确定交易价格时，企业还应当考虑可变对价、合同中存在的重大融资成分、非现金对价、应付客户对价等因素的影响。

1. 可变对价

企业与客户的合同中约定的对价金额可能会因折扣、价格折让、返利退款、奖励积分、激励措施、业绩奖金、索赔等因素而变化。企业在判断合同中是否存在可变对价时，不仅应当考虑合同条款的约定，还应当考虑下列情况：一是根据企业已公开宣布的政策、特定声明或者以往的习惯做法等，客户能够合理预期企业将会接受低于合同约定的对价金额，即企业会以折扣、返利等形式提供价格折让；二是其他相关事实和情况表明企业在与客户签订合同时即意图向客户提供价格折让。

合同中存在可变对价的，企业应当对计入交易价格的可变对价进行估计。每一资产负债表日，企业应当重新估计应计入交易价格的可变对价金额，包括重新评估将估计的可变对价计入交易价格是否受到限制，以如实反映报告期末存在的情况以及报告期内发生的情况变化。

【例 13－4】 20×8 年 10 月 1 日，甲公司签订合同，为一只股票型基金提供资产管理服务，合同期限为 3 年。甲公司所能获得的报酬包括两部分：一是每季度按照季度末该基金净值的 1％收取管理费，该管理费不会因基金净值的后续变化而调整或被要求退回；二是该基金在 3 年内的累计回报如果超过 10％，则乙公司可以获得超额回报部分的 20％作为业绩奖励。在 20×8 年 12 月 31 日，该基金的净值为 5 亿元。假定不考虑相关税费影响。

本例中，甲公司在该项合同中收取的管理费和业绩奖励均为可变对价，其金额极易受到股票价格波动的影响，这是在甲公司影响范围之外的，虽然甲公司过往有类似合同的经验，但是该经验在确定未来市场表现方面并不具有预测价值。因此，在合同开始日甲公司无法对其能够收取的管理费和业绩奖励进行估计，不满足累计已确认的收入金额极可能不会发生重大转回的条件。

20×8 年 12 月 31 日，甲公司重新估计该合同的交易价格时，影响该季度管理费收入金额的不确定性已经消除，甲公司确认管理费收入 500 万元(5 亿元×1%)。甲公司未确认业绩奖励收入，这是因为，该业绩奖励仍然会受到基金未来累计回报的影响，有关将可变对价计入交易价格的限制条件仍然没有得到满足。甲公司应当在后续的每一资产负债表日，估计业绩奖励是否满足上述条件，以确定其收入金额。

2. 合同中存在的重大融资成分

重大融资成分是指销售商品或提供服务等收款期较长导致分期收款的总对价高于其现销价格的差额。企业与客户签订的合同中存在重大融资成分的，应当按照假定客户在取得商品控制权时即以现金支付的应付金额确定交易价格。该交易价格与合同对价之间的差额，应当在合同期间内采用实际利率法摊销。

例如，企业与客户签订一份分期收款商品销售合同，不含增值税的总对价为 500 万元，收款期为 5 年，每年末收款 100 万元；该商品的现销价格为 430 万元，则该合同存在重大融资成分，其交易价格不应按照分期收款总对价 500 万元确定，而应按照其现销价格 430 万元确定。

为简化实务操作，如果在合同开始日，企业预计客户取得商品控制权与客户支付价款间隔不超过一年的，可以不考虑合同中存在的重大融资成分。

3. 非现金对价

非现金对价包括实物资产、无形资产、股权、客户提供的广告服务等。客户支付非现金对价的，通常情况下，企业应当按照非现金对价在合同开始日的公允价值确定交易价格。非现金对价公允价值不能合理估计的，企业应当参照其承诺向客户转让商品的单独售价间接确定交易价格。

【例 13－5】 企业 X 为房地产开发企业，其与客户 Y 签订了一项以房换地的合同，即客户 Y 向企业 X 交付一块土地，同时，企业 X 向客户 Y 交付一套郊区现房。

本例中，该交易的实质是企业 X 收取土地作为非现金对价，向客户 Y 出售一栋住宅楼。如果作为非现金对价的土地的公允价值可以合理估计，土地以公允价值计量。

4. 应付客户对价

应付客户对价是指企业销售商品明确承诺给予客户的优惠等。应付客户对价常见的例子有：货位费、合作广告安排、价格保护、优惠券和折扣、收费服务安排等。

企业与客户签订的合同含有应付客户对价的，应当将该应付对价冲减交易价格，并在确认相关收入与支付客户对价二者孰晚的时点冲减当期收入。例如，某商场规定，客户在本商场购买商品总价 500 元以上，可以随机抽取现金奖券；客户 30 天之内在本商场购买任何商品，该现金奖券均可以直接抵扣商品价款。4 月 10 日，某客户在该商场购买商品的总价为 600 元，抽取现金奖券 20 元；5 月 8 日该客户又在该商场购买商品，总价 100 元，现金奖券抵扣 20 元，该客户实际付款 80 元。该商场 4 月确认的商品交易价格为 600 元，确认营业收入 600 元；5 月确认营业收入 100 元，同时由于客户使用现金奖券抵扣 20

元，冲减营业收入20元。

（四）第4步：将交易价格分摊至各单项履约义务

合同中包含两项或多项履约义务的，为了使企业分摊至每一单项履约义务的交易价格能够反映其因向客户转让已承诺的相关商品（或提供已承诺的相关服务）而预期有权收取的对价金额，企业应当在合同开始日，按照各单项履约义务所承诺商品的单独售价的相对比例，将交易价格分摊至各单项履约义务。

单独售价，是指企业向客户单独销售商品的价格。单独售价的最佳证据，是企业在类似环境下向类似客户单独销售商品的价格——实际售价。单独售价无法直接观察的，企业应当采用适当方法合理估计单独售价，如市场调整法、成本加成法、余值法等。

市场调整法，是指企业根据某商品或类似商品的市场售价，考虑本企业的成本和毛利等进行适当调整后，确定其单独售价的方法。

成本加成法，是指企业根据某商品的预计成本加上其合理毛利后的价格，确定其单独售价的方法。

余值法，是指企业根据合同交易价格减去合同中其他商品可观察的单独售价后的预支，确定商品单独售价的方法。商品近期售价波动幅度巨大，或者因未定价且未曾单独销售而使售价无法可靠确定时，可采用余值法估计其单独售价。

【例13－6】 20×8年3月1日，甲公司与客户签订合同，向其销售A、B两项商品，A商品的单独售价为6 000元，B商品的单独售价为24 000元，合同价款为25 000元。合同约定，A商品于合同开始日交付，B商品在一个月之后交付，只有当两项商品全部交付之后，甲公司才有权收取25 000元的合同对价。假定A商品和B商品分别构成单项履约义务，其控制权在交付时转移给客户。上述价格均不包含增值税，且假定不考虑相关税费影响。

本例中，分摊至A商品的合同价款为5 000[(6 000÷(6 000＋24 000)×25 000]元，分摊至B商品的合同价款为20 000(24 000÷(6 000＋24 000))×25 000]元。甲公司的账务处理如下：

（1）交付A商品时：

借：合同资产　　5 650

　　贷：主营业务收入　　5 000

　　　　应交税费——应交增值税（销项税额）　　650

（2）交付B商品时：

借：应收账款　　28 250

　　贷：合同资产　　5 650

　　　　主营业务收入　　20 000

　　　　应交税费——应交增值税（销项税额）　　2 600

专栏:合同资产和应收款项及其区别

合同资产,是指企业已向客户转让商品而有权收取对价的权利,且该权利取决于时间流逝之外的其他因素。

应收款项,是企业无条件收取合同对价的权利,该项权利应当作为应收款项单独列示。

二者的区别:

(1)二者的权利不同:应收款项代表的是无条件收取合同对价的权利,即企业仅仅随着时间的流逝即可收款;而合同资产并不是一项无条件收款权,该权利除了时间流逝之外,还取决于其他条件(如履行合同中的其他履约义务)才能收取相应的合同价款。

(2)两者的风险不同:应收款项仅承担信用风险,而合同资产除信用风险之外,还承担其他风险(如履约风险)。

(五)第5步:在履行履约义务时确认收入

根据履约义务的时间,收入的确认时间分为在某一时段分期确认和在某一时点确认。

对于在某一时点履行的履约义务,企业应当在客户取得相关商品控制权时点确认收入。

对于在某一时段内履行的履约义务,企业应当在该段时间内按照履约进度确认收入。但是,履约进度不能合理确定的除外。

1. 在某一时段内履行的履约义务的收入确认

(1)在某一时段内履行的履约义务的收入确认条件。在某一时段内分期确认收入,是指一份合同所提供的商品或服务涉及多个会计期间,需要分期确认收入。合同开始日,企业应当对合同进行评估,识别该合同所包含的履约义务。满足下列条件之一的,属于在某一时段内履行履约义务;否则,属于在某一时点履行履约义务:

①客户在企业履约的同时即取得并消耗企业履约所带来的经济利益。

②客户能够控制企业履约过程中在建的商品或服务等。

③企业在履约过程中所产出的商品或服务等具有不可替代用途,且该企业在整个合同期间内有权就累计至今已完成的履约部分收取对价。

【例13－7】 企业与客户签订合同,在客户拥有的土地上按照客户的设计要求为其建造厂房。在建造过程中客户有权修改厂房设计,并与企业重新协商设计变更后的合同价款。客户每月末按当月工程进度向企业支付工程款。如果客户终止合同,已完成建造部分的厂房归客户所有。

本例中,企业为客户建造厂房,该厂房位于客户的土地上,客户终止合同时,已建造的厂房归客户所有。这些均表明客户在该厂房建造的过程中就能够控制该在建的厂房。因此,企业提供的该建造服务属于在某一时段内履行的履约义务,企业应当在提供该服务的期间内确认收入。

【例 13—8】 甲公司是一家造船企业，与乙公司签订了一份船舶建造合同，按照乙公司的具体要求设计和建造船舶。甲公司在自己的厂区内完成该船舶的建造，乙公司无法控制在建过程中的船舶。甲公司如果想把该船舶出售给其他客户，需要发生重大的改造成本。双方约定，如果乙公司单方面解约，乙公司需向甲公司支付相当于合同总价 30% 的违约金，且建造中的船舶归甲公司所有。假定该合同仅包含一项履约义务，即设计和建造船舶。

本例中，船舶是按照乙公司的具体要求进行设计和建造的，甲公司需要发生重大的改造成本将该船舶改造之后才能将其出售给其他客户，因此，该船舶具有不可替代用途。然而，如果乙公司单方面解约，仅需向甲公司支付相当于合同总价 30% 的违约金，表明甲公司无法在整个合同期间内都有权就累计至今已完成的履约部分收取能够补偿其已发生成本和合理利润的款项。因此，甲公司为乙公司设计和建造船舶不属于在某一时段内履行的履约义务。

(2)在某一时段内履行的履约义务的收入确认方法。对于在某一时段内履行的履约义务，企业应当在该段时间内按照履约进度确认收入，履约进度不能合理确定的除外。企业应当采用恰当的方法确定履约进度，以使其如实反映企业向客户转让商品的履约情况。企业应当考虑商品的性质，采用产出法或投入法确定恰当的履约进度。

①产出法。产出法主要是根据已转移给客户的商品对于客户的价值确定履约进度，主要包括按照实际测量的完工进度、评估已实现的结果、已达到的里程碑、时间进度、已完工或交付的产品等确定履约进度的方法。企业在评估是否采用产出法确定履约进度时，应当考虑所选择的产出指标是否能够如实地反映向客户转移商品的进度。

【例 13—9】 甲公司与客户签订合同，为该客户拥有的一条铁路更换 100 根铁轨，合同价格为 10 万元(不含税价)。至 20×8 年 12 月 31 日，甲公司共更换铁轨 60 根，余下部分预计在 20×9 年 3 月 31 日之前完成。该合同仅包含一项履约义务，且该履约义务满足在某一时段内履行的条件。假定不考虑其他情况。

本例中，甲公司提供的更换铁轨的服务属于在某一时段内履行的履约义务，甲公司按照已完成的工作量确定履约进度。因此，至 20×8 年 12 月 31 日，该合同的履约进度为 60%(60÷100)，甲公司应确认的收入为 6 万元(10 万元×60%)。

产出法是直接计量已完成的产出，一般能够客观地反映履约进度。当产出法所需要的信息可能无法直接通过观察获得，或者为获得这些信息需要花费很高的成本时，可采用投入法。

②投入法。投入法主要是根据企业履行履约义务的投入确定履约进度，主要包括以投入的材料数量、花费的人工工时或机器工时、发生的成本和时间进度等投入指标确定履约进度。当企业从事的工作或发生的投入是在整个履约期间内平均发生时，按照直线法确认收入是合适的。由于企业的投入与向客户转移商品的控制权之间未必存在直接的对

应关系，因此，企业在采用投入法时，应当扣除那些虽然已经发生，但是未导致向客户转移商品的投入。实务中，企业通常按照累计实际发生的成本占预计总成本的比例(即成本法)确定履约进度，累计实际发生的成本包括企业向客户转移商品过程中所发生的直接成本和间接成本，如直接人工、直接材料、分包成本以及其他与合同相关的成本。

【例 13－10】 20×8 年 10 月，甲公司与客户签订合同，为客户装修一栋办公楼并安装一部电梯，合同总金额为 100 万元。甲公司预计的合同总成本为 80 万元，其中包括电梯的采购成本 30 万元。

20×8 年 12 月，甲公司将电梯运达施工现场并经过客户验收，客户已取得对电梯的控制权，但是根据装修进度，预计到 20×9 年 2 月才会安装该电梯。截至 20×8 年 12 月，甲公司累计发生成本 40 万元，其中包括支付给电梯供应商的采购成本 30 万元。

假定该装修服务(包括安装电梯)构成单项履约义务，并属于在某一时段内履行的履约义务，甲公司是主要责任人，但不参与电梯的设计和制造；甲公司采用成本法确定履约进度。上述金额均不含增值税。

(1)确定履约进度。本例中，截至 20×8 年 12 月，甲公司发生成本 40 万元，甲公司认为其已发生的成本和履约进度不成比例，因此需要对履约进度的计算作出调整，将电梯的采购成本排除在已发生成本和预计总成本之外。

20×8 年 12 月，该合同的履约进度为[(40－30)÷(80－30)]＝20%

(2)计算确定应确认的收入。在该合同中，该电梯不构成单项履约的义务，其成本相对于预计总成本而言是重大的，甲公司是主要责任人，但是未参与该电梯的设计和制造，客户先取得了电梯的控制权，随后才接受与之相关的安装服务，因此，甲公司在客户取得该电梯控制权时，按照该电梯采购成本的金额确认转让电梯产生的收入。

应确认的收入＝[(100－30)×20%＋30]＝44(万元)

应确认的成本＝[(80－30)×20%＋30]＝40(万元)

对于每一项履约义务，企业只能采用一种方法来确定其履约进度，并加以一贯运用。对于类似情况下的类似履约义务，企业应当采用相同的方法确定履约进度。

资产负债表日，企业应当在按照合同的交易价格总额乘以履约进度扣除以前会计期间累计已确认的收入后的金额，确认为当期收入。当履约进度不能合理确定时，企业已经发生的成本预计能够得到补偿的，应当按照已经发生的成本金额确认收入，直到履约进度能够合理确定为止。每一资产负债表日，企业应当对履约进度进行重新估计。当客观环境发生变化时，企业也需要重新评估履约进度是否发生变化，以确保履约进度能够反映履约情况的变化，该变化应当作为会计估计变更进行会计处理。

2. 在某一时点履行的履约义务的收入

对于在某一时点履行的履约义务，企业应当在客户取得相关商品控制权时点确认收入。在判断客户是否已取得商品控制权时，企业应当考虑下列迹象：

(1)企业就该商品享有现时收款权利,即客户就该商品负有现时付款义务。

(2)企业已将该商品的法定所有权转移给客户,即客户已拥有该商品的法定所有权。

(3)企业已将该商品实物转移给客户,即客户已实物占有该商品。

(4)企业已将该商品所有权上的主要风险和报酬转移给客户,即客户已取得该商品所有权上的主要风险和报酬。

(5)客户已接受该商品。

(6)其他表明客户已取得商品控制权的迹象。

【例 13-11】 20×9 年 1 月 1 日,甲公司与乙公司签订合同,向其销售一台设备和专用零部件。该设备和零部件的制造期为 2 年。甲公司在完成设备和零部件的生产之后,能够证明其符合合同约定的规格。假定企业向客户转让设备和零部件为两个单项履约义务,且都属于在某一时点履行的履约义务。

20×0 年 12 月 31 日,乙公司支付了该设备和零部件的合同价款,并对其进行了验收。乙公司运走了设备,但是考虑到其自身的仓储能力有限,且其工厂紧邻甲公司的仓库,因此要求将零部件存放于甲公司的仓库中,并且要求甲公司按照其指令随时安排发货。乙公司已拥有零部件的法定所有权,且这些零部件可明确识别为属于乙公司的物品。

甲公司在其仓库内的单独区域内存放这些零部件,并且应乙公司的要求可随时发货,甲公司不能使用这些零部件,也不能将其提供给其他客户使用。

本例中,20×0 年 12 月 31 日,该设备的控制权移给乙公司;对于零部件而言,甲公司已经收取合同价款,但是应乙公司的要求尚未发货,乙公司已拥有零部件的法定所有权并且对其进行了验收,虽然这些零部件实物尚由甲公司持有,但是其满足在“售后代管商品”的安排下客户取得商品控制权的条件,这些零部件的控制权也已经转移给了乙公司。因此,甲公司应当确认销售设备和零部件的相关收入。除销售设备和零部件之外,甲公司还为乙公司提供了仓储保管服务,该服务与设备和零部件可明确区分,构成单项履约义务,甲公司需要将部分交易价格分摊至该项服务,并在提供该项服务的期间确认收入。

【例 13-12】 20×8 年 1 月 1 日,T 通信公司向客户推出“购机送费”捆绑计划,客户从该通信公司花4 500元购买某牌子的一款手机,并约定通信服务合约期限为 2 年,每月保底套餐金额为 98 元(包括语音 220 分钟、流量 1G),T 通信公司向客户赠送1 200元话费,获赠话费按月平均返还,即每月返还赠费 50 元。单独销售手机的市场零售价为4 000元,20×8 年 1 月,T 通信公司共销售了手机10 000部。假定不考虑增值税及其他因素。T 通信公司对于该合同的收入确认如下:

(1)识别合同及合同中的单项履约义务:

该合同中包括有两项履约义务:销售手机和提供通信服务。

(2)确定合同的交易价格:

该合同的交易价格总额=[4 500元(手机终端)+98 元(每月保底套餐)×24 个月-

1 200元(赠送话费)]×10 000=56 520 000(元)

(3)将交易价格分摊至各单项履约义务:

手机的单独售价为4 000元;通信服务的单独售价为2 352元(98×24)。

分摊至手机的合同价款=56 520 000×4 000(4 000+2 352)=35 591 940(元)

分摊至通信服务的合同价款=56 520 000×2 352/(4 000+2 352)=20 928 060(元)

(4)履行每一单项履约义务时确认收入:

①销售商品收入的确认。当T通信公司将手机交付给客户,即客户取得该手机的控制权时,企业可以一次性确认销售商品收入,即20×8年1月,可确认销售手机终端收入35 591 940元。

②提供通信服务收入的确认。因通信服务的合约期限为24个月,20 928 060元的对价需要为客户提供24个月的通信服务,客户在企业履约的同时即取得并消耗企业履约所带来的经济利益,因此,T通信公司可以按照履约进度确认收入。由于T通信公司所从事的通信服务工作是在整个履约期间平均发生的,因而通常按24个月平均分摊,即T公司20×8年1月,可确认的通信服务收入为872 002.5元(20 928 060元/24)。

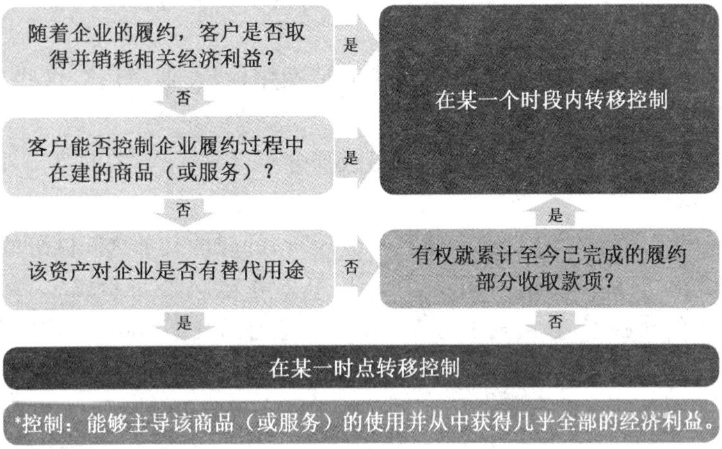

图13—3 收入确认时间

三、合同成本

(一)合同履约成本

企业为履行合同可能会发生各种成本,企业在确认收入的同时应对这些成本进行分析,判断其是应予资本化还是费用化。

1. 成本资本化

对于不属于存货、固定资产、无形资产、投资性房地产等规范范围且同时满足下列条件的，应当作为合同履约成本确认为一项资产（合同履约成本），即资本化：

（1）该成本与一份当前或预期取得的合同直接相关。预期取得的合同是企业能够明确识别的合同（如现有合同续约后的合同、尚未获得批准的特定合同等）。与合同直接相关的成本包括直接人工（如支付给为客户提供所承诺服务的人员的工资、奖金、补贴等职工薪酬）、直接材料（如为履行合同耗用的原材料、辅助材料、零配件和周转材料的摊销及租赁费等）、制造费用或类似费用（如因组织和管理生产、施工和服务等活动所发生的费用，包括管理人员的职工薪酬、劳动保护费、固定资产的折旧费和修理费、物料消耗、办公费、水电费、差旅费、邮电通信费、财产保险费、排污费、临时设施摊销费等）、明确由客户承担的成本以及仅因该合同而发生的其他成本（如支付给分包商的成本、机械使用费、设计和技术援助费、施工现场二次搬运费、检验试验费、工程定位复测费、场地清理费等）。

（2）该成本增加了企业未来用于履行（或持续履行）履约义务的资源。

（3）该成本预期能够收回。

2. 成本费用化

企业对于发生的下列支出，应当在其发生时将其计入当期损益，即费用化：

（1）管理费用。

（2）非正常消耗的直接材料、直接人工和制造费用（或类似费用），这些支出为履行合同发生，但未反映在合同价格中。

（3）与履约义务中已履行（包括全部履行或部分履行）部分相关的支出，即该支出与企业过去的履约活动相关。

（4）无法在尚未履行的与已履行（或已部分履行）的履约义务之间区分的相关支出。

【例 13—13】 甲公司与 M 公司签订合同，甲公司为 M 公司管理客户信息的技术数据中心提供数据管理服务，合同期限为五年，每年 M 公司支付200 000元服务费。甲公司为取得该合同支付了提交标书的差旅费20 000元。在向 M 公司提供该项服务之前，甲公司设计并建立一个供企业内部使用并与客户的系统接口的信息技术平台，并进行相关测试。该平台不会转移至 M 公司，但将用于向 M 公司及其他客户提供服务。甲公司为建立技术平台发生如下的初始成本：设计服务40 000元；购买硬件120 000元；购买相关软件90 000元；数据中心的迁移与测试100 000元。除此之外，甲公司专门安排两名员工，负责向 M 公司提供相关服务。

根据上述资料，不考虑其他因素，甲公司对发生的相关合同成本的处理如下：

甲公司为履行合同发生的上述成本中，购买硬件120 000元应当按固定资产的规定进行会计处理；购买相关软件90 000元应当按无形资产的规定进行会计处理；设计服务40 000元和数据中心的迁移与测试100 000元不属于固定资产、无形资产等规定的范围，但这些成本与履行该合同直接相关，并增加了甲公司未来用于履行履约义务的资源，如果甲公司预期该成本可通过未来提供服务收取的对价收回，则甲公司应当将这些成本确认为一项资产(即予以资本化确认为“合同履约成本”)。

甲公司为取得该合同支付的提交标书的差旅费20 000元，属于为取得合同所发生的费用，而该费用无论甲公司能否取得合同都会发生，因此，应在发生时计入当期损益。

甲公司专门安排的向M公司提供相关服务的两名员工支付的职工薪酬，虽然与向M公司提供服务相关，但其并未增加企业未来用于履行履约义务的资源，因此，也应当在其发生时计入当期损益。

甲公司对上述有关事项的有关账务处理如下：

借：固定资产	120 000	
无形资产	90 000	
合同履约成本——服务成本	140 000	
管理费用	20 000	
贷：银行存款		370 000

(二)合同取得成本

企业为取得合同发生的增量成本预期能够收回的，应当作为合同取得成本确认为一项资产合同取得成本。但是，该资产推销期限不超过一年的，可以在发生时计入当期损益(即采用简化的处理方法)。这里的增量成本，是指企业不取得合同就不会发生的成本(如销售佣金等)。企业为取得合同发生的、除预期能够收回的增量成本之外的其他支出(如无论是否取得合同均会发生的差旅费、投标费、为准备投标资料发生的相关费用等)，应当在发生时计入当期损益，但明确由客户承担的除外。

企业因现有合同续约或发生合同变更需要支付的额外佣金，也属于为取得合同发生的增量成本。

【例13－14】 20×8年1月1日，S税务咨询公司(简称S公司)通过竞标取得一新客户，为取得与该客户的合同，S公司发生了如下有关支出：支付聘请外部律师进行尽职调查的支出50 000元；制作标书等支出2 000元；提交标书等发生差旅费20 000元；销售人员的佣金40 000元。S公司预期这些支出通过提供服务收取的对价能够收回。另外，S公司根据其年度利润目标完成情况和个人的业绩等，向销售人员等发放年度奖金10 000～50 000元。假定上述支出均以银行存款支付。

根据上述资料，不考虑其他因素，S公司对发生的合同取得成本的处理如下：

S公司向销售人员支付的佣金40 000元属于为取得合同发生的增量成本，应当将其作为合同取得成本确认为一项资产。S公司聘请外部律师进行尽职调查的支出50 000元、制作标书等支出2 000元、为提交标书发生差旅费20 000元，无论S公司能否取得该合同都会发生，不属于增量成本，因此，应在发生时计入当期损益。S公司向销售人员等发放年度奖金，也不是为取得合同发生的增量成本，因为该奖金是否发放以及发放的金额还取决于公司利润目标完成情况和个人的业绩情况等其他因素，其并不能直接归属于可识别的合同。

S公司对发生的相关支出应做如下会计分录：

借：管理费用	72 000	
合同取得成本——服务成本	40 000	
贷：银行存款		112 000

（三）合同资产的摊销

对于确认为资产的合同履约成本和合同取得成本，企业应当采用与该资产相关的商品收入确认相同的基础（即在履约义务履行的时点或按照履约义务的履约进度）进行摊销，计入当期损益（合同履约成本分摊转入主营业务成本，合同取得成本分摊转入销售费用）。

在确定与合同履约成本和合同取得成本有关的资产的推销期限和方式时，如果该资产与一份预期将要取得的合同（如续约后的合同）相关，则在确定相关摊销期限和方式时，应当考虑该预期将要取得的合同的影响。但是，对于合同取得成本而言，如果合同续约时，企业仍需要支付与取得原合同相当的佣金，则表明取得原合同时支付的佣金与预期将要取得的合同无关，该佣金只能在原合同的期限内进行推销。

企业应当根据预期向客户转让与上述资产相关的商品的时间，对资产的摊销情况进行复核并更新，以反映该预期时间的重大变化。该变化应当作为会计估计变更进行会计处理。

（四）与合同成本有关的资产减值

（1）与合同成本有关的资产，其账面价值高于下列两项的差额的，超出部分应当计提减值准备（"合同履约成本减值准备""合同取得成本减值准备"），并确认为资产减值损失：

①企业因转让与该资产相关的商品预期能够取得的剩余对价；

②为转让该相关商品估计将要发生的成本。估计将要发生的成本主要包括直接人工、直接材料、制造费用或类似费用，明确由客户承担的成本以及仅因该合同而发生的其他成本等。

以前期间减值的因素之后发生变化，使得前款①减②的差额高于该资产账面价值的，应当转回原已计提的资产减值准备，并计入当期损益，但转回后的资产账面价值不应超过假定不计提减值准备情况下该资产在转回日的账面价值。

（2）与合同成本有关的资产的减值损失的确定：

首先，确定与合同有关的其他资产的减值损失；

然后，按照上述规定确定与合同成本有关的资产的减值损失。

企业按照《企业会计准则第8号——资产减值》测试相关资产组的减值情况时，应当将按照前款规定确定与合同成本有关的资产减值后的新账面价值计入相关资产组的账面价值。

四、收入的会计处理

(一)一般的销售商品收入的处理

确认商品交易收入时，企业应按照应收的合同或协议价款，加上应收取的增值税额，借记“银行存款”“应收账款”“应收票据”等科目，按各单项履约义务所确定的收入金额，贷记“主营业务收入”“其他业务收入”等科目；按应收取的增值税额，贷记“应交税费——应交增值税(销项税额)”科目。同时，在资产负债表日，按应交纳的消费税、资源税、城市维护建设税、教育费附加等税费金额，借记“税金及附加”科目；贷记“应交税费——应交消费税(或应交资源税、应交城市维护建设税)”。

借:银行存款/应收账款/应收票据等

　贷:主营业务收入

　　应交税费——应交增值税(销项税额)

借:主营业务成本

　存货跌价准备(已销售商品中包含的存货跌价准备)

　贷:库存商品

企业只有在不再负有向客户转让商品的剩余义务，且已向客户收取的对价无需退回时，才能将已收取的对价确认为收入；否则，应当将已收取的对价作为负债进行会计处理。没有商业实质的非货币性资产交换，不确认收入。

【例 13-15】 20×9 年 7 月 3 日，甲公司采用支票结算方式向 A 公司销售商品 100 件，单位成本 60 元。开出的增值税专用发票上注明的销售价款为10 000元，增值税税率13%。

借:银行存款	11 300	
贷:主营业务收入		10 000
应交税费——应交增值税(销项税)		1 300
借:主营业务成本	6 000	
贷:库存商品		6 000

(二)销售商品涉及商业折扣、现金折扣、销售退回和销售折让的处理

1. 商业折扣

商业折扣，是指企业为促进商品销售而在商品标价上给予的价格扣除。商业折扣的目的是为了鼓励客户多购买商品。销售商品涉及商业折扣的，应当按照扣除商业折扣后的金额确定销售商品收入金额。

2. 现金折扣

现金折扣，是指在赊销方式下，债权人为鼓励债务人在规定的期限内付款而向债务人

提供的债务扣除。现金折扣主要是为了鼓励债务人在规定的时间内尽快付款，债务人在不同的折扣期内付款可享受不同的折扣比例。现金折扣的表达方式采用“折扣/付款期限”。例如“2/10，1/20，N/30”，表示给客户的信用期为30天，客户在10天内付款可以享受2%的折扣，如果在10天以后但在20天以内付款则可以享受1%的折扣，如果在20天以后付款则没有折扣，需按发票金额全额付款。

销售商品时采用总价法确认收入，即按不扣除现金折扣的金额确认收入。现金折扣在实际发生时计入当期损益(财务费用)。

【例13－16】 20×9年7月1日，甲公司采用赊销方式向C公司销售商品300件，单位成本60元。开出的增值税专用发票上注明的销售价款为30 000元，增值税税额4 800元；为及时收回货款，甲公司和乙公司约定的现金折扣条件为：2/10，1/20，n/30。甲公司与C公司约定计算现金折扣时不考虑增值税税额。

(1)7月1日销售实现时，按销售总价确认收入：

借：应收账款	33 900	
贷：主营业务收入		30 000
应交税费——应交增值税(销项税额)		3 900
借：主营业务成本	18 000	
贷：库存商品		18 000

(2)如果乙公司在7月9日付清货款，则按销售总价30 000元的2%享受现金折扣600元(30 000×2%)，实际收款33 300元(33 900－600)。

借：银行存款	33 300	
财务费用	600	
贷：应收账款		33 900

(3)如果乙公司在7月18日付清货款，则按销售总价30 000元的1%享受现金折扣300元(30 000×1%)，实际付款33 600元(33 900－300)：

借：银行存款	33 600	
财务费用	300	
贷：应收账款		33 900

(4)如果乙公司在7月底才付清货款，则按全额付款：

借：银行存款	33 900	
贷：应收账款		33 900

3. 销售退回

企业已经销售的商品，可能会由于品种、质量等不符合购销合同的规定而被客户退回。客户在退货的同时，应退回企业原开具的增值税专用发票。在客户无法退回原增值税专用发票的情况下，为了避免退货单位在退货后不冲减增值税进项税额，退货单位应在当地税务部门开具销售退回证明单，将退货单位的增值税变动情况置于税务部门的监管之下。企业收到退回的商品及销售退回证明单时，应开具红字增值税专用发票，退换货款或冲减应收账款，并冲减主营业务收入和增值税销项税额，借记“主营业务收入”“应交税费——应交增值税（销项税额）”等科目，贷记“银行存款”“应收票据”“应收账款”等科目。应由企业承担的发货及退货运杂费，计入销售费用。

企业无论采用现销或赊销方式销售商品，均应结转已销售商品（扣除销售退回）的成本，借记“主营业务成本”科目，贷记“库存商品”科目。

【例 13－17】 20×8 年 12 月 18 日，甲公司向乙公司销售一批商品，开出的增值税专用发票上注明的销售价款为 50 000 元，增值税税额为 8 000 元。该批商品成本为 26 000 元。为及早收回货款，甲公司和乙公司约定的现金折扣条件为：2/10，1/20，n/30。乙公司在 20×8 年 12 月 27 日支付货款。20×9 年 4 月 5 日，该批商品因质量问题被乙公司退回，甲公司当日支付有关款项。假定计算现金折扣时不考虑增值税，假定销售退回不属于资产负债表日后事项。甲公司的账务处理如下：

(1)20×8 年 12 月 18 日销售实现时，按销售总价确认收入时：

借：应收账款	56 500	
贷：主营业务收入		50 000
应交税费——应交增值税（销项税额）		6 500
借：主营业务成本	26 000	
贷：库存商品		26 000

(2)在 20×8 年 12 月 27 日收到货款时，按销售总价 50 000 元的 2% 享受现金折扣 1 000元（50 000×2%），实际收款 55 500 元（56 500－1 000）：

借：银行存款	55 500	
财务费用	1 000	
贷：应收账款		56 500

(3)20×9 年 4 月 5 日发生销售退回时：

借：主营业务收入	50 000	
应交税费——应交增值税（销项税额）	6 500	
贷：银行存款		55 500
财务费用		1 000
借：库存商品	26 000	
贷：主营业务成本		26 000

4. 销售折让

企业已经销售的商品，如果因商品的品种、质量等不符合合同而客户仍可继续使用，企业可能给予客户商品价格上的减让，即销售折让。发生销售折让时，取得销售折让的单位应在当地税务部门开具销售折让证明单。企业在收到销售折让证明单时，应开具红字增值税专用发票，退换销售折让款或冲减应收账款，并冲减主营业务收入和增值税销项税额，借记“主营业务收入”“应交税费——应交增值税(销项税额)”等科目，贷记“银行存款”“应收票据”“应收账款”等科目。

【例13－18】 甲公司向D公司销售一批商品，开出的增值税专用发票上注明的销售价款为80 000元，增值税税额为10 400元。乙公司在验收过程中发现商品质量不合格，要求在价格上给予5%的折让。假定甲公司已确认销售收入，款项尚未收到，已取得税务机关开具的红字增值税专用发票。甲公司的账务处理如下：

(1)销售实现时：

借：应收账款　　90 400

　贷：主营业务收入　　80 000

　　应交税费——应交增值税(销项税额)　　10 400

(2)发生销售折让时：

借：主营业务收入　　4 000

　应交税费——应交增值税(销项税额)　　520

　贷：应收账款　　4 520

(3)实际收到款项时：

借：银行存款　　85 880

　贷：应收账款　　85 880

(三)提供服务取得收入的处理

企业提供的服务如果属于在某一时点履约的义务，应采用与前述商品销售相同的办法确认收入；如果属于在某一段期间履行的义务，则应当考虑服务的性质，采用产出法或者投入法确定恰当的履约进度，分期确认收入。

企业发生的服务成本，可以设置“生产成本”等科目进行核算。企业实际发生服务成本时，应借记“生产成本”科目，贷记“原材料”“应付职工薪酬”等科目；确认服务收入时，应借记“银行存款”等科目，贷记“主营业务收入”等科目；结转相关服务成本时，应借记“主营业务成本”科目，贷记“生产成本”科目。

【例13－19】 20×8年11月1日，乙公司与W公司签订一项服务合同，不含增值税的总收入为3 200 000元，适用的增值税税率为6%，完工日为20×9年4月30日，采用产出法确认收入。合同签订日预收含增值税总收入25%的保证金，其余服务款分别于20×8年12月31日、20×9年2月28日和20×9年4月30日各收取25%。乙公司预计该服务的总成本为2 500 000元。

20×8年11月1日，乙公司收取保证金848 000元；20×8年11月，乙公司实际发生服务成本280 000元(假定全部为职工薪酬)，月末专业测量时测算的履约进度为10%；20

×8 年 12 月，乙公司实际发生服务成本520 000元(假定全部为职工薪酬)，月末专业测算时测算的履约进度为 30%。20×8 年 12 月 31 日，收取服务款848 000元。

乙公司的会计处理如下：

(1)20×8 年 11 月 1 日收取保证金：

借：银行存款 848 000

　贷：预收账款 848 000

(2)20×8 年 11 月 30 日，确认服务成本、服务收入，结转服务成本：

发生服务成本：

借：生产成本 280 000

　贷：应付职工薪酬 280 000

确认服务收入：3 200 000×10%＝320 000(元)

相应增值税：320 000×6%＝19 200(元)

借：预收账款 339 200

　贷：主营业务收入 320 000

　　应交税费——应交增值税(销项税额) 19 200

结转服务成本：2 500 000×10%＝250 000(元)

借：主营业务成本 250 000

　贷：生产成本 250 000

“生产成本”科目余额＝280 000－250 000＝30 000(元)

“预收账款”科目余额＝848 000－339 200＝508 800(元)

(3)20×8 年 12 月 31 日，确认服务成本、服务收入，结转服务成本，收取服务款：

发生服务成本：

借：生产成本 520 000

　贷：应付职工薪酬 520 000

确认服务收入：3 200 000×30%－320 000＝640 000(元)

相应增值税：640 000×6%＝38 400(元)

借：预收账款 678 400

　贷：主营业务收入 640 000

　　应交税费——应交增值税(销项税额) 38 400

结转服务成本：2 500 000×30%－250 000＝500 000(元)

借：主营业务成本 500 000

　贷：生产成本 500 000

收取服务款：

借：银行存款 848 000

贷：预收账款　　848 000

“生产成本”科目余额＝30 000＋520 000－500 000＝50 000(元)

“预收账款”科目余额＝508 800－678 400＋848 000＝678 400(元)

以后月份以此类推……

【例 13－20】 承上例，假定乙公司采用投入法确定履约进度。

乙公司的会计处理如下：

(1)20×8 年 11 月 1 日收取保证金：

借：银行存款　　848 000

　　贷：预收账款　　848 000

(2)20×8 年 11 月 30 日，确认服务成本、服务收入，结转服务成本：

发生服务成本：

借：生产成本　　280 000

　　贷：应付职工薪酬　　280 000

确认服务收入：

$$履约进度=\frac{280\ 000}{2\ 500\ 000}\times 100\%=11.2\%$$

确认服务收入＝3 200 000×11.2%＝358 400(元)

相应增值税＝358 400×6%＝21 504(元)

借：预收账款　　379 904

　　贷：主营业务收入　　358 400

　　　　应交税费——应交增值税(销项税额)　　21 504

结转服务成本：2 500 000×11.2%＝280 000(元)

借：主营业务成本　　280 000

　　贷：生产成本　　280 000

“生产成本”科目余额＝280 000－280 000＝0(元)

“预收账款”科目余额＝848 000－379 904＝468 096(元)

(3)20×8 年 12 月 31 日，确认服务成本、服务收入，结转服务成本，收取服务款：

发生服务成本：

借：生产成本　　520 000

　　贷：应付职工薪酬　　520 000

确认服务收入：

$$履约进度=\frac{280\ 000+520\ 000}{2\ 500\ 000}\times 100\%=32\%$$

确认服务收入＝3 200 000×32%－358 400＝665 600(元)

相应增值税＝665 600×6％＝39 936(元)

借:预收账款　705 536

贷:主营业务收入　665 600

应交税费——应交增值税(销项税额)　39 936

结转服务成本:2 500 000×32％－280 000＝520 000(元)

借:主营业务成本　520 000

贷:生产成本　520 000

收取服务款:

借:银行存款　848 000

贷:预收账款　848 000

“生产成本”科目余额＝520 000－520 000＝0(元)

“预收账款”科目余额＝468 096－705 536＋848 000＝610 560(元)

以后月份以此类推……

当履约进度不能合理确定时,企业已发生的成本预计能够得到补偿的,应当按照已经发生的成本确认收入,直到履约进度能够合理确定为止;如果已发生的成本预计不能全部得到补偿的,应当按照预计能够得到补偿的部分确认收入。

【例 13－21】 20×8 年 12 月 1 日,乙公司与 T 公司签订一项服务合同,不含增值税的总收入为300 000元,使用的增值税税率为 6％,完工日为 20×9 年 2 月 28 日,合同签订日预收含增值税总收入 40％的保证金,其余服务款于完成日收取。乙公司预计该项服务的总成本为150 000元。20×8 年 12 月 1 日,乙公司收取保证金127 200元;20×8 年 12 月,乙公司实际发生服务成本100 000元(假定全部为职工薪酬)。20×8 年 12 月 31 日,乙公司无法合理确定履约进度,但发生的成本能够得到补偿。乙公司的会计处理如下:

(1)20×8 年 12 月 1 日收取保证金:

借:银行存款[300 000×40％×(1＋6％)]　127 200

贷:预收账款　127 200

(2)20×8 年 12 月 31 日,发生服务成本、确认服务收入,结转服务成本:

发生服务成本:

借:生产成本　100 000

贷:应付职工薪酬　100 000

确认服务收入:

借:预收账款　106 000

贷:主营业务收入　100 000

应交税费——应交增值税(销项税额)　6 000

结转服务成本:

借:主营业务成本　　100 000
　　贷:生产成本　　100 000

五、关于特定交易的会计处理

(一)附有销售退回条款的销售

对于附有销售退回条款的销售,企业应当在客户取得相关商品控制权时,按照因向客户转让商品而预期有权收取的对价金额(不包含预期因销售退回将退还的金额)确认收入,按照预期因销售退回将退还的金额确认负债;同时,按照预期将退回商品转让时的账面价值,扣除收回该商品预计发生的成本(包括退回商品的价值减损)后的余额,确认为一项资产,按照所转让商品转让时的账面价值,扣除上述资产成本的净额结转成本。

每一资产负债表日,企业应当重新估计未来销售退回情况,如有变化,应当作为会计估计变更进行会计处理。

【例 13—22】 甲公司是一家健身器材销售公司。20×8 年 11 月 1 日,甲公司向乙公司销售5 000件健身器材,单位销售价格为 500 元,单位成本为 400 元,开出的增值税专用发票上注明的销售价格为 250 万元,增值税额为 32.5 万元。健身器材已经发出,但款项尚未收到。根据协议约定,乙公司应于 20×8 年 12 月 31 日之前支付货款,在 20×9 年 3 月 31 日之前有权退还健身器材。甲公司根据过去的经验,估计该批健身器材的退货率约为 20%。

在 20×8 年 12 月 31 日,甲公司对退货率进行了重新评估,认为只有 10%的健身器材会被退回。甲公司为增值税一般纳税人,健身器材发出时纳税义务已经发生,实际发生退回时取得税务机关开具的红字增值税专用发票。假定健身器材发出时控制权转移给乙公司。甲公司的账务处理如下:

(1)20×8 年 11 月 1 日发出健身器材时:

借:应收账款　　2 825 000
　　贷:主营业务收入　　2 000 000
　　　　预计负债——应付退货款　　500 000
　　　　应交税费——应交增值税(销项税额)　　325 000
借:主营业务成本　　1 600 000
　　应收退货成本　　400 000
　　贷:库存商品　　2 000 000

(2)20×8 年 12 月 31 日前收到货款时:

借:银行存款　　2 825 000
　　贷:应收账款　　2 825 000

(3)20×8 年 12 月 31 日,甲公司对退货率进行重新评估:

借：预计负债——应付退货款 250 000
　贷：主营业务收入 250 000
借：主营业务成本 200 000
　贷：应收退货成本 200 000

(4)20×9 年 3 月 31 日发生销售退回，实际退货量为 400 件，退货款项已经支付：

借：库存商品 160 000
　应交税费——应交增值税(销项项税) 26 000
　预计负债——应付退货款 250 000
　贷：应收退货成本 160 000
　　主营业务收入 50 000
　　银行存款 226 000
借：主营业务成本 40 000
　贷：应收退货成本 40 000

(二)附有质量保证条款的销售

对于附有质量保证条款的销售，企业应当评估该质量保证是否在向客户保证所销售商品符合既定标准之外提供了一项单独的服务。企业提供额外服务的，应当作为单项履约义务进行会计处理；否则，质量保证责任应当按照或有事项的要求进行会计处理。

企业提供的质量保证同时包含上述两类的，应当分别对其进行会计处理，无法合理区分的，应当将这两类质量保证一起作为单项履约义务进行会计处理。

【例 13－23】 甲公司与客户签订合同，销售一部手机。该手机自售出起一年内如果发生质量问题，甲公司负责提供质量保证服务。此外，在此期间内，由于客户使用不当(例如手机进水)等原因造成的产品故障，甲公司也免费提供维修服务。该维修服务不能单独购买。

本例中，甲公司的承诺包括：销售手机、提供质量保证服务以及维修服务。甲公司针对产品的质量问题提供的质量保证服务是为了向客户保证所销售商品符合既定标准，因此不构成单项履约义务；甲公司对由于客户使用不当而导致的产品故障提供的免费维修服务，属于在向客户保证所销售商品符合既定标准之外提供的单独服务，尽管其没有单独销售，该服务与手机可明确区分，应该作为单项履约义务。因此，在该合同下，甲公司的履约义务有两项：销售手机和提供维修服务，甲公司应当按照其各自单独售价的相对比例，将交易价格分摊至这两项履约义务，并在各项履约义务履行时分别确认收入。

(三)主要责任人和代理人

企业应当根据其在向客户转让商品前是否拥有对该商品的控制权，来判断其从事交易时的身份是主要责任人还是代理人。企业在向客户转让商品前能够控制该商品的，该企业为主要责任人，应当按照已收或应收对价总额确认收入；否则，该企业为代理人应当按照预期有权收取的佣金或手续费的金额确认收入，该金额应当按照已收或应收对价总额扣除应支付给其他相关方的价款后的净额，或者按照既定的佣金金额或比例等确定。企业与客户订立的包含多项可明确区分商品的合同中，企业需要分别判断其在不同履约义务中的身份是主要责任人还是代理人。

实务中，企业在判断其在向客户转让特定商品之前是否已经拥有对该商品的控制权时，不应仅局限于合同的法律形式而应当综合考虑所有相关事实和情况进行判断，这些事实和情况包括：(1)企业承担向客户转让商品的主要责任；(2)企业在转让商品之前或之后承担了该商品的存货风险；(3)企业有权自主决定所交易商品的价格；(4)其他相关事实和情况。

【例 13－24】 20×9 年 1 月，甲旅行社从 A 航空公司购买了一定数量的折扣机票，并对外销售。甲旅行社向旅客销售机票时，可自行决定机票的价格等，未售出的机票不能退还给 A 航空公司。

本例中，甲旅行社向客户提供的特定商品为机票，并在确定特定客户之前已经预先从航空公司购买了机票，因此，该权利在转让给客户之前已经存在。甲旅行社从 A 航空公司购入机票后，可以自行决定该机票的价格、向哪些客户销售等，甲旅行社有能力主导该机票的使用并且能够获得其几乎全部的经济利益。因此，甲旅行社在将机票销售给客户之前，能够控制该机票，甲旅行社的身份是主要责任人。

【例 13－25】 甲公司经营购物网站，在该网站购物的消费者可以明确获知在该网站上销售的商品均为其他零售商直接销售的商品，这些零售商负责发货以及售后服务等。甲公司与零售商签订的合同约定，该网站所售商品的采购、定价、发货以及售后服务等均由零售商自行负责，甲公司仅负责协助零售商和消费者结算货款，并按照每笔交易的实际销售额收取 5%的佣金。

本例中，甲公司经营的购物网站是一个购物平台，零售商在该平台发布所销售商品信息，消费者可以从该平台购买零售商销售的商品。消费者在该网站购物时，向其提供的特定商品为零售商在网站上销售的商品。甲公司不能将这些商品提供给购买该商品的消费者之外的其他方，也不能阻止零售商向该消费者转移这些商品，甲公司不能控制零售商用于完成该网站订单的相关存货。因此，消费者在该网站购物时，在相关商品转移给消费者之前，甲公司并未控制这些商品，甲公司在该交易中的身份是代理人。

(四)附有客户额外购买选择权的销售

额外购买选择权的情况包括销售激励、客户奖励积分、未来购买商品的折扣券以及合同续约选择权等。对于附有客户额外购买选择权的销售，企业应当评估该选择权是否向客户提供了一项重大权利。企业提供重大权利的，应当作为单项履约义务，按照本节有关交易价格分摊的要求将交易价格分推至该履约义务，在客户未来行使购买选择权取得相关商品控制权时，或者该选择权失效时，确认相应的收入。客户额外购买选择权的单独售价无法直接观察的，企业应当综合考虑客户行使和不行使该选择权所能获得的折扣的差异、客户行使该选择权的可能性等全部相关信息后，予以合理估计。

【例 13－26】 20×9 年 1 月 1 日，甲公司开始推行一项奖励积分计划。根据该计划，客户在甲公司每消费 10 元可获得 1 个积分，每个积分从次月开始在购物时可以抵减 1 元。截至 20×9 年 1 月 31 日，客户共消费100 000元，可获得10 000个积分，根据历史经验，甲公司估计该积分的兑换率为 95%。假定上述金额均不包含增值税等的影响。

本例中，甲公司认为其授予客户的积分为客户提供了一项重大权利，应当作为一项单独的履约义务。客户购买商品的单独售价合计为100 000元，考虑积分的兑换率，甲公司估计积分的单独售价为 9 500 元(1 元×10 000个积分×95%)。甲公司按照商品和积分单独售价的相对比例对交易价格进行分摊，具体如下：

分摊至商品的交易价格＝[100 000÷(100 000＋9 500)]×100 000＝91 324(元)

分摊至积分的交易价格＝[9 500÷(100 000＋9 500)]×100 000＝8 676(元)

因此，甲公司应当在商品的控制权转移时确认收入 91 324 元，同时确认合同负债 8 676元。

借：银行存款	100 000	
贷：主营业务收入		91 324
合同负债		8 676

截至 20×9 年 12 月 31 日，客户共兑换了4 500个积分，甲公司对该积分的兑换率进行了重新估计，仍然预计客户总共将会兑换9 500个积分。因此，甲公司以客户兑换的积分数占预期将兑换的积分总数的比例为基础确认收入。

积分应当确认的收入＝4 500÷9 500×8 676＝4 110(元)；剩余未兑换的积分 8 676－4 110＝4 566(元)，仍然作为合同负债。

借：合同负债	4 110	
贷：主营业务收入		4 110

截至 20×0 年 12 月 31 日，客户累计兑换了 8 500 个积分。甲公司对该积分的兑换率进行了重新估计，预计客户总共将会兑换 9 700 个积分。

积分应当确认的收入＝8 500÷9 700×8 676－4 110＝3 493(元)；剩余未兑换的积分＝8 676－4 110－3 493＝1 073(元)，仍然作为合同负债。

企业在向客户转让商品之前，如果客户已经支付了合同对价或企业已经取得了无条件收取合同对价的权利，则企业应当在客户实际支付款项与到期应支付款项孰早时点将该已收或应收的款项列示为合同负债。

合同负债，是指企业已收或应收客户对价而应向客户转让商品的义务。合同资产和合同负债应当在资产负债表中单独列示，并按流动性分别列示为“合同资产”或“其他非流动资产”以及“合同负债”或“其他非流动负债”。同一合同下的合同资产和合同负债应当以净额列示，不同合同下的合同资产和合同负债不能互相抵销。

（五）授予知识产权许可

企业向客户授予的知识产权，常见的包括软件和技术、影视和音乐等的版权、特许经营权以及专利权、商标权和其他版权等。企业向客户授予知识产权许可的，应当评估该知识产权许可是否构成单项履约义务。对于不构成单项履约义务的，企业应当将该知识产权许可和其他商品一起作为一项履约义务进行会计处理。对于构成单项履约义务的，应当进一步确定其是在某一时段内履行还是在某一时点履行。

【例 13－27】 甲公司是一家著名的足球俱乐部。甲公司授权乙公司在其设计生产的服装、帽子、水杯以及毛巾等产品上使用甲公司球队的名称和图标，授权期间为 2 年。合同约定，甲公司收取的合同对价由两部分组成：一是 200 万元固定金额的使用费；二是按照乙公司销售上述商品所取得销售额的 5%计算的提成。乙公司预期甲公司会继续参加当地顶级联赛，并取得优异的成绩。

本例中，该合同仅包括一项履约义务，即授予使用权许可，甲公司继续参加比赛并取得优异成绩等活动是该许可的组成部分，而并未向客户转让任何可明确区分的商品或服务。由于乙公司能够合理预期甲公司将继续参加比赛，甲公司的成绩将会对其品牌（包括名称和图标等）的价值产生重大影响，而该品牌价值可能会进一步影响乙公司产品的销量，甲公司从事的上述活动并未向乙公司转让任何可明确区分的商品，因此，甲公司授予的该使用权许可，属于在某一时段内履行的履约义务。甲公司收取的 200 万元固定金额的使用费应当在 2 年内平均确认收入，按照乙公司销售相关商品所取得销售额的 5%计算的提成应当在乙公司的销售实际完成时确认收入。

（六）售后回购

售后回购，是指企业销售商品的同时承诺或有权选择日后再将该商品（包括相同或几乎相同的商品，或以该商品作为组成部分的商品）购回的销售方式。对于不同类型的售后回购交易，企业应当区分下列两种情形分别进行会计处理：

(1)企业因存在与客户的远期安排而负有回购义务或企业享有回购权利的，表明客户在销售时点并未取得相关商品控制权，企业应当作为租赁交易或融资交易进行相应的会计处理。其中，回购价格低于原售价的，应当视为租赁交易，按照租赁准则进行会计处理；回购价格不低于原售价的，应当视为融资交易，在收到客户款项时确认金融负债，并将该款项和回购价格的差额在回购期间内确认为利息费用等。企业到期未行使回购权利的应当在该回购权利到期时终止确认金融负债，同时确认收入。

【例 13－28】 甲公司向乙公司销售一台设备，销售价格为 200 万元，同时双方约定两年之后，甲公司将以 120 万元的价格回购该设备。假定不考虑货币时间价值等其他因素影响。

本例中，根据合同，甲公司在两年后回购该设备，乙公司并未取得该设备的控制权。

不考虑货币时间价值等影响，该交易的实质是乙公司支付了 80 万元(200 万元－120 万元)的对价取得了该设备 2 年的使用权。因此，甲公司应当将该交易作为租赁交易进行会计处理。

(2)企业负有应客户要求回购商品义务的，应当在合同开始日评估客户是否具有行使该要求权的重大经济动因。客户具有行使该要求权重大经济动因的，企业应当将售后回购作为租赁交易或融资交易，按照上述第 1 种情形进行会计处理；否则，企业应当将其作为附有销售退回条款的销售交易进行会计处理。在判断客户是否具有行权的重大经济动因时，企业应当综合考虑各种相关因素，包括回购价格与预计回购时市场价格之间的比较，以及权利的到期日等。例如，如果回购价格明显高于该资产回购时的市场价值，则表明客户有行权的重大经济动因。

【例 13－29】 甲公司向乙公司销售其生产的一台设备，销售价格为2 000万元，双方约定，乙公司在 5 年后有权要求甲公司以1 500万元的价格回购该设备。甲公司预计该设备在回购时的市场价值将远低于1 500万元。

本例中，假定不考虑时间价值的影响，甲公司的回购价格低于原售价，但远高于该设备在回购时的市场价值，甲公司判断乙公司有重大的经济动因行使其权利要求甲公司回购该设备。因此，甲公司应当将该交易作为租赁交易进行会计处理。

(七)客户未行使的权利

企业向客户预收销售商品款项的，应当首先将该款项确认为负债，待履行了相关履约义务时再转为收入。当企业预收款项无需退回，且客户可能会放弃其全部或部分合同权利时，例如，放弃储值卡的使用等，企业预期将有权获得与客户所放弃的合同权利相关的金额的，应当按照客户行使合同权利的模式按比例将上述金额确认为收入；否则企业只有在客户要求其履行剩余履约义务的可能性极低时，才能将上述负债的相关余额转为收入。企业在确定其是否预期将有权获得与客户所放弃的合同权利相关的金额时应当考虑将估计的可变对价计入交易价格的限制要求。

如果有相关法律规定，企业所收取的与客户未行使权利相关的款项须转交给其他方的(例如，法律规定无人认领的财产需上交政府)，企业不应将其确认为收入。

(八)无需退回的初始费

企业在合同开始(或接近合同开始)日向客户收取的无需退回的初始费(如俱乐部的入会费等)应当计入交易价格。企业应当评估该初始费是否与向客户转让已承诺的商品相关。该初始费与向客户转让已承诺的商品相关，并且该商品构成单项履约义务的，企业应当在转让该商品时，按照分摊至该商品的交易价格确认收入；该初始费与向客户转让已承诺的商品相关，但该商品不构成单项履约义务的，企业应当在包含该商品的单项履约义务履行时，按照分摊至该单项履约义务的交易价格确认收入；该初始费与向客户转让已承诺的商品不相关的，该初始费应当作为未来将转让商品的预收款，在未来转让该商品时确认为收入。

【例 13－30】 甲公司经营一家会员制健身俱乐部。甲公司与客户签订了为期 2 年的合同，客户入会之后可以随时在该俱乐部健身。除俱乐部的年费2 000元之外，甲公司还向客户收取了 50 元的入会费，用于补偿俱乐部为客户进行注册登记、准备会籍资料以及制作会员卡等初始活动所花费的成本。甲公司收取的入会费和年费均无需返还。

本例中，甲公司承诺的服务是向客户提供健身服务，而甲公司为会员入会所进行的初始活动并未向客户提供其所承诺的服务，而只是一些内部行政管理性质的工作。因此，甲公司虽然为补偿这些初始活动向客户收取了 50 元入会费，但是该入会费实质上是客户为健身服务所支付的对价的一部分，故应当作为健身服务的预收款，与收取的年费一起在 2 年内分摊确认为收入。

第三节　费　用

广义的费用包括营业成本、税金及附加、销售费用、管理费用、财务费用、投资损失、公允价值变动损失、资产减值损失、资产处置损失、营业外支出和所得税费用。营业成本在营业收入部分已经一并涉及，故本节主要涉及费用的其他几类。

一、税金及附加

税金及附加是指应由营业收入（包括主营业务收入和其他业务收入）补偿的各种税金及附加费，主要包括消费税、城市维护建设税、教育费附加、环境保护税、水资源税、房产税、土地使用税、车船税、印花税等。

1. 消费税的核算

企业销售应纳消费税的商品，应按规定计算结转应交消费税，借记“税金及附加”科目，贷记“应交税费——应交消费税”科目。

2. 城市维护建设税和教育费附加的核算

企业取得营业收入后，应按照规定计算结转应交城市维护建设税和应交教育费附加，借记“税金及附加”科目，贷记“应交税费——应交城市维护建设税”和“应交税费——应交教育费附加”科目。

3. 房产税、土地使用税、车船税的核算

企业应按规定计算结转应交房产税、土地使用税、车船税，借记“税金及附加”科目，贷记“应交税费——应交房产税”“应交税费——应交土地使用税”“应交税费——应交教育费附加”科目。

4. 印花税的核算

企业应按规定缴纳印花税，以购买印花税票方式支付，应根据实际购买印花税票的金额，借记“税金及附加”科目，贷记“银行存款”科目。

【例 13－31】 甲公司 12 月份根据发生的税金及附加业务，编制会计分录如下：

(1)结转应交城市维护建设税 65 300 元，应交教育费费附加 46 700 元。

借：税金及附加　112 000

　贷：应交税费——应交城市维护建设税　65 300

　　应交教育费附加　46 700

(2)结转应交房产税 60 000 元，车船税 30 000 元。

借：税金及附加　90 000

　贷：应交税费——应交房产税　60 000

　　应交车船税　30 000

(3)购买印花税票 10 000 元。

借：税金及附加　10 000

　贷：银行存款　10 000

二、销售费用

销售费用是指企业在销售过程中发生的各项费用以及专设销售机构的各项经费，包括应由企业负担的销售部门人员薪酬、运输费、装卸费、包装费、保险费、广告费、展览费、售后服务费、差旅费、办公费、折旧费、修理费和其他经费等。企业应根据实际发生的销售费用，借记“销售费用”“应交税费——应交增值税(进项税额)”等科目，贷记有关科目。

【例 13－32】 甲公司 12 月份根据发生的销售费用，编制相关会计分录。

(1)应付销售人员薪酬 2 280 元。

借：销售费用　2 280

　贷：应付职工薪酬　2 280

(2)用银行存款支付广告费 10 000 元，增值税 600 元(经税务机关认证可以抵扣)，合计 10 600 元。

借：销售费用　10 000

　应交税费——应交增值税(进项税税额)　600

　贷：银行存款　10 600

三、管理费用

管理费用是指企业行政管理部门为组织和管理经营活动而发生的各项费用，包括行政部门人员薪酬、劳动保护费、待业保险费、董事会费、咨询费、审计费、诉讼费、排污费、绿化费、技术转让费、技术开发费、无形资产摊销、业务招待费、存货盘亏和毁损(减盘盈)及其他管理费用。企业发生管理费用时，应借记“管理费用”“应交税费——应交增值税(进项税额”等科目，贷记有关科目。

【例 13—33】 甲公司 12 月份根据发生的管理费用，编制相关会计分录。

(1)应付行政管理部门职工薪酬 136 800 元。

借：管理费用　　　　136 800

　　贷：应付职工薪酬　　　　136 800

(2)计提管理部门固定资产折旧费 6 000 元。

借：管理费用　　　　6000

　　贷：累计折旧　　　　6 000

(3)无形资产推销 3 000 元。

借：管理费用　　　　3 000

　　贷：累计推销　　　　3 000

(4)用银行存款支付办公费 4 000 元，增值税 520 元(经税务机关认证可以抵扣)，合计4 520元。

借：管理费用　　　　4 000

　　应交税费——应交增值税(进项税额)　　　　520

　　贷：银行存款　　　　4 520

(5)以现金支付书报订阅费 560 元，未取得增值税专用发票。

借：管理费用　　　　560

　　贷：库存现金　　　　560

(6)以现金支付管理部门固定资产修理费 1 000 元，未取得增值税专用发票。

借：管理费用　　　　1 000

　　贷：库存现金　　　　1 000

(7)计提工会经费 1 200 元。

借：管理费用　　　　1 200

　　贷：应付职工薪酬——工会经费　　　　1 200

(8)管理部门人员报销差旅费2 000元，以现金支付。

借：管理费用　　　　2 000

　　贷：库存现金　　　　2 000

四、财务费用

财务费用是指企业在筹集资金过程中发生的各项费用，包括生产经营期间发生的不应计入固定资产价值的利息费用(减利息收入)、金融机构手续费、汇兑损失(减汇兑收益)及其他财务费用。

企业发生财务费用时，应借记“财务费用”科目，贷记有关科目。企业取得的利息收入，其数额与利息支出相比一般较小，在我国未单列科目进行核算，应抵减利息支出，借记“银行存款”等科目，贷记“财务费用”科目。

【例 13－34】　甲公司 12 月份根据发生的财务费用，编制相关会计分录。

(1)实际支付短期借款利息 40 000 元。

借：财务费用　40 000

　贷：银行存款　40 000

(2)收到银行存款利息 1 000 元。

借：银行存款　1 000

　贷：财务费用　1 000

五、资产减值损失

资产减值损失是指企业应收账款、存货、长期股权投资、长期债权投资、固定资产、在建工程、工程物资、无形资产等发生减值确认的减值损失。企业应根据确认的减值损失，借记“资产减值损失”科目，贷记“坏账准备”“存货跌价准备”“长期股权投资减值准备”“长期债权投资减值准备”“固定资产减值准备”“在建工程减值准备”“工程物资减值准备”“无形资产减值准备”等科目。

企业计提坏账准备、存货跌价准备、长期债权投资减值准备等后，相关资产的价值又得以恢复的，应在原已计提的减值准备金额内，按恢复增加的金额，借记“坏账准备”“存货跌价准备”“长期债权投资减值准备”等科目，贷记“资产减值损失”科目。企业计提的长期股权投资减值准备、固定资产减值准备、在建工程减值准备、工程物资减值准备、无形资产减值准备，按照我国会计准则的规定，不得转回。

【例 13－35】　甲公司 12 月份根据发生的资产减值业务，编制相关会计分录。

(1)12 月末，计提坏账准备前应收账款余额为1 000 000元(与计税基础相同)，按 5%计提坏账准备。该公司以前未计提坏账准备，12 月末计提坏账准备1 000元。

借：信用减值损失　50 000

　贷：坏账准备　50 000

(2)12 月末，固定资产账面价值为2 000 000元(与计税基础相同)，可收回金额为1 986 000元，以前未发生减值。12 月末计提固定资产减值准备14 000元。

借：资产减值损失　14 000

　贷：固定资产减值准备　14 000

六、公允价值变动损失

公允价值变动损益是指以公允价值计量且其变动计入当期损益的金融资产和以公允价值计量的投资性房地产等，由于公允价值变动形成的损益，有关资产的公允价值高于其账面价值时，应确认公允价值变动收益，借记有关资产科目，贷记“公允价值变动损益”科目；有关资产的公允价值低于其账面价值时，应确认公允价值变动损失，做相反的会计处理。

【例 13—36】 甲公司 12 月份根据发生的公允价值变动业务，编制相关会计分录。

月末，交易性金融资产的账面价值为80 000元，与计税基础相同，公允价值为85 000元。交易性金融资产公允价值高于其账面价值5 000元。

借：交易性金融资产——公允价值变动　　5 000

　贷：公允价值变动损益　　5 000

七、投资损益

投资收益是指企业从事各项对外投资活动取得的收益（各项投资业务取得的收入大于其成本的差额）；投资损失是指企业从事各项对外投资活动发生的损失（各项投资业务取得的收入小于其成本的差额）。投资收益大于投资损失的差额为投资净收益；反之则为投资净损失。

【例 13—37】 甲公司 12 月份根据发生的投资业务，编制相关会计分录。

（1）用银行存款80 000元购入股票，初始确认为交易性金融资产。

借：交易性金融资产　　80 000

　贷：银行存款　　80 000

（2）将前述购入的股票全部出售，收取价款75 000元，存入银行。

借：银行存款　　75 000

　投资收益　　5 000

　贷：交易性金融资产　　80 000

（3）结转当月国库券利息收入15 000元。

借：长期债权投资　　15 000

　贷：投资收益　　15 000

八、资产处置损益

资产处置损益主要是指处置固定资产、在建工程及无形资产等产生的损益。企业发生资产处置收益时，应借记有关科目，贷记“资产处置损益”科目；发生资产处置损失时，做相反的会计处理。

【例 13—38】 甲公司 12 月份出售机器设备一台，原价值为1 400 000元，累计折旧为450 000元，取得出售收入1 200 000元，增值税156 000元。编制会计分录如下：

（1）结转固定资产净值：

借：固定资产清理　　950 000

累计折旧 450 000
贷:固定资产 1 400 000

(2)取得出售收入:

借:银行存款 1 356 000
贷:固定资产清理 1 200 000
应交税费——应交增值税(销项税额) 156 000

(3)结转固定资产出售净收益:

借:固定资产清理 2 500 000
贷:资产处置损益 250 000

九、营业外收入和支出

营业外收入是指企业在营业利润以外取得的收入,主要包括接受捐赠收入、获得的赔款收入等。企业取得营业外收入时,应借记有关科目,贷记"营业外收入"科目。

营业外支出是指企业在营业利润以外发生的支出,包括固定资产盘亏、毁损、报废等的净损失,以及非常损失、对外捐赠支出、赔偿金和违约金支出等。企业发生营业外支出时,应借记"营业外支出"科目,贷记有关科目。

【例 13-39】 甲公司 12 月份根据发生的营业外收支业务,编制相关会计分录。

(1)取得客户违约赔款收入1 500元:

借:银行存款 1 500
贷:营业外收入 1 500

(2)用银行存款对外进行非公益性捐赠1 000元:

借:营业外支出 1 000
贷:银行存款 1 000

十、所得税费用

所得税费用是指应在会计税前利润(利润总额)中扣除的所得税费用,包括当期所得税费用和递延所得税费用(或收益,下同)。我国现行会计准则规定,所得税费用的确认采用资产负债表债务法。

资产负债表债务法是基于资产负债表中所列示的资产、负债账面价值和计税基础经济含义的基础上,分析按照会计原则列报的账面价值与税法规定的差异,并就有关差异确定相关所得税的会计方法,不仅能够反映企业已经持有的资产、负债及其变动对当期利润的影响,还能够反映有关资产、负债对未来期间的所得税影响,在所得税核算领域贯彻了资产负债观。资产负债表债务法在所得税的会计核算方面遵循了资产、负债的界定。

根据资产负债表债务法,所得税费用为当期所得税和递延所得税两者之和。

所得税费用＝当期所得税＋递延所得税

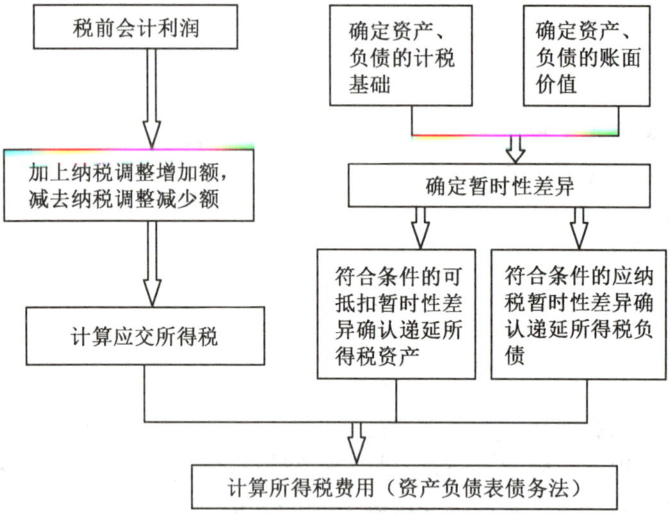

图 13－4　所得税核算程序图

（一）当期所得税费用

当期所得税费用是指根据应纳税所得额和适用税率计算的当期应交所得税。

应纳税所得额是指企业按所得税法规定的项目计算确定的应税收益，是计算缴纳所得税的依据。由于企业会计税前利润与应纳税所得额的计算口径、计算时间可能不一致，因而两者之间可能存在差异。

例如，企业购买国债取得的利息收入，在会计核算中作为投资收益计入税前利润，而所得税法规定国债利息收入免征所得税，不计入应纳税所得额。又如，超过所得税法规定的业务招待费标准的支出等，在会计核算中作为费用抵减了会计税前利润，但所得税法中不允许将其税前扣除。再如，企业确认的公允价值变动损益等，在会计核算中已经调整了税前会计利润，但所得税法规定不计入应纳税所得额。企业应当在会计税前利润的基础上调整上述差异，计算应纳税所得额。

总之，企业应在会计税前利润的基础上，将所得税法规定的收入、费用与企业计入会计税前利润的收入、费用之间的差异进行调整，确定应纳税所得额。一般情况下，应纳税所得额和当期所得税费用可以按照以下公式计算确定：

应纳税所得额＝会计利润－税法规定不征税的收入＋按会计准则规定计入利润表但计税时不允许税前扣除的费用±按会计准则规定计入利润表的收入与按税法规定计入应纳税所得额的收入之间的差额±按会计准则规定计入利润表的费用与按税法规定可予税前抵扣的费用之间的差额±其他需要调整的因素

当期所得税费用＝当期应交所得税＝应纳税所得额×当期适用的所得税税率

(二)递延所得税费用

递延所得税是指由于资产、负债的账面价值与其计税基础不同产生的暂时性差异而确认的所得税费用。

1. 暂时性差异

暂时性差异是指资产或负债的账面价值与其计税基础之间的差额。①

资产的计税基础,是指企业收回资产账面价值过程中,计算应纳税所得额时按照税法规定可以自应税经济利益中抵扣的金额。

负债的计税基础,是指负债的账面价值减去未来期间计算应纳税所得额时按照税法规定可予以抵扣金额的差额。

根据暂时性差异对未来期间应纳税所得额的影响,分为可抵扣暂时性差异和应纳税暂时性差异。

应纳税暂时性差异是指在确定未来收回资产或清偿负债期间的应纳税所得额时,将导致产生应纳税金额的暂时性差异。该差异在未来期间转回时,会增加转回期间的应纳税所得额和应交所得税金额。具体来说,资产的账面价值大于其计税基础或者负债的账面价值小于其计税基础,将产生应纳税暂时性差异。

可抵扣暂时性差异是指在确定未来收回资产或清偿负债期间的应纳税所得额时,将导致产生可抵扣金额的暂时性差异。该差异在未来期间转回时会减少转回期间的应纳税所得额以及应交所得税金额。具体来说,资产的账面价值小于其计税基础或者负债的账面价值大于其计税基础,将产生可抵扣暂时性差异。按照税法规定允许递减以后年度利润的可抵扣亏损,也视同可抵扣暂时性差异。

2. 递延所得税资产与递延所得税负债

递延所得税资产产生于可抵扣暂时性差异,一般按照可抵扣暂时性差异和转回期间的税率计算确定。其计算公式为:

递延所得税资产=可抵扣暂时性差异×适用税率

递延所得税负债产生于应纳税暂时性差异,一般按照应纳税暂时性差异和转回期间的税率计算确定。其计算公式为:

递延所得税负债=应纳税暂时性差异×适用税率

3. 递延所得税

递延所得税是指按照所得税准则规定应予确认的递延所得税资产和递延所得税负债在期末应有的金额相对于原已确认金额之间的差额,即当期应该确认的递延所得税资产和递延所得税负债,但不包括不涉及损益项目的暂时性差异。递延所得税费用公式表示

---

① 未作为资产和负债确认的项目,按照所得税法规定可以确定其计税基础的,该计税基础与其账面价值之间的差额也属于暂时性差异。

如下：

递延所得税＝(递延所得税负债的期末余额－递延所得税负债的期初余额)
－(递延所得税资产的期末余额－递延所得税资产的期初余额)

(三)所得税费用

企业在核算所得税费用时，一般应设置如下账户：

(1)"所得税费用"账户，用于核算企业计入当期损益的所得税费用。

(2)"应交税费——应交所得税"账户，用于核算企业应交未交所得税，其借方反映企业已缴纳的所得税，贷方反映尚未缴纳的所得税。

(3)"递延所得税资产"账户，用于核算企业递延所得税资产的发生和转回，其借方发生额反映当期递延所得税资产的发生金额，贷方发生额反映当期递延所得税资产的转回金额。

(4)"递延所得税负债"账户，用于核算企业递延所得税负债的发生和转回，其借方发生额反映当期递延所得税资产的转回金额，贷方发生额反映当期递延所得税资产的发生金额。

所得税费用＝当期所得税＋递延所得税
＝当期应交所得税＋(递延所得税负债的期末余额－递延所得税负债的期初余额)－
(递延所得税资产的期末余额－递延所得税资产的期初余额)

【例 13－40】 甲公司 20×8 年度利润表中利润总额为3 000万元，该公司适用的所得税税率为 25%。递延所得税资产及递延所得税负债不存在期初余额。

20×8 年发生的有关交易和事项中，会计处理与税收处理存在差别的有：

(1)向关联企业捐赠现金 500 万元。假定按照税法规定，企业向关联方的捐赠不允许税前扣除。

(2)违反环保法规定支付罚款 250 万元，税法规定该类罚款不允许税前扣除。

(3)当期取得作为交易性金融资产核算的股票投资成本为 800 万元，12 月 31 日的公允价值为1 200万元。税法规定，以公允价值计量的金融资产持有期间市价变动不计入应纳税所得额。

(4)1 月开始计提折旧的一项固定资产，成本为1 500万元，使用年限为 10 年，净残值为 0，会计处理按双倍余额递减法计提折旧，税收处理按直线法计提折旧。假定税法规定的使用年限和净残值与会计规定相同。

(5)期末对持有的存货计提了 75 万元的存货跌价准备，税法规定企业计提的资产减值准备在资产发生实质性损害之前不允许税前扣除。

解析：

(1)甲公司 20×8 年度当期应交所得税(见表 13－1)：

表 13—1　　甲公司 20×8 年度应交所得税

项　目	金额(万元)
会计利润总额	3 000
加:非公益性捐赠	500
加:罚款支出	250
减:公允价值变动收益	400
加:折旧差异	150
加:资产减值损失	75
应纳税所得额	3 575

应交所得税＝3 575×25％＝893.75(万元)

其会计分录为:

借:所得税费用——当期所得税费用　8 937 500

　贷:应交税费——应交所得税　8 937 500

(2)甲公司 20×8 年递延所得税(见表 13—2):

表 13—2　　甲公司 20×8 年资产负债表相关项目金额及其计税基础　　单位:万元

项　目	账面价值	计税基础	差　异	
			应纳税暂时性差异	可抵扣暂时性差异
(1)其他应付款	250	250		
(2)交易性金融资产	1 200	800	400	
(3)固定资产原价	1 500	1 500		
减:累计折旧	300	150		
减:固定资产减值准备	0	0		
固定资产账面价值	1 200	1 350		150
(4)存货	2 000	2 075		75
总计			400	225

递延所得税资产＝225×25％＝56.25(万元)

递延所得税负债＝400×25％＝100(万元)

递延所得税＝100－56.25＝43.75(万元)

其会计分录为:

借:所得税费用　437 500

递延所得税资产　　562 500
　　贷:递延所得税负债　　1 000 000

(3)利润表中应确认的所得税费用:

所得税费用＝893.75＋43.75＝937.5(万元),其账务处理综合如下:

借:所得税费用　　9 375 000
　　递延所得税资产　　562 500
　　贷:应交税费——应交所得税　　8 937 500
　　　　递延所得税负债　　1 000 000

思考与讨论:

思考与讨论:该例题中固定资产后续过程中每一年的账面价值和计税基础分别是多少?形成的暂时性差异是哪一种及金额为多少?

第四节　利润及其分配

一、利润构成

利润可分为营业利润、利润总额和净利润三个层次。

营业利润＝营业收入－营业成本－税金及附加－销售费用－管理费用－研发费用－财务费用－资产减值损失－信用减值损失＋其他收益＋投资收益＋公允价值变动损益＋资产处置收益

利润总额是指企业在缴纳所得税之前实现的利润额。

利润总额＝营业利润＋营业外收入－营业外支出

在利润总额的基础上扣减所得税费用,即为企业的净利润(见表13－3)。

净利润＝利润总额－所得税费用

表13－3　　利润的构成

项　目	本期发生额
一、营业收入	
减:营业成本	
税金及附加	
销售费用	
管理费用	
研发费用	

续表

项　目	本期发生额
财务费用	
资产减值损失	
信用减值损失	
加:其他收益	
投资收益(损失以"－"号填列)	
公允价值变动损益(损失以"－"号填列)	
资产处置收益(损失以"－"号填列)	
二、营业利润(亏损以"－"号填列)	
加:营业外收入	
减:营业外支出	
三、利润总额(亏损总额以"－"号填列)	
减:所得税费用	
四、净利润(净亏损以"－"号填列)	

净利润加上其他综合收益扣除所得税影响后的净额为综合收益总额。

综合收益总额＝净利润＋其他综合收益

二、利润结转

企业应设置"本年利润"账户来核算企业当期实现的净利润(或亏损)。会计期末,企业应将各损益类账户的余额转入"本年利润"账户,结平各损益类账户。期末结转时应做如下会计分录:

(1)结转各项收入类账户的贷方余额至"本年利润"账户:

　借:主营业务收入

　　其他业务收入

　　投资收益

　　营业外收入

　　贷:本年利润

(2)结转各费用类账户的借方余额至"本年利润"账户:

　借:本年利润

　　贷:主营业务成本

其他业务成本
税金及附加
销售费用
管理费用
财务费用
资产减值损失
信用减值损失
公允价值变动损益
资产处置损益
营业外支出
所得税费用

结转后，各损益类账户没有余额。“本年利润”账户余额(1－11)月份如在贷方，表示当期实现的净利润；如在借方，表示当期发生的净亏损。

年度终了，应将本年实现的净利润转入“利润分配——未分配利润”账户，即应做如下会计分录：

借：本年利润
　贷：利润分配——未分配利润

如为净亏损，则做相反的会计分录。结转后“本年利润”账户应无余额。

【例 13－41】 甲公司 20×8 年度取得主营业务收入 320 万元，其他业务收入 18 万元，投资收益 1 万元，营业外收入 4.2 万元；发生主营业务成本 200 万元，其他业务成本 12 万元，税金及附加 2 万元，销售费用 10.4 万元，管理费用 12 万元，财务费用 0.8 万元，资产处置损益 4 万元(损失)，营业外支出 2 万元；本年度确认的所得税费用 32 万元。

(1)结转本年收入：

借：主营业务收入	3200 000	
其他业务收入	180 000	
投资收益	10 000	
营业外收入	42 000	
贷：本年利润		3 432 000

(2)结转本年费用：

借：本年利润	2 752 000	
贷：主营业务成本		2000 000
其他业务成本		120 000
税金及附加		20 000
销售费用		104 000

管理费用	120 000
财务费用	8 000
资产处置损益	40 000
营业外支出	20 000
所得税费用	320 000

(3)“本年利润”科目贷方发生额3432 000元，借方发生额2 752 000元，余额为贷方680 000元，即甲公司本年净利润为680 000元。结转本年利润至“利润分配——未分配利润”账户：

借：本年利润	680 000	
贷：利润分配——未分配利润		680 000

三、利润分配

(一)利润分配的顺序

企业当期实现的净利润，加上年初未分配利润(或减去年初未弥补亏损)后的余额，为企业可供分配的利润。可供分配利润一般按如下的顺序进行分配：

(1)提取法定盈余公积。根据《公司法》的规定，企业应按照净利润(扣除以前年度的未弥补亏损)的10%提取法定盈余公积。法定盈余公积累计金额超过注册资本的50%以上时，可以不再提取。

外商投资企业还应当按照法律、行政法规的规定从净利润中提取储备基金、企业发展基金、职工奖励基金和福利基金等。

(2)提取任意盈余公积。企业可以按照股东大会或者类似机构的决议提取任意盈余公积。

(3)向股东发放现金股利或利润。企业应该按照股东大会批准的利润分配方案向股东分配现金股利(或者非股份公司向投资者分配利润)。

(4)向股东发放股票股利。企业应根据股东大会批准的利润分配方案向股东发放股票股利，即分派转作股本的股利(或者非股份公司向投资者分派转作资本的利润)。

可供分配利润经过上述分配后，余额为未分配利润(或未弥补的亏损)。未分配利润可留待以后年度进行分配。期末未分配利润的计算如下：

可供分配的利润＝本期实现的净利润＋期初未分配利润(或－期初未弥补亏损)

期末未分配利润＝可供分配的利润－提取的盈余公积－分配的股利(或利润，含现金股利和股票股利)

(二)利润分配的会计处理

企业应设置“利润分配”账户，用来核算利润分配或亏损的弥补。该账户下还应该设置“提取法定盈余公积”“提取任意盈余公积”“应付现金股利”“转作股本的股利”“未分配利润”等明细账户进行明细核算。其有关会计处理如下：

(1)企业提取盈余公积时，应做如下会计分录：

借：利润分配——提取法定盈余公积
　　　　　　——提取任意盈余公积
　贷：盈余公积——法定盈余公积
　　　　　　　——任意盈余公积

(2)按照股东大会或者类似机构的决议宣告分配现金股利时，应做如下会计分录：

借：利润分配——应付现金股利
　贷：应付股利

(3)按照股东大会或者类似机构的决议向股东分配股票股利，在办理增资手续后，应做如下会计分录：

借：利润分配——转作股本的股利
　贷：股本(股票的面值)

如有差额，记入“资本公积——股本溢价”。

(4)年度终了，企业应将“利润分配”账户所属其他明细账户的余额转入“未分配利润”明细账户，应做如下会计分录：

借：利润分配——未分配利润
　贷：利润分配——提取法定盈余公积
　　　　　　　——提取任意盈余公积
　　　　　　　——应付现金股利
　　　　　　　——转作股本的股利

结转后，除“利润分配——未分配利润”外，其他明细账户应无余额。

【例 13－42】 接【例 13－41】假设甲公司 20×8 年的期初未分配利润为 68 万元。按净利润的 10%提取法定盈余公积，股东大会决定按净利润的 5%提取任意盈余公积，向股东分派现金股利 50 万元。

(1)企业提取盈余公积时：

借：利润分配——提取法定盈余公积	68 000	
——提取任意盈余公积	34 000	
贷：盈余公积——法定盈余公积		68 000
——任意盈余公积		34 000

(2)宣告分配现金股利时：

借：利润分配——应付现金股利	500 000	
贷：应付股利		500 000

(3)结转“利润分配”的其他明细账户的余额时：

借:利润分配——未分配利润 602 000

　贷:利润分配——提取法定盈余公积 68 000

　　　　　　——提取任意盈余公积 34 000

　　　　　　——应付现金股利 500 000

经过上述利润分配后,甲公司的"利润分配——未分配利润"的期末余额为678 000元。

【案例分析】

甲公司为上市公司,20×8 年该公司签订了以下销售和劳务合同,并进行了如下会计处理:

(1)20×8 年 1 月 1 日,与乙公司签订了一份期限为 18 个月、不可撤销的固定价格销售合同。合同约定:自 20×8 年 1 月 11 日起 18 个月内,甲公司负责向乙公司提供 A 设备 1 套,并负责安装调试和培训设备操作人员,合同总价款20 000万元。乙公司对 A 设备分交付阶段和安装调试阶段进行验收。各阶段一经乙公司验收,控制权正式由甲公司转移给乙公司。20×8 年 12 月 31 日,甲公司已向乙公司交付 A 设备,A 设备价款为17 000万元;20×9 年 4 月 30 日,甲公司应负责完成对 A 设备的安装调试,安装调试费2 000万元;20×9 年 6 月 30 日,甲公司应负责完成对乙公司 A 设备操作人员的培训,培训费1 000万元。

合同执行后,截至 20×8 年 12 月 31 日,甲公司已将 A 设备交付乙公司并经乙公司验收合格,A 设备生产成本为12 000万元,尚未开始安装调试。

甲公司考虑到 A 设备安装调试没有完成,在 20×8 年财务报表中将库存商品转入发出商品,没有对销售 A 设备确认营业收入。

(2)20×8 年 12 月 31 日,与丙公司签订了一份销售合同,约定甲公司采用分期收款方式向丙公司销售 B 设备 1 套,价款为3 000万元,分 6 次于以后的 3 年内等额收取(每半年末收款一次)。

B 设备生产成本为2 600万元,在现销方式下,该设备的销售价格为2 900万元。20×8 年 12 月 31 日,甲公司将 B 设备运抵丙公司且经丙公司验收合格。

甲公司在 20×8 年财务报表中确认收入3 000万元和结转已售商品成本2 600万元。

(3)8 月 1 日,与丁公司签订了一份销售合同,约定向丁公司销售 C 设备 1 台,销售价格为8 000万元。

9 月 30 日,甲公司将 C 设备运抵丁公司并办妥托收承付手续。C 设备生产成本为4 000万元,售价为8 000万元。11 月 6 日,甲公司收到丁公司书面函件,称其对 C 设备试运行后,发现 1 项技术指标没有完全达到合同规定的标准,影响了设备质量要求退货。甲公司认为，该设备本身不存在质量问题，相关指标未达到合同规定标准不影响设备使用。至甲公司对外披露20×8年年报时，双方仍有争议，拟请相关专家进行质量鉴定。

甲公司认为C设备已发出，办妥托收承付手续，且不存在质量问题。在20×8年财务报表中就C设备销售确认了营业收入8 000万元，同时结转营业成本4 000万元。

(4)9月1日，与戊公司签订了一份安装工程劳务合同，约定负责为公司安装D设备1套，合同金额为500万元，合同期限12个月。截至20×8年12月31日，甲公司实际发生安装工程成本180万元，但对该项安装工程的完工进度无法做出可靠估计。甲公司仍按合同规定履行自己的义务，戊公司也承诺继续按合同规定履行其义务。甲公司在20×8年财务报表中将发生的安装工程成本180万元全部计入了当期费用，未确认营业收入。

(5)20×8年12月，甲公司与W公司订立一项装修一幢3层建筑并安装新电梯的合同，合同总价为1 000万元。已承诺的装修服务(包括电梯安装，假定电梯毛利为0)是一项在一段时间内履行的履约义务。预计总成本为800万元(包括电梯成本300万元)。甲公司在电梯转让给W公司前获得对电梯的控制。甲公司使用投入法基于已发生的成本来计量其履约义务的履约进度。W公司在20×8年12月31日将电梯运抵该建筑物时获得对电梯的控制，电梯直至20×9年6月才安装完成。甲公司未参与电梯的设计与安装。

甲公司认为电梯未安装，未确认电梯的收入。

(6)20×8年10月1日甲公司与K公司签订了定制合同，为其生产制造一台大型设备，合同收入2 000万元，合同期限2个月。20×8年12月1日生产完工并经K公司验收合格，K公司支付了2 000万元货款，该大型设备成本为1 500万元。由于K公司的原因，该产品尚存放于甲公司。甲公司确认收入2 000万元和结转已售商品成本1 500万元。

假定不考虑增值税等其他因素。

要求：根据上述资料，分别分析、判断甲公司的上述会计处理是否正确，简要说明不正确的理由，如不正确，说明正确的会计处理。

案例解析：

事项(1)甲公司的会计处理不正确。

理由：甲公司与乙公司签订的合同包括三项履约义务，即销售商品、设备安装调试和设备操作人员培训。甲公司应分别确认销售商品收入、设备安装调试收入和操作人员培训收入。20×8年12月31日，甲公司已向乙公司交付A设备，A设备控制权已由甲公司转移给了乙公司，应当确认A设备销售收入。

正确处理：甲公司应在20×8年确认销售A设备营业收入17 000万元，同时结转营业成本12 000万元。

事项(2)甲公司的会计处理不正确。

理由:该项业务系具有融资性质的分期收款销售,应按现销价2 900万元确认收入。

正确处理:甲公司在20×8年财务报表中确认收入2 900万元和结转已售商品成本2 600万元。

事项(3)甲公司的会计处理不正确。

理由:因客户丁公司要求退货,表明甲公司未将商品的控制权转移给丁公司,不应确认相关销售收入。

正确处理:甲公司不应对C设备销售确认营业收入和结转营业成本。甲公司应将库存商品4 000万元转入发出商品。

事项(4)甲公司的会计处理不正确。

理由:当履约进度不能合理确定时,企业已经发生的成本预计能够得到补偿的,应当按照已经发生的成本金额确认收入,甲公司应按预计能够收回的安装工程成本金额确认营业收入和结转营业成本。

正确处理:甲公司应在20×8年就该项安装工程确认营业收入180万元,同时结转营业成本180万元。

事项(5)甲公司的会计处理不正确。

理由:电梯的控制权已转移给W公司,符合收入确认条件。

正确处理:甲公司应针对电梯应确认收入300万元,同时结转销售成本300万元。

事项(6)甲公司的会计处理正确。

【复习思考及实务训练】

一、名词解释

收入　费用　利润　合同　履约义务　交易价格

销售折让　销售退回　管理费用　净利润　所得税费用

递延所得税

二、思考题

1. 费用、成本与支出有哪些联系和区别?
2. 确认收入的条件是什么?
3. 确认收入的时间是什么
4. 如何确定商品交易价格?
5. 收入的五步法模型是什么?
6. 如何确认所得税费用?

三、选择题

1. 企业应当在履行了合同中的履约义务,即在(　　)时确认收入。

A. 签订合同　　B. 发出商品

C. 客户取得相关商品控制权　　D. 风险报酬转移

2. 依据收入准则的规定,在确定交易价格时,不属于企业应当考虑的因素是(　　)。

A. 可变对价　　B. 应收客户款项

C. 非现金对价　　D. 合同中存在的重大融资成分

3. 甲公司下列经济业务中,应作为主要责任人的是(　　)。

A. 甲公司从X航空公司购买折扣机票,对外销售时,可自行决定售价,但未出售机票不能退回X航空公司

B. 甲公司从X航空公司购买折扣机票,对外销售时,X航空公司决定机票售价,未出售机票由X航空公司收回

C. 甲公司运营某一购物网站,由零售商负责商品定价、发货及售后服务等,甲公司仅收取一定手续费用

D. 甲公司经营的商场中设立有M品牌服装专柜,M品牌服装经销商自行决定商品定价、销售等情况,按年支付商场经营费用,甲公司无权干预M专柜的经营活动

4. 甲公司同意为乙公司设计一种实验性的新产品并生产该产品的10个样品。产品规格包含尚未得到证实的功能。下列表述中正确的是(　　)。

A. 设计服务构成单项履约义务

B. 生产10件样品构成单项履约义务

C. 设计与生产两项服务构成单项履约义务

D. 设计服务与生产服务可明确区分

5. 下列项目中,属于在某一时点确认收入的是(　　)。

A. 酒店管理服务

B. 为客户建造办公大楼

C. 企业履约过程中所产出的商品具有不可替代用途,且该企业在整个合同期间内有权就累计至今已完成的履约部分收取款项

D. 为客户定制的具有可替代用途的产品

6. 甲公司以每件200元的价格向其客户销售50件产品,收到10 000元的货款。按照销售合同,客户有权在30天内退回任何没有损坏的产品,并得到全额现金退款。每件产品的成本为150元。甲公司预计会有3件(即6%)产品被退回,而且即使估算发生后续变化,也不会导致大量收入的转回。甲公司预计收回产品的成本不会太大,并认为再次出售产品时还能获得利润。甲公司销售50件产品应确认的收入为(　　)元。

A. 10 000　　B. 9 400　　C. 0　　D. 2 500

7. A 公司为一家篮球俱乐部，20×9 年 1 月与 B 公司签订合同，约定 B 公司有权在未来两年内在其生产的水杯上使用 A 公司球队的图标，A 公司收取固定使用费 420 万元，以及按照 B 公司当年销售额的 10%计算提成。B 公司预期 A 公司会继续参加当地联赛，并取得优异成绩。B 公司 20×9 年实现销售收入 200 万元。假定不考虑其他因素，A 公司 20×9 年应确认收入的金额为(　　)万元。

A. 230　　B. 0　　C. 210　　D. 420

8. 甲公司为一家会员制健身会所。20×9 年 1 月与客户签订为期 3 年的健身合同，约定自合同签订日起客户有权在该健身会所健身，除签订合同日客户需支付的 3 年年费 2 700元外，甲公司额外收取 30 元会员费，作为为客户定制健身卡的工本费及注册登记等初始活动的补偿，无论客户是否在未来期间进行健身活动，甲公司收取的年费及会员费均无需退还，假定不考虑其他因素，甲公司 20×9 年应确认的收入金额为(　　)元。

A. 2 700　　B. 2 730　　C. 910　　D. 30

9. 20×8 年 7 月 1 日，甲公司对外提供两份期限均为 1 年的劳务合同。第一份合同金额 300 万元，20×8 年度发生的劳务成本为 160 万元，预计已发生的劳务成本能得到补偿的金额为 120 万元。第二份合同金额 100 万元，20×8 年度发生的劳务成本为 60 万元，因客户陷入严重财务危机，预计已发生的劳务成本全部不能得到补偿。假设 20×8 年均无法可靠地估计两份合同的劳务结果，则甲公司 20×8 年度该两份劳务合同应确认的收入为(　　)万元。

A. 120　　B. 180　　C. 60　　D. 40

10. 下列交易或事项中，不影响企业当期利润表中营业利润金额的是(　　)。

A. 计提存货跌价准备

B. 出售原材料并结转成本

C. 按产品销售数量支付专利技术转让费

D. 固定资产报废发生的净损失

【参考答案】

1. C　2. B　3. A　4. C　5. D　6. B　7. A　8. C　9. A　10. D

四、计算及实务题

1. 甲公司以及与其发生交易的各公司均为增值税一般纳税人，销售或进口货物适用的增值税税率均为 13%，以下事项中销售价格均不含增值税。甲公司 20×8 年发生如下经济业务：

(1)1 月 1 日，甲公司与乙公司签订协议，向乙公司销售商品，成本为 90 万元，增值税专用发票上注明销售价格为 110 万元、增值税税额为 14.3 万元。协议规定，甲公司应在当年5月31日将所售商品购回，回购价为120万元，另需支付增值税税额19.2万元。假定商品已发出且货款已实际收付。

(2)1月2日，甲公司与丙公司签订分期收款销售合同，向丙公司销售产品50件，单位成本0.072万元，单位售价0.1万元。根据合同规定：丙公司可享受20%的商业折扣；丙公司应在甲公司向其交付产品时，首期支付价款和增值税税额之和的30%，其余款项分2个月(包括购货当月)于每月月末等额支付。甲公司发出产品并按规定开具增值税专用发票一张，丙公司如约支付首期货款和以后各期货款。

假设不考虑甲公司发生的其他经济业务以及除增值税以外的其他因素，所售商品均未发生减值。

要求：

(1)判断甲公司向乙公司销售商品是否应确认收入并说明理由，编制甲公司1月份向乙公司销售商品有关的会计分录。

(2)编制甲公司1月份向丙公司销售商品有关的会计分录。

2. 甲公司为一家建筑工程公司，20×7年至20×8年发生如下业务：

(1)20×7年1月1日，与乙公司签订一项固定造价合同，为乙公司建造一栋厂房。合同总价款为1 200万元，甲公司预计总成本为900万元，预计工期为3年。至20×7年末，甲公司已实际发生成本450万元。

(2)20×7年7月1日，与丙公司签订一项固定造价合同，为丙公司建造一栋写字楼。合同总价款为1 000万元，甲公司预计总成本为800万元，预计工期为2.5年。至20×7年末，甲公司为建造该工程，共发生成本300万元。

(3)20×8年1月1日，由于乙公司需求变化，因此与甲公司协商，变动其厂房中某车间的结构。为此，乙公司同意追加合同价款120万元，甲公司预计成本将增加100万元。至20×8年末，甲公司实际发生成本350万元。

(4)20×8年1月1日，由于甲公司工程质量良好，因此丙公司与甲公司协商，继续由甲公司承建其厂区内职工宿舍的建造，追加一项合同义务，总价款为580万元，预计总成本500万元，预计工期1.5年。至20×8年末，甲公司为建造写字楼发生工程成本400万元，为建造职工宿舍工程发生成本200万元。

假定以上建造服务均属于在某一时段内履行的履约义务，并根据累计发生的合同成本占合同预计成本的比例确定履约进度。

(1)根据资料(1)(2)，计算甲公司20×7年末因两项建造业务分别应确认的收入和结转成本的金额。

(2)简述甲公司与乙公司工程合同变更的会计处理原则，并计算合同变更日和20×8年末应确认或调整收入、成本的金额。

(3)简述甲公司与丙公司工程合同变更的会计处理原则，并计算合同变更日和20×8

年末应确认或调整收入、成本的金额。

【参考答案】(分录单位:万元)

1.

(1)甲公司向乙公司销售商品不应确认收入。

理由:因与商品有关的控制权没有转移,不应确认收入。因回购价大于售价,所以按融资交易处理。

会计分录如下:

①1月1日:

借:银行存款 124.3

贷:其他应付款 110

应交税费——应交增值税(销销项税额) 14.3

借:发出商品 90

贷:库存商品 90

②1月31日:

借:财务费用 2[(120－110)/5]

贷:其他应付款 2

(2)

①1月2日:

甲公司向丙公司的销售虽然采用分期收款,但该项收款不具有融资性质,甲公司应根据单位售价扣除商业折扣后的金额为基础确认销售收入,应确认主营业务收入＝50×0.1×(1－20％)＝4(万元)。

会计分录如下:

借:银行存款 0.904(4×1.13×20％)

应收账款 3.616(4×1.13×80％)

贷:主营业务收入 4[50×0.1×(1－20％)]

应交税费——应交增值税(销项税额) 0.52

借:主营业务成本 3.6(50×0.072)

贷:库存商品 3.6

②1月31日:

借:银行存款 1.808(3.616/2)

贷:应收账款 1.808

2.

(1)乙公司建造业务＝450/900×100％＝50％，应确认收入＝1 200×50％＝600 万元，应结转成本＝900×50％＝450 万元。

(2)丙公司建造业务履约进度＝300/800×100％＝37.5％，应确认收入＝1000×37.5％＝375 万元，应结转成本＝800×37.5％＝300 万元。

(3)甲公司该项合同变更没有增加可明确区分的商品及合同价款，且在合同变更日已转让商品与未转让商品之间不可明确区分的，应当将该合同变更部分作为原合同的组成部分，在合同变更日重新计算履约进度，并调整当期收入和相应成本等。

20×8 年初，变更后合同交易价格＝1 200＋120＝1 320 万元，变更后合同总成本＝900＋100＝1 000 万元，调整后的履约进度＝450/1 000×100％＝45％，应调整收入＝1 320×45％－600＝－6 万元，应调整成本＝1 000×45％－450＝0。

20×8 年末，履约进度＝(450＋350)/1 000×100％＝80％，应确认收入＝1 320×80％－(600－6)＝462 万元，应确认成本＝1 000×80％－450＝350 万元。

(4)甲公司该项合同变更增加了可明确区分的商品及合同价款，且新增合同价款反映了新增商品单独售价的，应当将该合同变更作为一份单独的合同进行会计处理。

合同变更日不需要处理。

20×8 年末写字楼合同履约进度＝(400＋300)/800×100％＝87.5％，应确认收入＝1 000×87.5％－375＝500 万元，应结转成本＝800×87.5％－300＝400 万元；

职工宿舍合同履约进度＝200/500×100％＝40％，应确认收入＝580×40％＝232 万元，应结转成本＝500×40％＝200 万元。

第十四章　财务报告

【学习目标】

- 理解财务报告的定义、构成及列报的基本要求
- 掌握资产负债表的内容、结构及编制方法
- 掌握利润表的内容、结构及编制方法
- 掌握现金流量表的内容、结构及编制方法
- 掌握所有者权益变动表的内容、结构及编制方法
- 掌握附注的主要内容

【思维导图】

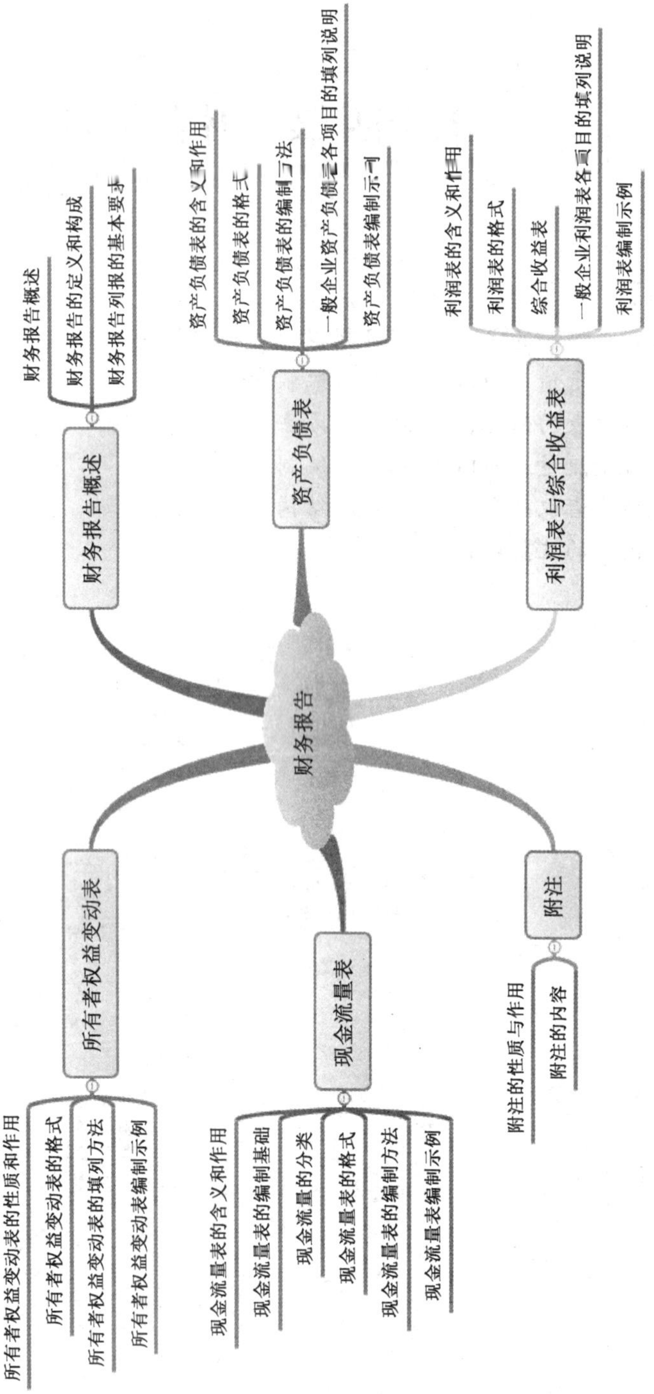

图 14-1　思维导图

第一节 财务报告概述

财务报告，是指企业对外提供的反映企业特定日期的财务状况和某一会计期间的经营成果、现金流量等会计信息的文件。财务报告包括财务报表和其他应当在财务报告中披露的相关信息和资料。

一、财务报表的定义和构成

财务报表是对企业财务状况、经营成果和现金流量的结构性表述。财务报表至少应当包括下列组成部分(四表一注)：(1)资产负债表；(2)利润表；(3)现金流量表；(4)所有者权益(或股东权益，下同)变动表；(5)附注。财务报表的这些组成部分具有同等重要的程度。

财务报表可以按照不同的标准进行分类：

(1)按财务报表编报期间的不同，可以分为中期财务报表和年度财务报表。中期财务报表是以短于一个完整会计年度的报告期间为基础编制的财务报表，包括月报、季报和半年报等。

(2)按财务报表编报主体的不同，可以分为个别财务报表和合并财务报表。个别财务报表是由企业在自身会计核算基础上对账簿记录进行加工而编制的财务报表，它主要用以反映企业自身的财务状况、经营成果和现金流量情况。合并财务报表是以母公司和子公司组成的企业集团为会计主体，根据母公司和所属子公司的财务报表，由母公司编制的综合反映企业集团财务状况、经营成果及现金流量的财务报表(见高级财务会计“合并财务报表”)。

二、财务报表列报的基本要求

(一)依据各项会计准则确认和计量的结果编制财务报表

企业应当根据实际发生的交易和事项，遵循《企业会计准则——基本准则》、各项具体会计准则的规定进行确认和计量，并在此基础上编制财务报表。同时，企业不应以在附注中披露代替对交易和事项的确认和计量，不恰当的确认和计量也不能通过充分披露相关会计政策而纠正。此外，如果按照各项会计准则规定披露的信息不足以让报表使用者了解特定交易或事项对企业财务状况和经营成果的影响时，企业还应当披露其他的必要信息。

(二)列报基础

持续经营是会计的基本前提，也是会计确认、计量及编制财务报表的基础。在编制财务报表的过程中，企业管理层应当利用其所有可获得信息来评价企业自报告期末起至少

12 个月的持续经营能力。

（三）权责发生制

除现金流量表按照收付实现制编制外，企业应当按照权责发生制编制其他财务报表。

（四）列报的一致性

可比性是会计信息质量的一项重要质量要求，目的是使同一企业不同期间和同一期间不同企业的财务报表相互可比。为此，财务报表项目的列报应当在各个会计期间保持一致，不得随意变更。这一要求不仅只针对财务报表中的项目名称，还包括财务报表项目的分类、排列顺序等方面。

（五）依据重要性原则单独或汇总列报项目

关于项目在财务报表中是单独列报还是汇总列报，应当依据重要性原则来判断。总的原则是，如果某项目单个看不具有重要性，则可将其与其他项目汇总列报；如具有重要性，则应当单独列报。

（六）财务报表项目金额间的相互抵销

财务报表项目应当以总额列报，资产和负债、收入和费用、直接计入当期利润的利得和损失项目的金额不能相互抵销，即不得以净额列报，但企业会计准则另有规定的除外。比如，企业欠客户的应付款不得与其他客户欠本企业的应收款相抵销，如果相互抵销就掩盖了交易的实质。

（七）比较信息的列报

企业在列报当期财务报表时，至少应当提供所有列报项目上一个可比会计期间的比较数据，以及与理解当期财务报表相关的说明，目的是向报表使用者提供对比数据，提高信息在会计期间的可比性，以反映企业财务状况、经营成果和现金流量的发展趋势，提高报表使用者的判断与决策能力。列报比较信息的这一要求适用于财务报表的所有组成部分，即既适用于四张报表，也适用于附注。

（八）财务报表表首的列报要求

财务报表一般分为表首、正表两部分，其中，企业应当在表首部分概括地说明下列基本信息：①编报企业的名称；②对资产负债表而言，应当披露资产负债表日，对利润表、现金流量表、所有者权益变动表而言，应当披露报表涵盖的会计期间；③货币名称和单位，按照我国企业会计准则的规定，企业应当以人民币作为记账本位币列报，并标明金额单位，如人民币元、人民币万元等；④财务报表是合并财务报表的，应当予以标明。

（九）报告期间

企业至少应当按年编制财务报表。根据《中华人民共和国会计法》的规定，会计年度自公历 1 月 1 日起至 12 月 31 日止。因此，在编制年度财务报表时，可能存在年度财务报表涵盖的期间短于一年的情况，比如企业在年度中间（如 3 月 1 日）开始设立等。在这种情况下，企业应当披露年度财务报表的实际涵盖期间及其短于一年的原因，并说明由此引起财务报表项目与比较数据不具可比性这一事实。

【讨论与思考】

我国财政部于2017年12月25日发布通知(财会〔2017〕30号)对一般企业财务报表格式进行了修订,要求企业应当按照企业会计准则和本通知要求编制2017年度及以后期间的财务报表。

不到半年,财政部又于2018年6月15日发布通知(财会〔2018〕15号)对一般企业财务报表格式进行了重大修订,要求尚未执行新金融准则、新收入准则的企业和已执行新金融准则、新收入准则的企业分别按新通知编制财务报表。同时废止2017年12月25日发布的《关于修订印发一般企业财务报表格式的通知》(财会〔2017〕30号)。

为什么财政部在短期内对财务报表的格式规定连续进行修订和要求?

第二节 资产负债表

一、资产负债表的含义和作用

资产负债表是反映企业某一特定日期财务状况的报表,是反映企业在资产负债表日(报告期末)的全部资产、负债和所有者权益情况的一种报表。

资产负债表是根据"资产=负债+所有者权益"这一会计基本等式编制的,主要包括以下内容:

(1)企业所拥有的各种经济资源(资产);

(2)企业所负担的债务(负债),以及企业的偿债能力(包括短期与长期的偿债能力);

(3)企业所有者在企业里所持有的权益(所有者权益)。

二、资产负债表项目的分类和排列

为了帮助报表使用者分析、解释和评价资产负债表所提供的信息,需要对资产负债表上的项目,按照它们的共同特征进行适当分类与排列。一般来说,在资产负债表上:

资产按其流动性大小顺序排列,即先流动资产,后非流动资产;

负债按其清偿时间的先后顺序排列,即先列示偿还时间短的流动负债,再列示偿还时间长的非流动负债;

所有者权益则按其永久性递减的顺序排列。

三、资产负债表的格式

资产负债表的列报格式一般有两种:报告式(垂直式)和账户式。

（一）报告式（垂直式）资产负债表

报告式（垂直式）资产负债表将资产、负债和所有者权益项目采用垂直分列的形式。一般按"资产＝负债＋所有者权益"的等式，即上半部分列示资产、下半部分列示负债和所有者权益，如表14－1。

表14－1　　资产负债表（报告式）简表

编制单位：甲公司　　20×8年12月31日　　单位：元

项　目	期末数	年初数
资产		
⋮		
资产合计	11 520 960	
负债		
⋮		
负债合计	5 211 360	
所有者权益		
⋮		
所有者权益合计	6 309 600	

说明：此表为简化形式。

（二）账户式资产负债表

账户式资产负债表是按照"T"字型账户的形式，将资产负债表分为左、右两方，左方列示资产，右方列示负债和所有者权益，左右两方的合计数相等（如表14－2）。

表14－2　　资产负债表（账户式）

编制单位：甲公司　　2018年12月31日　　单位：元

资　产	期末余额	年初余额	负债和所有者权益（或股东权益）	期末余额	年初余额
流动资产：			流动负债：		
货币资金	864 080		短期借款	800 000	
交易性金融资产	884 000		交易性金融负债	0	
衍生金融资产	0		衍生金融负债	0	
应收票据及应收账款	586 480		应付票据及应付账款	1 532 000	
预付款项	0		预收款项	78 000	
其他应收款	400		合同负债	0	

续表

资　产	期末余额	年初余额	负债和所有者权益（或股东权益）	期末余额	年初余额
存货	976 000		应付职工薪酬	11 720	
合同资产	0		应交税费	9 640	
持有待售资产	0		其他应付款	0	
一年内到期的非流动资产	0		持有待售负债	0	
其他流动资产	0		一年内到期的非流动负债	0	
流动资产合计	3 310 960		其他流动负债	0	
非流动资产：			流动负债合计	2 431 360	
债权投资	0		非流动负债：		
其他债权投资	51 600		长期借款	2 780 000	
长期应收款	0		应付债券	0	
长期股权投资	1 340 000		长期应付款	0	
其他权益工具投资	400 000		预计负债	0	
其他非流动金融资产	0		递延收益	0	
投资性房地产	0		递延所得税负债	0	
固定资产	4 732 000		其他非流动负债	0	
在建工程	1 106 000		非流动负债合计	2 780 000	
生物性生物资产	0		负债合计	5 211 360	
油气资产	0		所有者权益（或股东权益）：		
无形资产	480 000		实收资本（或股本）	6 000 000	
开发支出	0		其他权益工具	0	
商誉	0		资本公积	0	
长期待摊费用	0		减：库存股	0	
递延所得税资产	100 400		其他综合收益	0	
其他非流动资产	0		盈余公积	217 420	
非流动资产合计	8 210 000		未分配利润	92 180	
			所有者权益（或股东权益）合计	6 309 600	
资产总计	11 520 960		负债和所有者权益（或股东权益）总计	11 520 960	

四、资产负债表的编制方法

资产负债表中资产、负债和所有者权益类各项目的填列方法一般可归纳为以下几类情况。

(一)根据总账账户的余额直接填列

主要包括“其他权益工具投资”“递延所得税资产”“长期待摊费用”“短期借款”“持有待售负债”“预计负债”“递延收益”“递延所得税负债”“实收资本(或股本)”“其他权益工具”“库存股”“资本公积”“其他综合收益”“盈余公积”等项目,应根据有关总账账户的余额填列。长期待摊费用摊销年限(或期限)只剩一年或不足一年的,或者预计在一年内(含一年)进行摊销的部分,仍在“长期待摊费用”项目中列示,不转入“一年内到期的非流动资产”项目。

(二)根据若干个总账账户的期末余额计算填列

如“货币资金”项目,应根据“库存现金”“银行存款”“其他货币资金”三个总账科目余额的合计数填列。“其他应付款”项目,应根据“其他应付款”“应付股利”“应付利息”总账账户期末余额之和填列。

(三)根据有关明细账户的余额分析计算填列

主要包括“交易性金融资产”“开发支出”“交易性金融负债”“应付票据及应付账款”“预收账款”“应交税费”“应付职工薪酬”“长期借款”“应付债券”“未分配利润”等项目,应根据有关明细账户的期末余额分析计算填列。

(四)根据总账账户和明细账户的余额分析计算填列

主要包括:“其他债权投资”“一年内到期的非流动资产”和“长期应收款”;“一年内到期的非流动负债”和“长期借款”“应付债券”“长期应付款”“其他流动资产”“其他流动负债”“其他非流动负债”等项目,均应根据有关总账账户和明细账户的余额分析计算填列。

(五)根据有关账户余额减去其备抵账户余额后的净额填列

主要包括:“其他应收款”“持有待售资产”“债权投资”“长期股权投资”“长期应收款”“投资性房地产”“固定资产”“无形资产”“在建工程”“生产性生物资产”“油气资产”“商誉”等项目,均应根据有关总账账户的期末余额减去“减值准备”等相关备抵账户余额后的净额填列。

(六)综合运用上述填列方法分析填列

主要包括:“应收票据及应收账款”“预付账款”“合同资产”“合同负债”“存货”等项目,均应根据有关总账账户或明细账户的期末余额分析计算并减去相关“减值准备”后的金额填列。

【特别提示】:根据《关于修订印发2018年度一般企业财务报表格式的通知》(财会〔2018〕15号),以上项目有一些合并变化:

将原“应收票据”及“应收账款”行项目整合为“应收票据及应收账款”；
将原“应收利息”及“应收股利”行项目归并至“其他应收款”；
将原“固定资产清理”行项目归并至“固定资产”；
将原“工程物资”行项目归并至“在建工程”；
将原“应付票据”及“应付账款”行项目整合为“应付票据及应付账款”项目；
将原“应付利息”及“应付股利”行项目归并至“其他应付款”；
将原“专项应付款”行项目归并至“长期应付款”。

五、一般企业资产负债表各项目的填列说明

(1)“货币资金”项目，反映资产负债表日企业库存现金、银行结算户存款、外埠存款、银行汇票存款、银行本票存款、信用卡存款、信用证保证金存款等的合计数。本项目应根据“库存现金”“银行存款”“其他货币资金”账户期末余额的合计数填列。

(2)“交易性金融资产”项目，反映资产负债表日企业分类为以公允价值计量且其变动计入当期损益的金融资产，以及企业持有的直接指定为以公允价值计量且其变动计入当期损益的金融资产的期末账面价值。本项目应根据“交易性金融资产”账户的相关明细账户期末余额分析填列。自资产负债表日起超过 1 年到期且预期持有超过 1 年的以公允价值计量且其变动计入当期损益的非流动金融资产的期末账面价值，在“其他非流动金融资产”项目反映。

(3)“衍生金融资产”项目，反映资产负债表日企业持有的衍生金融资产的期末账面价值。本项目应根据“衍生金融资产”账户的期末余额填列。

(4)“应收票据及应收账款”项目，反映资产负债表日以摊余成本计量的、企业因销售商品、提供劳务等经营活动应收取的款项以及收到的商业汇票(包括银行承兑汇票和商业承兑汇票)。本项目应根据“应收票据”账户期末余额与“应收账款”“预收账款”账户所属明细账户的期末借方余额之和，减去“坏账准备”账户中相关坏账准备期末余额后的金额填列。

(5)“预付款项”项目，反映资产负债表日企业按照购货合同规定预付给供应单位的款项等。本项目应根据“预付账款”和“应付账款”账户所属各明细账户的期末借方余额的合计数，减去“坏账准备”账户中有关预付款项计提的坏账准备期末余额后的金额填列。如“预付账款”账户所属各明细账户期末有贷方余额的，应在资产负债表“应付票据及应付账款”项目内填列。

(6)“其他应收款”项目，反映资产负债表日企业除应收票据、应收账款、预付账款等经营活动以外的其他各种应收、暂付的款项。本项目应根据“应收利息”“应收股利”和“其他应收款”账户的期末余额合计数，减去“坏账准备”账户中相关坏账准备期末余额后的金额填列。

(7)“存货”项目，反映资产负债表日企业在库、在途和在加工中的各种存货的可变现净值。本项目应根据“材料采购”“原材料”“库存商品”“发出商品”“周转材料”“委托加工物资”“生产成本”“受托代销商品”等账户的期末余额及“合同履约成本”账户所属明细账户中初始确认时摊销期限不超过一年或一个正常营业周期的期末余额合计，减去“受托代销商品款”“存货跌价准备”账户期末余额及“合同履约成本减值准备”账户中相应的期末余额后的金额填列。如原材料采用计划成本核算，以及库存商品采用计划成本核算或售价金额核算的企业，还应按加或减“材料成本差异”“商品进销差价”账户期末余额后的金额填列。

(8)“合同资产”项目，反映资产负债表日企业已向客户转让商品而有权收取对价的权利，且该权利取决于时间流逝之外的其他因素。本项目应根据“合同资产”明细账户的期末余额分析计算填列，同一合同下的合同资产和合同负债应当以净额列示。其中净额为借方余额的，应根据其流动性在“合同资产”或“其他非流动资产”项目中填列，已计提减值准备的，还应根据减去“合同资产减值准备”账户中相应的期末余额后的金额填列，其中净额为贷方余额的，应根据其流动性在“合同负债”或“其他非流动负债”项目中填列。

(9)“持有待售资产”项目，反映资产负债表日企业划分为持有待售的非流动资产（如划分为持有待售的固定资产、无形资产、长期股权投资等）及划分为持有待售类别的处置组中的流动资产和非流动资产的期末账面价值。本项目应根据“持有待售资产”账户的期末余额，减去“持有待售资产减值准备”账户的期末余额后的金额填列。

(10)“一年内到期的非流动资产”项目，反映资产负债表日企业将于一年内到期的非流动资产项目金额。本项目应根据“长期应收款”等有关账户的明细账户期末余额分析计算填列。

(11)“其他流动资产”项目，反映资产负债表日企业除货币资金、交易性金融资产、应收票据、应收账款、存货等流动资产以外的其他流动资产。本项目应根据有关账户的期末余额分析计算填列。“应收退货成本”账户中在一年或一个正常营业周期内出售的应收退货成本，以及“合同取得成本”账户的明细账户初始确认时摊销期限不超过一年或一个正常营业周期的，其期末余额在本项目中填列；已计提减值准备的，则应根据减去“合同取得成本减值准备”账户中相关的期末余额后的金额填列。

(12)“债权投资”项目，反映资产负债表日企业以摊余成本计量的长期债权投资的期末账面价值。本项目应根据“债权投资”账户的相关明细账户期末余额，减去“债权投资减值准备”账户中相关减值准备的期末余额后的金额分析填列。自资产负债表日起一年内到期的长期债权投资的期末账面价值，在“一年内到期的非流动资产”项目反映。企业购入的以摊余成本计量的一年内到期的债权投资的期末账面价值，在“其他流动资产”项目反映。

(13)“其他债权投资”项目，反映资产负债表日企业分类为以公允价值计量且其变动计入其他综合收益的长期债权投资的期末账面价值。本项目应根据“其他债权投资”账户的相关明细账户期末余额分析填列。自资产负债表日起一年内到期的长期债权投资的期末账面价值，在“一年内到期的非流动资产”项目反映。企业购入的以公允价值计量且其变动计入其他综合收益的年内到期的债权投资的期末账面价值，在“其他流动资产”项目反映。

(14)“长期应收款”项目，反映资产负债表日企业融资租赁产生的应收款项和采用递延方式具有融资性质的销售商品和提供劳务等产生的长期应收款项等的期末账面价值。本项目应根据“长期应收款”账户的期末余额，减去相应的“未实现融资收益”账户和“坏账准备”账户中有关长期应收款计提的坏账准备期末余额后的金额填列。如“长期应收款”账户余额中包含有一年内到期的金额，则应按扣除该部分之后的金额填列。

(15)“长期股权投资”项目，反映资产负债表日企业持有的对子公司、联营企业和合营企业的长期股权投资的期末账面价值。本项目应根据“长期股权投资”账户的期末余额，减去“长期股权投资减值准备”账户期末余额后的金额填列。

(16)“其他权益工具投资”项目，反映资产负债表日企业指定为以公允价值计量且其变动计入其他综合收益的非交易性权益工具投资的期末账面价值。本项目应根据“其他权益工具投资”账户的期末余额填列。

(17)“其他非流动金融资产”项目，反映自资产负债表日起超过一年到期且预期持有超过一年的以公允价值计量且其变动计入当期损益的非流动金融资产的期末账面价值。本项目应根据“交易性金融资产”账户的相关明细账户期末余额分析填列。

(18)“投资性房地产”项目，反映资产负债表日企业持有的投资性房地产的期末账面价值。企业采用成本模式计量投资性房地产的，本项目应根据“投资性房地产”账户的期末余额，减去“投资性房地产累计折旧(摊销)”和“投资性房地产减值准备”账户期末余额后的金额填列；企业采用公允价值模式计量投资性房地产的，本项目应根据“投资性房地产”账户的期末余额直接填列。

(19)“固定资产”项目，反映资产负债表日企业固定资产的期末账面价值和企业尚未清理完毕的固定资产清理净损益。本项目应根据“固定资产”账户的期末余额，减去“累计折旧”和“固定资产减值准备”账户的期末余额后的金额，以及“固定资产清理”账户的期末余额计算填列。

(20)“在建工程”项目，反映资产负债表日企业尚未达到预定可使用状态的在建工程的期末账面价值和企业为在建工程准备的各种物资的期末账面价值。本项目应根据“在建工程”账户的期末余额，减去“在建工程减值准备”账户的期末余额后的金额；以及“工程物资”账户的期末余额，减去“工程物资减值准备”账户的期末余额后的金额填列。

(21)“生产性生物资产”项目，反映资产负债表日企业持有的生产性生物资产的期末账面价值。本项目应根据“生产性生物资产”账户的期末余额，减去“生产性生物资产累计折旧”和“生产性生物资产减值准备”账户期末余额后的金额填列。

(22)“油气资产”项目,反映资产负债表日企业持有的矿区权益和油气井及相关设施的原价减去累计折耗和累计减值准备后的净额。本项目应根据“油气资产”账户的期末余额,减去“累计折耗”账户期末余额和相应减值准备后的金额填列。

(23)“无形资产”项目,反映资产负债表日企业持有的无形资产,包括专利权、非专利技术、商标权、著作权、土地使用权等的期末账面价值。本项目应根据“无形资产”账户的期末余额,减去“累计摊销”和“无形资产减值准备”账户期末余额后的金额填列。

(24)“开发支出”项目,反映资产负债表日企业开发无形资产过程中能够资本化但尚未形成无形资产成本的支出部分。本项目应根据“研发支出”账户中所属的“资本化支出”明细账户期末余额填列。

(25)“商誉”项目,反映资产负债表日企业合并中形成的商誉的期末账面价值。本项目应根据“商誉”账户的期末余额,减去“商誉减值准备”账户期末余额后的金额填列。

(26)“长期待摊费用”项目,反映资产负债表日企业已经支付但应由本期和以后各期共同负担的分摊期限在一年以上的各项费用。长期待摊费用中在一年内(含一年)摊销的部分,在资产负债表“一年内到期的非流动资产”项目填列。本项目应根据“长期待摊费用”账户的期末余额减去将于一年内(含一年)摊销的数额后的金额填列。

(27)“递延所得税资产”项目,反映资产负债表日企业确认的可抵扣暂时性差异产生的递延所得税资产的期末账面价值。本项目应根据“递延所得税资产”账户的期末余额填列。

(28)“其他非流动资产”项目,反映企业除长期股权投资、固定资产、在建工程、无形资产等资产以外的其他非流动资产。本项目应根据有关账户的期末余额分析计算填列。“应收退货成本”账户中在一年或一个正常营业周期以上出售的应收退货成本,以及“合同取得成本”和“合同履约成本”账户的明细账户初始确认时摊销期限超过一年或一个正常营业周期的,其期末余额在本项目中填列,已计提减值准备的,则应根据减去“合同取得成本减值准备”和“合同履约成本减值准备”账户中相关的期末余额后的金额填列。

(29)“短期借款”项目,反映资产负债表日企业向银行或其他金融机构等借入的期限在一年以下(含一年)的各种借款。本项目应根据“短期借款”账户的期末余额填列。

(30)“交易性金融负债”项目,反映资产负债表日企业承担的交易性金融负债,以及企业持有的直接指定为以公允价值计量且其变动计入当期损益的金融负债的期末账面价值。本项目应根据“交易性金融负债”账户的相关明细账户期末余额填列。

(31)“衍生金融负债”项目,反映资产负债表日企业承担的衍生金融负债的期末账面价值。本项目应根据“衍生金融负债”账户的期末余额填列。

(32)“应付票据及应付账款”项目,反映资产负债表日企业因购买材料、商品和接受服务等经营活动应支付的款项,以及开出、承兑的商业汇票,包括银行承兑汇票和商业承兑汇票。本项目应根据“应付票据”账户的期末余额，以及“应付账款”和“预付账款”账户所属的相关明细账户的期末贷方余额合计数填列。

(33)“预收款项”项目，反映资产负债表日企业按照购货合同规定预收的客户的款项。本项目应根据“预收账款”和“应收账款”账户所属各明细账户的期末贷方余额合计数填列。如“预收账款”账户所属各明细账户期末有借方余额，应在资产负债表“应收票据及应收账款”项目内填列。

(34)“合同负债”项目，反映资产负债表日企业已收或应收客户对价而应向客户转让商品的义务。本项目应根据“合同负债”明细账户的期末余额分析计算填列，同一合同下的合同资产和合同负债应当以净额列示。其中净额为贷方余额的，应根据其流动性在“合同负债”或“其他非流动负债”项目中填列。

(35)“应付职工薪酬”项目，反映资产负债表日企业根据有关规定应付给职工的工资、职工福利、社会保险费、住房公积金、工会经费、职工教育经费、非货币性福利、辞退福利等各种薪酬，外商投资企业按规定从净利润中提取的职工奖励及福利基金，也在本项目列示。本项目应根据“应付职工薪酬”账户所属明细账户的期末余额分析填列。

(36)“应交税费”项目，反映资产负债表日企业按照税法规定计算应交纳的各种税费，包括增值税、消费税、所得税、资源税、土地增值税、城市维护建设税、房产税、土地使用税、车船使用税、教育费附加等。企业代扣代交的个人所得税，也通过本项目列示。企业所交纳的税金不需要预计应交数的，如印花税、耕地占用税等，不在本项目列示。本项目应根据“应交税费”账户的期末贷方余额填列；如“应交税费”账户期末为借方余额，应以“－”号填列。

(37)“其他应付款”项目，反映资产负债表日企业除应付票据、应付账款、预收款项、应付职工薪酬、应交税费等经营活动以外的其他各项应付、暂收的款项。本项目应根据“应付利息”“应付股利”和“其他应付款”科目的期末余额合计数填列。

(38)“持有待售负债”项目，反映资产负债表日处置组中与划分为持有待售类别的资产直接相关的负债的期末账面价值。本项目应根据“持有待售负债”账户的期末余额填列。

(39)“一年内到期的非流动负债”项目，反映资产负债表日企业非流动负债中将于资产负债表日后一年内到期部分的金额，如将于一年内偿还的长期借款。本项目应根据“长期借款”“应付债券”等有关账户所属明细账户的期末余额分析计算填列。

(40)“其他流动负债”项目，反映资产负债表日企业除短期借款、交易性金融负债、应付票据及应付账款、应付职工薪酬、应交税费等流动负债以外的其他流动负债。本项目应根据有关总账账户及有关账户所属明细账户的期末余额分析计算填列。“预计负债”账户下的“应付退货款”明细账户中在一年或一个正常营业周期内清偿的，也在本项目填列。

(41)“长期借款”项目，反映资产负债表日企业向银行或其他金融机构借入的期限在一年以上(不含一年)的各项借款。本项目应根据“长期借款”账户的期末余额,减去“长期借款”所属明细账户中将在资产负债表日起一年内到期,且企业不能自主地将清偿义务展期的长期借款后的金额计算填列。

(42)“应付债券”项目,反映资产负债表日企业为筹集长期资金而发行的债券本金和利息。本项目应根据“应付债券”账户的期末余额,减去将于一年内偿还的应付债券后的金额填列。

(43)“长期应付款”项目,反映资产负债表日企业除长期借款和应付债券以外的其他各种长期应付款项的期末账面价值。本项目应根据“长期应付款”账户的期末余额,减去相关的“未确认融资费用”账户的期末余额后的金额,以及“专项应付款”账户的期末余额填列。如“长期应付款”账户的期末余额中有将于一年内(含一年)到期的长期应付款,应在“一年内到期的非流动负债”项目内反映。

(44)“预计负债”项目,反映资产负债表日企业因对外提供担保、未决诉讼、产品质量保证重组义务、亏损性合同等确认的预计负债的期末账面价值。本项目应根据“预计负债”账户的期末余额分析填列。对于“预计负债”账户下的“应付退货款”明细账户中超过一年或一个正常营业周期清偿的,也在本项目中填列。

(45)“递延收益”项目,反映资产负债表日企业已收客户对价而应向客户转让商品的义务及总额法下取得的与资产相关的政府补助的期末账面价值。本项目应根据“递延收益”账户的期末余额直接填列。

(46)“递延所得税负债”项目,反映资产负债表日企业确认的应纳税暂时性差异产生的所得税负债的期末账面价值。本项目应根据“递延所得税负债”账户的期末余额填列。

(47)“其他非流动负债”项目,反映资产负债表日企业除长期借款、应付债券等负债以外的其他非流动负债。本项目应根据有关账户的期末余额减去将于一年内(含一年)到期偿还数后的余额填列。非流动负债各项目中将于一年内(含一年)到期的非流动负债,应在“一年内到期的非流动负债”项目内单独反映。

(48)“实收资本(或股本)”项目,反映资产负债表日企业各投资者实际投入的资本(或股本)总额。本项目应根据“实收资本”(或“股本”)账户的期末余额填列。

(49)“其他权益工具”项目,反映资产负债表日企业发行的优先股、永续债等划分为权益工具的金融工具。本项目应根据“其他权益工具”账户的期末余额填列。

(50)“资本公积”项目,反映资产负债表日企业资本公积的期末余额。本项目应根据“资本公积”账户的期末余额填列。

(51)“库存股”项目,反映资产负债表日企业持有尚未转让或注销的本公司股份金额。本项目应根据“库存股”账户的期末余额填列。

(52)“盈余公积”项目,反映资产负债表日企业盈余公积的期末余额。本项目应根据“盈余公积”账户的期末余额填列。

(53)“未分配利润”项目，反映资产负债表日企业尚未分配的利润。本项目1—11月份应根据“本年利润”账户和“利润分配”账户的余额计算填列；年报则应根据“利润分配”账户的余额直接填列。未弥补的亏损在本项目内以“—”号填列。

六、资产负债表编制示例

【例14—1】 甲股份有限公司为增值税一般纳税人，2018年12月31日的资产负债表如表14—2所示，2019年12月31日的科目余额表如表14—3所示。甲公司2019年度除计提资产减值准备导致有关账面价值与计税基础之间产生可抵扣暂时性差异外，其他资产和负债的账面价值与其计税基础均相等。假定甲公司未来很可能获得足够的应纳税所得额用以抵扣可抵扣暂时性差异，适用所得税税率为25%。

表14—3　　　甲公司2019年12月31日科目余额表　　　单位：元

账户名称	借方余额	账户名称	贷方余额
库存现金	16 440	短期借款	1 300 000
银行存款	1 035 360	交易性金融负债	0
交易性金融资产	964 000	应付票据	762 000
应收票据	60 000	应付账款	360 000
应收账款	545 680	预收账款	108 000
坏账准备	—54 560	应付职工薪酬	24 400
预付账款	64 000	应交税费	25 640
应收股利	0	应付利息	0
应收利息	0	应付股利	0
其他应收款	400	其他应付款	0
原材料	310 000	长期借款	3 490 000
周转材料	77 360	应付债券	0
库存商品	853 360	长期应付款	0
发出商品	206 480	专项应付款	0
存货跌价准备	—27 200	预计负债	0
其他权益工具投资	491 600	递延所得税负债	30 000
其他债权投资	0	股本	6 000 000
投资性房地产	0	其他权益工具	0

续表

账户名称	借方余额	账户名称	贷方余额
长期股权投资	1 340 000	资本公积	0
长期应收款	0	库存股	0
固定资产	5 470 560	其他综合收益	30 000
累计折旧	—842 080	盈余公积	258 820
固定资产减值准备	—420 000	利润分配——未分配利润	180 780
在建工程	1 693 600		
工程物资	249 200		
固定资产清理	0		
无形资产	560 000		
累计摊销	—152 000		
研发支出	0		
商誉	0		
长期待摊费用	0		
递延所得税资产	125 440		
合　计	12 569 640	合　计	12 569 640

根据上述资料，甲公司2019年12月31日编制的资产负债表如表14—4所示。

表14—4　　**资产负债表**

编制单位：甲公司　　2019年12月31日　　单位：元

资　产	期末余额	年初余额	负债和所有者权益（或股东权益）	期末余额	年初余额
流动资产：			流动负债：		
货币资金	1 051 800	864 080	短期借款	1 300 000	800 000
交易性金融资产	964 000	884 000	交易性金融负债	0	0
衍生金融资产	0	0	衍生金融负债	0	0
应收票据及应收账款	551 120	586 480	应付票据及应付账款	1 122 000	1 532 000
预付款项	64 000	0	预收款项	108 000	78 000
其他应收款	400	400	合同负债	0	0
存货	1 420 000	976 000	应付职工薪酬	24 400	11 720

续表

资　产	期末余额	年初余额	负债和所有者权益（或股东权益）	期末余额	年初余额
合同资产	0	0	应交税费	25 640	9 640
持有待售资产	0	0	其他应付款	0	0
一年内到期的非流动资产	0	0	持有待售负债	0	0
其他流动资产	0	0	一年内到期的非流动负债	0	0
流动资产合计	4 051 320	3 310 960	其他流动负债	0	0
非流动资产：			流动负债合计	2 580 040	2 431 360
债权投资	0	0	非流动负债：		
其他债权投资	0	51 600	长期借款	3 490 000	2 780 000
长期应收款	0	0	应付债券	0	0
长期股权投资	1 340 000	1 340 000	长期应付款	0	0
其他权益工具投资	491 600	400 000	预计负债	0	0
其他非流动金融资产	0	0	递延收益	0	0
投资性房地产	0	0	递延所得税负债	30 000	0
固定资产	4 210 480	4 732 000	其他非流动负债	0	0
在建工程	1 942 800	1 106 000	非流动负债合计	3 520 000	2 780 000
生产性生物资产	0	0	负债合计	6 100 040	5 211 360
油气资产	0	0	所有者权益(或股东权益)：		
无形资产	408 000	480 000	实收资本(或股本)	6 000 000	6 000 000
开发支出	0	0	其他权益工具	0	0
商誉	0	0	资本公积	0	0
长期待摊费用	0	0	减：库存股	0	0
递延所得税资产	125 440	100 400	其他综合收益	30 000	0
其他非流动资产	0	0	盈余公积	258 820	217 420
非流动资产合计	8 518 320	8 210 000	未分配利润	180 780	92 180
			所有者权益(或股东权益)合计	6 469 600	6 309 600
资产总计	12 569 640	11 520 960	负债和所有者权益(或股东权益)总计	12 569 640	11 520 960

第三节　利润表与综合收益表

一、利润表的含义和作用

利润表是反映企业在某一会计期间的经营成果的一种会计报表。

利润表的作用主要有以下方面:(1)利润表可以反映企业一定会计期间利润的来源和构成情况。在利润表上,要反映企业在一个会计期间的所有收入(广义)和所有费用(广义),并求出报告期的利润额。(2)利用利润表,可以评价一个企业的经营成果和投资效率,分析企业的盈利能力以及预测未来一定时期内的盈利趋势。

二、利润表的格式

利润表的列报格式一般有两种:单步式和多步式。

(一)单步式利润表

单步式利润表是将企业一定时期的所有收入(广义)列在一起,同时将所有费用(广义)列在一起,并分别加以汇总,然后两者相减,一次计算得出企业当期净损益(见表14—5)。

表14—5　　**利润表(单步式)**

编制单位:甲公司　　2018年度　　单位:元

项　目	本期发生额	上期发生额
一、收入		略
营业收入	5 293 600	
投资收益	73 600	
公允价值变动收益	0	
其他收益	0	
资产处置收益	0	
营业外收入	577 280	
收入合计	5 944 480	
二、费用		
营业成本	4 324 600	
税金及附加	93 600	

续表

项　目	本期发生额	上期发生额
销售费用	137 600	
管理费用	204 760	
研发费用	0	
财务费用	42 440	
资产减值损失	42 800	
信用减值损失	0	
营业外支出	600 680	
所得税费用	124 500	
费用合计	5 570 980	
三、净利润	373 500	

单步式利润表的优点是：表式简单、易于理解，可避免项目分类上的困难。但单步式利润表也有不足：不能按业务类型反映企业利润的形成情况，不利于对企业利润进行分析。

（二）多步式利润表

多步式利润表是将企业当期的收入、费用支出项目按性质加以归类，根据利润形成的主要环节，按照营业利润、利润总额、净利润分步计算当期净损益。

我国企业利润表多采用多步式列报。多步式利润表通过将不同性质的收入和费用分类进行对比，以详细反映企业利润的形成过程，便于使用者理解企业经营成果的不同来源。在多步式利润表上，净利润是分若干个步骤计算出来的，一般可以分为以下几步：

第一步，计算营业利润：

营业利润＝营业收入－营业成本－税金及附加－销售费用－管理费用－研发费用－财务费用－资产减值损失－信用减值损失＋其他收益＋投资收益＋公允价值变动收益＋资产处置收益

第二步，计算利润总额：

利润总额＝营业利润＋营业外收入－营业外支出

第三步，计算净利润：

净利润＝利润总额－所得税费用

多步式利润表如表14－6所示：

表 14—6　　**利润表(多步式)**

编制单位:甲公司　　2018 年度　　单位:元

项　目	本期发生额	上期发生额
一、营业收入	5 293 600	略
减:营业成本	4 324 600	
税金及附加	93 600	
销售费用	137 600	
管理费用	204 760	
研发费用	0	
财务费用	42 440	
其中:利息费用	0	
利息收入	0	
资产减值损失	42 800	
信用减值损失	0	
加:其他收益	0	
投资收益(损失以"—"号填列)	73 600	
其中:对联营企业和合营企业的投资收益	0	
净敞口套期收益(损失以"—"号填列)	0	
公允价值变动收益(损失以"—"号填列)	0	
资产处置收益(损失以"—"号填列)	0	
二、营业利润(亏损以"—"号填列)	521 400	
加:营业外收入	577 280	
减:营业外支出	600 680	
三、利润总额(亏损总额以"—"号填列)	498 000	
减:所得税费用	124 500	
四、净利润(净亏损以"—"号填列)	373 500	
(一)持续经营净利润(净亏损以"—"号填列)	略	
(二)终止经营净利润(净亏损以"—"号填列)	略	
五、每股收益	略	

续表

项　目	本期发生额	上期发生额
(一)基本每股收益	略	
(二)稀释每股收益	略	

股票公开上市的公司还要在净利润下列示普通股每股收益的数据，以便报表使用者评价企业的获利能力。

三、综合收益表

(一)综合收益的性质

综合收益是企业在一定时期内除所有者投资和对所有者分配等与所有者之间的资本业务之外的交易或其他事项所形成的所有者权益的变化额。

综合收益包括净利润和其他综合收益。净利润是综合收益的主要组成部分。其他综合收益是除净利润之外的所有综合收益，包括：以公允价值计量且其变动计入其他综合收益的金融资产的公允价值变动，按照权益法核算的在被投资单位其他综合收益中所享有的份额等。

(二)综合收益的列报

我国现行会计准则要求将其他综合收益的数据与利润表数据列示于同一张报表。该表的上半部分列示传统的利润表数据，下半部分则列示其他综合收益数据，并且将其统称为"利润表"，如表14—7所示。

表14—7　　**利润表**

编制单位：甲公司　　2018年度　　单位：元

项　目	本期发生额	上期发生额
一、营业收入	5 293 600	略
减：营业成本	4 324 600	
税金及附加	93 600	
销售费用	137 600	
管理费用	204 760	
研发费用	0	
财务费用	42 440	
其中：利息费用	0	

续表

项　目	本期发生额	上期发生额
利息收入	0	
资产减值损失	42 800	
信用减值损失	0	
加:其他收益	0	
投资收益(损失以“一”号填列)	73 600	
其中:对联营企业和合营企业的投资收益	0	
净敞口套期收益(损失以“一”号填列)	0	
公允价值变动收益(损失以“一”号填列)	0	
资产处置收益(损失以“一”号填列)	0	
二、营业利润(亏损以“一”号填列)	521 400	
加:营业外收入	577 280	
减:营业外支出	600 680	
三、利润总额(亏损总额以“一”号填列)	498 000	
减:所得税费用	124 500	
四、净利润(净亏损以“一”号填列)	373 500	
(一)持续经营净利润(净亏损以“一”号填列)	373 500	
(二)终止经营净利润(净亏损以“一”号填列)	0	
五、其他综合收益的税后净额	略	
(一)不能重分类进损益的其他综合收益	(略)	
1.重新计量设定受益计划变动额	(略)	
2.权益法下不能转损益的其他综合收益	(略)	
3.其他权益工具投资公允价值变动	(略)	
4.企业自身信用风险公允价值变动	(略)	
……	(略)	
(二)将重分类进损益的其他综合收益	(略)	
1.权益法下可转损益的其他综合收益	(略)	
2.其他债权投资公允价值变动	(略)	

续表

项　目	本期发生额	上期发生额
3.金融资产重分类计入其他综合收益的金额	（略）	
4.其他债权投资信用减值准备	（略）	
5.现金流量套期储备	（略）	
6.外币财务报表折算差额	（略）	
……	（略）	
六、综合收益总额	373 500	
七、每股收益	（略）	
（一）基本每股收益	（略）	
（二）稀释每股收益	（略）	

四、一般企业利润表各项目的填列说明

利润表中“本期金额”栏的各项目，应根据期末结转至“本年利润”账户的各损益类账户的发生额分析计算填列。我国一般企业利润表各项目的内容及具体填列方法如下：

（1）“营业收入”项目，反映企业经营主要业务和其他业务本期确认的收入总额。本项目应根据“主营业务收入”和“其他业务收入”账户的发生额分析计算填列。

（2）“营业成本”项目，反映企业经营主要业务和其他业务所发生的成本总额。本项目应根据“主营业务成本”和“其他业务成本”账户的发生额分析计算填列。

（3）“税金及附加”项目，反映企业经营业务应负担的消费税、城市维护建设税、资源税、土地增值税、土地使用税、房产税、车船税、印花税和教育费附加等。本项目应根据“税金及附加”账户的发生额分析填列。

（4）“销售费用”项目，反映企业在销售商品过程中发生的包装费、广告费等费用和为销售本企业商品而专设的销售机构的职工薪酬、业务费等经营费用。本项目应根据“销售费用”账户的发生额分析填列。

（5）“管理费用”项目，反映企业为组织和管理生产经营发生的管理费用。本项目应根据“管理费用”的发生额分析填列。

（6）“研发费用”项目，反映企业进行研究与开发过程中发生的费用化支出。本项目应根据“管理费用”账户下的“研发费用”明细账户的发生额分析填列。

（7）“财务费用”项目，反映企业筹集生产经营所需资金等而发生的筹资费用。本项目应根据“财务费用”账户的发生额分析填列。“其中：利息费用”项目，反映企业为筹集生产经营所需资金等而发生的应予费用化的利息支出。本项目应根据“财务费用”账户的相关

明细账户的发生额分析填列。“利息收入”项目，反映企业确认的利息收入。本项目应根据“财务费用”账户的相关明细账户的发生额分析填列。

（8）“资产减值损失”项目，反映企业各项资产发生的减值损失。本项目应根据“资产减值损失”账户的发生额分析填列。

（9）“信用减值损失”项目，反映企业按照《企业会计准则第 22 号——金融工具确认和计量》的要求计提的各项金融工具减值准备所形成的预期信用损失。本项目应根据“信用减值损失”账户的发生额分析填列。

（10）“其他收益”项目，反映企业计入其他收益的政府补助等。本项目应根据“其他收益”账户的发生额填列。

（11）“投资收益”项目，反映企业以各种方式对外投资所取得的收益。本项目应根据“投资收益”账户的发生额分析填列。如为投资损失，本项目以“－”号填列。

（12）“净敞口套期收益”项目，反映净敞口套期下被套期项目累计公允价值变动转入当期损益的金额或现金流量套期储备转入当期损益的金额。本项目应根据“净敞口套期损益”账户的发生额分析填列；如为套期损失，以“－”号填列。

（13）“公允价值变动收益”项目，反映企业应当计入当期损益的资产或负债公允价值变动收益。本项目应根据“公允价值变动损益”账户的发生额分析填列，如为净损失，本项目以“－”号填列。

（14）“资产处置收益”项目，反映企业出售划分为持有待售的非流动资产（金融工具、长期股权投资和投资性房地产除外）或处置组（子公司和业务除外）时确认的处置利得或损失，以及处置未划分为持有待售的固定资产、在建工程、生产性生物资产及无形资产而产生的处置利得或损失。债务重组中因处置非流动资产产生的利得或损失和非货币性资产交换中换出非流动资产产生的利得或损失也包括在本项目内。本项目应根据“资产处置损益”账户的发生额分析填列；如为处置损失，以“－”号填列。

（15）“营业利润”项目，反映企业日常经营业务上所实现的利润，如为亏损，本项目以“－”号填列。

（16）“营业外收入”项目，反映企业发生的除营业利润以外的收益，主要包括债务重组利得、与企业日常活动无关的政府补助、盘盈利得、捐赠利得（企业接受股东或股东的子公司直接或间接的捐赠，经济实质属于股东对企业的资本性投入的除外）等。本项目应根据“营业外收入”账户的发生额分析填列。

（17）“营业外支出”项目，反映企业发生的除营业利润以外的支出，主要包括债务重组损失、公益性捐赠支出、非常损失、盘亏损失、非流动资产毁损报废损失等。本项目应根据“营业外支出”账户的发生额分析填列。

（18）“利润总额”项目，反映企业实现的利润总额。如为亏损，本项目以“－”号填列。

（19）“所得税费用”项目，反映企业应从当期利润总额中扣除的所得税费用。本项目应根据“所得税费用”账户的发生额分析填列。

(20)“净利润”项目，反映企业实现的净利润。如为亏损，本项目以“－”号填列。

(21)“其他综合收益”项目，反映企业根据企业会计准则规定直接计入所有者权益的各项利得和损失扣除所得税影响后的净额。本项目应根据“其他综合收益”账户本期发生额分析填列。

(22)“重新计量设定受益计划变动额”项目，反映企业重新计量设定受益计划净负债或净资产所产生的变动计入其他综合收益的金额。本项目应根据“其他综合收益”账户的相关明细账户的发生额分析填列。

(23)“权益法下不能转损益的其他综合收益”项目，反映企业按照权益法核算因被投资单位不能重分类进损益的其他综合收益变动，投资企业按持股比例计算确认的其他综合收益金额。本项目应根据“其他综合收益”账户的相关明细账户的发生额分析填列。

(24)“其他权益工具投资公允价值变动”项目，反映企业指定为以公允价值计量且其变动计入其他综合收益的非交易性权益工具投资发生的公允价值变动。本项目应根据“其他综合收益”账户的相关明细账户的发生额分析填列。

(25)“企业自身信用风险公允价值变动”项目，反映企业指定为以公允价值计量且其变动计入当期损益的金融负债，由企业自身信用风险变动引起的公允价值变动而计入其他综合收益的金额。本项目应根据“其他综合收益”账户的相关明细账户的发生额分析填列。

(26)“权益法下可转损益的其他综合收益”项目，反映企业按照权益法核算因被投资单位可转损益的其他综合收益变动，投资企业按持股比例计算确认的其他综合收益金额。本项目应根据“其他综合收益”账户的相关明细账户的发生额分析填列。

(27)“其他债权投资公允价值变动”项目，反映企业分类为以公允价值计量且其变动计入其他综合收益的债权投资发生的公允价值变动。企业将一项以公允价值计量且其变动计入其他综合收益的金融资产重分类为以摊余成本计量的金融资产，或重分类为以公允价值计量且其变动计入当期损益的金融资产时，之前计入其他综合收益的累计利得或损失从其他综合收益中转出的金额作为该项目的减项。本项目应根据“其他综合收益”账户下的相关明细账户的发生额分析填列。

(28)“金融资产重分类计入其他综合收益的金额”项目，反映企业将一项以摊余成本计量的金融资产重分类为以公允价值计量且其变动计入其他综合收益的金融资产时，计入其他综合收益的原账面价值与公允价值之间的差额。本项目应根据“其他综合收益”账户下的相关明细账户的发生额分析填列。

(29)“其他债权投资信用减值准备”项目，反映企业按照《企业会计准则第22号——金融工具确认和计量》分类为以公允价值计量且其变动计入其他综合收益的金融资产的损失准备。本项目应根据“其他综合收益”账户下的“信用减值准备”明细账户的发生额分析填列。

(30)“现金流量套期储备”项目,反映企业套期工具产生的利得或损失中属于套期有效的部分。本项目应根据“其他综合收益”账户下的“套期储备”明细账户的发生额分析填列。

(31)“外币财务报表折算差额”项目,反映企业对境外经营的财务报表进行折算时,产生的外币财务报表折算差额计入其他综合收益(合并财务报表中)的金额,企业处置境外经营时自其他综合收益项目转入处置当期损益的金额作为减项。本项目应根据合并财务报表中“其他综合收益”的金额分析填列。

(32)“综合收益总额”项目,反映企业净利润与其他综合收益的合计金额。

(33)“基本每股收益”项目,按照归属于普通股股东的当期净利润除以当期实际发行在外普通股的加权平均数计算确定。

(34)“稀释每股收益”项目,以基本每股收益为基础,假定企业所有发行在外的稀释性潜在普通股均已转换为普通股,从而分别调整归属于普通股股东的当期净利润以及发行在外的普通股加权平均数计算确定。

五、利润表编制示例

【例 14—2】 甲公司 2019 年度有关损益类账户本年累计发生净额及 2018 年利润表如表 14—8 和 14—7 所示。

表 14—8　　甲公司 2019 年度有关损益类账户本年累计发生净额　　单位:元

账户名称	借方发生额	贷方发生额
主营业务收入		7 200 000
主营业务成本	6 300 000	
其他业务收入		460 000
其他业务成本	368 400	
税金及附加	104 120	
销售费用	168 400	
管理费用	253 600	
财务费用	48 200	
资产减值损失	85 200	
公允价值变动损益		80 000
投资收益		136 400

续表

账户名称	借方发生额	贷方发生额
营业外收入		72 760
营业外支出		69 240
所得税费用	138 000	
其他综合收益 (其他债权投资公允价值变动)	10 000 (递延所得税)	40 000

根据上述资料,编制甲公司2019年度利润表如表14—9所示。

表14—9 **利润表**

编制单位:甲公司 2019年度 单位:元

项目	本期发生额	上期发生额
一、营业收入	7 660 000	5 293 600
减:营业成本	6 668 400	4 324 600
税金及附加	104 120	93 600
销售费用	168 400	137 600
管理费用	253 600	204 760
研发费用	0	0
财务费用	48 200	42 440
其中:利息费用	0	0
利息收入	0	0
资产减值损失	85 200	42 800
信用减值损失	0	0
加:其他收益	0	0
投资收益(损失以"—"号填列)	136 400	73 600
其中:对联营企业和合营企业的投资收益	0	0
净敞口套期收益(损失以"—"号填列)	0	0
公允价值变动收益(损失以"—"号填列)	80 000	0
资产处置收益(损失以"—"号填列)	0	0
二、营业利润(亏损以"—"号填列)	548 480	521 400

续表

项　目	本期发生额	上期发生额
加：营业外收入	72 760	577 280
减：营业外支出	69 240	600 680
三、利润总额（亏损总额以“—”号填列）	552 000	498 000
减：所得税费用	138 000	124 500
四、净利润（净亏损以“—”号填列）	414 000	373 500
（一）持续经营净利润（净亏损以“—”号填列）	414 000	373 500
（二）终止经营净利润（净亏损以“—”号填列）	0	0
五、其他综合收益的税后净额	30 000	0
（一）不能重分类进损益的其他综合收益		
1.重新计量设定受益计划变动额		
2.权益法下不能转损益的其他综合收益		
3.其他权益工具投资公允价值变动		
4.企业自身信用风险公允价值变动		
……		
（二）将重分类进损益的其他综合收益		
1.权益法下可转损益的其他综合收益		
2.其他债权投资公允价值变动	30 000	
3.金融资产重分类计入其他综合收益的金额		
4.其他债权投资信用减值准备		
5.现金流量套期储备		
6.外币财务报表折算差额		
……		
六、综合收益总额	444 000	373 500
七、每股收益	略	略
（一）基本每股收益		
（二）稀释每股收益		

第四节 所有者权益变动表

一、所有者权益变动表的性质和作用

所有者权益变动表是一张反映企业在当期构成所有者权益的各组成部分的增减变动情况的报表。所有者权益变动表主要反映三个方面的内容：

(1)因资本业务而导致所有者权益总额发生变动的项目，即所有者投入资本和向所有者分配利润；

(2)所有者权益项目内部的变动，如提取盈余公积等；

(3)综合收益导致的所有者权益的变动，综合收益由净利润和其他综合收益两部分构成。

二、所有者权益变动表的格式

为了清楚表明构成所有者权益的各组成部分当期的增减变动情况，所有者权益变动表应以矩阵的形式列示。横行列示引起所有者权益变动的交易或事项，按所有者变动的来源对一定时期所有者权益变动情况进行全面反映；纵列按照所有者权益各组成部分(包括实收资本、其他权益工具、资本公积、其他综合收益、盈余公积、未分配利润和库存股)及其总额列示交易或事项对所有者权益的影响。

为了提供企业所有者权益变动的比较信息，所有者权益变动表各项目还要再分为“本年金额”和“上年金额”两栏分别填列。一般企业所有者权益变动表的格式如表14－10所示。

表 14—10

所有者权益变动表

2019 年度

编制单位：甲公司　　　　单位：元

项　目	本年金额								上年金额（略）							
	实收资本（或股本）	其他权益工具	资本公积	减：库存股	其他综合收益	盈余公积	未分配利润	所有者权益合计	实收资本（或股本）	其他权益工具	资本公积	减：库存股	其他综合收益	盈余公积	未分配利润	所有者权益合计
一、上年年末余额	6 000 000					217 420	92 180	6 309 600								
加：会计政策变更																
前期差错更正																
其他																
二、本年年初余额	6 000 000					217 420	92 180	6 309 600								
三、本年增减变动金额（减少以“—”号填列）																
（一）综合收益总额					30 000		414 000	444 000								
（二）所有者投入和减少资本																
1. 所有者投入的普通股																
2. 其他权益工具持有者投入资本																
3. 股份支付计入所有者权益的金额																
4. 其他																
（三）利润分配																
1. 提取盈余公积						41 400	−41 400	0								
2. 对所有者（或股东）的分配							−284 000	−284 000								
3. 其他																
（四）所有者权益内部结转																
1. 资本公积转增资本（或股本）																
2. 盈余公积转增资本（或股本）																
3. 盈余公积弥补亏损																
4. 设定受益计划变动额结转留存收益																
5. 其他综合收益结转留存收益																
6. 其他																
四、本年年末余额	6 000 000				30 000	258 820	180 780	6 469 600								

三、所有者权益变动表的填列方法

(1)“上年年末余额”项目,反映企业上年资产负债表中实收资本(或股本)、其他权益工具资本公积、其他综合收益、盈余公积、未分配利润的年末余额。

(2)“会计政策变更”和“前期差错更正”项目,分别反映企业采用追溯调整法处理的会计政策变更的累积影响金额和采用追溯重述法处理的会计差错更正的累积影响金额。这两个项目可根据“盈余公积”“利润分配——未分配利润”“以前年度损益调整”等账户的发生额分析填列。

(3)“本年年初余额”项目,反映在上年年末余额的基础上,加上因会计政策变更和前更正调整的金额得出本年年初余额的金额。

(4)“本年增减变动金额”下列各项目的列报如下:

①“综合收益总额”项目,反映企业当年的综合收益总额,应根据当年利润表中“其他综合收益的税后净额”和“净利润”项目填列,并对应列在“其他综合收益”和“未分配利润”栏。

②“所有者投入和减少资本”项目,反映企业当年所有者投入的资本和减少的资本,其中“所有者投入资本”项目,反映企业接受投资者投入形成的实收资本(或股本)、其他权益工具和资本公积,应根据“实收资本”“其他权益工具”“资本公积”等账户的发生额分析填列,并对应列在“实收资本”“其他权益工具”和“资本公积”栏;“股份支付计入所有者权益的金额”项目,反映企业处于等待期中的权益结算的股份支付当年计入资本公积的金额,应根据“资本公积——其他资本公积”明细账户的发生额分析填列,并对应列在“资本公积”栏。

③“利润分配”下各项目,反映当年对所有者(或股东)分配的利润(或股利)金额和按照规定提取的盈余公积金额,并对应列在“未分配利润”和“盈余公积”栏。其中:“提取盈余公积”项目,反映企业按照规定提取的盈余公积;“对所有者(或股东)的分配”项目,反映对所有者(或股东)分配的利润(或股利)金额(包括现金股利和股票股利)。

④“所有者权益内部结转”下各项目,反映不影响当年所有者权益总额的所有者权益各组成部分之间当年的增减变动,包括资本公积转增资本(或股本)、盈余公积转增资本(或股本)、盈余公积弥补亏损等项金额。其中:“资本公积转增资本(或股本)”项目,反映企业以资本公积转增资本或股本的金额;“盈余公积转增资本(或股本)”项目,反映企业以盈余公积转增资本或股本的金额;“盈余公积弥补亏损”项目,反映企业以盈余公积弥补亏损的金额。

企业的净利润及其分配情况作为所有者权益变动的组成部分,不需要单独设置利润分配表。

第五节 现金流量表

思考与讨论：

企业的财务目标主要有两个：一是获取利润，二是维持偿债能力。获取利润是指通过企业的经营活动增加企业所有者的权益，也就是使企业所有者获得最满意的投资报酬率；维持偿债能力是指保证企业在债务到期时，具有支付到期债务的能力。

企业的报表使用者需要了解企业的获利能力与偿债能力，还需要了解导致企业偿债能力发生变动的原因；企业盈利与偿债能力有何联系，经营活动对企业的现金流量有何影响；企业在本会计期间内发生了哪些理财活动，它们对企业的现金流量有何影响？

一、现金流量表的含义和作用

现金流量表是指反映企业在一定会计期间现金和现金等价物流入和流出的财务报表。

编制现金流量表的主要目的是为财务报表使用者提供企业一定时期内经营活动、投资活动和筹资活动产生的现金和现金等价物流入和流出的信息，以便于财务报表使用者了解和评价企业获取现金和现金等价物的能力，并据以预测企业未来的现金流量。现金流量表的作用主要有以下几个方面：

(1)提供企业的现金流量信息，有助于对企业整体财务状况作出客观评价；

(2)反映企业的偿债能力和支付股利的能力；

(3)预测企业未来获取现金的能力和发展情况；

(4)分析企业投资和理财活动对经营成果和财务状况的影响。

二、现金流量表的编制基础

现金流量表是以现金及现金等价物为基础，按照收付实现制原则编制的。

(一)现金

现金，是指能够随时用于支付的货币资金，包括：

(1)库存现金，与“库存现金”科目内容一致。

(2)银行存款，“银行存款”科目内容，扣除不能随时支取后的部分。例如，不能随时用于支取的定期存款不属于现金，提前通知金融机构便可支取的定期存款属于现金。

(3)其他货币资金，与“其他货币资金”科目内容一致。

(二)现金等价物

现金等价物，是指企业持有的满足期限短、流动性强、易于转换为已知金额现金、价值变动风险很小这四个条件的投资。

其中：(1)期限短：一般是指从购买日起3个月内到期；(2)流动性强：指投资要能上市交易；前两个条件强调变现能力强；(3)易于转换为已知金额现金；(4)价值变动风险很小。后两个条件则强调支付能力强。现金等价物通常包括三个月内到期的债券投资等。权益性投资变现的金额通常不确定，因而不属于现金等价物。

三、现金流量的分类

现金流量，指企业一定期间现金和现金等价物的流入和流出的数量（净增加或净减少）。在现金流量表中，现金及现金等价物被视为一个整体，企业现金形式的转换不会产生现金的流入和流出，现金与现金等价物之间的转换也不属于现金流量。例如，企业从银行提取现金，企业用现金购买三个月内到期的国债等不构成现金流量。

我国《企业会计准则——现金流量表》根据企业业务活动的性质和现金流量的来源，将企业一定期间产生的现金流量分为三类，即经营活动产生的现金流量、投资活动产生的现金流量和筹资活动产生的现金流量。

（一）经营活动产生的现金流量

经营活动是指企业投资活动和筹资活动以外的所有交易和事项。各类企业由于行业特点不同，对经营活动的认定存在一定差异。对于工商企业而言，经营活动主要包括销售商品、提供劳务、购买商品、接受劳务、支付职工薪酬、支付税费等。对于商业银行而言，经营活动主要包括吸收存款、发放贷款、同业存放、同业拆借等。对于保险公司而言，经营活动主要包括原保险业务和再保险业务等。对于证券公司而言，经营活动主要包括自营证券、代理承销证券、代理兑付证券、代理买卖证券等。

在我国，企业经营活动产生的现金流量应当采用直接法填列。直接法，是指通过现金收入和现金支出的主要类别列示经营活动的现金流量。

（二）投资活动产生的现金流量

投资活动是指企业长期资产的购建和不包括在现金等价物范围内的投资及其处置活动。长期资产是指固定资产、无形资产、在建工程、其他资产等持有期限在一年或一个营业周期以上的资产。这里所讲的投资活动，既包括实物资产投资，也包括金融资产投资。这里之所以将“包括在现金等价物范围内的投资”排除在外，是因为已经将包括在现金等价物范围内的投资视同现金。不同企业由于行业特点不同，对投资活动的认定也存在差异。例如，交易性金融资产所产生的现金流量，对于工商企业而言，属于投资活动现金流量，而对于证券公司而言，属于经营活动现金流量。

（三）筹资活动产生的现金流量

筹资活动是指导致企业资本及债务规模和构成发生变化的活动。这里所说的资本既包括实收资本（股本），也包括资本溢价（股本溢价）；这里所说的债务，指对外举债，包括向银行借款、发行债券以及偿还债务等。通常情况下，应付账款、应付票据等商业应付款等属于经营活动,不属于筹资活动。

【专栏】 特殊项目的现金流量分类:

对于企业日常活动之外的、不经常发生的特殊项目,如自然灾害损失、保险赔款、捐赠等,应当归并到相关类别中,并单独反映。

1. 现金股利和利息

(1)企业收到的现金股利和债券利息→作为投资活动现金流量;

(2)企业支付的现金股利和利息→作为筹资活动现金流量。

2. 企业收到的保险赔款

(1)企业收到的属于固定资产的赔款→作为投资活动现金流量;

(2)企业收到的属于流动资产或分不清(既包括固定资产也包括流动资产)的赔款→作为经营活动现金流量。

3. 分期付款购买固定资产

(1)首次(交易日)支付的款项→作为投资活动现金流量;

(2)以后分期支付的款项→作为筹资活动现金流量。

4. 支付的税金

(1)支付的计入固定资产等长期资产的税金→作为投资活动现金流量;

(2)支付的其他税金→作为经营活动现金流量。

5. 企业接受捐赠和对外捐赠的现金→作为经营活动现金流量

四、现金流量表的格式

我国现金流量表的格式分为现金流量表正表和补充资料两部分。其中,现金流量表正表要求企业采用直接法列示经营活动产生的现金流量,同时列示投资活动和筹资活动产生的现金流量;在补充资料中要求按间接法重新计算列示经营活动产生的现金流量以及不涉及现金的重大投资和筹资活动。

现金流量表的格式如表 14－11 和表 14－12。

表 14－11 **现金流量表**

编制单位: 年 单位:元

项　目	本期金额
一、经营活动产生的现金流量:	
1. 销售商品、提供劳务收到的现金	
2. 收到税费返还	
3. 收到的其他与经营活动有关的现金	

续表

项 目	本期金额
现金流入小计	
1. 购买商品、接受劳务支付的现金	
2. 支付给职工的现金	
3. 支付的各项税费	
4. 支付的其他与经营活动有关的现金	
现金流出小计	
经营活动产生的现金流量净额	
二、投资活动产生的现金流量：	
1. 收回投资所收到的现金	
2. 取得投资收益所收到的现金	
3. 处理固定资产、无形资产和其他长期资产而收到的现金净额	
4. 处置子公司及其他营业单位收到的现金净额	
5. 收到的其他与投资活动有关的现金	
现金流入小计	
1. 购建固定资产、无形资产和其他长期资产所支付的现金	
2. 投资所支付的现金	
3. 取得子公司及其他营业单位支付的现金净额	
4. 支付的其他与投资活动有关的现金	
现金流出小计	
投资活动产生的现金流量净额	
三、筹资活动产生的现金流量：	
1. 吸收投资所收到的现金	
2. 借款所收到的现金	
3. 收到的其他与筹资活动有关的现金	
现金流入小计	
1. 偿还债务所支付的现金	
2. 分配股利或利润或偿付利息所支付的现金	

续表

项　目	本期金额
3. 支付的其他与筹资活动有关的现金	
现金流出小计	
筹资活动产生的现金净流量净额	
四、汇率变动对现金的影响额	
五、现金及现金等价物净增加额	
加:期初现金及现金等价物余额	
六、期末现金及现金等价物余额	

表 14－12　　**补充资料**　　单位:元

项　目	本期金额
1. 将净利润调节为经营活动的现金流量	
净利润	
加:计提的资产减值准备	
固定资产折旧、油气资产折耗、生产性生物资产折旧、投资性房地产累计折旧	
无形资产摊销	
长期待摊费用摊销	
处置固定资产、无形资产和其他长期资产的损失(减:收益)	
固定资产报废损失	
公允价值变动损失(减收益)	
财务费用	
投资损失(减:收益)	
递延所得税资产减少	
递延所得税负债增加	
存货的减少(减:增加)	
经营性应收项目的减少(减:增加)	
经营性应付项目的增加(减:减少)	
其他	

续表

项　目	本期金额
经营活动产生的现金流量净额	
2. 不涉及现金收支的投资和筹资活动	
债务转为资本	
一年内到期的可转换公司债券	
融资租入固定资产	
3. 现金及等价物净增加情况：	
现金的期末余额	
减：现金的期初余额	
加：现金等价物的期末余额	
减：现金等价物的期初余额	
现金及现金等价物的净增加额	

五、现金流量表的编制方法

（一）直接法和间接法

编制现金流量表时，列报经营活动现金流量的方法有两种：一是直接法；二是间接法。这两种方法通常也称为编制现金流量表的方法。对投资活动和筹资活动这两部分现金流量的编制均采用直接法。

直接法，是指按现金收入和现金支出的主要类别直接反映企业经营活动产生的现金流量的方法。如直接列报“销售商品、提供劳务收到的现金”“购买商品、接受劳务支付的现金”等。在直接法下，一般是以利润表中的营业收入为起算点，调节与经营活动有关的项目的增减变动，然后计算出经营活动产生的现金流量。

间接法，是指以净利润为起点算，通过调整不涉及现金的收入、费用、营业外收支等有关项目，提出投资活动、筹资活动对现金流量的影响，据此计算出经营活动产生的现金流量。在间接法下，将净利润调节为经营活动现金流量，实际上就是将按权责发生制原则确定的净利润调整为现金净流入，并剔除投资活动和筹资活动对现金流量的影响。

采用直接法编报的现金流量表，便于分析企业经营活动产生的现金流量的来源和用途，预测企业现金流量的未来前景；采用间接法编报的现金流量表，便于将净利润与经营活动产生的现金流量净额进行比较，了解净利润与经营活动产生的现金流量差异的原因，从现金流量的角度分析净利润的质量。所以，我国企业会计准则规定企业应当采用直接法编报现金流量表,同时要求在附注中提供以净利润为基础调节到经营活动现金流量的信息。

(二)工作底稿法、T型账户法和分析填列法

在具体编制现金流量表时,可以采用工作底稿法或T型账户法,也可以根据有关科目记录分析填列。

1. 工作底稿法

采用工作底稿法编制现金流量表,是以工作底稿为手段,以资产负债表和利润表数据为基础,对每一项目进行分析并编制调整分录,从而编制现金流量表。工作底稿法的程序是:

第一步,将资产负债表的期初数和期末数过入工作底稿的期初数栏和期末数栏。

第二步,对当期业务进行分析并编制调整分录。编制调整分录时,要以利润表项目为基础,从"营业收入"开始,结合资产负债表项目逐一进行分析。在调整分录中,有关现金和现金等价物的事项,并不直接借记或贷记现金,而是分别记入"经营活动产生的现金流量""投资活动产生的现金流量""筹资活动产生的现金流量"有关项目,借记表示现金流入,贷记表示现金流出。

第三步,将调整分录过入工作底稿中的相应部分。

第四步,核对调整分录,借方、贷方合计数均已经相等,资产负债表项目期初数加减调整分录中的借贷金额以后,也等于期末数。

第五步,根据工作底稿中的现金流量表项目部分编制正式的现金流量表。

2. T形账户法

采用T形账户法编制现金流量表,是以T形账户为手段,以资产负债表和利润表数据为基础,对每一项目进行分析并编制调整分录,从而编制现金流量表。T形账户法的程序是:

第一步,为所有的非现金项目(包括资产负债表项目和利润表项目)分别开设T形账户,并将各自的期末期初变动数计入各该账户。如果项目的期末数大于期初数,则将差额计入与项目余额相同的方向;反之,计入相反的方向。

第二步,开设一个大的"现金及现金等价物"T形账户,每边分为经营活动、投资活动和筹资活动三个部分,左边记现金流入,右边记现金流出。与其他账户一样,过入期末期初变动数。

第三步,以利润表项目为基础,结合资产负债表分析每一个非现金项目的增减变动并据此编制调整分录。

第四步,将调整分录过入各T形账户,并进行核对,该账户借贷相抵后的余额与原先过入的期末期初变动数应当一致。

第五步,根据大的"现金及现金等价物"T形账户编制正式的现金流量表。

3. 分析填列法

分析填列法是直接根据资产负债表、利润表和有关会计科目明细账的记录，分析计算出现金流量表各项目的金额，并据以编制现金流量表的一种方法。

实务工作中对上述三种方法的选择：工作底稿法和T型账户法这两种方法在实务中运用较少。原因是采用以上两种方法编制现金流量表时，均需以利润表项目为基础，从“营业收入”开始，结合资产负债表，逐一对当期业务进行分析，编制调整分录，将企业一定期间的各项收入和费用支出以及资产负债表各项目的变化重新调整为经营活动、投资活动和筹资活动的现金流量，并在此基础上通过“工作底稿”或“T型账户”计算得出现金流量表各项目的金额。因此，采取这两种方法存在较大的编制调整分录的工作量和较高的难度。实务中分析填列法是编制现金流量表的常见方法。

本章着重讲解分析填列法编制现金流量表。

六、现金流量表正表主要项目的内容及填列方法

（一）经营活动产生的现金流量

1.“销售商品、提供劳务收到的现金”项目

该项目反映企业销售商品、提供劳务实际收到的现金，包括(1)本期销售商品和提供劳务本期收到的现金(含增值税销项税额)；(2)前期销售商品和提供劳务本期收到的现金；(3)本期预收的商品款和劳务款等；(4)本期收回前期核销的坏账损失；(5)扣除本期发生销货退回而支付的现金。销售材料、代销业务收到的现金也在本项目反映。

销售商品、提供劳务收到的现金＝营业收入＋本期发生的应交增值税销项税额＋应收账款本期减少(或－应收账款本期增加)＋应收票据本期减少(或－应收票据本期增加)＋预收账款本期增加(或－预收账款本期减少)－销售退回支付的现金－本期收回的非现金资产抵偿应收账款、应收票据的金额－本期计提的坏账准备－本期实际核销的坏帐－本期销售商品发生的现金折扣－本期发生的应收票据的贴现利息＋收到的带息票据的利息＋本期收回前期已核销的坏账±其他特殊调整业务

2.“收到的税费返还”项目

该项目反映企业收到返还的各种税费，如收到的减免增值税退税、出口退税、减免消费税退税、减免所得税退税和收到的教育费附加返还款等，按实际收到的金额填列。

本项目可以根据“库存现金”“银行存款”“应交税费”等账户的记录分析填列。

3.“收到的其他与经营活动有关的现金”项目

本项目反映企业除上述各项目外，收到的其他与经营活动有关的现金。包括企业收到的罚款收入、属于流动资产的现金赔款收入、经营租赁的租金收入、银行存款的利息收入、接受现金捐赠收入等。除税费返还外的与收益相关的政府补助收入应当在“收到其他与经营活动有关的现金”项目填列。

本项目可根据“库存现金”“银行存款”“管理费用”“销售费用”“其他收益”等科目分析填列。

4.“购买商品、接受劳务支付的现金”项目

本项目反映企业购买商品、接受劳务等实际支付的现金，包括：(1)本期购买商品、接受劳务本期支付的现金(含增值税进项税额)；(2)本期支付前期购买商品、接受劳务的未付款项(含应付账款、应付票据等)；(3)本期预付的购货款；(4)扣除本期发生购货退回而收到的现金。

购买商品、接受劳务支付的现金＝营业成本＋本期发生的增值税进项税额＋存货本期增加额(或－存货本期减少额)(不扣除存货跌价准备)＋应付账款本期减少额(或－应付账款本期增加额)＋应付票据本期减少额(或－应付票据本期增加额)＋预付账款本期增加额(或－预付账款本期减少额)－本期结转无法偿还的应付账款＋本期支付的应付票据的利息－本期购买商品取得的现金折扣＋本期毁损的外购商品成本－本期销售产品成本和期末存货中产品成本中所包含的不属于购买商品、接受劳务支付现金的费用(如工资费用、职工福利费和制造费用中除材料以外的其他费用)±其他特殊调整业务

5.“支付给职工以及为职工支付的现金”项目

该项目反映企业实际支付给职工以及为职工支付的现金。包括本期实际支付给职工的工资、奖金、各种津贴和补贴等；以及为职工支付的养老、失业等社会保险基金、补充养老保险、企业为职工支付的商业保险金、住房公积金、支付给职工的住房困难补助，以及企业支付给职工或为职工支付的福利费用等。支付的基于股份支付方案给予高管人员的现金增值额也在本项目列报。但不包括支付给离退休人员的工资和支付给在建工程人员的工资，支付给离退休人员的工资计入“支付其他与经营活动有关的现金”项目；支付给在建工程人员的工资计入投资活动产生的现金流量中。

本项目可根据“库存现金”“银行存款”“应付职工薪酬”“生产成本”等账户的记录分析填列。

6.“支付的各项税费”项目

本项目反映企业实际支付的各种税金和支付的教育费附加、矿产资源补偿费等。但不包括支付的增值税进项税额、计入固定资产价值的耕地占用税、契税等；也不包括本期退回的增值税、所得税等各种税费返还。

7.“支付的其他与经营活动有关的现金”项目

本项目反映企业除上述各项目外，支付的其他与经营活动有关的现金。如罚款支出、支付的差旅费、经营租赁的租金、业务招待费现金支出、支付的保险费、支付给离退休人员的各种费用、现金捐赠支出等。

本项目应根据“管理费用”“销售费用”“营业外支出”等账户的记录分析填列。

(二)投资活动产生的现金流量

1."收回投资所收到的现金"项目

反映企业出售、转让或到期收回除现金等价物以外的对其他单位的权益工具、债务工具而收到的现金。但不包括收回债务工具实现的投资收益、处置子公司及其他经营单位收到的现金净额。

收回投资包括两种情况:第一种是出售的是股票,这种情况下收回投资所收到的现金包括收回的投资成本和取得的收益,这里的收益仅仅是出售时获得的价款与投资成本的价差收益,不包括获得的股利收益;第二种是出售的是债券,这种情况下收回投资所收到的现金只包括收回债券的本金,不包括收回的利息。

本项目应根据"交易性金融资产""长期股权投资""债权投资""其他债权投资""其他权益工具投资""库存现金""银行存款"等账户的记录分析填列。

2."取得投资收益所收到的现金"项目

本项目反映企业因股权性投资而分得的现金股利,因债权性投资而取得的利息收入。股票股利由于不产生现金流量,不在本项目中反映;包括在现金等价物范围内的债券性投资,其利息收入在本项目反映。

本项目应根据"投资收益""库存现金""银行存款"等账户的记录分析填列。

3."处置固定资产、无形资产和其他长期资产所收回的现金净额"项目

本项目反映处置上述各项长期资产所取得的现金,包括固定资产等因损失而收到的保险赔款等,减去为处置这些资产所支付的有关费用后的净额。

如该项目所收回的现金净额为负数,应在"支付的其他与投资活动有关的现金"项目填列。

4."处置子公司及其他营业单位收到的现金净额"项目

本项目反映企业处置子公司及其他营业单位所取得的现金减去子公司或其他营业单位持有的现金和现金等价物以及相关处置费用后的净额。如本项目为负数,则在"支付其他与投资活动有关的现金"项目反映。

5."收到的其他与投资活动有关的现金"项目

本项目反映除上述各项目以外,收到的其他与投资活动有关的现金流入。

6."购建固定资产、无形资产和其他长期资产所支付的现金"项目

本项目反映企业购买、建造固定资产,购买无形资产和其他长期资产所支付的现金。该项目不包括资本化的借款利息、融资租入固定资产所支付的租赁费、分期付款购建固定资产除第一期外其他各期支付的款项(对于首次支付的款项还是要计入到购建固定资产、无形资产和其他长期资产所支付的现金中),这些项目在筹资活动产生的现金流量中反映。

本项目应根据"固定资产""无形资产""在建工程""库存现金""银行存款"等账户的记

录分析填列。

7.“投资所支付的现金”项目

本项目反映企业在现金等价物以外进行交易性金融资产、长期股权投资、债权投资、其他债权投资、其他权益工具投资等各种投资所支付的现金。但不包括购买股票和债券时,买价中所包含的已宣告发放但尚未领取的现金股利或已到付息期但尚未领取的利息等。其应在投资活动中“支付其他与投资活动有关的现金”项目中反映。

8.“取得子公司及其他营业单位支付的现金净额”项目

本项目反映企业取得子公司及其他营业单位购买出价中以现金支付的部分,减去子公司或其他营业单位持有的现金和现金等价物后的净额。如为负数,应在“收到其他与投资活动有关的现金”项目反映。

9.“支付的其他与投资活动有关的现金”项目

本项目反映企业除了上述各项以外,支付的与投资活动有关的现金流出。包括企业购买股票和债券时,实际支付价款中包含的已宣告尚未领取的现金股利或已到付息期但尚未领取的债券利息等。

(三)筹资活动产生的现金流量

1.“吸收投资所支付的现金”项目

本项目反映企业以发行股票等方式筹集资金实际收到的款项净额(发行收入减去支付的佣金等发行费用后的净额)。以发行股票等方式筹集资金而由企业直接支付的审计、咨询等费用,在“支付其他与筹资活动有关的现金”项目中反映。

2.“取得借款收到的现金”项目

本项目反映企业举借各种短期、长期借款而收到的现金,以及发行债券实际收到的款项净额(发行收入减去直接支付的佣金等发行费用后的净额)。本项目可根据“短期借款”“长期借款”“应付债券”“银行存款”等账户的记录分析填列。本期偿还借款支付的现金不能从本项目中扣除。

3.“收到的其他与筹资活动有关的现金”项目

该项目反映企业除上述各项以外,收到的其他与筹资活动有关的现金流入。本项目应根据“库存现金”“银行存款”和其他有关账户的记录分析填列。

4.“偿还债务所支付的现金”项目

本项目反映企业以现金偿还的短期借款、长期借款和应付债券的本金,以及偿还的长期应付款。但不包括偿还的借款利息、债券利息,企业偿还的借款利息、债券利息,在“分配股利、利润或偿付利息支付的现金”项目中反映。

本项目可根据“短期借款”“长期借款”“应付债券”“库存现金”“银行存款”等账户的记录分析填列。

5.“分配股利、利润或偿还利息所支付的现金”项目本项目反映企业实际支付的现金股利、支付给投资人的利润或用现金支付的借款利息、债券利息等。无论是资本化利息还是费用化利息都在本项目中反映，它们都属于筹资活动，均在本项目中反映。

本项目可根据“应付股利（或应付利润）”“财务费用”“长期借款”“应付债券”“库存现金”“银行存款”等账户的记录分析填列。

6.“支付其他与筹资活动有关的现金”项目

本项目反映企业除上述各项目外，支付的其他与筹资活动有关的现金，如以发行股票、债券等方式筹集资金而由企业直接支付的审计、咨询等费用，融资租赁各期支付的现金、以分期付款方式构建固定资产、无形资产等各期支付的现金等。

（四）汇率变动对现金的影响

本项目反映企业的外币现金流量发生日所采用的汇率与期末汇率的差额对现金的影响数额。

（五）“现金及现金等价物的净增加额”

“现金及现金等价物的净增加额”，是将表中“经营活动产生的现金流量净额”“投资活动产生的现金流量净额”“筹资活动产生的现金流量净额”和“汇率变动对现金的影响”四个项目相加得出。

（六）期末现金及现金等价物余额

本项目是将计算出来的现金及现金等价物净增加额加上期初现金及现金等价物金额求得。它应该与企业期末的全部货币资金与现金等价物的合计余额相等。

七、现金流量表正表补充资料的内容及填列方法

除现金流量表反映的信息外，企业还应该在附注中披露将净利润调节为经营活动的现金流量，以及不涉及现金收支的重大投资和筹资活动、现金及现金等价物净变动情况等信息。也就是要求按间接法编制现金流量表的补充资料。

（一）将净利润调节为经营活动的现金流量

现金流量表采用直接法反映经营活动的现金流量，同时，企业还应采用间接法反映经营活动产生的现金流量。间接法是以本期净利润为起点，调整不涉及现金的收入、费用、营业外收支等有关项目的增减变动，据此计算出经营活动的现金流量。现金流量表补充资料是对现金流量表采用直接法反映的经营活动现金流量进行核对和补充说明。

采用间接法列报经营活动产生的现金流量时，需要对四大类项目进行调整。(1)实际没有支付现金的费用；(2)实际没有收到现金的收益；(3)不属于经营活动的损益；(4)经营性应收应付项目的增减变动。

将净利润调节为经营活动的现金流量是以净利润为基础。因为净利润是现金净流入的主要来源。但净利润与现金净流入并不相等，所以需要在净利润基础上，将净利润调整

为现金净流入。在净利润基础上进行调整的项目主要包括：

1."计提的资产减值准备"项目

企业计提的各项资产减值准备，包括坏账准备、存货跌价准备，以及各项长期资产的减值准备等已经计入了"资产减值损失"科目，期末结转到"本年利润"账户，从而减少了净利润。但是计提资产减值准备，并不需要支付现金，即没有减少现金流量。所以应将计提的各项资产减值准备，在净利润基础上予以加回。

本项目应根据"资产减值损失"账户的记录分析填列。

2."固定资产折旧、油气资产折耗、生产性生物资产折旧、投资性房地产累计折旧"项目

企业计提的固定资产折旧，一部分增加了产品的成本，另一部分增加了期间费用，计入期间费用的部分直接减少了净利润，计入产品成本的部分，一部分转入了营业成本，也直接冲减了净利润；产品尚未变现的部分，折旧费用加到了存货成本中，存货的增加是作为现金流出进行调整的。而实际上全部的折旧费用并没有发生现金流出。所以，应在净利润的基础上将折旧的部分予以加回。

本项目应根据"累计折旧""累计折耗""生产性生物资产折旧""投资性房地产累计折旧"账户的贷方发生额分析填列。

3."无形资产摊销"项目

企业的无形资产摊销是计入管理费用的，所以冲减了净利润。但无形资产摊销并没有发生现金流出。所以无形资产当期摊销的价值，应在净利润的基础上予以加回。

该项目可根据"累计摊销"账户的记录分析填列。

4."长期待摊费用摊销"项目

长期待摊费用的摊销与无形资产摊销一样，已经计入了损益，但没有发生现金流出，所以项目应在净利润的基础上予以加回。

本项目可根据"长期待摊费用"账户的贷方发生额填列。

5."处置固定资产、无形资产和其他长期资产的损失"项目

处置固定资产、无形资产和其他长期资产发生的损益，属于投资活动产生的损益，不属于经营活动产生的损益，但却影响了当期净利润。所以在将净利润调节为经营活动现金流量时应予以剔除。如为净损失，应当予以加回；如为净收益，应予以扣除，即用"—"号列示。

本项目可根据"资产处置损益"账户所属明细账户的记录分析填列。

6."固定资产报废损失"项目

本项目反映企业当期固定资产盘亏后的净损失(或盘盈后的净收益)。企业发生固定资产盘亏盘盈损益，属于投资活动产生的损益，不属于经营活动产生的损益，但却影响了当期净利润。所以在将净利润调节为经营活动现金流量时应予以剔除。如为净损失，应

当予以加回；如为净收益，应予以扣除，即用“－”号列示。

本项目可根据“营业外收入”“营业外支出”等账户所属明细账户的记录分析填列。

7.“公允价值变动损失”项目

该项目反映企业公允价值变动形成的净损失。因为公允价值变动损失影响了当期净利润，但并没有发生现金流出，所以应进行调整。如为净收益以“－”号列示。

本项目可根据“公允价值变动损益”科目所属有关明细科目的记录分析填列。

8.“财务费用”项目

财务费用属于筹资活动发生的现金流出，而不属于经营活动的现金流量。但财务费用作为期间费用，已直接计入了企业经营损益，影响了净利润。财务费用如为借方余额，应予以加回；如为贷方余额，应予以扣除。

本项目应根据利润表“财务费用”项目填列。

9.“投资损失”项目

企业发生的投资损益，属于投资活动的现金流量，不属于经营活动的现金流量。但投资损失，已直接计入了企业当期利润，影响了净利润。所以在将净利润调节为经营活动现金流量时应予以剔除。如为投资净损失，应当予以加回；如为投资净收益，应予以扣除，即用“－”号列示。

该项目可根据利润表中“投资收益”项目的金额填列。

10.“递延所得税资产减少”项目

递延所得税资产的减少增加了所得税费用，减少了利润；而递延所得税资产的减少并没有增加现金流出，所以应在净利润的基础上予以加回。相反，如果是递延所得税资产增加，则应用“－”号填列。

本项目可以根据“递延所得税资产”科目分析填列。

11.“递延所得税负债增加”项目

递延所得税负债的增加，增加了当期所得税费用，但并没有因此增加现金流流出，所以应在净利润的基础上予以加回。相反，如果是递延所得税负债减少，则应用“－”号填列。

12.“存货的减少”项目

企业当期存货减少，说明本期经营中耗用的存货，有一部分是期初的存货，这部分存货当期没有发生现金流出，但在计算净利润时已经进行了扣除，所以在将净利润调节为经营活动现金流量时应当予以加回。如果期末存货比期初增加，说明当期购入的存货除本期耗用外还剩余一部分。这部分存货已经发生了现金流出，但这部分存货没有减少净利润。所以在将净利润调节为经营活动现金流量时应予以扣除，即用“－”号列示。

总之，存货的减少，应视为现金的增加，应予加回现金流量；存货的增加，应视为现金的减少，应予扣除现金流量。

该项目可根据资产负债表“存货”项目的期初、期末数之间的差额填列。

13.“经营性应收项目的减少”项目

经营性应收项目的减少（如应收账款、应收票据、其他应收款等项目中与经营活动有关的部分的减少），说明本期收回的现金大于利润表中确认的营业收入，即将上期实现的收入由本期收回了现金，形成了本期的现金流入，但净利润却没有增加。所以在将净利润调节为经营活动现金流量时，将本期经营性应收项目减少的部分应予以加回。

但上述各应收项目如果增加，即经营性各应收项目的期末余额大于期初余额，则表明本期的销售收入中有一部分没有收回，从而减少了现金的流入，在将净利润调节为经营活动现金流量时应予以扣除。

本项目应根据各应收项目账户所属的明细账户的记录分析填列。

14.“经营性应付项目的增加”项目

经营性应付项目的增加（如应付账款、应付票据、应付职工薪酬、应交税费、其他应付款等项目中与经营活动有关的部分的增加），说明本期购入的存货中有一部分没有支付现金，净利润不变，但现金流出减少了，从而现金流量肯定增加了。所以在将净利润调节为经营活动现金流量时，将本期经营性应付项目增加的部分应予以加回。

如果上述经营性应付项目减少，即期末余额小于期初余额，说明除将本期购入的存货全部付款以外，还支付了上期的应付款项，所以现金流出增加了，现金净流量减少了。在将净利润调节为经营活动现金流量时，将本期经营性应付项目减少的部分应予以扣除。

本项目应根据各应付项目账户所属的明细账户的记录分析填列。

（二）不涉及现金收支的投资和筹资活动

不涉及现金收支的投资和筹资活动项目，反映企业一定期间内影响资产和负债但不形成现金收支的所有投资和筹资活动的信息。这些投资和筹资活动虽不涉及现金收支，但对以后各期的现金流量会产生重大影响。所以也应进行列示和披露。

不涉及现金收支的投资和筹资活动的具体项目见现金流量表补充资料表中所列（见表14—12）。

七、现金流量表的编制示例

【例14—3】 乙公司20×9年度相关资料如下：

1. 资产负债表和利润表相关数据如下：

（1）资产负债表相关数据，见表14—13。

表 14—13 乙公司资产负债表 单位：元

	期末余额	期初余额
货币资金	815 131	1 406 300
应收票据	66 000	246 000
应收账款	598 200（原值 600 000，坏账准备 1 800）	299 100（原值 300 000，坏账准备 900）
预付款项	100 000	100 000
其他应收款	5 000	5 000
存货	2 484 700	2 580 000
递延所得税资产	7 500	0
应付票据	100 000	200 000
应付账款	953 800	953 800
预收款项	0	0
应付职工薪酬	180 000	110 000
应交税费	216 729	36 600
递延所得税负债	0	0
其他应付款	50 000	50 000

（2）利润表相关数据，见表 14—14。

表 14—14 乙公司利润表相关数据 单位：元

	本期金额	上期金额
营业收入	1 250 000	
营业成本	750 000	
净利润	225 000	

2. 20×9 年度利润表有关项目的明细资料如下：

（1）管理费用的组成：职工薪酬 17 100 元，无形资产摊销 60 000 元，折旧费 20 000 元，支付其他费用 60 000 元。

（2）财务费用的组成：计提借款利息 11 500 元，支付应收票据（银行承兑汇票）贴现利息 30 000 元（经营活动产生的）。

（3）资产减值损失的组成：计提坏账准备 900 元，计提固定资产减值准备 30 000 元。

上年年末坏账准备余额为 900 元。

(4)投资收益的组成：收到股息收入 30 000 元，与本金一起收回的交易性股票投资收益 500 元，自公允价值变动损益结转投资收益 1 000 元。

(5)资产处置损益的组成：处置固定资产净收益 50 000 元(其所处置固定资产原价为 400 000 元，累计折旧为 150 000 元，收到处置收入 300 000 元)。假定不考虑与固定资产处置有关的税费。

(6)营业外支出的组成：报废固定资产净损失 19 700 元(其所报废固定资产原价为 200 000 元，累计折旧为 180 000 元，支付清理费用 500 元，收到残值收入 800 元)。

(7)所得税费用的组成：当期所得税费用 92 800 元，递延所得税收益 7 500 元。

(8)税金及附加 2 000 元，本期已支付。

除上述项目外，利润表中的销售费用 20 000 元至期末已经支付。

3. 资产负债表有关项目的明细资料如下：

(1)本期收回交易性股票投资本金 15 000 元、公允价值变动 1 000 元，同时实现投资收益 500 元。

(2)存货中生产成本、制造费用的组成：职工薪酬 324 900 元，折旧费 80 000 元。

(3)应交税费的组成：本期增值税进项税额 39 968 元，增值税销项税额 200 000 元，已交增值税 89 998 元；应交所得税期末余额为 20 097 元，应交所得税期初余额为 0；应交税费期末数中应由在建工程负担的部分为 100 000 元。

(4)应付职工薪酬的期初数无应付在建工程人员的部分，本期支付在建工程人员职工薪酬 200 000 元。应付职工薪酬的期末数中应付在建工程人员的部分为 28 000 元。

(5)应付利息均为短期借款利息，其中本期计提利息 11 500 元，支付利息 12 500 元。

(6)本期用现金购买固定资产 101 000 元，购买工程物资 300 000 元。

(7)本期用现金偿还短期借款 250 000 元，偿还一年内到期的长期借款 1 000 000 元；借入长期借款 560 000 元。

根据以上资料，采用分析填列的方法，编制 20×9 年度的现金流量表。

表 14—15　　**现金流量表**

编制单位：乙公司　　20×9 年度　　单位：元

项　目	本期金额	上期金额(略)
一、经营活动产生的现金流量：		
1. 销售商品、提供劳务收到的现金	1 300 000	

续表

项　目	本期金额	上期金额(略)
销售商品、提供劳务收到的现金 ＝营业收入(特殊项目除外,如:租金)＋销项税额＋应收账款本期减少额＋应收票据本期减少额＋预收款项本期增加额±特殊调整业务(如:票据贴现利息、以物抵债偿还应收账款、本期核销的坏账、实际发生的现金折扣等) ＝1 250 000(营业收入)＋200 000(销项税额)－300 000(应收账款)＋180 000(应收票据)－30 000(票据贴现利息)＝1 300 000(元)		
2. 收到的税费返还	0	
3. 收到其他与经营活动有关的现金	0	
经营活动现金流入小计	1 300 000	
4. 购买商品、接受劳务支付的现金	389 768	
购买商品、接受劳务支付的现金 ＝营业成本(特殊项目除外)＋存货本期增加额＋进项税额＋应付账款本期减少额＋应付票据本期减少额＋预付款项本期增加额±特殊调整业务[当期列入存货的职工薪酬、折旧费、摊销费、修理费用、以物抵债偿还应付账款、本期计提的存货跌价准备、将存货用于在建工程(调增:因为未对应营业成本)、非货币性资产换入存货(换入:未付款,调减)等等] ＝750 000(营业成本)－95 300(存货减少)＋39 968(进项税额)＋0(应付账款)＋100 000(应付票据减少)＋0(预付款项)－324 900(存货中职工薪酬)－80 000(存货中折旧费) ＝389 768(元)		
5. 支付给职工以及为职工支付的现金	300 000	
支付给职工以及为职工支付的现金 ＝应付职工薪酬的计提数(生产成本、制造费用、管理费用等)＋应付职工薪酬的本期减少数±其他调整项目(扣除计入在建工程等的职工薪酬) ＝[324 900(存货)＋17 100(管理费用)]＋[(110 000－(180 000－扣除在建工程人员薪酬 28 000)](应付职工薪酬的本期减少数)＝300 000(元)		
6. 支付的各项税费	164 701	
支付的各项税费 ＝税金及附加＋当期实际缴纳的增值税＋当期所得税±应交税费的本期减少数(除增值税以外的其他税费) ＝2 000(税金及附加)＋89 998(实纳增值税)＋92 800(当期所得税)－20 097(应交税费的本期增加数:除增值税,本题仅指所得税)＝164 701(元)		
7. 支付其他与经营活动有关的现金(管理费用 60 000＋销售费用 20 000)	80 000	
经营活动现金流出小计	934 469	
经营活动产生的现金流量净额	365 531	

续表

项　目	本期金额	上期金额(略)
二、投资活动产生的现金流量：		
1. 收回投资收到的现金	16 500	
收回投资收到的现金=15 000(收回交易性股票的本金)+1 000(收回公允价值变动的部分)+500(与本金收回的收益)=16 500(元)		
2. 取得投资收益收到的现金(股息收入)	30 000	
3. 处置固定资产、无形资产和其他长期资产收回的现金净额	300 300	
=300 000(处置收入)-500(清理费用)+800(残值收入)=300 300(元)		
4. 处置子公司及其他营业单位收到的现金净额	0	
5. 收到其他与投资活动有关的现金	0	
投资活动现金流入小计	346 800	
6. 购建固定资产、无形资产和其他长期资产支付的现金	601 000	
=200 000(在建工程人员薪酬)+101 000(购买固定资产)+300 000(购买工程物资)=601 000(元)		
7. 投资支付的现金	0	
8. 取得子公司及其他营业单位支付的现金净额	0	
9. 支付其他与投资活动有关的现金	0	
投资活动现金流出小计	601 000	
投资活动产生的现金流量净额	-254 200	
三、筹资活动产生的现金流量：		
1. 吸收投资收到的现金(只包括发行股票，不包括发行债券)	0	
2. 取得借款收到的现金 (借入长期借款 560 000 元)	560 000	
3. 收到其他与筹资活动有关的现金	0	
筹资活动现金流入小计	560 000	
4. 偿还债务支付的现金 (偿还短期借款 250 000+一年内到期的长期借款 1 000 000)	1 250 000	
5. 分配股利、利润或偿付利息支付的现金(资本化利息+费用化利息)(实际支付数，与计提数无关)	12 500	

续表

项　目	本期金额	上期金额(略)
6. 支付其他与筹资活动有关的现金	0	
筹资活动现金流出小计	1 262 500	
筹资活动产生的现金流量净额	—702 500	
四、汇率变动对现金及现金等价物的影响(可正可负)	0	
五、现金及现金等价物净增加额	—591 169	
加:期初现金及现金等价物余额	1 406 300	
六、期末现金及现金等价物余额	815 131	

表 14—16　　现金流量表补充资料　　单位:元

项　目	本期金额	上期金额(略)
1. 将净利润调节为经营活动现金流量:		
净利润(见利润表)	225 000	
加:①资产减值准备(提取数:坏账准备 900 元,固定资产减值准备 30 000 元)	30 900	
②固定资产折旧、油气资产折耗、生产性生物资产折旧(管理费用 20 000 元,存货 80 000 元)	100 000	
③无形资产摊销(已知:管理费用)	60 000	
④长期待摊费用摊销	0	
上述①—④项:没有支付的费用,需要加回		
⑤处置固定资产、无形资产和其他长期资产的损失(收益以"—"号填列)(资产处置损益)	—50 000	
⑥固定资产报废损失(收益以"—"号填列)(营业外支出)	19 700	
⑦公允价值变动损失(收益以"—"号填列)	0	
⑧财务费用(收益以"—"号填列)(已知)	11 500	
⑨投资损失(收益以"—"号填列)(利润表:投资收益:已知)	—31 500	
上述⑤—⑨项:不属于经营活动的损益,需要反向调整		
⑩递延所得税资产减少(增加以"—"号填列)(已知)	—7 500	
⑪递延所得税负债增加(减少以"—"号填列)	0	

续表

项　目	本期金额	上期金额(略)
⑫存货的减少(增加以"一"号填列)(见资产负债表) 期初 2 580 000 元,期末 2 484 700 元	95 300	
⑬经营性应收项目的减少(增加以"一"号填列)	−120 000	
应收账款(原值)　期初 300 000 元,期末 600 000 元 应收票据　期初 246 000 元,期末 66 000 元 其他应收款　期初 5 000 元,期末 5 000 元 预付款项　期初 100 000 元,期末 100 000 元		
⑭经营性应付项目的增加(减少以"一"号填列)	32 131	
应付票据　期初 200 000 元,期末 100 000 元 应付账款　期初 953 800 元,期末 953 800 元 预收款项　期初 0 元,期末 0 元 应付职工薪酬(扣除在建工程部分) 　　期初 110 000 元,期末(180 000−28 000)元 应交税费(扣除在建工程部分) 　　期初 36 600 元,期末(216 729−89 998)元 其他应付款 期初 50 000 元,期末 50 000 元		
上述⑩—⑭项:资产:加减少、负债:加增加		
⑮其他	0	
经营活动产生的现金流量净额	365 531	
2. 不涉及现金收支的重大投资和筹资活动:		
债务转为资本	0	
一年内到期的可转换公司债券	0	
融资租入固定资产	0	
3. 现金及现金等价物净变动情况:		
现金的期末余额	815 131	
减:现金的期初余额	1 406 300	
加:现金等价物的期末余额	0	
减:现金等价物的期初余额	0	
现金及现金等价物净增加额	−591 169	

第六节　附　注

一、附注的性质与作用

附注是财务报表不可或缺的组成部分，报表使用者了解企业的财务状况、经营成果和现金流量，应当全面阅读附注，附注相对于报表而言同样具有重要性。附注应当按照一定的结构进行系统合理的排列和分类，有顺序地披露信息。

二、附注的内容

按照我国企业会计准则的规定，报表附注中至少应披露下列内容，但是非重要项目除外。

（一）企业的基本情况

（1）企业注册地、组织形式和总部地址；

（2）企业的业务性质和主要经营活动；

（3）母公司以及集团最终母公司的名称；

（4）财务报告的批准报出者和财务报告批准报出日，以及按照有关法律、行政法规等规定，企业所有者或其他方面有权对报出的财务报告进行修改的事实。

（二）财务报表的编制基础

（1）会计年度；

（2）记账本位币；

（3）会计计量所运用的计量属性；

（4）现金和现金等价物的构成。

（三）遵循企业会计准则的声明

企业应当明确说明编制的财务报表符合企业会计准则的要求，真实、公允地反映了企业的财务状况、经营成果和现金流量等有关信息。

（四）重要会计政策和会计估计

企业应当披露重要的会计政策和会计估计，不具有重要性的会计政策和会计估计可以不披露。判断会计政策和会计估计是否重要，应当考虑与会计政策或会计估计相关项目的性质和金额。

企业应当披露会计政策的确定依据。例如，如何判断持有的金融资产为持有至到期投资而不是交易性投资；对于拥有的持股不足50%的企业，如何判断企业拥有控制权并因此将其纳入合并范围；如何判断与租赁资产相关的所有风险和报酬已转移给企业；投资性房地产的判断标准等。这些判断对报表中确认的项目金额具有重要影响。

企业应当披露会计估计中所采用的关键假设和不确定因素的确定依据。例如，固定资产可收回金额的计算需要根据其公允价值减去处置费用后的净额与预计未来现金流量的现值两者之间的较高者确定，在计算资产预计未来现金流量的现值时需要对未来现金流量进行预测，选择适当的折现率，并应当在附注中披露未来现金流量预测所采用的假设及其依据所选择的折现率的合理性等。

企业应当披露的重要会计政策包括：

(1)存货：①确定发出存货成本所采用的方法；②可变现净值的确定方法；③存货跌价准备的计提方法。

(2)固定资产：①固定资产的确认条件和计量基础；②固定资产的折旧方法。

(3)无形资产：①使用寿命有限的无形资产使用寿命的估计情况；②使用寿命不确定的无形资产使用寿命不确定的判断依据；③无形资产的摊销方法；④企业判断研发项目支出满足资本化条件的依据。

(4)资产减值：①资产或资产组可收回金额的确定方法；②可收回金额按照资产组的公允价值减去处置费用后的净额确定的，确定公允价值减去处置费用后的净额的方法、所采用的各关键假设及其依据；③可收回金额按照资产组预计未来现金流量的现值确定的，预计未来现金流量的各关键假设及其依据；④分摊商誉到不同资产组采用的关键假设及其依据。

(5)股份支付：权益工具公允价值的确定方法。

(6)收入：收入确认所采用的会计政策，包括确定提供劳务交易完工进度的方法。

(7)所得税：确认递延所得税资产的依据。

(五)会计政策和会计估计变更以及差错更正的说明

(1)会计政策变更的性质、内容和原因；

(2)当期和各个列报前期财务报表中受影响的项目名称和调整金额；

(3)会计政策变更无法进行追溯调整的事实和原因以及开始应用变更后的会计政策的时点、具体应用情况；

(4)会计估计变更的内容和原因；

(5)会计估计变更对当期和未来期间的影响金额；

(6)会计估计变更的影响数不能确定的事实和原因；

(7)前期差错的性质；

(8)各个列报前期财务报表中受影响的项目名称和更正金额，前期差错对当期财务报表也有影响的，还应披露当期财务报表中受影响的项目名称和金额；

(9)前期差错无法进行追溯重述的事实和原因以及对前期差错开始进行更正的时点、具体更正情况。

(六)重要报表项目的说明

企业应当尽可能以列表形式披露重要报表项目的构成或当期增减变动情况。对重要报表项目的明细说明,应当按照资产负债表、利润表、现金流量表、所有者权益变动表的顺序以及报表项目列示的顺序进行披露,应当以文字和数字描述相结合进行披露,并与报表项目相互参照。下面介绍部分重要报表项目的说明。

1. 货币资金

该项目的说明如表14—17所示:

表14—17　货币资金的披露格式

项　目	期末余额	年初余额
库存现金		
银行存款		
其他货币资金		
合　计		

2. 应收款项

(1)说明坏账的确认标准,以及坏账准备的计提方法和计提比例,并说明下列事项:①以前年度已全额计提坏账准备,或计提坏账准备的比例较大的,但在本年度又全额或部分收回的,或通过重组等其他方式收回的,应说明其原因,原估计计提比例的理由,以及原估计计提比例的合理性。②本年度实际冲销的应收款项及其理由,其中,实际冲销的关联交易产生的应收款项应单独披露。

(2)应收账款、预付账款、其他应收款分别计提的坏账准备。如表14—18所示:

表14—18　应收账款按账龄结构的披露格式

账　龄	期末余额			年初余额		
	金额	比例(%)	坏账准备	金额	比例(%)	坏账准备
1年以内(含1年)						
1～2年(含2年)						
2～3年(含3年)						
3年以上						
合　计						

3. 以公允价值计量且其变动计入当期损益的金融资产

该项目的说明如表14—19所示:

表 14—19　以公允价值计量且其变动计入当期损益的金融资产的披露格式

项　目	期末余额	年初余额
1. 交易性债券投资		
2. 交易性权益工具投资		
3. 其他交易性金融资产		
4. 指定为以公允价值计量且其变动计入当期损益的金融资产		
合　计		

4. 存货

存货的具体构成;用于担保的存货的账面价值;本期存货跌价准备计提和转回的原因;等等。该项目的说明如表 14—20 所示。

表 14—20　存货的披露格式

存货种类	年初账面余额	本期增加额	本期减少额	期末账面余额
1. 原材料				
2. 在产品				
3. 库存商品				
4. 包装物及低值易耗品				
……				
合　计				

5. 长期股权投资

(1)投资企业对被投资单位具有重大影响的,应披露被投资单位清单及主要财务信息。

(2)如果被投资单位由于所在国家或地区及其他方面的影响,其向投资企业转移资金的能力受到限制,应披露所受限制的具体情况、原因、期限等。

(3)按照权益法核算的长期股权投资,在被投资单位的长期权益减记至零以后,如果以后仍存在账外备查登记的额外损失,应披露该额外损失的累积金额及当期未予确认的金额。

(4)如果投资合同或协议中约定,对于被投资单位发生的亏损,投资企业除了已投入资本及其他实质上构成投资的权益外,还应承担其他弥补义务的,应披露合同或协议中约定条款的内容,以及基于被投资单位目前生产经营情况估计或能承担该部分义务的情况。

长期股权投资的披露格式如表 14—21 所示：

表 14—21 长期股权投资的披露格式

被投资单位	期末余额	年初余额
1.		
2.		
3. ……		
合 计		

6. 长期应收款

该项目的说明如表 14—22 所示。

表 14—22 长期应收款的披露格式

项 目	年初余额		本期增加额		本期减少额		期末余额	
	应收金额	未实现融资收益	应收金额	未实现融资收益	应收金额	未实现融资收益	应收金额	未实现融资收益
1.								
2.								
3. ……								
合计								

7. 固定资产

该项目的说明如表 14—23 所示。

表 14—23 固定资产的披露格式

项 目	年初余额	本期增加额	本期减少额	期末余额
一、原价合计				
1. 房屋、建筑物				
2. 机器设备				
3. 运输工具				
……				
二、累计折旧合计				
1. 房屋、建筑物				
2. 机器设备				

续表

项　目	年初余额	本期增加额	本期减少额	期末余额
3. 运输工具				
……				
三、固定资产减值准备累计金额合计				
1. 房屋、建筑物				
2. 机器设备				
3. 运输工具				
……				
四、固定资产账面价值合计				
1. 房屋、建筑物				
2. 机器设备				
3. 运输工具				
……				

项目内容主要包括:(1)固定资产的分类、使用寿命、预计净残值和折旧率。(2)各类固定资产的年初和期末原价、累积折旧及固定资产减值准备累计金额。(3)对固定资产所有权的现值及其金额和用于债务担保的固定资产账面价值。(4)准备处置的固定资产名称、账面价值、公允价值、预计处置费用和预计处置时间等。

8. 无形资产

该项目的说明如表 14—24 所示。

表 14—24　　无形资产的披露格式

项　目	年初余额	本期增加额	本期减少额	期末余额
一、原价合计				
1.				
……				
二、累计摊销合计				
1.				
……				
三、无形资产减值准备累计金额合计				

续表

项　目	年初余额	本期增加额	本期减少额	期末余额
1.				
……				
四、无形资产账面价值合计				
1.				
……				

项目内容主要包括：(1)每一类无形资产的名称(如商标权、专利权、土地使用权等)及取得方式(外购或内部开发)。(2)每一类无形资产的使用寿命情况。(3)用于担保的无形资产的成本、累计摊销和无形资产减值准备累计金额，涉及担保条款的主要内容，如担保期限、担保期间对该无形资产处置的限制等。

9. 开发支出

该项目的说明如表14—25所示。

表14—25　　开发支出的披露格式

研究开发项目	年初余额	本期发生额	本期转出额		期末余额
			计入无形资产	计入当期损益	
1.					
……					
合　计					

10. 资产减值准备

该项目的说明如表14—26所示。

表14—26　　资产减值准备的披露格式

项　目	期初余额	本期计提额	本期减少额		期末余额
			转回额	转出额	
一、坏账准备合计					
二、存货跌价准备					
三、长期债权投资减值准备					
四、长期股权投资减值准备					
五、投资性房地产减值准备					

续表

项　目	期初余额	本期计提额	本期减少额		期末余额
			转回额	转出额	
六、固定资产减值准备					
七、工程物资减值准备					
八、在建工程减值准备					
九、无形资产减值准备					
十、商誉减值准备					
十一、其他					
合　计					

11. 职工薪酬

(1)应付职工薪酬。该项目的说明如表14—27所示。

表14—27　　应付职工薪酬的披露格式

项　目	期初余额	本期发生额	本期支付额	期末余额
一、工资、奖金、津贴和补贴				
二、社会保险费				
1. 医疗保险费				
2. 基本养老保险费				
3. 年金缴费				
4. 失业保险费				
5. 工伤保险费				
6. 生育保险费				
三、住房公积金				
四、工会经费和职工教育经费				
五、因解除劳动关系给予的补偿				
六、其他				
其中:以现金结算的股份支付				
合　计				

(2)企业本期为职工提供的非货币性福利的形式、各项非货币性福利的金额及其计算

依据。

(3)解除劳动关系的补偿。对于自愿接受裁减建议的职工数量、补偿标准等不确定而产生的或有负债,应当按照“或有事项”披露:该项或有负债的形成原因、经济利益流出不确定性的说明、该项或有负债预计产生的财务影响,以及获得补偿的可能性;无法预计的,应当说明原因。

12. 应交税费

该项目的说明如表 14—28 所示。

表 14—28　　应交税费的披露格式

税费项目	期末余额	年初余额
1. 增值税		
2. 消费税		
3. 所得税		
4. 资源税		
5. 教育费附加		
……		
合　计		

13. 长期应付款

该项目的说明如表 14—29 所示。

表 14—29　　长期应付款的披露格式

项　目	年初余额		本期增加额		本期减少额		期末余额	
	应付金额	未确认融资费用	应付金额	未确认融资费用	应付金额	未确认融资费用	应付金额	未确认融资费用
1.								
2.								
……								
合　计								

14. 营业收入

营业收入的构成如表 14—30 所示。

表 14－30　营业收入的构成

项　目	本期发生额	上期发生额
1. 主营业务收入		
2. 其他业务收入		
合　计		

15. 资产减值损失

(1)发生重大资产减值损失的，说明导致每项重大资产减值损失的原因和当期确认的重大资产减值损失的金额：①发生重大减值损失的资产是单项资产的，说明该单项资产的性质。提供分部报告信息的，还应披露该项资产所属的主要报告分部；②发生重大减值损失的资产是资产组(或者资产组组合，下同)的，说明资产组的基本情况；资产组中所包括的各项资产于当期确认的减值损失金额；资产组的组成与前期相比发生变化的，说明变化的原因以及前期和当期资产组的组成情况。

(2)分摊到某资产组的商誉(或者使用寿命不确定的无形资产，下同)的账面价值占商誉账面价值总额的比例重大的，应当说明分摊到该资产组的商誉的账面价值。商誉的全部或者部分账面价值分摊到多个资产组且分摊到每个资产组的商誉的账面价值占商誉账面价值总额的比例不重大的，企业应当说明这一情况以及分摊到上述资产组的商誉合计金额。

16. 营业外收入

该项目的说明如表 14－31 所示。

表 14－31　营业外收入的披露格式

项　目	本期发生额	上期发生额
1. 债务重组利得		
2. 与企业日常活动无关的政府补助		
3. 盘盈利得		
4. 捐赠利得		
5. 其他		
合　计		

17. 营业外支出

该项目的说明如表 14－32 所示。

表 14－32　营业外支出的披露格式

项　目	本期发生额	上期发生额
1. 债务重组损失		
2. 公益性捐赠支出		
3. 非常损失		
4. 盘亏损失		
5. 非流动资产毁损报废损失		
6. 其他		
合　计		

18. 所得税

企业对所得税费用应披露的内容包括：所得税费用的组成，含当期所得税和递延所得税；所得税费用与会计利润的关系。该项目的说明如表 14－33 所示。

表 14－33　所得税费用的披露格式

项　目	本期发生额	上期发生额
1. 当期所得税		
2. 递延所得税		
合　计		

19. 按照费用的性质披露利润表

费用按照性质分类，是指费用按其性质分为耗用的原材料、职工薪酬费用、折旧费、摊销费等，而不是按照费用在企业所发挥的不同功能分类。企业可以披露费用按照性质分类的利润表作为补充资料，如表 14－34 所示。

表 14－34　费用的披露格式

项　目	本期发生额	上期发生额
1. 耗用的原材料、低值易耗品、在产品、产成品等		
2. 发生的职工薪酬费用		
3. 计提的折旧		
4. 无形资产等的摊销		
5. 计提的资产减值准备		

续表

项　目	本期发生额	上期发生额
6. 财务费用		
7. 其他		
合　计		

20. 借款费用

本项目包括:(1)当期资本化的借款费用金额;(2)当期用于计算确定借款费用资本化金额的资本化率。

21. 每股收益

本项目包括:(1)基本每股收益和稀释每股收益期分子、分母的计算过程;(2)列报期间不具有稀释性但以后期间很可能具有稀释性的潜在普通股;(3)在资产负债表日至财务报告批准报出日之间,企业发行在外的普通股或潜在普通股股数发生重大变化的情况。例如,股份发行、股份回购、潜在普通股发行、潜在普通股转换或行权等。

(七)或有和承诺事项的说明

(1)预计负债的种类、形成原因以及经济利益流出不确定性的说明。

(2)与预计负债有关的预期补偿金额和本期已确认的预期补偿金额。

(3)或有负债的种类、形成原因及经济利益流出不确定性的说明。

(4)或有负债预计产生的财务影响,以及获得补偿的可能性;无法预计的应当说明原因。

(5)或有资产很可能会给企业带来经济利益的,其形成的原因、预计产生的财务影响等。

(6)在涉及未决诉讼、未决仲裁的情况下,披露全部或部分信息预期对企业造成重大不利影响的,该未决诉讼、未决仲裁的性质以及没有披露这些信息的事实和原因。

(八)资产负债表日后事项的说明

每项重要的资产负债表日后非调整事项的性质、内容,及其对财务状况和经营成果的影响。无法做出估计的,应当说明原因。

(九)关联方关系及其交易的说明

(1)母公司和子公司的名称。母公司不是该企业最终控制方的,说明最终控制方名称。母公司和最终控制方均不对外提供财务报表的,说明母公司之上与其最相近的对外提供财务报表的母公司名称。

(2)母公司和子公司的业务性质、注册地、注册资本(或实收资本、股本)及其当期发生的变化。

(3)母公司对该企业或者该企业对子公司的持股比例和表决权比例。

(4)企业与关联方发生关联方交易的，该关联方关系的性质、交易类型及交易要素。交易要素至少应当包括：交易的金额；未结算项目的金额、条款和条件，以及有关提供或取得担保的信息；未结算应收项目的坏账准备金额；定价政策；企业应当分别关联方以及交易类型披露关联方交易。

【案例分析】

关于财务报表在企业经营过程中、在投资过程中的作用，不同的经营者和投资人持有不同观点，并且存在较大分歧：

观点一：资产负债表最重要，该表反映一个企业的家底，做大做强该表即可。

观点二：利润表最重要，该表反映一个企业的盈利能力，利润值漂亮才是关键。

观点三：现金流量表才最重要，该表反映一个企业的活力，现金为王最重要。

请问对于以上三种观点，你有何看法？

案例解析：

资产负债表是这三张报表的基础。用人体来比喻，就好比是人体的骨骼。骨骼并非是越大越好，骨骼要的是强健，而不是一味求大。企业也是一个道理，不能一味追求资产规模扩充，而应当努力提高资产质量。很多企业都是因为争第一，而最终倒在了第一的路上，最近的案例就是“诺基亚”。一个好的企业，资产负债表要健康，要高质量，绝对不能华而不实，大而无用，最后导致骨质疏松，一触即溃。

与骨骼相对应，利润表则好比是人体的肌肉。肌肉需要的是强健有力，有冲击力和爆发力，更需要有持久力和耐力。如果肌肉是软趴趴的，骨骼再怎么强健，这个人始终是病恹恹的。当然肌肉最怕的是虚胖，看似不错，内部则都是脂肪。企业也是同样道理，“虚胖”的利润表，并不有利企业长期健康发展，往往还会引发未来不同的病症。就像有些国内大型企业，销售收入巨大，但利润微乎其微，甚至出现亏损；一旦经济形势发生巨大变化，企业就处于入不敷出的边缘。因此，利润表要的是剔出“脂肪”，强健有力。

有了强健的骨骼(资产负债表)，有力的肌肉(利润表)，这个时候最关键的是，有一张流动的现金流量表(血液)。人体得以维持运行的关键是流动的血液，而现金流量则好比是人体体内流动着的血液。健康的血液最重要的标志是不停地流动；不流动的血液对人体来说有害无益，甚至会造成生命危险。现金流量表是检验和分析企业血液(现金)流动和血液(现金)质量的一份重要的报表。通过分析解读现金流量表，可以让企业的管理者和投资者了解，企业的造血机制(经营活动的现金流量)的运行情况如何；企业的体外输血机制(筹资活动的现金流量)的运行情况如何；以及企业的放血机制(投资活动的现金流量)的运行如何，从而掌握企业的真实情况，避免出现“供血不足”或者“造血机能障碍”的问题——“资金链断裂”。现金流量表的关键是流动的现金。

这三张报表好比企业的三维透视图，通过不同的视角和纬度来探究企业各个方面的情况，最终帮助企业的管理人员发现企业发展的契机，定位问题所在，寻求解决和完善之道，三者缺一不可。

【复习思考及实务训练】

一、名词解释

资产负债表　　利润表　　现金流量表　　报表附注

二、思考题

1. 我国资产负债表的结构是怎样的？其编制的依据是什么？如何编制？
2. 我国利润表的结构是怎样的？其编制的依据是什么？如何编制？
3. 现金流量如何分类？其内容包括哪些？
4. 简述现金流量表编制的直接法和间接法的内容。
5. 报表附注应包括哪些基本内容？

三、选择题

1. 我国资产负债表的结构采用的是(　　)。

A. 账户式　　B. 单步式　　C. 多步式　　D. 矩阵形式

2. 我国企业利润表的结构采用的是(　　)。

A. 账户式　　B. 单步式　　C. 多步式　　D. 矩阵形式

3. 现金流量表所反映的是企业(　　)。

A. 某一特定日期的财务状况　　B. 某一会计期间的经营成果

C. 某一会计期间的现金流量　　D. 某一会计期间的经济资源

4. 下列关于所有者权益变动表说法不正确的是(　　)。

A. 所有者权益变动表应当全面反映一定时期所有者权益变动的情况

B. 所有者权益变动表应该单独列示会计政策变更和差错更正的累积影响金额

C. 企业发行的优先股等其他权益工具分类为权益工具的，应当在所有者权益变动表“实收资本”和“资本公积”栏之间增设“其他权益工具”栏，并在该栏中增设“优先股”“永续债”和“其他”三小栏

D. 所有者权益变动表分为“期初余额”和“期末余额”两栏列示

5. 下列资产项目中，不属于流动资产的是(　　)。

A. 其他应收款

B. 预付账款

C. 开发支出

D. 以公允价值计量且其变动计入当期损益的金融资产

6. 甲公司为增值税一般纳税人，销售货物、提供劳务适用的增值税税率为13%。2018年5月甲公司外购一项固定资产，取得增值税专用发票注明：购买价款为500万元，增值税税额为65万元，发生运输费1万元，增值税税额为0.09万元，另发生相关费用20万元和安装费29万元，2018年6月30日达到预定可使用状态。该项固定资产采用年限平均法计提折旧，预计使用年限为10年，预计净残值为50万元，则2018年年末资产负债表中关于该项固定资产列示的金额为(　　)万元。

A. 522.5　　B. 550　　C. 475　　D. 525

7. 甲公司2018年度发生的有关交易或事项如下：(1)出售固定资产产生净损失50万元；(2)转让无形资产使用权取得租金收入30万元；(3)处置一项以公允价值计量且其变动计入当期损益的金融资产，价款为400万元(不考虑交易费用)，出售当日，以公允价值计量且其变动计入当期损益的金融资产的成本为300万元，持有期间公允价值变动收益为70万元(4)因收发计量差错造成存货盘亏10万元；(5)管理部门支付固定资产修理费用10万元；(6)计提坏账准备30万元；(7)确认投资性房地产公允价值增加120万元。不考虑其他因素的影响，上述交易对甲公司2018年度营业利润的影响金额为(　　)万元。

A. 130　　B. 80　　C. 140　　D. 100

8. 甲公司对所得税采用资产负债表债务法核算，适用的所得税税率为25%。2018年发生的营业收入为1 200万元，营业成本为600万元，税金及附加为30万元，销售费用为20万元，管理费用为50万元，财务费用为10万元，投资损失为40万元，资产减值损失为70万元，公允价值变动损失为80万元，以公允价值计量且其变动计入其他综合收益的金融资产的公允价值上升确认其他综合收益50万元，发行股票确认了资本公积100万元，营业外收入为25万元，营业外支出为15万元。甲公司2018年利润表中综合收益总额列示的金额为(　　)万元。

A. 282.5　　B. 345　　C. 232.5　　D. 225

9. 下列各项中，能够引起现金流量净额发生变动的是(　　)。

A. 以存货抵偿债务

B. 以银行存款支付采购款

C. 将现金存款为银行活期存款

D. 以银行存款购买2个月内到期的债券投资

10. 甲公司为增值税一般纳税人，销售商品、提供劳务适用的增值税税率为16%。2018年度，根据账簿资料记录，甲公司主营业务收入为2 500万元，本期发生现金折扣10

万元，增值税销项税额为 400 万元；应收账款期初余额为 500 万元，期末余额为 650 万元，坏账准备的期初余额为 5 万元，期末余额为 25 万元；预收账款期初余额为 50 万元，期末余额为 10 万元；应收票据期初余额为 8 万元，期末余额为 12 万元。假定不考虑其他因素，甲公司 2018 年度现金流量表中“销售商品、提供劳务收到的现金”项目的金额为(　　)万元。

A. 3 031　　B. 2 696　　C. 3 006　　D. 3 025

【参考答案】

1. A　2. C　3. C　4. D　5. C　6. D　7. B　8. A　9. B　10. B

四、计算及实务题

1. 某公司 2018 年 12 月 31 日有关科目余额如表 14—35 所示。

表 14—35　　某公司科目余额表

2018 年 12 月 31 日　　单位:元

账户名称	借方余额	账户名称	贷方余额
库存现金	15 000	短期借款	35 000
银行存款	101 000	应付票据	260 000
其他货币资金	60 000	应付账款	190 000
交易性金融资产	100 000	应付职工薪酬	98 040
应收票据	60 000	应交税费	485 000
应收账款	110 000	应付利息	90 000
预付账款	25 000	应付股利	170 000
其他应收款	19 000	其他应付款	100 000
原材料	250 000	长期借款	1 035 000
包装物及低值易耗品	31 000	坏账准备	5 500
库存商品	457 000	累计折旧	200 400
委托代销商品	170 000	累计摊销	20 000
长期股权投资	910 000	实收资本	680 000
固定资产	1 002 000	资本公积	120 000
在建工程	200 000	盈余公积	45 000

续表

账户名称	借方余额	账户名称	贷方余额
无形资产	110 000	利润分配——未分配利润	86 060
合　计	3 620 000	合　计	3 620 000

其中：长期借款均为1年以后才到期。

要求：根据以上资料，编制该公司2018年12月31日的资产负债表。

2. 甲公司为增值税一般纳税人，适用的增值税税率为13%，适用的所得税税率为25%。20×8年甲公司发生以下业务：

(1)购入原材料一批，增值税专用发票上列明的价款为50万元，增值税6.5万元，材料已入库，款项尚未支付；

(2)销售商品一批，账面价值300万元，已经计提跌价准备10万元，售价430万元，货款已收讫；

(3)动工兴建一座厂房，当日用银行存款购入工程物资150万元，增值税19.5万元，当天领用50%；

(4)支付前述所欠账款共计58万元；

(5)甲公司购入C公司25%股份，支付银行存款200万元，发生必要手续费支出5万元，能够对C公司产生重大影响，当日C公司可辨认净资产公允价值为1 000万元；甲公司不准备长期持有该项投资；

(6)收回委托乙公司生产的一批商品，支付加工费70万元，增值税9.1万元，此前发出材料成本为100万元；

(7)购入机器设备一台，增值税专用发票上表明价款100万元，增值税13万元，款项尚未支付；

(8)盘盈一批原材料，公允价值为30万元，无法查明原因，经批准已做处理；

(9)兴建厂房领用自产产品一批，账面价值30万元，公允价值50万元；

(10)收到租出的房地产租金60万元，该厂房计提折旧30万元；

(11)年底进行试车发生材料支付15万元，形成的部分产品直接对外销售取得价款8万元，剩余产品预计售价10万元(简化处理不考虑增值税)；

(12)甲公司当年发生办公费10万元、差旅费15万元、业务招待费用10万元，已通过银行存款支付；支付建造厂房专门借款利息费用5万元，专门借款闲置部分存入银行取得利息收入2万元存入银行活期账户。

假设甲公司当年只有上述业务。

要求：(1)根据资料，编制甲公司20×8年上述业务相关分录。

(2)编制甲公司20×8年的利润表。

3. 某企业 2018 年度有关资料如下：

(1)应收账款项目：年初数 200 万元，年末数 240 万元；

(2)应收票据项目：年初数 80 万元，年末数 40 万元；

(3)预收款项项目：年初数 180 万元，年末数 160 万元；

(4)营业收入 12 000 万元；

(5)应交税费——应交增值税(销项税额)2 240万元，其中对外捐赠领用本企业商品视同销售计算的销项税额为 320 万元；

(6)其他有关资料如下：本期计提坏账准备 10 万元，本期发生坏账收回 4 万元，收到客户用 23.2 万元商品(货款 20 万元，增值税 3.2 万元)抵偿前欠账款 24 万元。

要求：计算销售商品，提供劳务收到的现金。

4. 某企业 2018 年度有关资料如下：

(1)应付账款项目：年初数 50 万元，年末数 60 万元；

(2)应付票据项目：年初数 20 万元，年末数 10 万元；

(3)预付款项项目：年初数 40 万元，年末数 45 万元；

(4)存货项目：年初数 50 万元，年末数 40 万元；

(5)主营业务成本 2 000 万元；

(6)应交税费——应交增值税(进项税额)320 万元；

(7)其他有关资料如下：

用固定资产偿还应付账款 5 万元，生产成本中直接工资项目含有本期发生的生产工人工资费用 50 万元，本期制造费用发生额为 30 万元(其中消耗的物料为 5 万元)。

要求：计算购买商品，接受劳务支付的现金。

【参考答案】

1.

资产负债表

2018 年 12 月 31 日　　单位：元

资　产	期末余额	年初余额	负债和所有者权益(或股东权益)	期末余额	年初余额
流动资产：			流动负债：		
货币资金	176 000		短期借款	35 000	
交易性金融资产	100 000		交易性金融负债		
衍生金融资产			衍生金融负债		
应收票据及应收账款	164 500		应付票据及应付账款	450 000	

续表

资 产	期末余额	年初余额	负债和所有者权益（或股东权益）	期末余额	年初余额
预付款项	25 000		预收款项		
其他应收款	19 000		合同负债		
存货	908 000		应付职工薪酬	98 040	
合同资产			应交税费	485 000	
持有待售资产			其他应付款	360 000	
一年内到期的非流动资产			持有待售负债		
其他流动资产			一年内到期的非流动负债		
流动资产合计	1 392 500		其他流动负债		
非流动资产：			流动负债合计	1 428 040	
债权投资			非流动负债：		
其他债权投资			长期借款	1 035 000	
长期应收款			应付债券		
长期股权投资	910 000		长期应付款		
其他权益工具投资			预计负债		
其他非流动金融资产			递延收益		
投资性房地产			递延所得税负债		
固定资产	801 600		其他非流动负债		
在建工程	200 000		非流动负债合计	1 035 000	
生产性生物资产			负债合计	2 463 040	
油气资产			所有者权益（或股东权益）：		
无形资产	90 000		实收资本（或股本）	680 000	
开发支出			其他权益工具		
商誉			资本公积	120 000	
长期待摊费用			其他综合收益		
递延所得税资产			盈余公积	45 000	
其他非流动资产			未分配利润	86 060	
非流动资产合计	2 001 600		所有者权益（或股东权益）合计	931 060	
资产总计	3 394 100	0	负债和所有者权益（或股东权益）总计	3 394 100	

2.

要求(1)(单位:万元):

(1)借:原材料	50	
应交税费——应交增值税(进项税额)	6.5	
贷:应付账款		56.5
(2)借:银行存款	485.9	
贷:主营业务收入		430
应交税费——应交增值税(销项税额)		55.9
借:主营业务成本	300	
存货跌价准备	10	
贷:库存商品		310
(3)借:工程物资	150	
应交税费——应交增值税(进项税额)	19.5	
贷:银行存款		169.5
借:在建工程	75	
贷:工程物资		75
(4)借:应付账款	58	
贷:银行存款		58
(5)借:长期股权投资	250	
贷:银行存款		205
营业外收入		45
(6)借:委托加工物资	70	
应交税费——应交增值税(进项税额)	9.1	
贷:银行存款		79.1
借:库存商品	170	
贷:委托加工物资		170
(7)借:固定资产	100	
应交税费——应交增值税(进项税额)	13	
贷:应付账款		113
(8)借:原材料	30	
贷:待处理财产损溢		30
借:待处理财产损溢	30	
贷:管理费用		30

(9)借:在建工程　　30
　　贷:库存商品　　30
(10)借:银行存款　　60
　　贷:其他业务收入　　60
借:其他业务成本　　30
　　贷:投资性房地产累计折旧　　30
(11)借:在建工程　　15
　　贷:原材料　　15
借:银行存款　　8
　　贷:在建工程　　8
借:库存商品　　10
　　贷:在建工程　　10
(12)借:管理费用　　35
　　在建工程　　3
　　贷:银行存款　　38

要求(2):

上述业务影响当年净利润的金额=(430－300＋30＋45＋60－30－35)×(1－25%)=150(万元)。

注:由于事项(5)甲公司不准备长期持有该项长期股权投资,因此应确认相应的递延所得税影响;并且,由于不存在非暂时性差异和税率变动等特殊影响,所以可以直接用利润总额乘以税率计算所得税费用的金额。

利润表　　单位:万元

项　目	本期发生额
一、营业收入	490
减:营业成本	330
税金及附加	0
销售费用	0
管理费用	5
研发费用	0
财务费用	0
资产减值损失	0

续表

项　目	本期发生额
信用减值损失	0
加：其他收益	0
投资收益(损失以"－"号填列)	0
公允价值变动收益(损失以"－"号填列)	0
资产处置收益(损失以"－"号填列)	0
二、营业利润(亏损以"－"号填列)	155
加：营业外收入	45
减：营业外支出	0
三、利润总额(亏损总额以"－"号填列)	200
减：所得税费用	50
四、净利润(净亏损以"－"号填列)	150

3.

销售商品、提供劳务收到的现金

＝(12 000＋2 240－320)＋(200－240)＋(80－40)＋(160－180)－10－24＝13 866(万元)。

4.

购买商品、接受劳务支付的现金

＝(2 000＋320)＋(50－60)＋(20－10)＋(45－40)＋(40－50)－(5＋50＋30－5)＝2 235(万元)。

第十五章　会计调整

【学习目标】

- 理解资产负债表日后事项的内容及调整事项的会计处理
- 理解会计政策变更的含义及追溯调整法的会计处理
- 理解会计估计变更的含义及其会计处理
- 理解前期差错更正的含义及其会计处理

【思维导图】

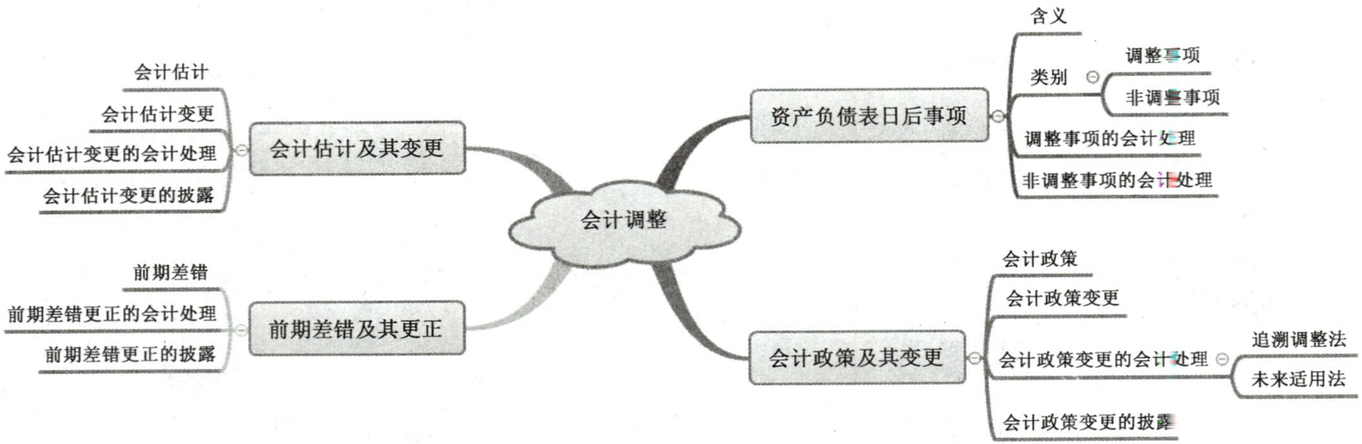

图 15-1　思维导图

第一节　资产负债表日后事项

一、资产负债表日后事项的含义

在实际工作中，某些交易或事项是在资产负债表日后、财务报告批准报出日之前发生的，这些交易或事项可能会对企业的财务状况、经营成果和现金流量产生重要影响，为使企业提供的会计信息更加准确、全面，便于报告使用者作出经济决策，需要对这些事项或交易进行认真分析，以确定是否需要调整报告期财务报表，或仅在附注中说明。

资产负债表日后事项，是指资产负债表日至财务报告批准报出日之间发生的有利或不利事项。

（一）资产负债表日

资产负债表日是指会计年度末和会计中期期末。中期是指短于一个完整的会计年度的报告期间，包括半年度、季度和月度。按照《会计法》规定，我国会计年度采用公历年度，即1月1日至12月31日。因此，年度资产负债表日是指每年的12月31日，中期资产负债表日是指各会计中期期末。例如，提供第一季度财务报告时，资产负债表日是该年度的3月31日；提供半年度财务报告时，资产负债表日是该年度的6月30日。如果母公司或者子公司在国外，无论该母公司或子公司如何确定会计年度和会计中期，其向国内提供的财务报告都应根据我国《会计法》和会计准则的要求确定资产负债表日。

（二）财务报告批准报出日

财务报告批准报出日是指董事会或类似机构批准财务报告报出的日期，通常是指对财务报告的内容负有法律责任的单位或个人批准财务报告对外公布的日期。

（三）有利事项和不利事项

资产负债表日后事项包括有利事项和不利事项。“有利或不利事项”是指，资产负债表日后对企业财务状况、经营成果等具有一定影响（既包括有利影响也包括不利影响）的事项。如果某些事项的发生对企业并无任何影响，那么，这些事项既不是有利事项也不是不利事项，也就不属于这里所说的资产负债表日后事项。

【例15－1】　某上市公司20×8年的年度财务报告于20×9年2月20日编制完成，注册会计师完成年度财务报表审计工作并签署审计报告的日期为20×9年4月17日，董事会批准财务报告对外公布的日期为20×9年4月17日，财务报告实际对外公布的日期为20×9年4月23日，股东大会召开日期为20×9年5月10日。

根据资产负债表日后事项涵盖期间的规定，本例中，该公司20×8年年报资产负债表日后事项涵盖的期间为20×9年1月1日至20×9年4月17日。如果在4月17日至23日之间发生了重大事项，需要调整财务报表相关项目的数字或需要在财务报表附注中披露，经调整或说明后的财务报告再经董事会批准报出的日期为20×9年4月25日，实际报出的日期为20×9年4月30日，则资产负债表日后事项涵盖的期间为20×9年1月1日至4月25日。

二、资产负债表日后事项的类别

资产负债表日后事项包括两类：资产负债表日后调整事项（以下简称调整事项）和资产负债表日后非调整事项（以下简称非调整事项）。

（一）调整事项

资产负债表日后调整事项，是指对资产负债表日已经存在的情况提供了新的或进一步证据的事项。

如果资产负债表日及所属会计期间已经存在某种情况，但当时并不知道其存在或者不能知道确切结果，资产负债表日后发生的事项能够证实该情况的存在或者确切结果，则该事项属于资产负债表日后事项中的调整事项。如果资产负债表日后事项对资产负债表日的情况提供了进一步的证据，证据表明的情况与原来的估计和判断不完全一致，则需要对原来的会计处理进行调整。

企业发生的调整事项，通常包括下列各项：(1)资产负债表日后诉讼案件结案，法院判决证实了企业在资产负债表日已经存在现时义务，需要调整原先确认的与该诉讼案件相关的预计负债，或确认一项新负债。(2)资产负债表日后取得确凿证据，表明某项资产在资产负债表日发生了减值或者需要调整该项资产原先确认的减值金额。(3)资产负债表日后进一步确定了资产负债表日前购入资产的成本或售出资产的收入。(4)资产负债表日后发现了财务报表舞弊或差错。

【例15—2】 甲公司因专利侵权被起诉。20×8年12月31日法院尚未判决，参考律师对此案件诉讼结果可能性的评估和判断，甲公司确认了500万元的预计负货。20×9年2月20日，在甲公司20×8年度财务报告批准报出之前，法院作出判决，要求甲公司支付赔偿款700万元。

本例中，甲公司在20×8年12月31日结账时已经知道对方胜诉的可能性较大，但不能知道法院判决的确切结果，因此，确认了500万元的预计负债。20×9年2月20日法院判决结果为甲公司预计负债的存在提供了进一步的证据。此时，按照20×8年12月31日存在状况编制的财务报表所提供的信息已不能真实反映企业的实际情况，应据此对财务报表相关项目的数字进行调整。

（二）非调整事项

非调整事项，是指表明资产负债表日后发生的情况的事项。非调整事项的发生不影响资产负债表日企业的财务报表数字，只说明资产负债表日后发生了某些情况。对于财务报告使用者而言，非调整事项说明的情况有的重要，有的不重要。其中重要的非调整事项虽然不影响资产负债表日的财务报表数字，但可能影响资产负债表日以后的财务状况和经营成果，不加以说明将会影响财务报告使用者作出正确估计和决策。因此，需要适当披露。

企业发生的非调整事项，通常包括：(1)资产负债表日后发生重大诉讼、仲裁、承诺；(2)资产负债表日后资产价格、税收政策、外汇汇率发生重大变化；(3)资产负债表日后因自然灾害导致资产发生重大损失；(4)资产负债表日后发行股票和债券以及其他巨额举债；(5)资产负债表日后资本公积转增资本；(6)资产负债表日后发生巨额亏损；(7)资产负债表日后发生企业合并或处置子公司；(8)资产负债表日后，企业利润分配方案中拟分配的以及经审议批准宣告发放的现金股利或利润等。

(三)调整事项与非调整事项的区别

资产负债表日后发生的某一事项究竟是调整事项还是非调整事项，取决于该事项表明的情况在资产负债表日或资产负债表日以前是否已经存在。若该情况在资产负债表日或之前已经存在，则属于调整事项；反之，则属于非调整事项。

三、调整事项的会计处理

企业发生的调整事项，应当调整资产负债表日的财务报表。对于年度财务报告而言，由于资产负债表日后事项发生在报告年度的次年，报告年度的有关账目已经结转，特别是损益类科目在结账后已无余额。因此，年度资产负债表日后发生的调整事项，应具体分别以下情况进行处理：

(1)涉及损益的事项，通过"以前年度损益调整"科目核算。调整增加以前年度利润或调整减少以前年度亏损的事项，记入"以前年度损益调整"科目的贷方；调整减少以前年度利润或调整增加以前年度亏损的事项，记入"以前年度损益调整"科目的借方。

涉及损益的调整事项，如果发生在该企业资产负债表日所属年度(即报告年度)所得税汇算清缴前的，应调整报告年度应纳税所得额、应纳所得税税额；发生在该企业报告年度所得税汇算清缴后的，应调整本年度(即报告年度的次年)应纳所得税税额。

由于以前年度损益调整增加的所得税费用，记入"以前年度损益调整"科目的借方，同时贷记"应交税费——应交所得税"等科目；由于以前年度损益调整减少的所得税费用，记入"以前年度损益调整"科目的贷方，同时借记"应交税费——应交所得税"等科目。

调整完成后，将"以前年度损益调整"科目的贷方或借方余额，转入"利润分配——未分配利润"科目。

(2)涉及利润分配调整的事项，直接在"利润分配——未分配利润"科目核算。

(3)不涉及损益及利润分配的事项，调整相关科目。

(4)通过上述账务处理后，还应及时调整财务报表相关项目的数字。包括：资产负债表日编制的财务报表相关项目的期末数或本年发生数；当期编制的财务报表相关项目的期初数或上年数;经过上述调整后,如果涉及报表附注内容的,还应当作出相应调整。

【例15—3】 甲公司于20×8年8月销售给乙公司一批产品,价款为80 000元(含应向乙公司收取的增值税),乙公司已于9月收到所购物资并验收入库。按合同规定,乙公司应于收到所购物资后1个月内付款。但由于乙公司财务状况不佳,直到20×8年12月31日仍未付款。甲公司于12月31日为该项应收账款提取坏账准备4 000元(假定坏账准备提取比例为5%),12月31日甲公司"应收账款"科目的余额为10 000元,"坏账准备"科目的余额为5 000元。甲公司于20×9年2月15日收到乙公司通知,乙公司已进行破产清算,无力偿还所欠部分货款,预计甲公司可收回应收乙公司账款的30%。此时甲公司的年度财务报告尚未批准报出。

甲公司在接到乙公司的通知后,首先判断该事项属于资产负债表日后事项中的调整事项,然后根据调整事项的处理原则进行如下处理:

(1)补提坏账准备:

应补提的坏账准备=80 000×70%—4 000=52 000(元)

借:以前年度损益调整　　52 000

贷:坏账准备　　52 000

(2)调整递延所得税资产(所得税税率为25%):

应调整金额=52 000×25%=13 000(元)

借:递延所得税资产　　13 000

贷:以前年度损益调整　　13 000

(3)将"以前年度损益调整"科目余额转入"利润分配"科目:

借:利润分配——未分配利润　　39 000

贷:以前年度损益调整　　39 000

(4)调整利润分配的有关金额(假定甲公司按净利润的10%提取盈余公积,除此之外不作其他分配):

应调整减少提取的盈余公积=39 000×10%=3 900(元)

借:盈余公积　　3 900

贷:利润分配——未分配利润　　3 900

(5)调整20×8年度财务报表相关项目的数字(所有者权益变动表的调整从略):

表15—1 资产负债表

编制单位:甲公司　　20×8年12月31日　　单位:元

资　产	调整前	调整后	负债和所有者权益(或股东权益)	调整前	调整后
流动资产:			流动负债:		

续表

资　产	调整前	调整后	负债和所有者权益（或股东权益）	调整前	调整后
货币资金	12 000	12 000	短期借款	16 000	16 000
交易性金融资产	8 000	8 000	应付票据及应付账款	15 000	15 000
应收票据及应收账款	101 000	49 000	应交税费	26 000	26 000
存货	30 000	30 000	流动负债合计	57 000	57 000
流动资产合计	151 000	99 000	非流动负债：		
非流动资产：			长期借款	10 000	10 000
长期股权投资	65 000	65 000	非流动负债合计	10 000	10 000
固定资产	60 000	60 000	负债合计	67 000	67 000
无形资产	7 000	7 000	所有者权益（或股东权益）：		
递延所得税资产	0	13 000	实收资本（或股本）	120 000	120 000
非流动资产合计	132 000	145 000	资本公积	10 000	10 000
			盈余公积	15 000	11 100
			未分配利润	71 000	35 900
			所有者权益（或股东权益）合计	216 000	177 000
资产总计	283 000	244 000	负债和所有者权益（或股东权益）总计	283 000	244 000

注：为报表的清晰性和简洁性，无数据的报表项目已做删除。

表 15－2　　**利润表**

编制单位：甲公司　　20×8 年　　单位：元

项　目	调整前	调整后
一、营业收入	408 000	408 000
减：营业成本	260 000	260 000
税金及附加	20 000	20 000
销售费用	1 000	1 000
管理费用	2 400	2 400
财务费用	1 600	1 600
资产减值损失	5 000	57 000
加：投资收益（损失以“－”号填列）	2 500	2 500
二、营业利润（亏损以“－”号填列）	120 500	68 500

续表

项　目	调整前	调整后
加:营业外收入	1 800	1 800
减:营业外支出	300	300
三、利润总额(亏损总额以"－"号填列)	122 000	70 000
减:所得税费用	40 260	27 260
四、净利润(净亏损以"－"号填列)	81 740	42 740

注:为报表的清晰性和简洁性,无数据的报表项目已做删除。

需要注意的是,对报告年度损益的调整,虽然是通过"以前年度损益调整"科目核算的,但在调整利润表时应对"资产减值损失"项目进行调整。

(6)调整20×9年2月份资产负债表相关项目的年初数。如果甲公司需要按月编制财务报表,那么甲公司在编制20×9年1月份的财务报表时,是以表15－1中相关项目调整前的数字作为该月资产负债表的年初数的。由于发生了资产负债表日后调整事项,甲公司除了要调整20×8年度财务报表相关项目的数字外,还应调整20×9年2月份资产负债表相关项目的年初数,即其年初数应按表15－1中调整后的数字填列。

四、非调整事项的会计处理

资产负债表日后发生的非调整事项,是表明资产负债表日后发生的情况的事项,与资产负债表日存在状况无关,不应当调整资产负债表日的财务报表。但有的非调整事项对财务报告使用者具有重大影响,如不加以说明,将不利于财务报告使用者作出正确估计和决策。因此,应在附注中进行披露。

资产负债表日后发生的非调整事项,应当在报表附注中披露每项重要的资产负债表日后非调整事项的性质、内容及其对财务状况和经营成果的影响。无法作出估计的,应当说明原因。

【例15－4】 甲公司20×8年度财务报告附注中对资产负债表日后发行债券的说明:20×8年10月17日,经中国证券监督管理委员会核准,甲公司获准向合格投资者公开发行面值不超过20亿元(含20亿元)的公司债券;本次公司债券采用分期发行方式,首期发行债券的面值不少于总发行面值的50%,自核准发行之日起6个月内完成;其余各期债券发行,自核准发行之日起24个月内完成。20×9年1月26日,甲公司公开发行公司债券(第一期)面值10亿元,期限为5年,票面年利率为6.60%。甲公司于20×9年1月27日实际收到公司债券募集资金99 430万元(已扣除承销费570万元)。

企业发行股票、债券以及向银行或非银行金融机构举借巨额债务都是比较重大的事项,虽然这一事项与企业资产负债表日的存在状况无关,但这一事项的披露能使财务报告使用者了解与此有关的情况及可能带来的影响。因此，应当在报表附注中进行披露。

【例 15—5】 甲公司 20×8 年度财务报告附注中对资产负债表日后利润分配情况的说明：根据 20×9 年 3 月 16 日董事会决议，本公司拟以 20×8 年 12 月 31 日的股份为基准向全体股东每 10 股分配股利 0.5 元(含税)，共计分配股利 12 亿元。该股利分配预案尚待本公司股东大会批准。

资产负债表日后，企业制定利润分配方案，拟分配或经审议批准宣告发放现金股利或利润的行为，并不会导致企业在资产负债表日形成现时义务，虽然该事项的发生可导致企业负有支付股利或利润的义务，但支付义务在资产负债表日尚不存在，不应该调整资产负债表日的财务报告。因此，该事项为非调整事项。但为便于财务报告使用者更充分地了解相关信息，企业需要在财务报告中适当披露该信息。

第二节　会计政策及其变更

会计变更通常是指会计政策、会计估计的变更。一个报告主体的会计变更可能会对该主体所披露的特定日期的财务状况和一定时期的经营成果产生很大影响，也可能对比较财务报表和历史总结所反映的变动趋势产生重大影响。因此，会计变更的反映和报告应该便于财务报表的分析和理解。会计变更通常可以分为会计政策变更和会计估计变更两种。

一、会计政策

会计政策是指企业在会计确认、计量和报告中所采用的原则、基础和会计处理方法。

会计政策的原则，是指会计确认的原则，即指导企业进行会计确认的具体原则。例如，或有事项中规定的以该义务是企业承担的现时义务、履行该义务很可能导致经济利益流出企业、该义务的金额能够可靠地计量，作为预计负债的确认条件，就是预计负债确认的具体会计原则。

会计政策的基础，是指会计计量的基础，即在遵循会计确认原则的前提下在会计计量中采用的计量基础(即计量属性)，包括历史成本、重置成本、可变现净值、现值和公允价值等。例如，投资性房地产中涉及成本模式和公允价值模式，成本(历史成本)和公允价值就是计量基础。

会计政策的会计处理方法，是指按照会计原则和计量基础的要求，由企业在会计核算中采用或者选择的、适用于本企业的具体会计处理方法。例如，长期股权投资规定采用的成本法或权益法就是会计处理方法。

企业应当在会计准则允许采用的会计政策中选择适当的会计政策，并正确地运用所选定的会计政策进行相关交易或事项的会计确认、计量和报告。

企业应当披露采用的重要会计政策，不具有重要性的会计政策可以不予披露。判断会计政策是否重要，应当考虑与会计政策相关的项目的性质和金额。企业应当披露的重要会计政策主要包括：

(1)发出存货成本的计量，是指企业确定发出存货成本所采用的会计处理方法。例如，企业发出存货成本的计量是采用先进先出法，还是采用其他计量方法。

(2)长期股权投资的后续计量，是指企业取得长期股权投资后的会计处理。例如，企业对被投资单位的长期股权投资是采用成本法，还是采用权益法核算。

(3)投资性房地产的后续计量，是指企业在资产负债表日对投资性房地产进行后续计量所采用的计量方法。例如，企业对投资性房地产的后续计量是采用成本模式，还是采用公允价值模式。

(4)固定资产的初始计量，是指对取得的固定资产初始成本的计量。例如，企业取得的固定资产初始成本是以购买价款，还是以购买价款的现值为基础进行计量。

(5)生物资产的初始计量，是指对取得的生物资产初始成本的计量。例如，企业为取得生物资产而产生的借款费用，是予以资本化，还是计入当期损益。

(6)无形资产的确认，是指对无形项目的支出是否确认为无形资产。例如，企业内部研究开发项目开发阶段的支出是确认为无形资产，还是在发生时计入当期损益。

(7)非货币性资产交换的计量，是指非货币性资产交换事项中对换入资产成本的计量。例如，非货币性资产交换是以换出资产的公允价值作为确定换入资产成本的基础，还是以换出资产的账面价值作为确定换入资产成本的基础。

(8)收入的确认，是指收入确认所采用的会计原则。例如，企业确认收入时要同时满足已将商品所有权上的主要风险和报酬转移给购货方、收入的金额能够可靠地计量、相关经济利益很可能流入企业等条件。

(9)合同收入与费用的确认，是指确认建造合同的收入和费用所采用的会计处理方法。例如，企业确认建造合同的合同收入和合同费用采用完工百分比法。

(10)借款费用的处理，是指借款费用的会计处理方法，即是采用资本化，还是采用费用化。

(11)合并政策，是指编制合并财务报表所采用的原则。例如，母公司与子公司的会计年度不一致的处理原则、合并范围的确定原则等。

二、会计政策变更

会计政策变更是指企业对相同的交易或事项由原来采用的会计政策改用另一会计政策的行为。

为了保证会计信息的可比性，一般情况下，企业采用的会计政策不得随意变更。但是满足下列条件之一的，可以变更会计政策：

(1)法律、行政法规或者国家统一的会计制度等要求变更。

由于实施了新的会计准则或会计制度，或修订了原有的会计准则或会计制度，要求变更会计政策。例如，由于实施《企业会计准则第 2 号——长期股权投资》而对子公司的投资采用新的会计政策。

(2)变更会计政策能够使所提供的企业财务状况、经营成果和现金流量信息更为可靠、更为相关。

由于经济环境、客观情况的改变，企业依据原来的会计政策所提供的会计信息，已不能恰当地反映企业的财务状况、经营成果和现金流量等情况。在这种情况下，企业应改变原会计政策，按变更后的新会计政策进行核算，以便提供更为可靠、相关的会计信息。例如，企业原来采用直线法计提固定资产折旧，由于技术进步，采用加速折旧法更能反映企业的财务状况和经营成果。

【专栏】　不属于会计政策变更的两种情形

(1)对初次发生的或不重要的交易或事项采用新的会计政策。对初次发生的某类交易或事项采用适当的会计政策，并没有改变原有的会计政策，因而不属于会计政策变更。例如，企业以前没有对外长期股权投资业务，当年对外进行长期股权投资属于初次发生的交易，企业采用成本法或权益法进行核算，并不属于会计政策变更。

对于不重要的交易或事项变更会计政策，虽然符合会计政策变更的定义，但根据重要性原则，如果不按照会计政策变更的会计处理方法进行核算，不会影响会计信息的可比性，也不会引起会计信息使用者的误解，因而不作为会计政策变更处理。例如，企业长期以来一直将小型工具方面的开支计入当期损益，本期改变其会计处理方法，将此类开支予以资本化，按工具的使用年限分年计提折旧。由于小型工具的费用在该企业费用总额中所占比重很小，对于会计政策的这种改变不作会计政策变更处理并不影响会计信息的可比性，因而不属于会计准则所定义的会计政策变更。

(2)当期发生的交易或事项与以前相比具有本质区别，因而采用新的会计政策。例如，甲公司持有对乙公司的长期股权投资，由于甲公司对乙公司具有重大影响，因而过去一直采用权益法核算。本期甲公司对乙公司追加投资，从而达到能对其施加控制的程度，因而改按成本法核算。因为追加投资后与追加投资前相比对乙公司的投资已经发生了本质区别，即由重大影响变为控制，作为会计政策的权益法与成本法分别适用于不同类型的长期股权投资，因而在这种情况下改变会计处理方法不属于会计政策变更。

三、会计政策变更的会计处理

会计政策变更的会计处理，需要决定两个问题：(1)是否计算和确认会计政策变更的累积影响数；(2)如果确认会计政策变更的累积影响数，是将其计入当期损益还是调整当期期初留存收益。因此，会计政策变更的会计处理有追溯调整法和未来适用法两种。

(一)追溯调整法

追溯调整法是指某项交易或事项变更会计政策时,如同该交易或事项初次发生时即采用变更后的会计政策,并以此对财务报表相关项目进行调整的方法。

追溯调整法会计处理步骤:

第一,计算会计政策变更累积影响数。会计政策变更累积影响数是指按照变更后的会计政策对以前各期追溯计算的列报前期最早期间的期初留存收益应有金额与现有金额之间的差额。由上述定义可以看出,会计政策变更的累积影响数可以分解为以下两个金额之间的差额:(1)在变更会计政策当期,按变更后的会计政策对以前各期追溯计算,所得到列报前期最早期间的期初留存收益的金额;(2)在变更会计政策当期,列报前期最早期间的期初留存收益的金额。

第二,编制相关项目的调整分录。在编制调整分录时,其中,"所得税影响额"记入"递延所得税资产"账户或"递延所得税负债"账户;"累积影响数"记入"利润分配——未分配利润"账户;"所得税前差异"要根据不同的会计政策变更情况确定记入相应账户。

第三,调整财务报表相关项目及其金额。会计政策变更采用追溯调整法时,不仅要调整账簿记录,同时要调整财务报表相关项目及其金额。这里的财务报表包括:(1)调整变更当年资产负债表相关项目的年初数(根据编制的调整分录调整即可);(2)调整变更当年利润表中的上年数(只需调整变更年度上一年的影响数);(3)调整所有者权益变动表中相关项目的金额。

第四,在财务报表附注中进行披露。

【例15—1】 甲公司于20×7年1月1日以8 000万元的价格购入一栋写字楼用于出租,作为投资性房地产进行管理,写字楼的使用寿命为20年。虽然写字楼所在地有活跃的房地产市场、写字楼的公允价值信息能够可靠地确定,但甲公司拟采用成本模式对该投资性房地产进行后续计量,采用年限平均法计提折旧。假定20×7年与20×8年写字楼没有发生减值。公司从20×9年起对该投资性房地产的后续计量由成本模式改为公允价值模式。20×7年末该房屋的公允价值为8 100万元,20×8年末该房屋的公允价值为8 100万元,公司保存的会计资料比较齐备,可以通过会计资料追溯计算。假设所得税税率为25%,公司按净利润的10%提取法定盈余公积。甲公司流通在外的股票为1亿股。

根据上述资料,甲公司的会计处理如下:

第一,计算投资性房地产计量模式政策变更的累积影响数,如表15—3所示。

表15—3　　政策变更累积影响数计算表　　单位:万元

年度	政策变更前		成本	政策变更后			公允价值	税前差异	所得税影响	税后差异
	折旧	减值		折旧	减值	公允价值变动收益				
20×7	400	0	7 600	0	0	100	8 100	500	125	375

续表

年度	政策变更前		成本	政策变更后			公允价值	税前差异	所得税影响	税后差异
	折旧	减值		折旧	减值	公允价值变动收益				
20×8	400	0	7 200	0	0	0	8 100	900	225	675
合计	800	0	—	0	0	100	—	1 400	350	1 050

甲公司20×9年12月31日的比较财务报表最早期初为20×8年1月1日。

甲公司在20×7年年末按公允价值计量的账面价值为8 100万元，按成本计量的账面价值为7 600万元，两者差异的所得税影响为125万元，两者差异的税后净影响额为375万元，即为该公司20×8年年初由成本模式改为公允价值模式的累积影响数。

甲公司在20×8年年末按公允价值计量的账面价值为8 100万元，按成本计量的账面价值 为7 200万元，两者差异的所得税影响为225万元，两者差异的税后净影响额为675万元，其中375万元是调整20×8年年初累积影响数，300万元是调整20×8年当年金额。

第二，编制20×9年1月1日相关调整分录。

对20×7年有关事项的调整分录，调整会计政策变更的累积影响数：

借：投资性房地产——公允价值变动 1 000 000
　　投资性房地产累计折旧 4 000 000
　　贷：利润分配——未分配利润 3 750 000
　　　　递延所得税负债 1 250 000

调整利润分配：

借：利润分配——未分配利润 375 000
　　贷：盈余公积 375 000

对20×8年有关事项的调整分录，调整会计政策变更的累积影响数：

借：投资性房地产累计折旧 4 000 000
　　贷：利润分配——未分配利润 3 000 000
　　　　递延所得税负债 1 000 000

调整利润分配：

借：利润分配——未分配利润 300 000
　　贷：盈余公积 300 000

以上对20×7年和20×8年有关事项的调整分录可以合并编制如下：

调整会计政策变更的累积影响数：

借：投资性房地产——公允价值变动 1 000 000
　　投资性房地产累计折旧 8 000 000

贷：利润分配——未分配利润　　6 750 000

递延所得税负债　　2 250 000

调整利润分配：

借：利润分配——未分配利润　　675 000

贷：盈余公积　　675 000

第二，财务报表调整和重述。甲公司在列报20×9年财务报表时，应调整20×9年资产负债表有关项目的年初余额、利润表有关项目的上年金额及所有者权益变动表有关项目的上年和本年金额。

其中，资产负债表有关项目年初余额的调整：调增投资性房地产年初余额900万元，调增递延所得税负债年初余额225万元，调增盈余公积年初余额67.5万元，调增未分配利润年初余额607.5万元。

其中，利润表有关项目上年金额的调增：调减营业成本上年金额400万元；调增所得税费用上年金额100万元；调增净利润上年金额300万元；调增基本每股收益上年金额0.03元。

其中，所有者权益变动表项目的调整：调增会计政策变更项目中盈余公积上年金额37.5万元，未分配利润上年金额337.5万元，所有者权益合计上年金额375万元；调增会计政策变更项目中盈余公积本年金额30万元，未分配利润本年金额270万元，所有者权益合计本年金额300万元。

追溯调整法的优点是，可以较好地保证前后期间报表的可比性。其主要缺点是，操作较为复杂，而且在某些情况下，会计变更的累积影响数无法合理确定，就无法运用这种方法，也就是说，这种方法的运用受客观条件的限制。

（二）未来适用法

未来适用法是指对某项交易或事项变更会计政策时，新的会计政策仅适用于变更当期及未来期间发生的交易或事项的方法。

会计政策变更采用未来适用法进行会计处理时，不需要计算会计政策变更的累积影响数，也无须调整会计账簿已有的记录和重编以前年度的财务报表。只需在现有金额的基础上按新的会计政策进行会计处理。根据披露要求，企业应在报表附注中披露会计政策变更对当期净利润的影响数。

计算会计政策变更对以前各期累积影响数不切实可行的，应当采用未来适用法处理。

【例15—2】　乙公司原对发出存货采用后进先出法，由于采用新准则，按其规定，公司从20×7年1月1日起改用先进先出法。20×7年1月1日存货的价值为2 500 000元，公司当年购入存货的实际成本为18 000 000元，20×7年12月31日按先进先出法计算确定的存货价值为4 500 000元，当年销售额为2 500 000元，假设该年度其他费用为12 000元，所得税税率为25%。20×7年12月31日按后进先出法计算的存货价值为

2 200 000元。

乙公司由于法律环境变化而改变会计政策，假定对其采用未来适用法进行处理，对存货采用先进先出法从20×7年及以后才适用，不需要计算20×7年1月1日以前按先进先出法计算存货应有的余额以及对留存收益的影响金额。

计算确定会计政策变更对当期净利润的影响数如表15—4所示。

表15—4　　**当期净利润的影响数计算表**　　单位：元

项　目	先进先出法	后进先出法
营业收入	25 000 000	25 000 000
减：营业成本	16 000 000	18 300 000
减：其他费用	1 200 000	1 200 000
利润总额	7 800 000	5 500 000
减：所得税	1 950 000	1 375 000
净利润	5 850 000	4 125 000
差　额	1 725 000	

公司由于会计政策变更使当期净利润增加了1 725 000元。其中，采用先进先出法的销售成本为：期初存货＋购入存货实际成本－期末存货＝2 500 000＋18 000 000－4 500 000＝16 000 000元；采用后进先出法的销售成本为：期初存货＋购入存货实际成本－期末存货＝2 500 000＋18 000 000－2 200 000＝18 300 000元。

未来适用法的优点是，不需要计算确定会计政策变更的累积影响数，因而操作比较简单。其缺点是，会减弱会计政策变更前后会计信息的可比性，特别是减弱比较财务报表中前后期间会计信息的可比性。

【专栏】　　会计政策变更会计处理方法的选择

根据《企业会计准则——会计政策、会计估计变更和差错更正》的规定，企业发生会计政策变更，要分别下列具体情况进行相应的会计处理：

(1)企业依据法律或会计准则等行政法规、规章的要求变更会计政策的，如果国家发布了相关的会计处理办法，则按照国家发布的相关会计处理规定进行处理。如果国家没有发布相关的会计处理办法，而且会计政策变更的累积影响数能够合理确定，则采用追溯调整法进行会计处理。

(2)如果由于经济环境、客观情况发生变化，企业为了提供更可靠、更相关的有关企业财务状况、经营成果和现金流量等方面的会计信息而变更会计政策，而且会计政策变更的累积影响数能够合理确定，则应采用追溯调整法进行会计处理。

(3)如果会计政策变更的累积影响数不能合理确定，则无论因何种原因变更会计政策，均采用未来适用法进行会计处理。

四、会计政策变更的披露

企业应当在报表附注中披露与会计政策变更有关的下列信息：

(1)会计政策变更的性质、内容和原因。具体包括：对会计政策变更的简要阐述、变更的日期、变更前采用的会计政策和变更后所采用的新会计政策及会计政策变更的原因。

(2)当期和各个列报前期财务报表中受影响的项目名称和调整金额。具体包括：采用追溯调整法时，计算出的会计政策变更的累积影响数；当期和各个列报前期财务报表中需要调整的净损益及其影响金额以及其他需要调整的项目名称和调整金额。

(3)无法进行追溯调整的，说明该事实和原因以及开始应用变更后的会计政策的时点、具体应用情况。具体包括：无法进行追溯调整的事实；确定会计政策变更对列报前期影响数不切实可行的原因；在当期期初确定会计政策变更对以前各期累积影响数不切实可行的原因；开始应用新会计政策的时点和具体应用情况。

第三节　会计估计及其变更

一、会计估计

会计估计是指企业对其结果不确定的交易或事项以最近可利用的信息为基础所作的判断。由于受经济活动内在的不确定因素的影响，许多财务报表中的项目不能精确地计量，而只能加以估计，例如坏账损失率、存货的可变现净值、固定资产的使用寿命等。

二、会计估计变更

会计估计变更是指由于赖以进行会计估计的基础发生了变化，或者由于取得新的信息、积累更多的经验以及后来的发展变化，而对原来的会计估计所作的修正。

会计估计是以最近可利用的信息或资料为基础进行的。然而，随着时间的推移和环境的变化，进行会计估计的基础可能会发生变化，企业有可能发现原有估计不符合事实，因而需要对原来的会计估计进行修正。

应当指出，会计估计变更并不意味着原来的会计估计是错误的，它只是表明，由于情况发生变化，或者掌握了新的信息，积累了更多的经验，对原来的会计估计进行修正可以更好地反映企业的财务状况和经营成果。如果原来的会计估计是错误的，则属于会计差错，应按会计差错更正进行会计处理。

企业应当披露重要的会计估计，不具有重要性的会计估计可以不披露。判断会计估计是否重要，应当考虑与会计估计相关项目的性质和金额。企业应当披露的重要会计估计包括：

(1)存货可变现净值的确定。

(2)采用公允价值模式下的投资性房地产公允价值的确定。

(3)固定资产的预计使用寿命与净残值；固定资产的折旧方法。

(4)生产性生物资产的预计使用寿命与净残值；各类生产性生物资产的折旧方法。

(5)使用寿命有限的无形资产的预计使用寿命与净残值。

(6)可收回金额按照资产组的公允价值减去处置费用后的净额确定的，确定公允价值减去处置费用后的净额的方法。可收回金额按照资产组预计未来现金流量的现值确定的，预计未来现金流量的确定。

(7)合同完工进度的确定。

(8)权益工具公允价值的确定。

(9)债务人债务重组中转让的非现金资产的公允价值、由债务转成的股份的公允价值和修改其他债务条件后债务的公允价值的确定。债权人债务重组中受让的非现金资产的公允价值、由债权转成的股份的公允价值和修改其他债务条件后债权的公允价值的确定。

(10)预计负债初始计量的最佳估计数的确定。

(11)金融资产公允价值的确定。

(12)承租人对未确认融资费用的分摊；出租人对未实现融资收益的分配。

(13)探明矿区权益、井及相关设施的折耗方法；与油气开采活动相关的辅助设备及设施的折旧方法。

(14)非同一控制下企业合并成本的公允价值的确定。

(15)其他重要会计估计。

三、会计估计变更的会计处理

企业发生会计估计变更带来两个问题：一是如何在账面上记录会计估计变更的影响；二是如何在比较财务报表上报告会计估计的变更。

对于会计估计变更的会计处理，一般采用未来适用法。即在会计估计变更当期及以后期间，采用新的会计估计，不改变以前期间的会计估计，也不调整以前期间的报告结果。具体会计处理分以下两种情况：

(一)如会计估计的变更仅影响变更当期，有关估计变更的影响数应于当期确认

【例 15－3】 甲公司 20×8 年年末应收 A 公司的款项余额为2 000万元，原按 20％计提坏账准备，由于 A 公司财务状况进一步恶化，自 20×9 年起将对 A 公司计提坏账准备的比例由 20％调整为 50％，20×9 年年末应收 A 公司款项余额为1 000万元。

20×9 年按新的会计估计计提坏账准备，即甲公司 20×9 年年末对 A 公司的应收款项应计提的坏账准备为 100 万元(1 000×50％－2 000×20％)。

（二）如会计估计的变更既影响变更当期又影响未来期间，有关估计变更的影响在当期及以后各期确认

【例 15－4】 甲公司 20×4 年 12 月 1 日，新增管理用固定资产一项，原价为1 000万元，预计净残值为 50 万元，预计使用年限 10 年，采用年限平均法计提折旧，20×9 年年初由于技术进步等原因将固定资产预计使用年限由 10 年改为 8 年，预计净残值调整为 20 万元，同时，将折旧方法改为双倍余额递减法。

根据上述资料，甲公司对上述会计估计变更的会计处理如下：

(1)不调整以前各期折旧，也不计算累积影响数。

(2)变更当期及以后各期改按新估计使用年限、预计净残值和折旧方法提取折旧。

按原估计，每年折旧额为 95 万元[(1 000－50)/10]，已提折旧 4 年，共计 380 万元，固定资产净值为 620 万元。

变更折旧年限、净残值和折旧方法后各年的折旧额：

20×9 年应计提的折旧额＝620×50%＝310(万元)

20×0 年应计提的折旧额＝310×50%＝155(万元)

20×1 年和 20×2 年应计提的折旧额＝(155－20)÷2＝67.5(万元)

企业难以对某项变更区分为会计政策变更或会计估计变更的，应将其作为会计估计变更处理。

四、会计估计变更的披露

企业应当在报表附注中披露与会计估计变更有关的下列信息：

(1)会计估计变更的内容和原因。具体包括变更的内容、变更日期以及会计估计变更的原因。

(2)会计估计变更对当期和未来期间的影响数。具体包括会计估计变更对当期和未来期间损益的影响金额，以及对其他各项目的影响金额。

(3)会计估计变更的影响数不能确定的，应披露这一事实和原因。

第四节　前期差错及其更正

一、前期差错

前期差错，是指没有运用或错误运用下列两种信息，而对前期财务报表造成省略或错报：(1)编报前期财务报表时预期能够取得并加以考虑的可靠信息。(2)前期财务报告批准报出时能够取得的可靠信息。

前期差错通常包括计算错误、应用会计政策错误、疏忽或曲解事实以及舞弊产生的影

响等。

常见的产生前期差错的原因主要有:(1)计算以及账户分类错误。(2)采用法律、行政法规或者国家统一的会计制度等不允许的会计政策。(3)对事实的疏忽或曲解,以及舞弊。

需要注意的是,就会计估计的性质来说,它是个近似值,随着更多信息的获得,估计可能需要进行修正,但是会计估计变更不属于前期差错更正。

二、前期差错更正的会计处理

企业对于前期差错应根据其发生的时间和发现的时间以及差错的重要性程度,分别以下不同情况进行会计处理:

(1)本期发现的与本期相关的前期差错,无论是重要的前期差错还是不重要的前期差错,均应直接调整本期的相关项目。重要的前期差错,是指足以影响财务报表使用者对企业财务状况、经营成果和现金流量作出正确判断的前期差错。不重要的前期差错,是指不足以影响财务报表使用者对企业财务状况、经营成果和现金流量做出正确判断的前期差错。前期差错的重要性程度,应根据前期差错所影响的财务报表项目的性质和金额加以判断。一般来说,前期差错所影响的财务报表项目的金额越大、性质越严重,其重要性水平越高。

(2)本期发现的与以前期间相关的前期差错,应根据前期差错的重要性程度选择不同的会计处理方法。对于不重要的前期差错,可以采用未来适用法更正;对于重要的前期差错,应当采用追溯重述法更正,但确定前期差错累积影响数不切实可行的除外。追溯重述法,是指在发现前期差错时,视同该项前期差错从未发生过,并对财务报表相关项目进行更正的方法。

(一)不重要的前期差错的会计处理

对于不重要的前期差错,企业不需调整财务报表相关项目的期初数,但应调整发现当期与前期相同的相关项目。属于影响损益的,应直接计入本期与上期相同的净损益项目;属于不影响损益的,应调整本期与前期相同的相关项目。

【例15－5】 甲公司20×9年6月30日,发现20×8年度有关会计处理存在如下前期差错:

(1)一套用于行政管理的信息系统设备,原价为60 000元,预计使用年限为10年,预计净残值为零,采用年限平均法计提折旧,20×8年未计提折旧。

(2)20×8年4月1日,甲公司以180 000元的价格购入一项管理用无形资产,价款以银行存款支付。该无形资产的法律保护期限为15年,甲公司预计其在未来10年内会给公司带来经济利益。甲公司计划在使用5年后出售该无形资产,H公司承诺5年后按100 000元的价格购买该无形资产。甲公司20×8年度对该无形资产摊销时编制会计分录如下：

借：管理费用　　13 500

　贷：累计摊销　　13 500

对于上述前期差错，因金额不大，作为不重要的前期差错更正如下：

(1)应补提折旧6 000元(60 000/10)，并直接计入20×9年度的管理费用，会计分录如下：

借：管理费用　　6 000

　贷：累计折旧　　6 000

(2)该项无形资产20×8年应摊销的金额为12 000元[(180 000－100 000)/5/12×9]，已摊销的金额为13 500元，因此，应冲销多摊销的金额1 500元。其会计分录如下：

借：累计摊销　　1 500

　贷：管理费用　　1 500

(二)重要的前期差错的会计处理

对于重要的前期差错，企业应当在其发现当期的财务报表中，调整前期比较数据，即进行追溯重述。其具体更正的会计处理如下：

(1)对于发生的重要前期差错，如果影响损益，应将其对损益的影响数调整发现当期的期初留存收益，财务报表其他相关项目的期初数也应一并调整。其中，对损益的影响金额应通过"以前年度损益调整"账户进行调整，对利润分配的调整应通过"利润分配——未分配利润"账户进行调整处理。

(2)如不影响损益，则应调整财务报表相关项目的期初数。

需要注意的是，对于年度资产负债表日至财务报告批准报出日之间发现的报告年度的会计差错及报告年度前不重要的前期差错，应按照《资产负债表日后事项》的规定进行处理。

【例15－6】 公司在20×9年发现，20×8年公司漏记一项固定资产的折旧费用150 000元，所得税申报表中未扣除该项费用。假设20×8年适用所得税税率为25%，无其他纳税调整事项。该公司按净利润的10%、5%提取法定盈余公积和任意盈余公积。公司发行股票份额为1 800 000股。假定税法允许调整应交所得税。

第一，分析前期差错的影响数。

20×8年少计折旧费用150 000元；多计所得税费用37 500元(150 000×25%)；多计净利润112 500元；多计应交税费37 500元(150 000×25%)；多提法定盈余公积和任意盈余公积11 250元(112 500×10%)和5 625元(112 500×5%)。

第二，编制有关项目的调整分录。

(1)补提折旧：

借：以前年度损益调整　　150 000

　　贷：累计折旧　150 000

(2)调整应交所得税：

　借：应交税费——应交所得税　37 500

　　贷：以前年度损益调整　37 500

(3)将“以前年度损益调整”科目余额转入利润分配：

　借：利润分配——未分配利润　112 500

　　贷：以前年度损益调整　112 500

(4)调整利润分配有关数字：

　借：盈余公积　16 875

　　贷：利润分配——未分配利润　16 875

第三，财务报表调整和重述(财务报表略)。

B公司在列报20×9年财务报表时，应调整20×9年资产负债表有关项目的年初余额，利润表有关项目及所有者权益变动表的上年金额也应进行调整。

(1)资产负债表项目的调整：

调增固定资产150 000元；调减应交税费37 500元；调减盈余公积16 875元；调减未分配利润95 625元。

(2)利润表项目的调整：

调增营业成本上年金额150 000元；调减所得税费用上年金额37 500元；调减净利润上年金额112 500元；调减基本每股收益上年金额0.062 5元。

(3)所有者权益变动表项目的调整：

调减前期差错更正项目中盈余公积上年金额16 875元，未分配利润上年金额95 625元，所有者权益合计上年金额112 500元。

三、前期差错更正的披露

企业应当在附注中披露与前期差错更正有关的下列信息：

(1)前期差错的性质。

(2)各个列报前期财务报表中受影响的项目名称和更正金额。

(3)无法进行追溯重述的，说明该事实和原因以及对前期差错开始进行更正的时点、具体更正情况。

在以后期间的财务报表中，不需要重复披露在以前期间的附注中已披露的前期差错更正的信息。

【案例分析】

【案例资料】甲公司为上市公司，其所得税采用资产负债表债务法核算，所得税税率为25%。甲公司2018年度的财务报告于2019年4月30日批准对外报出，2018年度所得税汇算清缴于2019年5月10日完成。A注册会计师于2019年2月20日对该甲公司2018年度财务报表进行审计时，对以下交易或事项的会计处理提出疑问：

(1)2018年12月31日，甲公司的一生产线发生永久性损害但尚未处置。该生产线原价为3 000万元，累计折旧为2 300万元，之前未计提减值准备，可收回金额为零。该生产线的永久性损害尚未经税务部门认定。

2018年12月31日，甲公司相关业务的会计处理如下：

①甲公司按可收回金额低于账面价值的差额计提固定资产减值准备700万元。

②甲公司对该生产线账面价值与计税基础之间的差额未确认递延所得税资产。

税法规定，企业计提的减值损失在未发生实质性损失前不得税前扣除。

(2)甲公司于2018年以银行存款12 000万元购入某公司股票，并且准备长期持有，取得该部分股票后对被投资方不构成重大影响。甲公司将该股权投资作为交易性金融资产核算，并在年末对该项股权投资确认了公允价值变动收益3 000万元，计入了公允价值变动损益。

(3)甲公司于2018年以支付土地出让金的方式购入一项土地所有权用于建设厂房，共支付价款8 000万元，随后政府以补贴的形式返还给甲公司1 600万元。至本年年底，该厂房尚未开始建造。甲公司将收到的政府补贴作为营业外收入进行处理。

要求：根据上述资料逐项判断甲公司会计处理是否正确；如不正确，简要说明理由，并编制调整分录(不要求编制结转以前年度损益调整和调整计提盈余公积的会计分录)。

案例解析：

事项(1)：

①甲公司的会计处理正确。

理由：因为固定资产发生永久性损害但尚未处置，所以应全额计提固定资产减值准备。

②甲公司的会计处理不正确。

理由：生产线发生的永久性损害尚未经税务部门认定，所以固定资产的账面价值为零，计税基础为700万元，产生可抵扣暂时性差异700万元，应确认递延所得税资产175(700×25%)万元。

调整分录为：

借：递延所得税资产　　175

　　贷：以前年度损益调整——所得税费用　　175

事项(2),甲公司的处理不正确,理由:由于甲公司准备长期持有该项股权投资,但对被投资方不具有重大影响,所以不应作为交易性金融资产核算,而应作为以公允价值计量且其变动计入其他综合收益的非交易性权益工具投资,年末的公允价值变动应计入其他综合收益。

更正分录:

借:其他权益工具投资　15 000
　公允价值变动损益　3 000
　贷:交易性金融资产　15 000
　　其他综合收益　3 000

事项(3),甲公司的处理不正确,理由:该项补贴属于与资产相关的政府补助,应当先计入递延收益,自固定资产达到可使用状态的下月开始,在该资产使用寿命内分摊计入各期的其他收益。

更正分录:

借:营业外收入　1 600
　贷:递延收益　1 600

【复习思考及实务训练】

一、名词解释

资产负债表日后事项　　调整事项　　非调整事项　　会计政策
会计估计　　前期差错更正

二、思考题(即简答题)

1. 什么是资产负债表日后事项?资产负债表日后事项的类别?
2. 资产负债表日后事项中的调整事项应当如何进行会计处理?
3. 资产负债表日后事项中的非调整事项应当如何进行会计处理?
4. 什么是会计政策变更?什么是会计估计变更?二者的主要区别是什么?
5. 什么是会计差错?如何更正会计差错?

三、选择题

1. 下列在年度资产负债表日至财务报告批准报出日之间发生的事项,不属于资产负债表日后事项的是(　　)。

A. 发生火灾,造成存货毁损

B. 上期销售已确认收入并可以合理估计退货率的商品发生退货

C. 支付企业管理人员工资

D. 投资性房地产发生严重减值

2. 下列关于资产负债表日后调整事项的表述中，正确的是(　　)。

A. 资产负债表日后取得确凿证据，表明某项资产在资产负债表日发生了减值或者需要调整该项资产原先确认的减值金额，属于资产负债表日后调整事项

B. 资产负债表日后发生重大诉讼、仲裁、承诺等属于资产负债表日后调整事项

C. 如果资产负债表日后事项对资产负债表日的情况提供了进一步的证据，证据表明的情况与原来的估计和判断不完全一致，则按照原来的估计进行会计处理

D. 资产负债表日后发现了财务报表舞弊或差错，若金额不重大，那么不作为调整事项处理

3. 某上市公司2018年度财务报告于2019年3月10日编制完成，所得税汇算清缴日是2019年3月20日，注册会计师完成审计及签署审计报告日是2019年4月10日，经董事会批准2018年度财务报告对外公布的日期为2019年4月20日，2018年度财务报告实际对外报出日为2019年4月22日，股东大会召开日期是2019年4月25日。按照准则规定，资产负债表日后事项涵盖的期间为(　　)。

A. 2019年1月1日至2019年3月10日

B. 2019年3月10日至2019年4月22日

C. 2019年3月10日至2019年4月25日

D. 2019年1月1日至2019年4月20日

4. 新华公司2018年度财务报告，经董事会批准于2019年4月20日报出。则新华公司在2019年1月1日至4月20日之间发生的下列事项中，属于资产负债表日后事项中的调整事项的是(　　)。

A. 2019年3月10日，法院判决某项诉讼败诉，支付赔偿金额80万元，公司在上年年末已经确认预计负债65万元

B. 2019年2月10日发生销售产品退回，该批产品系2019年1月销售

C. 2019年2月18日董事会提出资本公积转增资本方案

D. 2019年3月18日董事会成员发生变动

5. 甲股份有限公司(以下简称“甲公司”)2018年度财务报告经董事会批准对外公布的日期为2019年3月30日，实际对外公布日期为2019年4月3日。该公司2019年1月1日至4月3日发生的下列事项中，应当作为资产负债表日后事项中非调整事项的是(　　)。

A. 2月1日与乙公司签订的债务重组协议执行完毕，该债务重组协议系甲公司于2018年1月5日与乙公司签订

B. 3月11日发现2018年10月接受捐赠获得的一项固定资产尚未入账

C. 3 月 15 日甲公司被法院判决败诉，并要求支付赔款1 000万元，对此项诉讼甲公司已于 2018 年年末确认预计负债 800 万元

D. 3 月 25 日甲公司因从丙银行借入5 000万元长期借款而签订重大资产抵押合同

6. 黄河公司适用的企业所得税税率为 25%，按照净利润的 10%提取法定盈余公积。2018 年 11 月，黄河公司因产品质量问题被消费者起诉。2018 年 12 月 31 日法院尚未判决，经咨询公司法律顾问，认为败诉的可能性很大，如果败诉，很可能支付罚款 300 万元。黄河公司为此确认了 300 万元的预计负债。2019 年 2 月 20 日，在黄河公司 2018 年度财务报告对外报出之前，法院判决消费者胜诉，要求黄河公司支付赔偿款 420 万元。黄河公司服从判决，不再上诉，并于当日支付了赔偿款。不考虑其他因素，黄河公司因该判决减少 2018 年 12 月 31 日未分配利润的金额(　　)万元。

A. 283.5　　B. 120　　C. 90　　D. 81

7. 下列各项中，属于会计政策变更的是(　　)。

A. 将一项固定资产的净残值由 20 万元变更为 5 万元

B. 将一项无形资产的摊销方法由产量法改为直线法

C. 将发出存货的计价方法由移动加权平均法变更为个别计价法

D. 将一台生产设备的折旧方法由年限平均法变更为双倍余额递减法

8. 某企业对下列各项业务进行的会计处理中，一般需要进行追溯调整的是(　　)。

A. 有证据表明原使用寿命不确定的无形资产的使用寿命已能够合理估计

B. 企业将投资性房地产的后续计量方法由成本模式变更为公允价值模式

C. 原暂估入账的固定资产已办理完竣工决算手续

D. 提前报废固定资产

9. 下列关于企业会计报表附注的披露内容表述中，不正确的是(　　)。

A. 财务报表项目的计量基础和会计政策的确定依据需要披露

B. 重要的会计政策和会计估计需要披露

C. 会计估计中所采用的关键假设和不确定因素的确定依据需要披露

D. 会计差错均应在会计报表附注中披露

10. A 公司适用的所得税税率为 25%。2018 年 4 月 1 日，A 公司董事会决定将其固定资产的折旧年限由 10 年调整为 6 年，该项变更自 2018 年 1 月 1 日起执行。上述管理用固定资产系 2015 年 12 月购入，成本为 1 000 万元，采用年限平均法计提折旧，预计净残值为零。税法规定该固定资产的计税年限为 10 年。下列会计处理表述不正确的是(　　)。

A. 2018 年计提的折旧额为 100 万元

B. 2018 年按照税法规定计算折旧额为 100 万元

C. 2018 年确认递延所得税收益 20 万元

D. 会计估计变更影响 2018 年净利润－60 万元

【参考答案】

1. C　2. A　3. D　4. A　5. D　6. D　7. C　8. B　9. D　10. A

四、计算及实务题

1. A 上市公司(以下简称“A 公司”)系增值税一般纳税人；A 公司适用的所得税税率为 25%，所得税采用资产负债表债务法核算。除特别说明外，A 公司采用账龄分析法计提坏账准备，3 个月以内账龄的应收款项计提坏账准备的比例为 5‰。不考虑除增值税、所得税以外的其他相关税费。A 公司按当年实现净利润的 10%提取法定盈余公积。

A 公司 2018 年度所得税汇算清缴于 2019 年 2 月 28 日完成，在此之前发生的 2018 年度纳税调整事项，均可进行纳税调整。A 公司 2018 年度财务报告于 2019 年 3 月 31 日经董事会批准对外报出。

2019 年 1 月 1 日至 3 月 31 日，A 公司发生如下交易或事项：

(1)1 月 14 日，A 公司收到甲公司退回的 2018 年 10 月 4 日从其购入的一批商品，以及税务机关开具的进货退出证明单。当日，A 公司向甲公司开具红字增值税专用发票。该批商品的销售价格为 400 万元(不含增值税)，增值税税额为 52 万元，销售成本为 370 万元。假定 A 公司销售该批商品时，控制权已经转移，并符合收入确认条件，A 公司已确认了收入并结转了相应的成本。至 2019 年 1 月 14 日，该批商品的应收账款尚未收回。

(2)2 月 26 日，A 公司获知丙公司被法院依法宣告破产，预计应收丙公司账款 250 万元(含增值税)收回的可能性极小，应全额计提坏账准备。A 公司在 2018 年 12 月 31 日已被告知丙公司资金周转困难无法按期偿还债务，因而对丙公司的应收账款单独测试，按应收丙公司账款余额的 50%计提了坏账准备。

(3)3 月 15 日，A 公司以 5 000 万元出售其子公司丁公司 80%股权，当日股权过户手续办理完毕。该项股权转让手续完成后，A 公司将不能再对丁公司实施控制。

要求：

(1)指出 A 公司发生的上述事项中哪些属于资产负债表日后调整事项。

(2)对于 A 公司发生的资产负债表日后调整事项，编制有关调整分录(计算结果不为整数的，保留两位小数)。

2. 山羊股份有限公司为一般工业企业，适用的所得税税率为 25%，按照资产负债表债务法进行所得税核算，按净利润的 10%提取法定盈余公积。假定对于会计差错，税法允许调整应交所得税。该公司在 2019 年度发生或发现如下事项：

(1)山羊公司存在一台于 2016 年 1 月 1 日起开始计提折旧的管理用机器设备，原价为 20 万元，预计使用年限为 10 年(不考虑净残值因素)，按直线法计提折旧。由于技术进步的原因，从2019年1月1日起，决定将预计使用年限改为8年，同时改按年数总和法计提折旧。

(2)山羊公司有一项以交易为目的的债券，在2018年以及之前一直作为短期投资核算，采用成本与市价孰低法进行期末计量，2019年1月1日山羊公司将该债券分类为以公允价值计量且其变动计入当期损益的金融资产。根据山羊公司账簿中资料记载，该项投资自2016年3月1日购入，其初始投资成本为30万元，其在2016年末、2017年末、2018年末的公允价值分别为32万元、34万元和38万元。

(3)山羊公司于2019年5月25日发现，2018年支付3 000万元对价取得了戊公司80%的股权，实现了非同一控制下的企业合并。2018年戊公司实现净利润500万元，山羊公司按权益法核算确认了投资收益400万元。假定山羊公司、戊公司均属于居民企业，税法规定，居民企业之间的股息红利免税。

(1)判断上述事项哪些属于会计政策变更，哪些属于会计估计变更，哪些属于前期差错。

(2)上述事项中属于会计估计变更的，请计算该项变更对本年度净利润的影响数；属于会计政策变更的，请计算对当年期初留存收益的影响金额并编制会计政策变更相关的会计分录；属于前期差错更正的，请写出相关的调整分录(计算结果不为整数的，保留两位小数)。

【参考答案】(单位：万元)

1.

(1)A公司调整事项有：(1)(2)。

(2)事项(1)

借：以前年度损益调整——主营业务收入	400	
应交税费——应交增值税(销项税额)	52	
贷：应收账款		452
借：库存商品	370	
贷：以前年度损益调整——主营业务成本		370
借：坏账准备	2.26(452×5‰)	
贷：以前年度损益调整——资产减值损失		2.26
借：以前年度损益调整——所得税费用	0.565(2.26×25%)	
贷：递延所得税资产		0.565
借：应交税费——应交所得税	7.5[(400－370)×25%]	
贷：以前年度损益调整——所得税费用		7.5
借：利润分配——未分配利润	19.675	
贷：以前年度损益调整		(400－370－2.26＋0.565－7.5)19.675

借:盈余公积　　1.97
　　贷:利润分配——未分配利润　　1.97

事项(2)

借:以前年度损益调整——资产减值损失　　125(250×50%)
　　贷:坏账准备　　125
借:递延所得税资产　　31.25(125×25%)
　　贷:以前年度损益调整——所得税费用　　31.25
借:利润分配——未分配利润　　93.75(125－31.25)
　　贷:以前年度损益调整　　93.75
借:盈余公积　　9.38
　　贷:利润分配——未分配利润　　9.38

2.(1) 事项(1)属于会计估计变更;

事项(2)属于会计政策变更;

事项(3)属于重大前期差错。

(2)

事项(1):只需从2019年1月1日起按重新预计的使用年限及新的折旧方法计算年折旧费用。按原估计,每年折旧额为2万元,已提折旧3年,共计提折旧6万元,固定资产的净值为14万元。会计估计变更后,2019年应计提的折旧额为4.67(14×5/15)万元。因此,此会计估计变更对本年度净利润的影响金额=(2－4.67)×(1－25%)=－2(万元)。

事项(2):该项政策变更对期初留存收益的影响金额=(38－30)×(1－25%)=6(万元);该项变更涉及的相关分录如下(单位:万元):

借:交易性金融资产——公允价值变动　　8
　　贷:递延所得税负债　　2
　　　　盈余公积　　0.6
　　　　利润分配——未分配利润　　5.4

事项(3):

借:以前年度损益调整　　400
　　贷:长期股权投资——损益调整　　400
借:利润分配——未分配利润　　400
　　贷:以前年度损益调整　　400
借:盈余公积　　40
　　贷:利润分配——未分配利润　　40

参考文献

[1]财政部. 企业会计准则(CAS)[M]. 北京:经济科学出版社,2006.

[2]霍恩格伦,等. 财务会计[M]. 9版. 傅荣,郑艳茹译. 大连:东北财经大学出版社,2006.

[3]非利普斯,等. 财务会计学原理[M]. 2版. 崔学刚,译. 北京:北京大学出版社,2010.

[4]财政部. 企业会计准则讲解[M]. 北京:人民出版社,2010.

[5]财政部. 企业会计准则——应用指南[M]. 北京:中国财政经济出版社,2006.

[6]中国注册会计师协会. 会计[M]. 北京:中国财政经济出版社,2018.

[7]葛家澍,杜兴强. 中级财务会计[M]. 3版. 北京:中国人民大学出版社,2007.

[8]贝洪俊,白玉华,张洪君. 中级财务会计教程与案例[M]. 杭州:浙江大学出版社,2010.

[9]刘永泽,陈立军. 中级财务会计[M]. 5版. 大连:东北财经大学出版社,2016.

[10]戴德明,林刚,赵西卜. 财务会计学[M]. 10版. 北京:中国人民大学出版社,2018.

[11]路国平,黄中生. 中级财务会计[M]. 3版. 北京:高等教育出版社,2018.

[12]财政部. 企业会计准则第2号——长期股权投资[M]. 北京:经济科学出版社,2014.

[13]财政部. 企业会计准则第9号——职工薪酬[M]. 北京:中国财政经济出版社,2014.

[14]财政部. 企业会计准则第30号——财务报表列报[M]. 北京:中国财政经济出版社,2014.

[15]财政部. 企业会计准则第14号——收入[EB/OL]. 中华人民共和国财政部(www. mof. gov. cn).

[16]财政部企业会计准则第16号——政府补助[EB/OL]. 中华人民共和国财政部(www. mof. gov. cn).

[17]财政部. 企业会计准则第22号——金融工具确认和计量[EB/OL]. 中华人民共和国财政部(www. mof. gov. cn).

[18]财政部. 企业会计准则第 42 号——持有待售的非流动资产处置组和终止经营[EB/OL]. 中华人民共和国财政部(www. mof. gov. cn).

[19]财政部. 关于深化增值税改革有关政策的公告 2019 年第 39 号[EB/OL]. 中华人民共和国财政部(www.mof.gov.cn).

图书在版编目(CIP)数据

财务会计学/袁晓文主编. 一上海:上海财经大学出版社,2019.5
(高等院校经管类通用会计系列教材)
ISBN 978-7-5642-3191-0/F · 3191

Ⅰ.①财… Ⅱ.①袁… Ⅲ.①财务会计-高等学校-教材
Ⅳ.①F234.4

中国版本图书馆 CIP 数据核字(2019)第 026910 号

□ 责任编辑 李志浩
□ 封面设计 张克瑶

财务会计学

袁晓文 主编

上海财经大学出版社出版发行
(上海市中山北一路 369 号 邮编 200083)
网 址:http://www.sufep.com
电子邮箱:webmaster @ sufep.com
全国新华书店经销
上海新文印刷厂印刷装订
2019 年 5 月第 1 版 2019 年 5 月第 1 次印刷

787mm×960mm 1/16 34 印张(插页:2) 703 千字
印数:0 001—2 500 定价:62.00 元